新世纪研究生教学用书

会计系列

含 MPAcc

及MBA、EMBA财会方向

U0884015

内部控制理论与实务

Internal Control Theory and Practice

（第二版）

张俊民 主编

东北财经大学出版社
Dongbei University of Finance & Economics Press
大 连

图书在版编目（CIP）数据

内部控制理论与实务 / 张俊民主编. —2版. —大连：东北财经大学出版社，2016.9（2017.12重印）
（新世纪研究生教学用书·会计系列）
ISBN 978-7-5654-2474-8

Ⅰ. 内… Ⅱ. 张… Ⅲ. 企业内部管理-研究生-教材 Ⅳ. F272.3

中国版本图书馆CIP数据核字（2016）第201454号

东北财经大学出版社出版
(大连市黑石礁尖山街217号 邮政编码 116025)
网 址：http://www.dufep.cn
读者信箱：dufep@dufe.edu.cn

大连美跃彩色印刷有限公司印刷 东北财经大学出版社发行

幅面尺寸：185mm×260mm 字数：632千字 印张：26.75 插页：1
2016年9月第2版 2017年12月第4次印刷

责任编辑：王 莹 吴 茜 责任校对：合 力
封面设计：张智波 版式设计：钟福建

定价：45.00元

教学支持 售后服务 联系电话：(0411) 84710309
版权所有 侵权必究 举报电话：(0411) 84710523
如有印装质量问题，请联系营销部：(0411) 84710711

第二版前言

2008年6月28日，我国财政部、证监会、审计署、银监会、保监会联合颁发了《企业内部控制基本规范》，要求自2009年7月1日起在上市公司范围内施行，鼓励非上市的大中型企业执行，事实上国有企业必须执行。2010年4月15日，财政部等五部委又联合颁发《企业内部控制应用指引》(18项)、《企业内部控制评价指引》和《企业内部控制审计指引》，要求自2011年1月1日起首先在境内外同时上市的公司施行，自2012年1月1日起扩大到在上海证券交易所、深圳证券交易所主板上市的公司施行，择机在中小板和创业板上市公司施行，鼓励非上市大中型企业提前执行。按照《财政部关于全面推进行政事业单位内部控制建设的指导意见》的要求，全国各级各类行政事业单位将于2016年年底前完成内部控制的建立与实施工作。

我国内部控制规范体系的出台，是继实施与国际趋同的企业会计准则和审计准则之后，在会计审计领域推出的又一与国际趋同的重大改革，被誉为中国的“萨班斯法案”。实施内部控制制度不仅是企业外部的要求，而且是企业管理层作为受托人必须履行的受托责任。制定并实施统一的内部控制制度有利于节约企业管理成本。财政部等有关部门要求企业紧密结合自身特点和具体情况与条件，制定本企业的具体内部控制制度，全面贯彻落实统一规范要求。在执行过程中应强化落实、重在坚持，一定做到令行禁止、奖罚分明、制度面前人人平等。

颁布实施新的内部控制规范使得内部控制成为学术界和实务界讨论与研究的热点问题之一，研究并掌握新的内部控制规范具有十分重要的学术价值和实践意义。从目前已颁布实施的内部控制规范体系的内容来看，需要对其可操作性进行进一步的理论分析与解释，并辅以实务解析，加之要求执行的时间紧迫、任务繁重，因此，编写出版一部有关内部控制规范内容体系理论和具有可操作性解释的图书是十分必要的。

本书在编写过程中紧扣我国内部控制规范的内容体系，借鉴已出版的有关著作的内容，坚持规范解释与理论分析并重，突出操作流程框架内容设计和案例分析讲解，同时重点考虑了会计专业硕士（MPAcc）、审计专业硕士、资产评估专业硕士、工商管理硕士（MBA）等专业硕士内部控制理论与实务课程的教学计划、教学大纲及专业教育规律要求及特点需要。书中有关内部控制流程设计等部分内容主要参考了许国才编著的《企业内部控制流程手册》(2010) 等著作的相关内容，在此一并说明并对相关著作作者表示衷心感谢。

参加本书编写的人员及分工如下：张俊民教授编写第一章和第二十二章；其余章节由白雪梅、牛杰、郝双光、苗宇、彭朝鑫、李彦、李贤贤、宋佳、杨秀岭、翟洁、邱梅凤、王兰兰、宋捷、张弛、张修峰、杨浩、汪家勇等编写。全书由张俊民教授总纂定稿。

本书可以作为会计专业硕士（MPAcc）、审计专业硕士、资产评估专业硕士、工商管理硕士（MBA）等专业硕士以及会计学、财务管理、审计学等财经类专业本科及研究生内部控制课程教材或参考资料使用。

感谢东北财经大学出版社的大力支持与帮助!

由于作者水平所限，书中难免存在疏漏与不足，敬请读者批评指正。

作　者

2016年7月

目　录

第一章　总　论　⇨ 1

第一节　内部控制概念　/1

第二节　内部控制目标　/11

第三节　内部控制要素　/14

第二章　组织架构　⇨ 28

第一节　组织架构概述　/28

第二节　组织架构设计　/29

第三节　组织架构运行　/31

第四节　案例分析——从三株的衰微看企业组织架构及运行规范　/33

第三章　发展战略　⇨ 35

第一节　发展战略概述　/35

第二节　发展战略设计　/36

第三节　发展战略运行　/39

第四节　案例分析——不同战略，两种命运：剖析万科与金田的发展战略　/41

第四章　人力资源　⇨ 45

第一节　人力资源概述　/45

第二节　人力资源引进与开发设计及运行　/47

第三节　人力资源使用与退出设计及运行　/50

第四节　案例分析——沃尔玛的“合伙制”人力资源管理　/53

第五章　社会责任　⇨ 56

第一节　社会责任概述　/56

第二节　安全生产内部控制设计及运行　/57

第三节　产品质量内部控制设计及运行　/60

第四节　环境保护与资源节约内部控制设计及运行　/63

第五节　促进就业与员工权益保护内部控制设计及运行　/66

第六章　企业文化　⇨ 69

第一节　企业文化概述　/69

第二节　企业文化建设内部控制制度设计及运行　/71

第三节　企业文化评估内部控制设计及运行　/73

第四节　案例分析——松下：经营之神的精髓　/74

第七章 资金活动 ⇨ 77
第一节 资金活动概述 /77
第二节 筹资活动内部控制设计及运行 /79
第三节 投资活动内部控制设计及运行 /92
第四节 资金营运内部控制设计及运行 /103
第五节 案例分析——千万元“小金库”现形记 /111
第八章 采购业务 ⇨ 115
第一节 采购业务概述 /115
第二节 采购业务内部控制设计及运行 /118
第三节 付款业务内部控制设计及运行 /138
第四节 案例分析——价格高昂的赝品水晶灯挂进星龙湾大酒店 /141
第九章 资产管理 ⇨ 144
第一节 资产管理概述 /144
第二节 存货内部控制设计及运行 /145
第三节 固定资产内部控制设计及运行 /163
第四节 无形资产内部控制设计及运行 /173
第五节 案例分析——YXY商场的无形资产内部控制 /185
第十章 销售内部控制 ⇨ 187
第一节 销售内部控制概述 /187
第二节 销售业务内部控制设计及运行 /188
第三节 收款业务内部控制设计及运行 /200
第四节 案例分析——把脉销售业务内部控制 /202
第十一章 研究与开发 ⇨ 205
第一节 研究与开发概述 /205
第二节 立项与研究内部控制设计及运行 /207
第三节 开发与保护内部控制设计及运行 /212
第十二章 工程项目 ⇨ 215
第一节 工程项目概述 /215
第二节 工程立项内部控制设计及运行 /218
第三节 工程招标内部控制设计及运行 /221
第四节 工程造价内部控制设计及运行 /223
第五节 工程建设内部控制设计及运行 /226
第六节 工程验收内部控制设计及运行 /231
第七节 案例分析——是优良工程，还是虚假工程 /234
第十三章 担保业务 ⇨ 236
第一节 担保业务概述 /236
第二节 调查评估与审批内部控制设计及运行 /239
第三节 执行与监控内部控制设计及运行 /244
第四节 案例分析——新疆屯河违规担保 /250

第十四章 业务外包 ⇨ 254
第一节 业务外包概述 /254
第二节 承包方选择内部控制设计及运行 /256
第三节 业务外包实施内部控制设计及运行 /259
第四节 案例分析——海信、科龙“并非外包的外包” /261
第五节 案例分析——亏在选错承包方 /262
第六节 案例分析——制定外包策略应慎之又慎 /263
第十五章 财务报告 ⇨265
第一节 财务报告概述 /265
第二节 财务报告编制内部控制设计及运行 /268
第三节 财务报告对外提供内部控制设计及运行 /278
第四节 财务报告分析利用内部控制设计及运行 /281
第五节 案例分析——蓝田股份：瞒天过海伪造公文 /285
第十六章 全面预算 ⇨ 287
第一节 全面预算概述 /287
第二节 预算编制内部控制设计及运行 /289
第三节 预算执行内部控制设计及运行 /296
第四节 预算考核内部控制设计及运行 /303
第五节 案例分析——大亚湾核电站预算管理 /309
第十七章 合同管理 ⇨ 312
第一节 合同管理概述 /312
第二节 合同订立内部控制设计及运行 /315
第三节 合同履行内部控制设计及运行 /321
第四节 案例分析——百成公司合同 /324
第十八章 内部信息传递 ⇨ 326
第十九章 信息系统 ⇨ 333
第一节 信息系统概述 /333
第二节 信息系统开发内部控制设计及运行 /334
第三节 信息系统运行与维护内部控制设计及运行 /338
第四节 案例分析——铁道财务会计管理信息系统 /340
第二十章 内部控制评价 ⇨ 365
第一节 内部控制评价概述 /365
第二节 内部控制评价内容 /368
第三节 内部控制评价的程序 /368
第四节 内部控制缺陷的认定 /374
第五节 内部控制评价报告 /377
第二十一章 内部控制审计 ⇨ 383
第一节 内部控制审计概述 /383
第二节 计划审计工作 /386

第三节　实施审计工作　/388
第四节　评价内部控制缺陷　/391
第五节　完成审计工作　/393
第六节　出具审计报告　/394
第七节　审计工作底稿　/397
第二十二章　行政事业单位内部控制　⇨401
第一节　概述　/401
第二节　风险评估　/402
第三节　控制方法　/404
第四节　单位层面内部控制　/404
第五节　业务层面内部控制　/405
第六节　行政事业单位内部控制评价与监督　/410
附　行政事业单位内部控制基础性评价指标评分表及其填表说明　⇨412
主要参考文献　⇨420

第一章 总论

第一节 内部控制概念

一、内部控制的起源与发展

（一）内部控制起源与发展的五大阶段

内部控制的起源与发展通常认为历经五大阶段。

1.“内部牵制”阶段

古代对经管财物的人员的活动进行记录通常被认为是一种内部牵制制度。古埃及法老统治时期设有监督官；古罗马帝国宫廷库房有了“双人记账制”；中国古代在周朝有了较完备的会计制度。朱熹在评述《周礼·理其财之所出》一文中指出：“虑夫掌财用财之吏，渗漏乾后，或者容奸而势欺……于是一毫财物之出入，数人之耳目通焉。”意思是每笔财物出入要经几个人办理，达到相互牵制。早期的内部牵制由职责分工、会计记账和人员轮换三要素构成，内部牵制的执行大致可以分为四个方面：（1）实物牵制。如将保险柜钥匙交给两个以上的工作人员持有。（2）机械牵制。如保险柜的大门若不按正确程序操作将无法打开。（3）体制牵制。把每项业务都分别由不同的人或者部门去处理，以预防错误和舞弊发生，如采用双重措施来预防错误和舞弊的发生。（4）簿记牵制。如采用复试记账法、定期核对明细账与总账。内部牵制的三要素和四种措施关系如图1-1所示。

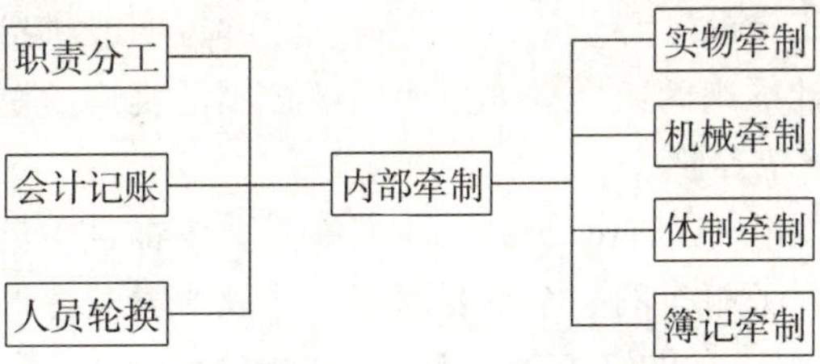

图1-1 内部牵制的三要素与四种措施关系图

2.“内部控制制度”阶段

20世纪20年代经济危机爆发使得内部控制开始超出会计及财务范畴，深入到企业生产管理各部门及各环节，如生产标准、质量控制、统计分析、员工培训等方面。至30年代，注册会计师逐渐认识到内部控制对审计质量的重要影响。1936年美国会计师协会在其发布的《注册会计师对财务报表的审查》公告中，首次正式使用“内部控制”这一专门术语。1949年，美国会计师协会的审计程序委员会发表《内部控制——协调系统诸要素及其对管理部门和注册会计师的必要性》的专题报告，对内部控制做出权威定义。1958年，美国注册会计师协会审计程序委员会发布的《审计程序公告第29号》将内部控制划分为“会计控制”和“管理控制”两大类，即将与保护财产安全和保证财务记录的可靠性、准确性有关的控制归为会计控制，包括授权与批准制度、财产的实物控制和内部审计等；将与提高经营效率、保证管理部门所制定的各项政策得到贯彻执行有关的控制归入管理控制，包括统计分析、时动研究、员工培训计划和质量控制，此类控制通常只与财务记录有间接关系。

3.“内部控制结构”阶段

20世纪70年代为内部控制的成熟期。美国证券交易委员会（SEC）在1979年发布的内部控制报告中要求受托管理层报告机构的内部会计控制制度，并指出关于机构内部控制系统有效性的信息对于投资者更好地评价管理层的业绩以及所公布财务报告的完整性是很有必要的。1988年4月美国会计师协会颁发的《审计准则公告第55号》强调内部控制应由三个结构（要素）组成，即控制环境、会计制度和控制程序。控制环境是指反映董事会、管理层、业主和其他人员对控制的态度和行为，包括管理哲学、经营方式、组织结构、董事会、授权和分配责任的方式、管理控制方法、内部审计、人事政策和程序等；会计制度是指各项经济业务的确认、归集、分类、分析、登记和编报方法；控制程序是指管理层所制定的政策和程序，用以保证达到一定的目的，包括经济业务和活动的批准权、各个员工的职责和分工、业务的独立审核等。

1982年美国国会通过《联邦管理者财务诚信法案》（Federal Managers’ Financial Integrity Act of 1982），要求在联邦机构内部建立内部控制制度。该法案要求内部控制应保证：第一，联邦政府有支付的义务，在成本方面要符合美国的适用法律，控制应告诉我们该不该做这些事情；第二，联邦政府所拥有的所有财产应该得到安全的保护，使其免遭浪费、损失、不经授权使用和不恰当的分配，不得挪用和偷窃；第三，合理核算每一个联邦机构的收入和支出；第四，编制和发布可靠的财务信息和统计报告；第五，要求行政机构负责人应按照管理和预算办公室制定的指南，对其内部控制进行年度评估，并向总统和议会提供年度报告，说明内部控制的机构制度是否与法案提出的内部控制目标和总审计长规定的准则相一致。如果不一致，必须明确相关的弱点并说明改进措施。该法案赋予美国会计总署制定内部控制会计准则的权力。部分州内部控制的推广由总监察长负责。

4.“内部控制整合框架”阶段

1987年一个名为特雷德威（Treadway，即反虚假财务报告委员会）的组织认为，内部控制的薄弱是造成虚假财务报表的一个重要原因，建议成立反虚假财务报告全国委员会来制定和发布内部控制准则。1992年9月，美国反虚假财务报告委员会的赞助组织委员会（Committee of Sponsoring Organization，COSO）发布了《内部控制——整合框架》（IC-IF）的研究报告，是至今管理层和注册会计师在财务呈报内部控制有效性评价方面的依据之一。COSO于1994年对IC-IF予以增补，将内部控制要素概括为五个方面，即控制环境、风险评估、控制活动、信息与沟通、监督，其突出特点是强调了内部控制的整体性、全面性和以人为本的思想，如在控制环境中增加了员工的充实和职业道德、人力资源政策及执行等。2013年5月14日，COSO委员会发布了修订的《内部控制——整合框架》和相关的说明性文件，COSO委员会还发布了《评价内部控制系统和对外财务报告内部控制(ICEFR) 有效性的说明性工具：方法和范例简编》，该说明性工具将会帮助使用者评估其内部控制系统是否符合更新版框架提出的要求。

5.“风险管理框架”阶段

安然事件后，企业内部控制监管上的诸多漏洞和不足暴露出来，美国为加强内部会计控制监管而采取了一系列新举措。美国国会2002年通过的《萨班斯—奥克斯利法案》（简称萨班斯法案）第404条款强制要求披露公司内部控制报告。第103条款要求注册会计师在审计报告中描述对内部控制结构和程序进行测试的范围，并在审计报告中或单独出具一份报告，陈述以下内容：(1) 内部控制测试过程中所发现的情况。(2) 对以下方面的评价：内部控制是否合理保持了具体会计记录，以保证公允反映资产的交易和处置情况；内部控制是否合理保证交易得以完整记录，以保证财务报表的编制符合公认会计原则，以及公司的一切收支活动均在管理层和董事会的授权下进行。(3) 对内部控制测试中发现的重大缺陷和任何违规行为的描述。

为满足萨班斯法案的要求，SEC要求上市公司都应在年度报告中包括一份管理层关于公司财务报告内部控制的报告（Managements Report on Internal Control over Financial Reporting)，具体规定了内部控制报告的内容与格式，要求报告内容应包括：(1) 管理层的声明，表明建立和维护财务报告内部控制的责任；(2) 指明管理层评价财务报告内部控制有效性所依据的规则框架；(3) 管理层对财务报告内部控制有效性的评价，其中要包括关于财务报告内部控制是否有效的结论性意见；(4) 如果公司财务报告内部控制存在重大薄弱环节，必须予以描述；(5) 表明负责年度财务报告审计的注册会计师已经对本报告实施了审计等。

为了配合萨班斯法案404条款有关内部控制规定的实施，SEC提出了“财务呈报内部控制”的操作性定义。SEC规则13a-15 (f) 规定：财务呈报内部控制是一个过程，由发行人的主要执行官员、主要财务官员或者行使类似职权的人员设计或监控，受发行人的董事会、管理层和其他人员所影响，为财务呈报的可靠性和财务报表（供外部使用的）的编制符合公认会计原则提供合理的保证。具体包括以下控制政策和程序：(1) 保持详细合理的会计记录，准确公允地反映发行人资产的交易和处置情况。(2) 为下列事项提供合理的保证：发行人对发生的交易进行必要的记录，从而使财务报表的编制满足公认会计原则的要求；发行人所有的收支活动均得到管理层和董事的合理授权。(3) 为下列事项提供合理保证，即防止或及时发现发行人资产未经授权的取得、使用和处置，因为发行人资产的取得、使用和处置会对财务报表产生重大影响。从SEC财务呈报内部控制定义可以看出：其一，内部控制是一个广义的概念，涉及企业管理的各个方面。SEC将主体对内部控制的考虑限定在财务报表编制的内部控制的范围内，因此使用了“财务呈报内部控制”这一术语。其二，SEC期望其所定义的内部控制与COSO委员会报告里的财务呈报目标相一致。其三，规则特别提到了主体资产的利用与处理，意在保护资产。

萨班斯法案404条款要求首席执行官（CEO）和首席财务官（CFO）对主体财务呈报内部控制的有效性进行评价和报告。该份报告包括在公司按年度递交给SEC的10K表格（Form 10K）中，为此，SEC已经为其注册成员制定了规则，要求公司的10K表格必须包括管理层对企业财务呈报内部控制的年度报告，具体为：①关于管理层建立和维护适当企业财务呈报内部控制的责任报告；②管理层用于评价企业财务呈报内部控制有效性的方法框架的报告；③管理层对截至最近财务年度末的企业财务呈报内部控制的有效性的评价，包括企业财务呈报内部控制是否有效的声明，其中，必须披露管理层所认定的企业财务呈报内部控制的任何重大弱项，如果存在一个或多个重大弱项，则管理层不得认定其财务呈报内部控制是有效的；④一个声明，即会计师事务所（对公司包含在年报中的财务报表进行审计的机构）已经对管理层的财务呈报内部控制有效性评价意见签发鉴证报告。

萨班斯法案302条款要求对主体“披露控制与程序”的有效性做出季度报告。为此，在SEC规则中引入了一个新的概念，即“披露控制和程序”。SEC规则13a-15（e）将披露控制和程序定义为：被设计出来的控制和程序，应确保根据法案要求填写和提交的报告中发行人应该披露的信息，按照委员会规则所规定的期间和格式进行记录、处理、汇总和报告。“披露控制和程序”包含证券交易法报告中所有重大的财务和非财务信息控制，包括重要合同签订、战略关系变化、管理层薪酬或法律事件等，其所包含的信息超过主体财务呈报内部控制的范围。SEC的S-K规章307条款，要求管理层披露公司主要执行官、主要财务官或者履行类似职权的人员在对报告期间的披露控制和程序进行评价的基础上，就企业披露控制和程序的有效性做出评价。除了对披露控制的报告外，公司的季度报告也必须披露主体财务呈报内部控制的重大变动。值得注意的是，在这些季度性文件中，没有要求管理层一定要对财务呈报内部控制进行评估和报告（只是要求按年度进行评价），也没有要求公司独立审计人员一定要对管理层的披露控制评价做出鉴证。SEC建议所有公众公司建立信息披露委员会，以监督所披露信息的生产和核查过程，包括：核查10Q和10K表格及其他SEC文件、盈利发放和其他适当披露的公众信息；确定需要披露的重大性事件和交易；确定在披露控制和程序的设计与执行中的重大缺陷和不足；评价CEO和CFO对可能影响披露的重大信息的关注度。信息披露委员会的存在和有效运行，将会在评价主体内部控制有效性的工作范围和工作性质方面产生重要影响：其一，信息披露委员会职能的有效运行，是强化主体控制环境的一个要素；其二，披露委员会的工作可以形成文档，以利于工作小组缩减其工作范围。SEC要求公司的主要执行官和主要财务官签署两个书面证明，包括在公司的10Q和10K表格中。这两个书面证明是萨班斯法案302条款和906条款所要求的。（1）302条款，具体细化到SEC规则13a-14（a）/15d-14（a）中，要求在呈交SEC季度和年度报告时提出证明，包括：已经核查了某个确定注册公司的特定报告；报告中没有存在任何重大的错报和漏报而导致对本期报告产生了误导性的信息；呈报的财务报表和其他报告公允地反映了注册公司在所报告期间和时点上的财务状况、经营业绩和现金流动状况；对建立和维护公司的披露控制和程序（如证券交易法13a-15（e）/15d-15（e））以及企业财务呈报内部控制报告（如证券交易法13a-15（f）/15d-15（f））承担责任；已经向公司的审计师和公司董事会的审计委员会进行披露（或者行使相同职权的人）等。（2）906条款，包括对具体联邦犯罪法典的证明，如证明报告是完全符合证券交易法的12（a）或15（d）中的条款要求，报告中的信息在所有重大方面公允地反映了企业的财务状况和经营成果。

美国注册会计师协会（AICPA）于2003年3月18日发布财务报告内部控制审计的征求意见稿，指出作为一个完整的活动，公众公司审计应包括财务报表审计和财务报告内部控制有效性审计两个部分；应对内部控制设计的有效性和执行有效性进行评价，发表审计意见等。

美国上市公司会计监管委员会（PCAOB）也于2004年发布了第2号审计准则（AS2）——财务报表的内部审计，要求对管理层就企业财务呈报内部控制有效性的评价发表意见。实现这一目标将分两个步骤：管理层必须对主体的内部控制进行评估并得出结论；审计人员将对管理层就内部控制有效性的评价是否公允做出评价并发表独立意见。因而，对内部控制进行了双重评价，首先是管理层，然后是审计人员。在一些情况下，审计人员可能对已经由企业执行过的测试进行再测试，不过，这并不减除管理层对于内部控制存档、测试和报告的责任。AS2指出，管理层在财务呈报内部控制审计过程中的责任有：对企业财务呈报内部控制有效性承担责任；运用恰当的控制标准评估企业财务呈报内部控制的有效性；有足够的证据（包括文件）来支持其评估结论；就截至最近财务年度末企业财务呈报内部控制的有效性做出书面评估报告。如果管理层未完成上面列举的责任，那么，审计人员应以书面的形式与管理层和审计委员会进行沟通，明确其对财务呈报内部控制的审计无法满意地完成，以至于无法发表意见。AS2要求审计人员评估管理层应用于评价主体内部控制的程序和方法的可靠性，复核和使用一些管理层、内部审计人员和其他人的评价过程中取得的测试结果，或自己进行测试，以形成独立意见。（1）对管理层评价程序的评估。准则要求审计人员必须理解和评价管理层对财务呈报内部控制有效性的评价过程。在取得理解之后，审计人员要确定管理层是否执行了以下步骤：第一，决定需要测试的控制，包括所有与财务报表重大会计账户和披露有关的认定的控制。一般来说，这些控制指有关发生、授权、记录、处置和报告财务报表重要账户和披露以及报表中的相关认定的控制；对遵循公认会计原则的会计政策选择与运用的控制；反舞弊的程序和控制；其他控制及其所依赖的信息技术总控制；对重要的偶发性和非系统性交易如涉及判断与估计的账目的控制；企业层面的控制，包括对控制环境和年末财务报表编制过程的控制，如记入总分类账的业务金额汇总的程序控制、记录调整和非调整事项的控制活动（如报表合并、重分类等）。第二，评价控制失败将导致的错报的可能性和其他有效控制能够达到相同控制目标的程度。第三，确保对多区域和多分部公司的评价涵盖了下属公司和部门。第四，评价控制设计的有效性。第五，评价控制执行的有效性，比如内部审计的控制测试，管理层指导下的其他人进行的控制测试，利用服务机构的控制报告，控制应用证据的审查，进行自我评估测试以及部分的管理层持续监督活动。仅仅完成这项评估是不够的。为评估企业财务呈报内部控制的有效性，管理层必须对与所有重大会计科目和披露有关的认定的控制进行评估。第六，确定财务呈报内部控制缺陷的重大性和可能性。第七，与审计人员和其他人员沟通。第八，评价结果是否合理，是否支持管理层的评估结果。（2）对管理层评价有效性的评估。AS2指出，如果导致财务报表重大错报的错误或舞弊在控制得到遵守的情况下会被制止或被发现，那么财务呈报内部控制的设计就是有效的。审计人员判定企业内部控制能否满足控制的标准是：确定企业每个部门的控制目标；确定满足每个目标的控制；如果控制有效执行，确定内部控制是否能防止或发现导致财务报表重大错报的错误或舞弊。审计人员评价运行的有效性通过判定控制是否如其设计般执行，以及执行控制的人员是否具备必要的权力和素质以有效地执行控制程序来进行。对运行有效性的控制测试，包括对相关人员的询问、相关证据的检查、公司经营活动的观察以及控制应用的重复执行。对于测试控制的时间安排，AS2做出了详细规定，比如准则指出，对于重要的非常规性交易、带有高度主观判断的账户或程序以及期末调整记录的控制，审计人员应该在接近或正在那个时点上实行控制测试，而不是针对一段时期。对于控制测试的范围，AS2要求审计人员每年都要收集足够的证据，证明企业对财务呈报的内部控制包括对所有内部控制环节的控制是否有效执行。这就意味着，审计人员每年必须收集控制有效性的证据，这些控制涉及所有与财务报表重大账户和披露有关的认定。另外，AS2还对其他人员的工作的应用、财务呈报内部控制有效性的意见发表、财务呈报内部控制审计与财务报表审计的关系等内容做出了规范。

COSO委员会于2004年9月29日正式发布了《企业风险管理——整合框架》(ERM-IF)，并提出将以此取代IC-IF。COSO委员会提出，企业风险管理是企业的董事会、管理层和其他员工共同参与的一个过程，应用于企业的战略制定和企业的各个部门和各项经营活动，用于确认可能影响企业的潜在事项并在其风险偏好范围内管理风险，为企业目标的实现提供合理的保证。根据管理者经营的方式划分，企业风险管理包括八个相互关联的组成要素：内部环境、目标设定、事件识别、评估风险、应对风险、控制活动、信息与沟通、监督。内部环境是企业风险管理的基础，为企业风险管理所有其他组成部分的运行提供了平台和结构。企业的目标设定是企业风险管理的起点，是其他步骤的驱动力量。整个过程是环环相扣的：在目标设定的前提下，企业需对影响目标的风险进行事件识别，进而对识别的事项进行风险评估，风险评估驱动风险应对，影响控制活动，信息与沟通和监督贯穿于企业风险管理的整个过程，并对前面的各个组成要素进行修正。这样，企业风险管理不只是一个直线过程（一个组成部分只会对下一个部分产生影响），还是一个多元化的相互作用的过程，即几乎任何组成部分都能够并将会影响其他部分。企业风险管理的八个组成部分体现的是一个动态的过程，是一个有机的整体。从内部控制整合框架到企业风险管理整合框架，不是局部的修补和简单改良，而是在理念上的本质突破，体现在：从“控制环境”到“内部环境”，这一修改使得企业关注的范围不再局限于控制方面，而是从更宽阔的视野更综合、更直接地考虑各种因素对风险的影响；目标设定中增加“战略目标”，使企业在追求短期利益的同时，从战略的高度关注企业的长远目标和可持续发展；将“风险评估”扩展为“事件识别”、“评估风险”和“应对风险”，不是对原“风险评估”进行简单的细化，而是代表着企业风险意识日益增强和积极主动管理风险。企业风险管理强调应对所有事件（包括正面事件与负面事件）进行综合识别，并且应该将其以适当的组合方式加以看待，而后通过对固有风险和剩余风险的综合评估制定适当的风险应对措施。这样一方面可以减少经营偏差的发生及相关成本和损失，另一方面有利于企业抓住机会（正面事件），及时调整策略，以达到经营目标和获利目标，避免资源浪费。会计师事务所的鉴证报告，提供审计人员对管理层财务呈报内部控制评价意见的鉴证报告。财务呈报内部控制的变动，对于任何重大地影响或可以合理预期将重大地影响企业财务呈报内部控制的任何变动都应予以披露，该项披露要求从2003年8月14日起生效。上面所提及的其他规定，如管理层对企业财务呈报内部控制有效性的报告及相关审计人员鉴证意见的生效日期，由公司的归档状态决定，即：①对第一个财政年度在2004年6月15日或以后结束的所谓“加速编报（accelerated filer）”公司，必须在该财政年度的年报中开始遵守内部控制报告和鉴证要求；②小规模公司、外国私人发行人和其他非加速编报公司，要求在2005年4月15日或之后结束的财政年度报告中遵循新规则的所有规定。

（二）巴塞尔委员会对内部控制的要求

1975年跨国银行监管权威机构巴塞尔委员会（Basle Committee on Banking Supervision）建立。其于1986年3月颁布《银行表外风险管理》，指出“适当的内部控制包括双人控制、职责分离、风险限制等原则，以及审计、风险控制和信息管理系统。”1988年《巴塞尔协议》将内部控制思想具体化到资本充足率的问题上，提出一级资本（核心资本）、二级资本（附属资本）、表内资产风险权数、表外资产风险换算系数、总资本占风险资产的比例以及分级资本占风险资产的比例等概念及要求。1997年《有效银行监管的核心原则》指出，银行内部控制包括四个方面的主要内容：组织结构（职责的界定、贷款审批权限分离和决策程序）、会计规则（对账、控制单、定期试算等）、双人原则（不同职责分离、交叉核对、资产双重控制和双人签字等）、对资产和投资的实物控制。1998年9月发布《银行组织内部控制系统框架》（Framework for Internal Control Systems in Banking Organizations，FICSBO），其内容包括：（1）内部控制是由董事会、高级管理人员以及其他人员实施的一个过程。（2）内控三大目标：操作性目标（各种活动的效果和效率）；信息性目标（财务和管理目标的可靠性、完整性和及时性）；合规性目标（遵从现行法律和规章制度）。（3）内部控制的组成部分包括：管理层的督促与控制文化；风险的识别与评估；控制活动与职责分离；信息与交流；监督评审活动与缺陷的纠正。

（三）我国内部控制制度建设情况

1.我国现行内部控制制度建设背景

制定一套具有统一性、公认性和科学性的企业内部控制规范，是国内外理论界与实务界的共识和通行做法。制定我国现行内部控制制度的主要背景依据有以下几方面：

（1）国际资本市场大力强化内部控制。安然、世通等财务舞弊和会计造假案件的发生，严重冲击了美国乃至国际资本市场的正常秩序。研究结果表明，内部控制存在缺陷是导致企业经营失败并最终铤而走险、欺骗投资者和社会公众的重要原因。为此，许多国家通过立法强化企业内部控制，内部控制日益成为企业进入资本市场的“入门证”和“通行证”，我国境外上市企业纷纷花巨资聘请海外机构设计内部控制制度，以适应上市地的监管要求。

（2）经济健康发展迫切呼唤加强内部控制。内部控制作为公司治理的关键环节和经营管理的重要举措，在企业发展壮大中具有举足轻重的作用。但从现实情况看，许多企业管理松弛、内控弱化、风险频发，资产流失、营私舞弊、损失浪费等问题还比较突出。为了引导企业进一步加强内部控制，1999年修订的《中华人民共和国会计法》（以下简称《会计法》）第一次以法律的形式对建立健全内部控制提出原则要求，2001年1月中国证监会制定发布了《证券公司内部控制指引》，财政部随即于2001年6月至2003年连续制定发布了《内部会计控制规范——基本规范》《内部会计控制规范——货币资金》《内部会计控制规范——采购与付款》《内部会计控制规范——销售与收款》等9项内部会计控制规范，审计署、国资委、证监会、银监会、保监会以及上海、深圳证券交易所等也从不同角度对加强内部控制提出明确要求。但是，随着市场经济的发展和企业环境的变化，单纯依赖会计控制已难以应对企业面对的市场风险，会计控制必须向风险控制发展；同时，各部门之间的内控要求也有待于进一步协调，以便为进行内部控制自我评估和外部评价提供统一标准。

（3）各级领导高度重视内部控制制度建设。温家宝总理在十届全国人大四次会议上所做的《政府工作报告》中强调，要“完善公司治理，健全内控机制”；2004年底和2005年6月，国务院领导同志连续两次就强化企业内部控制问题做出重要批示，其中，2005年6月，在财政部、国资委和证监会联合上报的《关于借鉴〈萨班斯法案〉完善我国上市公司内部控制制度的报告》中做出批示，同意“由财政部牵头，联合证监会及国资委，积极研究制定一套完整公认的企业内部控制指引”；2006年7月15日，财政部、国资委、证监会、审计署、银监会、保监会联合发起成立企业内部控制标准委员会，许多监管部门、大型企业、行业组织、中介机构、科研院所的领导和专家学者积极参与，为构建我国企业内部控制标准体系提供了组织和机制保障；与此同时，按照科学民主决策的精神，公开选聘了86名咨询专家，组织开展了一系列内部控制科研课题，为构建我国内控标准体系提供技术支撑和理论支持。

2.我国现行内部控制制度建设的简要历程

我国相关部门长期以来一直非常重视内部控制制度的建设工作，简要历程回顾如下：

1996年财政部制定发布《会计基础工作规范》，提出内部控制要求。

1996年12月中国注册会计师协会制定发布《独立审计具体准则第9号——内部控制与审计风险》。

1997年5月中国人民银行制定发布《加强金融机构内部控制的指导原则》。

2001年1月中国证监会制定发布《证券公司内部控制指引》；2001年6月财政部制定发布《内部会计控制规范——基本规范》《内部会计控制规范——货币资金》。

2002年9月中国注册会计师协会制定发布《内部控制审核指导意见》。2002年9月中国人民银行制定发布《商业银行内部控制指引》（中国人民银行公告第19号），该指引明确指出：“内部控制是商业银行为实现经营目标，通过制定和实施一系列制度、程序和方法，对风险进行事前防范、事中控制、事后监督和纠正的动态过程和机制……应当包括以下要素：内部控制环境、风险识别与评估、内部控制措施、信息交流与反馈、监督评价与纠正。”2002年9月财政部制定发布《内部会计控制规范——采购与付款》《内部会计控制规范——销售与收款》《内部会计控制规范——担保》。2002年12月财政部制定发布《内部会计控制规范——成本与费用》《内部会计控制规范——预算》《内部会计控制规范——对外投资》。

2003年10月财政部制定发布《内部会计控制规范——工程项目》。2003年12月中国证监会重新制定发布《证券公司内部控制指引》。

2005年2月1日，《商业银行内部控制评价试行办法》开始施行。

2006年6月上海证券交易所制定发布《上海证券交易所上市公司内部控制指引》，指出：“内部控制是指上市公司为了保证公司战略目标的实现，而对公司战略制定和经营活动中存在的风险予以管理的相关制度安排。它是由公司董事会、管理层及全体员工共同参与的一项活动。”该指引将内控要素细分为目标设定、内部环境、风险确认、风险评估、风险管理策略选择、控制活动、信息沟通、检查监督八个基本要素。2006年6月国资委发布《中央企业全面风险管理指引》。2006年9月深圳证券交易所制定发布《深圳证券交易所上市公司内部控制指引》。

财政部、证监会、审计署、银监会、保监会于2008年6月28日联合发布我国第一部

《企业内部控制基本规范》，该基本规范已于2009年7月1日起首先在上市公司范围内施行，并鼓励非上市的其他大中型企业执行。

2010年4月，财政部、证监会、审计署、银监会、保监会联合发布18项《企业内部控制应用指引》（配套指引有21项应用指引，后陆续发布证券公司、商业银行和保险资金运用内部控制指引）和《企业内部控制评价指引》及《企业内部控制审计指引》，自2011年1月1日起在境内外同时上市的公司施行，自2012年1月1日起在上海证券交易所、深圳证券交易所上市公司施行，在此基础上，择机在中小板和创业板上市公司施行。同时，鼓励非上市大中型企业提前执行。执行企业内部控制规范体系的企业，必须对本企业内部控制的有效性进行自我评价，披露年度自我评价报告，同时聘请会计师事务所对其财务报告内部控制的有效性进行审计，出具审计报告。政府监管部门将对相关企业执行内部控制规范体系的情况进行监督检查。企业内部控制应用指引是为企业按照内部控制原则和内部控制"五要素"建立健全本企业内部控制所提供的指引，在配套指引乃至整个内部控制规范体系中居主体地位；企业内部控制评价指引是为企业管理层对本企业内部控制有效性进行自我评价提供的指引；企业内部控制审计指引是注册会计师和会计师事务所执行内部控制审计业务的执业准则。三者之间既相互独立，又相互联系，形成一个有机整体。制定发布内部控制基本规范及其配套指引是中国资本市场发展中的一件大事，其实施将有利于我国资本市场的持续健康发展。

2015年12月，财政部印发了《财政部关于全面推进行政事业单位内部控制建设的指导意见》。按照该指导意见的要求，全国各级各类行政事业单位将于2016年底前完成内部控制的建立与实施工作。为进一步指导和促进各单位有效开展内部控制建立与实施工作，切实落实好指导意见，财政部决定以量化评价为导向，开展单位内部控制基础性评价工作。

二、我国加快内部控制规范建设的意义

企业内部控制作为公司治理的关键环节和经营管理的重要举措，在我国企业发展过程中具有举足轻重的作用，特别是上市公司，内部控制不仅关系到上市公司的信息质量和自身发展，更重要的是关系到广大投资者的利益，关系到资本市场的健康发展。健全有效的内部控制对资本市场的重要意义主要体现在三个方面。首先，有利于提高会计信息质量，提升财务报告的有效性，这对于保证投资者对高质量会计信息的需求、体现资本市场"公开、公平、公正"的原则、保护投资者合法权益具有至关重要的意义。其次，健全有效的内部控制有利于上市公司遵守国家法律、法规、规章及其他相关规定，堵塞管理漏洞，保障公司资产的安全，有效提高公司风险防范的能力，减少乃至避免舞弊事件的发生。最后，健全有效的内部控制有助于提高经营效率和效益，提升企业经营管理水平、盈利能力和持续发展能力，增强公司竞争力，从而提高上市公司质量，最大限度地回报股东和社会。

三、内部控制的相关概念

（一）控制与制度

1.控制

控制是指掌握、支配、牵制，使控制对象不超出一定的范围或任意活动。按照这一含义，在现实管理活动中人们形成的决策及其实施行为思路是"决策方案及预定目标——计划与预算——实施——偏差——纠正——实现预定目标"，进而形成查找问题的办法与思路是"标准-现状=问题"。

2.制度

制度是指要求大家共同遵守的办事规程或行动准则。制度不仅具有约束和控制功能，而且具有保证和保护功能。制度是安全的基本保证，是实现目标的基本保证。

（二）内部控制定义

我国内部控制基本规范的定义是由企业董事会、监事会、经理层和全体员工实施的、旨在实现控制目标的过程。这一定义突出强调内部控制是由企业董事会、监事会、经理层和全体员工实施的、旨在实现控制目标的过程，有利于树立全面、全员、全过程控制的理念。这里的“过程”主要应有三层基本含义：一是指企业生产经营管理活动的全过程，也即内部控制应对企业经营管理活动的全过程实施控制；二是指风险控制全过程，也即内部控制应对“目标设定、风险识别、风险评估和风险反应”等风险控制全过程实施控制；三是指财务报告编制、会计信息披露以及管理信息采集、传递等全过程实施控制。之所以突出强调“过程”控制并不是说“结果”控制就不重要了，而是基于以下几个方面而言的：第一，内部控制的基本出发点是以预防为主、惩处为辅的，而不是单纯为了对不良行为结果处罚，这意味着每一项内控都向某一终点努力，但不是终点本身；第二，过程产生结果，通常而言只要过程科学合理、有序有效，那么一般就会达到好的预期效果，所以对过程的控制也就会实现对结果的控制；第三，过程控制可以节约控制成本、提高控制效率，如果仅强调对差错或舞弊结果的处罚，势必增加控制的成本和代价，总会有“明日黄花”“事后诸葛”“亡羊补牢”等之弊端；第四，这也提示人们只能期待内部控制制度为公司管理层有效管理提供合理的保证，而不是绝对的保证。这一概念的提出还与我国企业经营管理所处的特定历史时期及内部控制状况有关。我国企业在内部控制上存在的主要问题有：其一，内部控制制度不健全，需要制定新的企业内部控制基本规范以便要求其建立健全相应的规章制度；其二，重结果控制、轻过程控制，通常是出了问题才会重视；其三，原有的内部控制制度杂乱无章，关键控制环节与要点不明确，避重就轻、隔靴搔痒，缺乏可操作性，甚至相互脱节或相互矛盾，多数制度又存在滞后性，缺乏科学性、合理性和先进性；其四，人治大于法治，常常是制度形同虚设，执行效果较差；其五，重制度制定、轻制度贯彻执行，不检查不落实。

四、企业建立与实施内部控制应遵循的原则

按照我国《企业内部控制基本规范》的规定，企业建立与实施内部控制，应当遵循下列原则：

1.全面性原则

全面性原则是指内部控制应当贯穿决策、执行和监督的全过程，覆盖企业及其所属单位的各种业务和事项。

2.重要性原则

重要性原则是指内部控制应当在全面控制的基础上，关注重要业务事项和高风险领域。

3.制衡性原则

制衡性原则是指内部控制应当在治理结构、机构设置及权责分配、业务流程等方面形成相互制约、相互监督，同时兼顾运营效率。

4.适应性原则

适应性原则是指内部控制应当与企业经营规模、业务范围、竞争状况和风险水平等相适应，并随着情况的变化及时加以调整。

5.成本效益原则

成本效益原则是指内部控制应当权衡实施成本与预期效益，以适当的成本实现有效控制。

● 第二节　内部控制目标

一、内部控制目标的形成机理

企业内部控制的目标是指实施企业内部控制应达到的目的、要求和标准的总称。它是在一定的政治、经济、社会和企业环境下，人们根据经济管理的客观要求，基于对内部控制的本质、对象内容及其职能的认识，对内部控制“为了什么”“应该做什么”所做的规定性的规范。企业内部控制目标在理论上是主观见诸客观的客观范畴，反映了一定条件下的企业经营管理的需求；在实践上则是企业内部控制正常运行的定向机制，起着导向作用。企业产权关系的复杂性和企业经营管理要求的多样性，决定着企业内部控制目标的层次性。现代企业制度的实质是以企业所有权和经营管理权相分离、经营管理权和监督权相制衡为主的各种权利相互制约、相互依存的一种企业管理制度安排。现代企业利害关系群体中，起核心作用的是企业所有者和经营管理者两大集团。按照这一原理，企业内部控制目标可以分为所有者目标和经营管理者目标两大目标群。企业所有者最关心的是其投入企业资本的安全性和收益性，要求实现其资本保值、增值目标，他们期望获得真实、可靠的会计信息，据此客观评价企业的经营成果、正确估计企业的财务状况以便进行正确的投资决策，这一目标的实现必须以有效的、高质量的内部控制作保证。因此，企业所有者内部控制的主要目标是规范企业会计行为，保证会计资料真实、完整，提高会计信息质量。真实、完整、相关、及时的会计信息是所有者了解、查证受托经营者是否诚实可靠、尽职尽责履行其受托职责的基本依据，所有者通过会计信息及相关信息可以及时了解企业的财务状况和经营情况，通过对会计信息及相关信息的分析能够掌握其资本的安全性、收益性和对企业长远发展的影响因素，从而实施对企业经营管理活动及经营管理者的必要干预和控制。企业经营管理者最关心的是如何加强企业内部经营管理，全面履行其受托经管责任、实现企业经济效益最大化，确保企业经营管理目标的实现。企业经营者要实现这些目标，没有内部控制是不可想象的，因此，企业经营管理者实施内部控制所要达到的目标主要是：建立和完善符合现代经济管理要求的内部管理组织结构，形成科学的决策机制、执行机制和监督机制，确保企业经营管理目标的实现；建立行之有效的风险控制机制，强化风险管理，确保企业各项业务活动的健康运行；堵塞漏洞、消除隐患，防止并及时发现和纠正各种欺诈、舞弊等违法行为，保护企业财产的安全完整；及时向企业所有者提供为企业所有者接受的财务报告及其他会计信息，以解脱其受托责任。

二、内部控制目标构成

按照我国《企业内部控制基本规范》的规定，企业内部控制的目标包括合理保证企业经营管理合法合规、资产安全、财务报告及相关信息真实完整、提高经营效率和效果、促进企业实现发展战略等五项目标。

1.合理保证企业经营管理合法合规

企业应按照《会计法》《公司法》《企业内部控制基本规范》等法律法规的要求，建立健全企业内部会计控制的规章制度，包括股东会、董事会、监事会、经理及其以下各基层管理和业务经管部门及人员的内控权限、职责义务范围、履行方法及其奖惩内容、办法等都应以科学合理的制度形式加以固定下来，尤其是各部门及经办人员的内控目标及具体内容应详尽、科学、合理，保证国家法规制度的贯彻执行不仅是社会审计、国家政府有关部门对企业内部控制实施“再控制”的目标之一，而且是国家以所有者和国家宏观管理者的身份实施经济管理的基本目标和要求，这是我国会计监督体系的重要组成部分和特色之一，当然，这里也包括通过内部控制监督国家法规制度在企业内部的贯彻执行。各项企业管理的制度应健全完善，实施企业内部控制除督促企业建立健全企业内部控制制度以外，还应督促企业建立健全与内部控制制度协调一致的企业内部各项管理规章制度，并确保这些规章制度贯彻执行。查错防弊、及时准确作为企业内部控制的合法合规性基本目标之一，应成为企业内部管理层、各管理部门的内部控制目标，但是管理层及各管理部门的查错防弊的具体目标、具体方法及措施却是不尽相同的，如在货币资金收支和保管业务过程中的查错防弊，应有财会部门协助企业管理层制定相应的授权批准程序、办理货币资金业务的不相容岗位必须分离、相关机构及人员应当相互制约、加强款项收付的稽核等相关规章制度，各资金使用部门应严格遵守授权与批准程序及权限范围的规定，会计部门及人员应严格履行审查监督职责。

2.资产安全

保证资产安全完整，既是资产经管和使用部门及人员的内控目标，又是财会部门的内控职责，还是企业出资者及管理层的内部会计控制目标，因为从会计基本原理来看，企业资产的安全完整包含着资本的安全完整，资产是资本赖以存在的自然形态，是对企业未来经济效益有用的任何经济资源，实现资本保值增值也有赖于资产的安全完整，它要求企业会计在稳健等会计原则基础上遵循会计职业道德，在尽可能防范和抵御未来资产风险的基础上，从事会计核算及监督工作，在制定各项投资及其他经营决策时要充分考虑投资及其他决策的风险因素，可见，资产安全完整既是自然物质和权力形态的安全完整，更是资产价值形态的安全完整，因此，资产安全完整是企业各部门的共同内控目标和职责。

3.财务报告及相关信息真实完整

财务报告及相关信息真实完整既是企业内部控制的基本目标，又是企业内部控制的重要手段，从会计角度看正是通过真实完整的会计资料的记录、汇总、报告等手段实现其对企业经管责任落实、对企业财产及经济业务活动进行监督管理职能的。从大的方面讲，会计工作与业务经办活动是两项不相容的工作，会计是对业务活动进行控制的基本方式和手段，这是会计存在并取得发展的最基本的动因，美国会计史学家迈克尔·查特菲尔德在其《会计思想史》著作中指出：“私人财富的积累导致了受托责任会计的产生。这种会计不仅应保护物质财产的安全，而且应证明管理这些财产的人是否适当地履行了他们的职责。调查受托者的诚实性和可靠性的需要，使内部控制成为所有古代簿记制度的主要特征。”[①]这鲜明地说明了会计及会计资料与内部控制之间的内在必然联系，揭示了会计及会计资料的内部控制本质。会计信息及相关信息的及时有用是在会计资料真实完整及前述各个目标实现的基础上，企业内部控制应进一步达到的基本目标之一。所谓“信息”是指有用的消息

① 查特菲尔德.会计思想史［M］. 文硕，董晓柏，译.北京：中国商业出版社，1989.

和资料，会计信息是指对企业利害关系者进行管理及经营决策有用的会计资料。从内部会计控制的层次内容来看，而会计资料真实完整主要是单位负责人、会计部门及人员的基本内控职责，会计资料能否进一步成为会计信息则主要是股东、股东会、监事会等的内控职责，也就是说会计资料是否有用要根据使用者的目的和标准来判断。忽视会计资料与会计信息的质量及目标的区别，只能混淆内控中的不同职责与任务，会计信息失真的根本原因也就变得模糊不清了，所以《会计法》将会计资料的真实完整作为其基本立法宗旨之一，并明确单位负责人对会计资料的真实完整负责是科学合理的，因此，这里将会计资料真实完整和会计信息及时有用作为两个层次的内控目标是有现实及理论意义的。

4.提高经营效率和效果

提高经营效率和效果这一目标一方面要求内部控制制度应保证真实反映企业管理效率情况，另一方面要求内部控制制度不能囿于繁文缛节，不讲效率，同时又要保持适度的控制与被控制者之间的博弈空间，以便不断完善内部控制制度，因为内部控制制度本身就是博弈的产物。促使经济效益不断提高是整个经济管理的基本目标，也是企业内部控制提高经营效率和效果目标的基本内容之一，这是实施企业内部控制确保单位经营管理目标实现的总体要求，也是企业内部控制好坏的最终标准，当然，也不能否认有时会存在企业内部控制做得很好但是由于其他原因而导致企业经济效益并不好的情况，也就是说企业内部控制好并不是说企业效益就一定好。促使并保证企业业务活动健康运行是提高经营效率和效果基本目标的基本内容之一。所谓业务活动健康运行是指各项业务活动内容合理合法、符合企业整体业务目标要求和效益大于成本原则，业务风险在可预见的控制范围之内，开办业务活动的手段与方法科学正当、无违法违纪行为，业务活动效果具有可持续发展的效益性和前瞻性，业务活动运行程序明确顺畅、速度快捷、效率较高，业务经办部门及人员责任心强、积极性高等的运行状态。可见，业务活动健康运行这一内控目标涵盖了很多具体的控制目标。风险控制系统有效目标的主要内容应包括企业可能面临的风险种类、内容、风险程度、风险发生及其防范部门，风险评估机制健全，防范规避风险措施、方法齐全得当，风险信息反馈灵敏准确，防范风险能够令行禁止，防范风险的奖惩制度严明等。

5.促进企业实现发展战略

促进企业实现发展战略一方面应保证企业发展战略的选择科学合理，另一方面应采取切实措施保证企业发展战略的有效实施。企业发展战略通常指明了企业的发展方向、目标与实施路径，描述企业未来经营方向与目标纲领即企业的发展蓝图，关系着企业的长远生存与发展。只有制定了科学合理的发展战略，企业执行层才有正确行动的指南，其在日常经营管理和决策时才不会迷失方向，才能保证做“正确的事”。

三、关于内部控制目标的不同表述

从现有文献看，世界各国在不同历史时期对内部控制目标有不同的表述，这里略举一二。

1.美国COSO 1992年《内部控制——整合框架》目标设定

美国COSO在其1992年发布的《内部控制——整合框架》中，将内部控制目标设定为三项：（1）经营的效率和效果；（2）财务报告的可靠性；（3）适用法律法规的遵循性。

2.美国COSO 2004年《企业风险管理——整合框架》目标设定

2004年COSO发布的《企业风险管理——整合框架》中，将内部控制目标设定为四项，即：（1）战略目标；（2）经营目标，指高效使用资源；（3）报告目标，包括内部报告和外部报告的真实可靠性；（4）合规目标，即对相关法律法规的遵循性。

3.英国1999年发布Turbull内部控制指南目标设定

英国1999年发布的Turbull内部控制指南确定的内部控制目标有三项：（1）通过使公司能够对重大的商业风险、经营风险、财务风险、遵循风险和其他实现公司目标的风险做出适当的反应而促使其有效地经营，包括资产不被滥用、不受损失和欺诈等；（2）有助于保持内部和外部报告的质量；（3）有助于确保遵守相关的法律和规章制度，也有助于遵守与商业道德有关的内部政策。

4.CoCo内部控制目标设定

加拿大特许会计师协会（CICA）的控制标准委员会（Criteria of Control Board，CoCo）于1995年发布《控制指南》，把内部控制目标设定为三项：（1）经营的效率和效果；（2）内部和外部报告的可靠性；（3）遵守适用的法律法规和内部政策。

第三节　内部控制要素

一、内部控制要素概述

1.内部控制要素的概念

内部控制要素是指内部控制整体的必要构成，是对内部控制系统的科学合理的、简明的划分。合理确定内部控制要素有利于具体实施内部控制制度。

2.内部控制要素的划分

内部控制要素划分在内部控制发展的不同历史时期是有着较大区别的，其经历了“三要素论”、“五要素论”和“八要素论”的发展变化。

在内部控制结构阶段，内部控制在结构上由控制环境、会计制度和控制程序三个要素组成。在内部控制整合框架阶段，内部控制要素包括控制环境、风险评估、控制活动、信息与沟通、监督（有时也称为监控）等五个相互联系的要素。在风险管理整合框架阶段，内部控制要素由原来的五要素扩展为八要素，包括内部环境、目标设定、事件识别、评估风险、应对风险、控制活动、信息与沟通、监督。内部控制八要素及其与控制目标的关系如图1-2所示。

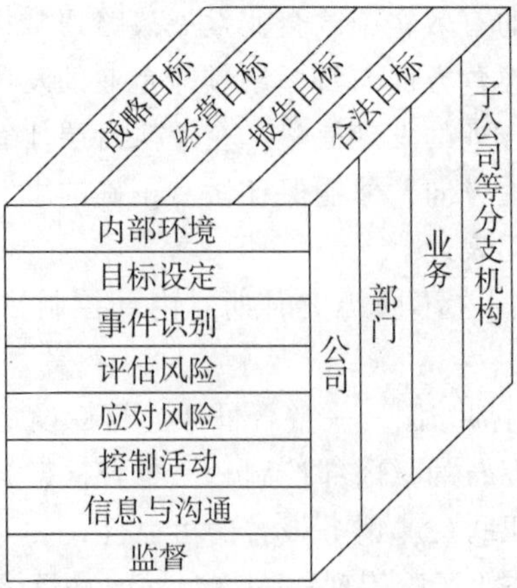

图1-2　内部控制八要素及其与控制目标的关系图

我国2008年发布的《企业内部控制基本规范》将内部控制要素划分为五个方面，指出企业建立与实施有效的内部控制应当包括内部环境、风险评估、控制活动、信息与沟通、内部监督等五要素。(1) 内部环境。内部环境是企业实施内部控制的基础，一般包括治理结构、机构设置及权责分配、内部审计、人力资源政策、企业文化等。(2) 风险评估。风险评估是企业及时识别、系统分析经营活动中与实现内部控制目标相关的风险，合理确定风险应对策略。(3) 控制活动。控制活动是企业根据风险评估结果，采用相应的控制措施，将风险控制在可承受度之内。(4) 信息与沟通。信息与沟通是企业及时、准确地收集、传递与内部控制相关的信息，确保信息在企业内部、企业与外部之间进行有效沟通。(5) 内部监督。内部监督是企业对内部控制建立与实施情况进行监督检查，评价内部控制的有效性，发现内部控制缺陷，应当及时加以改进。

从上述风险评估内容可以看出，风险评估一项要素涵盖了八要素划分方法下的目标设定、事件识别、评估风险、应对风险等四项要素内容。八要素与五要素的关系如图1-3所示。

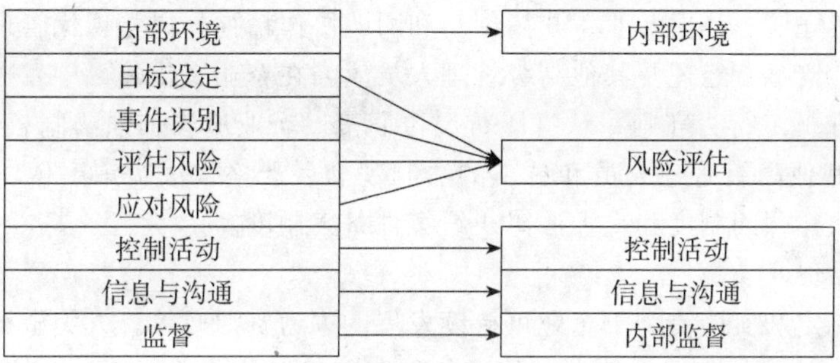

图1-3　八要素与五要素关系图

二、内部环境

(一) 定义

内部环境是企业实施内部控制的基础，一般包括治理结构、机构设置及权责分配、内部审计、企业文化、人力资源政策等。

(二) 内部环境的主要内容

1.治理结构、机构设置及权责分配

企业应当根据国家有关法律法规和企业章程，建立规范的公司治理结构和议事规则，明确决策、执行、监督等方面的职责权限，形成科学有效的职责分工和制衡机制。

股东（大）会享有法律法规和企业章程规定的合法权利，依法行使企业经营方针、筹资、投资、利润分配等重大事项的表决权。董事会对股东（大）会负责，依法行使企业的经营决策权，负责内部控制的建立健全和有效实施。监事会对股东（大）会负责，监督企业董事、经理和其他高级管理人员依法履行职责，同时对董事会建立与实施内部控制进行监督。经理层负责组织实施股东（大）会、董事会决议事项，主持企业的生产经营管理工作，组织领导企业内部控制的日常运行。企业还应成立专门机构或者指定适当的机构具体负责组织协调内部控制的建立实施及日常工作。

企业应当结合业务特点和内部控制要求设置内部机构，明确职责权限，将权利与责任落实到各责任单位。企业应当通过编制内部管理手册，使全体员工掌握内部机构设置、岗位职责、业务流程等情况，明确权责分配，正确行使职权。

2.内部审计

企业应当在董事会下设立审计委员会，负责审查企业内部控制，监督内部控制的有效实施和内部控制的自我评价，协调内部控制审计及其他相关事宜等。审计委员会负责人应当具备相应的独立性、良好的职业操守和专业胜任能力。企业应当加强内部审计工作，保证内部审计机构设置、人员配备和工作的独立性。内部审计机构应当结合内部审计监督，对内部控制的有效性进行监督检查。内部审计机构对监督检查中发现的内部控制缺陷，应当按照企业内部审计工作程序进行报告；对监督检查中发现的内部控制重大缺陷，有权直接向董事会及其审计委员会、监事会报告。

3.企业文化

企业文化，是指企业在经营管理过程中形成的、影响企业内部环境和内部控制效力的精神、意识和理念，主要包括企业的整体价值观，高级管理人员的管理理念、经营风格与职业操守，员工的行为守则等。企业应当加强文化建设，培育积极向上的价值观和社会责任感，倡导诚实守信、爱岗敬业、开拓创新和团队协作精神，树立现代管理理念，强化风险意识。董事、监事、经理及其他高级管理人员应当在企业文化建设中发挥主导作用。企业员工应当遵守员工行为守则，认真履行岗位职责。企业应当加强法制教育，增强董事、监事、经理及其他高级管理人员和员工的法制观念，严格依法决策、依法办事、依法监督，建立健全法律顾问制度和重大法律纠纷案件备案制度。

4.人力资源政策

企业应当制定和实施有利于企业可持续发展的人力资源政策。人力资源政策应当包括下列内容：(1）员工的聘用、培训、辞退与辞职；(2）员工的薪酬、考核、晋升与奖惩；(3）关键岗位员工的强制休假制度和定期岗位轮换制度；(4）掌握国家秘密或重要商业秘密的员工离岗的限制性规定；(5）有关人力资源管理的其他政策。

企业应当将职业道德修养和专业胜任能力作为选拔和聘用员工的重要标准，切实加强员工培训和继续教育，不断提升员工素质。企业应当将职业道德素养和专业胜任能力作为选拔和聘用员工的重要标准，并适当关注应聘者的价值取向和行为特征是否与本企业的企业文化和内部控制的有关要求相适应。企业应当重视并加强员工培训，制订科学、合理的培训计划，提高培训的针对性和实效性，不断提升员工的道德素养和业务素质。企业应当建立和完善针对各层级员工的激励约束机制，通过制定合理的目标、建立明确的标准、执行严格的考核和落实配套的奖惩，促进员工责权利的有机统一和企业内部控制的有效执行。

三、评估风险

（一）定义

评估风险是企业及时识别、系统分析经营活动中与实现内部控制目标相关的风险，合理确定风险应对策略。

（二）目标设定

目标设定是风险评估的前提，企业在进行风险确认、评估与控制之前就必须确立目标。只有先确立了目标，管理层才能针对目标确定风险并采取必要的行动来评估管理风险。目标设定是管理过程中的重要部分。尽管其并非内部控制要素，但它是内部控制得以实施的先决条件。企业的目标可分为两个基本层次：一是战略目标；二是相关（具体）目标。

企业首先要确定合理的战略目标，然后确定具体的经营目标、报告目标和遵循目标。企业战略目标的确定需要与企业的使命（愿景、存在的目的）相一致。相关目标的设定应以战略目标为指导，将公司各职能部门（如生产、营销、工程设计等）的目标与战略目标关联起来并整合一致。

经营目标与经营的效率与效果有关，包括：（1）获利能力（如净利润、ROE等）；（2）效率（如低成本、较快的资产周转速度等）；（3）增长（如资产增长、利润增长等）；（4）对股东的贡献（如股利与资本利得等）；（5）对员工的贡献（如员工薪酬、劳动安全、保险等）；（6）对社会的贡献（如税收、参与慈善活动、提供高质量的产品与服务等）；（7）市场领先地位（如市场占有率等）；（8）资产的安全与完整等。

报告目标与报告（包括内部与外部报告）的可靠性有关，涉及财务与非财务数据。内部报告如市场营销结果报告、销售日报、产品质量报告、客户满意度报告等；外部报告如财务报表及其附注、管理层的讨论与分析、定期向政府管理机关报送的报告等。

遵循目标是指与国家法律法规及企业内部规章制度的遵循有关的目标，主要受外部因素的影响。企业的经营行为必须符合相关法律法规的规定，这些法律法规可能与市场、价格、税收、环境、员工福利以及国际贸易有关。企业需要根据相关的法律法规制定最低的行为标准并作为企业的遵循目标。企业法律法规的遵循情况会对企业在市场或社区内的形象产生显著的、积极或消极的影响。

（三）风险识别

企业应当根据设定的控制目标，全面系统持续地收集相关信息，结合实际情况，及时进行风险评估。

1.风险识别应关注的因素

内部风险绝大多数是企业可以管理和控制的，是企业内部控制活动的对象，包括组织风险、决策风险、营运风险、财务风险、创新风险（研发风险）、人事风险（人力资源风险）和信息系统风险等七类。企业识别内部风险，应当关注的因素有：（1）董事、监事、经理及其他高级管理人员的职业操守、员工专业胜任能力等人力资源因素；（2）组织机构、经营方式、资产管理、业务流程等管理因素；（3）研究开发、技术投入、信息技术运用等自主创新因素；（4）财务状况、经营成果、现金流量等财务因素；（5）营运安全、员工健康、环境保护等安全环保因素；（6）其他有关内部风险的因素。

外部风险又称环境风险，指因企业外部的政治经济环境、法律政策、市场和自然灾害等企业无法控制的因素发生变动带来的风险，包括政治风险、经济风险、法律政策风险、市场风险和其他风险五类。外部风险一般是企业无法控制的风险。企业识别外部风险，应当关注的因素有：（1）经济形势、产业政策、融资环境、市场竞争、资源供给等经济因素；（2）法律法规、监管要求等法律因素；（3）安全稳定、文化传统、社会信用、教育水平、消费者行为等社会因素；（4）技术进步、工艺改进等科学技术因素；（5）自然灾害、环境状况等自然环境因素；（6）其他有关外部风险的因素。

2.风险识别方法

风险识别的方法很多，如环境分析法、现场调查法、财务报表分析法、流程图法、分解分析法、单变量分析法、多元线性判别分析法、决策分析法、动态分析法、文献检查法等，每种方法并非孤立或相斥的，在风险识别中可以同时使用多种方法，在实际操作时应视具体情况灵活运用。

（1）环境分析法

环境分析法是在不同的环境下企业对风险识别的特定方法。它是指通过对环境的分析，明确机会与威胁，发现企业的优势与劣势，找出这些环境可能引发的风险与损失。

（2）现场调查法

现场调查法相当于对风险进行全面的普查，其主要步骤为：调查前的准备，包括确定调查的时间（开始的时间、持续时间的长短）和调查的对象等；进行现场调查和访问，认真填写表格；就调查的结果和发现的情况进行反馈。在实际工作中，为了不忽略重要事项，可事先设计出需要逐项填写的表格，此类调查表通常包括需调查对象的名称、职能、年限、目前状况、故障情况和应采取的行动等项目。

（3）财务报表分析法

财务报表分析法是以企业的资产负债表、利润表、现金流量表和财产目录等资料为依据，对企业的固定资产、流动资产等情况进行风险分析，以便从财务的角度发现企业面临的潜在风险。

（4）流程图法

流程图法是按生产经营过程的内在逻辑联系做出作业流程图，然后针对其中的关键步骤或薄弱环节进行调查和分析，即通过描述产品、服务与会计、营销等的流动过程来识别流程中风险的方法。其基本步骤为：识别产品加工等过程的各个阶段；设计流程图，揭示工序或流程中的所有风险；对流程图进行解释；寻找风险事故的原因；预测可能的损失。在复杂和综合的流程图中可以通过填写简表的方式来进行流程图的解释，如列出可能的损失事故，寻找可能的原因，分析可能的结果。

（5）分解分析法

分解分析法就是将复杂的事物分解成简单的容易识别的事物，从而识别可能存在的风险的方法。例如，可以把投资项目风险分解为市场需求风险、价格风险、设计风险、生产风险、资金风险等，然后再对每一种风险进行分析，如将生产风险进一步分解为采购风险、设备风险、质量风险、成本风险、技术风险等，从而进行具体的风险分析。这种分析可以从不同角度、层次进行，并有不同的形式。

（6）单变量分析法

单变量分析（univariate analysis）通常是指用单一的财务比率值或者趋势来预测或判定企业财务风险发生的可能性。单变量分析法与传统财务分析法中的单一财务比率分析非常相似，但在选取财务比率与确定财务比率值（即分割点）时，两种方法存在较大的不同。单变量分析法通常对样本企业进行统计分析得出，而传统财务分析法主要依赖于经验总结与归纳。

（7）多元线性判别分析法

多元线性判别分析是一种进行统计鉴别和分析的技术手段。它可以就一定数量案例的一个分组变量和相应的其他多元变量的已知信息，确定分组与其他多元变量之间的数量关系，建立判别函数，然后利用这一数量关系对其他已知多元变量信息但未知分组类型所属的案例进行判别分析。

Z值判定模型是美国阿特曼（Altman）教授最早将多元判别分析方法运用于企业财务失败预警分析的一种方法。阿特曼于1968年使用多元判别分析（multiple discriminated analysis，MDA）来建立财务风险判别函数，提出了Z记分法。Z值判定模型为：

$$Z=1.2X_1+1.4X_2+3.3X_3+0.6X_4+0.999X_5$$

该模型中，Z表示判别函数值；X_1=营运资金/资产总额；X_2=留存收益/资产总额；X_3=息税前利润/资产总额；X_4=股东权益市场价值/总负债账面价值总额；X_5=主营业务收入/资产总额。$Z>2.99$时，表明企业财务状况良好；$Z<1.81$，表明企业存在较大的破产风险；Z值处于1.81~2.99，称为“灰色地带”，表明企业财务状况极不稳定。

（四）风险分析

企业应当采用定性与定量相结合的方法，按照风险发生的可能性及其影响程度等，对识别的风险进行分析和排序，确定关注重点和优先控制的风险。企业进行风险分析，应当充分吸收专业人员，组成风险分析团队，按照严格规范的程序开展工作，确保风险分析结果的准确性。

1.定量分析

所谓定量分析就是试图从数字上对安全风险进行分析评估的一种方法。常用的定量分析方法如暴露因子（exposure factor，EF，即特定威胁对特定资产造成损失的百分比，或者说损失的程度）、单一损失期望（single loss expectancy，SLE或者single occurrence costs，SOC，即特定威胁可能造成的潜在损失总量）、年度发生率（annualized rate of occurrence，ARO，即威胁在一年内估计会发生的频率）、年度损失期望（annualized loss expectancy，ALE或estimated annual cost，EAC，即特定资产在一年内遭受损失的预期值）等。

例如：假定某公司投资500 000美元建造一个网络运营中心，据分析该中心最大的风险是火灾，一旦火灾发生，网络运营中心的估计损失程度是45%。根据消防部门推断，该网络运营中心所在的地区每5年会发生一次火灾，即ARO为0.20。基于以上数据，该公司网络运营中心的ALE将是45 000美元。

2.定性分析

定性分析方法是目前采用最为广泛的一种方法，它带有很强的主观性，往往需要凭借分析者的经验和直觉或者业界的标准和惯例，为风险管理诸要素（资产价值、威胁的可能性、弱点被利用的容易度、现有控制措施的效力等）产生风险的大小或高低程度定性分级，例如“高”“中”“低”三级。

定性分析的操作方法多种多样，包括小组讨论（例如德尔菲法）、检查列表（checklist）、问卷（questionnaire）、人员访谈（interview）、调查（survey）等。定性分析操作起来相对容易，但也可能因为操作者经验和直觉的偏差而使分析结果缺乏准确性。因此，企业分析风险应尽可能采用定性分析与定量分析相结合的方法。

3.综合分析方法

综合分析方法是指采用定性分析与定量分析相结合的方法。常见的综合分析方法主要有专家打分法、层次分析法、风险暴露计算模型、沃尔评分法、风险价值法等。

（1）专家打分法

专家打分法是根据具体评价对象，确定恰当的评价项目，并制定评价等级和标准，每个等级标准用打分的形式体现的风险衡量方法。专家打分法计算方法简单，且选择余地比较大，在定性和定量分析的基础上，以打分的方式做出定量评价，其结果具有数理统计特性。德尔菲法由美国兰德公司于1964年发明，是对专家打分法的改进。德尔菲法首先通过向参加评价且互不知晓的专家们分别发放咨询表，完全消除了相互间的影响；然后对每一轮专家打分的结果做出统计，并将其作为反馈材料发回给各专家，供下一轮评价时参考；如此反复几次，直至专家们的评定意见比较吻合时为止。

（2）层次分析法

层次分析法（analytic hierarchy process，AHP），是美国运筹学家托马斯·塞蒂（Thome L.Satty）教授于20世纪70年代中期提出的一种系统分析方法。AHP是一种将与决策有关的元素分解成目标、准则、方案等递阶层次结构，在此基础之上进行定性和定量分析，以此确定多目标、多方案优化决策问题中各个指标权重的决策方法。这种方法的特点是在对复杂的决策问题的本质、影响因素及其内在关系等进行深入分析的基础上，利用较少的定量信息使决策的思维过程数学化，从而为多目标、多准则或无结构特性的复杂决策问题提供简便的决策方法，尤其适合于对决策结果难以直接准确计量的场合。

（3）风险暴露计算模型

风险暴露计算模型是哈佛商学院罗伯特·西蒙斯（Robert Simons）教授于1999年提出的，该模型将风险分为企业成长、企业文化和企业信息管理，每个类别又分别由3个子因素所组成，每个因素5分，把9个风险因素衡量所得的分数加总，针对总分的落点进行分析。具体模型见表1-1。

表1-1 **风险暴露计算模型**

类别	风险因素	得分（1~5分）
企业成长	绩效压力	
	企业扩展速度	
	无经验的员工	
企业文化	因承担创新风险所产生的报酬	
	高层主管对坏消息的抗拒	
	企业内部竞争程度	
企业信息管理	交易的复杂性与变化速度	
	绩效衡量诊断的缺失	
	企业决策权的分散程度	
		合计　　分

说明：9~20分为安全区；21~34分为警告区；35~45分为危险区。

风险暴露计算模型是一种估计风险大小和可能导致大事故或危机的诊断工具。根据专业人员的经验和主观感受给每个指标确定一个分数，这种赋权方法相对比较简单，也容易理解，因此，在社会问题的综合评价中，此法使用得比较广泛。

（4）沃尔评分法

财务状况综合评价的先驱者之一亚历山大·沃尔在《信用晴雨表研究》和《财务报表比率分析》中提出了信用能力指数的概念，把若干个财务比率用线性关系结合起来，以评价企业的信用水平。他选择了7个财务比率，即流动比率、产权比率、固定资产比率、存货周转率、应收账款周转率、固定资产周转率和自有资金周转率，分别给定了其在总评价中所占的比重，总和为100分，然后以行业平均数为基础确定标准比率，将实际比率与标准比率相比，得出相对比率，将此相对比率与各指标比重相乘，得出总评分。

（5）风险价值法

风险价值（value-at-risk，VAR），是指在正常的市场条件和给定的置信水平（通常是95%或99%）下，在给定的持有期间内，某一投资组合预期所面临的潜在的最大损失金额。或者说，在正常的市场条件和给定的时间段内，该投资组合发生VAR损失的概率为给定的概率水平（置信水平）。它是适应当前风险管理的需求而产生的，以规范的统计技术全面衡量市场风险的方法。

（五）风险应对

1.确定风险承受度

企业应当在风险分析的基础上，确定相应的风险承受度。风险承受度是企业能够承担的风险限度，包括整体风险承受能力和业务层面的可接受风险水平。风险承受度是对具体目标实现偏差的可接受程度。风险承受度是可以计量的，计量时通常应采用与相关的目标相一致的计量单位。绩效计量常被用来确保实际的结果在已建立的风险承受度之内。比如，公司及时供应的目标为98%，可接受的变动率为97%~100%；培训通过率目标为90%，可接受的通过率至少为75%；再比如，公司对客户的抱怨在24小时内及时反应，可接受的程度是至多有25%的客户抱怨在24~36小时内有所反应。企业的风险承受度有时是在整个公司层面上考虑的，并在各个业务单元之间进行分配。例如，某企业设定公司整体上从合作伙伴处取得的销售收入不得超过20%，公司有两个业务单元，其下一年的营运与市场计划都表明来自合作伙伴的收入均超过20%，管理层决定，A业务单元来自合作伙伴的收入至多不超过30%，B业务单位的此类收入不超过15%，公司整体来自合作伙伴的销售收入保持在20%的风险承受度之内。

2.选择风险应对策略

企业应当根据风险分析的结果，结合风险承受度，权衡风险与收益，确定风险应对策略。企业应当合理分析、准确掌握董事、经理及其他高级管理人员、关键岗位员工的风险偏好，采取适当的控制措施，避免因个人风险偏好给企业经营带来重大损失。风险偏好是指企业在实现其价值过程中所愿意接受的风险量，是公司管理层在董事会监督之下制定战略的路标，风险偏好可以视作增长、风险与收益之间的一种平衡。

企业应当综合运用风险规避、风险降低、风险分担和风险承受等风险应对策略，实现对风险的有效控制。风险规避是企业对超出风险承受度的风险，通过放弃或者停止与该风险相关的业务活动以避免和减轻损失的策略；风险降低是企业在权衡成本效益之后，准备采取适当的控制措施降低风险或者减轻损失，将风险控制在风险承受度之内的策略；风险分担是企业准备借助他人力量，采取业务分包、购买保险等方式和适当的控制措施，将风险控制在风险承受度之内的策略；风险承受是企业对风险承受度之内的风险，在权衡成本效益之后，不准备采取控制措施降低风险或者减轻损失的策略。

企业应当结合不同发展阶段和业务拓展情况，持续收集与风险变化相关的信息，进行风险识别和风险分析，及时调整风险应对策略。

四、控制活动

1.定义

控制活动是企业根据风险评估结果，采用相应的控制措施，将风险控制在可承受度之内的一系列活动。它是企业内部控制的最重要、最主要的组成部分，它在内部控制中处于核心地位。同时，控制活动是实现管理职能的主要手段，也是企业激励、调动部门积极性，抑制、协调负面因素的重要杠杆。企业应当结合风险评估结果，通过手工控制与自动控制、预防性控制与发现性控制相结合的方法，运用相应的控制措施，将风险控制在可承受度之内。企业应当根据内部控制目标，结合风险应对策略，综合运用控制措施，对各种业务和事项实施有效控制。企业应当建立重大风险预警机制和突发事件应急处理机制，明确风险预警标准，对可能发生的重大风险或突发事件，制订应急预案、明确责任人员、规范处置程序，确保突发事件得到及时妥善处理。

控制措施一般包括：不相容职务分离控制、授权审批控制、会计系统控制、财产保护控制、预算控制、运营分析控制和绩效考评控制等。

2.不相容职务分离控制

不相容职务分离控制要求企业全面系统地分析、梳理业务流程中所涉及的不相容职务，实施相应的分离措施，形成各司其职、各负其责、相互制约的工作机制。所谓不相容职务是指那些如果由一个人担任，既可能发生错误和舞弊行为，又可能掩盖其错误和舞弊行为的职务。不相容职务分离的核心是“内部牵制”，它要求每项经济业务都经过两个或两个以上的部门或人员的处理，使得单个人或部门的工作必须与其他人或部门的工作相一致或相联系，并受其监督和制约。企业内部的不相容职务主要包括：授权批准、业务经办、会计记录、财产保管、稽核检查等职务。

不相容职务通常可分为以下几类：

（1）强不相容职务和弱不相容职务

仓库保管与财务记录之间的不相容程度是大于总账与明细账之间的不相容程度的。完全不能由一人来处理相关业务的不相容职务我们可以称之为强不相容职务；部分相容职务可以称之为弱不相容职务，弱不相容职务可以由一人来处理。完整的业务可以分解为许多环节，间隔愈相近则不相容的程度愈强；与实物、现金有关的涉及财产安全的业务属于强不相容职务；一项业务流程的上、下环节均与企业外部同一部门或业务相联系，则该上、下环节的职务强不相容。

（2）平行不相容职务和交叉不相容职务

平行不相容职务是指不同业务循环的职务之间，职务是完全不能兼任的。交叉不相容职务是指不同循环之间的某些职务由相同的人兼任或交叉担任，例如“购货与收款”循环的授权执行记录、验货、审核、付款及保管与“销售与付款”循环的授权执行收款、审核、发货、记录。但是，平行不相容职务之间同类业务是兼任的，例如，在“购货”和“销售”两个循环中的记账或收付款都可以是一个人，但是两个循环中的某两个相邻的不相容职务不能在两个循环中互为上下位关系，这样会导致不相容职务设置的失效。

（3）多环节不相容职务和少环节不相容职务

通常把有专职的五个以上环节的不相容职务体系称为多环节不相容职务，反之，称为少环节不相容职务。例如，如果一个单位的会计人员只有两个，即出纳和会计，则忽视了审批环节这个隐性的会计职务，因此不相容职务最少应有三个环节。

(4) 均衡不相容职务和非均衡不相容职务

均衡不相容职务是指不相容职务之间地位平等，不存在领导与被领导的关系，这样的设置可以起到制衡的作用。非均衡不相容职务是指职务之间有从属关系，下位为上位领导，或某一环节控制其他环节。均衡不相容职务往往比非均衡不相容职务更能起到制衡作用，但是串通的风险在增大。

3.授权审批控制

为确保管理层的指令得以实现并且能够缓和风险的控制活动在很大程度上是基于授权审批活动的，因此，一个完善的内部控制制度必须建立一个庞大而周密的授权审批系统，使之得以与其他的内控措施综合作用，将风险有效地控制在可承受度之内。

授权审批控制要求企业根据常规授权和特别授权的规定，明确各岗位办理业务和事项的权限范围、审批程序和相应责任。常规授权也称一般授权，是指企业在日常经营管理活动中按照既定的职责和程序进行的授权。特别授权是指企业在特殊情况、特定条件下对重大风险事项或工作进行的授权。企业应当编制常规授权及特别授权的权限指引，规范授权的范围、权限、程序和责任及相关的记录措施，提高权限的透明度，加强对权限行使的监督和管理。

授权审批控制要求企业根据职责分工，明确各部门、各岗位办理经济业务与事项的权限范围、审批程序和相应责任等内容。企业内部各级管理及业务经办人员必须在授权范围内行使职权和承担责任，未经授权的部门和人员，不得办理企业各类经济业务与事项，从而使得权力界限更加明晰，责任归属更加透明。因此，对公司的各项交易事项进行授权审批控制，以职责分工控制为重要基础，同时又为财产保护控制、预算控制等控制活动的有效实施提供了不可或缺的前提条件，它可以保证相应的管理层了解交易或经营现状，并且有助于公司建立起科学、精简、高效的责任制，进而形成各司其职、各负其责、便于考核、相互制约的工作机制。企业各级管理人员应当在授权范围内行使职权和承担责任。企业对于重大的业务和事项，应当实行集体决策审批或者联签制度，任何个人不得单独进行决策或者擅自改变集体决策。

4.会计系统控制

会计系统控制是重要的内部控制方法之一。在这个系统中，会计人员在一定会计组织下，运用一定的专门方法，借助一定的计算工具和设备，按照有关会计法规的规定和要求，对企事业单位的资金运动进行核算和监督，登记会计凭证、会计账簿，编制会计报表，生成会计信息资料，履行会计监督职责。会计系统控制的具体措施主要包括会计岗位设置和会计人员资格的控制、会计凭证和会计账簿的处理程序控制、会计信息的提供与披露控制、会计档案管理的控制、会计工作交接办法控制等。会计系统控制要求企业严格执行国家统一的会计准则和其他会计制度，加强会计基础工作，明确会计凭证、会计账簿和财务会计报告的处理程序，保证会计资料真实完整。企业应当依法设置会计机构，配备会计从业人员。从事会计工作的人员，必须取得会计从业资格证书。会计机构负责人应当具备会计师以上专业技术职务资格。大中型企业应当设置总会计师。设置总会计师的企业，不得设置与其职权重叠的副职。

5.财产保护控制

财产保护控制要求企业建立财产日常管理制度和定期清查制度，采取财产记录、实物保管、定期盘点、账实核对等措施，确保财产安全。企业应当严格限制未经授权的人员接触和处置财产。

财产保护控制主要包括日常管理控制和定期清查控制两种，这是对单位实物资产安全采取的控制措施。日常管理控制的核心是实施限制接近控制，以严格控制对实物资产及与实物资产有关的文件的接触，如现金、银行存款、有价证券和存货等，除出纳人员和仓库保管人员外，其他人员则限制接触，以保证资产的安全。定期清查控制可以保证实物资产实有数量与账面记载相符，如账实不符，应查明原因，及时处理。除上述外，实物资产控制从广义上说，还包括对实物资产的采购、保管、发货及销售等全过程进行的控制。

6.预算控制

所谓预算控制又称预算管理，就是将企业的决策目标及其资源配置规划加以量化并使之得以实现的内部管理活动的过程。预算控制要求企业实施全面预算管理制度，明确各责任单位在预算管理中的职责权限，规范预算的编制、审定、下达和执行程序，强化预算约束。

7.运营分析控制

运营分析控制要求企业建立运营情况分析制度，经理层应当综合运用生产、购销、投资、筹资、财务等方面的信息，通过因素分析、对比分析、趋势分析等方法，定期开展运营情况分析，发现存在的问题，及时查明原因并加以改进。其中，常见的因素分析法主要有主次因素分析法、因果分析法、平行影响法、连环替代法等。对比分析法是把客观事物加以比较，以认识事物的本质和规律并做出正确的评价。对比分析法通常是把两个相互联系的指标数据进行比较，从数量上展示和说明研究对象规模的大小、水平的高低、速度的快慢以及各种关系是否协调。趋势分析法主要是通过对比两期或连续数期的财务或非财务数据，确定其增减变动的方向、数额或幅度，以掌握有关数据的变动趋势或发现异常的变动。典型的趋势分析是将本期数据与上期数据进行比较，更为复杂的趋势分析则涉及多个会计期间的比较。用于趋势分析的数据既可以是绝对值，也可以是以比率表示的相对值。

8.绩效考评控制

绩效考评控制要求企业建立和实施绩效考评制度，科学设置考核指标体系，对企业内部各责任单位和全体员工的业绩进行定期考核和客观评价，将考评结果作为确定员工薪酬以及职务晋升、评优、降级、调岗、辞退等的依据。绩效考评系统主要包括考评指标和考评程序的制定、考评方法的选择、考评结果的分析和纠正偏差与奖励措施等关键环节。

绩效考评控制系统从考评对象来分，应分为经营者绩效考评控制和员工绩效考评控制两大系统。由于经营者特殊的工作性质，决定了企业本身的业绩是其工作业绩的重要反映，故经营者绩效考评又包括企业绩效考评和经营者个人绩效考评。在经营者绩效评价系统中，考评的主体是股东或股东大会和董事会，评价客体是经营者，一般是指董事长和总经理或CEO。员工绩效考评控制是由各级管理者按照一定的标准和方法对其下属及员工的工作完成情况进行考评。无论考评对象是谁，这些将会影响绩效考评控制系统运作的质量。

五、信息与沟通

1.定义

信息与沟通是企业及时、准确地收集、传递与内部控制相关的信息，确保信息在企业内部、企业与外部之间进行有效沟通。企业应当建立信息与沟通制度，明确内部控制相关信息的收集、处理和传递程序，确保信息及时沟通，促进内部控制有效运行。

2.信息获取

企业应当准确识别、全面收集来源于企业外部及内部、与企业经营管理相关的财务及非财务信息，为内部控制的有效运行提供信息支持。企业应当对收集的各种内部信息和外部信息进行合理筛选、核对、整合，提高信息的有用性。内部信息主要包括会计信息、生产经营信息、资本运作信息、人员变动信息、技术创新信息、综合管理信息等。企业可以通过财务会计资料、经营管理资料、调研报告、专项信息、内部刊物、办公网络等渠道，获取内部信息。外部信息主要包括政策法规信息、经济形势信息、监管要求信息、市场竞争信息、行业动态信息、客户信用信息、社会文化信息、科技进步信息等。企业可以通过行业协会组织、社会中介机构、业务往来单位、市场调查、来信来访、网络媒体以及有关监管部门等渠道，获取外部信息。

3.信息传递与沟通

企业应当将内部控制相关信息在企业内部各管理级次、责任单位、业务环节之间，以及企业与外部投资者、债权人、客户、供应商、中介机构和监管部门等有关方面之间进行沟通和反馈。信息沟通过程中发现的问题，应当及时报告并加以解决。重要信息应当及时传递给董事会、监事会和经理层。

外部信息沟通应当重点关注以下几方面：

（1）与投资者和债权人的沟通。企业应当根据《中华人民共和国公司法》《中华人民共和国证券法》等法律法规、企业章程的规定，通过股东大会、投资者会议、定向信息报告等方式，及时向投资者报告企业的战略规划、经营方针、投融资计划、年度预算、经营成果、财务状况、利润分配方案以及重大担保、合并分立、资产重组等方面的信息，听取投资者的意见和要求，妥善处理企业与投资者之间的关系。

（2）与客户的沟通。企业可以通过客户座谈会、走访客户等多种形式，定期听取客户对消费偏好、销售政策、产品质量、售后服务、货款结算等方面的意见和建议，收集客户需求和客户的意见，妥善解决可能存在的控制不当问题。

（3）与供应商的沟通。企业可以通过供需见面会、订货会、业务洽谈会等多种形式与供应商就供货渠道、产品质量、技术性能、交易价格、信用政策、结算方式等问题进行沟通，及时发现可能存在的控制不当问题。

（4）与监管机构的沟通。企业应当及时向监管机构了解监管政策和监管要求及其变化，并相应完善自身的管理制度；同时，认真了解自身存在的问题，积极反映诉求和建议，努力加强与监管机构的协调。

（5）与外部审计师的沟通。企业应当定期与外部审计师进行会晤，听取外部审计师有关财务报表审计、内部控制等方面的建议，以保证内部控制的有效运行以及双方工作的协调。

（6）与律师的沟通。企业可以根据法定要求和实际需要，聘请律师参与有关重大业务、项目和法律纠纷的处理，并保持与律师的有效沟通。

4.信息技术及安全

企业应当利用信息技术促进信息的集成与共享，充分发挥信息技术在信息与沟通中的作用。企业应当加强对信息系统的开发与维护、访问与变更、数据输入与输出、文件储存与保管、网络安全等方面的控制，保证信息系统安全稳定运行。

5.反舞弊机制

企业应当建立反舞弊机制，坚持惩防并举、重在预防的原则，明确反舞弊工作的重点领域、关键环节和有关机构在反舞弊工作中的职责权限，规范舞弊案件的举报、调查、处理、报告和补救程序。企业至少应当将下列情形作为反舞弊工作的重点：（1）未经授权或者采取其他不法方式侵占、挪用企业资产，牟取不当利益；（2）在财务会计报告和信息披露等方面存在的虚假记载、误导性陈述或者重大遗漏等；（3）董事、监事、经理及其他高级管理人员滥用职权；（4）相关机构或人员串通舞弊。

企业应当建立举报投诉制度和举报人保护制度，设置举报专线，明确举报投诉处理程序、办理时限和办结要求，确保举报、投诉成为企业有效掌握信息的重要途径。举报投诉制度和举报人保护制度应当及时传达至全体员工。

六、内部监督

1.定义

内部监督是指企业对其内部控制的健全性、合理性和有效性进行监督检查与评估，形成书面检查报告并做出相应处理的过程。企业应当根据《企业内部控制基本规范》及其配套办法，制定内部控制监督制度，明确内部审计机构（或经授权的其他监督机构）和其他内部机构在内部监督中的职责权限，规范内部监督的程序、方法和要求。

内部监督分为日常监督和专项监督。日常监督是指企业对建立与实施内部控制的情况进行常规、持续的监督检查；专项监督是指在企业发展战略、组织结构、经营活动、业务流程、关键岗位员工等发生较大调整或变化的情况下，对内部控制的某一或者某些方面进行有针对性的监督检查。专项监督的范围和频率应当根据风险评估结果以及日常监督的有效性等予以确定。

2.内部监督实施

企业应当利用信息与沟通情况，提高监督检查工作的针对性和时效性；同时，通过实施监督检查，不断提高信息与沟通的质量和效率。企业董事会所属审计委员会、内部审计机构或者实际履行内部控制监督职责的其他有关机构应当根据国家法律法规要求和企业授权，采取适当的程序和方法，对内部控制的建立与实施情况进行监督检查，形成检查结论并出具书面检查报告。履行内部控制监督检查职责的机构，应当加强队伍职业道德建设和业务能力建设，不断提高监督检查工作的质量和效率，树立并增强监督检查的权威性。企业内部监督应特别关注内部控制缺陷以及可能产生的危害。企业应当制定内部控制缺陷认定标准，对监督过程中发现的内部控制缺陷，应当分析缺陷的性质和产生的原因，提出整改方案，采取适当的形式及时向董事会、监事会或者经理层报告。内部控制缺陷包括设计缺陷和运行缺陷。企业应当跟踪内部控制缺陷整改情况，并就内部监督中发现的重大缺陷，追究相关责任单位或者责任人的责任。企业应当结合内部监督情况，定期对内部控制的有效性进行自我评价，出具内部控制自我评价报告。内部控制自我评价的方式、范围、程序和频率，由企业根据经营业务调整、经营环境变化、业务发展状况、实际风险水平等自行确定。企业应当以书面或者其他适当的形式，妥善保存内部控制建立与实施过程中的相关记录或者资料，确保内部控制建立与实施过程的可验证性。

第二章

组织架构

第一节　组织架构概述

一、组织架构的定义

《组织架构指引》指出，组织架构是指企业按照国家有关法律法规、股东（大）会决议和企业章程，结合本企业实际，明确股东（大）会、董事会、监事会、经理层和企业内部各层级机构设置、职责权限、人员编制、工作程序和相关要求的制度安排。其中，核心是完善公司治理结构、健全企业内部控制管理体制和运行机制。

二、建立和完善组织架构的意义

一个现代企业，无论是处于新建、重组改制还是存续状态，要实现发展战略，就必须把建立和完善组织架构放在首位或重中之重。组织架构存在缺陷或缺失，其他一切生产、经营、管理活动都会受到影响。建立和完善组织架构可以促进企业建立现代企业制度。现代企业制度是企业保持成功的关键因素，而现代企业制度的核心则是组织架构；建立和完善组织架构可以有效防范和化解各种舞弊风险，在组织架构的设计和运行环节，可以找出阻碍企业经营发展和内部控制建设的“串谋舞弊”的根源；建立和完善组织架构可以为强化企业内部控制建设提供重要支撑，一个科学高效、分工制衡的组织架构，可以使企业自上而下地对风险进行识别和分析，进而采取控制予以应对，可以促进信息在企业内部各层级之间，企业与外部利益相关者之间及时、准确、顺畅地传递，可以提升日常监督和专项监督的力度和效能。

三、组织架构的本质

本书从治理结构和内部结构两个方面研究组织架构的本质。

（一）治理结构是企业治理层面的组织架构

它是指企业根据相关的法律法规，设置不同层次、不同功能的法律实体及相关的法人治理结构，从而使得企业能够在法律允许的框架下拥有特定权利、履行相应义务，以保障各利益相关方的基本权益，是使企业成为可以与外部主体发生各项经济关系的法人所必备的组织基础。

（二）内部结构是企业内部机构层面的组织架构

它是指企业根据业务发展的需要，分别设置不同层次的管理人员及由各专业人员组成的管理团队，针对各项业务功能行使决策、计划、执行、监督、评价的权利并承担相应的义务，为业务顺利开展从而实现企业发展战略提供组织架构的支撑平台。

（三）治理结构与内部结构之间既有区别又有联系

一方面，两者在服务的控制目标上存在差异。治理结构服务于企业的发展战略和合规合法；内部结构则主要服务于另外三类控制目标，即保证企业资产安全、保证财务报告及相关信息的真实完整、提高经营效率和效果。同时，我们不能将两者对内部控制目标实现的保障功能完全独立开来。另一方面，两者相互协调，相互配合，互相补充。健全的法人治理结构为内部机构的有效运行提供了基础保障，科学的内部结构则为公司治理层的各项决策和计划的执行提供了操作平台。

四、组织架构设计和运行中的主要风险

关于组织架构设计和运行中的风险，组织架构指引分别从治理结构和组织架构设计两个方面进行了阐述。

1.治理结构形同虚设，可能导致企业缺乏科学决策和运行机制，难以实现发展战略和经营目标。在所有权与经营权实现分离的情况下，所有者将日常经营和重大决策权委托给董事会，而董事会委托企业经理管理日常的经营事务。这就要求构建公司治理结构，使经理人员的目标与所有者的目标一致，为企业和所有者谋取最大的利益。若不能很好地解决公司治理的问题，那么管理层就没有足够的动力去改进内部控制。因此，企业内各部门间组织架构设计、企业内各类人员之间的职责划分、行政权力分配和资源的配置、权力的执行和被监督、相互间牵制的合理性，这些方面的设计是否科学，都将对内部控制的实施产生重大影响。

2.组织架构设计不适当，结构层次不科学，权责分配不合理，可能导致机构重叠、职能缺位、推诿扯皮，运行效率低下。科学合理的企业组织架构能够有效控制和协调企业内部权力、责任、资源分配和各种职能活动，可以作为组织管理和决策过程基础的正式信息交流渠道和非正式信息交流渠道，同时可以建立起组织文化和组织管理规则。因此，为企业设计科学合理的组织架构是至关重要的。

● 第二节　组织架构设计

一、组织架构设计应遵循的一般原则

组织架构的设计主要是针对根据《中华人民共和国公司法》（以下简称《公司法》）新设的企业，以及《公司法》颁布前存在的企事业单位转为公司制企业而言的。

企业在设计组织架构时，必须考虑内部控制的要求，合理确定治理层及内部各部门之间的权利和责任并建立恰当的报告关系。组织架构设计，应该在经营目标基础上，考虑经营环境等设计参数的影响，充分利用组织资源，确定组织的职能模块，选用适当的组织模式，实现岗位的合理设置，确定组织架构，运用业务流程检验、完善组织架构，既要保证企业高效运营，又要适应内部控制环境的需要进行相应的调整和变革。具体而言，至少应当遵循以下原则：依据法律法规；有助于实现发展战略；符合管理控制要求；能够适应内外环境的变化。

二、治理结构的设计

（一）治理结构设计的一般原则

企业治理结构的设计必须符合《公司法》及其他有关法律法规的要求，一般涉及股东

(大)会、董事会、监事会和经理层。企业应当根据国家有关法律法规的规定，按照决策机构、执行机构和监督机构相互独立、权责明确、相互制衡的原则，明确董事会、监事会和经理层的职责权限、任职条件、议事规则和工作程序。从内部控制建设角度看，新设企业或转制企业如果一开始就在治理结构设计方面存在缺陷，必然会对其后的长远发展造成严重损害。在组织架构设计时，企业应遵循实质重于形式的原则。

(二)上市公司治理结构设计的特殊要求

上市公司因为具有重大公众利益，在结构设计时，应充分体现“公众性”特点。特殊性表现在以下三点：

一是独立董事制度。上市公司董事会应当设立独立董事，独立董事由与其所受聘的上市公司及其主要股东不存在可能妨碍其进行独立客观判断的人员担任。独立董事不得担任除独立董事外的其他职务。独立董事应当按照有关法律法规和公司章程的规定独立履行职责，不受公司主要股东、实际控制人以及其他与上市公司存在利害关系的单位或个人的影响。

二是董事会专业委员会。上市公司应当根据治理需要，按照股东大会的有关决议设立战略决策、审计、提名、薪酬与考核等专门委员会。董事会各专业委员会，审计委员会、薪酬与考核委员会中独立董事应当占多数并担任负责人，审计委员会中至少应有一名独立董事是会计专业人士。董事会专业委员会中审计委员会对董事会负责并代表董事会对经理层进行监督，侧重加强对经理层提供的财务报告和内部控制评价报告的监督，同时通过指导与监督内部审计和外部审计工作，提高内部审计和外部审计的独立性，在信息披露、内部审计和外部审计之间建立起独立的监督和控制机制。

三是董事会秘书。上市公司应当设置董事会秘书及由其负责管理的信息披露部门(董秘办)。董事会秘书是上市公司的高级管理人员，对上市公司和董事会负责，由董事长提名，董事会任免。在上市公司内部控制实务中，董事会秘书扮演着非常重要的角色。其负责公司股东大会和董事会会议的筹备、文件保管以及公司股东资料的管理、办理信息披露事务等事宜。

(三)国有独资公司治理结构设计的特殊要求

国有独资公司是我国在利用公司制对国有企业进行制度创新过程中产生的，其结构设计应充分反映自身的特色。其特殊之处主要表现在：

第一，国有资产监督管理机构代行股东大会职权。国有独资公司董事会可以根据授权部分行使股东大会职权，决定公司的重大事项，但公司的合并、分立、解散、增加或者减少注册资本和发行公司债券，必须由国有资产监督管理机构决定；重要的国有独资公司合并、分立、解散、申请破产的，应由国有资产监督管理机构审核后，报本级人民政府批准。

第二，国有独资公司董事会成员中应当包含职工代表。国有独资公司董事会成员由国有资产监督管理机构委派；董事会成员中的职工代表由公司职工代表大会选举产生。国有独资公司董事长、副董事长由国有资产监督管理机构从董事会成员中指定产生。

第三，国有独资公司监事会成员不得少于5人，其中职工代表的比例不得低于1/3。国有独资公司监事会成员由国有资产监督管理机构委派；监事会成员中的职工代表由职工代表大会选举产生。监事会主席由国有资产监督管理机构从监事会成员中指定产生。

第四，外部董事由国有资产监督管理机构提名推荐，由任职公司以外的人员担任。外部董事在任期内，不得在任职企业担任其他职务。外部董事制度对于规范国有独资公司治理结构、提高决策的科学性、防范重大风险具有重要意义。

三、内部结构的设计

内部结构的设计是组织结构设计的重要环节。具体包括：职能机构的设置、岗位职责的划分、权限体系的分配等。

（一）职能机构的设置

企业应当按照科学、精简、高效、透明、制衡的原则，综合考虑企业性质、发展战略、文化理念和管理要求等因素，合理设置内部职能机构，明确各机构的职责权限，避免职能交叉、缺失或权责过于集中，形成各司其职、各负其责、相互制约、相互协调的工作机制。常见的职能机构包括：规划、设计、采购、生产、销售、会计、审计、人事、法律、后勤等。

（二）岗位职责的划分

企业应当对内部各职能机构的职责进行科学合理的分解，确定具体岗位的名称、职责和工作要求等，明确各岗位的权限和相互关系。企业在确定职权和岗位分工的过程中，应当着重体现不相容职务相互分离的控制要求。企业根据不相容职务相互分离的原则划分岗位职责，还应当关注董事和经理人员的交叉任职现象。

（三）权限体系的分配

企业应当指定组织结构图、业务流程图、岗位说明书和权限指引等内部管理制度或相关文件，使员工了解和掌握组织架构设计及权责分配情况，正确履行职责。特别值得指出的是，就内部结构设计而言，建立权限指引和授权机制非常重要。有了权限指引，不同层级的员工就知道该如何行使各自的权限并承担相应的责任，也有利于事后考核评价。“授权”表明，企业内部各层级员工必须获得相应的权限，才能实施决策或执行业务，严禁越权办理，这一权限通过公司章程约定或其他适当方式授予。按照授权对象和形式的不同，授权分为常规授权和特别授权。常规授权一般针对企业日常经营管理过程中发生的程序性和重复性工作，可以在由企业颁布的岗位说明书中予以明确，或通过制定专门的权限指引予以明确。特别授权一般是董事会给经理层或经理层给内部机构及员工授予处理某一突发事件（或法律纠纷）、做出某项重大决策、代替上级处理日常工作的临时性权利。

四、对“三重一大”的特殊考虑

在企业实务中，不少重大经济案件都牵涉到“三重一大”问题，即重大决策、重大事项、重要人事任免和大额资金支付业务问题。因此，组织架构指引明确要求，企业的重大决策、重大事项、重要人事任免和大额资金支付业务等，必须按照规定的权限和程序实行集体决策审批或联签制度，任何个人不得单独进行决策或者擅自改变集体决策意见。

第三节 组织架构运行

组织架构运行是指企业治理结构和内部结构按照既定的设计方案，行使各自权利和履行相应责任的动态过程。组织架构运行的控制具体包括组织架构的全面梳理和组织架构的评估调整。

一、组织架构的全面梳理

组织架构指引明确提出，企业应当根据组织架构的设计规范，对现有治理结构和内部结构设置进行全面梳理，确保本企业治理结构、内部机构设置和运行机制等符合现代企业制度的要求。

对治理结构的梳理，应当重点关注董事、监事、经理及其他高级管理人员的任职资格和履职情况。就任职资格而言，应重点关注行为能力、道德诚信、经营管理素质、任职程序等方面。就履职情况而言，着重关注合规、业绩以及履行忠实、勤勉义务等方面。重点关注董事会、监事会和经理层的运行效果。

1.内部机构的梳理

对内部机构的梳理，应当重点关注内部机构设置的合理性和运行的高效性。

从合理性角度梳理内部机构的设置情况，应当重点关注内部机构设置对内外部环境的适应性，对实现发展目标的一致性，对内部分工的协调性，以及对权责分配的对等性方面。企业内部机构的设置必须要适应内外部环境的变化。企业内部机构设置必须要以发展目标为导向。企业内部机构设置必须满足专业化的分工和协作。企业内部机构设置必须明确界定各机构和岗位的权利和责任，权责不得有交叉重叠，更不能只有权利而没有相对应的责任和义务。

从高效角度梳理内部机构的运行情况，应当重点关注职责分工的效率、权力制衡的效率和信息沟通的效率。由于要面对千变万化的市场环境，内部各机构的职责分工必须针对市场环境的变化及时做出调整，特别是企业面临重要事件或重大危机时。检验企业权力制衡的效率，就是要评估这种权力制衡机制是否有效。评估内部机构运行中信息沟通的效率，一般包括两个方面：信息在内部机构间的流通是否顺畅，是否存在信息滞后或信息阻塞；信息在组织架构中的流通是否有助于提高效率，是否存在沟通舍近求远。

2.对母子公司组织架构梳理的特殊要求

当企业发展壮大为集团公司时，对母子公司组织架构的梳理显得尤为重要。组织架构指引强调：企业拥有子公司的，应当建立科学的投资管控制度，通过合法有效的形式履行出资人职责、维护出资人权益，重点关注子公司特别是异地、境外子公司的发展战略、年度财务预算、重大投融资、重大担保、大额资金使用、主要资产处置、重要人事任免、内部控制体系建设等事项。为确保母子公司组织架构运行的合法有效性，企业对母子公司组织架构的梳理应当重点关注母子公司在业务、资产、财务、人员和机构等方面的独立性。

二、组织架构的评估调整

企业组织架构的设计与运行应当坚持动态调整的原则，根据发展战略、业务重点、市场环境、监管等因素的变化不断进行优化调整。企业应当在对现行组织架构及其运行状况进行综合分析的基础上，结合企业内外部环境变化和企业不同发展阶段的要求调整组织架构。

企业组织架构调整应当充分听取董事、监事、高级管理人员和企业员工的意见，并按程序进行决策和审批。常见的组织架构调整包括股权结构调整、治理机构调整和内部机构调整。

● 第四节　案例分析——从三株的衰微看企业组织架构及运行规范

三株公司不是被常德的官司拖垮的。三株的内部管理不规范，尤其是组织不规范，使其把捡得的一个金娃娃又玩丢了。

三株兴是奇迹，败亦是奇迹。

三株曾是中国民营企业的一个奇迹。1994年，三株实业有限公司成立，同时推出三株口服液保健产品。当年，销售额达到1.25亿元，1996年销售收入达到80亿元。在全国所有大城市、省会城市和绝大部分地级市都注册了三株子公司，子公司达到600多个。在县、乡、镇有2 000多个办事处，各级行销人员总共超过15万人。1997年销售收入下滑了10亿元，原计划300亿元仅实现70亿元。1998年市场开始瘫痪，1999年，200多个子公司和2 000多个办事处全部关门。2000年三株企业网站关闭，三株几乎是从业界消失了。

三株由生到盛，仅仅用了两年的时间，由盛到衰却不到两年的时间。三株人自己认为，三株之所以由兴盛一下子走向几乎消亡，是让湖南常德汉寿县的一场官司给拖垮了。

1996年6月3日，湖南常德汉寿县77岁的退休老船工陈伯顺，因患老年性尿频，已被医院大夫“判死刑”。出院后，其在三株广告诱导下，花428元买回10瓶三株口服液。喝到第8瓶时，于6月23日病情恶化，9月3日死亡。陈老汉死后，其家人把三株告上了法庭。

此案发生时，正是三株口服液红遍全中国之时。与许多与三株有关的诉讼案件一样，开始并没有演变成全国性的新闻事件。案件审理，一拖再拖，几乎要不了了之了。此时的三株，财大气粗，自始至终没有把这件事当作企业发展中的大事，也没有人去认真处理平息这个事。可到了1997年底，案件发生转折性变化。1998年3月31日，常德中级人民法院做出一审判决，三株败诉，判决其向死者家属赔偿29.8万元。

这时的三株已不再辉煌，这才投入精力应对官司，并最终在二审获胜。他们只重视官司，没有想到比官司本身还可怕的事已等在门口。一审判决后，当即有20多家媒体进行了报道，标题均为“八瓶三株口服液，喝死一条老汉”。这条有广泛影响的爆炸性新闻，将已露败迹的三株推向了深渊，使其从月销售收入数亿元，一下降到几百万元。工厂只得全部停产，工人只能放长假回家。

三株公司作为在全国有重大影响并且名声赫赫的企业集团，一场赢了的官司把它拖垮了，简直是不可思议。其实真正原因不是官司本身，而是其企业内部管理混乱，组织架构和运行不规范，企业系统的众多子系统的目标功能作用不能正常发挥。常德的官司发生后，三株公司没有人对危机事件负责。尽管后来案件的二审，三株胜诉了，但此事已经过去将近3年时间，已经造成全面的市场信誉崩溃，造成的恶果已无法挽回。

为什么三株衰落得如此匆匆？从三株的组织架构和运行上就可发现端倪。三株的组织架构和运行存在五个致命的缺陷：

（1）“集团军式”的集权管理，企业系统功能分配上严重失衡。各子公司不是一个独立核算的公司，只是一个代理执行总部战略意图的促销单位。市场范围由总部划定，产品由总部统一调拨运输，价格由总部敲定，甚至签订合同和货款回笼都由总部包揽，子公司实际上只是负责与新闻媒介联系登广告，或者把宣传品送到客户手里，实施一些促销活动，把产品卖出去。各级财务人员的工资由总部财务中心统一发放。对子公司是“填鸭式”的管理，各子公司只能被动接受命令，无法根据市场实际，发挥自己的主观能动性和创造性。这种管理模式在1996年已暴露出严重的不适应。1997年初，他们开始放权，但一放就乱，没有完善的组织规范，许多子公司不会用权，或者滥用权力，这又导致一些新的更严重的问题发生。

（2）组织系统目标功能作用不清，单位、部门自成体系。三株总公司的组织架构，实行的是中央集权管理体制，企业建立了高度统一的指挥体制。吴炳新称之为六统一，“思想统一、组织统一、政策统一、企划统一、行动统一、管理统一”。为了使这种集权体制具体化，又引进了日本企业的“贩卖、人事、总部、制造”四个中心的架构，成立了制造中心、营销中心、财务中心、组织人事中心。集团四个中心，各自独立成为一个体系。各中心之间，画地为牢，互成壁垒，一个个都成了割据分立的诸侯王国。人员各自扩充，职能各自增添，以与其他中心争权夺利。单位、部门之间拉山头，闹独立。单位、部门不是从企业整体利益出发，而是从小集团和个人利益出发。单位、部门负责人利用职权，打击异己，拉帮结派，培植个人势力。对上面的决策，符合自己小团体利益和个人利益的就贯彻；不符合的，充耳不闻，视而不见。

（3）组织层次过多，运行效率低下。从集团总裁到基层员工，总共有18个层次。过多的等级造成严重的官僚主义，上令难以下达，下情难以上传。市场信息不灵，上下沟通渠道不畅。总部对下属公司无法进行有效控制，对外部环境变化反应迟缓。在组织架构和运行上实行军事化控制：上有市场前线总指挥委员会，中有各省市场前线指挥部，下有基层作战单位，基层网点执行经理为连长；在总部还设有政治工作部，各省设政治委员，子公司派党代表，任职人员主要是从部队营级以上的转业干部中选聘的。但这种军事化的管理也无法给三株带来效率，吴炳新亲自批示的报告，并且电告副总裁速办，结果在中间被卡住，理由是手续不全，延误十多天，导致贻误良机。

（4）单位、部门和岗位角色职责不清。在公司总部，组织体系大的套小的，重重叠叠。集团下面，大公司又套小公司，业务总部控制，层层叠叠的多级公司，都是跑广告、做广告、发发货，职能雷同。中间层次的公司纯粹变成了行政衙门，业务由下面做，钱交由他们花。管理人员整天坐在办公室发号施令，很少去直接管辖下级市场，甚至办事处在什么地方都不知道。有一个子公司经理，手下一个办事处主任上岗4个月，他还不认识。尤其是一些中间层次的管理人员，晚上逛歌舞厅，进夜总会，白天睡大觉。放权以后，没有明晰的责任限制，总部对下面的控制减弱，问题进一步加剧，责任没人负，工作没人干。有个子公司经理公开说，“子公司经理就是比办事处主任懒，办事处主任就是比业务主办懒”。

（5）干部终身制，能上不能下。三株自己的员工也讲，“我们不是国有企业，但比国有企业还国有企业。有些干部低能，在一个单位混不下去了，再换个单位照样当官”。

通过一定的科学方法，规范企业的组织架构和运行，是直接关乎企业兴衰存亡的大事。

资料来源　舒化鲁.从三株的衰微看企业组织架构及运行规范化［EB/OL］.［2010-01-11］. http://www.xmrc.com.cn/xmrc/information/hr/design/201001/t20100111_39430.htm.

第三章

发展战略

第一节　发展战略概述

一、发展战略的定义

发展战略，是指企业在对现实状况和未来趋势进行综合分析和科学预测的基础上，制定并实施的中长期发展目标与战略规划。目的在于防范和控制企业发展战略制定与实施中的重要风险，提高企业核心竞争力，推动企业健康可持续发展。

二、制定和实施发展战略的意义

制定和实施发展战略具有十分重要的意义，主要表现为以下三点：

1.发展战略可以为企业找准市场定位

发展战略着力解决了企业在发展过程中面临的一些全局性、长期性的问题，比如，企业为社会提供什么样的产品和服务、如何充分利用内外部资源以保持持续竞争力等。

2.发展战略是企业执行层行动的指南

发展战略指明了企业的发展方向、目标与实施路径，描述了企业未来经营方向与目标纲领，是企业的发展蓝图，关系着企业的长远生存与发展。只有制定了科学合理的发展战略，企业执行层才有行动的指南，其在日常经营管理和决策时才不会迷失方向，才能知晓哪些是应着力做的"正确的事"。

3.发展战略为内部控制设定了最高目标

《企业内部控制基本规范》中明确指出企业内部控制最高层次的目标是促进发展战略的实现。它一方面表明，企业内部控制最终追求的是如何通过强化风险管控促进企业实现发展战略，另一方面也说明，实现发展战略必须依靠建立和健全内部控制体系为其提供保证。

三、发展战略的种类和控制原则

企业的发展战略是企业成长的战略，主要包括集中生产单一产品或服务的战略、同心多样化战略、一体化战略和复合多样化战略，其中一体化战略又包括纵向一体化战略和横向一体化战略。

战略控制是科学而严谨的体系，各部门和各项工作环环相扣，不能有一丝松懈。其基本原则是保持一致性、可行性、可控性、系统性及灵活性。

四、发展战略制定与实施中的风险

企业发展战略制定和实施中的主要风险有：

1.缺乏明确的发展战略或发展战略实施不到位，可能导致企业盲目发展，难以形成竞争优势，丧失发展机遇和动力。发展战略的制定和实施，对处于任何发展阶段的企业来说都是至关重要的，明确的发展战略是企业经营活动的导向，发展战略的缺乏可能导致企业的发展缺乏计划性与战略性。

2.发展战略过于激进，脱离企业实际能力或偏离主业，可能导致企业过度扩张，甚至经营失败。脱离企业客观实际的发展战略可能导致企业的过度扩张或发展滞后，只有符合企业的实际情况和适应企业环境的发展战略才能促进企业的发展。

3.发展战略因主观原因频繁变动，可能导致资源浪费，甚至危及企业的生存和持续发展。作为企业发展的灵魂、核心竞争力的体现，发展战略应当反映企业的长期性、战略性和相对稳定性，不能因为主观原因而频繁变动。

● 第二节　发展战略设计

制定发展战略是企业实现健康可持续发展的起点。企业应当按照科学发展观的要求，将企业的前途与国家的命运紧密联系起来，立足当前，面向未来，科学制定切合自身实际又符合市场经济发展规律的发展战略。

一、要建立和健全发展战略

制定机构发展战略关系着企业的现在和未来，企业各层级都应给予高度重视和大力支持，要在人力资源配置、组织机构设置等方面提供必要的保证。

为适应企业发展战略的需要，保证公司发展规划和战略决策的科学性，增强公司的可持续发展能力，根据《公司法》等法律法规的规定，企业应当在董事会下设立战略委员会，或由董事会授权的类似机构履行发展战略相应职责。

战略委员会对董事会负责，委员包括董事长和其他董事。战略委员会委员应当具有较强的综合素质和实践经验，委员的任职资格和选任程序应符合有关法律法规和企业章程的规定。战略委员会主席应当由董事长担任；委员中应当有一定数量的独立董事，以保证委员会更具独立性和专业性。必要时，战略委员会还可聘请社会专业人士担任顾问，提供专业咨询意见。

战略委员会的主要职责是对公司长期发展战略和重大投资决策进行研究并提出建议，具体包括以下几点：

1.负责研究拟定发展战略，对公司的长期发展规划、经营目标、发展方针进行研究并提出制定建议。

2.对公司的产品战略、市场战略、营销战略、研发战略、人才战略等经营战略进行研究并提出建议，对公司重大战略性投资、融资方案进行研究并提出建议，对公司重大资本运作、资产经营项目进行研究并提出建议等。

3.对前述两项的实施情况进行监督检查。

为确保战略委员会会议事过程透明、决策程序科学民主，企业应当明确相关议事规则，对战略委员会会议的召开程序、表决方式、提案审议、保密要求和会议记录等做出明确约定。

为了使公司发展战略管理工作落到实处，企业除了在董事会层面设立战略委员会外，还应在内部机构中设置专门的部门或指定相关部门，承担战略委员会有关的具体工作。

二、要综合分析评价影响发展战略的内外部因素

企业外部环境、内部资源等因素，是影响发展战略制定的关键因素。只有深入分析企业所处的外部环境和拥有的内部资源，才能制定出科学合理的发展战略。在此过程中，企业应当综合考虑宏观经济政策、国内外市场需求变化、技术发展趋势、行业及竞争对手状况、可利用的资源水平和自身优势与劣势等影响因素。

（一）分析外部环境，发现机会和威胁

外部环境是制定发展战略的重要影响因素，包括企业所处的宏观环境、行业环境及竞争对手、经营环境等。分析企业面临的外部环境，应当着重分析环境的变化和发展趋势及其对企业战略的重要影响，同时评估有哪些机会可以挖掘，以及企业可能面临哪些威胁。

第一，宏观环境分析。企业是一个开放的经济系统，其经营管理必然受到客观环境的控制和影响。企业要在充分研究外部环境的现状及未来发展趋势的基础上，抓住有利于企业发展的机会，避开环境威胁的因素。宏观环境分析一般通过政治和法律环境、经济环境、社会和文化环境、技术环境等因素分析企业所面临的状况。

第二，行业环境及竞争对手分析。企业应当加强对所处行业调研、分析、发现影响该行业盈亏的决定性因素、当前及预期的盈利性以及这些因素的变动情况。通过行业分析，确保企业在所提供产品或服务的类型、方式、地点以及希望实现的产业规模等方面，能够与同行业竞争对手区别开来，建立和巩固自身市场优势，制定差异化竞争战略。

第三，经营环境分析。经营环境分析侧重于对市场及竞争地位、消费者消费状况、融资者、劳动力市场状况等因素的分析。经营环境比宏观环境和行业环境更容易为企业所影响与控制，也更有利于企业主动应对其带来的机会和威胁。

（二）分析内部资源，识别优势和劣势

内部资源是企业发展战略的重要制约条件，包括企业资源、企业能力、核心竞争力等各种有形和无形资源。分析企业拥有的内部资源和能力，应当着重分析这些资源和能力使企业在同行业中处于何种地位，与竞争对手相比，企业有哪些优势和劣势。

第一，企业资源分析。企业资源分析应着重对企业现有资源的数量和利用效率，以及资源的应变能力等方面进行分析。通过企业资源分析，确定企业资源的状态，找出企业资源优势和劣势；通过与主要竞争对手资源情况的比较，明确形成企业核心能力和竞争优势的战略性资源。

第二，企业能力分析。企业能力是企业有形资源、无形资源和组织资源等各种资源有机组合的结果，主要包括：研发能力分析、生产能力分析、营销能力分析、财务能力分析、组织管理能力分析等。通过分析和挖掘企业能力，了解发展战略能否适应企业面临的各种机遇和挑战，同时还可能发现让竞争对手无法企及的新机会和新领域。

第三，核心竞争力分析。核心竞争力是指能为企业带来相对于竞争对手存在竞争优势的资源和能力。能够有助于企业构建核心竞争力的资源主要包括：稀缺资源、不可模仿的资源、不可替代的资源、持久的资源等。企业在战略分析时，应当将注意力特别集中在那些能够帮助企业建立核心竞争力的资源上。

三、要科学编制发展战略

发展战略可以分为发展目标和战略规划两个层次。其中，发展目标是企业发展战略的

核心和基本内容，是在最重要的经营领域对企业使命的具体化，表明企业在未来一段时期内所要努力的方向和所要达到的水平。战略规划是为了实现发展目标而制定的具体规划，表明企业在每个发展阶段的具体目标、工作任务和实施路径。

（一）制定发展目标

企业发展目标作为指导企业生产经营活动的准绳，通常包括：盈利能力、生产效率、市场竞争地位、技术领先程度、生产规模、组织结构、人力资源、用户服务、社会责任等。

关于发展目标的编制，有几点值得注意：第一，发展目标应当突出主业。在编制发展目标时突出主业，将其做精做强，做成行业“独一份”，不断增强核心竞争力，是许多成功的跨国公司的经验之谈。然而，我国少数大型企业存在盲目投资非主业的现象，特别是一些非地产主业的央企投资房地产，引发了社会各界的广泛争议。此举既不利于国家宏观调控政策的贯彻落实，也可能损害企业的长远发展。企业在发展过程中，只有集中精力做强主业，才能增强企业核心竞争力，才能在行业发展、产业发展中发挥引领和带头作用。第二，发展目标不能过于激进，不能盲目追逐市场热点，不能脱离企业实际，否则可能导致企业过度扩张或经营失败。为追求“超常规”“跨越式”发展，有些企业转而制定激进的发展目标。在这种浮躁心态的驱使下，这些企业盲目做大，不惜成本，急于“铺摊子”，试图在短期内就打造成为巨型企业。但是，这种所谓“跨越式”发展，在内部管理能力难以跟上、风险管理水平不匹配的情况下，一旦遇到外部环境“风吹草动”，企业很可能顷刻间“灰飞烟灭”，迅速走向衰败。第三，发展目标不能过于保守，否则会丧失发展机遇和动力。在过于保守的战略引导下，企业由于发展目标易实现而沾沾自喜，久而久之，在激烈的市场竞争中往往不能及时抓住市场机会，导致发展滞后，最终难以逃脱被淘汰的命运。

企业应当在充分调查研究、征求意见和分析预测的基础上制定发展目标，对企业已进入或将要进入的市场环境进行详细而周密的调查，建立市场信息知识系统。这一步是企业制定战略的基础，所以在对市场环境进行调查时，要全面把握关键因素。常用SWOT分析法对企业的现状进行分析。

（二）编制战略规划

发展目标确定后，就要考虑使用何种手段、采取何种措施、运用何种方法来达到目标，即编制战略规划。战略规划应当明确企业发展的阶段性和发展程度，制定每个发展阶段的具体目标和工作任务，以及达到发展目标必经的实施路径。

（三）严格审议和批准发展战略

发展战略拟定后，应当按照规定的权限和程序对发展战略方案进行审议和批准。

审议战略委员会提交的发展战略建议方案，是董事会的重要职责。在审议过程中，董事会应着力关注发展战略的全局性、长期性和可行性，具体包括：第一，发展战略是否符合国家行业发展规划和产业政策；第二，发展战略是否符合国家经济结构战略性调整方向；第三，发展战略是否突出主业，有助于提升企业核心竞争力；第四，发展战略是否具有可操作性；第五，发展战略是否客观全面地对未来商业机会和风险进行分析预测；第六，发展战略是否有相应的人力、财务、信息等资源保障等。董事会在审议中如果发现发展战略方案存在重大缺陷，应当责成战略委员会对建议方案进行调整。

企业发展战略方案经董事会审议通过后，应当报经股东（大）会批准后付诸实施。

● 第三节　发展战略运行

在企业发展战略决策方面，始终需要坚持其控制目标在于企业应建立与经营目标一致的长远发展战略。对于发展战略的控制措施，应该从宏观的企业综合视角、中观的业务板块和微观的分区流程三个方面来推进。

一、如何实施发展战略

科学制定发展战略是一个复杂的过程，实施发展战略更是一个系统工程。企业只有重视和加强发展战略的实施，在所有相关目标领域全力推进，才有可能将发展战略描绘的蓝图转变为现实，铸成核心竞争力。为此，企业应当加强对发展战略实施的统一领导，制订详细的年度工作计划，通过编制全面预算，将年度目标进行分解、落实，确保企业发展目标的实现。此外，还要加强对发展战略的宣传培训，通过组织结构调整、人员安排、薪酬调整、财务安排、管理变革等配套措施，保证发展战略的顺利实施。

（一）着力加强对发展战略实施的领导

要确保发展战略有效实施，加强组织领导是关键。企业经理层作为发展战略制定的直接参与者，往往比一般员工掌握更多的战略信息，对企业发展目标、战略规划和战略实施路径的理解和体会也更加全面深刻，应当担当发展战略实施的领导者，统筹兼顾资源分配、内部机构优化、企业文化培育、信息沟通、考核激励相关制度建设等方面的协调、平衡和决策，确保发展战略的有效实施。

（二）着力将发展战略分解落实

第一，要根据战略规划，制订年度工作计划。

第二，要按照上下结合、分级编制、逐级汇总的原则编制全面预算，将发展目标分解并落实到产销水平、资产负债规模、收入及利润增长幅度、投资回报、风险管控、技术创新、品牌建设、人力资源建设、制度建设、企业文化、社会责任等可操作层面，确保发展战略能够真正有效地指导企业各项生产经营管理活动。

第三，要进一步将年度预算细分为季度、月度预算，通过实施分期预算控制，促进年度预算目标的实现。

第四，要通过建立发展战略实施的激励约束机制，将各责任单位年度预算目标完成情况纳入绩效考评体系，切实做到有奖有惩、奖惩分明，以促进发展战略的有效实施。

（三）着力保障发展战略有效实施

在目前复杂的市场环境和激烈的市场竞争中，对企业内部不同部门之间的协同运作提出了越来越高的要求。为此，企业应当采取切实有效的保障措施，确保发展战略的顺利贯彻实施。

1.要培育与发展战略相匹配的企业文化

企业文化是发展战略有效实施的重要支持。发展战略制定后，要充分利用企业文化所具有的导向、约束、凝聚、激励等作用，统一全体员工的观念行为，共同为发展战略的有效实施而努力奋斗。

2. 要优化调整组织结构

发展战略决定着企业组织结构模式的设计与选择；反过来，发展战略的实施过程及效果又受到所采取的组织结构模式的制约。要解决好发展战略前导性和组织结构滞后性之间的矛盾，企业必须在发展战略制定后，尽快调整企业组织结构、业务流程、权责关系等，以适应发展战略的要求。

3. 要整合内外部资源

企业能够利用的资源是有限的，如何调动和分配企业不同领域的人力、财力、物力和信息等资源来适应发展战略，是促进企业发展战略顺利实施的关键所在。企业在战略实施过程中，只有对拥有的资源进行优化配置，达到战略与资源的匹配，才能充分保证战略的实现。

4. 要相应调整管理方式

企业在战略实施过程中，往往需要克服各种阻力，改变企业日常惯例，在管理体制、机制及管理模式等方面实施变革，由粗放、层级制管理向集约、扁平化管理转变，为发展战略的有效实施提供强有力的支持。

（四）着力做好发展战略宣传培训工作

企业应当重视发展战略的宣传培训工作，为推进发展战略的实施提供强有力的思想支撑和行为导向。一是在企业董事、监事和高级管理人员中树立战略意识和战略思维，充分发挥其在战略制定与实施过程中的模范带头作用；二是通过采取内部会议、培训、讲座、知识竞赛等多种行之有效的方式，把发展战略及其分解落实情况传递到内部各管理层级和全体员工，营造战略宣传的强大舆论氛围；三是企业高管层要加强与广大员工的沟通，使全体员工充分认清企业的发展思路、战略目标和具体举措，自觉将发展战略与自己的具体工作结合起来，促进发展战略的有效实施。

二、实施分层级战略管控

（一）企业综合层面的控制

企业董事会要组织研究企业的长期发展战略，根据需要成立战略委员会；战略委员会应该制定明确的议事规则，明确其主要的职责权限、任职资格、运作程序等内容；战略委员会由3~7名成员组成，战略委员会委员由董事会选举产生，任期由董事会决定；对国内外相同行业的发展状况进行研究，为董事会进行战略决策提供参考。

（二）相关部门及岗位专项层面的控制

总体原则是透明分层、角色定位。通常，企业战略委员会的使命就是对企业长期发展战略和重大投资决策进行研究并提出建议。相关部门及岗位通常有：投资者关系部、董事会及监事会办公室为董事会服务岗，对起草或者参与起草战略委员会议事规则负责；法律事务部、企业事务处经理和企业总经理为企业事务岗，对起草或者参与起草、审核战略委员会议事规则负责；业绩信息管理部、分析处为经营考核岗，对业绩信息进行分析，负责为企业战略决策提供参考；战略规划部、战略规划处为战略规划岗，进行企业战略研究，为董事会进行战略决策提供参考；战略规划部、战略合作处为战略合作岗，对研究企业的收购、兼并等资本运作战略，并向经理层提出实施建议负责，对组织研究并参与实施与国内金融机构的战略合作负责，对组织研究并参与实施企业海外发展战略负责，对企业与国际机构的交流与合作负责；战略规划部、发展研究处为发展研究岗，对研究、制订企业的长远发展计划负责。

三、适时实现发展战略转型

企业的内外部环境处于不断变化之中。当这种变化累积到一定程度时，发展战略可能会滞后或其执行偏离既定的发展目标。因经济形势、产业政策、技术进步、行业状况以及不可抗力等因素发生变化，确需对发展战略做出调整优化甚至转型的，应当按照规定权限和程序，调整发展战略或实现战略转型。

（一）要加强对发展战略实施的监控

企业应当建立发展战略评估制度，加强对战略制定与实施的事前、事中和事后评估。从发展战略监控的角度讲，重点应当放在对实施中及实施后的评估上。在发展战略评估过程中，企业应当采取定性与定量相结合、财务指标与非财务指标相结合的方法。对于发展战略制定与实施过程中存在的问题和偏差，应当及时进行内部报告，并采取措施予以纠正。

（二）要根据监控情况持续优化发展

企业在开展战略监控和评估过程中，发现下列情况之一的，应当调整、优化发展战略，以促进企业内部资源能力和外部环境条件保持动态平衡：一是经济形势、产业政策、技术进步、行业竞争态势以及不可抗力等因素发生较大变化，对企业发展战略实现有较大影响；二是企业内部经营管理发生较大变化，确有必要对发展战略做出调整。

（三）要抢抓机遇顺利实现战略转型

当企业外部环境尤其是所从事行业的竞争状况发生重大变化时，或当企业步入新的成长阶段需要对生产经营与管理模式进行战略调整时，企业必须选择新的生存与发展模式，即战略转型。企业战略转型不是战略的局部调整，而是各个战略层次上的方向性改变。

常言道："三年发展靠机遇，十年发展靠战略。"加强战略管理，提高战略管理水平，是企业谋求长远发展的不懈追求。后国际金融危机时期，我国正处在世界经济大变革、大转型的重要战略机遇期，企业应当以此为契机，强化发展战略管理，积极推进战略转型，加快发展方式转变，提升企业核心竞争力，实现健康可持续发展。

● 第四节　案例分析——不同战略，两种命运：剖析万科与金田的发展战略

万科和金田两家公司的股票几乎同时在深圳证券交易所上市，股票代码分别是0002和0003。当时，这两家深圳的公司同样是主营房地产，同样走的是贸易商社多元化道路，同样在上市头两年取得飞速发展，以至于许多人把它们比作兄弟企业。

然而，到了21世纪，万科已经发展成为中国房地产行业的一面旗帜，而金田继1998年、1999年两年亏损之后，2000年继续亏损，亏损额达60 527万元。两家企业呈现出极大的反差，这与它们实施不同的经营战略有直接的关系。下面从企业成长角度，将万科与金田的战略历程进行比较、分析。

一、相似的基础——综合商贸多元化企业

上市头两年，万科和金田都取得了飞速的发展，万科在1993年实现营业收入10.84亿元，税后利润1.53亿元，同比分别增长64%和129%；金田也相差无几，1993年实现主营业务收入10.54亿元，税后利润1.17亿元，同比分别增长33.8%和122.8%。当时，中国不

少行业都处于卖方市场的情况，大量的企业都走多元化发展的道路，万科和金田也不例外，也是什么赚钱就做什么，同样属于以房地产为主的综合商贸多元化企业。

万科在1993年从B股市场上筹集资金4.5亿元。资金多了之后就跨地域、跨行业经营，地产项目遍及全国12个城市，涉足的行业有5大类，即商贸、工业、地产、证券、文化。截至1994年底，万科拥有的子公司有24家，具体涉及房地产开发、物业管理、商业贸易、咨询服务、影视文化、饮料及食品生产、广告经营、印刷品设计、电分制版等若干行业。

金田更是在1993年的28个子公司的基础上增加到1994年的33个子公司，横跨房地产、纺织、磁盘生产、零售、外贸、汽车出租、印刷和酒店等行业。

但是在1994年，两家企业的战略思想已经出现分化的迹象。由于1993年底国家开始进行宏观调控，实行紧缩银根、控制信贷规模等抑制经济过热的政策，原来能轻易取得高额利润的房地产业受到了剧烈的冲击。

为了应对这种情况，金田和万科采取了不同的发展战略：金田提出"继续朝着多元化、集团化、现代化的跨国公司目标迈进"，希望利用多元化分散经营风险；万科却实行了"本集团以房地产为核心业务，重点发展城市居民住宅……对发展潜力较小的工业项目将重组或转让，以集中资源"的专业化经营战略。结果，1994年万科和金田都保持了利润的一定增长，但万科的房地产业务收入占总收入的56.92%，而金田的房地产业务收入只占总收入的31.92%，比纺织和商贸收入的比例还小。

二、万科专营与金田多营的两种结果

遵循不同的发展战略，1994年后，金田和万科走上了两条截然不同的道路。

在"坚持规模经营、多元化发展、跨地区扩张、专业化协调的经营方针"的指导下，金田不断地拉长战线，追加在房地产主业以外的各项投资，在纺织、磁盘生产、零售、能源和运输业等多条战线上疲于奔命。在其年报中公布的子公司数量由1993年的28家、1994年的33家一直增长到1995年的40家、1996年的47家，每年以20%左右的速度递增，然而子公司的营业收入和利润却以更大的比率下降，并于1996年出现亏损。

到了1997年，金田又进入新的行业，收购了林洲火电厂和青海水泥厂，以求扭亏为盈，与此相对应的是，金田的主业更进一步萎缩。虽然1997年有少量盈利，但1998年、1999年却产生巨额亏损，2000年继续亏损，亏损额达到60 527万元。房地产业务几乎停滞，其他业务如纺织、巴士运输和超市等也都风光不再。同时，金田官司缠身，诉讼案达数十起，涉及金额上亿元。成为ST股后，2001年戴上了PT的大帽子。

与金田相反的是，万科按照专业化的发展战略对非核心业务进行了调整。开创了万科著名的"减法理论"，也就是对非核心企业关停并转。转就是卖，盘活存量。例如，万科在1996年转让深圳怡宝食品饮料有限公司、北京比特实业股份有限公司及汕头宏业股份有限公司等公司的股权，在1997年转让了深圳万科工业扬声器制造厂及深圳万科供电公司的股权。

事实上，万科的战略性调整共包括三个调整：第一个调整是从多元化经营向专营房地产集中；第二个调整是从多品种经营向住宅集中；第三个调整是投放的资源由12个城市向北京、深圳、上海和天津集中。也就是说，万科走的不仅是经营领域的专业化，也是地域专业化战略之路。结果，万科的业绩和主营房地产业务不断发展，到2000年，万科实现净利润30 123万元，同比增长31.46%。

三、功成与功败的比较

1.优势与劣势

正如前面所述，万科和金田有许多相似的优势，它们都发迹于中国第一个经济特区——深圳，高速增长的区域经济为它们的发展奠定了良好的基础；在企业制度方面，两家企业都是早期上市的股份制企业，陆续筹款几亿元，按理说它们的大型投资都应受到约束而谨慎行事；20世纪80年代和90年代初期，它们都在卖方市场的情况下实行多元化获得了超额利润。

就劣势来说，金田明显缺乏一个能根据市场情况变化制定正确经营战略的管理层，而万科则不然。据说，万科董事长王石在1992年从一个企业管理培训班回来后就开始思考企业的发展战略问题了，万科时常召开由中高层管理者参加的“务虚会”，探讨各种新兴理论和企业发展战略。王石说：“我们的专业化探索从1992年就开始了，一直进行到1999年，一共用了7年时间。”

2.规模经济、范围经济与核心能力

规模经济是指通过不断增加生产规模，形成单位成本优势来获取经济上的利益。范围经济是指通过充分利用现有经营资源的潜力，在较少投入的条件下获得较大的经济收益。核心能力是企业独有的、竞争者难以复制的多种技术和技能组合，是企业竞争优势的核心和基础。

目前，尚没有房地产企业达到规模经济的具体数据，但无疑房地产业是一个急需资金、人力、经验等资源集中的行业。例如，中国香港的新鸿基地产发展有限公司在1996年补交政府外转内差价费用后，地价款为100亿港币，利润大概是160亿元人民币。在这个激烈竞争的行业里，如果不集中资源是很难获得范围经济和竞争优势的。

原本金田在上海经营的大上海花园是一个相当不错的项目，当时销售情况良好，但是由于资金和人力已经转向其他项目当中，使得后期许多配套没有跟上，很多业主进行了投诉，但公司无暇顾及，造成长时间的纠纷，对金田房地产的声誉造成严重的负面影响。

反观万科却集中资源将房地产品牌做大做精，不断在深圳、北京和上海推出经典的楼盘，受到各城市居民的青睐。而且万科意识到，要扩大规模经济，光靠自身的力量是不够的，华润集团已经入主万科。相信此举能为万科更进一步的发展起到关键的作用。

3.经营资源剩余及相关性

所谓剩余是相对于企业现有经营领域而言的，相关性是指不同行业之间在经营资源方面的相关程度。多元化经营的“大数法则”告诉我们，多元化经营的成功率与经营资源剩余及相关性正相关。

金田的失败从反面说明了这一点：从房地产业的角度来看，金田并没有足够的经营资源剩余，再者，金田新投资的项目与房地产业的关联性极差，例如运输、火电厂、纺织；相反，万科把许多相关性差的项目（如食品和电器）转让出去，保留了相关的物业管理和超市项目。

4.专业化与多元化的风险

表面上看，金田当年多元化的原因是房地产市场疲软，单一业务经营风险较大，通过多元化经营以求“东方不亮西方亮”“把鸡蛋放在多个篮子里更安全”的效果。其实，专业化与多元化均是有风险的：就专业化而言，它的风险主要来自现有行业市场或技术的变化，而不存在进入新行业的风险；就多元化而言，它的确可减低来自现有行业市场或技术变化的风险，但其进入新行业本身就是风险，新行业市场或技术变化带来的风险也成为企业的风险来源。企业究竟应当采取专业化还是多元化策略，应充分估计不同的风险，在综合评估基础上进行选择，同时应加强对不同风险的防范。

企业发展战略，作为一种全局性的、长远性的决策，直接决定着企业的发展，决定着企业未来的前景。任何一个企业都要制定战略，战略制定得好坏，与企业的命运息息相关。然而长期以来，我国许多上市企业，或者没有战略，或者没有好的战略，所以大量公司上市后不久就沦为ST、PT股，而有好战略的企业却脱颖而出。金田和万科就是典型的例证。

资料来源　佚名.不同战略，两种命运——剖析万科与金田的发展战略［EB/OL］.［2005-10-03］. http：//www.m448.com/info/wzview_13672.html.

第四章 人力资源

第一节　人力资源概述

一、概念

人力资源，是指企业为组织生产经营活动而录（任）用的各种人员，包括董事、监事、高级管理人员和全体员工。

《国家中长期人才发展规划纲要（2010—2020年）》把人才问题提到了前所未有的高度，明确指出“人才是社会文明进步、人民富裕幸福、国家繁荣昌盛的重要推动力量”。人力资源已经成为促进经济社会发展的第一要素。企业作为创造社会财富的主体，其组织架构和战略目标确定之后，应当将人力资源管理摆在“重中之重”的位置。现代企业应当重视人力资源建设，不断优化人力资源布局，形成科学的人力资源管理制度和机制，全面提升企业的核心竞争力。

二、人力资源对企业发展的重要作用

（一）良好的人力资源管理制度和机制是增强企业活力的源泉

人力资源管理要求企业根据发展战略，合理配置人力资源，调动全体员工的积极性，发挥员工的潜能和创造性，为企业创造价值，确保企业战略目标的实现。其核心要义体现为“以人为本”的管理理念，力图实现董事、监事、高级管理人员和全体员工与企业之间的良性互动和共同发展。健全和实施良好的人力资源管理制度与机制，企业可以实现公开、公平、公正的用人自主权，引进需要的人，淘汰富余的人，建立干部能上能下、员工能进能出的灵活竞争机制，搞活企业，提高生产效率，让优秀人才有用武之地，让他们能在适合自己的岗位上得到全面发展，同时为企业和社会做出更大贡献。

（二）良好的人力资源管理制度和机制是提升企业核心竞争力的重要基础

随着我国经济社会的快速发展和经济的全球化，特别是后国际金融危机时期世界经济格局的调整，优秀人才已经成为市场竞争中最重要的战略资源，人力资源在综合国力的提升和企业竞争中起着决定性作用。无论从宏观还是微观角度，人力资源都是最活跃的、最有创造力的因素。人才就是效率，人才就是财富。无数事实证明，一个企业的生死存亡、经营成败，很大程度上取决于人力资源的管理制度和机制的好坏。

有了良好的人力资源机制和制度，才能凝聚全体员工，为实现企业战略目标而不懈奋斗。“百年老店”经久不衰的根本原因在于良好的人力资源政策，在于打造了一支结构合理、分工明确、运行有效、积极向上的精英团队。可以说，正是因为拥有优秀的人才队伍，它们的核心竞争力才不断增强，才能在竞争中保持长久的发展优势。

（三）良好的人力资源管理制度和机制是实现发展战略的根本动力

现代企业要在激烈的竞争中求生存谋发展，在完善组织架构和制定科学的发展战略之后，起决定作用的就是要建立良好的人力资源制度和机制。在企业发展战略和人力资源管理两者的关系中，发展战略决定了人力资源政策；反过来，良好的人力资源政策又对发展战略具有积极的促进作用，主要表现为：人力资源是企业发展的灵魂，有了良好的人力资源制度和运行机制，才能制定出科学的发展战略，决策才不会失误；有了良好的人力资源制度和运行机制，才能最大限度地激励专业技术人员充分发挥创造力，从事研究与开发；有了良好的人力资源制度和运行机制，才能激励全体员工为实现发展战略而不懈奋斗，最终确保发展战略有效贯彻落实，实现预期发展目标。

三、人力资源失控风险

企业人力资源管理至少应当关注下列风险：

（一）人力资源缺乏或过剩、结构不合理、开发机制不健全，可能导致企业发展战略难以实现

这一风险侧重于企业决策层和执行层的高管人员。决策层和执行层的高管团队建设是企业人力资源管理的重要领域。在现代企业中，决策层和执行层对于实现企业发展战略具有十分重要的作用。当然，也不完全限于高管人员，其他人员缺乏和过剩、结构不合理等，也可能影响企业实现发展战略。

（二）人力资源激励约束制度不合理、关键岗位人员管理不完善，可能导致人才流失，经营效率低下或关键技术、商业秘密和国家机密泄露

这一风险侧重于企业的专业技术人员，特别是掌握企业发展命脉——核心技术的专业人员。掌握企业核心技术或商业秘密甚至国家秘密的专业人才，是企业在激烈竞争中立于不败之地的关键“资本”。就实现发展战略而言，核心专业人才的流失，无疑会给企业的正常运作和长远发展带来巨大隐患，同时也会对人力资源造成巨大损失。

（三）人力资源退出机制不当，可能导致法律诉讼或企业声誉受损

这一风险侧重于由企业辞退员工、解除员工劳动合同等而引发的劳动纠纷。为了避免和减少此类风险，企业应根据发展战略，在遵循国家有关法律法规的基础上，建立健全良好的人力资源退出机制，采取渐进措施执行退出计划。在具体执行过程中，要充分体现人性化和柔性化。

四、人力资源管理目标

（一）人力资源业务目标

人力资源业务目标是指企业在岗位职责和人力资源计划、招聘、培训、离职、考核、薪酬等一系列有关人事的活动和程序中应达到的标准。具体目标与事项如图4-1所示。

目标1 及时、合理地配置人力资源，确保员工队伍结构、素质与企业发展目标相适应

目标2 建立高效的激励与约束机制，有效开发和利用人力资源

目标3 建立科学合理的人力资源考核制度，确保能够引导员工实现企业目标

目标4 建立具有竞争力的薪酬制度，保持和吸引优秀人才，并按照国家有关法律法规的要求规范薪酬发放的标准和程序

目标5 规范招聘及离职程序，引入人员聘用竞争机制，加强培训工作，提高员工道德素养和专业胜任能力

图4-1 人力资源业务目标

（二）人力资源财务目标

企业在人力资源管理过程中需达到的财务目标如图4-2所示。

目标1 真实、准确、完整地核算人力资本，确保人力资本无误

目标2 合理有效地控制人力资本，提高人力资本的使用效率

图4-2 人力资源财务目标

第二节 人力资源引进与开发设计及运行

一、人力资源引进与开发设计

无论是新设企业还是存续企业，为实现其发展目标，都会遇到人力资源引进和开发的问题。人力资源作为企业总体资源的组成部分，与其他资源有机结合在一起，共同促进了企业健康发展。从量上看，人力资源的引进要依据年度人力资源需求计划；从质上看，人力资源引进要符合相关能力框架、知识结构和综合素质；从层次上看，人力资源的引进要注意区分高级管理人员、专业技术人员和一般员工。同时，人力资源的开发也应符合相应的管理要求。

（一）高管人员的引进与开发

高管人员对实现企业发展战略至关重要，其引进与开发应当处于首要位置。企业应当制订高管人员引进计划，提交董事会审议通过后实施。董事会在审议高管人员引进计划时，应当关注高管人员的引进是否符合企业发展战略，是否符合企业当前和长远需要，是否有明确的岗位设定和能力要求，是否设定了公平、公正、公开的引进方式。通常情况下，企业引进的高管人员必须对企业所处行业及企业在行业中的发展定位、优势等有足够的认知，对企业的文化和价值观有充分的认同；同时，必须具有全局性的思维，有对决定全局的重大事项进行谋划的能力；必须具有解决复杂问题的能力；必须具有综合分析能力和敏锐的洞察力，有广阔的思路和前瞻性、宽广的胸怀等；必须精明强干并具备奉献精神；在引进高管人员的过程中，还要坚持重真才实学，不唯学历取舍。在高管人员开发的过程中，要注重激励和约束相结合，创造良好的干事业的环境，让他们的聪明才智充分显

现，使其真正成为企业的核心领导者。

（二）专业技术人员的引进与开发

专业技术人员特别是核心专业技术人员是企业发展的动力。企业的发展离不开专业技术人员的创新和研发。在后金融危机时期，企业普遍开展自主创新，推进企业技术升级，走低碳可持续发展道路。在企业现有专业技术人员不能满足发展战略的情况下，企业要注重通过各种方式大胆引进专业技术人员为我所用。专业技术人员的引进，既要满足企业当前实际生产经营的需要，又要有一定的前瞻性，适量储备人才，以备急需；既要注重专业人才的专业素质、科研能力，同时也应注意其道德素质、协作精神以及对企业价值观和文化的认同感，关注专业技术人员的事业心、责任感和使命感。专业技术人员的开发，要注重知识持续更新，紧密结合企业技术攻关及新技术、新工艺和新产品开发来开展各种专题培训等继续教育，帮助专业技术人员不断补充、拓宽、深化和更新知识。同时，要建立良好的专业人才激励约束机制，努力做到以事业、待遇、情感留人。

（三）一般员工的引进与开发

一般员工占据企业人力资源的大部分，主要在企业生产经营的一线。一般员工通常具有流动性强的特点，因此往往成为企业年度人力资源引进工作的重要内容。为确保企业生产经营正常运转，企业应当根据年度人力资源计划和生产经营的实际需要，通过公开招聘的方式引进一般员工。在此过程中，企业应当严格遵循国家有关法律法规的要求，注意招收那些具有一定技能、能够独立承担工作任务的员工，以确保产品和服务质量。在经济发展迅速、环境变化较快的今天，企业要根据组织生产经营需要，加强岗位培训，不断拓展一般员工的知识和技能，不断提升一般员工的水平。同时，要善待一般员工，在最低工资标准、保险保障标准等方面严格按照国家或地区的要求办理，努力营造一种宽松的工作环境。

二、人力资源引进与开发运行

（一）人力资源规划和需求控制

人力资源部门最重要的职能之一就是进行企业的人力资源规划。所谓人力资源规划，是指人力资源部门根据企业的发展规划和经营发展战略，通过诊断企业现有人力资源状况，同时考虑未来人力资源的需求和供给状况，对职务编制、人员配置、教育培训、人力资源管理政策、招聘和选择等进行规划。

做好人力资源规划，需把握好以下几个环节：

1.摸清家底，诊断现状

这是做好人力资源规划的第一步，也是必不可少的一步，许多企业的人力资源经理在没有摸清自身人力资源家底的情况下，就开始进行所谓的规划过程，其结果肯定是会失败的，要么预测不准，要么造成资源的浪费。因此，年末企业可以采用人力资源调查的方式进行摸底，根据调查结果评价组织中现有的人才及其技能。既要对个体员工的知识、能力和素质与岗位说明书的匹配程度进行分析，也要对企业内部人力资源状况进行总体分析，从而提出存在的问题。

2.预测需求与供给

未来人力资源的需要是由企业的经营目标和发展战略所决定的。大多数情况下，要以组织总目标和基于此进行的营业规模预测作为主要依据来确定组织的人力资源需求。因此，人力资源管理者要根据企业每年的经营、财务计划指标，结合企业现有员工状况（尤其是员工流动率）来测算年度人力资源总量和按工种、岗位、职务等分类的结构性指标，在此基础上提出年度需新增招募、压缩辞退、下岗分流、转岗调配的具体计划，最后确定人才需求的数量、质量及素质要求。

在进行人力资源需求预测后，还应对人力资源供给进行预测，即估计在未来一段时间内企业可获得的人员数目和类型。因此，人力资源管理者必须关注人才市场上相应岗位的供需状况、总体薪资水平、人才供给的素质状况等，以确保企业既能留住人才，也能招聘到相应的人才。

3.制订行动方案

做好人力资源规划的第三步是制订满足未来人力资源需要的行动方案。对现有能力和未来需要进行全面评估以后，管理者可以测算出人力资源（在数量和结构两方面）的短缺程度，并指出组织中将会出现超员配置的领域。然后，根据针对企业人力资源管理现状的诊断和人力资源未来供应预测，结合战略目标和企业的财力、物力，做好人力资源管理的各个环节的行动方案，如内部的人力资源供需平衡方案、招聘总体计划、职业生涯规划方案、绩效考核调整方案、管理见习生计划、薪资调整方案等。

企业应当根据人力资源总体规划，结合生产经营实际需要，制订年度人力资源需求计划，完善人力资源引进制度，规范工作流程，按照计划、制度和程序组织人力资源引进工作。

（二）员工的招聘和任用

1.员工招聘中存在的风险

（1）信息不对称。求职者为了获取职位，可能采取许多手段向企业传递一些利己的虚假信息，影响公司对求职者的正确判断。企业则会在招聘广告中表现出就业歧视，同时还会潜伏着未告知新员工公司相关规章制度导致的风险。

（2）招聘者的品质与动机。招聘者不是从有利于企业的目的出发，而是从他们自身的相关利益考虑，选择那些和自己关系好的人，影响公司招聘的公正性。

（3）测评工具的有效性。测评工具不是完全有效的，企业据此做出的雇佣行为有可能是不正确的，进而会造成招聘损失。

2.员工招聘风险的规避

（1）主动获取求职者信息，促使求职者传递更多有价值的真实信息。加强对拟录用人员的背景调查，尤其是对学历学位真实性的调查及其在前单位工作情况的调查。

（2）招聘广告的发布要规范，并且新员工报到后应让员工了解公司相关规章制度，同时让员工在了解后签字确认，保留告知证据。

（3）成立招聘组，招聘组成员应该来自公司的不同部门，企业应当慎重选择招聘代表，认真把关，慎重选择，尽量减少人为风险。

（4）通过公开招聘、竞争上岗等多种方式选聘优秀人才，重点关注选聘对象的价值取向和责任意识。应当谨慎运用测评工具，测评结果仅供参考，不将其作为招聘的主要标准。

3.员工任用中存在的风险

（1）以短掩长，即用人所短，而不是用人所长。

（2）只见过，不见功，即只关注员工的过错，而忽略其长处和贡献，埋没了人才。

（3）大材小用，小材大用，即不能把人放在合适的岗位上。

（4）忽略核心情绪与价值观，从而引起公司内部企业文化的冲突。

4.员工任用风险的规避

（1）按需用人，事人相宜。公司在员工任用过程中，要善于量才使用，即根据不同性质、不同层次工作的不同需要，按照各类人才的特点进行合理安排和使用，使得人尽其才。

（2）用人所长。所谓用人所长，就是在工作中尽量发挥员工的工作特长，根据特长任用，以使员工在工作中发挥最大的效用，为公司创造最大的效益。

（3）因人设岗。恰当地运用因人设岗，将对集聚、保持和发展优势人力资源，增强企业核心能力发挥巨大作用。在大多数情况下，组织机构臃肿、人员冗余并不是因为“因人设岗”造成的，有时恰恰相反，是因为过分从组织流程、工作性质、部门分工等因素出发，缺乏对具体人力资源的分析，从而形成不合理的工作分析和职位描述，导致岗位设计泛滥，并且限制了人才的充分发展。

（4）运用科学的选人技术。企业可以采用多种方式来选拔人才，比如采用情景模拟测试，布置一个模拟的场景让应聘者去处理，据此来判断这个人的思维能力、处理事情的方式和沟通能力等。但是，企业除了要有科学的选人技术以外，还要有科学的选人步骤。选拔人才首先要进行工作分析，然后确定标准、测试方法以及每一种测试方法的比重，并根据不同的人员，灵活采用不同的测试方式。

● 第三节 人力资源使用与退出设计及运行

一、人力资源使用与退出设计

人力资源的使用与退出是人力资源管理的重要组成部分。良好的人力资源使用机制可以确保企业人力资源符合企业发展目标，能使企业员工队伍充满活力，有利于员工的职业生涯发展，最终实现企业和员工的双赢。同时，为了确保人力资源的有效利用，使员工队伍持续保持优化状态，企业应当建立和完善人力资源激励约束机制，从战略层面、管理层面理性对待人力资源退出，致力于促进企业人力资源系统的良性循环。

（一）人力资源的使用

企业应当设置科学的业绩考核指标体系，对各级管理人员和全体员工进行严格考核与评价，以此作为确定员工薪酬、职级调整和解除劳动合同等的重要依据。为了充分发挥人才的作用，要创新激励保障机制，激发人才干事创业的积极性；要建立以绩效为核心的分配激励制度；要完善以按劳分配为主体、多种分配方式并存的分配制度，坚持效率优先、兼顾公平，多种生产要素按贡献参与分配。企业要注意发挥绩效考核对调动员工积极性和创造性的引导作用，注重对绩效考核结果的科学运用。

人力资源的使用，应当重视打破“大锅饭”体制，干好干坏一个样必然损害全体员工的利益，长此以往就会导致企业效益下降甚至走向衰亡。有的企业不同程度地存在着“一个干的，一个看的，一个捣乱的”现象，这种状况的存在是非常危险的，必须要改革人力资源使用制度和机制，彻底解决干好干坏一个样的问题。

人力资源的绩效考评结果应当被着重运用于改进工作绩效、薪酬及奖金的分配、职务调整、培训与再教育、员工职业生涯规划以及作为员工退出的重要依据等多方面。

绩效考核要与薪酬相挂钩，要切实做到薪酬安排与员工贡献相协调，既体现效率优先又兼顾公平，杜绝高管人员获得超越其实际贡献的薪酬；同时，要注意发挥企业福利对企业发展的重要促进作用，既吸引企业所需要的员工、降低员工的流动率，同时激励员工、提高员工士气及对企业的认可度与忠诚度。

在人才的使用过程中还要注意策略，通过压担子、给路子、搭梯子促进人才的快速成长。真正做到量才适用、人事相宜，什么等级的人就安排什么等级的事。切实做到人才使用科学合理，既使人才感到轻微的压力，但又不至于使其感到压力过大，工作职位稍有挑战性，有助于激励人才奋发进取的精神。

要尊重人才成长规律，善于克服人力资源管理的“疲劳效应”。在人才发展高峰期，要适时地调整岗位和职位，使之始终处于亢奋期和临战状态。

（二）人力资源的退出

建立企业人力资源退出机制是实现企业发展战略的必然要求。

人力资源只进不出，就会造成人力资源滞胀，严重影响企业的有效运行。实施人力资源退出，可以保证企业人力资源团队的精干、高效和富有活力。通过自愿离职、再次创业、待命停职、提前退休、离岗转岗等途径，可以使不适合于企业战略或流程的员工直接或间接退出，让更优秀的人员充实到相应的岗位，真正做到“能上能下、能进能出”，实现人力资源的优化配置和战略目标。

人力资源的退出必须以科学的绩效考核机制为前提，同时还需要相关的环境支撑。第一，要在观念上将人员退出机制纳入人力资源管理系统和企业文化之中，使人力资源退出从计划到操作成为可能，同时获得员工的理解与支持。第二，要建立科学合理的人力资源退出标准，使人力资源退出机制程序化、公开化，有效消除人力资源退出可能造成的不良影响。第三，人力资源退出一定要建立在遵守法律法规的基础上，严格按照法律规定进行操作。一方面，退出方法要根据相关法律法规制定，要有书面材料记录员工的相关行为，使员工退出具有充分证据；另一方面，在实施退出时，要注意和劳动部门做好沟通，并按《中华人民共和国劳动法》的规定，给予退出员工相应补偿金。

总之，为确保企业发展战略的实现，企业应当注重健全人力资源管理机制；同时，还应当定期对其制订的年度人力资源计划执行情况进行评估，总结人力资源管理经验，分析存在的主要缺陷和不足，及时改进和完善人力资源政策，促进企业整体团队充满生机和活力，为企业的长远战略和价值提升提供充足的人力资源保障。

二、人力资源使用与退出运行

（一）人力资源薪酬与激励机制

1.薪酬管理中存在的风险

（1）薪酬制度与企业经营战略脱钩或错位。

（2）薪酬设计有不科学之处。

（3）奖金激励和福利保险计划缺乏柔性，起不到激励作用。

（4）公司现有的薪酬结构很难整合。

2.薪酬管理风险的规避

（1）通过物价水平、居民生活水平、同行业竞争水平、企业支付能力和岗位评估等因素对企业的薪酬水平进行科学衡量。企业的薪酬水平一般不应低于市场平均水平，若薪酬过低，会提高人员的流动性，不利于企业的发展。

（2）企业应当根据各职务性质的不同，有区别地制定薪酬制度。例如，对于一般行政管理人员，其每月工作类似，其工作成果也难以量化，因此其薪酬中固定成分应该相对较高；而对于销售人员，其薪酬中固定成分应该相对较低，根据其贡献大小适当拉开收入差距，有利于调动其工作的积极性。

（3）企业在设计薪酬制度时，应当体现对员工的激励作用和对人力资源的保护作用，注重长期激励与短期激励相结合、物质激励与精神激励相结合，从而有利于保持和吸引优秀的人才。

（4）企业应当制定有效的薪酬管理制度，薪酬制度的设定应该遵循公平原则、竞争力原则、激励原则、经济原则、合法原则和战略原则。

3.人力资源薪酬的激励机制

（1）制定公平的激励机制。激励制度应体现公平的原则，要在广泛征求员工意见的基础上制定出一套大多数人认可的制度，并把这个制度公布出来，在激励中严格按照制度执行并长期坚持。

（2）多种激励机制的综合运用，即物质激励与精神激励相结合。美国管理学家彼得就曾指出："重赏会带来副作用，因为高额的奖金会使大家彼此封锁消息，影响工作的正常开展，整个社会的风气就会不正。"因此，企业单用物质激励不一定能起作用，必须把物质激励和精神激励结合起来才能真正调动广大员工的积极性。

（3）充分考虑员工的个体差异，实行差别激励。例如，可以采用工作激励，尽量把员工放在他所适合的位置上，以增强员工工作的积极性。

（二）劳动关系管理

1.劳动关系管理中存在的风险

（1）用工形式，即因用工形式与法律要求相悖导致的法律风险。

（2）劳动合同签订，即未及时签订或续签劳动合同引起的风险。

（3）员工试用期管理，即员工试用期不合格但没有足够证据证明员工不符合录用条件导致无法解除劳动合同的风险。

（4）员工培训管理，即员工参加培训签订服务协议但无法确认其应承担多少培训费用，从而导致公司损失的风险。

（5）员工离职管理，即与员工解除（终止）劳动关系的方式、办理与员工解除（终止）劳动关系的手续、解除（终止）劳动关系的相关表述等不恰当所引起的风险。

（6）人力资源制度管理，即因人力资源管理制度未完善导致"无法可依"、人力资源管理程序不合法导致的制度不合法的风险。

2.劳动关系风险的规避

（1）用工形式

根据法律法规的要求，正确使用劳动合同用工、劳务派遣用工、非全日制用工、实习生等用工形式。

（2）劳动合同签订

公司应及时与员工签订劳动合同书，若新员工报到一周后仍未签订劳动合同，应给员工发放签订劳动合同通知书，告知员工必须签订劳动合同。劳动合同签订后，员工自行领取录用条件告知书和劳动合同一份，并让员工签收已领的相关材料。

续签合同必须提前30天左右的时间向员工发放续签劳动合同意向书，保证流程顺畅而不至于产生事实劳动关系。

（3）员工试用期管理

员工试用期应注重对员工的过程管理，特别是在试用期的考核，并注重收集员工在试用过程中发生的过错、失误及由此带来的损失等。

（4）员工培训管理

员工参加公费培训前须填写“员工公费培训申请表”；在劳动合同中须包括关于公费培训服务期的相关约定。

（5）员工离职管理

解除（终止）劳动关系所需要的程序及相关材料如下：

①如员工提出解除劳动合同，需要员工提交辞职申请报告，单位根据规章制度规定解除员工劳动合同，需由人事部门搜集相关证据，保证证据充分。

②在出现不胜任岗位工作或者员工违反一些规章制度规定不太严重等情形时，采用与员工协商解除劳动合同的形式，以减少因证据不足导致单位违法解除劳动合同的风险产生。

③若出现员工不辞而别或员工未办理离职手续就离职的情形，应及时通过快递或挂号信等方式通知员工办理离职手续及解除（终止）劳动关系手续，并保留快递或挂号信由员工或其家属签字的底单，员工拒不签收或无人签收上述通知的，则应及时采用报纸公告的形式告知员工。

（6）人力资源管理制度

制定人力资源管理制度必须注重程序合法，并保留经过所有程序的记录文件。人力资源管理制度特别是绩效考核制度、奖惩制度、考勤制度要完善，否则缺乏相关依据。

● 第四节　案例分析——沃尔玛的“合伙制”人力资源管理

自1993年以来，国际零售业巨头——沃尔玛一直以年均销售额增长30%的骄人业绩雄踞世界十大零售商排行榜首位，被世界誉为“一艘不沉的航空母舰”。

伴随着沃尔玛的全球扩张战略，20世纪90年代，沃尔玛在选拔和配置其管理人员时，根据不同的情况有选择地采取了以下四种用人政策：民族化政策，即公司中所有重要职位均由公司所在国的本国人担任；地方化政策，即子公司中所有重要职位均由子公司所在地的当地人担任；区域化政策，即在一定区域范围内，如亚洲、欧洲等挑选能胜任的人担任公司的重要职位；全球化政策，即在全世界范围内遴选有才干的公司管理人员。

在员工录用方面，自由雇佣是美国式人力资源管理的基础。在沃尔玛，职工招录与选用实行企业与求职者双向选择。对于高级管理人员的招聘，总部的总裁大多亲自参与求职者的面试。

在授权方面，沃尔玛高层认为十分有必要将责任和职权下放给第一线的工作人员，尤其是清理货架和经常接触顾客的部门经理。沃尔玛采取“店中有店”的方法（每个人所负责的区域就是一个“店”，每个人就是自己店的总经理），授权部门经理管理自己的业务，只要能力足够，这些“店中店”被允许有极高的销售额。在此基础上，沃尔玛认为信息共享下的授权才会真正起作用，所有资料如经营方式、采购价格、运输成本和利润等对员工都是透明的，以达到有效监督的目的。

在进行人力资源开发时，除继续强化培训、职位晋升等传统手段外，还辅之以下方式：

（1）立体化人力资源开发手段的。通过引入建设性的人事管理机制使工作丰富化、扩大化，从而使员工感到工作更富有挑战性。企业还尽可能地为员工提供更多的工作轮换机会。

（2）寓教于乐的培训方式。沃尔玛采用的主要是经验式培训，以生动活泼的游戏和表演为主，训练公司管理人员“跳出框外思考”。

（3）跳跃式职位晋升。与论资排辈式晋升不同，在沃尔玛，晋升主要以工作绩效为根据。

（4）技能套餐化管理。在沃尔玛，公司管理层要求每位员工都要掌握多种技能。通过加强员工对于整体工作运行的普遍性认识的多技能培训，保证工作的高效无误。

在薪酬与激励机制方面，沃尔玛旨在调动员工的积极性，使员工成为企业的主人翁。员工工资一般由基本工资与浮动工资组成：基本工资是根据岗位测评和市场风险确定的相对稳定的报酬；浮动工资包括激励性工资和福利性津贴。工资标准由劳资双方代表谈判并签订集体合同确定。企业向员工提供的附加福利包括年金计划、医疗保险、人寿保险、病假工资、信贷协会以及其他职业安全健康项目。

1971年，沃尔玛开始实施一项利润分享计划，在公司工作1年以上以及每年至少工作1 000小时的员工都有资格参与利润分享。沃尔玛运用一个与利润增长相关的公式，把每个够格的员工工资的一定百分比归入他的利润分享计划，员工们离开公司时可取走这个份额——或以现金方式，或以沃尔玛公司股票的方式。“员工持股计划”是沃尔玛劳资关系中员工参与管理的一种做法。

我们认为，沃尔玛的人力资源控制的成功之处在于：

（1）根据不同的情况采取不同的用人政策——民族化政策、地方化政策、区域化政策、全球化政策，符合企业的发展战略。

（2）招聘高级管理人员时，总部的总裁大多亲自参与求职者的面试，这样的招聘有利于降低招聘风险。

（3）沃尔玛将责任和职权下放给第一线的工作人员，适当的授权调动了每一个员工的积极性和创造性。同时，信息共享下的授权，体现了企业高层与员工之间的相互信任，能使员工产生责任感和参与感。

（4）沃尔玛采用立体化的人力资源开发手段，工作的扩大化、丰富化以及轮换制度，使员工感到工作具有挑战性；采用寓教于乐的培训方式，使培训效果更好；采用技能套餐化管理，使每一位员工的能力都更加全面。但是，沃尔玛的人力资源开发手段具有其独特性，技能多样化与技能专业化有可能是矛盾的，并不是每个企业都适用技能多样化的培训方式。

（5）工资标准由劳资双方代表谈判并签订集体合同确定，使薪酬制定具有一定的合理性；晋升与绩效挂钩，提高员工工作的积极性；全员参与利润分享计划、员工持股计划，体现了一种长期行为的激励方式，同时也是吸引员工、留住员工的一种方式。

资料来源　罗勇.企业内部控制规范解读及案例精析［M］.上海：立信会计出版社，2009.

第五章

社会责任

第一节　社会责任概述

一、定义

社会责任，是指企业在经营发展过程中应当履行的社会职责和义务，主要包括安全生产、产品质量（含服务，下同）、环境保护、资源节约、促进就业、员工权益保护等，另外企业还应当积极履行社会公益方面的责任和义务，关心帮助社会弱势群体，支持慈善事业。企业应当重视履行社会责任，切实做到经济效益与社会效益、短期利益与长远利益、自身发展与社会发展相互协调，实现企业与员工、企业与社会、企业与环境的健康和谐发展。

二、企业履行社会责任的原因

首先，企业在价值创造的过程中就在履行社会责任。企业创造的利润或财富越多，上缴税收和股东分红就越多，管理者年薪和员工工资也随之升高，从而为国家、股东、管理者和员工做出贡献，同时促进客户发展等，这在本质上属于履行社会责任。在这一过程中，要做到安全生产，提升产品质量，重视环境保护和资源节约，促进就业和保护员工权益，属于企业直接为社会相关方面做出贡献。价值创造与责任履行之间的目标是一致的，不应将两者对立起来。正确处理两者的关系，实现两者的有机统一，企业才能进入良性发展的轨道。反之，如果单纯为了追求利润或财富而不履行社会责任，就难以实现发展战略。

其次，履行社会责任可以提高企业经济效益。企业承担社会责任，并不会导致企业竞争力的削弱，反而有助于改善企业形象，吸引更多的客户，增强企业的经济效益。当公众的社会责任意识强化到足以转化为消费者的货币选票时，承担社会责任的企业将得到消费者的“褒奖”，利润将会不断增长，从而实现企业的持续经营；而不重视社会责任的企业将遭到公众（消费者）抵制，受到市场惩罚，造成利润损失，从而影响企业价值。因此，企业应当把承担社会责任作为内在动因，把生产理念、核心竞争力、可持续发展能力与应尽的社会责任有机结合，统筹兼顾企业内外关系，这样才能实现互利共赢。

三、企业履行社会责任的意义

1.企业履行社会责任是提升发展质量的重要标志，也是实现持续长远发展的根本所在

随着我国经济的高速发展，转变发展方式成为当务之急，归根到底是要求提升发展质

量，而履行社会责任正是企业提升发展质量的重要标志。众所周知，如果企业做不到安全生产，事故频发，就会打乱企业正常的生产秩序，严重影响企业的经济效益，甚至造成企业倒闭；如果产品质量低劣，损害消费者利益，市场份额就会急剧下降，造成负面影响，最终导致停产；如果以牺牲环境为代价追逐利润，由此造成的环境污染影响人类健康，就是犯罪行为，而且以浪费资源为代价追求速度和效益，必然危及子孙后代，如此等等。

由此可见，企业在制定和实现发展战略的过程中只有重视和履行社会责任，才能从根本上转变发展方式，提升发展质量，实现持续发展的目标。

2. 企业履行社会责任是打造和提升企业形象的重要举措

企业形象是指企业的社会认同度，包括国内认同度和国际认同度。社会认同度高的企业必然是优质企业。企业如何提升社会认同度呢？有的企业通过广告宣传，有的企业通过包装手段，形式多种多样。但是，这都不是长久之计，要真正提升企业形象必须履行社会责任。如果一个企业切实做到安全生产，把产品质量放在第一位，在环境保护方面达到国家标准，避免掠夺性开发资源，促进社会就业等，在发展质量上苦练内功、重视内涵，在认真履行社会责任的前提下实现发展目标，或将履行社会责任作为发展战略的重要组成部分，这样的优质企业才能不断提升企业形象，得到社会广泛认可。

四、企业在履行社会责任方面的主要风险

企业至少应当关注在履行社会责任方面的下列风险：

（1）安全生产措施不到位，责任不落实，可能导致企业发生安全事故。

（2）产品质量低劣，侵害消费者利益，可能导致企业做出巨额赔偿、形象受损，甚至破产。

（3）环境保护投入不足，资源耗费大，造成环境污染或资源枯竭，可能导致企业做出巨额赔偿，缺乏发展后劲，甚至停业。

（4）促进就业和员工权益保护不够，可能导致员工积极性受挫，影响企业发展和社会稳定。

● 第二节　安全生产内部控制设计及运行

一、安全生产内部控制设计

安全生产是企业旨在保障劳动者在生产过程中的安全的一项方针，也是企业管理必须遵循的一项原则，要求最大限度地减少劳动者的工伤和职业病，保障劳动者在生产过程中的生命安全和身体健康。企业在设计实施安全生产内部控制时应做到：企业应当根据国家有关安全生产的规定，结合本企业实际情况，建立严格的安全生产管理体系、操作规范和应急预案，强化安全生产责任追究制度，切实做到安全生产。企业应当设立安全管理部门和安全监督机构，负责企业安全生产的日常监督管理工作。企业应当重视安全生产投入，在人力、物力、资金、技术等方面提供必要的保障，健全检查监督机制，确保各项安全措施落实到位，不得随意降低保障标准和要求。企业应当贯彻预防为主的原则，采用多种形式增强员工安全意识，重视岗位培训，对于特殊岗位实行资格认证制度。企业应当加强生产设备的经常性维护管理，及时排除安全隐患。企业如果发生生产安全事故，应当按照安全生产管理制度妥善处理，排除故障，减轻损失，追究责任。重大生产安全事故应当启动

应急预案，同时按照国家有关规定及时报告，严禁迟报、谎报和瞒报。

（一）制度落实

1.完善安全生产责任制度设置

建立一个完善的安全生产责任制的总要求是：横向到边，纵向到底。横向方面，在建立责任制时，可以按照本单位职能部门（如安全、设备、计划、技术、生产、基建、人事、财务、设计、档案、培训、党办、宣传、团委等部门）的设置，分别对其在安全生产中应承担的职责做出规定；纵向方面，从本单位的主要负责人一直到岗位工人分成相应的层级，然后结合本单位的工作实际，对不同层级的人员在安全生产中应承担的职责做出规定。

2.加强各岗位安全责任的履行和落实

造成安全生产责任制没有落实到位的主要原因有：（1）安全第一责任者对安全生产工作在思想上没有高度重视；（2）各级安全责任者在落实措施上执行不力；（3）各级安全责任者在责任分担上不明确；（4）安全监察体系不健全，指导监督跟不上。这就要求我们在认识上要有深度，在落实措施上要有力度，在力求取得实际效果上肯下工夫，狠抓落实。

3.建立安全责任考核和奖惩制度

安全责任管理实行重奖重罚，是为了使广大职工都能正确对待对安全责任的考核工作，自觉遵守安全生产责任制，并激励职工主动学习安全、讲安全、会安全。运用经济杠杆，将竞争机制引入安全管理，将安全管理纳入企业经营管理的内涵，提高安全管理的后劲。为了奖惩安全生产而增提减扣的各种金额，应是专门为鼓励安全生产而定的，应单提单扣，不能与综合奖金合并使用。

（二）落实安全生产投入

企业应该正确认识安全与发展的关系，拓宽安全生产投入渠道，形成以企业投入为主、政府投入引导、金融和保险参与的多元化安全生产投融资体系，引导社会资金投入安全生产，改善安全生产条件；设立安全生产专项资金，纳入政府经济社会发展规划；运用安全生产专项资金，加大对安全生产宣传教育、应急救援、事故调查处理、危及公共安全的重大危险源和重大事故隐患整改以及配备必要的安全生产监督管理装备设施等工作的投入；建立工伤保险与事故预防相结合的机制，完善工伤保险制度，扩大工伤保险覆盖率，实行差别费率和浮动费率，提高事故多发、职业危害严重的生产经营单位的缴纳标准；安排一定比例的工伤保险资金，用于事故预防和公益性、社会性安全生产宣传教育培训及安全文化建设。

（三）预防为主

荀子曰："先其未然谓之防，发而止之谓之救，行而责之谓之戒，防为上，救次之，戒为下。"意思是说，在事情没有发生之前或其征兆刚出现就及时采取措施加以制止是为预防，防止事态扩大是为补救，事情发生后再行责罚教育是为惩戒，预防为上策、补救次之、惩戒为下策。从安全生产方面来说，安全工作的重心应放在预防事故的发生上，大力推行"安全第一、预防为主"的工作方针才是实现安全生产的上策。

二、安全生产内部控制运行

（一）建章建制，建立健全安全生产管理机构

国家立法部门相继制定了《中华人民共和国安全生产法》等近30部关于安全生产的

专门法律和行政法规，企业应当依据国家有关安全生产方面的法律法规规定，结合本企业生产经营的特点，建立健全安全生产方面的规章制度、操作规范和应急预案。建章建制的关键是落实到位。近年来重大安全事故频发，原因并不是没有建章建制，而是在巨大的经济利益驱动下，无视规章制度。人为因素往往是重大安全事故频发的重要原因，这是值得深思的。如果将国家和企业制定的一系列涉及安全生产的规章制度落实到位，就能够杜绝安全事故的发生。

（二）不断加大安全生产投入和经常性维护管理

企业特别是处于高危行业的企业应当将安全生产投入列为首位，“磨刀不误砍柴工”，急于求成、急功近利是不足取的。

企业一定要重视在安全生产方面的投入，将员工的生命安全视为头等大事，加大安全生产的技术更新，保证安全生产所需的资金、人力、物资投入及时并足额到位。企业还应组织开展生产设备的经常性维护管理，及时排除安全隐患，切实做到安全生产。

（三）开展员工安全生产教育，实行特殊岗位资格认证制度

加强对员工进行安全生产培训教育至关重要。通过培训教育，让员工牢固树立“安全第一、预防为主”的思想，提高他们防范灾害的技能和水平。培训教育应当经常化、制度化，做到警钟长鸣，不能有丝毫放松和懈怠。对于特殊作业人员和有特殊资质要求的生产岗位，因工作接触的不安全因素较多，危险性较大，容易发生事故，必须依法实行资格认证制度，持证上岗。

（四）建立安全生产事故应急预警和报告机制

企业必须要建立事故应急处理预案，建立专门的应急指挥部门，配备专业队伍和必要的专业器材等，在发生安全生产事故时做到临危不乱，按照预定程序有条不紊地处理，尽快消除事故产生的影响，同时按照国家有关规定及时报告，不得迟报、谎报和瞒报。安全生产必须实行严格的责任追究制度。

【例 5-1】

2010年11月15日，上海胶州路一幢28层高楼自下午2点多突然起火，在不到4个小时的时间内，整幢楼付之一炬。据介绍，“11·15”火灾发生时，上海胶州路728号大楼正在实施今年的静安区政府实事工程——节能综合整治项目。静安区建交委2010年9月通过招投标，确定工程总包方为上海市静安区建设总公司，分包方为上海佳艺建筑装饰工程公司。2010年11月，静安区建交委选择上海市静安建设工程监理有限公司承担项目监理工作，上海静安置业设计有限公司承担项目设计工作。

此工程部分作业分包情况为：脚手架搭设作业分包给上海迪姆物业管理有限公司施工，搭设方案经公司总部和监理单位审核，并得到批准；节能工程、保温工程和铝窗作业，通过政府采购程序分别选择正捷节能工程有限公司和中航铝门窗有限公司进行施工。

根据调查情况分析，起火大楼在装修作业施工中，有2名电焊工违规实施作业，在短时间内形成密集火灾，造成了这场悲剧。

这起事故暴露出五个方面的问题：电焊工无特种作业人员资格证，严重违反操作规程，引发大火后逃离现场；装修工程违法违规，层层多次分包，导致安全责任不能落实；

施工作业现场管理混乱，安全措施未能落实，存在明显的抢工期、抢进度、突击施工的行为；事故现场违规使用大量尼龙网、聚氨酯泡沫等易燃材料，导致大火迅速蔓延；有关部门安全监管不力，致使多次分包、多家作业和无证电焊工上岗，对停产后复工的项目安全管理不到位。

事故调查组表示，这起事故是一起因违法违规生产建设行为所导致的特别重大责任事故，也是一起不该发生的、完全可以避免的事故。

建筑业是国民经济的支柱产业之一，建筑生产涉及面广，露天作业较多，立体和交叉施工与高空、地下作业多，体力消耗大，工作具有特殊性，所以建筑业属于危险性行业，国家一直在提倡“安全生产”“文明施工”，但在实际工程施工过程中，在利益的驱使下，施工单位急功近利或疏于管理，抱有侥幸心理，对员工的持证上岗以及安全操作规程执行置之不理，以致最终酿成恶果。

综上所述，这次上海静安区“11·15”特大火灾最主要原因是施工单位安全隐患意识的严重缺失以及对国家相关法律法规的忽视。在没有相关证件的情况下，施工企业违规用人，违规操作，甚至违规使用不合格的施工材料以及脚手架，这不但在施工安全方面埋下隐患，更是对无辜居民的人身和财产安全的一种漠视。一个优秀的企业应该明白“质量是企业的根本，安全是企业的生命”，抓好企业的安全生产，是企业发展的重中之重，是企业领导乃至全社会应该共同重视的问题，千万不要因为一时的疏忽，导致无法挽救的后果。在这次事故中，物业也有相当一部分责任，没有脚踏实地认真贯彻落实消防安全工作，在这座高达85米的居民楼里，逃生通道内堆满了杂物，以致火灾发生时居民不能及时自救，从而加重了伤亡的程度。对住户火灾逃生知识的普及不到位，也是导致火灾造成大规模伤亡的主要原因。此外，许多私家车堵塞在消防通道上，致使消防车不能及时驶入，消防栓不能及时使用，也是让火势蔓延的原因之一。总之，大火的无情更让我们意识到安全防范和加强消防宣传的重要性。

资料来源 张然.事故调查组：上海火灾大楼装修工程违法违规［EB/OL］.［2010-11-18］. http://news.hexun.com/2010-11-18/125696916.html.有删改。

● 第三节 产品质量内部控制设计及运行

一、产品质量内部控制设计

产品质量是企业长久发展的生命线。这里所说的产品，既包括经过加工、制作用于销售的物品，也包括未经过加工的农牧渔等初级产品。企业产品质量的优劣，直接关系到消费者的身体健康和安全。所以，保证产品质量是企业履行社会责任的一个重要方面。但是，在“盈利”性质的指引下，企业的“逐利”行为常常成为企业发展的第一要务，忽视消费者权益的情况时有发生。国内频频曝光的产品质量事件，如三鹿奶粉事件、SK-Ⅱ事件、冠生园月饼事件、双汇瘦肉精事件等，使消费者对我国企业生产的产品特别是食品的质量感到担忧。因此，忠实地履行对产品质量的承诺，真正尊重与维护消费者的权益，是一个企业最基本的道德准则和最重要的社会责任。为此，企业应当做好以下内部控制工作：企业应当建立环境保护和资源节约的监控制度，定期开展监督检查，发现问题，及时采取措施予以纠正。污染物排放超过国家有关规定的，企业应当承担治理或相关法律责任。发生紧急、重大环境污染事件时，应当启动应急机制，及时报告和处理，并依法追究相关责任人的责任。企业应当规范生产流程，建立严格的产品质量控制和检验制度，严把质量关，禁止缺乏质量保障、危害人民生命健康的产品流向社会。企业应当加强产品的售后服务。售后发现存在严重质量缺陷、隐患的产品，应当及时召回或采取其他有效措施，最大限度地降低或消除缺陷、隐患产品的社会危害。企业应当妥善处理消费者提出的投诉和建议，切实保护消费者的权益。

（一）企业产品质量方面的风险

企业因产品质量问题带来的风险，不仅侵害消费者利益，也会导致企业做出巨额赔偿、形象受损甚至破产。

1.因产品瑕疵导致产品质量风险

产品不具备良好的特性，不符合明示的产品标准，或者不符合以产品说明、实物样品等方式表明的质量状况，在适用性、可靠性、维修性、经济性等各种特性方面出现质量瑕疵，如产品的使用性能不稳定等，虽然产品本身并不存在危及人身、财产安全的不合理危险，仍可继续使用，但对企业声誉非常不利。

2.因产品缺陷导致的产品质量风险

产品缺乏合理的安全性，即存在危及人身、财产安全的不合理危险，这种危险可能出自产品设计、制造或产品的指示，即产品缺陷包括设计缺陷、制造缺陷及指示缺陷。

3.售后服务风险

作为生产者与消费者之间的一个纽带，如果不能提高售后服务质量，则有可能损害产品在消费者心目中的整体形象，给企业带来无形损失。

（二）产品质量内部控制设计

根据企业产品质量方面存在的风险，在内部控制的设计上应注意以下几点：

1.明确质量管理责任人

企业应设立一个质量管理总负责人，对产品质量、内控体系运作负全责，然后分级设立质量管理负责人，为整个质量体系建立起一套网状监控机制。

2.制定管理制度及办法

企业应制定明确的质量管理制度，使质量管理负责人及员工的行动有章可循。对每一生产环节执行严格的质量检验程序，使质量管理不留死角。

二、产品质量内部控制运行

结合社会责任指引要求，企业要保证产品质量，至少应做到以下几点：

（一）建立健全产品质量标准体系

产品质量不过关造成的危害不言而喻，一害自己，二害他人，损人不利己。为了更加有效地提升产品质量，企业应当根据国家法律法规的规定，结合企业产品的特点，制定完善的产品质量标准体系，包括生产设备条件、生产技术水平、原料组成、产品规格、售后服务等，努力为社会提供优质安全健康的产品和服务，最大限度地满足消费者的需求，对社会和公众负责。

（二）严格贯彻质量控制和检验制度

从原材料进厂，一直到产品销售等各个环节和流程，都必须有严格的质量控制标准作保证。企业应当加强对产品质量的检验，严禁未经检验和检验不合格的产品流入市场。如果每个企业都能把好市场准入关口，严防假冒伪劣产品进入市场，不仅对企业自身有利，而且能够推动社会进步。

（三）加强产品售后服务

企业售后服务不仅是一种经营，更是一种文化、一种理念，是企业与客户、消费者沟通、联系的一个纽带。企业通过优质的售后服务，使其与客户、消费者的关系更加紧密，树立企业形象，提高产品信誉，扩大产品影响，培养客户的忠诚度。企业应当把售后服务作为企业采取有效竞争策略、实现产品服务增值的重要手段，重视和加强售后服务，创新售后服务方法，力争做到件件有结果、有分析、有整改、有考核。

对有缺陷的产品，应当及时召回、实行“三包”等，赢得消费者对企业产品的信赖和支持，维护消费者的合法权益。

【例5-2】

在“三鹿奶粉”事件发生后，国家有关部门对全国109家产品生产企业的491个批次的婴幼儿奶粉进行了检验，专项检查显示，有22家企业69个批次的产品检出了含量不同的三聚氰胺，占这些企业的20.18%，占总批次的14.05%。在检出三聚氰胺的产品中，石家庄三鹿牌婴幼儿奶粉三聚氰胺含量很高，最高的达2 563毫克/千克。

三聚氰胺是一种常用的有机化工原料，可提高奶蛋白含量。但长期大量吸入后，会造成生殖、泌尿系统的损害，可引发膀胱炎、膀胱结石、肾脏炎症等。截至2008年9月15日8时，全国医疗机构共接诊、筛查食用三鹿牌婴幼儿奶粉的婴幼儿近万名，临床诊断患儿1 253名，其中2名已死亡。对相关责任人，有关部门已做出了逮捕、刑事拘留和撤职等处分。

不管是行政监管失职缺位还是奶农使坏，企业都难辞其咎。而且，据报道，早在7月中旬，三鹿已经停止生产确认受到污染的奶粉，并从2008年8月6日开始明确告知经销商停售该品牌全部奶粉，并且秘密进行了召回，但未公之于众。这导致在此后的一个多月里，又有一批婴儿食用了三鹿问题奶粉。显然企业早已知道自己的奶粉不合格，却为了自身的利益，把消费者的身心健康晾在了一边，此举不知又给多少孩子、多少家庭带来了病痛和苦难。“三鹿奶粉”事件又一次反映了某些企业社会责任的缺失。

改革开放以来，我国的企业取得了很大的发展，为社会、为人民群众提供了丰富的产品和服务，为市场繁荣、经济增长和人民生活显著改善做出了巨大贡献，并通过提供大量税收等形式履行了很多社会责任。但同时，我们也应看到，一些企业在发展过程中出现了只讲经济责任不讲社会责任的倾向，急功近利，唯利是图，甚至见利忘义，只追求自身利益，做出忽视甚至牺牲公众和社会利益的行为。如过度开发、污染环境、拖欠工资、坑害消费者等。仅食品方面，“黑心”粽子、“红心”鸭蛋、毒奶粉、瘦肉精事件，就一波未平一波又起。

责任是一种力量，不仅推动一个企业成长壮大，更将推进一个民族发展进步。一个有责任的企业不但要承担并履行好经济责任，为丰富人民的物质生活、推动国民经济快速稳定发展发挥自己应有的作用，更要承担社会责任，努力使社会不遭受因自己的运营活动、产品及服务造成的消极影响。因为社会是企业的依托，企业是社会的经济细胞，只有社会有了坚实的物质基础，才可为企业的发展创造更好的社会条件和氛围。同时，企业履行社会责任，是提高企业竞争力的根本。一个长期奉公守法、善待社会、勇于承担社会责任的企业可以取得良好的社会效益，提升自己的形象和消费者的认可程度，从而提高市场占有率，增加无形资产，促进企业的长远发展。

企业是社会肌体的活力细胞，是经济发展的动力之源，是人类进步的推进器。和谐社会呼唤有责任感的企业，具有高度责任感和高尚道德品格的企业是构建和谐社会的基石。我们期望“三鹿奶粉”事件能成为一面镜子，企业和有关职能部门都能以此为鉴，让它成为提升企业社会责任感的契机和加速器，使企业规范自身行为，强化社会责任意识，提高履行社会责任的自觉性。有关职能部门则应尽快制定强化企业社会责任的一系列政策法规，引导企业积极履行社会责任，从政策机制上对企业进行鼓励和约束。

资料来源　朱海滔.“三鹿奶粉”事件折射企业社会责任缺失［EB/OL］.［2008-09-18］. http://opinion.e23.cn/a/2008-09-18/4989.html.

● 第四节　环境保护与资源节约内部控制设计及运行

一、环境保护与资源节约内部控制设计

保护环境、节约资源事关我国现代化建设全局和长远发展，是造福当代、惠及子孙的事业。改革开放初期，我国经济发展不同程度地表现为依靠资源的高投入来实现经济快速增长。这种粗放型增长方式导致资源消耗过大，浪费现象严重，同时也带来了生产生活环境的恶化。我国资源相对紧缺，人均资源占有量大大低于世界平均水平。古人曾经说过，“强本而节用，则天下不能贫”。发展的现实告诉我们，不在全社会推行节约资源、保护生态，不改变传统的高投入、高耗费、低效率的粗放型增长方式，经济发展就会越来越多地受到资源的制约。为此，企业应当做好以下内部控制工作：企业应当按照国家有关环境保护与资源节约的规定，结合本企业实际情况，建立环境保护与资源节约制度，认真落实节能减排责任，积极开发和使用节能产品，发展循环经济，降低污染物排放，提高资源综合利用效率。企业应当通过宣传教育等有效形式，不断提高员工的环境保护和资源节约意识。企业应当重视生态保护，加大对环保工作的人力、物力、财力的投入和技术支持，不断改进工艺流程，降低能耗和污染物排放水平，实现清洁生产。企业应当加强对废气、废水、废渣的综合治理，建立废料回收和循环利用制度。企业应当重视资源节约和资源保护，着力开发利用可再生资源，防止对不可再生资源进行掠夺性或毁灭性开发。企业应当重视国家产业结构相关政策，特别关注产业结构调整的发展要求，加快高新技术开发和传统产业改造，切实转变发展方式，实现低投入、低消耗、低排放和高效率。企业应当建立环境保护和资源节约的监控制度，定期开展监督检查，发现问题，及时采取措施予以纠正。污染物排放超过国家有关规定的，企业应当承担治理或相关法律责任。发生紧急、重大环境污染事件时，企业应当启动应急机制，及时报告和处理，并依法追究相关责任人的责任。

（一）企业环境保护和资源节约方面的风险

1.环境法律法规、行业政策的限制风险

在我国《宪法》有关环境保护的立法依据和指导原则下，《环境保护法》《清洁生产法》等一系列法律法规相继出台并日趋完善，同时“生态文明”“可持续发展”等理念的提出也都对企业的环保责任提出了更高的要求。由于考核和管辖范围的扩大、各项指标和

要求的提高以及违规处罚的日渐严厉，一些不规范的企业在生产经营中面临着越来越多的难题。比如：

（1）绿色消费的推崇、绿色贸易壁垒的设置风险。人们环保意识的提高促使绿色消费、绿色贸易大行其道，为满足市场供求新要求，企业必须在产品质量、生产环节各方面不断改进，避免因市场抵制而造成的巨大损失。

（2）企业所属行业的特点引起的环境风险。企业生产经营过程中涉及的材料、生产设备、排放物差异悬殊。当企业属于污染企业时，众多有害物质的存在使各环节都有可能引发环境问题，潜在环境风险也就成为可能，由此可能导致企业做出巨额赔偿，缺乏发展后劲甚至停产。

2.生产技术、管理水平的限制引起的环境风险

由于自身经济条件、技术水平或管理能力的限制，企业无法从源头上控制环境问题的产生；粗放型经营方式以及管理上的疏忽，将大大提升环境事故的发生率；并且，这一类企业对环境污染的末端治理能力往往较弱，面临着花费高额污染治理费甚至违法处罚的难题。由这些环境问题直接或间接产生的对企业的不良影响，也构成了企业环境风险的一个方面。

（二）环境保护与资源节约内部控制设计思路

企业应根据面临的环境保护和资源节约方面的风险，注意以下几点：

（1）积极了解环境保护及资源节约的新科技新思想，积极更新生产方式与产品。

（2）根据企业所属行业的特点，制定相应的环境保护措施，严格按照国家相关法律、条例，确保环境保护设施齐全。

（3）积极改善生产技术、管理水平，转变发展方式，从粗放型发展向集约型发展转变。

二、环境保护与资源节约内部控制运行

环境保护与资源节约是为了建设资源节约型、环境友好型企业，社会责任指引从以下三个方面提出了要求：

（一）转变发展方式，实现清洁生产和循环经济

企业要在快速增长中破解资源与环境的双重约束，在市场竞争中争取主动，必须转变发展方式，重视生态保护，调整产业结构，发展低碳经济和循环经济。加大对环保工作的人力、物力、财力的投入和技术支持，不断改进工艺流程，加强节能减排，降低能耗和污染物排放水平，实现清洁生产，加强对废气、废水、废渣的自行回收、利用和处置等综合治理，推动生产、流通和消费过程中对资源的减量化、再利用、资源化，以最小的资源消耗、最少的废物排放和最小的环境代价来换取最大的经济效益。

（二）依靠科技进步和技术创新，着力开发利用可再生资源

企业发展离不开能源和资源。随着我国经济的高速发展，能源、资源对企业经济发展的“瓶颈”制约作用也越来越凸显。企业只有不断增强自主创新能力，通过技术进步推动替代技术发展和替代产品、可再生资源开发，降低资源消耗和污染物排放，实现低投入、低消耗、低排放和高效率，才能有效实现资源节约和环境保护。

（三）建立完善监测考核体系，强化日常监控

资源节约和环境保护人人有责。只有建立环境保护和资源节约监测考核体系，完善激

励与约束机制，明确职责，严格监督，落实岗位责任制，才能保证将环境保护和资源节约等各项工作落到实处。企业要加强日常监控，定期开展监督检查，发现问题，及时采取措施予以纠正。发生紧急、重大环境污染事件时，应当立即启动应急机制，同时根据国家法律法规的规定，及时上报，并依法追究相关责任人的责任。

【例 5-3】

屋顶上种花，窗户玻璃中间充惰性气体，景观河里流的是净化后的“废水”……这会是怎样的生活？在上海世博会E区城市最佳实践区北京案例馆内呈现的国奥村便是这样一个低碳社区。

这一中国首个成熟的绿色环保社区汇集了30多项环保技术，并将国奥村民真实的环保生活“搬”到世博会游客面前。相信游客参观完之后，都能强烈地感受到“低碳生活离我们并不遥远”。

为了参加上海世博会，北京的城市最佳案例选择了国奥村，这个2008年各国运动员居住的地方，现在已经成了北京的模范居民小区。

2008年，为了符合国际奥委会的要求，国奥村的设计相当超前，各项设施都采用了先进的环保技术，而这种低碳环保的生活社区理念，如今恰好也符合世博会对未来社区的要求。

在小小的国奥村内，总共使用了30多种先进的环保技术。比如，再生水热泵冷热源系统，可以从污水处理厂排入河道的再生水中提取温度能量，为建筑提供冬季供暖和夏季制冷的能源。还有景观花房生态污水处理系统，可以将生活污水集中至景观绿化花房，利用动植物的食物链建立起一个水体生态平衡系统，使生活污水得到再次利用，成为小区景观用水。

值得国奥村骄傲的是，和其他一些超前的环保技术相比，这些技术离老百姓的生活并不远，许多已经运用到实际的生活中。据悉，上海世博会开幕前，相关工作人员专程前往国奥村调研取经，一些环保技术同样也运用到世博园区中。上海世博江水源热泵、广州亚运太阳能热水、南通新城小区再生水源热泵等数个项目，都参考了北京国奥村的经验。

在上海世博会上，国奥村的入口采用北京古建筑特色的门楼设计，而国奥村大门则以代表中华传统尊崇色系的朱红与金黄为主色调，彰显盛世中华国宅气势。事实上，谁也想象不到，如此漂亮的展区竟多是由建筑废料及多种尾矿加工而成，既实现废料的再生利用，也达到装饰艺术的视觉效果。国奥村用实际案例向世博游客展示了一个可以实现并且很快就能跨入寻常百姓生活中的低碳社区案例。

与此同时，作为一个低碳社区的标杆，国奥村已成为一个标准，开始向全国各地发展。目前，在重庆、成都已经树立起一个又一个新的“国奥村”。奥运会留下来的并非只有精彩的赛事，更多的是奥运精神倡导的人、社会、城市及自然和谐相处，以及新的生活方式的推广与共享。

如今，全世界的环保与资源节约意识都在不断加强。如果不搞好环境保护，许多国际活动将无法参加。

资料来源　陈文.北京案例馆展示中国首个成熟的绿色环保社区 传达环保理念［N］. 新闻晨报，2010-05-24.

第五节 促进就业与员工权益保护内部控制设计及运行

一、促进就业与员工权益保护内部控制设计

保障就业、稳定就业，是社会稳定发展的大计。让尽可能多的劳动者享受改革发展的成果，促进社会稳定和谐，最大限度地创造就业，是企业应尽的义务。而员工是企业生存发展的内在动力，不断提高员工的素质，维护员工的合法权益，既是社会和谐稳定的需要，也是企业长远发展的需要。企业应当尊重员工，关爱员工，维护企业与员工的和谐稳定和共同发展。企业应当依法保护员工的合法权益，贯彻人力资源政策，保护员工依法享有劳动权利和履行劳动义务，保持工作岗位相对稳定，积极促进充分就业，切实履行社会责任。企业应当避免在正常经营情况下批量辞退员工，增加社会负担。

1.企业在促进就业与员工权益保护方面的风险

企业在促进就业方面的风险主要包括：(1) 法律风险。企业因违反相关法律法规，形成事实上的就业歧视，招致投诉的风险。(2) 招聘失败的风险。企业招聘员工是需要成本的，招聘成本除包括招聘广告或人才市场摊位费、招聘人员工资、交通费等直接费用外，还包括失败成本，如不能胜任岗位要求的人员的试用期工资、重新招聘的各项费用等，以及有可能带来不必要的损失和纠纷的成本。(3) 人才过剩风险。人才引进计划与企业发展阶段脱节，导致人才过剩，增加了企业的运行成本。

企业在保护员工合法权益方面的风险主要包括：(1) 侵犯员工民主权利的风险。通过职工代表大会和工会组织等参与企业重大决策是企业员工的民主权利，有些企业经营者有意淡化、回避或不能正常落实员工代表大会制度，即使举行员工代表大会也只是“走过场”，搞形式主义，侵犯了员工的民主权利。(2) 侵犯员工人身权利的风险。一些企业缺乏对员工生命的尊重和保护，对员工的人身安全采取极不负责的态度，员工的生产作业环境和居住条件极为恶劣；一些企业经营者法律意识淡薄，对员工进行侮辱、体罚、非法搜身甚至殴打，严重践踏员工的人格尊严，伤害员工的身心健康。(3) 薪酬管理制度风险。企业未能提供合理的薪酬来保证劳动力的再生产。(4) 员工发展风险。企业未能向员工提供公平的科学培训和晋升机制。

保护员工合法权益方面的风险主要体现在企业人力资源管理各项工作中。如果不能妥善应对这些风险，可能导致员工积极性受挫，或在工作中表现消极，或选择离开企业，这样均会影响企业发展。

2.内部控制要求

针对企业在促进就业与员工权益保护方面的风险，企业应该在内部控制设计时注意严格遵守法律规定，严格按照企业需求谨慎招聘人才，尊重员工的合法权益与人身权利，营造一种员工与企业共荣辱的氛围。

二、促进就业与员工权益保护内部控制运行

保护员工合法权益是企业生存发展的内在动力。不断提高员工的素质，维护员工的合法权益，既是社会和谐稳定的需要，也是企业长远发展的需要。企业应当尊重员工，关爱员工，维护员工权益，促进企业与员工的和谐稳定和共同发展。为此，社会责任指引做出了以下要求：

一是建立完善科学的员工培训和晋升机制。培训的目的是让员工尽快得到发展。企业应当保证晋升对每个人的公平、公正，每个人主宰自己的命运，适应快、能力强的人能迅速掌握各阶段的技能，自然能得到更快的晋升。只有向不同员工提供个性化的培训，保持员工及时获得必要的知识储备，才能通过公平竞争和优越的机会吸引大批有能力的员工为企业真诚服务。企业应当按照产学研用相结合的社会需求，积极创建实习基地，大力支持社会有关方面培养、锻炼社会需要的应用型人才。

二是建立科学合理的员工薪酬增长机制。薪酬的高低，无疑是吸引和争夺人才的一个关键性因素。企业应当与员工签订并履行劳动合同，遵循按劳分配、同工同酬的原则，建立科学的员工薪酬制度和激励机制，不得克扣或无故拖欠员工薪酬。企业应当建立高级管理人员与员工薪酬的正常增长机制，切实保持合理水平，维护社会公平。结合内外部因素和员工自身表现等，建立科学有效的薪酬正常增长机制，最大限度地激发员工工作热情、敬业精神和工作绩效。员工工资等薪酬应当及时发放，员工各类社会保险应当及时足额缴纳，不得无故拖欠和克扣。企业应当积极缩小高管人员与员工的收入差距，促进企业高管人员与员工的薪酬有机协调统一。

三是建立维护员工身心健康的机制。企业应当按照有关规定做好健康管理工作，预防、控制和消除职业危害；按期对员工进行非职业性健康监护，对从事有职业危害作业的员工进行职业性健康监护。企业应当遵守法定的劳动时间和休息休假制度，确保员工的休息休假权利。现代社会的激烈竞争和快节奏导致员工身心高度紧张，承受过重的职业压力，很多员工处于亚健康状态，企业应当关心员工身体健康，保障员工充分的休息休假权利，广泛开展娱乐休闲活动。加强职工代表大会和工会组织建设，通过企业内部员工热线、信访接待、内部媒体、员工建议箱等渠道，保证员工与企业上层的信息畅通，帮助员工减压，不断提高员工的身体素质。要贯彻落实国家有关职业卫生的法律法规，加强生产安全管理工作，定期对劳动者进行体检，建立职业健康档案等，预防、控制和有效消除职业危害，确保员工身心健康。

四是企业应当加强职工代表大会和工会组织建设，维护员工合法权益，积极开展员工职业教育培训，创造平等发展机会。企业应当尊重员工人格，维护员工尊严，杜绝性别、民族、宗教、年龄等各种歧视，保障员工身心健康。

【例 5-4】

近几年，中国南方航空工业（集团）有限公司工会与公司宣传部、企业文化部等部门立足于促进企业科研生产经营和改革、发展、稳定的工作大局以及维护职工合法权益的重点，全面落实国家和全国总工会、省总工会第五个五年法制宣传教育依法治理工作计划。普法依法治理工作做到了有规划指导、有措施落实、有经费保证、有活动创新，为公司步入良性发展的快车道营造了浓厚的法治氛围和环境，依法维护了职工的合法权益，构建了和谐劳动关系和和谐企业。

公司、公司工会将法律知识纳入领导干部和工会干部培训必修课程。建立健全了领导干部和工会干部法制讲座制度、理论中心组学法制度、法律培训考试制度、学法用法与干部使用挂钩制度、重大决策前的法律咨询审核制度和总法律顾问制度，积极推进领导干部、工会干部学法用法的制度化。

公司和公司工会通过举办法律知识抢答赛、有奖答卷、板报比赛、劳动合同管理工作检查、组织职工收看安全生产警示教育片等活动，加强对职工群众的法制教育。对新进厂的员工，公司都要实行三级入厂教育，法律知识就是当中重要的一环。在《中航动力》开辟“法制纵横”“生活与法”“看案说法”等专栏，解读典型案例，用身边的事例教育员工。

资料来源　佚名.中国南方航空工业（集团）有限公司“五五”普法依法治理总结验收汇报材料[EB/OL].[2010-06-23]. http://www.zzghw.com/? thread-410-1.html.

第六章

企业文化

第一节　企业文化概述

一、概念

企业文化，是指企业在生产经营实践中逐步形成的、为整体团队所认同并遵守的价值观、经营理念和企业精神，以及在此基础上形成的行为规范的总称。

著名经济学家于光远先生站在战略高度精辟指出，“国家富强在于经济，经济繁荣在于企业，企业兴旺在于管理，管理优劣在于文化”，可见企业文化对于企业发展壮大的关键作用。企业有了积极向上的优秀文化，它就会重视创新、尊重知识、尊重人才、赢得客户、打响品牌，终成“百年老店”；反之，企业缺乏优秀的文化，它就像一个没有个性和创业激情的人，终将在市场竞争中湮没沉沦，失去竞争力，为市场所唾弃。正是由于企业文化在促进企业发展战略实现过程中的灵魂和支柱作用，财政部等五部委在《企业内部控制应用指引第5号——企业文化》中单独立项加以规范。

内部控制与企业文化是一种相互促进的关系。一方面，企业内部控制的执行有赖于企业文化建设的支持，因为企业文化能增强员工的认同感，提高员工的自觉性与主观能动性；另一方面，完善的内部控制制度能够推动企业文化的进一步发展。只有将两者紧密地结合起来才能完善企业的管理、提高企业竞争力。

二、企业文化在促进企业发展战略实现中的重要作用

美国兰德公司研究表明，世界五百强之所以强，固然是受多种因素的影响，但关键在于以文化力制胜。这是不可否认的事实。在当今激烈的市场经济竞争条件下，企业要实现发展战略，做大做强，应当重视和加强企业文化建设。

（一）企业文化建设可以为企业提供精神支柱

一个人活在世上应该有一点精神，要有理想和追求。因为有了积极向上的精神，他才能活出精彩，活得有价值。一个企业要在市场竞争中取胜，保持可持续健康发展，同样需要具备顽强拼搏、不懈奋斗的精神。有了这种现代企业精神，才能将企业董事、监事、高级管理人员和全体员工的心紧紧连在一起，让他们尽最大努力，充分发挥主观能动性，为企业创造最大价值。有了这种现代企业精神，才能让企业在遭遇国际金融危机等重大困难的情况下不致被击倒；才能让企业抓住发展机遇，实现跨越式发展。这种现代企业精神集中体现为企业文化。从这个意义上讲，建设企业文化，可以为企业提供精神支柱。

（二）企业文化建设可以提升企业的核心竞争力

企业核心竞争力是企业所具有的不可交易和不可模仿的独特优势因素，是企业竞争中最具有长远影响和决定性影响的内在因素。拥有核心竞争力的企业通常拥有市场前景良好的关键技术、真实稳健的财务状况、内外一致的企业形象、真实诚信的服务态度、团结协作的团队精神、以客户为中心的经营理念、公平公正善待员工、鼓励员工开拓创新的激励机制等。所有这些特征几乎都与企业文化有关。我国中医药行业的著名老字号——北京同仁堂之所以历经300多年而不衰，不可否认的是其拥有“核心技术”，但同样重要的在于历代同仁堂人前赴后继、不懈追求，始终恪守“炮制虽繁必不敢省人工，品味虽贵必不敢减物力”“修合无人见，存心有天知”的文化传承。为此，企业应当重视和加强企业文化建设，不断提升核心竞争力。

（三）企业文化建设可以为内部控制有效性提供有力保证

《企业内部控制基本规范》明确指出：“企业应当加强文化建设，培育积极向上的价值观和社会责任感，倡导诚实守信、爱岗敬业、开拓创新和团队协作精神，树立现代管理理念，强化风险意识。”企业文化是企业建立和完善内部控制的重要基础。内部控制作为企业管理的重要抓手，表现形式往往是系列规章制度及其落实。这些规章制度连同其他管理规范，甚至包括企业的发展目标和战略规划，要真正落实到位，都必须努力建设优秀的企业文化。没有优秀的企业文化，就不能统一董事、监事、高级管理人员和全体员工的思想和意志，就不能激发其潜力和热情，就不能培育其对企业的认同感，就不能形成卓越的执行力，而规章制度的生命力就在于执行。从这个意义上讲，为了真正发挥内部控制在强化企业管理、提升企业经营管理效率和效果、促进实现发展战略中的重要作用，应当重视和加强企业文化建设，努力打造优秀的企业文化。

三、企业文化失控风险

加强企业文化建设至少应当关注下列风险：

（1）缺乏积极向上的企业文化，可能导致员工丧失对企业的信心和认同感，企业缺乏凝聚力和竞争力。

（2）缺乏开拓创新、团队协作和风险意识，可能导致企业发展目标难以实现，影响可持续发展。

（3）缺乏诚实守信的经营理念，可能导致舞弊事件的发生，造成企业损失，影响企业信誉。

（4）忽视企业间的文化差异和理念冲突，可能导致并购重组失败。

四、企业文化建设的关键环节

企业应当采取切实有效的措施，培育具有自身特色的企业文化，引导和规范员工行为，聚焦主业，打造品牌，形成整体团队的向心力，促进企业长远发展。关键环节主要有以下两个方面：

（一）企业文化的建设

企业应当重视企业文化建设在实现发展战略中不可或缺的作用，加大投入力度，健全保障机制，防止和避免形式主义。

（二）企业文化的评估

企业应当建立文化评估制度，分析总结文化在企业发展中的积极作用，研究发现不利于企业发展的文化因素，及时采取措施加以改进。

● 第二节　企业文化建设内部控制制度设计及运行

一、企业文化建设的总体要求

企业文化是所有团队成员共享并传承给新成员的一套价值观、共同愿景、使命及思维方式，它代表了组织中被广泛接受的思维方式、道德观念和行为准则，是企业科学发展的精神支柱和动力源泉，是企业核心竞争力的重要因素。

建设企业文化的实质就是要重新审视企业所遵循的价值观体系，根据长远发展战略重新建立起一套可以共享传承，可以促进并保持企业正常运作以及长足发展的价值理念、思维方式和行为准则。开展企业文化建设既是企业在市场经济条件下生存发展的内在需要，又是实现管理现代化的重要方面。为此，应从建立现代企业发展的实际出发，讲究经营之道，培养企业精神，塑造企业形象，优化企业内外环境，全力打造具有自身特质的企业文化，为企业快速发展提供动力和保证，更好地发挥企业文化教育员工、凝聚人心、激励斗志、规范行为、推动企业科学发展的重要功能。

二、打造优秀的企业文化

企业应当根据发展战略和实际情况，总结优良传统，挖掘文化底蕴，提炼核心价值，确定文化建设的目标和内容，形成企业文化规范，使其构成员工行为守则的重要组成部分。企业文化的建设是一个长期而复杂的系统工程，不能一蹴而就。

（一）要注重塑造企业核心价值观

核心价值观是企业在经营过程中坚持不懈，努力使全体员工信奉的信条，体现了企业核心团队的精神，往往也是企业家身体力行并坚守的理念。它明确了哪一种行为是企业所崇尚的，鼓励大家去做的，哪一种行为是企业反对的，大家不应该去做的。这种价值观和理念是一个企业的文化核心，凝聚着董事、监事、高级管理人员和全体员工的思想观念，从而使大家的行为朝着一个方向去努力，反映出一个企业的行为和价值取向。企业应当培育体现企业特色的发展愿景、积极向上的价值观、诚实守信的经营理念、履行社会责任和开拓创新的企业精神，以及团队协作和风险防范意识。比如，迪士尼公司的核心价值观就是“健康而富有创造力”，简短但内涵丰富。企业文化建设始于核心价值观的精心培育，终于核心价值观的维护、延续和创新。这是成功企业不变的法则。为此，应当注重以下方面：一要着力挖掘自身文化，要注意从企业特定的外部环境和内部条件出发，把共性和个性、一般和个别有机结合起来，总结出本企业的优良传统和经营风格，挖掘整理出本企业长期形成的宝贵的文化资源，在企业精神提炼、理念概括、实践方式上体现出鲜明的特色，形成既具有时代特征又独具魅力的企业文化；二要着力博采众长，要紧紧把握先进文化的前进方向，以开放、学习、兼容、整合的态度，坚持以我为主、博采众长、融合创新、自成一家的方针，广泛借鉴国外先进企业的优秀文化成果，大胆吸取世界新文化、新思想、新观念中的先进内容，取其精华，去其糟粕，扬长避短，为我所用；三要根据塑造形成的核心价值观指导企业的实际行动。

（二）要重点打造以主业为核心的品牌

企业应当采取切实有效的措施积极培育具有自身特色的企业文化，引导和规范员工行为，打造以主业为核心的企业品牌，形成整体团队的向心力，促进企业长远发展。品牌通常是指能够给企业带来溢价、产生增值的一种无形资产，其载体是用以和其他竞争者的产品或劳务相区分的名称、术语、象征、记号或者设计及其组合。企业产品或劳务的品牌与企业的整体形象联系在一起，是企业的“脸面”或“标识”。品牌之所以能够增值，主要来自于消费者心智中形成的关于其载体的印象。在市场竞争中，企业无不重视其产品或劳务品牌的建设。打造以主业为核心的品牌，是企业文化建设的重要内容。企业应当将核心价值观贯穿于自主创新、产品质量、生产安全、市场营销、售后服务等方面的文化建设，着力打造聚焦主业且能够让消费者长久认可、在国内外市场上彰显强大竞争优势的品牌。

（三）要充分体现以人为本的理念

以人为本是企业文化建设应当坚持的重要原则。企业要在企业文化建设过程中牢固树立以人为本的思想，尊重劳动、尊重知识、尊重人才，努力为全体员工搭建发展平台，提供发展机会，激发其积极性、创造性和团队精神。企业应当促进文化建设在内部各层级的有效沟通，加强对员工的文化教育和熏陶，全面提升员工的文化修养和内在素质。同时，企业要尊重全体员工的首创精神，在统一领导下有步骤地发动全体员工广泛参与，努力使全体员工在主动参与中了解企业文化建设的内容，认同企业的核心理念，形成上下同心、共谋发展的良好氛围。企业文化建设应当融入生产经营全过程，切实做到文化建设与发展战略有机结合，增强员工的责任感和使命感，规范员工行为方式，使员工自身价值在企业发展中得到充分体现。

（四）要强化企业文化建设中的领导责任

在建设优秀的企业文化过程中，领导是关键。董事、监事、经理和其他高级管理人员应当在企业文化建设中发挥主导和垂范作用，以自身的优秀品格和脚踏实地的工作作风带动整个团队，共同营造积极向上的企业文化环境。要建设好企业文化，领导必须高度重视，认真规划、狠抓落实，才能取得实效。企业主要负责人应当站在促进企业长远发展的战略高度重视企业文化建设，切实履行第一责任人的职责，对企业文化建设进行系统思考，出思想、谋思路、定对策，确定本企业文化建设的目标和内容，提出正确的经营管理理念。企业文化建设的领导体制要与现代企业制度和法人治理结构相适应，要明确企业文化建设的主管部门，安排专（兼）职人员负责此项工作，形成企业文化主管部门负责组织、各职能部门分工落实、员工广泛参与的工作体系。与此同时，企业要深入调研、制定规划，认真梳理整合各项工作任务，分清轻重缓急，扎实推进。要着力将核心价值观转化为企业文化规范，通过梳理完善相关管理制度，对员工日常行为和工作行为进行细化，逐步形成企业文化规范，以理念引导员工的思维，以制度规范员工的行为，使企业全体员工增强主人翁意识，做到与企业同呼吸、共命运、同成长、共生死，真正实现“人企合一”，充分发挥核心价值观对企业发展的强大推动作用。

三、实现企业文化的创新

企业文化形成并用以指导领导和全体员工行为后，应当保持相对稳定，但当企业内外部环境和条件发生变化时，企业的发展战略可能发生改变，企业文化也应进行相应的调整，实现文化的创新与发展。

（一）要着力构建企业文化评估体系

企业文化评估是企业文化建设与创新的重要环节。企业应当定期对企业文化建设工作以及取得的进展和实际效果进行检查和评估，引导企业通过对照评估标准自我改进、自我完善，不断激发企业的积极性、主动性和创造性，提升企业文化水平。

（二）要着力根据综合评估结果推进企业文化创新

创新是事物发展的持续动力。企业要重视企业文化评估结果的利用，既要巩固和发扬文化建设取得的成果，又要针对评估过程中发现的企业文化缺失，研究分析深层次的原因，及时采取措施加以改进，以此推进企业文化建设；在此基础上，还要结合企业发展战略调整以及企业内外部政治、经济、技术、资源等因素的变化，着力在价值观、经营理念、管理制度、品牌建设、企业形象等方面持续推动企业文化创新。其中，要特别注意通过不断打造以主业为核心的企业品牌，实现企业文化的创新和跨越。

四、并购重组中的文化整合

企业应当重视并购重组后的企业文化建设，平等对待被并购方的员工，促进并购双方的文化融合。企业在进行企业并购尤其是境外并购的过程中，应当重视并购相关风险，尤其应防止忽视企业间文化差异和理念冲突，确保并购重组成功。

企业在并购前，应当重视对并购双方的企业文化调查研究和分析评估，并将评估的重点放在并购双方在国家文化和企业文化之间的差异，以及文化能否相互融合等方面。企业并购完成后是否会发生文化冲突，应当作为可行性研究报告的重要内容。

企业并购完成后，应当特别注重文化整合：

一要在组织架构设计环节考虑文化整合因素。如果企业并购采用的是吸收合并方式，则必然会遇到各参与并购企业员工“合并”工作的情况。为防止文化冲突，既要在治理结构层面上强调融合，也要在内部机构设置层级上体现“一家人”的思想，务必防止吸收合并方员工与被吸收合并方员工“分拨”现象。如果企业并购采用的是控股合并方式，则应在根据公司法组建企业集团时体现文化整合，要在坚持共性的前提下体现个性化，要以统一的企业精神、核心理念、价值观念和企业标识规范集团文化，保持集团内部文化的统一性，增强集团的凝聚力、向心力，树立集团的整体形象，同时允许子公司在母公司统一指导下培育和创造特色文化，为下属企业留有展示个性的空间。

二要在并购交易完成后企业运行中进行深度的文化整合。可以考虑以下三种整合方式：①完全以并购方的文化进行整合；②以并购方的文化为主体、吸收被并购方文化中优秀的一面进行整合；③以并购双方的文化为基础创建全新的优秀文化。无论采用哪种方式，其过程都会相对较长。境外并购尤其如此。不变的原则是，应当采取多种有效措施，促进文化融合，减少文化冲突，求同存异，优势互补，实现企业文化的有效对接，促进企业文化的整合与再造，确保企业并购真正成功。

第三节　企业文化评估内部控制设计及运行

一、企业文化评估的原则

企业文化评估应当把握以下原则：

（1）全面评估与重点评估相结合，注重评估指标的导向性。要突出关键指标，确保评估指标的可操作性。

（2）定性与定量相结合，注重评估方法的科学性。要根据评估内容和指标功能，量身定制不同的评估标准。

（3）内部评价与外部评价相结合，注重评估结果的有效性。

二、企业文化评估的内容

企业应当定期对企业文化建设工作以及取得的进展和实际效果进行检查和评估，着力关注以下主要内容：

（1）董事、监事、经理和其他高级管理人员在企业文化建设中的责任履行情况；

（2）公司价值以及全体员工对企业核心价值观的认同感；

（3）企业经营管理行为与企业文化的一致性；

（4）企业品牌的社会影响力；

（5）参与企业并购重组各方文化的融合度；

（6）员工对企业未来发展的信心等。

三、企业文化评估的实施

企业应当建立企业文化评估制度，明确评估的内容、程序和方法，落实评估责任制，避免企业文化建设流于形式。企业文化评估，应当重点关注董事、监事、经理和其他高级管理人员在企业文化建设中的责任履行情况、全体员工对企业核心价值观的认同感、企业经营管理行为与企业文化的一致性、企业品牌的社会影响力、参与企业并购重组各方文化的融合度，以及员工对企业未来发展的信心。

企业应当重视企业文化的评估结果，巩固和发扬文化建设成果，针对评估过程中发现的问题，研究影响企业文化建设的不利因素，分析深层次的原因，及时采取措施加以改进。

第四节　案例分析——松下：经营之神的精髓

松下公司是全世界有名的电器公司，松下幸之助是该公司的创办人和领导人。松下是日本第一家用文字明确表达企业核心价值观的企业。松下精神，是松下公司获得成功的重要因素。

一、松下精神的形成和内容

松下精神并不是公司创办之日一下子产生的，它的形成有一个过程。松下有两个纪念日：一个是1918年3月7日，这天松下幸之助和他的夫人与内弟一起，开始制造电器双插座；另一个是1932年5月，他开始理解到自己的创业使命，所以把这一年称为“创业使命第一年”，并定为正式的“创业纪念日”。两个纪念日表明，松下公司的经营观、思想方法是在创办企业后的一段时间才形成的。直到1932年5月，在第一次创业纪念仪式上，松下公司才确认了自己的使命与目标，并以此激发职工奋斗的热情与干劲。

松下幸之助认为，人在思想意志方面有容易动摇的弱点。为了使松下人为公司的使命和目标而奋斗的热情与干劲能持续下去，应制定一些戒条，以时时提醒和警诫自己。于是，松下公司首先于1933年7月制定并颁布了“五条精神”，其后在1937年又议定附加了两条，形成了松下七条精神：产业报国的精神、光明正大的精神、团结一致的精神、奋斗向上的精神、礼仪谦让的精神、适应形势的精神、感恩报德的精神。

二、松下精神的教育训练

松下公司非常重视对员工进行核心价值观即松下精神的教育训练。对教育训练的方式可以做如下概括：

一是反复诵读和领会。松下幸之助相信，把公司的目标、使命、精神和文化，让职工反复诵读和领会，是把它铭记在心的有效方法，所以每天上午8时，松下遍布日本的87 000名员工同时诵读松下七条精神，一起唱公司歌。其用意在于让全体职工时刻牢记公司的目标和使命，时时鞭策自己，使松下精神持久发扬。

二是所有工作团体成员每人每隔1个月至少要在他所属的团体中进行10分钟演讲，说明公司的精神和公司与社会的关系。松下幸之助认为，说服别人是说服自己最有效的办法。在解释松下精神时，松下幸之助有一句名言：如果你犯了一个诚实的错误，公司非常宽大，把错误当作训练费用，从中学习，但是你如果违反公司的基本原则，就会受到严重的处罚——解雇。

三是隆重举行新产品的出厂庆祝仪式。松下幸之助认为，当某个团队完成一项重大任务的时候，每个团队成员都会感到兴奋不已，因为从中他们可以看到自身存在的价值，而这时便是对他们进行团结一致教育的良好时机。所以每年正月，松下公司都要隆重举行新产品的出厂庆祝仪式。这一天，职工身着印有公司名称字样的衣服大清早来到集合地点，作为公司领导人的松下幸之助，常常即兴挥毫书写清晰而明快的文告，如“新年伊始举行隆重而意义深远的庆祝活动，是本年度我们事业蒸蒸日上兴旺发达的象征”。在松下幸之助向全体职工发表热情的演讲后，职工分乘各自分派的卡车，满载着新出厂的产品，奔赴各地有交易关系的商店，商店热情地欢迎和接收公司新产品，公司职工拱手祝愿该店繁荣，最后，职工返回公司，举杯庆祝新产品出厂活动的结束。松下幸之助相信，这样的活动有利于发扬松下精神，统一职工的意志和步伐。

四是“入社”教育。进入松下公司的人都要经过严格的筛选，然后由人事部门开始对其进行公司的“入社”教育，首先要郑重其事地诵读、背诵松下宗旨、松下精神，学习公司创办人松下幸之助的“语录”，学唱松下公司之歌，参加公司创业史“展览”。为了增强员工的适应性，也为了使他们在实际工作中体验松下精神，新员工往往被轮换分派到许多不同性质的岗位上工作，所有专业人员都要从基层做起，每个人至少用3~6个月时间在装配线或零售店工作。

五是管理人员的教育指导。松下幸之助常说：“领导者应当给自己的部下以指导和教诲，这是每个领导者不可推卸的职责和义务，也是在培养人才方面的重要工作之一。”与众不同的是，松下幸之助有自己的“哲学”并且十分重视这种“哲学”的作用。松下哲学既为松下精神奠定思想基础，又不断丰富松下精神的内容。按照松下幸之助的哲学，企业经营的问题归根到底是人的问题，人是最为尊贵的，如同宝石的原矿石一样，经过磨制，一定会成为发光的宝石，每个人都具有优秀的素质，要从平凡人身上发掘不平凡的品质。松下公司实行终身雇佣制度，认为这样可以为公司提供一批经过二三十年锻炼的管理人员，这是发扬公司传统的可靠力量。为了用松下精神培养这支骨干力量，公司每月举行一次干部学习会，互相交流，互相激励，勤勉律己。松下公司以总裁与部门经理通话或面谈而闻名，总裁随时会接触到部门的重大难题，但并不代替部门作决定，也不会压抑部门管理的积极性。

六是自我教育。松下公司强调，为了充分调动人的积极性，经营者要具备对他人的信赖之心。公司应该做的事情很多，然而首要一条，就是经营者要给职工以信赖，人在被充分信任的情况下，才能勤奋工作。从这样的认识出发，公司把在职工中培育松下精神的基点放在自我教育上，认为教育只有通过受教育者的主动努力才能取得成效。上司要求下属要根据松下精神自我剖析，确定目标。每个松下人必须提出并回答这样的问题："我有什么缺点？我在学习什么？我真正想做什么？"从而设置自己的目标，拟订自我发展计划。有了自我教育的强烈愿望和具体计划，职工就能在工作中自我激励，思考如何创新，在空余时间自我反省，自觉学习。为了便于互相启发，互相学习，公司成立了研究俱乐部、学习俱乐部、读书会、领导会等业余学习组织。在这些组织中，人们可以无拘无束地交流学习体会和工作经验，互相启发和激励奋发向上的松下精神。

三、松下精神——公司的内在力量

日本1984年经济白皮书中写道："在当前政府为建立日本产业所做的努力中，应该把哪些条件列为首要的呢？可能既不是资本，也不是法律和规章，因为这二者本身都是死的东西，是完全无效的。使资本和法规运转起来的是精神……因此，如果就有效性来确定这三个因素的分量，则精神应占十分之五，法规占十分之四，而资本只占十分之一。"

松下精神，作为使设备、技术、结构和制度运转起来的重要因素，在松下公司的成长过程中形成，并不断得到培育强化。它是一种内在的力量，是松下公司的精神支柱，具有强大的凝聚力、导向力、感染力和影响力，是松下公司成功的重要原因。这种内在的精神力量可以激发与强化公司成员为社会服务的意识、企业整体精神和热爱企业的情感，可以强化和再生公司成员各种有利于企业发展的行为，如积极提出合理化建议，主动组织和参加各种形式的改善企业经营管理的小组活动；工作中互相帮助，互谅互让；礼貌待人，对顾客热情服务；干部早上班或晚下班，为下属做好工作前的准备工作或处理好善后事项等。

资料来源　佚名.松下：经营之神的精髓［EB/OL］.［2006-09-04］. http：//news.cnfol.com/060904/101，1599，2223800，00.shtml.

第七章

资金活动

资金是企业生存和发展的重要基础，被视为企业生产经营的血液，决定着企业的竞争能力和可持续发展能力，因而一直受到企业的高度重视。本次国际金融危机爆发后，全球经济萧条，大量企业陷入困境，资金链断裂导致很多企业经营困难甚至破产倒闭，如何防范资金风险、维护资金安全、提高资金效益成了社会广泛关注的热点问题。在这种背景下，财政部会同有关部委单独立项制定了《企业内部控制应用指引第6号——资金活动》（以下简称《资金活动指引》），对企业开展资金筹集、投放和营运等活动的业务流程、主要风险类型和风险控制措施做出了具体规定，为我国企业维护资金的安全与完整、防范与化解资金活动风险、提高资金效益，促进企业健康发展，全面提升经营管理水平提供了科学指导和制度保障。

● 第一节　资金活动概述

一、资金活动概念

资金活动是企业筹资、投资和资金营运等活动的总称。一方面，资金活动影响企业生产经营的全过程，规范资金活动实际上是从资金流转的角度对生产经营过程进行控制。资金管理是财务管理的核心，金融危机就是资金危机，一旦资金出问题便会“非死即伤”。但另一方面，由于资金管理需要考虑的因素很多、涉及面很广、不确定性很强，因此我们可以说资金活动是企业必要而艰巨的任务之一。

二、加强资金活动管控的意义

（一）资金活动管控事关企业的生死存亡

第一，资金活动影响企业生产经营的全过程。企业的资金活动与生产经营过程密不可分：企业生产经营活动的开展，总是依赖于一定形式的资金支持；生产经营的过程和结果，也是通过一定形式的资金活动体现出来。因此，资金管理一直被视为企业财务管理的核心内容，构成企业经营管理的重要部分。

第二，资金活动内部控制通常是企业内部管理的薄弱环节。由于影响企业资金活动的因素很多，涉及面很广，不确定性很强，企业资金活动管控面临的困难很大。资金活动内部控制的失误，往往给企业带来致命打击。中航油事件等众多事实表明，资金活动内部控制失效，轻则带来巨额损失，重则可能将企业的百年基业毁于一旦。可见，资金活动及其内部管控情况对企业的生产经营影响巨大，加强和改进资金活动内部控制是企业生存和发展的内在需要。

（二）加强企业资金活动管控有利于企业可持续发展

第一，有利于企业防范资金活动风险，维护资金安全。资金活动贯穿于企业生产经营的全过程，企业内部各部门、企业外部相关单位和个人都直接或间接参与企业资金活动，其中任何一个环节、任何一个机构或个人出现差错，都可能危及资金安全、导致企业损失。加强资金活动内部控制，有利于企业及时发现问题，防范并化解有关风险。

第二，可以促进企业资金合理使用，提高资金效率。企业生产经营活动的有效开展，依赖于资金的合理存量和流量。根据《资金活动指引》开展资金活动内部控制，正确评价企业的资源条件和未来前景，科学地进行筹资和投资，并对生产经营中的资金余缺进行合理调剂，有利于资金均衡流动、提高资金的使用效率，获得更好的经济效益。

第三，可以规范企业经营活动，推动企业可持续发展。由于资金活动与企业生产经营活动紧密结合，根据《资金活动指引》规范企业的资金活动，实际上是从资金流转的角度对生产经营过程进行控制，有利于促使企业规范开展业务活动、实现长期可持续发展。

三、企业资金活动面临的主要风险

企业资金活动面临的重要风险包括：第一，筹资决策不当，引发资本结构不合理或无效融资，可能导致企业筹资成本过高或债务危机；第二，企业投资决策失误，引发盲目扩张或丧失发展机遇，可能导致资金链断裂或资金使用效益低下；第三，资金调度不合理、营运不畅，可能导致企业陷入财务困境或资金冗余；第四，资金活动管控不严，可能导致资金被挪用、侵占、抽逃或遭受欺诈。

四、资金活动内部控制的总体要求

对资金活动实施内部控制，需要建立健全相应的内部控制制度，即根据国家和地方有关法律法规和监管制度的要求，结合企业生产经营的实际需要，设计科学合理、重点突出、便于操作的业务流程，同时还要有针对关键控制点以及主要风险来源的内控措施。总体要求如下：

企业应当根据自身发展战略，科学确定投融资目标和规划，完善严格的资金授权、批准、审验等相关管理制度，加强资金活动的集中归口管理，明确筹资、投资、营运等各环节的职责权限和岗位分离要求，定期或不定期检查和评价资金活动情况，落实责任追究制度，确保资金安全和有效运行。企业财会部门负责资金活动的日常管理，参与投融资方案等可行性研究。总会计师或分管会计工作的负责人应当参与投融资决策过程。企业有子公司的，应当采取合法有效措施，强化对子公司资金业务的统一监控。有条件的企业集团，应当探索财务公司、资金结算中心等资金集中管控模式。

具体应做好如下几点：

第一，科学决策是核心。推进资金管理信息化建设，将资金预算管理与资金适时监控相结合，及时准确地反映资金运行状况和风险，可以提高决策的科学性，提高资金管理的及时性。具体来说，企业应当根据自身发展战略，综合考虑宏观经济政策、市场环境、环保要求等因素，结合本企业发展实际，科学确定投融资目标和规划。如果目标不明确，决策不正确，控制措施就难以执行到位，资金活动将难以顺利进行。

第二，制度建设是基础。制度是企业经营管理各项活动顺利开展的基础性保障，要大力推动资金运作的合法性和规范性。企业应当根据内部控制规范等法律法规及企业自身的管理需要，完善资金管理制度，强化资金内控管理。企业资金活动内部控制制度主要涉及资金授权、批准、审验等方面。比如，通过资金集中归口管理制度，明确筹资、投资、营运等各环节相关部门和人员的职责权限；通过不相容岗位分离制度，形成有力的内部牵制关系；通过严格的监督检查和项目后评价等制度，跟踪资金活动内部控制的实际情况，据以修正制度、改善控制效果。

第三，业务流程是重点。对资金活动实施内部控制，本质上是对资金业务的控制。企业在设计资金活动相关内控制度时，应该重点明确各种资金活动的业务流程，确定每一个环节、每一个步骤的工作内容和应该履行的程序，并将其落实到具体部门和人员。此外，由于很多资金业务是伴随企业生产经营活动的开展而开展的，两者相互联系又互相影响，因此，应根据生产经营活动的流程设计合理的资金控制流程，反之，也可以根据资金控制流程调整和优化生产经营活动流程，达到通过控制资金活动来规范企业生产经营活动的目标。

第四，风险控制点是关键。在资金活动较为复杂的情况下，资金内部控制不可能面面俱到。因此，企业必须识别并关注主要风险来源和主要风险控制点，以提高内部控制的效率。具体而言，在明确业务流程之后，企业应该针对流程中的每一个环节、每一个步骤，认真细致地进行分析，根据不确定性的大小、危害性的严重程度等，明确关键的业务、关键的程序、关键的人员和岗位等，从而确定关键的风险控制点；然后针对关键风险控制点制定有效的控制措施，集中精力管控住关键风险。

第五，资金集中管理是方向。一般来说，企业规模越大，管理的难度也越大，如果管理技能一定，企业应当在集权与分权之间适当均衡，但由于科学技术的快速发展，企业资金管理的能力极大提高，资金集中管理的优势明显扩大，并且日益成为较大规模企业的首选资金管控模式。另外，集团公司作为企业发展到一定规模后为了进一步优化资源配置而采用的一种组织形式，其资金内部控制同样首推集中管控模式。也就是说，无论是企业对其内部部门和分支机构，还是企业集团对其子公司，都应该加强资金的集中统一管控。

第六，严格执行是保障。再好的制度、措施，如果只停留在纸面，不严格执行，就只能流于形式而无法发挥实效。对资金活动进行内部控制时，虽然找对了业务流程、找准了关键风险控制点，但是如果不采取具体措施，对关键风险进行有效控制，那么同样可能造成严重损失。因此，制度的执行到位与否是事关整个内控活动能否取得实效的关键，只有严格执行，才能保证实现资金活动决策目标。为了加强对资金活动的管控，促使资金活动内部控制制度得到切实有效的实施，企业财会部门应负责资金活动的日常管理，参与投融资方案等可行性研究；总会计师或分管会计工作的负责人应当参与投融资决策过程。

第二节 筹资活动内部控制设计及运行

一、筹资活动内部控制概述

筹资活动是企业资金活动的起点，也是企业整个经营活动的基础。通过筹资活动，企业取得投资和日常生产经营活动所需的资金，从而使企业投资、生产经营活动能够顺利进行。企业应当根据经营和发展战略的资金需要，确定融资战略目标和规划，结合年度经营计划和预算安排，拟订筹资方案，明确筹资用途、规模、结构和方式等相关内容，对筹资成本和潜在风险做出充分估计。如果是境外筹资，还必须考虑所在地的政治、经济、法律和市场等因素。

企业的生产经营活动过程是一个人力资源作用于物质资源的过程。在这个过程中，物质资源的运动，一方面表现为有形的货币和实物资产的周转运动，另一方面表现为物质资源运动中蕴藏的无形的资金价值运动。因此，对企业生产经营活动中物质资源运动过程的内部控制，就是对有形的货币和实务资产周转运动的内部控制，以及对这个过程中体现出来的无形的资金价值周转运动的内部控制。

筹资活动的内部控制不仅决定着企业能不能顺利筹集生产经营和未来发展所需资金，而且决定着企业能以什么样的筹资成本筹集资金，能以什么样的筹资风险筹集所需资金，并决定着企业所筹集资金最终的使用效益。较低的筹资成本、合理的资本结构和较低的筹资风险，能够使企业应付裕如，不至于背负沉重的压力，可以从容地追求长期目标，实现可持续发展；而较高的筹资成本、不合理的资本结构和较高的筹资风险，常常使企业经营压力倍增。企业一方面要保持更高的资金流动性以应付不合理的资本结构带来的财务风险，另一方面要追求更高的投资收益以补偿高额的筹资成本。因此，很多企业难以追求长期目标，往往过度追求短期利益，饮鸩止渴或者铤而走险，发展战略不能得到很好执行，经营活动的可持续性得不到保证，企业经营难以为继，财务风险很大，企业正常发展受到严重制约。

二、筹资活动的业务流程

企业筹资活动的内部控制应该根据筹资活动的业务流程区分不同筹资方式，按照业务流程中不同环节体现出来的风险，结合资金成本与资金使用效益情况，采用不同措施进行控制。通常情况下，企业筹资业务流程如图7-1所示，筹资业务管理流程与风险控制如图7-2所示。

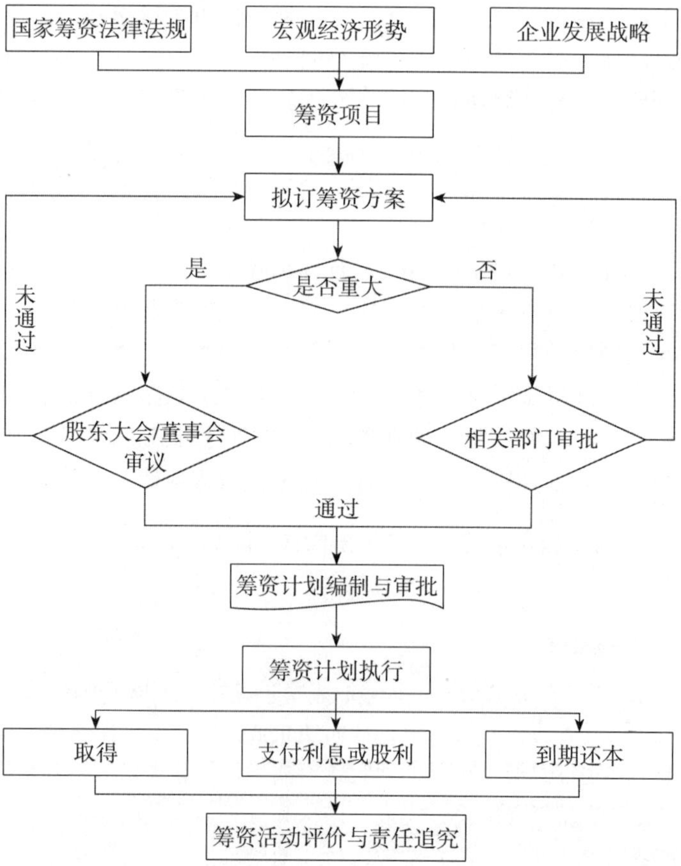

图7-1 筹资业务流程图

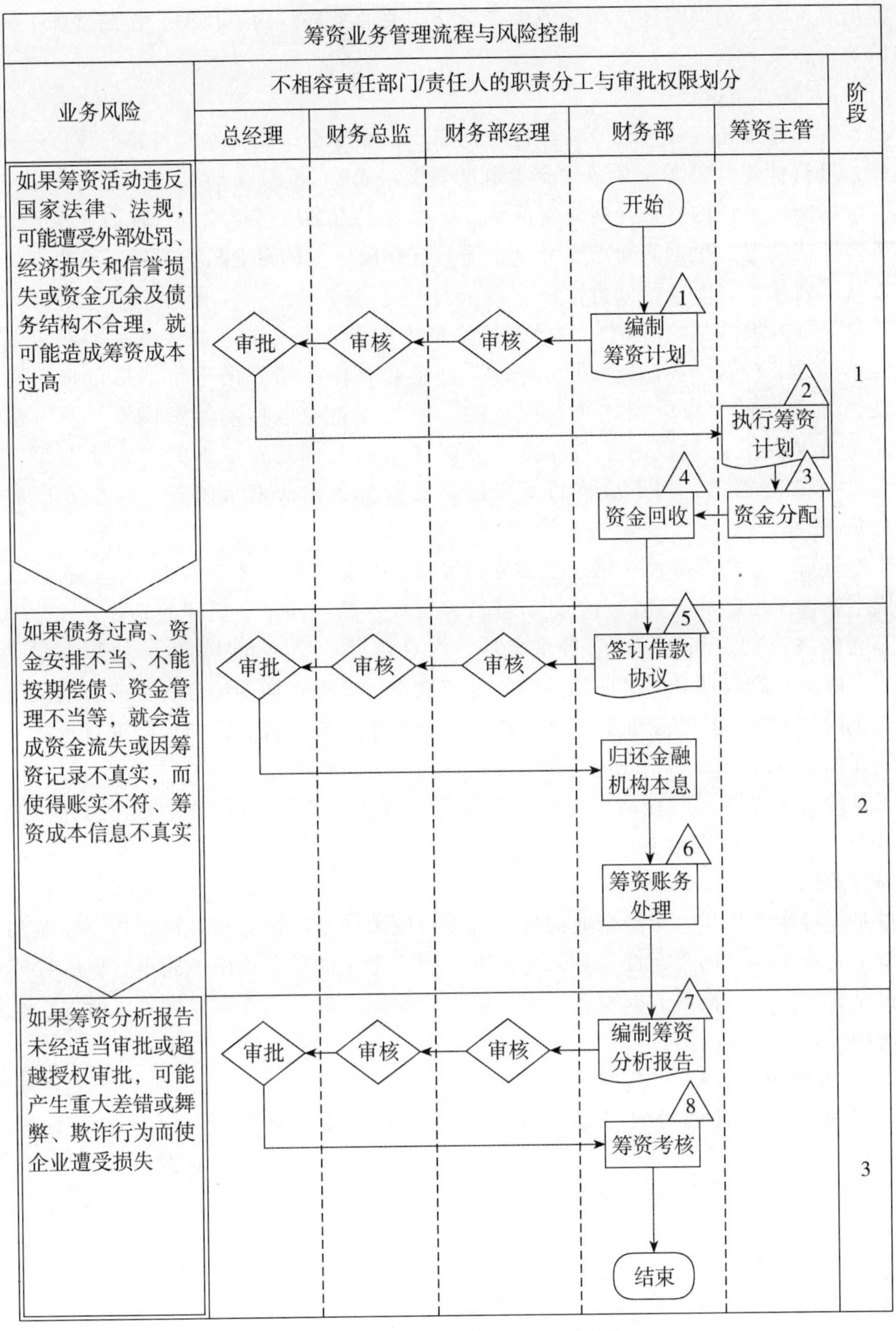

图7-2　筹资业务管理流程与风险控制图

有关具体内容如下：

（　）提出筹资方案

一般由财务部门根据企业经营战略、预算情况与资金现状等因素提出筹资方案，一个完整的筹资方案应包括筹资金额、筹资形式、利率、筹资期限、资金用途等内容。财务部门在提出筹资方案的同时还应与其他生产经营相关业务部门沟通协调，在此基础上才能形成初始筹资方案。

（二）筹资方案论证

初始筹资方案还应经过充分的可行性论证。企业应组织相关专家对筹资项目进行可行性论证，可行性论证是筹资业务内部控制的重要环节。《资金活动指引》第六条指出，企业不得依据未经论证的方案开展筹资活动。重大筹资方案应当形成可行性研究报告，全面反映风险评估情况。根据实际需要可以聘请具有相应资质的专业机构进行可行性研究。一般可以从下列几个方面进行分析论证：

一是筹资方案的战略评估，主要评估筹资方案是否符合企业整体发展战略以及筹资规模是否合理。企业应对筹资方案是否符合企业整体战略方向进行严格审核，只有符合企业发展需要的筹资方案才具有可行性。另外，企业应控制筹资规模，不可贪多求大。资金充裕是企业发展的重要保障，然而任何资金都是有成本的，企业在筹集资金时一定要有战略考虑，切不可盲目筹集过多的资金，造成资金闲置，给企业造成沉重的债务负担。

二是筹资方案的经济性评估，主要分析筹资方案是否符合经济性要求，是否以最低的筹资成本获得了所需的资金，是否还有降低筹资成本的空间以及更好的筹资方式，筹资期限等是否经济合理，利息、股息等水平是否在企业可承受的范围之内。如筹集相同的资金，选择股票与选择债券就会面临不同的筹资成本，选择不同的债券种类或者期限结构也会面临不同的成本，所以企业必须认真评估筹资成本，并结合收益与风险进行筹资方案的经济性评估。

三是筹资方案的风险评估。对筹资方案面临的风险进行分析，特别是对利率、汇率、货币政策、宏观经济走势等重要条件进行预测分析，对筹资方案面临的风险做出全面评估，并有效地应对可能出现的风险。比如，若选择债权方式筹资，其按期还本付息对于企业来说是一种刚性负担，带给企业的现金流压力较大；若选择股权筹资方式，在股利的支付政策上企业有较大的灵活性，且无须还本，因而企业的现金流压力较小，但股权筹资的成本也是比较高的，而且股权筹资可能会使得企业面临较大的控制权风险。所以，企业应在不同的筹资风险之间进行权衡。

（三）筹资方案审批

通过可行性论证的筹资方案，需要在企业内部按照分级授权审批的原则进行审批，重点关注筹资用途的可行性和相应的偿债能力。重大筹资方案应当提交股东（大）会审议，筹资方案须经有关管理部门批准的，应当履行相应的报批程序。审批人员与筹资方案编制人员应适当分离。在审批中，应贯彻集体决策的原则，实行集体决策审批或者联签制度。在综合正反两方面意见的基础上进行决策，而不应由少数人主观决策。筹资方案发生重大变更的，应当重新履行可行性研究以及相关审批程序。

（四）筹资计划编制与执行

企业应根据审核批准的筹资方案，编制较为详细的筹资计划，经过财务部门批准后，严格按照相关程序筹集资金：通过银行借款方式筹资的，应当与有关金融机构进行洽谈，明确借款规模、利率、期限、担保、还款安排、相关的权利义务和违约责任等内容，双方达成一致意见后签署借款合同，据此办理相关借款业务；通过发行债券方式筹资的，应当合理选择债券种类，是普通债券还是可转换债券等，并对还本付息方案做出系统安排，确保按期、足额偿还到期本金和利息；通过发行股票方式筹资的，应当依照《中华人民共和国证券法》等有关法律法规和证券监管部门的规定，优化企业组织架构，进行业务整合，并选择具备相应资质的中介机构，如证券公司、会计师事务所、律师事务所等协助企业做好相关工作，确保符合股票发行条件和要求。

同时，企业应当选择合理的股利支付方式，兼顾投资者的近期与长远利益，调动投资者的积极性，避免分配不足或过度。股利分配方案最终应经股东大会审批通过，如果是上市公司还必须按信息披露要求进行公告。

另外，企业应通过及时足额还本付息，以及合理分配和支付股利，保持企业良好的信用记录，这一点对于企业顺利进行再融资具有重要意义。

（五）筹资活动的监督、评价与责任追究

要加强对筹资活动的检查监督，严格按照筹资方案确定的用途使用资金，确保款项的收支、股息和利息的支付、股票和债券的保管等符合有关规定。筹资用于投资的，应当分别按照《资金活动指引》第三章和《企业内部控制应用指引第11号——工程项目》的规定，防范和控制资金使用的风险。由于市场环境变化等确需改变资金用途的，应当履行相应的审批程序，严禁擅自改变资金用途。筹资活动完成后要按规定进行筹资后评价，对存在违规现象的，严肃追究其责任。

（六）筹资业务的会计控制

对于筹资业务，企业还应设置记录筹资业务的会计凭证和账簿，按照国家统一会计准则和制度，正确核算和监督资金筹集、本息偿还、股利支付等相关情况，妥善保管筹资合同或协议、收款凭证、入库凭证等资料，定期与资金提供方进行账务核对，确保筹资活动符合筹资方案的要求。具体从以下几个方面入手：

第一，企业应按照国家统一的会计准则，通过相应账户对筹资业务进行准确的会计核算、账务处理，做好本息偿付、股利支付等工作。

第二，与筹资活动相关的重要文件，如筹资合同、协议、收款凭证、入库凭证等，企业的会计部门应登记造册，妥善保管，以备查用。

第三，企业会计部门应做好具体资金管理工作，随时掌握资金状况。财会部门应编制贷款申请表、内部资金调拨审批表等，严格管理筹资程序；通过编制借款存量表、借款计划表、还款计划表等，掌握贷款资金的动向；与资金提供者定期进行账务核对，以保证资金及时到位与资金安全。

第四，财务部门还应协调好企业筹资的利率结构、期限结构等，力争最大限度地降低企业的资金成本。

筹资业务管理流程控制表见表7-1。

三、筹资活动的主要风险及其控制措施

企业筹资业务可能面临的重要风险类型较多，企业在相应的内控活动中应注意识别关键风险，设计相关内控制度，有效地进行风险控制。

表7-1 **筹资业务管理流程控制表**

筹资业务管理流程控制		
控制事项		详细描述及说明
阶段控制	1	1.财务部每年根据下年度初步资金预算及有关资金安排预测资金使用情况，编制筹资计划报财务部经理、财务总监审核并报总经理审批 2.筹资主管根据筹资计划办理与相关金融机构的借款或融资业务手续，借款合同或融资合同的签订必须经总经理审批 3.筹资主管根据投资计划或各所属单位的资金使用计划，做好内部资金分割使用管理工作，并签订内部资金分割使用协议 4.财务部根据内部资金分割使用协议做好各所属单位资金及利息的回收工作
	2	5.财务部与金融机构签订借款协议，做好借款本息的核对与管理工作，报财务部经理、财务总监审核并由总经理审批通过后，归还金融机构的本息 6.财务部根据审核后的相关会计凭证做好账务处理工作
	3	7.筹资主管根据资金使用状况及金融市场的变化编制筹资分析报告，报财务部经理、财务总监审核并报总经理审批 8.财务部经理定期或不定期对筹资主管的筹资工作进行考核，并将考核意见上报总经理
相关规范	应建规范	❐筹资业务偿付控制制度 ❐筹资决策审批过程书面记录制度
	参照规范	❐《企业会计准则——基本准则》 ❐《企业内部控制应用指引》
文件资料		❐筹资计划 ❐借款协议 ❐筹资分析报告
责任部门及责任人		❐财务部 ❐财务经理、筹资主管、总经理、财务总监

（一）筹资活动的主要风险

1.缺乏完整的筹资战略规划导致的风险

企业在筹资活动中，应以企业在资金方面的战略规划为指导，具体包括资本结构、资金来源结构、筹资成本、期限结构、利率结构等。如果忽视战略导向，缺乏对目标资本结构的清晰认识，很容易导致盲目筹资，使得企业资本结构、资金来源结构、利率结构等处于频繁变动中，给企业的生产经营带来巨大的财务风险。

2. 缺乏对企业资金现状的全面认识导致的风险

企业在筹资之前，应首先对企业的资金现状有一个全面正确的了解，并在此基础上结合企业战略和宏观、微观形势等提出筹资方案。如果资金预算和资金管控工作不到位，使得企业无法全面了解资金现状，将使得企业无法正确评估资金的实际需要以及期限等，很容易导致筹资过度或者筹资不足。特别是对于大型企业集团来说，如果没有对全集团的资金现状做一个深入完整的了解，很可能出现一部分企业资金结余而其他部分企业仍然对外筹资的现象，使得集团的资金利用效率低下，增加了不必要的财务成本。

3. 缺乏完善的授权审批制度导致的风险

筹资方案必须经过完整的授权审批流程方可正式实施，这一流程既是企业上下沟通的一个过程，同时也是各个部门、各个管理层次对筹资方案进行审核的重要风险控制程序。审批流程中，每一个审批环节都应对筹资方案的风险控制等问题进行评估，并认真履行审批职责。如果授权审批制度不完善，则有可能忽视筹资方案中的潜在风险，导致草率决策，给企业带来严重的潜在风险。

4. 缺乏对筹资条款的认真审核导致的风险

企业在筹资活动中要签订相应的筹资合同、协议等法律文件。筹资合同一般应载明筹资数额、期限、利率、违约责任等内容，企业应认真审核、仔细推敲筹资合同的具体条款，防止因合同条款欠妥而给企业带来潜在的不利影响，使企业在未来可能发生的经济纠纷或诉讼中处于不利地位。在这一方面，企业可以借助专业的法律中介机构来进行合同文本的审核。

5. 因无法保证支付筹资成本导致的风险

任何筹资活动都需要支付相应的筹资成本。就债权类筹资活动来说，相应的筹资成本表现为固定的利息费用，是企业的刚性成本，企业必须按期足额支付，用以作为资金提供者的报酬；就股权类筹资活动来说，虽然没有固定的利息费用也没有还本的压力，但是保证股权投资者的报酬一样不可忽视，企业应认真制订股利支付方案，包括股利金额、支付时间、支付方式等，如果股利支付不足，将会导致股东抛售股票，从而使得企业股价下跌，给企业的经营带来重大不利影响。

6. 缺乏严密的跟踪管理制度导致的风险

企业筹资活动的流程很长，不仅包括资金的筹集到位，而且包括资金使用过程中利息、股利等筹资费用的计提支付以及最终的还本，这一流程一般贯穿企业整个经营活动的始终，是企业的一项常规管理工作。企业在筹资跟踪管理方面应制定完整的管理制度，包括资金到账、资金使用、利息支付、股利支付等，并时刻监控资金的动向。如果缺乏严密的跟踪管理，可能会使企业资金管理失控，因资金被挪用而导致财务损失，也可能因此导致利息没有及时支付而被银行罚息，这些都会使得企业面临不必要的财务风险。

（二）关键风险控制点

根据筹资业务流程，找出其中的关键风险控制点进行风险控制，可以提高风险管控的效率。筹资内部控制的关键风险控制点、控制目标与控制措施见表7-2。

表7-2 **筹资内部控制的关键风险控制点、控制目标与控制措施**

关键风险控制点	控制目标	控制措施
提出筹资方案	进行筹资方案可行性论证	1.进行筹资方案的战略性评估，包括是否与企业发展战略相符合，筹资规模是否适当 2.进行筹资方案的经济性评估，如筹资成本是否最低，资本结构是否恰当，筹资成本与资金收益是否匹配 3.进行筹资方案的风险性评估，如筹资方案面临哪些风险，风险大小是否适当、可控，是否与收益匹配
筹资方案审批	选择批准最优筹资方案	1.根据分级授权审批制度，按照规定程序严格审批经过可行性论证的筹资方案 2.审批中应实行集体审议或联签制度，保证决策的科学性
制订筹资计划	制订切实可行的具体筹资计划，科学规划筹资活动，保证低成本、高效率筹资	1.根据筹资方案，结合当时经济金融形势，分析不同筹资方式的资金成本，正确选择筹资方式和不同方式的筹资数量，财务部门或资金管理部门制订具体筹资计划 2.根据授权审批制度报有关部门批准
实施筹资方案	保证筹资活动正确、合法、有效进行	1.根据筹资计划进行筹资 2.签订筹资协议，明确权利义务 3.按照岗位分离与授权审批制度，各环节和各责任人正确履行审批监督责任，实施严密的筹资程序控制和岗位分离控制 4.做好严密的筹资记录，发挥会计控制的作用
筹资活动评价与责任追究	保证筹集资金的正确有效使用，维护筹资信用	1.促成各部门严格按照确定的用途使用资金 2.监督检查，督促各环节严密保管未发行的股票、债券 3.监督检查，督促正确计提、支付利息 4.加强债务偿还和股利支付环节的监督管理 5.评价筹资活动过程，追究违规人员责任

一般来说，筹资活动中各环节的主要风险控制点包括：

1.提出筹资方案

提出筹资方案是筹资活动中第一个重要环节，也是筹资活动的起点。筹资方案的内容是否完整、考虑是否周密、测算是否准确等，直接决定着筹资决策的正确性，关系到整个筹资活动的效率和风险。

2.筹资方案审批

相关责任部门拟订投资方案并进行可行性论证以后，股东（大）会或者董事会、高管层应对筹资方案履行严格的审批责任。审批中应实行集体决策审议或者联签制度，避免一人说了算或者拍脑袋行为。

3.编制筹资计划

根据批准的筹资方案，财务部门应制订严密细致的筹资计划，对筹资活动进行周密安排，使筹资活动在严格控制下高效、有序进行。

4.实施筹资方案

筹资计划经层层授权审批之后应付诸实施。在实施筹资计划的过程中，企业必须认真做好筹资合同的签订、资金的划拨、使用以及跟踪管理等工作，保证筹资活动按计划进行，妥善管理所筹集的资金，保证资金的安全性。

5.筹资后管理

筹集资金到位以后，企业应该做好筹资费用的计提、支付以及会计核算等工作。对于债券类筹资，企业应按时计提并及时支付债务利息，保持良好的信用记录；对于股权类筹资，企业应制订科学合理并能让股东满意的股利支付方案，并严格按方案支付股利。筹资费用的管理事关资金提供者的积极性，对培养企业良好的筹资环境极为重要。

（三）内部控制相关流程

针对上述风险点，本书编制了如下内控流程图并进行解释。

1.筹资方案授权审批的内控流程（如图7-3、表7-3所示）

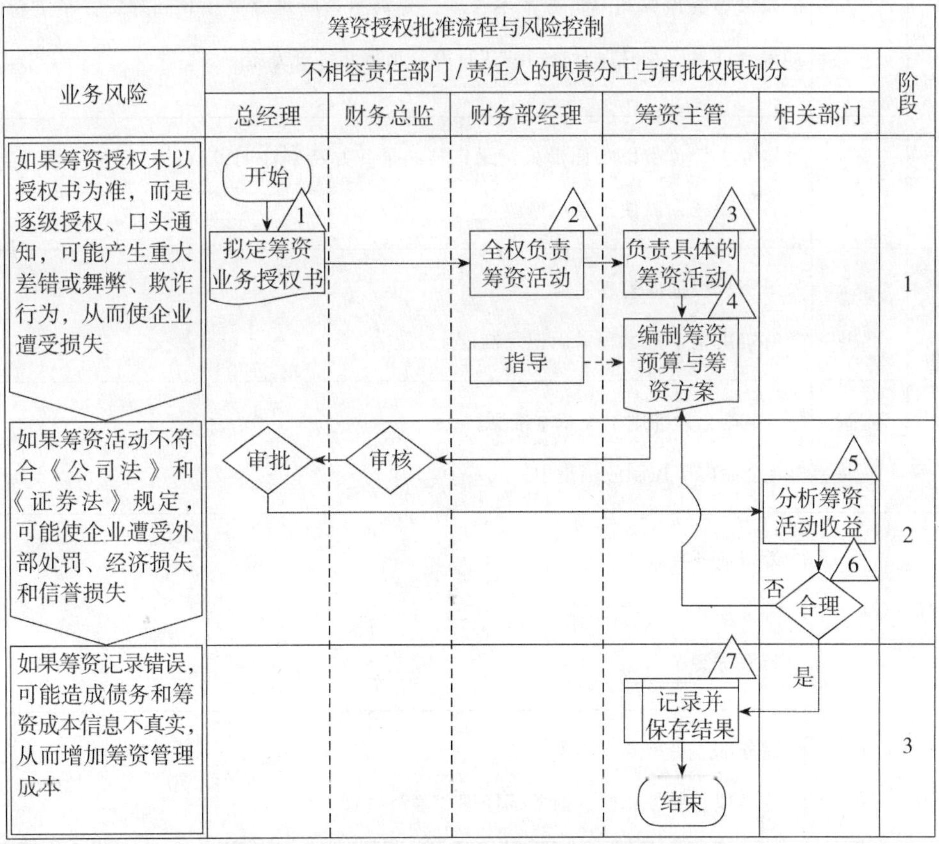

图7-3　筹资授权批准流程与风险控制图

表7-3 **筹资授权批准流程控制表**

筹资授权批准流程控制		
控制事项		详细描述及说明
阶段控制	1	1.总经理拟定筹资业务授权书 2.总经理授权财务部经理全权负责筹资活动 3.财务部经理授权筹资主管负责具体的筹资活动，包括编制筹资预算与筹资方案 4.筹资主管编制筹资预算，并针对具体筹资程序或筹资活动制订筹资方案，财务部经理进行相应的指导
	2	5.筹资预算和筹资方案得到财务总监的审核和总经理的审批后，企业应聘请法律顾问和财务顾问共同对该项筹资活动对未来净收益增加的可能性及筹资方式的合理性进行审核 6.如果筹资预算和筹资方案不合理，筹资主管应对筹资预算和筹资方案重新修订；如果合理，应及时保管资料并执行筹资预算和筹资方案
	3	7.筹资主管负责以书面形式记录审核结果，并特别注明筹资的执行程序及应当办理的各项手续，以便于今后修改
相关规范	应建规范	❒筹资授权批准管理制度 ❒筹资决策审批过程书面记录制度
	参照规范	❒《企业会计准则——基本准则》 ❒《企业内部控制应用指引》
文件资料		❒筹资业务授权书 ❒筹资预算 ❒筹资方案
责任部门及责任人		❒财务部 ❒总经理、财务总监、财务部经理、筹资主管

2.筹资决策管理流程（如图7-4、表7-4所示）

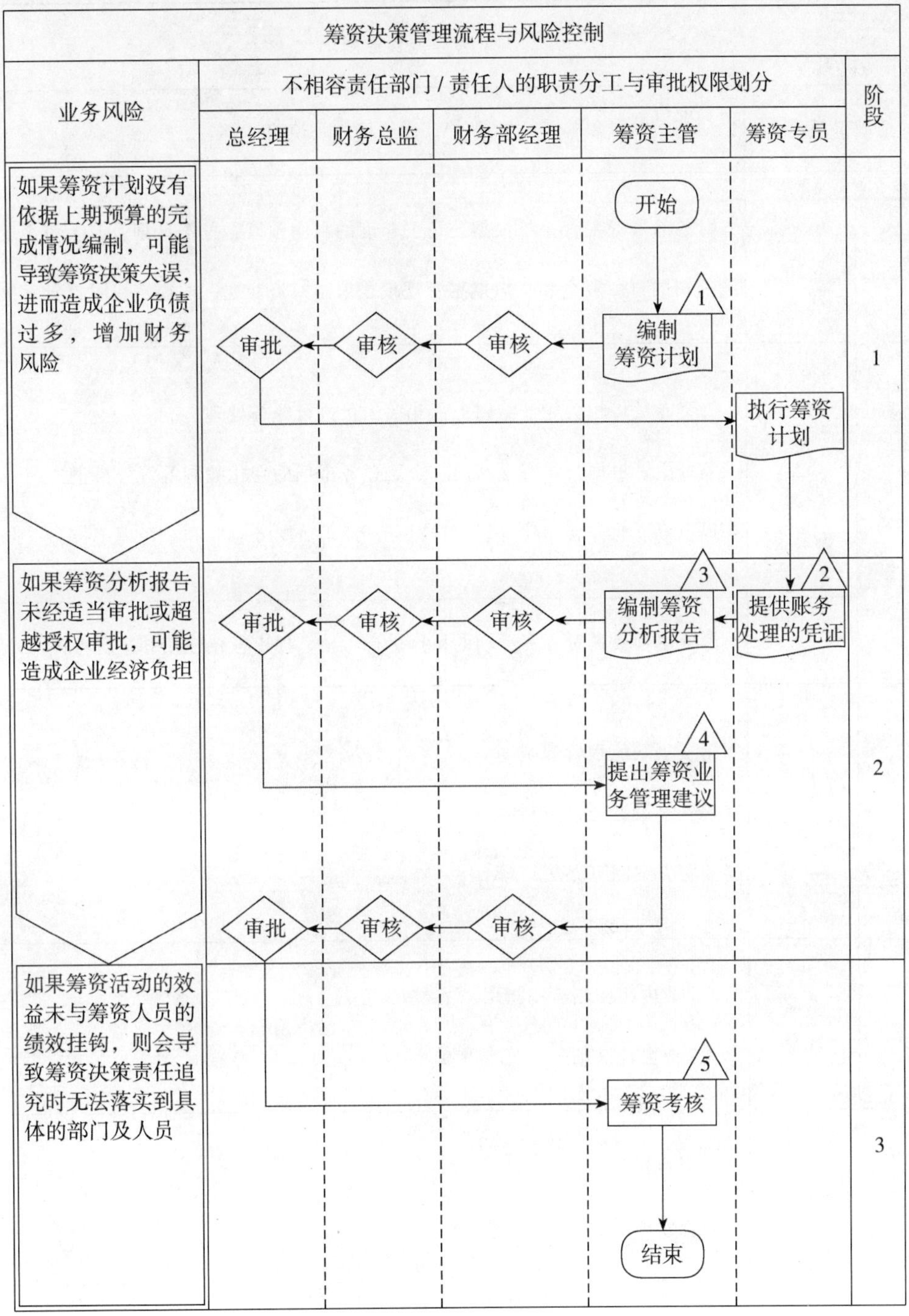

图7-4　筹资决策管理流程与风险控制图

表 7-4 **筹资决策管理流程控制表**

筹资决策管理流程控制		
控制事项		详细描述及说明
阶段控制	1	1.财务部筹资主管每年根据公司下年度的利润预算、投资计划及有关资金安排预测公司的自由资金和长短期融资规模，编制筹资计划，按规定权限报批后执行
	2	2.筹资专员将相关凭证给财务部相关人员进行账务处理 3.筹资主管根据公司资金状况和金融业务市场的变化编制筹资分析报告 4.提出筹资业务管理建议，报送财务部经理、财务总监和总经理审核、审批
	3	5.筹资主管负责对筹资活动的执行进行考核，提出考核建议并进行考评
相关规范	应建规范	❐筹资决策流程管理制度 ❐筹资决策责任追究制度 ❐筹资方案制订办法
	参照规范	❐《企业内部控制应用指引》 ❐《企业会计准则——基本准则》
文件资料		❐筹资计划 ❐筹资分析报告
责任部门及责任人		❐财务部 ❐总经理、财务总监、财务部经理、筹资主管、筹资专员

3.重大筹资方案审批流程（如图7–5、表7–5所示）

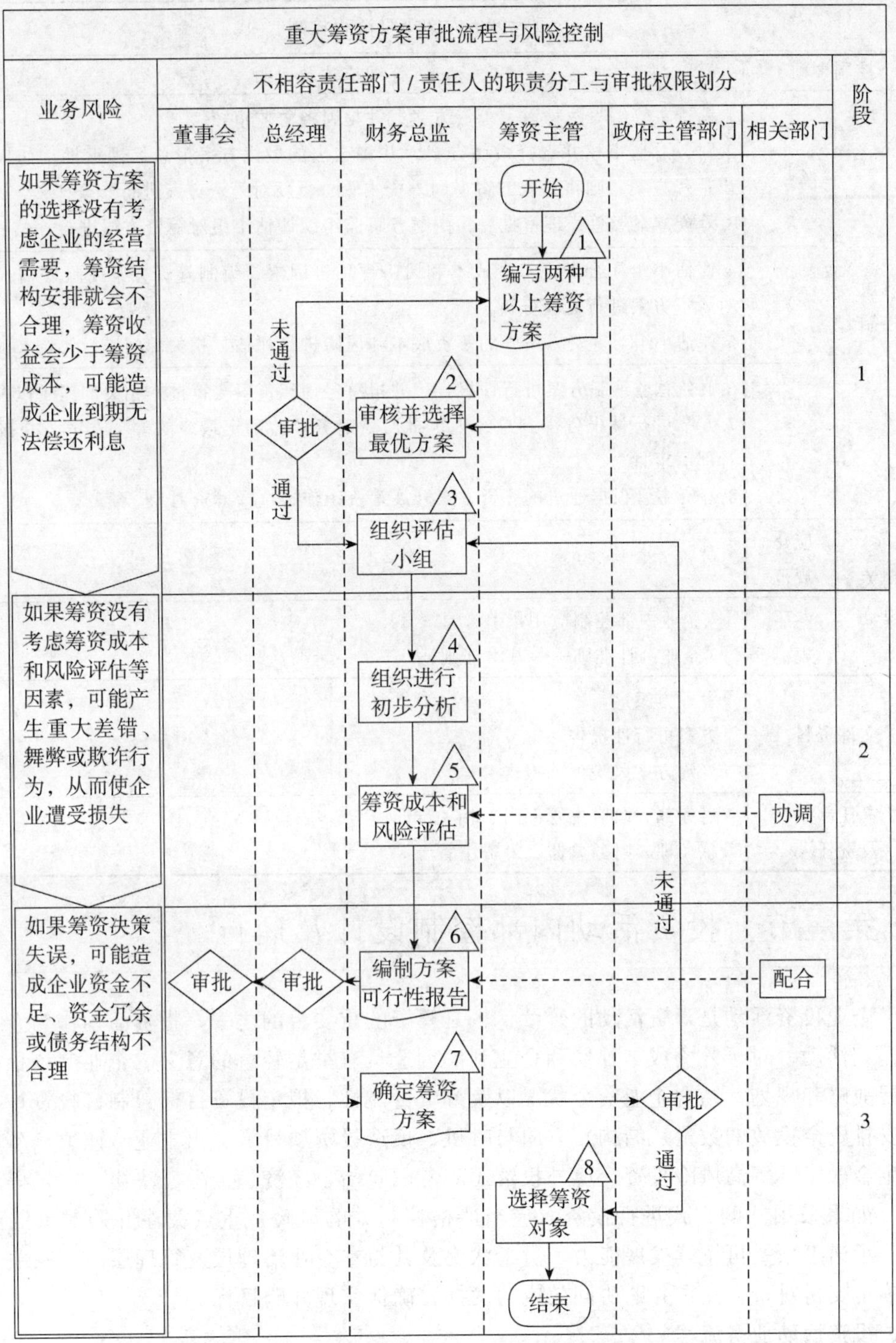

图7–5　重大筹资方案审批流程与风险控制图

表 7-5 **重大筹资方案审批流程控制表**

<table>
<tr><th colspan="3">重大筹资方案审批流程控制</th></tr>
<tr><th colspan="2">控制事项</th><th>详细描述及说明</th></tr>
<tr><td rowspan="3">阶段控制</td><td>1</td><td>1.筹资主管编写两种以上筹资方案，并报财务总监审核
2.财务总监审核并选择最优方案，并将选出的最优方案报总经理审批；如果无法选出最优方案，则将筹资方案退回筹资主管，重新对筹资方案进行修改
3.筹资方案经总经理审批后，由财务总监组织评估小组对筹资方案进行评估</td></tr>
<tr><td>2</td><td>4.评估小组综合考虑筹资成本和风险评估等因素，编制筹资方案风险评估报告，并对筹资方案进行比较分析
5.评估小组对筹资方案中的筹资成本和风险进行评估，相关部门进行协调</td></tr>
<tr><td>3</td><td>6.财务总监编制方案可行性报告，并报总经理和董事会审批，相关部门予以配合
7.方案可行性报告得到总经理审批后，财务总监确定最终的筹资方案，并报政府主管部门审批
8.筹资主管根据通过的筹资方案开展筹资工作，选择筹资对象</td></tr>
<tr><td rowspan="2">相关规范</td><td>应建规范</td><td>❒筹资方案制订办法</td></tr>
<tr><td>参照规范</td><td>❒《企业内部控制应用指引》
❒《企业会计准则——基本准则》</td></tr>
<tr><td colspan="2">文件资料</td><td>❒筹资方案
❒方案可行性报告
❒筹资方案风险评估报告</td></tr>
<tr><td colspan="2">责任部门及责任人</td><td>❒财务部、政府主管部门、相关部门
❒总经理、财务总监、筹资主管</td></tr>
</table>

第三节 投资活动内部控制设计及运行

企业投资活动是筹资活动的延续，也是筹资的重要目的之一。投资活动作为企业的一种盈利活动，对于筹资成本补偿和企业利润创造具有举足轻重的意义。企业应该根据自身发展战略和规划，结合企业资金状况以及筹资可能性，拟定投资目标，制订投资计划，合理安排资金投放的数量、结构、方向与时机，慎选投资项目，突出主业，谨慎从事股票或衍生金融工具等高风险投资。境外投资还应考虑政治、经济、金融、法律、市场等环境因素。如果采用并购方式进行投资，应当严格控制并购风险，重点关注并购对象的隐性债务、承诺事项、可持续发展能力、员工状况及其与本企业治理层及管理层的关联关系，合理确定支付对价，注重并购协同效应的发挥，确保实现并购目标。

一、投资活动业务流程

企业投资活动的内部控制，应该根据不同投资类型的业务流程，以及流程中各个环节体现出来的风险，采用不同的具体措施进行投资活动的内部控制。投资活动的业务流程如图 7-6 所示。

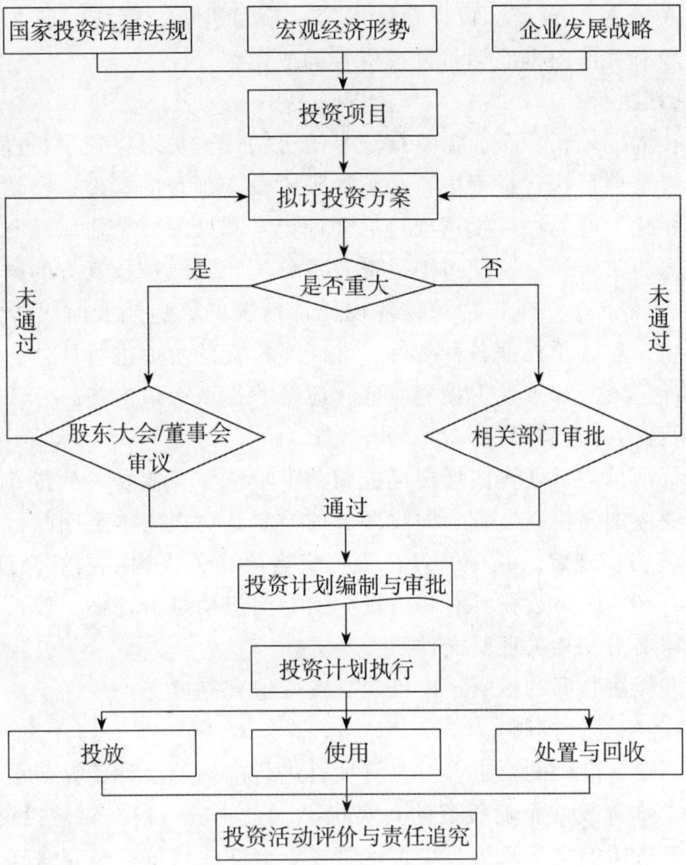

图7-6 投资活动业务流程图

（一）拟订投资方案

投资部门应根据发展战略、宏观经济环境、市场状况等提出本企业的投资项目规划，在对投资项目规划进行筛选的基础上确定投资项目。

（二）投资方案可行性论证

对投资项目应进行严格的可行性研究与分析。可行性研究需要从投资战略是否符合企业的发展战略、是否有可靠的资金来源、能否取得稳定的投资收益、投资风险是否处于可控或可承担范围内、投资活动的技术可行性、市场容量与前景等几个方面进行论证。

企业根据实际需要，可以委托具备相应资质的专业机构进行可行性研究，提供独立的可行性研究报告。

（三）投资方案决策

按照规定的权限和程序对投资项目进行决策审批，要通过分级审批、集体决策来进行，决策者应与方案制订者适当分离。决策者应重点审查投资方案是否可行，投资项目是否符合投资战略目标和规划，是否具有相应的资金能力，投入资金能否按时收回，预计收益能否实现，以及投资和并购风险是否可控等。重大投资项目应当报经董事会或股东（大）会批准。投资方案需要经过有关管理部门审批的，应当履行相应的报批程序。

（四）投资计划编制与审批

根据审批通过的投资方案，与被投资方签订投资合同或协议，编制详细的投资计划，落实不同阶段的资金投放数量、投资具体内容、项目进度、完成时间、质量标准与要求等，并按程序报经有关部门批准后签订投资合同或协议。

（五）投资计划执行

投资项目往往周期较长，企业需要指定专门机构或人员对投资项目进行跟踪管理，进行有效管控。在投资项目执行过程中，必须加强对投资项目的管理，密切关注投资项目的市场条件和政策变化，准确做好投资项目的会计记录和处理。企业应及时收集被投资方经审计的财务报告等相关资料，定期组织投资效益分析，关注被投资方的财务状况、经营成果、现金流量以及投资合同履行情况，发现异常情况的，应当及时报告并妥善处理。同时，在项目实施中，还必须根据各种条件，准确对投资的价值进行评估，根据投资项目的公允价值进行会计记录。如果发生投资减值，应及时提取减值准备。

（六）投资项目的处置与回收

对已到期投资项目进行处置同样要经过相关审批流程，要妥善处置并实现企业经济收益的最大化。企业应加强投资处置与回收环节的控制，对投资本金回收、转让、核销等决策和审批程序做出明确规定。其中，转让投资应当由相关机构或人员合理确定转让价格，报相关部门审批，必要时可委托具有相应资质的专门机构进行评估；核销投资应当取得不能收回投资的法律文书和相关证明文件。

企业对于到期无法收回的投资，应当建立责任追究制度。

（七）投资业务的会计控制

企业应当按照会计准则的要求，对投资项目进行准确的会计核算、记录与报告，确定合理的会计政策，准确反映企业投资的真实状况。企业应当根据对被投资方的影响程度，合理确定投资业务适用的会计政策，妥善保管投资合同或协议、备忘录、出资证明等重要的法律文书。企业应当建立投资管理台账，详细记录投资对象、金额、期限、收益等情况，作为企业重要的档案资料以备查用。企业应当密切关注投资项目的营运情况，一旦被投资方出现财务状况恶化、市价大幅下跌等情形，企业财会机构应当根据国家统一的会计准则和制度的规定，合理计提减值准备、确认减值损失，而不应滥用会计估计，把减值准备作为调节利润的手段。

二、投资活动的主要风险及其控制措施

（一）投资活动的主要风险

1.投资活动与企业战略不符带来的风险

企业发展战略是企业投资活动、生产经营活动的指南和方向，企业投资活动应该以企业发展战略为导向，正确选择投资项目，合理确定投资规模，恰当权衡收益与风险。既要突出主业，妥善选择并购目标，控制并购风险；又要避免盲目投资，或者贪大贪快，乱铺摊子，以及投资无所不及、无所不能的现象。

2.投资与筹资在资金数量、期限、成本与收益上不匹配的风险

投资活动的资金需求，需要通过筹资予以满足。不同的筹资方式，可筹集资金的数量、偿还期限、筹资成本就不一样，这就要求投资量力而为，不可贪大求全，不可超过企业资金实力和筹资能力进行投资。一方面，投资现金流量在数量和时间上要与筹资现金流量保持一致，以避免财务危机发生；另一方面，投资收益要与筹资成本相匹配，保证筹资成本的足额补偿和投资的盈利性。

3.投资活动忽略资产结构与资产流动性的风险

企业的投资活动会形成特定资产，并由此影响企业的资产结构与资产流动性。对企业而言，资产的流动性和盈利性是一对矛盾，这就要求企业在投资中要恰当处理二者关系，通过投资保持合理的资产结构，在保证企业资产适度流动性的前提下追求最大盈利性，这也就是投资风险与收益均衡问题。

4.缺乏严格的授权审批制度和不相容职务分离制度的风险

授权审批制度是保证投资活动合法性和有效性的重要手段，不相容职务分离制度则通过相互监督与牵制，保证投资活动在严格控制下进行，这是堵塞漏洞、防止舞弊的重要手段。没有严格的授权审批制度和不相容职务分离制度，企业投资就会呈现出随意、无序、无效的状况，导致投资失误和企业生产经营失败。因此，授权审批制度和不相容职务分离制度是对投资进行内部控制、防范风险的重要手段。同时，与投资责任制度相适应，还应建立严密的责任追究制度，使责权利得到统一。

5.缺乏严密的资产保管制度和会计控制制度的风险

投资是直接使用资金的行为，也是企业资产的形成过程，容易发生各种舞弊行为，因此，企业应建立严密的资产保管制度，明确保管责任，建立健全账簿体系，严格审核账簿记录，通过账簿记录对投资资产进行详细、动态反映和控制，从而规避投资风险。

（二）关键风险控制点

投资内部控制的关键风险控制点、控制目标和相应的控制措施见表7-6。

表7-6　**投资内部控制的关键风险控制点、控制目标与控制措施**

关键风险控制点	控制目标	控制措施
提出投资方案	进行投资方案可行性论证	1.进行投资方案的战略性评估，包括是否与企业发展战略相符合 2.投资规模、方向和时机是否适当 3.对投资方案进行技术、市场、财务可行性研究，深入分析项目的技术可行性与先进性、市场容量与前景，以及项目预计现金流量、风险与报酬，比较或评价不同项目的可行性
投资方案审批	选择批准最优投资方案	1.明确审批人对投资业务的授权批准方式、权限、程序和责任，不得越权 2.审批中应实行集体决策审议或者联签制度 3.与有关被投资方签署投资协议
编制投资计划	制订切实可行的具体投资计划，作为项目投资的控制依据	1.核查企业当前资金额及正常生产经营预算对资金的需求量，积极筹措投资项目所需资金 2.制订详细的投资计划，并根据授权审批制度报有关部门审批
实施投资方案	保证投资活动按计划合法、有序、有效进行	1.根据投资计划进度，分期、按进度适时投放资金，严格控制资金流量和时间 2.以投资计划为依据，按照职务分离制度和授权审批制度，各环节和各责任人正确履行审批监督责任，对项目实施过程进行监督和控制，防止各种舞弊行为，保证项目建设的质量和进度要求 3.做好严密的会计记录，发挥会计控制的作用 4.做好跟踪分析工作，及时评价投资的进展，将分析和评价的结果反馈给决策层，以便及时调整投资策略或制定投资退出策略
投资资产处置	保证投资资产的处置符合企业的利益	1.投资资产的处置应该通过专业中介机构，选择相应的资产评估方法，客观评估投资价值，同时确定处置策略 2.投资资产的处置必须经过董事会的授权批准

（三）内部控制相关流程

针对上述风险点，我们编制了如下内控流程图并进行了解释。

1.投资评估分析流程（如图7–7、表7–7所示）

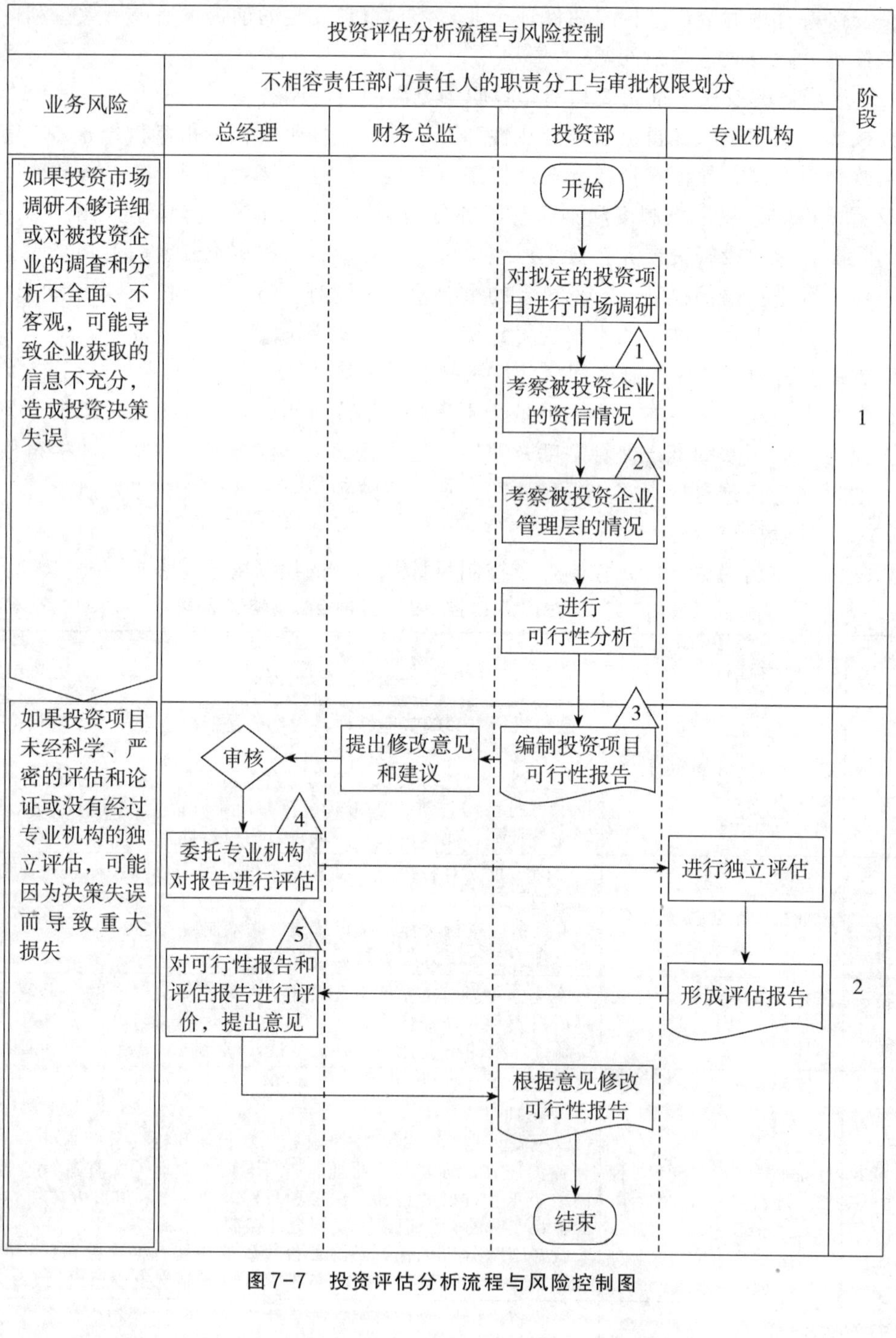

图7–7　投资评估分析流程与风险控制图

表 7-7　　投资评估分析流程控制表

投资评估分析流程控制		
控制事项		详细描述及说明
阶段控制	1	1. 由投资部相关人员对投资项目进行分析与论证，对被投资企业资信情况进行实地考察 2. 投资部相关人员还应考察被投资企业管理层或实际控制人的能力、资信等情况。投资项目如有其他投资者，应当根据情况对其他投资者的资信情况进行了解或调查
	2	3. 投资部对投资项目进行可行性研究，编制可行性研究报告，重点对投资项目的目标、规模、投资方式、投资的风险与收益等做出评价 4. 由总经理委托具有相应资质的专业机构对可行性研究报告进行独立评估，形成评估报告。重大投资项目必须委托具有相应资质的专业机构对可行性报告进行独立评估 5. 专业机构提交评估报告后，总经理综合可行性报告提出意见和建议
相关规范	应建规范	投资评估管理规范
	参照规范	《企业内部控制应用指引》
文件资料		投资项目可行性报告 评估报告
责任部门及责任人		投资部 总经理、财务总监、投资部相关人员

2.投资决策审批流程（如图7-8、表7-8所示）

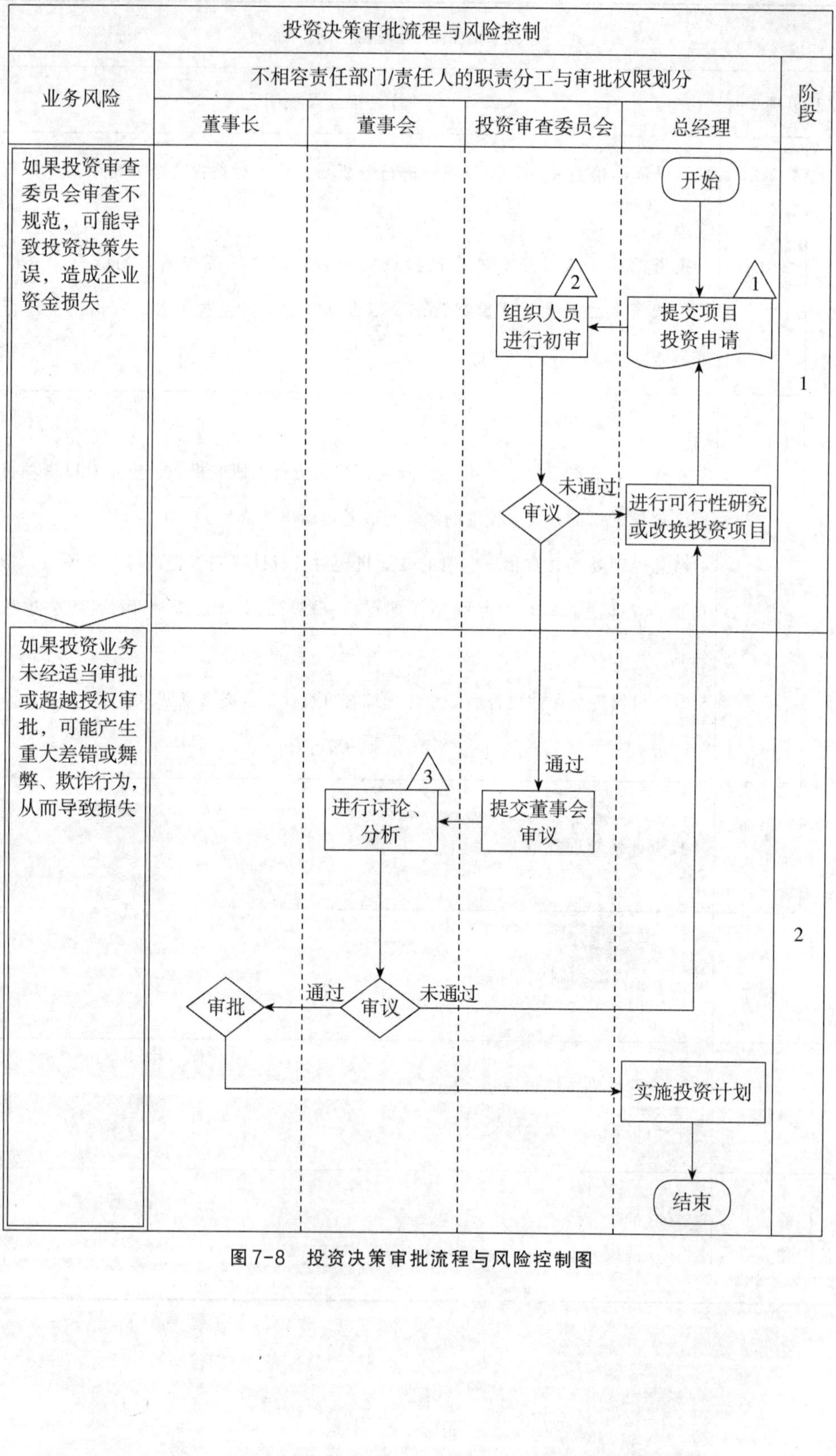

图7-8 投资决策审批流程与风险控制图

表7-8　**投资决策审批流程控制表**

投资决策审批流程控制		
控制事项		详细描述及说明
阶段控制	1	1.由总经理提交项目投资申请，其中应包括投资项目可行性报告和评估报告 2.在初审过程中，应当审查下列内容： （1）拟投资项目是否符合国家有关法律、法规和相关调控政策，是否符合企业主业发展方向和投资的总体要求，是否有利于企业的长远发展 （2）拟订的投资方案是否可行，主要风险是否可控，是否采取了相应的防范措施 （3）企业是否具有相应的资金能力和项目监管能力 （4）拟投资项目的预计经营目标、收益目标等是否能够实现，企业的投资利益能否确保，所投入的资金能否按时收回
	2	3.董事会对投资审查委员会的审议结果进行审核
相关规范	应建规范	❐投资评估管理规范
	参照规范	❐《企业内部控制应用指引》
文件资料		❐项目投资申请
责任部门及责任人		❐董事会、投资审查委员会 ❐董事长、总经理

3.子公司重大投资审核流程（如图7-9、表7-9所示）

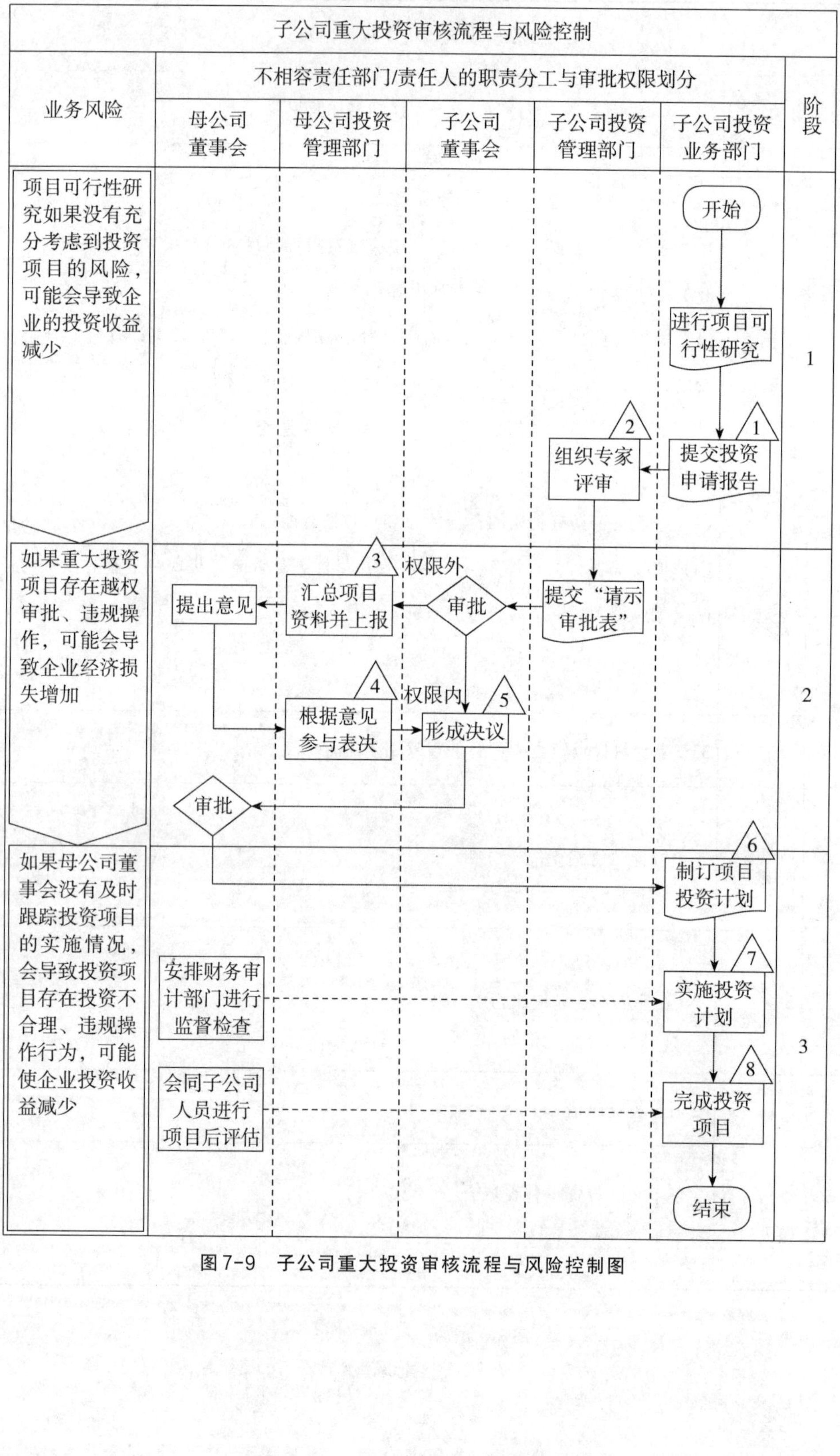

图7-9　子公司重大投资审核流程与风险控制图

表7-9 **子公司重大投资审核流程控制表**

子公司重大投资审核流程控制		
控制事项		详细描述及说明
阶段控制	1	1.子公司管理层提出投资意向后，由投资项目业务部门进行项目筛选及可行性论证，形成投资申请报告（包括投资意向书及可行性报告）报子公司投资管理部门评审 2.子公司投资管理部门组织专家召开项目可行性研究讨论会议，对项目进行评审
	2	3.子公司投资管理部门提交“请示审批表”给子公司董事会，如果是在子公司董事会的权限范围之外，母公司投资管理部门负责汇总项目资料，并上报给母公司董事会 4.母公司董事会对工程项目进行研究，审议通过后，子公司投资管理部门根据审议意见进行表决，确定项目的可行性 5.项目审批得到子公司董事会通过后，形成决议，并上报给母公司董事会审批
	3	6.决议得到母公司董事会审批后，由子公司投资业务部门制订项目投资计划 7.子公司投资业务部门实施投资计划，母公司董事会同时安排财务审计部门对子公司投资项目的实施进行监督检查 8.子公司投资业务部门完成投资项目，母公司董事会会同子公司人员对项目进行项目后评估
相关规范	应建规范	❒子公司业务授权审批制度 ❒子公司重大投资项目管理方法
	参照规范	❒《企业会计准则》 ❒《企业内部控制应用指引》
文件资料		❒投资项目申请报告 ❒投资意向书 ❒可行性报告 ❒请示审批表 ❒项目投资计划
责任部门及责任人		❒母公司董事会、母公司投资管理部门、子公司董事会、子公司投资管理部门、子公司投资业务部门 ❒子公司投资管理部门人员、子公司投资业务部门人员

4.投资项目减值准备审批流程（如图7-10、表7-10所示）

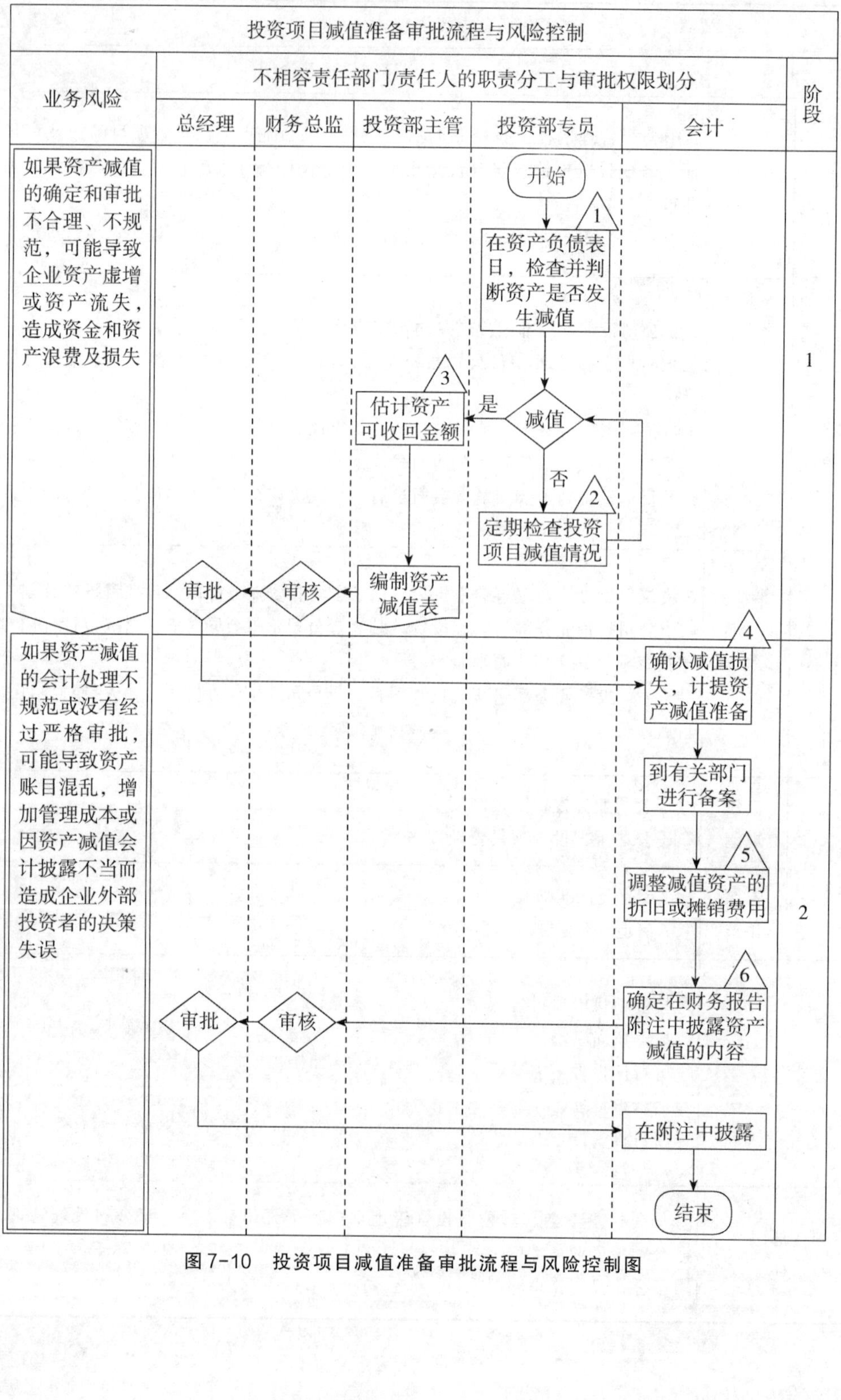

图7-10 投资项目减值准备审批流程与风险控制图

表 7-10　**投资项目减值准备审批流程控制表**

投资项目减值准备审批流程控制		
控制事项		详细描述及说明
阶段控制	1	1.由投资部相关人员在资产负债表日检查并判断投资项目的资产是否发生减值 2.投资部相关人员应定期检查投资项目的减值情况 3.可收回金额应根据资产的公允价值减去处置费用后的净额与资产预计未来现金流量的现值两者之间的较高者确定
	2	4.资产的可收回金额低于其账面价值的，应当将资产的账面价值减记至可收回金额，减记的金额确认为资产减值损失，计入当期损益，同时计提相应的资产减值准备 5.资产减值损失确认后，减值资产的折旧和摊销费用应当在未来期间做相应调整，使该资产在剩余使用寿命内系统分摊调整后的资产账面价值 6.附注中披露与资产减值有关的信息包括： （1）当期确认的各项资产减值损失金额 （2）计提的各项资产减值准备累计金额
相关规范	应建规范	❐投资管理制度
	参照规范	❐《企业会计准则》 ❐《企业内部控制应用指引》
文件资料		❐资产减值表
责任部门及责任人		❐财务部、投资部 ❐总经理、财务总监、投资部主管、投资部专员、会计

第四节　资金营运内部控制设计及运行

企业应当加强对资金营运全过程的管理，统筹协调内部各机构在生产经营过程中的资金需求，切实做好资金在采购、生产、销售等各环节的综合平衡，全面提升资金营运效率。

一、资金营运内部控制的目标

企业资金营运内部控制的主要目标包括：

1.保持生产经营各环节资金供求的动态平衡

企业应当将资金合理安排到采购、生产、销售等各环节，做到实物流和资金流的相互协调、资金收支在数量上及在时间上相互协调。

2.促进资金合理循环和周转，提高资金使用效率

资金只有在不断流动的过程中才能带来价值增值。加强资金营运的内部控制，就是要努力促使资金正常周转，为短期资金寻找适当的投资机会，避免出现资金闲置和沉淀等低

效现象。

3.确保资金安全

企业的资金营运活动大多与流动资金尤其是货币资金相关，这些资金由于流动性很强，出现错弊的可能性更大，保护资金安全的要求更迫切。

二、资金营运活动的业务流程

企业资金营运活动是一种价值运动，为保证资金价值运动的安全、完整、有效，企业资金营运活动应按照设计好的严密的流程进行控制。资金营运业务流程如图7-11所示。

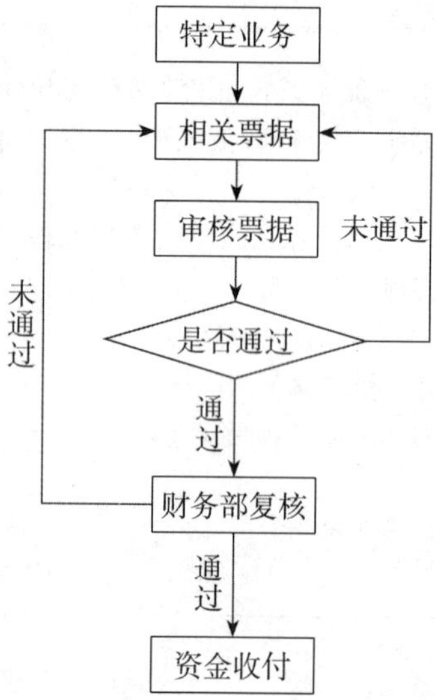

图7-11 资金营运业务流程图

（一）资金收付需要以业务发生为基础

企业资金收付，应该有根有据，不能凭空付款或收款。所有收款或者付款需求，都由特定的业务引起，因此，有真实的业务发生，是资金收付的基础。

（二）企业授权部门审批

收款方应该向对方提交相关业务发生的票据或者证明，收取资金。资金支付涉及企业经济利益流出，应严格履行授权分级审批制度。不同责任人应该在自己的授权范围内审核业务的真实性、金额的准确性，以及申请人提交票据或者证明的合法性，严格监督资金支付。

（三）财务部门复核

财务部门收到经过企业授权部门审批签字的相关凭证或证明后，应再次复核业务的真实性、金额的准确性，以及相关票据的齐备性、相关手续的合法性和完整性，并签字认可。

（四）营运资金的会计控制

企业应当加强对营运资金的会计系统控制，严格规范资金的收支条件、程序和审批权限。企业在生产经营及其他业务活动中取得的资金收入应当及时入账，不得账外设账，严禁收款不入账、设立“小金库”。办理资金支付业务，应当明确指出款项的用途、金额、预算、限额、支付方式等内容，并附原始单据或相关证明，履行严格的授权审批程序后，方可安排资金支出。办理资金收付业务，应当遵循现金和银行存款管理的有关规定，不得由一人办理货币资金全过程业务，严禁将办理资金支付业务的相关印章和票据集中由一人保管。

此外，企业应当充分发挥全面预算管理在资金综合平衡中的作用，严格按照预算要求组织协调资金调度，确保资金及时收付，实现资金的合理占用和营运良性循环。严禁资金的体外循环，切实防范资金营运中的风险。

企业应当定期组织召开资金调度会或资金安全检查，对资金预算执行情况进行综合分析，发现异常情况，及时采取措施妥善处理，避免资金冗余或资金链断裂。企业在营运过程中出现临时性资金短缺的，可以通过短期融资等方式获取资金；资金出现短期闲置的，在保证安全性和流动性的前提下，可以通过购买国债等多种方式，提高资金效益。

三、资金营运内部控制的关键风险控制点及控制措施

（一）关键风险控制点

资金营运内部控制的关键风险控制点、控制目标和相应的控制措施见表7-11。

表7-11　　**资金运营内部控制的关键风险控制点、控制目标与控制措施**

关键风险控制点	控制目标	控制措施
审批	合法性	未经授权不得经办资金收付业务；明确不同级别管理人员的权限
复核	真实性与合法性	会计对相关凭证进行横向复核和纵向复核
收付	收入入账完整，支出手续完备	出纳根据审核后的相关收付款原始凭证收款和付款，并加盖戳记
记账	真实性	出纳人员根据资金收付凭证登记日记账，会计人员根据相关凭证登记有关明细分类账；主管会计登记总分类账
对账	真实性和财产安全	账证核对、账账核对、账表核对与账实核对
保管	财产安全与完整	授权专人保管资金；定期、不定期盘点
银行账户管理	防范小金库，加强业务管控	开立、使用与撤销的授权；是否有账外账
票据与印章管理	财产安全	票据统一印制或购买；票据由专人保管；印章与空白票据分管；财务专用章与企业法人章分管

1.审批控制点

把收支审批点作为关键点，是为了控制资金的流入和流出，审批权限的合理划分是资金营运活动顺利开展的前提条件。

审批控制点包括：制定资金的限制接近措施，经办人员进行业务活动时应该得到授权

审批，未经授权的人员不得办理资金收支业务；使用资金的部门应提出用款申请，记载用途、金额、时间等事项；经办人员在原始凭证上签章；经办部门负责人、主管总经理和财务部门负责人审批并签章。

2.复核控制点

复核控制点是减少错误和舞弊的重要措施。根据企业内部层级的隶属关系可以划分为纵向复核和横向复核这两种类型。前者是指上级主管对下级活动的复核，后者是指平级或无上下级关系人员的相互核对，如财务系统内部的核对。

复核控制点包括：会计主管审查原始凭证反映的收支业务是否真实合法，经审核通过并签字盖章后才能填制原始凭证；凭证上的主管、审核、出纳和制单等印章是否齐全。

3.收付控制点

资金的收付导致资金流入流出，反映资金的来龙去脉。

收付控制点包括：出纳人员按照审核后的原始凭证收付款，并对已完成收付的凭证加盖戳记，并登记日记账；主管会计及时准确地登记总分类账，定期与出纳人员的日记账核对。

4.记账控制点

资金的凭证和账簿是反映企业资金流入流出的信息源，如果记账环节出现管理漏洞，很容易导致会计信息处理结果失真。

记账控制点包括：出纳人员根据资金收付凭证登记日记账，会计人员根据相关凭证登记有关明细分类账；主管会计登记总分类账。

5.对账控制点

对账是账簿记录系统的最后一个环节，也是报表生成前一个环节，对保证会计信息的真实性起到重要作用。

对账控制点包括：账证核对、账账核对、账表核对、账实核对等。

6.保管控制点

资金的保管是保护财产安全与完整的重要控制措施。

保管控制点包括：授权专人保管资金；定期、不定期盘点

7.银行账户管理控制点

企业应当严格按照《支付结算办法》等国家有关规定，加强对银行账户的管理，严格按规定开立账户，办理存款、取款和结算。

银行账户管理控制点包括：银行账户的开立、使用和撤销是否有授权，下属企业或单位是否有账外账。

8.票据与印章管理控制点

印章是明确责任、表明业务执行及完成情况的标记。印章的保管要贯彻不相容职务分离的原则，严禁将办理资金支付业务的相关印章和票据集中由一人保管。

票据与印章管理控制点包括：票据统一印制或购买；票据由专人保管；印章与空白票据分管；财务专用章与企业法人章分管。

（二）内部控制相关流程

下面我们将针对资金营运过程中的关键风险点建立内控流程图并进行解释。

1.资金授权审批流程（如图7-12、表7-12所示）

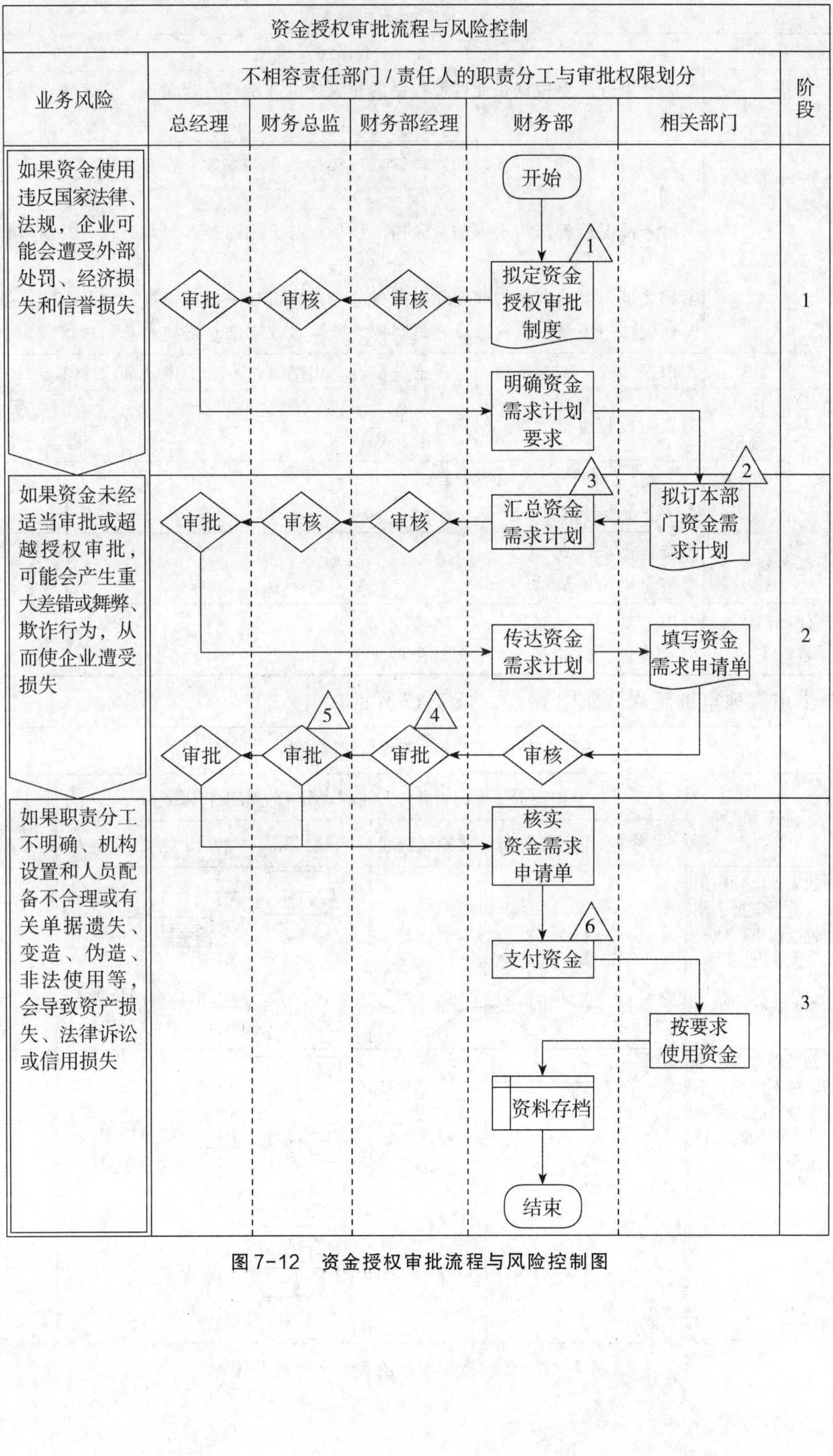

图7-12　资金授权审批流程与风险控制图

表 7-12　　**资金授权审批流程控制表**

资金授权审批流程控制		
控制事项		详细描述及说明
阶段控制	1	1.企业财务部要根据企业内部控制的相关规范并结合自身情况，拟定资金授权审批制度
	2	2.企业各部门制订本部门的阶段性（一年、半年、季度）资金需求计划并上报财务部门审核 3.财务部汇总各部门上报的资金需求计划，并上报财务部经理、财务总监审核，由总经理审批 4.相关部门申请资金的额度超过财务部经理审批权限的，需要由财务总监审批 5.相关部门申请资金的额度超过财务总监审批权限的，需要由总经理审批
	3	6.根据“资金需求申请单”批准的额度，出纳支付资金给申请部门
相关规范	应建规范	❐资金授权审批制度
	参照规范	❐《企业内部控制应用指引》 ❐《企业会计准则》
文件资料		❐资金需求计划 ❐资金需求申请单
责任部门及责任人		❐财务部、相关部门 ❐总经理、财务总监、财务部经理

2.借出款项审批流程（如图 7-13、表 7-13 所示）

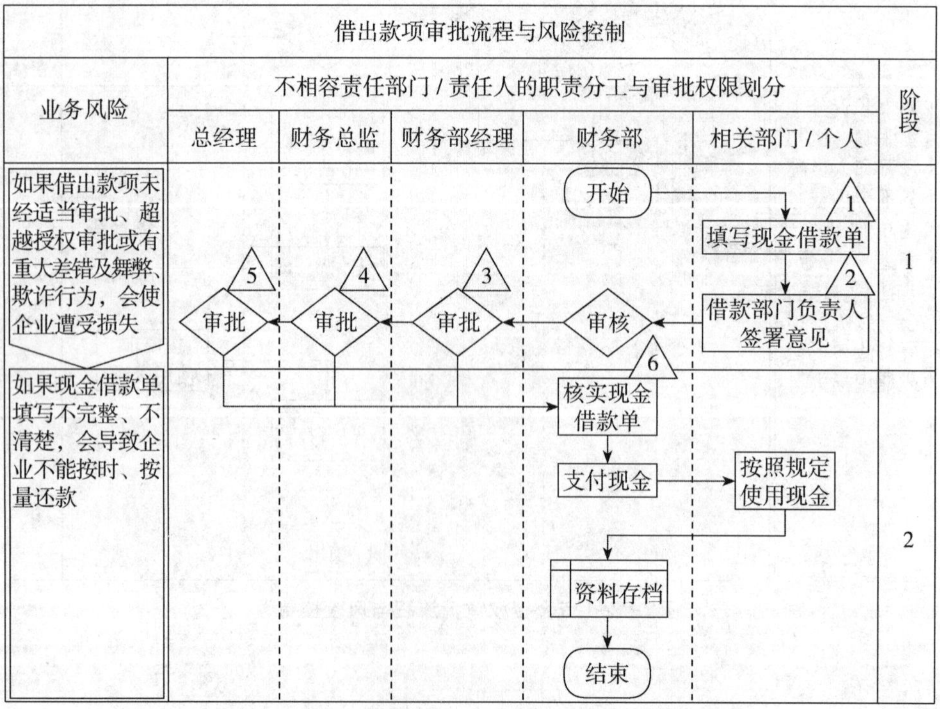

图 7-13　借出款项审批流程与风险控制图

表 7-13　**借出款项审批流程控制表**

借出款项审批流程控制		
控制事项		详细描述及说明
阶段控制	1	1.借款人按照规定填写现金借款单，并签字、盖章 2.借款人所在部门负责人在借款单上签署意见，并签字、盖章 3.财务部经理在其审批额度内审批，借款数额在________元内，财务部经理具有审批权限 4.财务总监在其审批额度内审批，借款数额在________元~________元之间，财务总监具有审批权限 5.总经理在其审批额度内审批，借款数额在________元以上的，总经理具有审批权限
	2	6.借款人应根据签字手续齐全的现金借款单到财务部办理借款，经审核人员审核后交由出纳支付现金
相关规范	应建规范	❒资金支付业务管理制度
	参照规范	❒《企业内部控制应用指引》 ❒《企业会计准则》
文件资料		❒现金借款单
责任部门及责任人		❒财务部、相关部门 ❒总经理、财务总监、财务部经理、出纳、相关部门借款申请人、相关部门负责人

3.银行账户核对流程（如图7-14、表7-14所示）

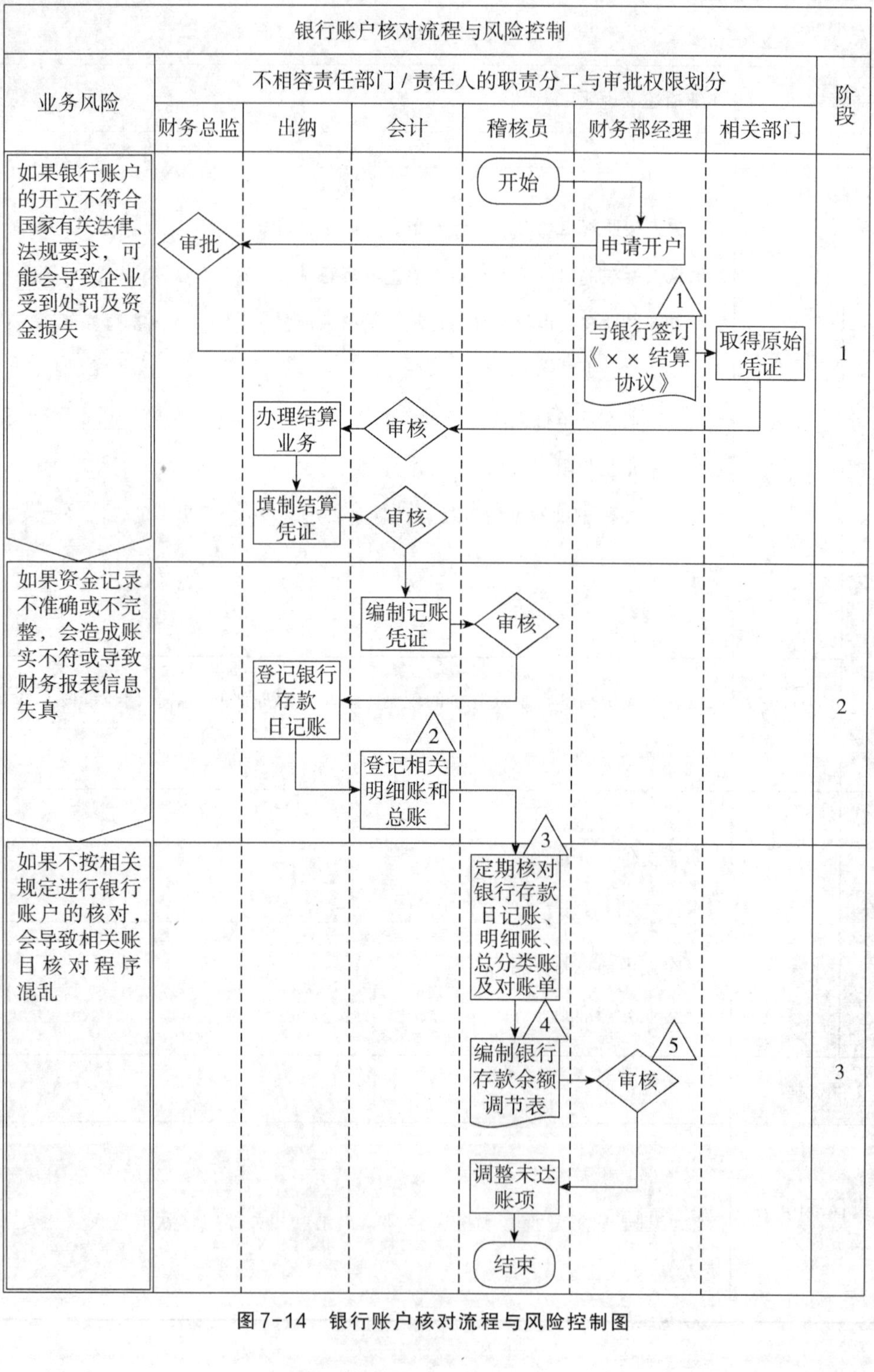

图7-14 银行账户核对流程与风险控制图

表7-14　银行账户核对流程控制表

银行账户核对流程控制		
控制事项		详细描述及说明
阶段控制	1	1.由财务总监授权财务部经理与银行签订《××结算协议》
	2	2.会计根据收付凭证登记相关明细账；主管会计登记总分类账银行存款科目，并在记账凭证上签章
	3	3.稽核员应定期核对银行账户，每月至少核对一次，并签字、盖章 4.稽核员编制银行存款余额调节表，并调整未达账项 5.财务部经理指派对账人员以外的其他人员进行审核，确定银行存款账面余额与银行对账单余额是否调节相符。如调节不符，应当查明原因，及时处理
相关规范	应建规范	银行存款管理制度
	参照规范	《企业内部控制应用指引》 《企业会计准则——基本准则》
文件资料		《××结算协议》 银行存款余额调节表
责任部门及责任人		财务部、相关部门 财务总监、财务部经理、会计、出纳、稽核员、财务部其他相关人员

强化企业资金管理，控制资金风险，保障资金安全，发挥资金规模效益，有利于企业从总体上掌握和控制资金筹措、运用及综合平衡，促进企业可持续健康发展。

第五节　案例分析——千万元“小金库”现形记

2007年年末，江苏省沛县审计局在对某企业主管部门进行审计时，采取内控制度测评、广泛审前调查、突击现金盘点、审查相关会议记录、并实施账账核对、财务核算与业务工作核对等方式，一举查出该单位采取将下属单位上交的资产转让等收入单独设置流水账、虚报离休干部经费、收入不入账等手段，隐瞒收入、设置“小金库”6个、私存私放资金1 392万元的严重违规问题。

那么，这6个隐藏7年之久的千万元“小金库”是如何暴露在审计人员面前的呢？

一、疑点初现

在审前调查阶段，审计组通过走访有关职能部门了解到，该系统的资产转让收入可能未纳入大账统一核算，有关部门对主管部门进行检查问起这部分收入时，主管部门说账在基层单位；对其基层单位进行检查时，基层单位讲账都让主管部门收走了，长期逃避有关部门的监管。这一重要线索引起了审计人员的高度重视。

二、迷雾重重

审计人员进点后，首先，对现金进行了突击盘点，未发现异常情况。其次，审查了有关明细账，也未发现审前调查所了解的情况，询问财务人员，财务人员讲前几年基层单位确有资产转让收入，但都是由主管部门审批后各记各的账，这两年各单位的资产都卖光了，也就没有这块收入了。难道审前调查了解的情况有误？此案一度陷入查不下去的境地。

三、柳暗花明

就在审计人员准备将此案放一放时，一张往来分户明细账拨开了迷雾。审计人员在审查该单位“其他应付款”明细账时发现了一张名为“基层单位”的分户明细账，该分户明细账的期末余额高达246万元。本应按债权人设置的“其他应付款”明细账，为什么设置得如此笼统？在基层单位经济效益普遍极差的情况下，是哪些单位有闲钱借给其主管部门？这是否就是“小金库”中的资金？带着这些疑问，审计人员找财务科长进行了谈话。在事实面前，财务科长看到再也难以隐瞒下去，就道出了事情的真相。2002年以来，该单位为了隐瞒收入，将下属单位上交的资产转让、农资管理费和房屋租赁费等收入940万元单独设置流水账，并派专人以个人存折方式管理，除返还基层单位558万元、借给基层单位77万元、发生少量其他业务支出以外，借给主管部门使用246万元，审计时结余59万元。

四、乘胜追击

初战告捷，审计人员仍然保持着清醒的头脑。从审前调查和内控制度测评的情况来看，该单位应该还有审计人员暂未发现或遗漏掉的疑点，甚至有其他私存私放公款的行为。于是，审计人员决定进一步进行拉网式排查。首先，进一步审查该单位“其他应付款”明细账，发现了欠破产组10万元的线索；其次，审查“其他收入”明细账，发现了“老干部办公室”交来离休干部医药费2万元的线索；最后，查阅该单位的会议记录，发现了其所属化肥厂设备转让款318万元和地块开发借款100万元的线索。

带着这些疑点，审计人员再次找到财务科长、现金出纳和资产会计进行谈话，通过摆事实和以政策攻心，他们分别提供了三个“小金库”的资料：

一是私存私放某罐头厂小工工资款17万元。2005年4月，该罐头厂破产组将（罐头厂）小工工资款17万元交给该单位财务科，交接后至审计时共向175人发放工资款合计5.65万元，账面反映2006年6月该单位借用罐头厂小工工资款10万元，余1.35万元。

二是私存私放某化肥厂设备转让等款项318万元。2005年3月至4月，收取所属某化肥厂因不能按期归还银行贷款使得其抵押设备被转让的差价款318万元，支出302万元，结余16万元。

三是私存私放该单位地块开发借款100万元。2005年收到地块开发借款100万元，支出99.45万元，结余0.55万元。

至于“老干部办公室”交来离休干部医药费2万元，只有已退休的人事科长能说清楚。于是，审计人员又把原人事科长请到了审计组，人事科长道出了该单位通过虚报欠发离休干部医药费和三项经费套取财政补助资金的行为，结余资金全部在财务科存放。

于是，审计人员急起直追，再次找到资产会计进行个别谈话，并对其不主动配合审计组工作、隐藏原始资料的行为进行了严厉的批评教育，资产会计在事实面前说出了设置两个“小金库”的经过：

一是私存私放老干部三项经费15万元。2003年12月，该单位收到老干部局拨来老干部三项经费15万元，至审计时止结余7万元未拨付。

二是私存私放离休干部医药费。2001年1月从县医保办领取离休干部医药费2万元，发给某轧花厂等单位离休干部1万元，结余1万元以资产会计个人之名存入邮政储蓄银行，从县老干部局领取离休干部医药费2万元入了单位大账。

至此，该单位由领导和财务人员共同参与非法设置1 000多万元“小金库”的事实全部查清。对此，县审计局已严格依法做出了处理，主要责任人被移送县纪律检查委员会追究责任。

五、案例评述

企业主管部门理应是财经纪律的垂范者，却在长达7年的时间内一意孤行地设置“账外账”，其所暴露的企业资金管理领域的控制漏洞，难道不值得我们总结与借鉴吗？让我们依照《会计法》及《企业内部控制应用指引第6号——资金活动》的金规铁律来一一道出其内忧外患：

《会计法》第三条明确规定：“各企业必须依法设置会计账簿，并保证其真实、完整。”《企业内部控制应用指引第6号——资金活动》相关条例也有类似规定：企业在生产经营及其他业务活动中取得的资金收入应当及时入账，不得账外设账，严禁收款不入账、设立“小金库”。这对防止私设“小金库”现象的发生，从法律上给予了强有力的支持。但要消除这一现象，除加强外部监督检查外，更重要的是抓好内部控制，在企业内部切实形成相互制约的机制，做到环环相扣，杜绝个别人从中操纵，从源头上防止产生“小金库”现象的种种可能。这个企业的领导显然是明知故犯。同时，从内部控制的实际应用来看，需要特别剖析如下几点：

第一，建立相互制衡机制。企业应根据实际情况，对授权批准、业务经办、会计核算、财产保管等关键环节，按照不相容职务相分离的原则，合理设置岗位，在此基础上制定明确的岗位职责和权限，确保不同机构、岗位之间责权分明、相互监督、相互制约，做到钱物分开、钱账分开、经办与批准分开，实现在授权批准下财会部门、财产保管部门、业务经办部门相互牵制，防止某一部门或某个人包办。

第二，建立分级授权管理制度。企业应结合实际，针对各级经理层确定授权批准的权限、范围、程序和相应的责任，做到在授权范围内行使职权与承担责任的统一。特别是对形成企业经济利益流入的各项业务活动，要建立起严格的审批制度，如在销售产品的数量、规格、价格、付款方式以及售后纠纷处理等方面建立起严格的审批制度。

第三，建立实物资产管理制度。企业重点要抓好资产的验收入库、领用或提货、租赁和处置等涉及资产安全或减值的环节的管理，同时应加大对企业半成品的监管，对附属产品、回收物品的保管，防止这些产品流失、毁损或被盗，做到资产进出手续清楚完整，资产管理台账健全。

第四，加强现金管理和票据管理。企业应根据《现金管理暂行条例》的规定，结合生产经营实际，确定现金开支范围，特别是应加强库存现金额度的管理，建立定期或不定期的现金盘点制度，检查现金实际库存数与其账面余额是否相符，开支范围是否合规，检查督促收入等出纳人员不能兼任的工作事项（如保管、收入等账务登记工作）能否落实。同时，企业要加强对与货币资金有关的票据的管理，建立票据管理的各项制度，包括票据的购买、领用、缴销等环节的规定，做到票据的保管、使用和印鉴相分离，特别要加强对内部使用票据的管理，如提货单、租赁单据的管理，防止没有实际交易的票据使用现象发生，坚决杜绝全部印章由一人保管的现象。

第五，建立重要岗位轮换制。企业应配备职业道德良好、业务素质较高的货币资金业务人员，对收入核算、银行结算、审计稽核等关键岗位实行轮换，通过轮岗防止个别人经手、操作“小金库”。

第六，规范处置企业有形资产。企业对于报废的固定资产或闲置的有形资产的处理应通过市场公开拍卖的方式，避免实行私下个别交易，杜绝暗箱操作现象，做到阳光作业、保护企业资产价值乃至实现增值。如对汽车的处置，可通过竞拍确定汽车的价值，这样不但可防止“小金库”的形成，还可防止资产的流失，甚至可增加企业的资产价值，可谓一举两得。

第七，加强企业内部控制制度建设的指导和监督检查。财政部门应加强对企业财务人员的培训，提高他们的业务素质，为企业建立内部控制制度打好基础，同时根据企业的自身实际情况，帮助建立健全内部制约机制，还应把内部控制制度建设及其执行情况列入企业财务管理和评比的范畴，以此推动企业内部控制制度建设。审计部门除开展会计业务审计外，还应监督检查企业内部控制制度建设及其执行情况，做到寓监督于服务当中，从根本上防范各种违法违纪现象特别是“小金库”现象的发生。

资料来源　王保平.企业内部控制操作实务与案例分析［M］.北京：中国财政经济出版社，2010：153-156.

第八章

采购业务

第一节　采购业务概述

一、采购业务的概念

财政部等五部委颁布的《企业内部控制应用指引第7号——采购业务》中所称的采购，是指企业购买物资（或接受劳务）及支付款项等相关活动。其中，物资主要包括企业的原材料、商品、工程物资、固定资产等。采购是企业生产经营活动的起点，既是企业的“实物流”的重要组成部分，又与“资金流”密切关联。众所周知，采购物资的质量和价格、供应商的选择、采购合同的订立、物资的运输与验收等供应链状况，在很大程度上决定了企业的生存与可持续发展。采购流程的环节虽不太复杂，但蕴藏的风险却是巨大的。无论是公司管理者还是财务部门，对采购工作存在的风险都有非常强的敏感性，这不仅因为采购是直接影响生产成本的主要因素，而且还因为其有着很高的人为欺诈的可能性。基于以上考虑，财政部等五部委颁布《企业内部控制应用指引第7号——采购业务》，对采购的主要流程进行了梳理，明确了采购业务的主要风险点，有针对性地提出了相应的控制措施和要求。

二、加强采购业务管控的意义

（一）有助于降低与采购相关的成本

采购的基本任务是保证公司所需物料与服务的正常供应，不断改进采购过程及供应商管理过程以提高原材料质量，控制、减少所有与采购相关的成本，包括直接采购成本和间接采购成本。管理、控制好与采购相关的文件及信息，如程序性文件、作业指导书、供应商调研报告、供应商考核及认可报告、图纸及样品、合同等，是采购业务流程管控的必要环节。

（二）有助于保证企业生产及经营活动的正常展开

企业的利润是同制造及供应过程中的物流和信息流的流动速度成正比的。从整体供应链的角度来看，企业为了获取尽可能多的利润，会想方设法加快物料和信息的流动，这样就必须依靠采购的力量，充分发挥供应商的作用。供应商提高其供应可靠性及灵活性、缩短交货周期、增加送货频率可以极大地改进生产制造企业的企划表现，如缩短生产总周期、提高生产效率、减少库存、加快资金周转、增强对市场需求的应变力等。

（三）有助于保证产品质量

产品中价值的大部分是经过采购由供应商提供的，毫无疑问，产品“生命”的大部分也应在来货质量控制中得到确保，也就是说企业产品质量不仅要在企业内部控制好，更多的控制应是在供应商的质量管理过程中，这也是“上游质量控制”的体现。供应商上游质量控制得好，不仅可以为下游质量控制打好基础，同时可以降低质量成本，减少企业来货检验费等。

（四）有助于提高企业利润

采购在绝大多数的企业里被视为一个花钱的部门，是企业活动中的成本中心，同时，企业也在不断地要求采购部门降低采购成本，从而减少开支，提高企业利润。由此可以看出，企业还是把采购作为提高企业利润的一个重要途径。

采购作为企业的生命源泉，保障了生产的顺畅，同时也保障了产品的质量。无论是从采购的理论角度还是从采购在实际工作中所扮演的角色讲，它对提高企业利润的影响都是不可估量的。

同时，市场经济的发展也增加了采购行为的难度，企业必须对采购物资的质量、价格、供货方式、信誉等多方面加以比较选择，这就要求企业要切实加强采购管理。如果没有严格的采购管理制度加以规范和监督，就会产生以权谋私甚至腐败行为，给企业带来严重的损失。

三、企业采购业务面临的主要风险

采购风险是指在物资采购过程中由于各种意外情况的出现，使采购的实际结果与预期目标相偏离的程度及可能性。根据《企业内部控制应用指引第7号——采购业务》，部分企业在办理采购业务时不同程度地存在以下问题：

1.采购计划安排不合理，市场变化趋势预测不准确，造成库存短缺或积压，导致企业生产停滞或资源浪费；

2.供应商选择不当，采购方式不合理，招投标或定价机制不科学，授权审批不规范，致使采购物资质次价高，出现舞弊或遭受欺诈；

3.采购验收不规范，付款审核不严格，造成采购物资、资金损失或信用受损。

以上三点均属于采购风险中的内因型风险，此外还包括如下外因型采购风险：因意外事件产生的意外风险；因价格波动导致的价格风险；因质量不稳定产生的采购质量风险；因技术进步淘汰落后产品导致的技术进步风险；因合同欺诈发生的合同欺诈风险等。外因型采购风险经常是随机发生的，没有规律可循，通常多是不可控风险，不易防范。基于此，下文中提到的管控措施主要针对内因型风险，企业只要加强内部管理机制，完善相关责任制度，就能有效防范此类风险，从而达到降低采购损失的目的。

四、采购业务管控的总体要求

针对上面提到的内因型风险，采购业务内部控制应用指引要求：企业应当结合实际情况，全面梳理采购业务流程，完善采购业务相关管理制度，统筹安排采购计划，明确请购、审批、购买、验收、付款、采购后评估等环节的职责和审批权限，按照规定的审批权限和程序办理采购业务，建立价格监督机制，定期检查和评价采购过程中的薄弱环节，采取有效控制措施，确保物资采购满足企业生产经营的需要。

（一）认真选择适合企业的供应商

企业应对需用物资按照物资自然属性、使用用途等标准进行科学分类，然后根据不同类别物资和对企业的重要程度、采购的难易程度和可靠程度，将其划分为重点、次重点、一般等管理类别，并根据实际情况，注重对商品质量、价格、服务等方面进行事前审核和监控。对于重点采购的物资，应严格贯彻供应商准入制度，对供应商的生产条件、设备状况、质量保证体系、财务指标、银行信誉、企业业绩等方面进行综合调查，并采取科学评价体系，综合评估供应商的实力，选择质量可靠、价格合理、服务优良、信誉良好的供应商，确立其名录，以降低采购风险。企业应全面掌握公司所有供应商的情况，并对供应商进行相应的资质考评，对所有供应商按重要性和一般性分别建立供应商档案。供应商的考核必须由品质部、物控部、采购部及财务部联合进行。供应商档案应有编号、详细地址和联系方式、结算条件、交货条款、品质评级、银行账号等，并定期或不定期更新，由专人负责管理，同时由财务部留存副本。原则上公司采购只选择重要供应商进行。如果供应商在供应材料过程中存在质量、交货能力、人为欺诈等问题，公司可考虑对其酌情处理，严重者终止与其业务往来，并保留追究法律责任的权利。

（二）实行不相容职务管理

企业应建立采购业务的岗位责任制，明确相关部门和岗位的职责、权限，确保办理采购业务的不相容职务相互分离、制约和监督。关键岗位要定期实行岗位轮换。

1.采购申请部门、采购计划审批部门要与采购执行部门分离；

2.采购人不能同时担任验收人、相关会计记录人；

3.询价与确定供应商岗位应分离；

4.采购合同的订立与审核岗位应分离；

5.付款审批人、付款执行人不能同时办理寻求供应商和询价业务；

6.付款申请与审批执行岗位应分离。

（三）加强采购物资质量控制，避免采购物资质量风险

按照采购物资使用安全进行分类，重点对在生产使用过程中，因品质原因可能对生产和人身带来严重危害的物资，按照样品采购方式组织货源；样品经过安全测试合格后，方可批量进货。入库前，要按照国家标准进行检测，并出具检测证明，在物资管理部门备案；验收合格的物资方可入库；出库后进入生产流程前还要进行相应的使用前检测，以通过对物资质量风险的控制来达到控制物资采购风险的目标。

（四）推行科学采购模式

1.推行准时制采购（JIT采购）管理模式。推广和实施准时制采购，可有效利用社会库存，降低本企业库存，甚至可实现本企业部分物资零库存的目标。这不仅可以极大提高采购工作效率，降低库存资金风险，而且可保证物资供应和企业需求同步。

2.实施标准化采购。对不同的产品项目或零件设计共同的规格，或降低定制项目的数目，尽可能实现采购产品和物料规格的标准化，以达到降低制造成本的目的。

3.实施杠杆采购。中小企业应避免由于各自采购造成组织内不同单位向同一个供应商采购相同零件却价格不同的情形，集中扩大采购量，增加议价空间，节省采购成本。

（五）加强内部管理

1.中小企业通过对各环节的控制，特别是对物资采购招标、合同签订、合同履行、质量验收等四个关键点的控制，强化监督，以保证不弄虚作假。通过内控审计、财务审计、制度考核三管齐下，有效规范采购行为，不仅可以降低企业的物资采购价格，提高物资采

购质量，还可以保护采购人员和避免外部矛盾。

2.重要物资集中采购。集中采购是防止采购腐败、降低采购风险的有效手段。通过集中采购，可以加大中小企业在市场上进行价格、质量、服务谈判的筹码，充分发挥联合优势，提高抗风险能力，最大限度降低成本，达到效益最大化目标。

3.加强对采购人员的管理和培训工作。随着中小企业采购模式的不断进步，物资供应部门需要大量的既懂招投标、合同、法律、市场调查又懂材料、设备等行业知识的复合型人才。只有不断加强对物资采购人员的培训，提高其业务素质，才能从根本上避免人为因素造成的采购风险。

（六）加快物资采购的信息化建设

中小企业应积极尝试应用电子商务和ERP等先进的管理系统，实现物流、信息流、资金流的统一。在企业内部应努力搭建集录入、操作、查询、监控等功能为一体的物资采购管理信息网络平台，以实现基础数据一输百用，使各采购环节有机配合。通过直观迅捷的网络平台，中小企业可以加强对采购过程的监控，使采购做到程序化、透明化、规范化、高效化，大大降低采购风险。

企业应当结合实际情况，全面梳理采购业务流程，完善采购业务相关管理制度，统筹安排采购计划，明确请购、审批、购买、验收、付款、采购后评价等环节的职责和审批权限，按照规定的审批权限和程序办理采购业务，建立价格监督机制，定期检查和评价采购过程中的薄弱环节，采取有效的控制措施，确保物资采购满足企业生产经营需要。

● 第二节　采购业务内部控制设计及运行

一、采购业务内部控制概述

采购是公司生产产品及维护正常运作而必须消耗的物品及必须配置的设施之购入活动的总称，是公司成本控制的重点。企业在健全采购业务内部控制时，应当比照健全资金、资产业务内部控制，着力从全面梳理相关流程入手。在此过程中，企业应当对采购业务管理现状进行全面分析与评价，既要对照现有采购管理制度，检查相关管理要求是否落实到位，又要审视相关管理流程是否科学合理、是否能够较好地保证物资和劳务供应顺畅、物资采购是否能够与生产和销售等供应链其他环节紧密衔接。在此基础上，要着力健全各项采购业务管理制度，落实责任制，不断提高制度执行力，确保物资和劳务采购按质按量按时和经济高效地满足生产经营的需求。控制采购风险，减少采购环节的差错和舞弊，是企业降低成本，确保产品质量，全面提升企业核心竞争力的关键。

二、采购业务流程

采购业务流程主要涉及编制需求计划和采购计划、请购、选择供应商、确定采购价格、订立框架协议或采购合同、管理供应过程、验收、退货、付款、会计控制、采购业务后评估等环节。

（一）采购计划

采购业务从计划（或预算）开始，包括需求计划和采购计划。企业实务中，需求部门一般根据生产经营需要向采购部门提出物资需求计划，采购部门根据该需求计划归类汇总平衡现有库存物资后，统筹安排采购计划，并按规定的权限和程序审批后执行。采购计划是企业组织采购的重要依据，也是确保企业生产经营正常运营的基础。一个企业如果缺乏科学合理的采购计划，可能导致企业停产待料。

（二）请购

请购是指企业生产经营部门根据采购计划和实际需要提出的采购申请。请购常常是源于企业的基层单位，其中也可以包含该物料或者设备的到货期限。请购处于采购业务的开始阶段，也是MPS（主生产计划）/MRP（物料需求计划）与采购订单的中间过渡环节，用于描述和生成采购的需求，如采购什么货物、采购多少、何时使用、谁用等内容；同时，也可为采购订单提供建议内容，如建议供应商、建议订货日期等。请购单是可选单据，用户可以根据业务需要选用。一般情况下，选择下列一种最有利的方式进行采购：

（1）集中计划采购：凡具有共同性的材料，以集中计划办理采购较为有利。采购前，先通知请购部门依计划提出请购，采购部门集中办理采购。

（2）长期报价采购：凡经常性使用且使用量较大的材料，采购部门应事先选定供应厂商，议定长期供应价格，批准后通知请购部门依需要提出请购。

除了应合理确定采购方式以外，关于采购单还应注意以下几点：

第一，使用部门根据本部门实际物资需求情况填写请购单（即采购单第一联），明确采购物资的名称、规格、质量执行标准、数量、价格、使用日期等，交给采购部门审核。请购单应由部门经理签字确认。

第二，凡是最低采购量超过请购量的，采购经办人员在议价后应在请购单中注明，经主管签字确认后上报。

第三，采购部门收到使用部门提交的请购单时，审核后如确有必要购买，由采购经理签字，再请总经理予以批示。采购经办人员接到经批准的“采购申请单”（即采购单第二联）后，应货比三家，选择合适的供应商，并以电话或传真确定交货（到货）日期。

第四，采购单一式四联，第一联即使用部门提交的请购单，第二联即采购部门使用的采购申请单，第三联交给财务（采购员核销时），第四联交给仓管员（以备验收）。

（三）选择供应商

选择供应商，也就是确定采购渠道。它是企业采购业务流程中非常重要的环节。企业应建立合格供应商认定制度，并对合格供应商建立完整、真实、可控的数据库档案，包括资质资料、经营状况、考察情况、审核意见以及相关业绩等内容。对供应商应实行对口、分级、动态管理。未经公司主管领导书面同意，不得私自变更、替换现有原辅材料供应商；如有更合适供应商而需要替换原供应商的，采购部必须提交书面变更供应商陈述材料，获得书面批准后方可变更。

（四）确定采购价格

如何以最优“性价比”采购到符合需求的物资，是采购部门的永恒主题。下面介绍三种采购价格确定方式：

1.询价

所谓询价，即采购方根据需采购物品向供应商发出询价或征购函，请其正式报价（quotation）的一种采购方法。通常供应商寄发报价单，内容包括交易条件及报价有效期等，有时自动提出信用调查对象，必要时另寄“样品”及“说明书”。报价经采购方完全同意接受后，买卖契约才算成立。

2.招标

招标是采购方确定价格的重要方式，其优点在于公平合理。因此，大批量的采购一般采用招标的方式。但采用招标的方式受以下两个基本条件的限制：一是所采购的商品的规格要求必须能表述清楚、明确，易于理解；二是必须有两个以上的供应商参加投标。

3.谈判

谈判是确定价格的常用方式，也是最复杂、成本最高的方式。谈判方式适用于各种类型的采购。

询价、议价结束后，需公司主管领导书面同意方可定价（特殊情况下需电话征得总经理同意），否则公司不予认可价格，由此引起的后果由责任人负全责。

（五）订立框架协议或采购合同

框架协议是企业与供应商之间为建立长期物资购销关系而做出的一种约定。采购合同是指企业根据采购需要确定供应商、采购方式、采购价格等，并与供应商签订的具有法律约束力的协议，该协议对双方的权利、义务和违约责任等情况做出了明确规定（企业向供应商支付合同规定的金额、结算方式，供应商按照约定时间、期限、数量与质量、规格交付物资给采购方）。

企业对外发生的重要经济行为（尤其是物资采购行为）均应签订相关合同，合同一经签署，不得随意变更。企业在签订合同时，严格按照《合同法》要求，切实做到条款内容完整、表述严谨准确、相关手续齐备，避免出现重大疏漏。企业要充分发挥内审部门、法律事务部门的作用，对重大合同的合法性、严密性、可行性、程序性及经济性进行审核。在合同履行过程中发生纠纷，企业应根据《合同法》《民事诉讼法》等法律规定解决。对上市公司而言，应建立重大合同披露及评估制度，对于企业重大合同的主要供应商情况、价格形成机制、合同的签订与履行情况、纠纷及诉讼等情况予以披露。采购合同签订由公司指定或授权委派专人负责，否则视为无效。

（六）管理供应过程

管理供应过程主要是指企业建立严格的采购合同跟踪制度，科学评价供应商的供货情况，并根据合理选择的运输工具和运输方式，办理运输、投保等事宜，实时掌握物资采购供应过程的情况。

企业应加强物资采购供应过程的管理，依据采购合同中确定的主要条款跟踪合同履行情况，对有可能影响生产或工程进度的异常情况，应出具书面报告并及时提出解决方案。

（七）验收

验收是指企业对采购物资和劳务进行检验接收，以确保其符合合同相关规定或产品质量要求。

采购物资到货后，采购员要及时组织质监部门、仓库管理员进行入库前的清点验收。验收过程中应首先比较所收物资与请购单、发票账单上的品名、规格、数量、单价是否相符，然后检查物资有无损坏、使用性能优劣。验收合格后，验收部门的人员应对一式两联、事先编号的验收单进行签字，作为验收物资的依据。验收单第一联由本部门留存，第二联交给仓管员。

仓管员根据进货检验报告结果（主要是验收单）对合格货品进行入库，入库单必须由采购员、仓管员签字确认。不合格品由相关采购员办理退货事宜。入库单一式三联，第一联本部门留存，第二联交给财务，第三联交给采购员。

企业应当建立严格的采购验收制度，确定检验方式，由专门的验收机构或检验人员对采购项目的品种、规格、数量、质量等相关内容进行验收，出具验收证明。涉及大宗物资和新特物资采购的，还应进行专业测试。

（八）付款

付款是指企业在对采购预算、合同、相关单据凭证、审批程序等内容审核无误后，按照采购合同规定及时向供应商办理支付款项的过程。关于付款流程的具体讲解将在本章第三节中进行详细介绍。

（九）会计控制

会计控制主要指采购业务会计系统控制。企业应当加强对购买、验收、付款业务的会计系统的控制，详细记录供应商情况以及采购申请、采购合同、采购通知、验收证明、入库凭证、退货情况、商业票据、款项支付等情况，做好采购业务各环节的记录，确保会计记录、采购记录与仓储记录核对一致。

（十）采购业务后评估

由于采购业务对企业生存与发展具有重要影响，《企业内部控制应用指引第7号——采购业务》强调企业应当建立采购业务后评估制度。就此，企业应当定期对物资需求计划、采购计划、采购渠道、采购价格、采购质量、采购成本、协调或合同签约与履行情况等物资采购供应活动进行专项评估和综合分析，及时发现采购业务中的薄弱环节，优化采购流程，同时，将物资需求计划管理、供应商管理、储备管理等方面的关键指标纳入业绩考核体系，促进物资采购与生产、销售等环节的有效衔接，不断防范采购风险，全面提升采购效能。

图8-1为业务角度的采购流程图，该图列示的采购流程适用于各类企业的一般采购业务，具有通用性。企业在实际开展采购业务时，可以参照此流程，并结合自身情况予以扩充和具体化。图8-2为风险控制角度的采购业务流程图。存货采购管理流程控制表见表8-1。

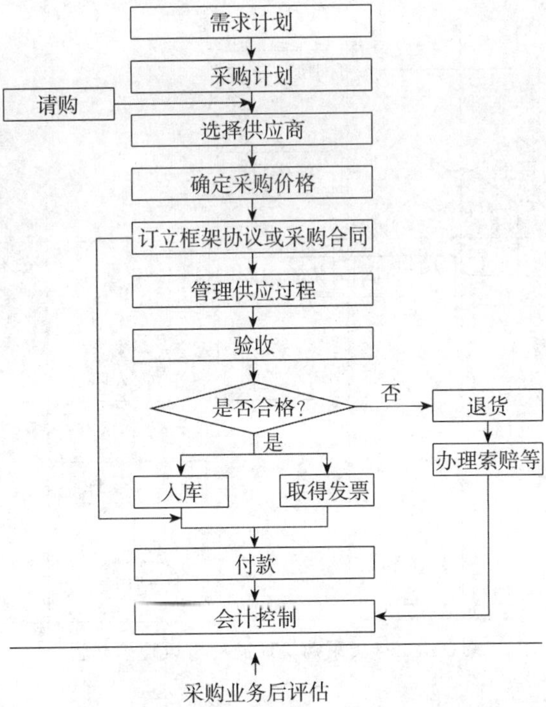

图8-1　采购业务流程图

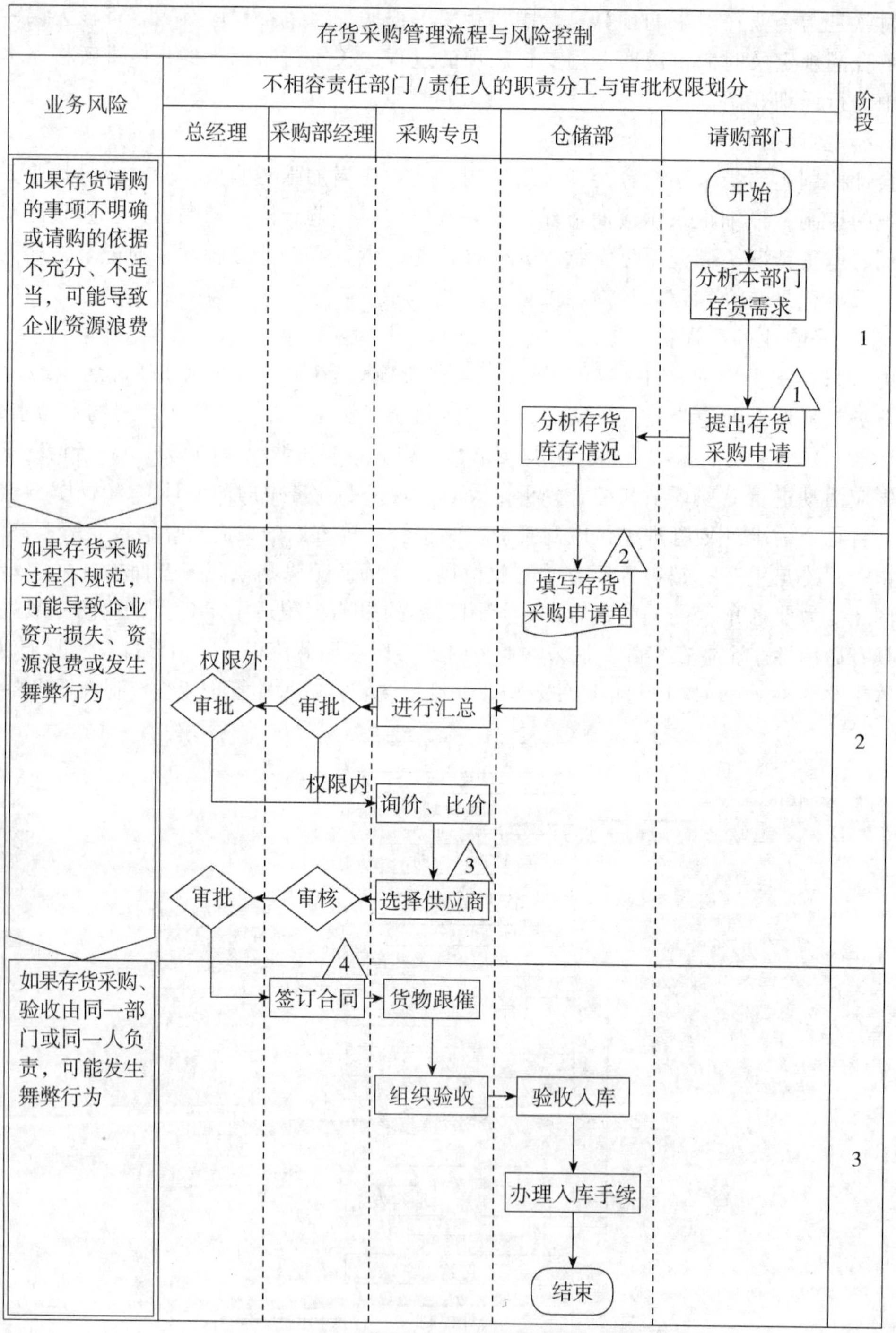

图 8-2　存货采购管理流程与风险控制图

表8-1 **存货采购管理流程控制表**

存货采购管理流程控制		
控制事项		详细描述及说明
阶段控制	1	1.请购部门根据实际生产情况，及时提交存货采购申请
	2	2.仓储部通过计算机管理系统重新预测材料需要量以及重新计算安全存货水平和经济采购批量，填写存货采购申请单 3.采购专员通过询价、比价，选择供应商，提交采购部经理审核后再由总经理审批
	3	4.采购部经理在总经理授权下，与供应商签订采购合同
相关规范	应建规范	❐存货采购管理制度
	参照规范	❐《企业内部控制应用指引》 ❐《中华人民共和国合同法》
文件资料		❐存货采购申请单
责任部门及责任人		❐采购部、仓储部、请购部门 ❐总经理、采购部经理、采购专员

三、采购业务活动的主要风险及其控制措施

企业采购业务可能面临的重要风险类型很多，企业在相应的内控活动中应注意识别关键风险，设计相关内控制度，有效地进行风险控制。下面将针对采购业务流程各环节进行风险分析并提出相应的管控措施。

（一）计划采购环节

该环节的主要风险是：需求或采购计划不合理、不按实际需求安排采购或随意超计划采购，甚至与企业生产经营计划不协调等。

主要管控措施如下：

1.生产、经营、项目建设等部门，应当根据实际需求准确、及时编制需求计划。需求部门提出需求计划时，不能指定或变相指定供应商。对独家代理、专有、专利等特殊产品应提供相应的独家、专有资料，经专业技术部门研讨后，再经具备相应审批权限的部门或人员审批。

2.采购计划是企业年度生产经营计划的一部分，在制订年度生产经营计划的过程中，企业应当根据发展目标的实际需要，结合库存和在途情况，科学安排采购计划，防止采购过多或过少。

3.采购计划应纳入采购预算管理，经相关负责人审批后，作为企业刚性指令严格执行。

4.要求企业的采购业务尽量集中，避免多头采购或分散采购，以提高采购业务效率，降低采购成本，堵塞管理漏洞。

（二）请购环节

该环节的主要风险是：缺乏采购申请制度，请购未经适当审批或超越授权审批，可能导致采购物资过量或短缺，影响企业正常生产经营。

主要管控措施如下：

第一，建立采购申请制度，依据购买物资或接受劳务的类型，确定归口管理部门，授予相应的请购权，明确相关部门或人员的职责权限及相应的请购程序。企业可以根据实际需要设置专门的请购部门，对需求部门提出的采购需求进行审核，并进行归类汇总，统筹安排企业的采购计划。

第二，具有请购权的部门对于预算内采购项目，应当严格按照预算执行进度办理请购手续，并根据市场变化提出合理采购申请。对于超预算和预算外采购项目，应先履行预算调整程序，由具备相应审批权限的部门或人员审批后，再行办理请购手续。

第三，具备相应审批权限的部门或人员审批采购申请时，应重点关注采购申请内容是否准确、完整，是否符合生产经营需要，是否符合采购计划，是否在采购预算范围内等。对不符合规定的采购申请，应要求请购部门调整请购内容或拒绝批准。

（三）选择供应商环节

该环节的主要风险是：供应商选择不当，可能导致采购物资质次价高，甚至出现舞弊行为。

主要管控措施如下：

第一，建立科学的供应商评估和准入制度，对供应商资质信誉情况的真实性和合法性进行审查，确定合格的供应商清单，与选定的供应商签订质量保证协议，健全企业统一的供应商网络。企业新增供应商的市场准入、供应商新增服务关系以及调整供应商物资目录，都要由采购部门根据需要提出申请，并按规定的权限和程序审核批准后，纳入供应商网络。企业可委托具有相应资质的中介机构对供应商进行资信调查。

第二，采购部门应当按照公平、公正和竞争的原则，择优确定供应商，在切实防范舞弊风险的基础上，与供应商签订质量保证协议。

第三，建立供应商管理信息系统和供应商淘汰制度，对供应商提供物资或劳务的质量、价格、交货及时性、供货条件及其资信、经营状况等进行实时管理和考核评价，根据考核评价结果，提出供应商淘汰和更换名单，经审批后对供应商进行合理选择和调整，并在供应商管理系统中做出相应记录。企业可委托具有相应资质的中介机构对供应商进行资质调查。

此外，合格供应商的数量，应根据企业生产需要及采购计划量合理确定，并保持相对稳定，同时应尽量避免企业内多头对同一供应商。对于优秀供应商，企业可制定相关的优惠政策，并与其建立长期的合作伙伴关系，稳定供货主渠道，确保生产平稳运行。

（四）确定采购价格环节

该环节的主要风险是：采购定价机制不科学，采购定价方式选择不当，缺乏对重要物资品种、价格的跟踪监控，导致采购价格不合理，可能造成企业资金损失。

主要管控措施如下：

第一，健全采购定价机制，采取协议采购、招标采购、询价采购、动态竞价采购等多种方式，科学合理地确定采购价格，最大限度地减少市场变化对企业采购价格的影响。对标准化程度高、需求计划性强、价格相对稳定的物资，通过招标、联合谈判等公开、竞争的方式签订框架协议。

第二，采购部门应当定期研究大宗通用重要物资的成本构成与市场价格变动趋势，确定重要物资品种的采购执行价格或参考价格。大宗采购等应当采用招投标方式确定采购价格，其他商品或劳务的采购应当根据市场行情制定最高采购限价，并适时调整最高采购限价。

第三，建立采购价格数据库，定期开展重要物资的市场供求形势及价格走势商情分析并合理加以利用。

企业应成立由管理层以及来自请购、采购、生产、财务、内部审计、法律等部门人员组成的采购价格委员会，明确采购价格的形成机制。经办人员应对厂商的报价资料进行整理并经过深入调查分析后，以电话或其他联络方式向供应厂商议价；采购经办人员接到“采购申请单”后应依采购材料使用时间的缓急，参考市场行情及过去采购记录或厂商提供的资料，精选三家以上供应商进行产品的书面比价，经分析后进行议价，议价结果书面上报主管领导；采购部门接到请购部门（项目部、行政管理部）以电话联络的紧急采购情况，主管应立即指定经办人员先行询价、议价，待接到请购单后按一般采购程序优先办理。

（五）订立框架协议或采购合同环节

该环节的主要风险是：框架协议签订不当，可能导致物资采购不顺畅；未经授权对外订立采购合同，合同对方主体资格、履约能力等未达要求，合同内容存在重大疏漏和欺诈，可能导致企业合法权益受到侵害。

主要管控措施如下：

第一，对拟签订框架协议的供应商的主体资格、信用状况等进行风险评估；框架协议的签订应引入竞争制度，确保供应商具备履约能力。

第二，根据确定的供应商、采购方式、采购价格等情况，拟定采购合同，准确描述合同条款，明确双方权利、义务和违约责任，按照规定权限签署采购合同。对于影响重大、涉及较高专业技术或法律关系复杂的合同，应当组织法律、技术、财会等专业人员参与谈判，必要时可聘请外部专家参与相关工作。

第三，对重要物资验收量与合同量之间允许的差异，应当做出统一规定。

此外，企业应当根据生产建设进度和采购物资等特性，选择合理的运输工具和运输方式，办理运输、投保等事宜。采购合同的洽谈人员、订立人员和采购人员不能由一人同时担任。

（六）管理供应过程环节

该环节的主要风险是：缺乏对采购合同履行情况的有效跟踪，运输方式选择不合理，忽视运输保险，可能导致采购物资损失或无法保证供应。

主要管控措施如下：

第一，加强物资采购供应过程的管理，依据采购合同中确定的主要条款跟踪合同履行情况，对有可能影响生产或工程进度的异常情况，应出具书面报告并及时提出解决方案，采取必要措施，保证需求物资的及时供应。

第二，对重要物资建立并执行合同履约过程中的巡视、点检和监造制度。对需要监造的物资，择优确定监造单位，签订监造合同，落实监造责任人，审核确认监造大纲，审定监造报告，并及时向技术等部门通报。

第三，根据生产建设进度和采购物资特性等因素，选择合理的运输工具和运输方式，办理运输、投保等事宜。

第四，做好采购业务各环节的记录，实行全过程的采购登记制度或信息化管理，确保采购过程的可追溯性。

（七）验收环节

该环节的主要风险是：验收标准不明确、验收程序不规范、对验收中存在的异常情况不作处理，可能造成账实不符、采购物资损失。

主要管控措施如下：

第一，采购部门与验收部门应当相互分离，即货物的采购人员不能同时承担货物的验收和记账工作。

第二，制定明确的采购验收标准，结合物资特性确定必检物资目录，规定此类物资在出具质量检验报告后方可入库。

第三，验收机构或人员应当根据采购合同及质量检验部门出具的质量检验证明，重点关注采购合同、发票等原始单据与采购物资的数量、质量、规格、型号等核对一致。对验收合格的物资，填制入库凭证，加盖物资“收讫章”，登记实物账，及时将入库凭证传递给财会部门。物资入库前，采购部门须检查质量保证书、商检证书或合格证等证明文件。验收时涉及技术性强的物资、大宗物资和新特物资，还应进行专业测试，必要时可委托具有检验资质的机构或聘请外部专家协助验收。

第四，对于验收过程中发现的异常情况，比如无采购合同或大额超采购合同的物资、超采购预算采购的物资、毁损的物资等，验收机构或人员应当立即向企业有权管理的相关机构报告，相关机构应当查明原因并及时处理。对于不合格物资，采购部门依据检验结果办理让步接收、退货、索赔等事宜。对延迟交货造成生产建设损失的，采购部门要按照合同约定索赔。

第五，建立退货管理制度，对退货条件、退货手续、货物出库、退货款回收等内容做出明确规定。

（八）付款环节

该环节的主要风险及其主要管控措施将在下节中详细介绍，因此此处不展开讲解。

（九）会计控制环节

该环节的主要风险是：缺乏有效的采购会计系统控制，未能全面、真实地记录和反映企业采购各环节的资金流和实物流情况，相关会计记录与相关采购记录、仓储记录不一致，可能导致企业采购业务未能如实反映，以及采购物资和资金受损。

针对会计控制环节的主要风险点，企业应当加强对购买、验收、付款业务的会计系统的控制，详细记录供应商情况以及请购申请、采购合同、采购通知、验收证明、入库凭证、退货情况、商业票据、款项支付等情况，确保会计记录、采购记录与仓储记录核对一致。企业应当指定专人通过函证等方式，定期向供应商寄发对账函，核对应付账款、应付票据、预付账款等往来款项，对供应商提出的异议应及时查明原因，报有权管理的部门或人员批准后，做出相应调整。物资采购必须取得发票方可报销，如无特殊情况，发票应是增值税专用发票。

针对采购业务流程中的预算、请购、请购审批、招标、供应商评选以及验收环节，我们编制了如下内控流程图并进行解释：

1.采购预算业务流程（如图8-3、表8-2所示）

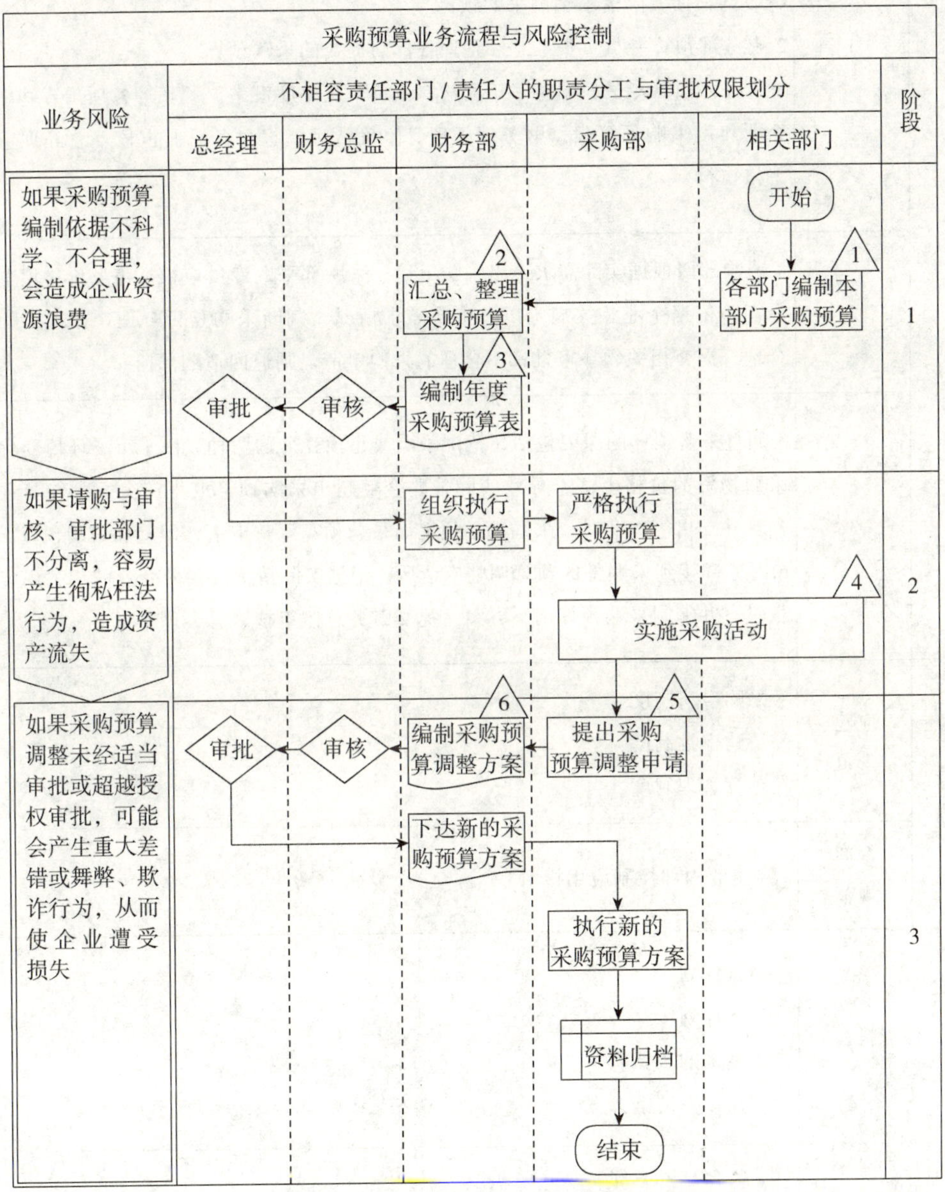

图8-3　采购预算业务流程与风险控制图

表 8-2　　　　　　　　　　　**采购预算业务流程控制表**

<table>
<tr><th colspan="3">采购预算业务流程控制</th></tr>
<tr><th colspan="2">控制事项</th><th>详细描述及说明</th></tr>
<tr><td rowspan="3">阶段控制</td><td>1</td><td>1.各生产单位根据年度营业目标预测生产计划，据此编制年度物资需求计划，并编制采购预算；仓储部根据企业相关规定和生产用料计划编制采购预算；研发部、行政部根据实际需求编制采购预算
2.财务部预算专员负责汇总、整理各部门提交的采购预算
3.财务部预算专员根据上一年度材料单价、次年度汇率、利率等各项预算基准编制企业年度采购预算表，财务部经理签字确认后，报财务总监审核、总经理审批后严格执行</td></tr>
<tr><td>2</td><td>4.请购部门根据实际需求提出采购申请，采购部采购专员应根据市场价格填写采购金额，依据企业相关规定以及生产需求情况，判断采购是否合理。如果采购申请合理，提交相关领导审批；不合理的采购申请，则退回请购部门</td></tr>
<tr><td>3</td><td>5.调整采购预算的原因包括超范围采购或超预算采购两种。由于市场环境变化，如采购物资的价格上涨，导致实际采购金额超出采购预算或生产突发事件导致采购预算外支出等。此时，采购部必须提出采购预算调整申请，即追加采购预算
6.财务部接到采购部的预算调整申请后，根据实际情况，参照企业的相关规定进行核对，并编制采购预算调整方案，提交财务总监审核、总经理审批</td></tr>
<tr><td rowspan="2">相关规范</td><td>应建规范</td><td>❐采购申请制度
❐请购审批制度
❐预算管理制度</td></tr>
<tr><td>参照规范</td><td>❐《企业内部控制应用指引》</td></tr>
<tr><td colspan="2">文件资料</td><td>❐销售计划
❐生产计划
❐年度采购预算表
❐采购预算调整方案</td></tr>
<tr><td colspan="2">责任部门及责任人</td><td>❐采购部、财务部
❐总经理、财务总监、采购部经理、财务部经理、采购专员、预算专员</td></tr>
</table>

2.存货采购请购流程（如图8-4、表8-3所示）

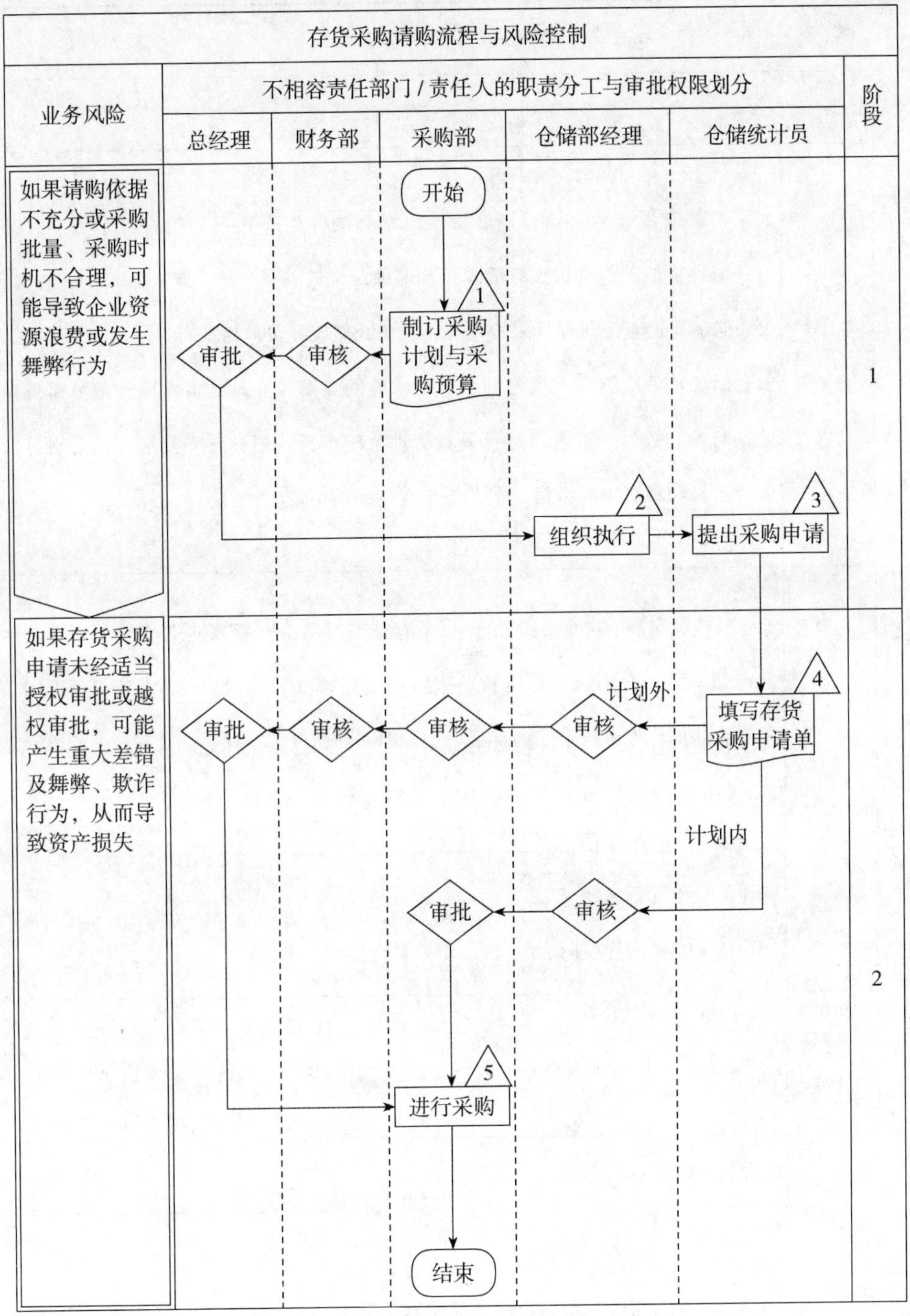

图8-4　存货采购请购流程与风险控制图

表8-3 **存货采购请购流程控制表**

<table>
<tr><td colspan="3">存货采购请购流程控制</td></tr>
<tr><td colspan="2">控制事项</td><td>详细描述及说明</td></tr>
<tr><td rowspan="2">阶段
控制</td><td>1</td><td>1.采购部应当根据仓储计划、资金筹措计划、生产计划、销售计划等制订采购计划，对存货的采购实行预算管理，合理确定材料、在产品、产成品等存货的比例
2.仓储部经理应按照存货采购预算，组织仓储统计员严格执行
3.仓储统计员应逐日根据各种材料的采购间隔期和当日材料的库存量分析确定应采购的日期和数量，或者通过计算机管理系统重新预测材料需要量以及重新计算安全存货水平和经济采购批量，据此提出存货采购申请</td></tr>
<tr><td>2</td><td>4.仓储统计员根据生产实际情况以及仓储情况填写存货采购申请单。计划内存货采购申请单需经仓储部经理审核、采购部经理审批后采购；计划外存货采购申请单，需经仓储部经理审核签字确认后，交采购部和财务部审核、总经理审批后实施采购
5.采购部按照企业相关规定及时进行存货采购</td></tr>
<tr><td rowspan="2">相关
规范</td><td>应建
规范</td><td>❐存货采购管理制度
❐存货采购申请管理制度</td></tr>
<tr><td>参照
规范</td><td>❐《企业内部控制应用指引》</td></tr>
<tr><td colspan="2">文件资料</td><td>❐存货采购申请单</td></tr>
<tr><td colspan="2">责任部门
及责任人</td><td>❐采购部、财务部、仓储部
❐总经理、仓储部经理、仓储部统计员</td></tr>
</table>

3.请购审批业务流程（如图8-5、表8-4所示）

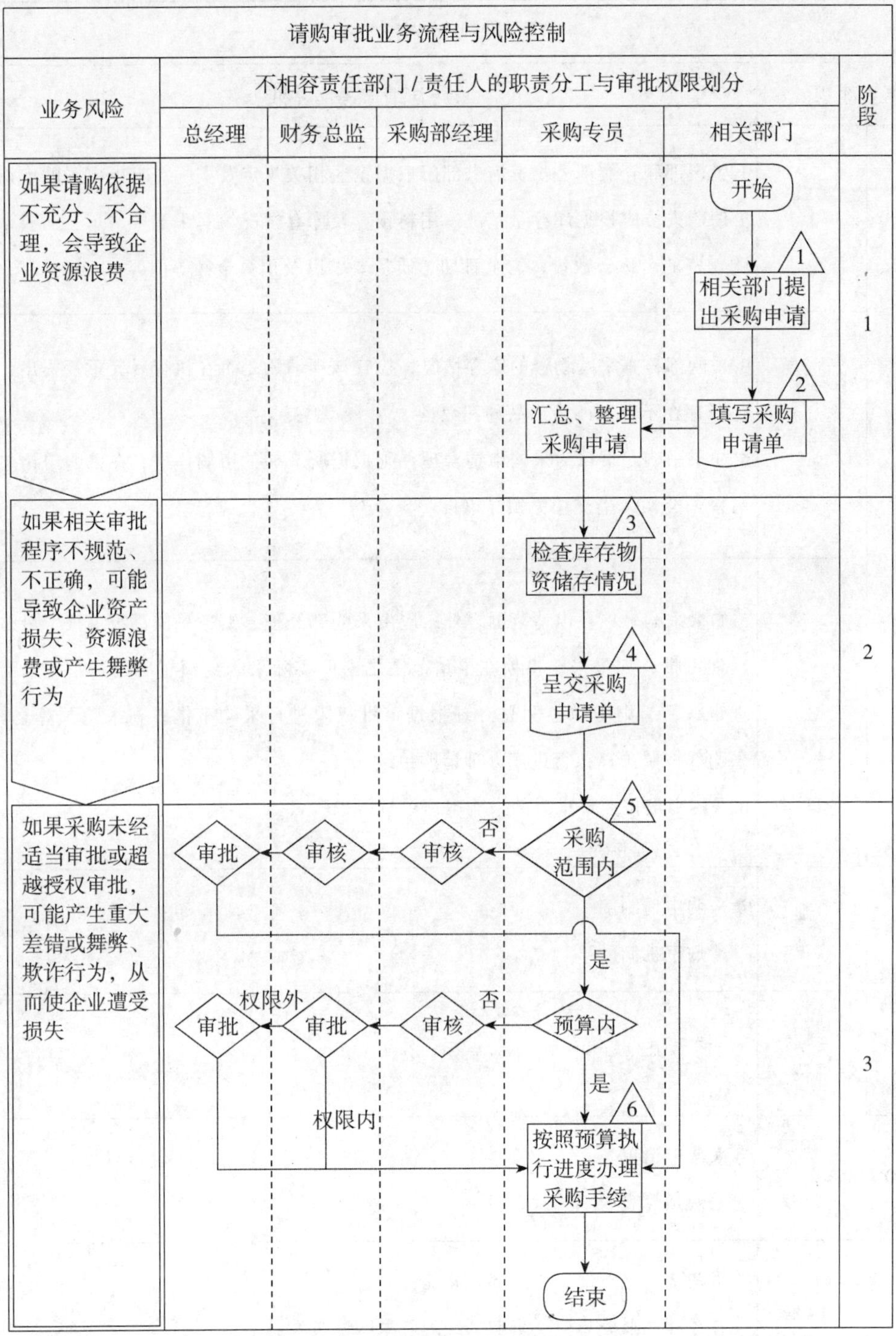

图8-5　请购审批业务流程与风险控制图

表8-4　　**请购审批业务流程控制表**

请购审批业务流程控制		
控制事项		详细描述及说明
阶段控制	1	1.生产部和仓储部等物资需求部门根据企业相关规定及实际需求提出采购申请 2.请购人员应根据库存量基准、用料预算及库存情况填写采购申请单，需要说明请购物资的名称、数量、需求日期、质量要求以及预算金额等内容
	2	3.采购部核查采购物资的库存情况，检查该项请购是否在执行后又重复提出，以及是否存在不合理的请购品种和数量 4.如果采购专员认为采购申请合理，则根据所掌握的市场价格，在采购申请单上填写采购金额后呈交相关领导审批
	3	5.如果采购事项在申请范围之外，应由采购部经理、财务总监逐级审核，最终由总经理审批；如果采购事项在申请范围之内但实际采购金额超出预算，经采购部经理审核后，财务总监和总经理根据审批权限进行采购审批；在采购预算之内的，采购部按照预算执行进度办理请购手续 6.采购专员按照审批后的采购申请单进行采购
相关规范	应建规范	▢采购申请制度 ▢请购审批制度
	参照规范	▢《企业内部控制应用指引》
文件资料		▢采购申请单 ▢采购预算表
责任部门及责任人		▢采购部、财务部、生产部、仓储部 ▢总经理、财务总监、采购部经理、采购专员

4.采购业务招标流程（如图8-6、表8-5所示）

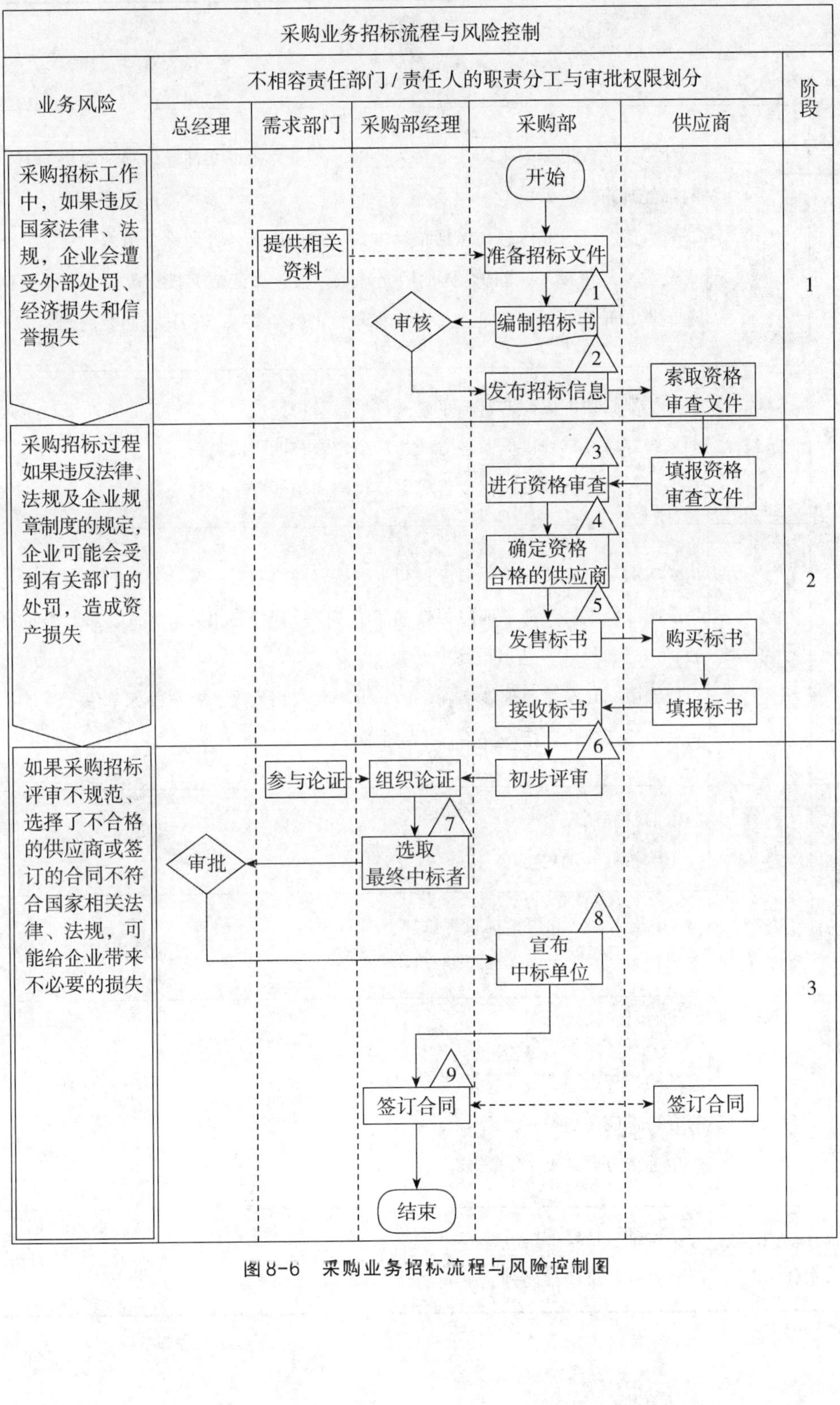

图8-6 采购业务招标流程与风险控制图

表 8-5　　　　**采购业务招标流程控制表**

<table>
<tr><th colspan="3">采购业务招标流程控制</th></tr>
<tr><th colspan="2">控制事项</th><th>详细描述及说明</th></tr>
<tr><td rowspan="3">阶段控制</td><td>1</td><td>1.对需要进行招标的采购业务，采购部准备采购招标文件，编制采购招标书，报采购部经理审核
2.采购部发布招标信息，包括招标方式、招标项目（含名称、用途、规格、质量要求及数量或规模）、履行合同期限与地点、投标保证金、投标截止时间及投标书投递地点、开标的时间与地点、对投标单位的资质要求以及其他必要的内容</td></tr>
<tr><td>2</td><td>3.采购部收到供应商的资格审查文件后，对供应商资质、信誉等方面进行审查
4.采购部通过审查供应商各方面指标确定合格的供应商
5.采购部向合格的供应商发售标书，供应商填写完毕后递交到采购部</td></tr>
<tr><td>3</td><td>6.采购部对供应商的投标书进行初步审核，淘汰明显不符合要求的供应商
7.采购部经理组织需求部门、技术部门、财务部门等相关人员或专家对筛选通过的投标书进行论证，选出最终中标者
8.最终中标者经总经理签字确认后，由采购部相关人员宣布中标单位
9.采购部经理代表招标方签订采购合同</td></tr>
<tr><td rowspan="2">相关规范</td><td>应建规范</td><td>❐采购管理制度
❐采购招标管理规定</td></tr>
<tr><td>参照规范</td><td>❐《中华人民共和国招标投标法》
❐《中华人民共和国合同法》</td></tr>
<tr><td colspan="2">文件资料</td><td>❐采购合同
❐采购招标书
❐合格供应商名单
❐中标单位通知书</td></tr>
<tr><td colspan="2">责任部门及责任人</td><td>❐采购部、请购部门
❐总经理、采购部经理、采购主管、采购专员</td></tr>
</table>

5.供应商的评选流程（如图8-7、表8-6所示）

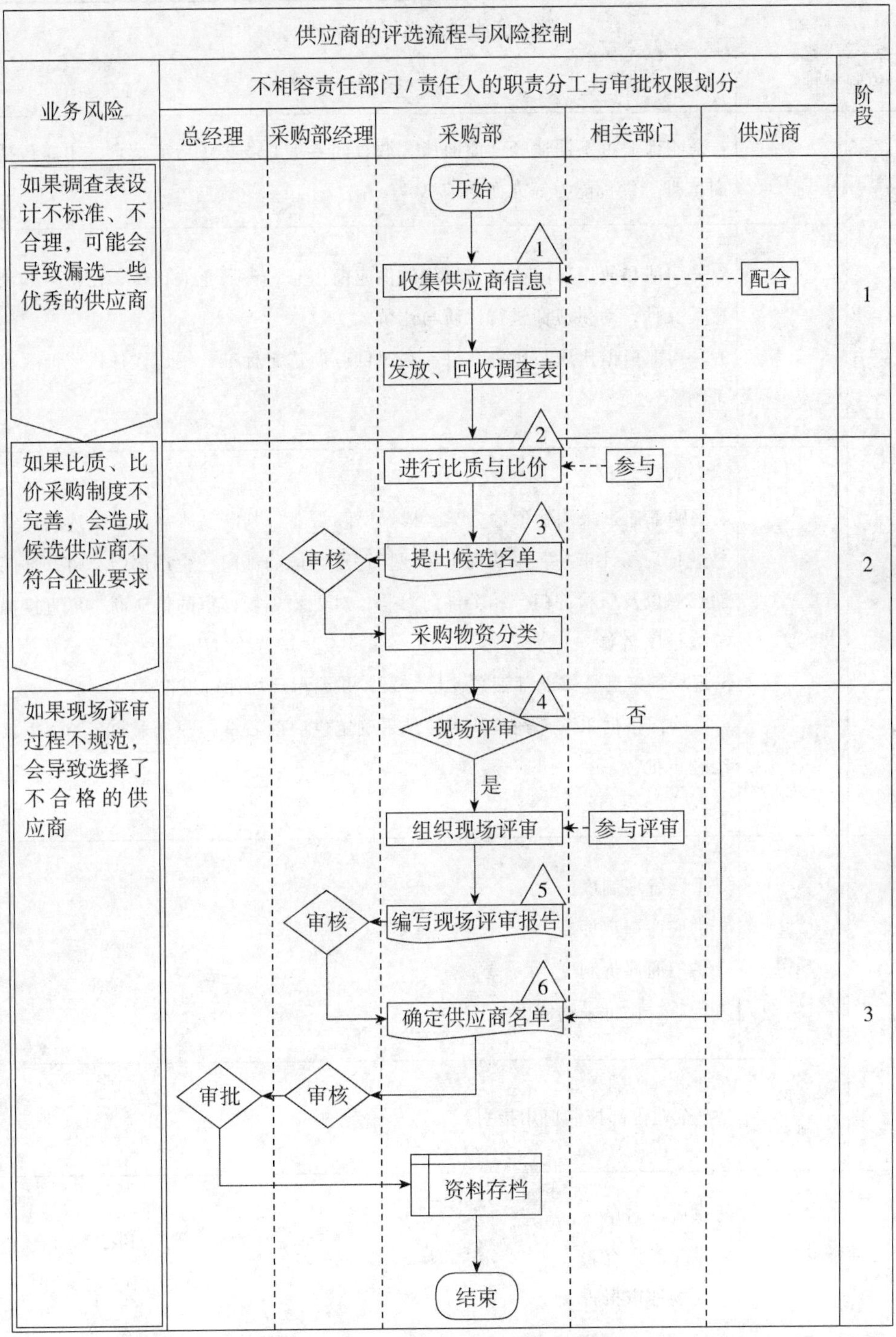

图8-7　供应商的评选流程与风险控制图

表 8-6　　供应商的评选流程控制表

供应商的评选流程控制		
控制事项		详细描述及说明
阶段控制	1	1.采购部通过不同途径（如面谈、调查问卷等）收集供应商信息，主要包括供应商信誉、供货能力等方面的信息
	2	2.采购部和使用部门依据收集到的供应商信息，参照企业比质、比价采购制度等相关文件，对供应商进行比质与比价 3.采购部根据比质与比价结果，参照供应商选定标准，提出候选供应商名单，报采购部经理审核
	3	4.采购部通过采购物资的分类，根据实际需要，判断是否需要组织现场评审。需要进行现场评审的，采购部组织现场评审，请购部门、生产部门、财务部门、仓储部门以及质检部门等相关部门参与；对无须现场评审的供应商，可直接提出其等级排序名单 5.现场评审后，采购部汇总评价结果，并编写现场评审报告 6.采购部根据采购部经理的审核结果确定供应商名单，并报采购部经理审核、总经理审批
相关规范	应建规范	❒采购管理制度 ❒供应商选定标准 ❒供应商评价制度 ❒比质、比价采购制度
	参照规范	❒《企业内部控制应用指引》
文件资料		❒供应商名单 ❒供应商调查表 ❒现场评审报告
责任部门及责任人		❒采购部、财务部、生产部、仓储部 ❒总经理、采购部经理、采购主管、采购专员

6.验收流程（如图8-8、表8-7所示）

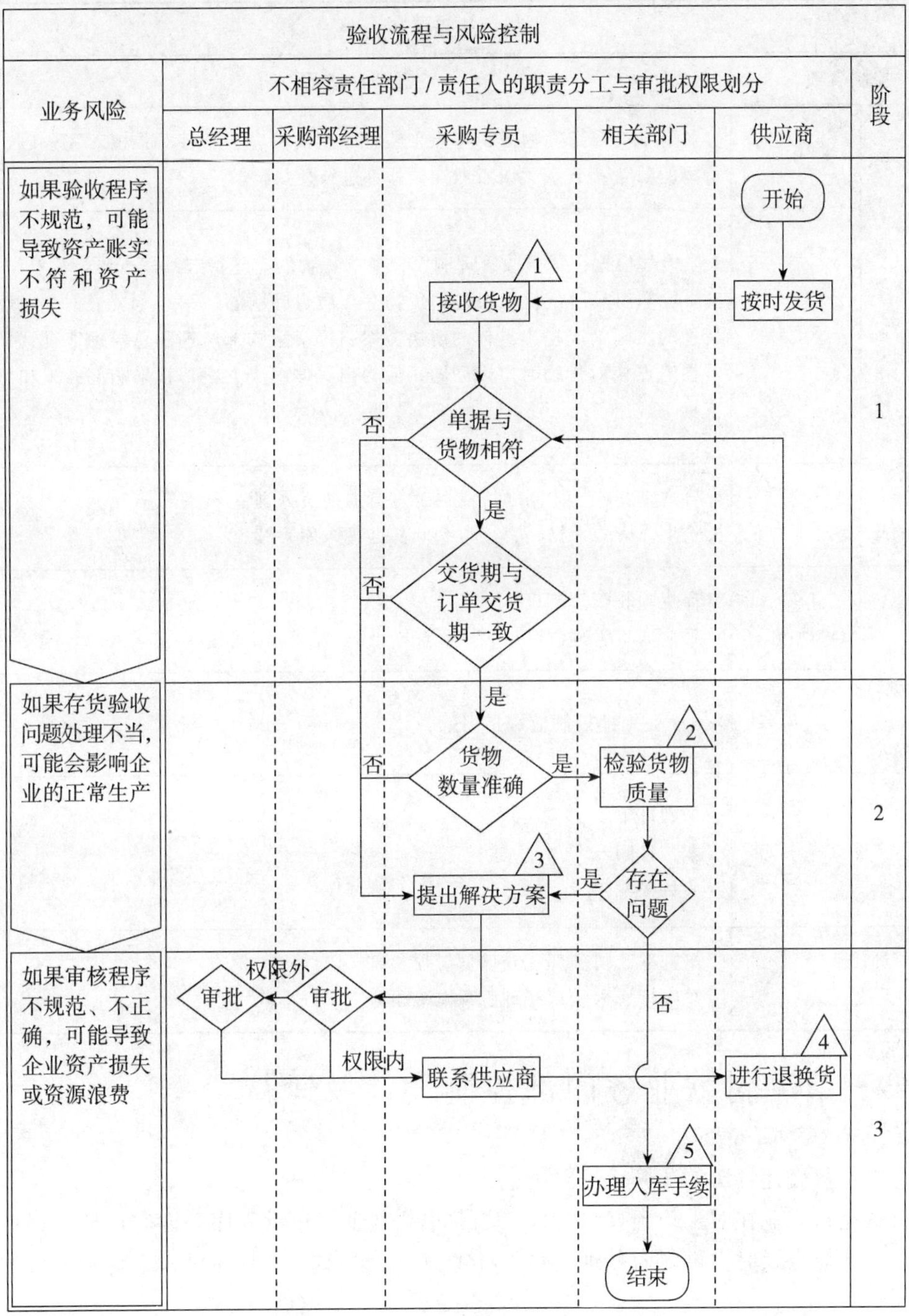

图8-8　验收流程与风险控制图

表8-7 **验收流程控制表**

验收流程控制		
控制事项		详细描述及说明
阶段控制	1	1.采购专员接到货物后，按照采购订单上的内容一一核对；核对完毕后，清点货物的数量；数量无误后通知质检部进行质量检验
	2	2.质检部根据存货验收管理制度，参照货物的实际特点，进行质量检验 3.质检部出具质量检验报告，货物存在质量问题的，采购专员根据企业规定及货物的实际情况提出具体的解决方案，提交采购部经理和总经理审批；采购专员在清点核对货物时出现问题，应提出具体解决方案，报采购部经理和总经理审批
	3	4.与供应商就具体问题协商后，进行退换货处理 5.验收合格的货物，直接由仓储部办理入库手续
相关规范	应建规范	❐存货验收管理制度 ❐采购退货管理制度
	参照规范	❐《企业内部控制应用指引》
文件资料		❐采购订单 ❐采购合同 ❐质量检验报告
责任部门及责任人		❐采购部、财务部、仓储部、质检部 ❐总经理、采购部经理、采购专员

第三节 付款业务内部控制设计及运行

一、付款业务概述

付款是指企业在对采购预算、合同、相关单据凭证、审批程序等内容审核无误后，按照采购合同规定及时向供应商办理支付款项的过程。在实务中具体操作因付款方式的不同而不同：

1.预付款采购

按合同约定需要预付购货款的，由采购员提供采购申请单、合同复印件、付款通知书（注明付款事由、付款金额、对方单位名称、开户银行及账号），办理付款批准手续后（付款通知书须由总经理签字），交公司财务部门办理预付货款业务。

货物及发票已到，验收合格并与购货合同、发票及清单核对无误后，采购员粘贴好报销票据（采购申请单、入库单、购货发票、购货合同），财务部审核后，由总经理签字，财务记账。

2.现款采购

采购员必须凭有总经理签字的借款单向财务部借款，采购回来后，采购员持购货发票到仓库办理入库手续，由质监部门、仓库保管员验收，并开出入库单（入库单必须注明供货方名称以及货物的名称、数量、单价、金额、用途并签字）。入库单必须通过采购员、保管员签字。采购员粘贴好报销票据（采购申请单、入库单、购货发票、购货合同），财务部审核后，由总经理签字，然后办理报销手续。

3.后付款采购

采购员粘贴好报销票据（采购申请单、入库单、购货发票、购货合同），财务部审核后，由总经理签字。供应商需要结款时，由财务将款项汇出。

企业应当合理选择付款方式，并严格遵循合同规定，防范付款方式不当带来的法律风险，保证资金安全。

二、付款业务流程的主要风险及其控制措施

付款环节的主要风险是：付款审核不严格、付款方式不恰当、付款金额控制不严格，可能导致企业资金损失或信用受损。

企业应当加强对采购付款的管理，完善付款流程，明确付款审核人的责任和权利，严格审核采购预算、合同、相关单据凭证、审批程序等相关内容，审核无误后按照合同规定，合理选择付款方式，及时办理付款。企业要着力关注以下方面：

第一，企业在付款过程中，应当严格审查采购发票等票据的真实性、合法性和有效性，判断采购款项是否确实应予支付，审查发票填制的内容是否与发票种类相符合、发票加盖的印章是否与票据的种类相符合等。发现虚假发票的，应当查明原因，及时报告处理。企业应当重视采购付款的过程控制和跟踪管理，如果发现异常情况，应当拒绝向供应商付款，避免出现资金损失和信用受损。

第二，根据国家有关支付结算的相关规定和企业生产经营的实际，合理选择付款方式，除了不足转账起点金额的采购可以支付现金外，采购价款应通过银行办理转账。

第三，加强预付账款和定金的授权审批制度，涉及大额或长期的预付款项，应当定期进行追踪核查，综合分析预付账款的期限、占用款项的合理性、不可收回风险等情况，发现有疑问的预付款项，应当及时采取措施，尽快收回款项。

第四，加强对应付账款、应付票据等往来账款的审计力度，定期与供应商核对金额，发现不符，查明原因，及时处理。付款审批人员和付款执行人员不能同时办理寻求供应商和洽谈价格的业务。

第五，建立退货管理制度，对退货条件、退货手续、货物出库、退货款回收等做出明确规定，并在与供应商的合同中明确退货事宜，及时收回退货款。涉及符合索赔条件的退货，应当在索赔期内及时办理索赔。

针对付款业务流程中的主要风险及控制措施，我们编制了内部控制流程图并进行解释，如图8-9和表8-8所示。

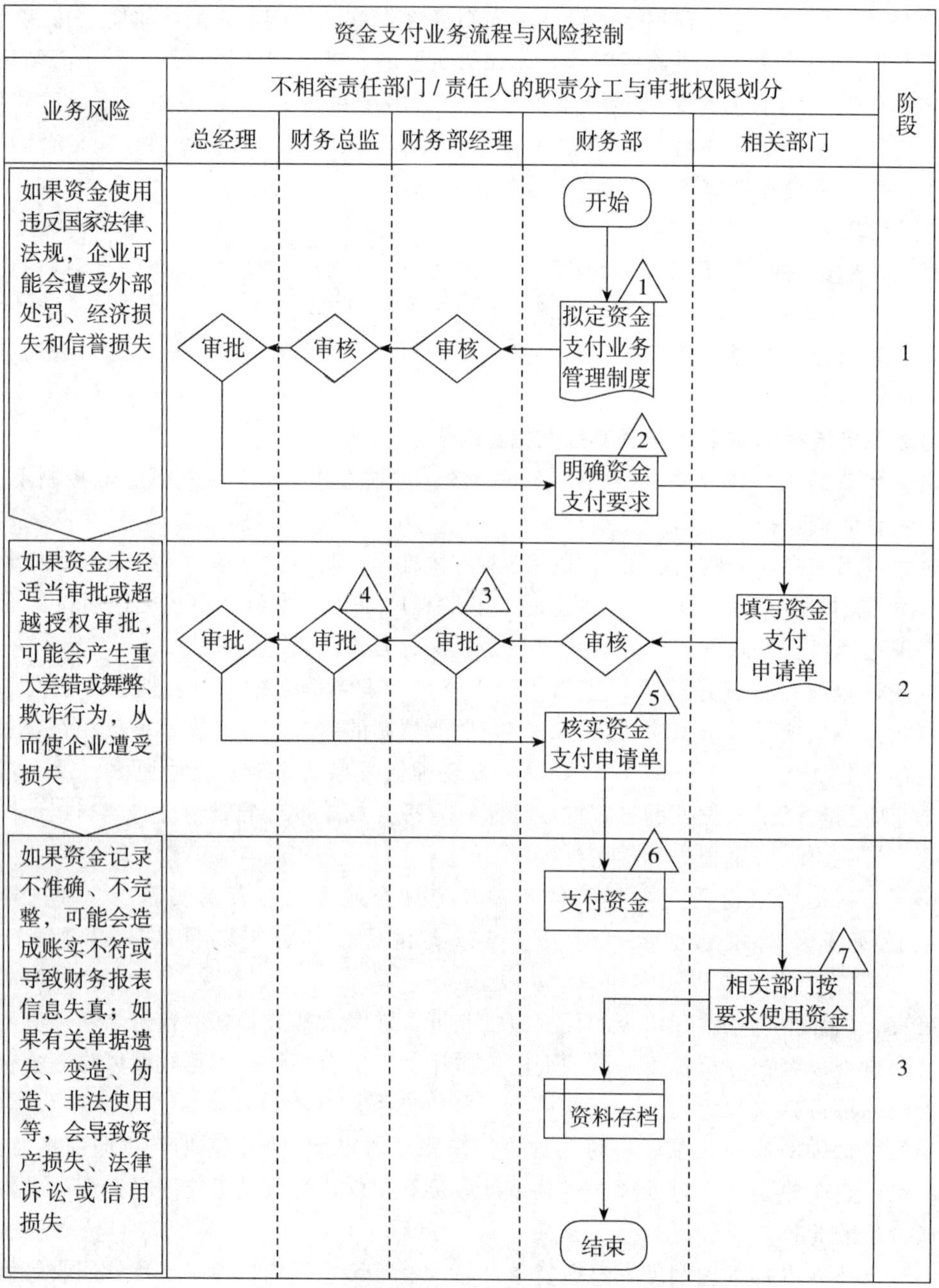

图 8-9　资金支付业务流程与风险控制图

表 8-8 **资金支付业务流程控制表**

资金支付业务流程控制		
控制事项		详细描述及说明
阶段控制	1	1.企业财务部要根据国家法律、法规并结合自身情况，拟定资金支付业务管理制度 2.财务部根据资金支付业务管理制度的相关规定，进一步提出资金支付的相关要求
	2	3.财务部经理根据其自身的审批权限审批相应的额度，审批额度超出自身审批权限的，需要由财务总监审批 4.财务总监根据其自身的审批权限审批相应的额度，审批额度超出自身审批权限的，需要由总经理审批 5.审批人签署资金支付申请单后，资金专员要核实申请单是否符合企业的相关规定
	3	6.通过资金专员审核之后，根据资金支付申请单上批准的额度，出纳支付资金给申请部门 7.资金申请部门按照要求使用资金
相关规范	应建规范	□资金支付业务管理制度
	参照规范	□《企业内部控制应用指引》 □《企业会计准则——基本准则》
文件资料		□资金支付申请单
责任部门及责任人		□财务部、相关部门 □总经理、财务总监、财务部经理、资金专员

● 第四节 案例分析——价格高昂的赝品水晶灯挂进星龙湾大酒店

2001年8月8日，星龙湾大酒店在鲜花的簇拥和鞭炮的喧嚣中正式对外营业了。这是一家集团公司投资成立的涉外星级酒店，该酒店不仅拥有装潢豪华、设施一流的套房和标准客房，下设的老宁波餐厅更是经营传统宁波菜和海派家常菜肴，为中外客商提供各式专业和体贴的服务，很有特色。由于集团公司资金雄厚、实力强大，因此在开业当天，不仅邀请了社会各界知名人士到场剪彩庆祝，更吸引了大批新闻媒体竞相采访报道。一时之间，星龙湾大酒店门前是人头攒动。

最让星龙人感到骄傲的是酒店大堂里的一盏绚丽夺目、熠熠生辉的水晶灯。这盏水晶灯是公司王副总经理亲自组织货源，最终从奥地利某珠宝公司高价购回的，货款总价高达120万美元。这样的超级豪华水晶灯不仅在国内罕见，即使在国外，也只有在少数几家五星级大酒店里才能见到。开业当天，来往宾客无不对这盏豪华的水晶灯赞不绝口，艳羡不已，尤其是经过媒体报道，它更成为当天的头条新闻，星龙湾大酒店在这一天也像那盏水晶灯一样，一举成名，当天客房入住率就达到了80%以上。

王副总经理也因此受到了公司领导的高度赞扬，一连几天，他的脸上都洋溢着快乐而满足的笑容。

然而，好景不长。两个月后，这盏高规格高价值的水晶灯就出了状况。首先是失去了原来的光泽，变得灰蒙蒙的，即使用清洁布使劲擦拭都不复往日光彩。其次，部分金属灯杆出现了锈斑，还有一些灯珠破裂甚至脱落。人们看到这破了相的水晶灯，纷纷议论，这就是破费数百万美元换回的高档水晶灯吗？鉴于情况严重，公司领导责令王副总经理在限期内对此事做出合理解释，并停止了他的一切职务。这个时候，王副总经理是再也笑不出来了。

真相很快就水落石出，原来这盏价值数百万美元的水晶灯根本不是从奥地利某珠宝公司购得的，而是通过南方某地的W公司代理购入的赝品水晶灯。王副总经理在交易过程中贪污受贿，中饱私囊。虽然出事之后，王副总经理受到了法律的严惩，然而星龙湾大酒店不仅因此遭受了数百万美元的巨额损失，更为严重的是酒店名誉蒙遭受重创，成为同行的笑柄。这对于一个新开业的公司而言，不啻为一个致命的打击。

那么，星龙湾大酒店为何会发生这样的悲剧？在以后的企业经营中又如何防范呢？

案例评述

这个案例其实并不复杂，却很有代表性。星龙湾大酒店在未经过公开招标的情况下，即与南方某地的W公司签订了价值为120万美元的代购合同。依照合同规定，W公司必须提供奥地利某著名珠宝公司出产的水晶灯，并由W公司向星龙湾大酒店出具该公司的验证证明书，其中200万元为支付给W公司的代理费。然而，交易发生后，W公司并未向星龙湾大酒店出具有关水晶灯的任何品质鉴定资料，星龙湾大酒店也始终没有同W公司办理必要的查验手续。

经查实，这笔交易都是由王副总经理一人操纵的，从签订合同到验收入库再到支付货款都是由他说了算，而他之所以会这样做，正是因为收了W公司的巨额好处费。

这样简单的过程和手法却真实地发生了，甚至可以说这笔交易毁了整个企业，这里面的教训是深刻和发人深省的。一笔采购业务，特别是金额较大的业务，通常涉及采购计划的编制、物资的请购、订货或采购、验收入库、货款结算等。因此，应当针对各个具体环节的活动，建立完整的采购程序、方法和规范，并严格依照执行。只有这样，才能防止错弊，保证企业经营活动的正常进行。

根据这个案例涉及的环节应做如下控制：

首先，要做到职务分离，采取相互控制措施。诸如采购申请必须由生产、销售部门提出，具体采购业务由采购部门完成，而货物的验收又应该由其他部门进行。在本案例中，采购大权由王副总经理一人独揽，反映出该公司控制环节中权责不明；货物的采购人不能同时担任货物的验收工作，以防止采购人员收受客户贿赂，购买伪劣材料影响企业生产乃至整体利益；付款审批人和付款执行人不能同时办理寻求代理商和索价业务。付款的审批通常经过验货或验单后执行（预付款除外），以保证货物的价格、质量、规格等符合标准。

其次，要做好入库验收控制。应根据购货单及合同规定的质量、规格、数量以及有关质量鉴定书等技术资料核查收到的货物，只有两者相符时才予以接受；对于所有已收到的货物，应定期完整填写收货报告，将货物编号并登记明细账簿，对验收中所出现的问题要及时向有关部门反映；货物入库和移交时，经办人之间应有明确的职责分工，要对所有可能接触货物的途径加以控制，以防调换、损坏和失窃。本案例中王副总经理同时主管验货，那么验货查假自然只是走走过场了。

最后，还必须做好货款支付控制。发票价格、运费、税费等必须与合同核对无误，凭证齐全后才可办理结算、支付货款手续，如有部分退货，则注意要从原发票中扣除后再办理结算；除了向不能转账支付和不足转账金额的单位、个人支付现金外，货款一般应办理转账。货款支付前应由企业授权人签字，支票签章时应仔细审核有关票据；在购货发票以外增加的费用如装卸、搬运以及在途损耗等，支付前必须经会计部门审核，有关部门进行损耗原因分析，以确定其合法性和合理性；付款凭证要连续编号，付款业务及时准确记录；与供货商定期联系，了解未付款情况，追查耽误原因。

本案例中，价格高昂的赝品水晶灯能堂而皇之地挂在豪华的酒店大厅中，没有技术证明资料，没有必要的查验手续，就慷慨大方地将支票签了，钱付了，这是无意的疏忽还是当事人有意的回避和遮掩？不管实情如何，都反映了该公司整个材料采购环节内部控制中存在着巨大漏洞以致让不法分子有利可图、有机可乘。善良的人们啊，在市场经济的洪流中要提高警惕，让这些幕后的黑手不再得逞!

资料来源　佚名.采购内部控制案例［EB/OL］.［2016-06-03］. http：//www.kuaiji66.com/caiwu/qiyekuaijizhunze/8ECpXSPo121282.html.

第九章

资产管理

第一节　资产管理概述

一、资产管理内部控制的概念

资产是企业从事生产经营活动的物质基础。使经济利益流入企业从而资产管理贯穿于企业生产经营全过程，也就是通常所说的“实物流”管控。在企业早期的资产管理实践中，如何保障货币性资产的安全是内部控制的重点。在现代企业制度下，资产业务内部控制已从如何防范资金挪用、非法占用和实物资产被盗拓展到重点关注资产效能，充分发挥资产资源的物质基础作用。鉴于资产管理的重要性，《企业内部控制基本规范》将合理保证资产安全作为内部控制目标之一，同时单独制定了《企业内部控制应用指引第8号——资产管理》（以下简称《资产管理指引》），着重对存货、固定资产和无形资产等资产提出了全面风险管控要求，旨在促进企业在保障资产安全的前提下，提高资产效能。

二、资产管理内部控制的目标与要求

为促进实现资产管理目标，《资产管理指引》要求企业加强各项资产管控，全面梳理资产管理流程，及时发现资产管理中的薄弱环节，采取有效措施及时加以改进。

（一）全面梳理资产管理流程

在一般工商企业中，存货、固定资产和无形资产在资产总额中占比最大。无论是新企业还是存续企业，为组织生产经营活动，都需要制定或已经制定了相关资产管理制度，按照严格的制度管理各项资产。为了保障资产安全、提升资产管理效能，企业应当全面梳理资产流程。在梳理过程中，既要注意从大类上区分存货、固定资产和无形资产，又要分别对存货、固定资产和无形资产等进行细化和梳理。比如，存货需要从原材料、在产品、半成品、产成品、商品、周转材料等进行梳理；固定资产需要从房屋建筑物、机器设备和其他固定资产进行梳理；无形资产需要从专利权、非专利技术、商标权、特许权、土地使用权等进行梳理。企业梳理资产管理流程，应当贯穿各类存货、固定资产和无形资产“从进入到退出”各个环节。比如，存货通常可以从验收入库、仓储保管、出库、盘点和处置等环节进行梳理。梳理存货、固定资产和无形资产管理流程，不仅要对照现有管理制度，检查相关管理要求是否落实到位，而且应当审视相关管理流程是否科学、是否能够较好地保证物流顺畅、是否能够不断减少物流风险、是否能够不断降低相关成本费用、各项资产是否最大限度地发挥了应有的效能等。

（二）查找资产管理薄弱环节

通过全面梳理资产管理流程查找资产管理薄弱环节，是企业强化资产管理的关键步骤。这些薄弱环节若不引起重视并及时加以改进，通常会引发资产流失或运行风险，或者企业资产不能发挥应有的效能。《资产管理指引》针对当前企业资产管理实务中存在的实际问题，要求企业着力关注下列主要风险：一是存货积压或短缺，可能导致流动资金占用过量、存货价值贬损或生产中断；二是固定资产更新改造不够、使用效能低下、维护不当、产能过剩，可能导致企业缺乏竞争力、资产价值贬损、安全事故频发或资源浪费；三是无形资产缺乏核心技术、权属不清、技术落后、存在重大技术安全隐患，可能导致企业出现法律纠纷、缺乏可持续发展能力。企业应当在全面梳理资产管理流程的基础上，着重围绕上述存货、固定资产和无形资产三个方面的主要风险，结合企业实际进行细化，全面查找资产管理漏洞，确保资产管理不断处于优化状态。

（三）健全和落实资产管控措施

在全面梳理资产流程、查找管理薄弱环节之后，企业应当对发现的薄弱环节和问题进行归类整理，深入分析，查找原因，健全和落实相关措施。企业应当按照《企业内部控制基本规范》提出的各项存货、固定资产和无形资产管理要求，结合所在行业和企业的实际情况，建立健全各项资产管理措施。属于缺乏相关资产管理制度的，应当建立健全相关制度；属于现行管理制度不健全的，应当对现行制度予以补充完善；属于现行制度执行不到位的，应当加大制度执行力，避免形式主义做“表面文章”。一些企业由于“实物流”管控不严，导致重大风险的发生，往往不是属于制度不健全，而是制度一大堆，手册到处有，然而其更多的是用于应付检查，与实际执行是两回事。这种做法是自欺欺人，到头来是企业自身遭受损失。在存在激烈竞争的环境下，企业只有科学管理，强化管控措施，确保各项资产安全并发挥效能，才能防范资产风险，提升核心竞争力，实现发展目标。

三、资产管理内部控制的主要风险点

资产管理内部控制的主要风险是：

（1）存货积压或短缺，可能导致流动资金占用过量、存货价值贬损或生产中断。

（2）固定资产更新改造不够、使用效能低下、维护不当、产能过剩，可能导致企业缺乏竞争力、资产价值贬损、安全事故频发或资源浪费。

（3）无形资产缺乏核心技术、权属不清、技术落后、存在重大技术安全隐患，可能导致企业法律纠纷、缺乏可持续发展能力。

第二节　存货内部控制设计及运行

一、存货内部控制概述

存货是指企业在日常活动中持有以备出售的产成品或商品、处在生产过程中的在产品、在生产过程或提供劳务过程中耗用的材料或物料等。存货主要包括：原材料、在产品、半成品、产成品、商品和周转材料等。

产品的生产和销售是企业主要的经济利益来源，存货的周转速度直接影响企业的营运能力。由于企业日常存货的品种繁多，而且日常管理所涉及的业务也非常广泛（包括采购

原材料、生产产品、核算生产成本、核算在产品、储存产成品、发出产成品等，一般会涉及生产计划部门、仓库、生产部门、销售部门、会计部门)，所以对存货的管理是否合理关系到企业的生产和经营活动，对企业的损益有至关重要的影响。

存货内部控制是企业为管理好存货，针对存货收、发、存与供、产、销各环节的特点，事先制定的一套相互牵制、相互验证的内部监控制度。存货内部控制是企业整个内部控制中的重点内容和中心环节。企业制定存货内部控制的目的在于保障存货资产的安全完整，加速存货资金周转，提高存货资金使用效益。它是企业实现经营目标，贯彻经营方针和决策，维护流动资产安全与完整，保证财务收支合法、会计信息真实的一种内部自我协调、制约和监督的控制系统。

建立健全合理有效的存货内部控制，不仅有助于防止存货业务的错误记录和舞弊行为的发生，还能使企业加强成本控制，实施低成本战略，促进企业生产经营持续稳步发展，达到以效益为中心、向管理要效益的目的，是企业实现经营目标的重要保证。存货内部控制的目标包括：

（一）保证存货的取得合理、实际存在

存货的购入是存货控制的基础。购入存货必须要符合企业的生产需要，购入过多势必导致存货积压、资源浪费，而购入过少会使企业的生产活动不能正常进行。企业无论以何种方式取得存货，其采购的程序都必须是经济合理的。

（二）保护存货的安全

存货的流动性大，形态在不断转换，在转换的过程中保护资产的安全完整是企业管理中的重要一环。单位必须限制未经授权的人员对财产的直接接触，要采取定期盘点、财产记录、账实核对、财产保险等措施，确保各种财产的安全完整。

（三）确保存货计价的合理、准确

存货的确认、计量和报告应当符合国家统一的会计准则和其他会计制度的规定。存货成本核算方法、跌价准备计提等会计处理方法应当符合国家统一的会计制度的规定。企业应当根据存货的特点及企业内部存货流转的管理方式，确定存货计价方法，防止通过人为调节存货计价方法操纵当期损益。计价方法一经确定，未经批准，不得随意变更。

建立合理的存货内部控制，就必须先清楚存货业务的流程。其大体包括取得与验收、仓储保管、生产加工、盘点处置等四个阶段，历经取得存货、验收入库、仓储保管、领用发出、原料加工、装配包装、盘点清查、销售处置等主要环节。图9-1和图9-2分别是生产企业和商品流通企业的存货业务流程。从图9-1、图9-2中我们可以看出，无论是生产企业，还是商品流通企业，存货取得、验收入库、仓储保管、领用发出、盘点清查、销售处置等都是其共有的环节。以下对这些环节可能存在的主要风险及管控措施加以阐述。

二、存货采购内部控制的设计及运行

（一）采购过程主要风险点

存货的取得有诸如外购、委托加工或自行生产等多种方式，企业应根据行业特点、生产经营计划和市场因素等综合考虑，本着成本效益原则，确定不同类型的存货取得方式。该环节的主要风险是：存货预算编制不科学、采购计划不合理，可能导致存货积压或短缺。

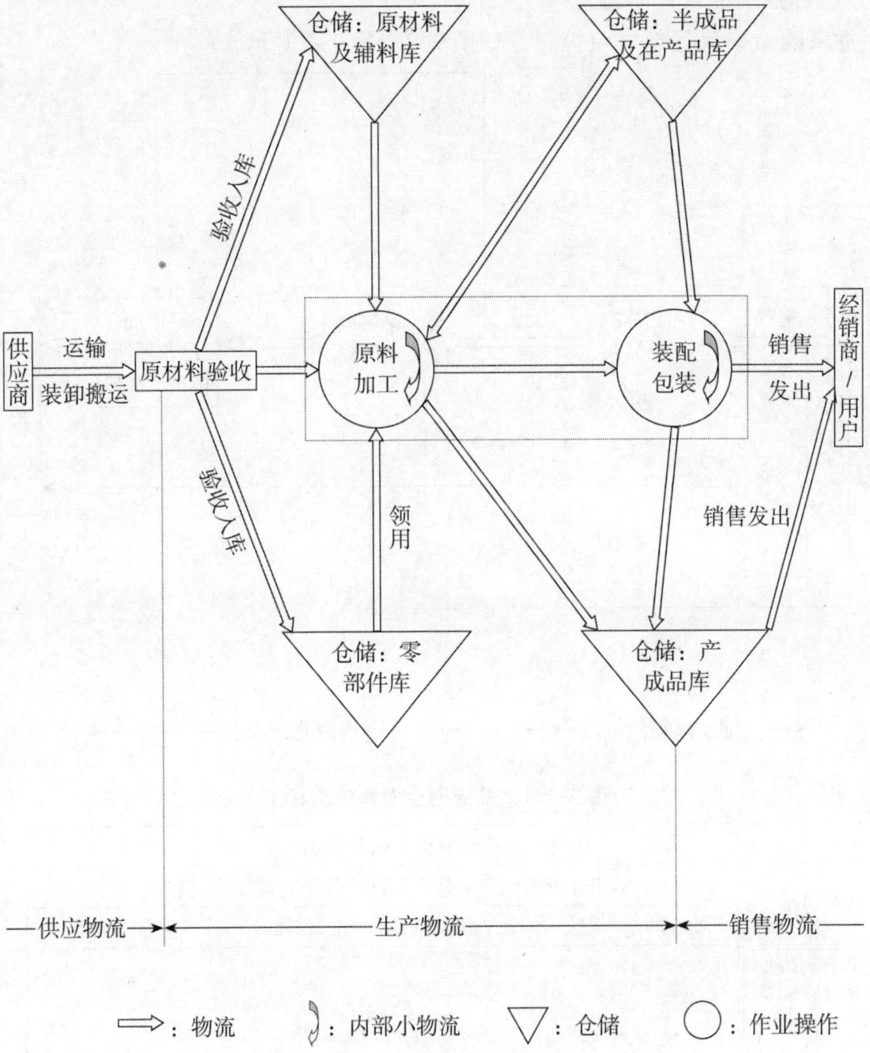

图 9-1　生产企业物流流程图

（二）存货采购内部控制的相关内容

企业应完善存货采购审批内部控制制度，要保证存货采购业务按计划申报程序进行，由采购部门根据企业生产经营的计划和材料请购单编制采购计划，综合考虑企业生产经营计划、市场供求等因素，充分利用信息系统，合理确定存货采购日期和数量，确保存货处于最佳库存状态。提出具体的采购目录，经主管计划的负责人审核后报主管领导审批。

企业应当为采购环节建立完善的管理制度，确保采购过程的透明化。企业应根据预算或采购计划办理采购手续，预算外或计划外采购需经严格审批。

企业应当根据预算管理有关规定，结合本系统的业务特点编制存货年度、季度和月度的采购、生产、存储、销售预算，并按照预算对实际执行情况予以考核。

（三）内部控制的设计与运行

1.存货采购请购流程与风险控制（如图9-3、表9-1所示）

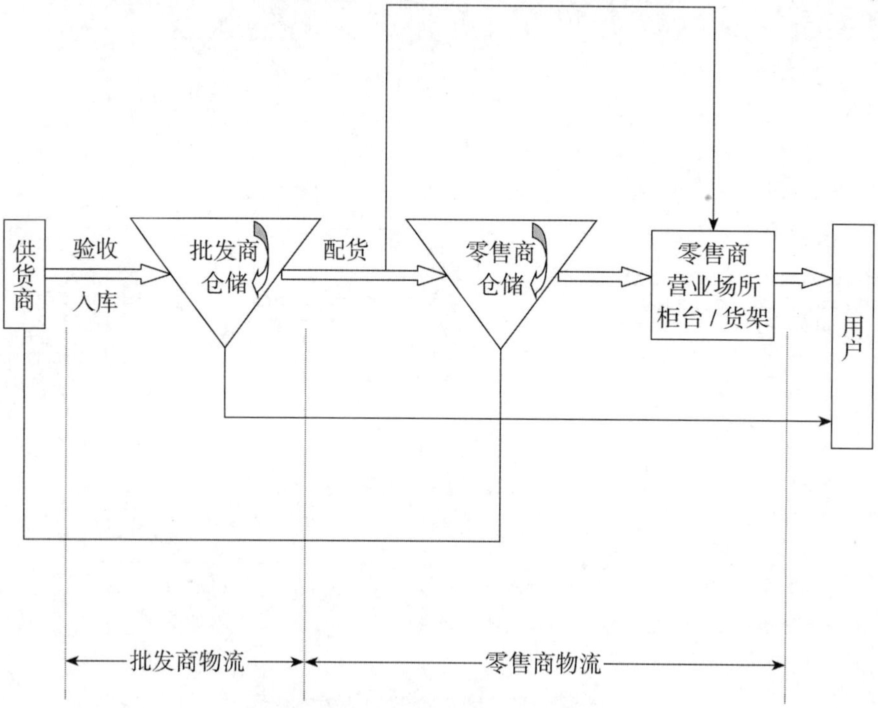

图9-2　商品流通企业物流流程图

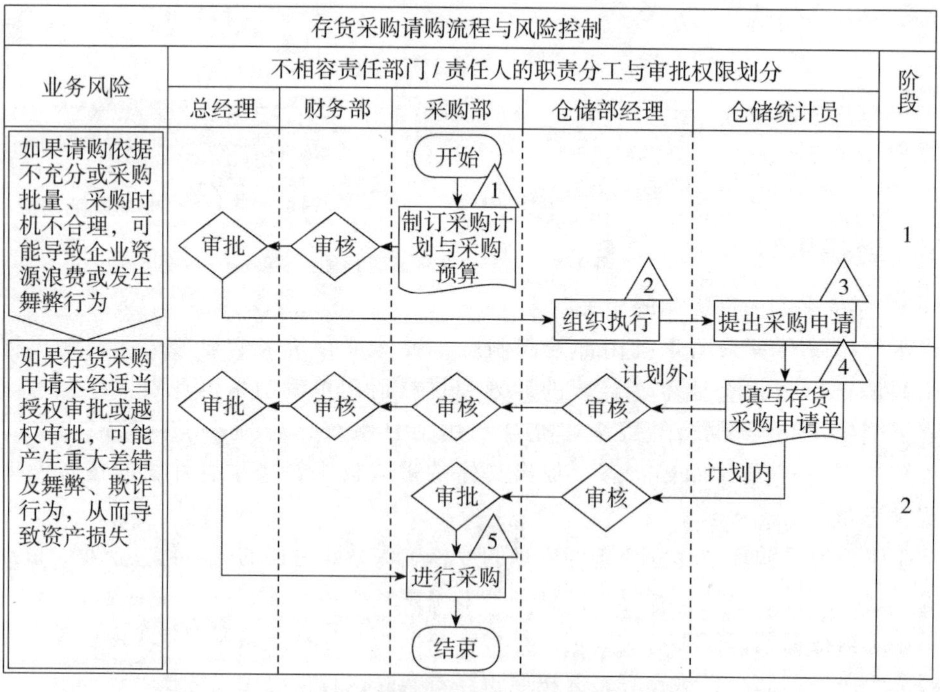

图9-3　存货采购请购流程与风险控制图

表 9-1　　**存货采购请购流程控制表**

<table>
<tr><th colspan="3">存货采购请购流程控制</th></tr>
<tr><th colspan="2">控制事项</th><th>详细描述及说明</th></tr>
<tr><td rowspan="2">阶段控制</td><td>1</td><td>1. 采购部应当根据仓储计划、资金筹措计划、生产计划、销售计划等制订采购计划，对存货的采购实行预算管理，合理确定材料、在产品、产成品等存货的比例
2. 仓储部经理应按照存货采购预算，组织仓储统计员严格执行
3. 仓储统计员应逐日根据各种材料的采购间隔期和当日材料的库存量分析确定应采购的日期和数量，或者通过计算机管理系统重新预测材料需要量以及重新计算安全存货水平和经济采购批量，据此提出存货采购申请</td></tr>
<tr><td>2</td><td>4. 仓储统计员根据生产实际情况以及仓储情况填写存货采购申请单。计划内存货采购申请单，需经仓储部经理审核、采购部经理审批后采购；计划外存货采购申请单，需经仓储部经理审核签字确认后，交采购部和财务部审核、总经理审批后实施采购
5. 采购部按照企业相关规定及时进行存货采购</td></tr>
<tr><td rowspan="2">相关规范</td><td>应建规范</td><td>❐存货采购管理制度
❐存货采购申请管理制度</td></tr>
<tr><td>参照规范</td><td>❐《企业内部控制应用指引》</td></tr>
<tr><td colspan="2">文件资料</td><td>❐存货采购申请单</td></tr>
<tr><td colspan="2">责任部门及责任人</td><td>❐采购部、财务部、仓储部
❐总经理、仓储部经理、仓储部统计员</td></tr>
</table>

2.存货采购管理流程与风险控制（如图9-4、表9-2所示）

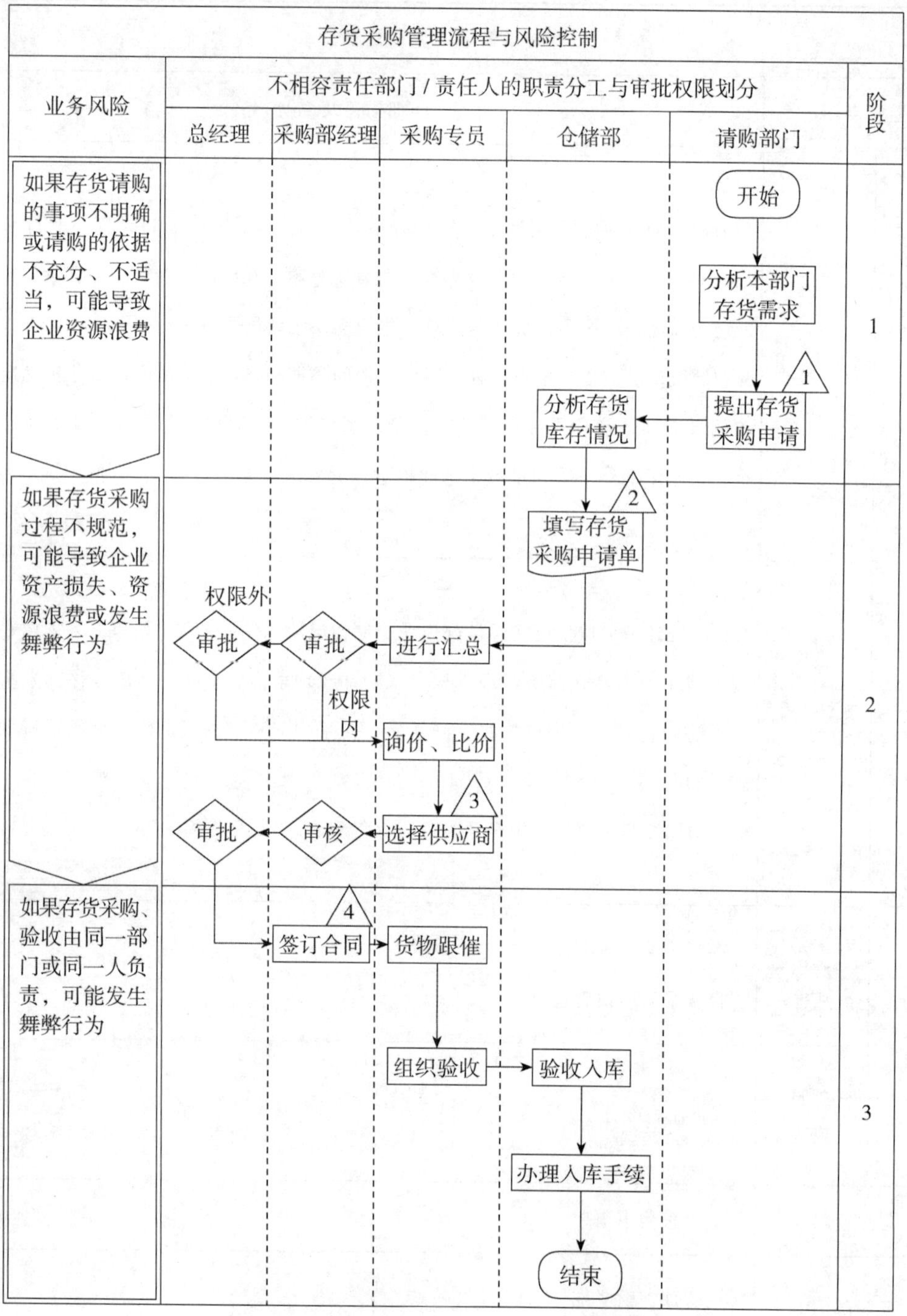

图9-4 存货采购管理流程与风险控制图

表9-2　　存货采购管理流程控制表

存货采购管理流程控制		
控制事项		详细描述及说明
阶段控制	1	1.请购部门根据实际生产情况，及时提交存货采购申请
	2	2.仓储部通过计算机管理系统重新预测材料需要量以及重新计算安全存货水平和经济采购批量，填写存货采购申请单 3.采购专员通过询价、比价，选择供应商，提交采购部经理审核后再由总经理审批
	3	4.采购部经理在总经理授权下，与供应商签订采购合同
相关规范	应建规范	存货采购管理制度
	参照规范	《企业内部控制应用指引》 《中华人民共和国合同法》
文件资料		存货采购申请单
责任部门及责任人		采购部、仓储部、请购部门 总经理、采购部经理、采购专员

三、存货验收内部控制的设计及运行

（一）验收过程主要风险点

不论是外购原材料或商品，还是本企业生产的产品，都必须经过验收（质检）环节，以保证存货的数量和质量符合合同等有关规定或产品质量要求。该环节的主要风险是：验收程序不规范、标准不明确，可能导致数量克扣、以次充好、账实不符。

（二）验收过程内部控制相关内容

1.外购存货的验收应当重点关注合同、发票等原始单据要与存货的数量、质量、规格等核对一致。如涉及技术含量较高的货物，必要时可委托具有检验资质的机构或聘请外部专家协助验收。

2.自制存货的验收，应当重点关注产品质量，通过检验合格的半成品、产成品才能办理入库手续，不合格品应及时查明原因、落实责任、报告处理。

3.其他方式取得存货的验收，应当重点关注存货来源、质量状况、实际价值是否符合有关合同或协议的约定。

4.经验收合格的存货进入入库或销售环节时，仓储部门对于入库的存货，应根据入库单的内容对存货的数量、质量、品种等进行检查，符合要求的予以入库；不符合要求的，应当及时办理退换货等相关事宜。入库记录要真实、完整，定期与财务部等相关部门核对，不得擅自修改。

（三）内部控制的设计与运行

外购存货验收流程与风险控制如图9-5、表9-3所示。

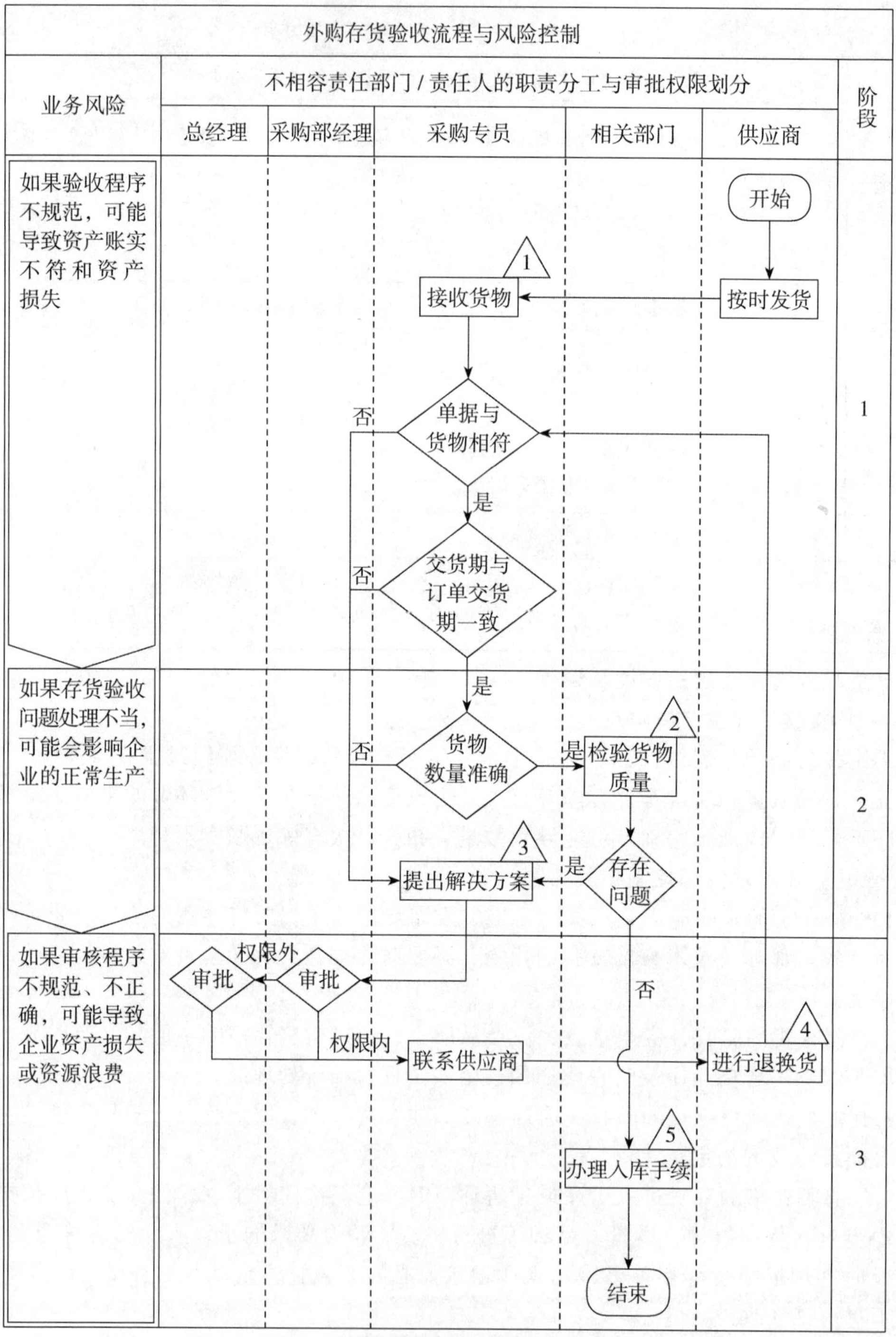

图 9-5　外购存货验收流程与风险控制图

表9-3　**外购存货验收流程控制表**

外购存货验收流程控制		
控制事项		详细描述及说明
阶段控制	1	1.采购专员接到货物后，按照采购订单上的内容一一核对；核对完毕后，清点货物的数量；核对数量无误后通知质检部进行质量检验
	2	2.质检部根据存货验收管理制度，参照货物的实际特点，进行质量检验 3.质检部出具质量检验报告，货物存在质量问题的，采购专员根据企业规定及货物的实际情况提出具体的解决方案，提交采购部经理和总经理审批；采购专员在清点核对货物时出现问题，应提出具体解决方案，报采购部经理和总经理审批
	3	4.与供应商就具体问题协商后，进行退换货处理 5.验收合格的货物，直接由仓储部办理入库手续
相关规范	应建规范	❐存货验收管理制度 ❐采购退货管理制度
	参照规范	❐《企业内部控制应用指引》
文件资料		❐采购订单 ❐采购合同 ❐质量检验报告
责任部门及责任人		❐采购部、财务部、仓储部、质检部 ❐总经理、采购部经理、采购专员

四、存货仓储内部控制的设计及运行

（一）仓储过程主要风险点

一般而言，生产企业为保证生产过程的连续性，需要对存货进行仓储保管；商品流通企业的存货从购入到销往客户之间也存在仓储保管环节。该环节的主要风险是：存货仓储保管方法不适当、监管不严密，可能导致损坏变质、价值贬损、资源浪费。

（二）仓储过程内部控制相关内容

1.存货在不同仓库之间流动时，应当办理出入库手续。

2.存货仓储期间要按照仓储物资所要求的储存条件妥善储存，做好防火、防洪、防盗、防潮、防病虫害、防变质等保管工作，不同批次、型号和用途的产品要分类存放。生产现场的在加工原料、周转材料、半成品等要按照有助于提高生产效率的方式摆放，同时防止浪费、被盗和流失。

3.对代管、代销、暂存、受托加工的存货，应单独存放和记录，避免与本单位存货混淆。

4.结合企业实际情况，加强存货的保险投保，保证存货安全，合理降低存货意外损失风险。

5.仓储部门应对库存物料和产品进行每日巡查和定期抽检，详细记录库存情况；发现毁损、存在跌价迹象的，应及时与生产、采购、财务等相关部门沟通。对于进出仓库的人员应办理进出登记手续，未经授权不得接触存货。

（三）内部控制的设计与运行

存货存放管理流程与风险控制如图9-6、表9-4所示。

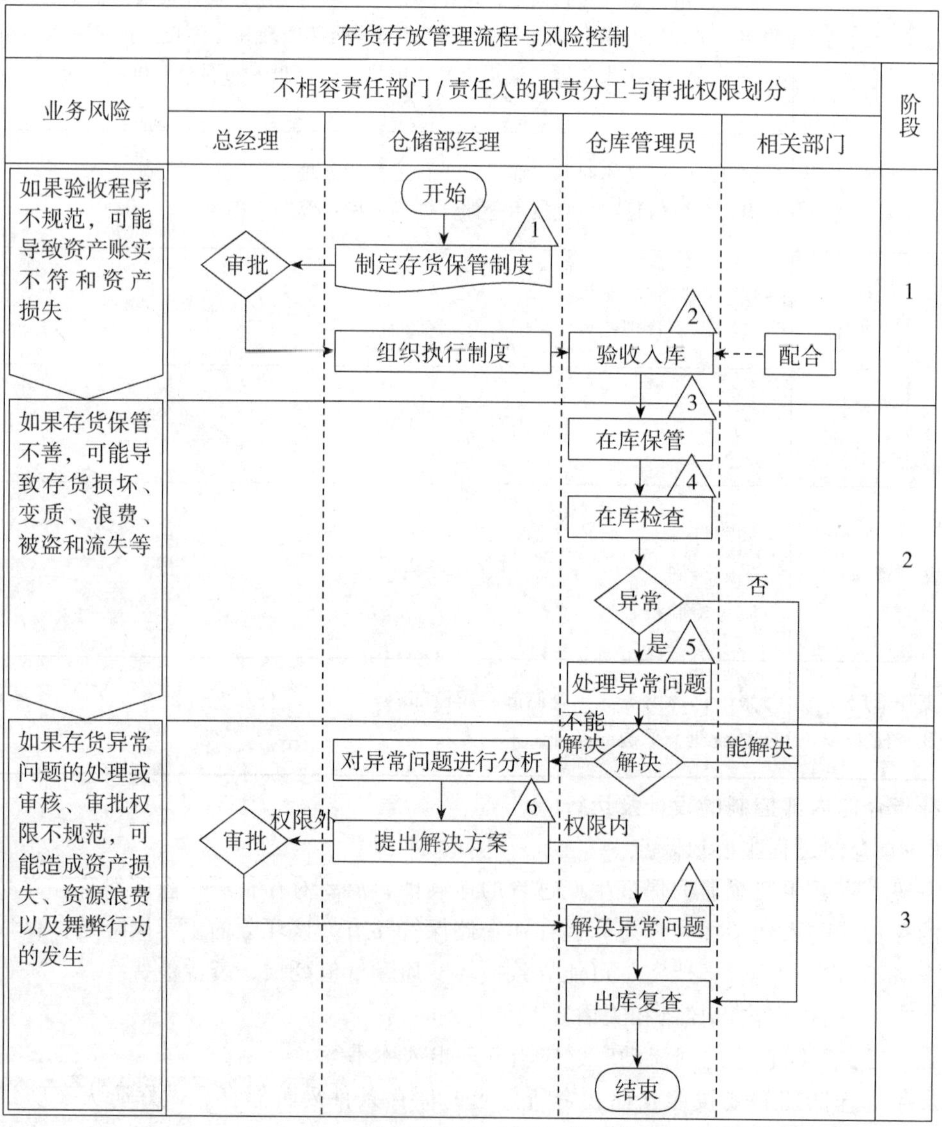

图9-6 存货存放管理流程与风险控制图

表9-4　**存货存放管理流程控制表**

存货存放管理流程控制		
控制事项		详细描述及说明
阶段控制	1	1.仓储部经理制定存货保管制度，报请总经理审批后执行 2.仓库管理员在质检部的协助下，将存货验收入库，根据存货的属性、包装、尺寸等的不同安排存放场所，并对入库的存货建立存货明细账，详细登记存货类别、编号、名称、规格型号、数量、计量单位等内容，并定期与财务部就存货品种、数量、金额等进行核对
	2	3.仓库管理员对存货进行在库保管，具体包括控制仓库温湿度、防霉防腐、防锈、防虫害、安全、卫生管理等内容 4.仓库管理员要定期或不定期做好存货的在库检查工作 5.仓库管理员在存货在库检查中发现异常情况应及时处理，对不能解决的问题要及时报请仓储部经理进行处理
	3	6.仓储部经理根据分析结果提出解决方案，在权限范围内的直接交由仓库管理员进行处理，需总经理审批的方案，经总经理审批后交仓库管理员处理 7.根据分析结果，调整库存盈亏处理，填写库存调整表交总经理审批
相关规范	应建规范	❐存货保管制度 ❐存货管理授权审批制度
	参照规范	❐《企业内部控制应用指引》 ❐《企业会计准则第1号——存货》
文件资料		❐入库单 ❐存货明细账 ❐存货仓储规划表 ❐防火、防潮、防鼠、防盗和防变质等具体措施
责任部门及责任人		❐仓储部、财务部 ❐总经理、仓储部经理、仓库管理员

五、存货领用发出内部控制的设计及运行

（一）领用发出过程主要风险点

生产企业、生产部门领用原材料、辅料、燃料和零部件等用于生产加工；仓储部门根据销售部门开出的发货单向经销商或用户发出产成品；商品流通领域的批发商根据合同或订货单等向下游经销商或零售商发出商品；消费者凭交款凭证等从零售商处取走商品等，都涉及存货领用发出问题。该环节的主要风险是：存货领用发出审核不严格、手续不完备，可能导致货物流失。

（二）领用发出过程内部控制相关内容

企业应当根据自身的业务特点，确定适用的存货发出管理模式，制定严格的存货准出制度，明确存货发出和领用的审批权限，健全存货出库手续，确保存货领用记录准确。通常情况下，对于一般的生产企业，仓储部门应核对经过审核的领料单或发货通知单的内容，做到单据齐全，名称、规格、计量单位准确；符合条件的准予领用或发出，并与领用人当面核对、点清交付。商场超市等商品流通企业，在存货销售发出环节应侧重于防止商品失窃、随时整理弃置商品、每日核对销售记录和库存记录等。无论是何种企业，对于大批存货、贵重商品或危险品的发出，均应当实行特别授权；仓储部门应当根据经审批的销售（出库）通知单发出货物。

（三）内部控制的设计与运行

1.存货领用业务流程与风险控制（如图9-7、表9-5所示）

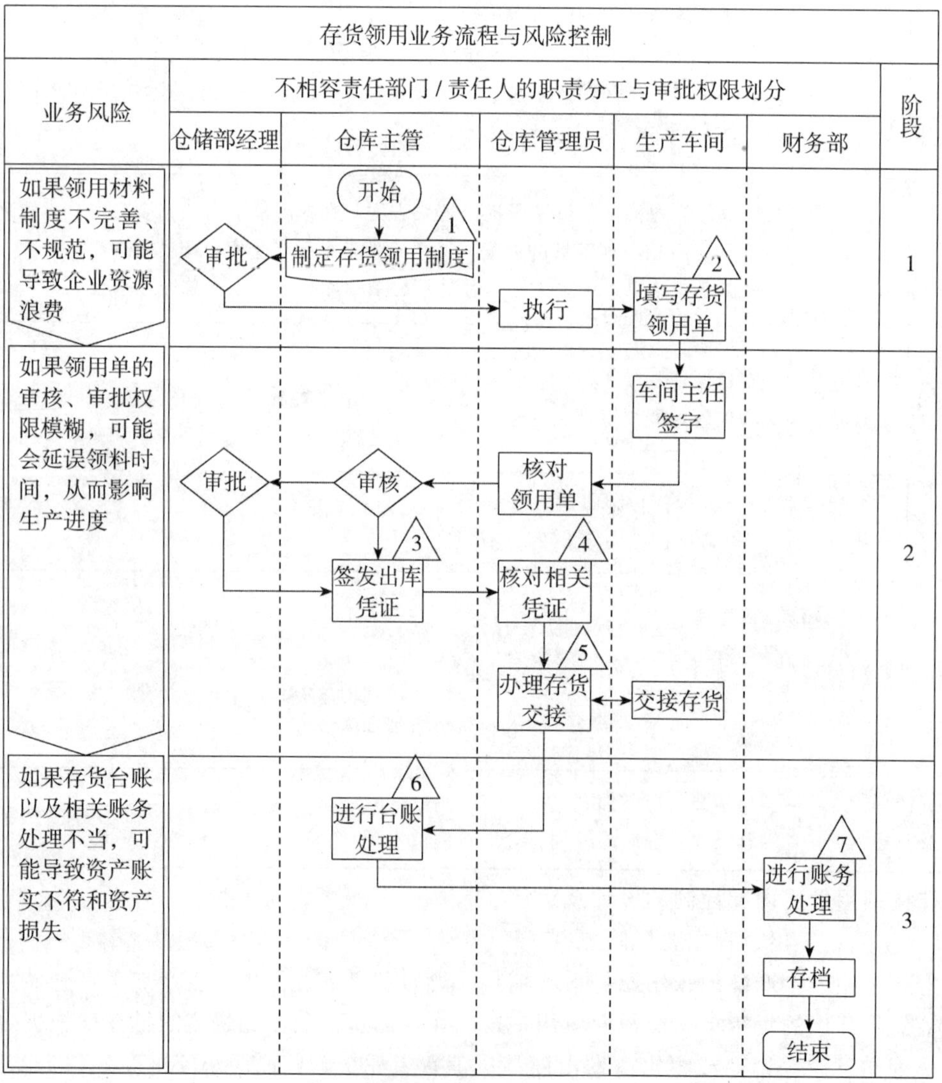

图9-7 存货领用业务流程与风险控制图

表9-5　**存货领用业务流程控制表**

<table>
<tr><th colspan="3">存货领用业务流程控制</th></tr>
<tr><th colspan="2">控制事项</th><th>详细描述及说明</th></tr>
<tr><td rowspan="3">阶段控制</td><td>1</td><td>1.仓库主管制定存货领用管理制度，上报仓储部经理审批后生效执行
2.生产车间根据生产需要，依照领料单填写标准填写存货领用单</td></tr>
<tr><td>2</td><td>3.仓库主管和仓储部经理依据审批权限对领用单进行审核，审核无误后签发出库凭证
4.仓库管理员对存货领用单和出库凭证进行核对，确认无误后准备发货
5.仓库管理员与领用人员办理交接手续，并在相应的单据上签字确认</td></tr>
<tr><td>3</td><td>6.仓库主管依据相关单据进行仓库台账处理
7.财务部与仓储部定期进行账实核对，会计进行相关账务处理</td></tr>
<tr><td rowspan="2">相关规范</td><td>应建规范</td><td>❒存货管理制度
❒存货领用制度</td></tr>
<tr><td>参照规范</td><td>❒《企业内部控制应用指引》
❒《企业会计准则第1号——存货》</td></tr>
<tr><td colspan="2">文件资料</td><td>❒存货领用单
❒存货台账
❒出库凭证</td></tr>
<tr><td colspan="2">责任部门及责任人</td><td>❒财务部、仓储部、生产车间
❒仓储部经理、仓库主管、仓库管理员、领用人员、会计、车间王仕</td></tr>
</table>

2.存货发出业务流程与风险控制（如图9-8、表9-6所示）

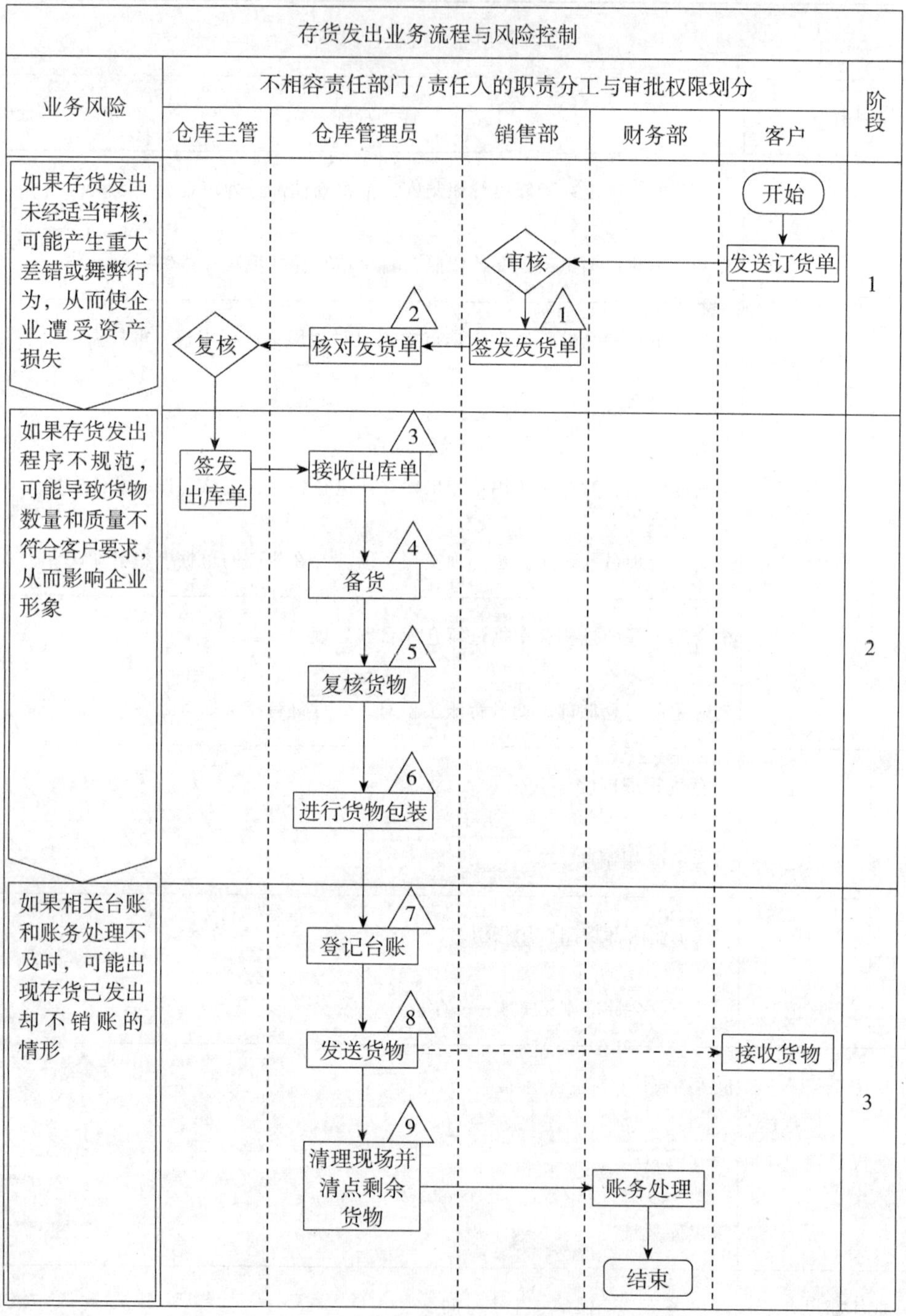

图9-8 存货发出业务流程与风险控制图

表9-6　　　　　　　　　　**存货发出业务流程控制表**

存货发出业务流程控制		
控制事项		详细描述及说明
阶段控制	1	1.销售人员对客户发送的订货单进行审核，审核通过后签发发货单，并将发货单交给仓库管理员 2.仓库管理人员接到销售部送来的发货单后，审核发货单的填写是否符合标准、手续是否齐全等；核对无误后，提交仓库主管复核
	2	3.仓库管理员根据仓库主管签发的出库单，核对货物的名称、规格、型号等是否与现有存货相符 4.仓库管理员按照出库单备货，主要工作包括买单、销卡、核对、点数、批注标识、签单等 5.为避免备货出错，仓库管理员按照企业制度对已经备好等待装运的货物进行复核，复核内容主要包括货物的名称、规格、数量，以及提货单位的名称等 6.复核无误后，仓库管理员将货物按照装运的需要进行包装，并在包装的显眼处添加标识，标明货物的名称、规格、数量，以及提货单位的名称
	3	7.仓库管理员按照企业的相关规定对出库货物进行登账 8.仓库管理员和提货人再次对货物进行复核，复核无误后办理相应的货物交接手续，并均在发货单上签字确认 9.发货完成后，仓库管理员对货物堆放的现场进行清理，并且对在库的相同货物进行清点，检查账、卡、物是否一致，若不一致，必须立刻着手查明原因
相关规范	应建规范	❐存货管理制度 ❐存货发出制度
	参照规范	❐《企业内部控制应用指引》 ❐《企业会计准则第1号——存货》
文件资料		❐订货单 ❐发货单 ❐出库单
责任部门及责任人		❐财务部、仓储部、销售部 ❐仓库主管、仓库管理员、会计

六、存货盘点业务内部控制的设计及运行

（一）存货盘点主要风险点

存货盘点清查一方面要核对实物的数量，看其是否与相关记录相符、是否账实相符；另一方面也要关注实物的质量，看其是否有明显的损坏。该环节的主要风险是：存货盘点清查制度不完善、计划不可行，可能导致工作流于形式、无法查清存货真实状况。

（二）存货盘点内部控制相关内容

企业应当建立存货盘点清查工作规程，结合本企业实际情况确定盘点周期、盘点流程、盘点方法等相关内容，将定期盘点和不定期抽查相结合。盘点清查时，应拟订详细的盘点计划，合理安排相关人员，使用科学的盘点方法，保持盘点记录的完整，以保证盘点的真实性、有效性。盘点清查结果要及时编制盘点表，形成书面报告，包括盘点人员、时

间、地点，实际所盘点存货名称、品种、数量、存放情况，以及盘点过程中发现的账实不符情况等内容。对盘点清查中发现的问题，应及时查明原因，落实责任，按照规定权限报经批准后处理。多部门人员共同盘点，应当充分体现相互制衡的原则，严格按照盘点计划，认真记录盘点情况。此外，企业至少应当于每年年度终了时开展全面的存货盘点清查工作，及时发现存货减值迹象，将盘点清查结果形成书面报告。

（三）内部控制的设计及运行

存货盘点业务流程与风险控制如图9-9、表9-7所示。

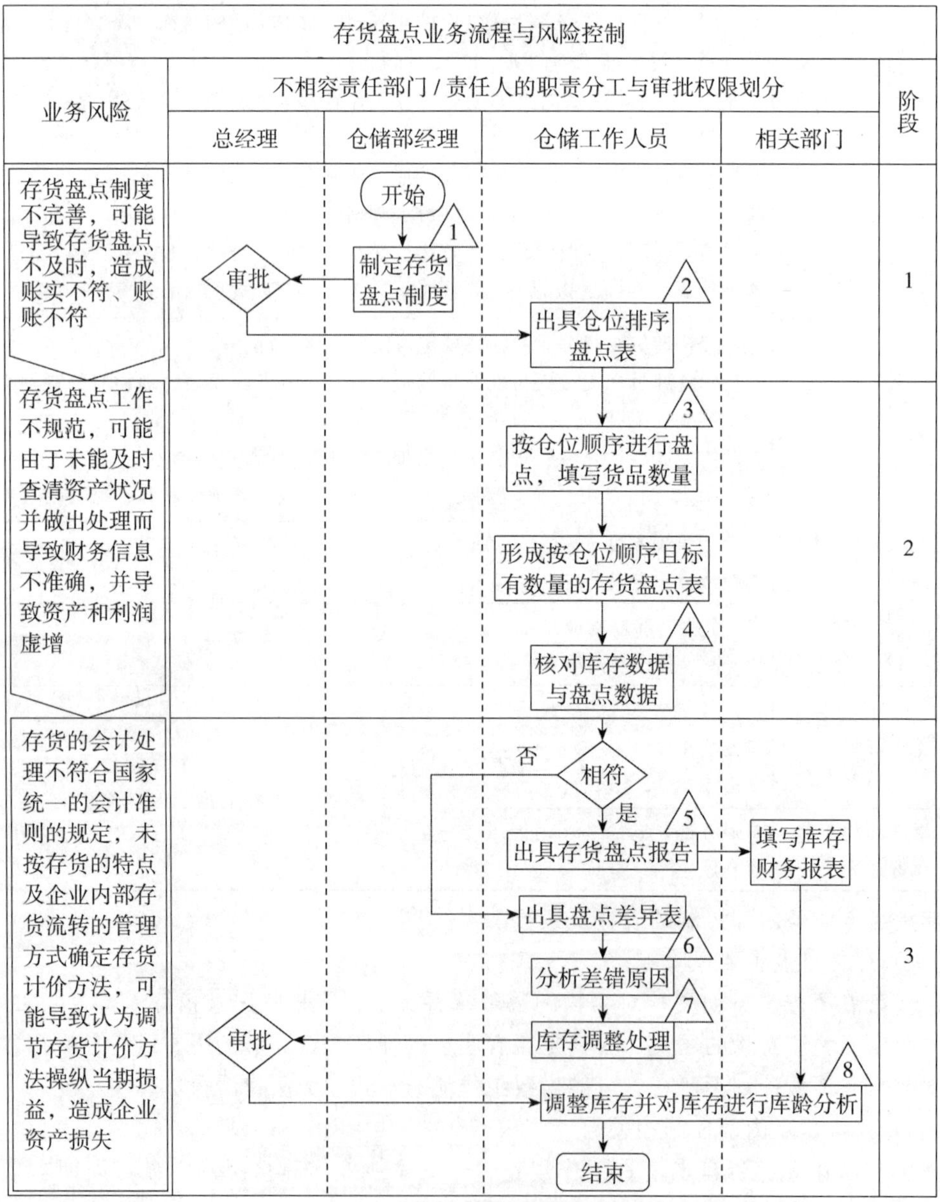

图9-9 存货盘点业务流程与风险控制图

表9-7　　　　　　　　　　　　**存货盘点业务流程控制表**

存货盘点业务流程控制		
控制事项		详细描述及说明
阶段控制	1	1.仓储部经理制定存货盘点制度，明确各项盘点的时间、盘点人员以及各类存货数量的计算方法，经总经理审批后组织执行 2.盘点之前，仓储部工作人员应出具仓位排序盘点表，注明货品的编号、名称、仓位，无须标明数量
	2	3.仓库工作人员应按照仓位顺序进行盘点，每项盘点完成后填写货品的数量 4.仓库工作人员与其他盘点人员核对库存数据与盘点数据是否相符
	3	5.如果盘点数据与库存数据相符，仓库盘点人员出具存货盘点报告，并附有按货品编号出具的盘点差异表和库存统计表 6.仓储部和财务部共同分析库存差异原因，追究相关责任人的责任 7.根据分析结果调整库存并填写库存调整表交总经理审批 8.仓储部和财务部根据审批后的库存调整表调整各自的库存账目，并结合盘点结果对存货进行库龄分析，确定是否需要计提存货跌价准备。经相关部门审批后，方可进行会计处理，并附有相关书面记录材料
相关规范	应建规范	❒存货管理制度 ❒存货盘点制度
	参照规范	❒《企业内部控制应用指引》 ❒《企业会计准则第1号——存货》
文件资料		❒存货盘点表 ❒库存统计表、库存调整表 ❒存货盘点报告 ❒盘点差异表 ❒年度盘点计划 ❒仓位排序盘点表
责任部门及责任人		❒财务部、仓储部 ❒仓储部经理、仓库管理员、会计

七、存货内部控制案例分析——旷世集团的存货内控制度

1.进库业务流程控制

下面以进库业务流程控制各步骤涉及的部门及岗位为线索进行详细说明：

（1）仓库收料员/仓库质检员。供应商送货至仓库，仓库收料员核对到货计划和供应商发运单，仓库质检员协助收料员检验外观是否完好、标签与物料是否一致、供应商是否已经核准，收料员与供应商送货员共同清点数量。

（2）仓库收料员/仓库质检员。质检员和收料员初检合格的物料进入仓库待检区，收料员开具临时入库单，供应商送货员和收料员分别在临时入库单上签字，临时入库单一式四联，第一联存根联，第二联仓库记账联，第三联客户联，第四联总统计员记账联。收料员将第三联客户联交供应商送货员，第二联仓库记账联和第四联总统计员记账联每日汇总交仓库统计员，仓库统计员将第二联作为仓库三级明细账记账凭证，将第四联传递给总统

计员，作为仓库二级明细账记账凭证，第一联收料员留存。

（3）仓库收料员/供应部采购经理。初检不合格的物料，收料员拒收，填写物料拒收记录并通知供应部采购经理。

（4）仓库质检员/质量技术部质检员。仓库质检员对进入待检区的物料，根据取样标准进行随机抽样，开出请验单，请验单一式两联，第一联连同送检物料交质量技术部质检员，第二联仓库质检员留存。

（5）质量技术部质检员。质量技术部质检员完成检验程序，出具质检报告书。

（6）出具质检报告当日质量技术部质检员/仓库质检员/供应部总统计员。质检报告书一式四联，第一联质量技术部留存，其余三联交仓库质检员。仓库质检员将第二联与对应请验单一并留存，第三联和第四联交仓库统计员和总统计员。

（7）出具质检报告当日仓库质检员/仓库收料员。仓库质检员通知收料员质检结果，在货物位置卡上填写质检报告书出具日期和检验结果，收料员将物料由待检区移入合格区或不合格区放置。

（8）出具质检报告当日仓库质检员/供应部采购经理。仓库质检员将不合格物料的检验结果通知供应部采购经理，由采购经理联系供应商补货。

（9）出具质检报告当日仓库统计员/总统计员。仓库统计员收到质检合格报告书，做备查登记并将第四联传递给总统计员，总统计员开出正式入库单，作为仓库二级明细账的物料入库凭证。

（10）出具质检报告当日仓库统计员/总统计员。仓库统计员收到质检不合格报告书，做入库冲红单并将质检报告书第四联传递给总统计员，总统计员做备查登记。备查登记涉及的单据及报告包括：临时入库单、正式入库单、请验单、质检报告书、物料拒收记录。

2.出库业务流程控制

下面以出库业务流程控制各步骤涉及的部门及岗位为线索进行详细说明：

（1）生产部领料员/车间主任。生产部领料员将车间主任审批签字的请领单交仓库发料员。

（2）收到请领单后仓库发料员。仓库发料员根据请领单，按先进先出原则，将合格区物料办理出库。

（3）收到请领单后仓库发料员/生产部领料员。仓库发料员和领料员共同核对数量，验收无误。

（4）验收交接后仓库发料员/生产部领料员。双方分别在请领单和出库单上签字，请领单一式三联，第一联、第三联生产部留存，第二联交仓库发料员。

（5）每日仓库下班前仓库发料员/仓库统计员/总统计员。仓库发料员汇总当日出库单，出库单一式四联，第一联存根联，由仓库发料员留存，第二联财务联和第四联记账联交仓库统计员，仓库统计员将第四联记账联作为仓库三级明细账的记账凭证，将第二联传递给总统计员，作为仓库二级明细账的记账凭证，第三联车间联由生产部领料员带回。交生产部统计员的单据及报告包括：请领单、出库单。

3.案例评述

在存货的内部控制制度上，旷世集团是成功的案例，成功在企业存货内部控制的每个环节都强调程序化、规范化，严格按程序办事，某一个环节出现问题，会很快在其他环节发现，杜绝个人舞弊的可能。

在分析存货管理失败的案例时，有以下几个共同特点：一是由单位负责人掌握着人、财、物大权；二是不重视内控制度，企业没有一套严格的办事程序；三是领导者对内控制度不了解，加之管理人员的素质跟不上先进管理模式的需要。这些均说明单位负责人不按规定办事，是无法保证单位实物资产的安全、完整的。

我们认为，从内部控制角度讲，至少应做到以下几点：

第一，在单位、公司治理结构中合理安排授权批准职务。就目前掌握的企业、公司实物资产流失案例看，除了盗窃、毁损等类型的流失，多数与单位法定代表人，如董事长和单位高层管理人员（如总经理等）有关。但是，无论董事长还是总经理，都并不代表对单位法定财产权的任意支配。因此，在内部控制中，对单位法定代表人和高管人员对实物资产处置的授权批准制度做出相互制约的规范非常必要。对重大的资产处置事项，必须经集体决策审批，而不能搞一言堂、一支笔，为单位负责人企图一个人说了算设置制度上的障碍。

第二，细化控制流程，完善控制方法。我们知道，单位实物资产的取得、使用是多个部门共同完成的，采购部门负责购置，验收部门负责验收，会计部门负责核算，使用部门负责运行和日常维护，可以说，实物资产的进、出、存等都有多个部门参与，为什么还会出现问题？由此看来，不是控制流程不完备就是控制方法没发挥作用。一个人、少数几个人想要为所欲为，在制度面前根本就不可行，除非他买通所有的人。

第三，要把科学、合理的内部控制作为一种企业文化渗透到企业的生产经营活动中，要通过改善控制环境切实发挥内部控制的积极作用。实际上，在绝大多数情况下，单位的舞弊案件往往只是少数人、个别人知情，多数人都蒙在鼓里。之所以蒙在鼓里，与缺乏控制意识、未尽到控制职责不无关系。单位控制环境的好坏固然与单位负责人的行为、态度有关，却并不完全取决于单位负责人个人，在某种程度上说，单位职工的行为、态度、品格也发挥着重要作用。

第四，政府有关部门应该促进单位内部控制的建立、健全和有效实施，对单位富有责任感、正义感的职工进行有效的保护和充分的激励。国务院财政部门和县级以上地方各级人民政府财政部门应当根据《会计法》和企业内部控制规范，对本行政区域内各单位内部控制的建立和执行情况进行监督检查。我们认为，这种监督检查首先应该针对单位负责人的行为和态度，并且要在监督检查中逐渐摸索规律，加以总结和提高，制定出更详尽、可行的具体办法，切实把对单位负责人的监督、制约以及对职工的保护、激励落到实处。

第三节　固定资产内部控制设计及运行

一、固定资产内部控制概述

固定资产是指同时具有下列特征的有形资产：（1）为生产商品、提供劳务、出租或者管理经营而持有；（2）使用寿命超过一个会计年度。固定资产主要包括房屋、建筑物、机器、机械、运输工具以及其他与生产经营活动有关的设备、器具、工具等。固定资产属于企业的非流动资产，是企业开展正常的生产经营活动必要的物资条件，其价值随着企业生产经营活动逐渐转移到产品成本中。固定资产的安全、完整直接影响到企业生产经营的可持续发展能力。

企业应当根据固定资产的特点，分析、归纳、设计合理的业务流程，查找管理的薄弱环节，健全全面风险管控措施，保证固定资产安全、完整、高效运行。固定资产业务流程，通常可以分为取得、验收移交、日常维护、更新改造和淘汰处置等环节，如图9-10所示。

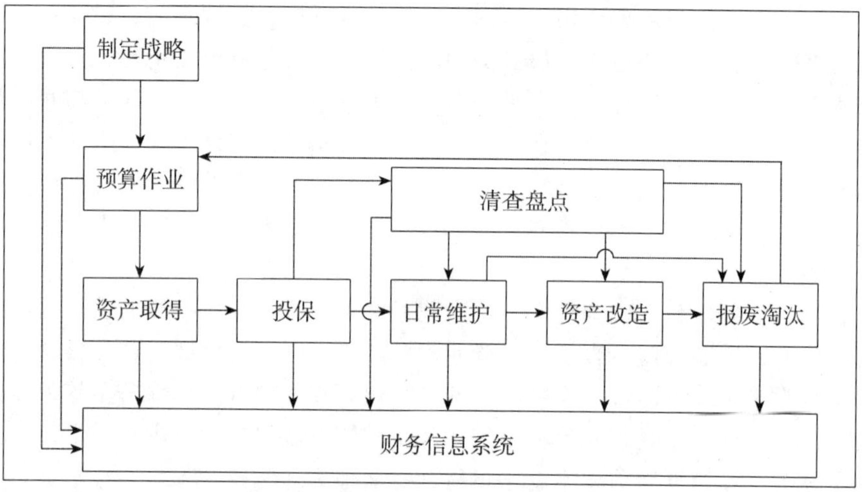

图9-10 固定资产基本业务流程图

固定资产管理是一项复杂的组织工作，涉及基建部门、财务部门、后勤部门等，必须由这些部门共同联手参与管理。同时，固定资产管理是一项技术性较强的工作，固定资产管理应配备有工作责任心、工作能力强、懂业务、会计算机操作、会讲肯干的专职人员。固定资产管理一旦失控，其所造成的损失将远远超过一般的商品存货等流动资产。

固定资产管理中常见的弊端有：

（1）盲目购建；

（2）资本性支出挤占生产成本；

（3）固定资产盘盈不入账；

（4）固定资产闲置不处理，造成报废；

（5）固定资产残值不入账；

（6）虚增（减）折旧，虚列维修费用支出等。

二、固定资产取得与验收内部控制设计及运行

（一）采购与验收过程主要风险点

固定资产涉及外购、自行建造、非货币性资产交换换入等方式。生产设备、运输工具、房屋建筑物、办公家具和办公设备等不同类型固定资产有不同的验收程序和技术要求，同一类固定资产也会因其标准化程度、技术难度等的不同而对验收工作提出不同的要求。通常来说，办公家具、电脑、打印机等标准化程度较高的固定资产验收过程较为简化，而一些复杂的大型生产设备尤其是定制的高科技精密仪器以及建筑物

竣工验收等，需要一套规范、严密的验收制度。该环节的主要风险是：新增固定资产验收程序不规范，可能导致资产质量不符合要求进而影响资产运行效果；固定资产投保制度不健全，可能导致应投保资产未投保、索赔不力，不能有效防范资产损失风险。

固定资产验收的风险点主要有：如果验收小组成员的选择不当，职责不明确，验收程序不规范，可能会使不合格资产流入企业；账务处理不规范也可能导致企业资产损失。

（二）内部控制的相关内容

1.建立严格的固定资产交付使用验收制度

企业外购固定资产应当根据合同、供应商发货单等对所购固定资产的品种、规格、数量、质量、技术要求及其他内容进行验收，出具验收单，编制验收报告。企业自行建造的固定资产，应由建造部门、固定资产管理部门、使用部门共同填制固定资产移交使用验收单，验收合格后移交使用部门投入使用。未通过验收的不合格资产，不得接收，必须按照合同等有关规定办理退换货或其他弥补措施。对于具有权属证明的资产，取得时必须有合法的权属证书。

2.重视和加强固定资产的投保工作

企业应当通盘考虑固定资产状况，根据其性质和特点，确定和严格执行固定资产的投保范围和政策。投保金额与投保项目力求适当，对应投保的固定资产项目按规定程序进行审批，办理投保手续，规范投保行为，应对固定资产损失风险。对于重大固定资产项目的投保，应当考虑采取招标方式确定保险人，防范固定资产投保舞弊。已投保的固定资产发生损失的，及时调查原因及受损金额，向保险公司办理相关的索赔手续。

3.规范验收流程，验收小组的检查项目要做到完整和明确

验收小组成员由固定资产使用部门、生产部门、设备部、技术部、质检部等相关部门成员组成，只有做好各方面的工作，才能保证购入的固定资产合格，避免资产损失。对于验收控制，企业应当予以重点关注。

4.从外部购入的设备，采购人员应与厂商联系送货时间及地点

固定资产送达时，请购单位、采购部门、管理部门均应派员会同点收数量、检查品质及规格是否与请购单相符。其验收程式可按照存货验收程式进行，所不同的是固定资产一般要求有较高等级的技术人员来检查其质量或精密程式，故购入设备必须经过专职工程师的检查，并在收货报告单上签字同意。通过建筑或安装取得的设备在正式向承包商签发验收合格证书前，应进行全面和综合性的测试验收验查工作。

5.各种监督和测试工作应当加以文字记录，并作为工程验收合格证书的附件妥善保管，验收合格证书必须由指定的授权人审核签字

固定资产验收合格后，管理部门开具设备分配通知单并登记固定资产管理台账。采购人员将固定资产交请购单位使用。企业财会部门应当按照国家统一的会计准则和其他会计制度的规定，及时确认固定资产的购买或建造成本。

（三）内部控制的设计与运行

1. 固定资产请购流程与风险控制（如图9-11、表9-8所示）

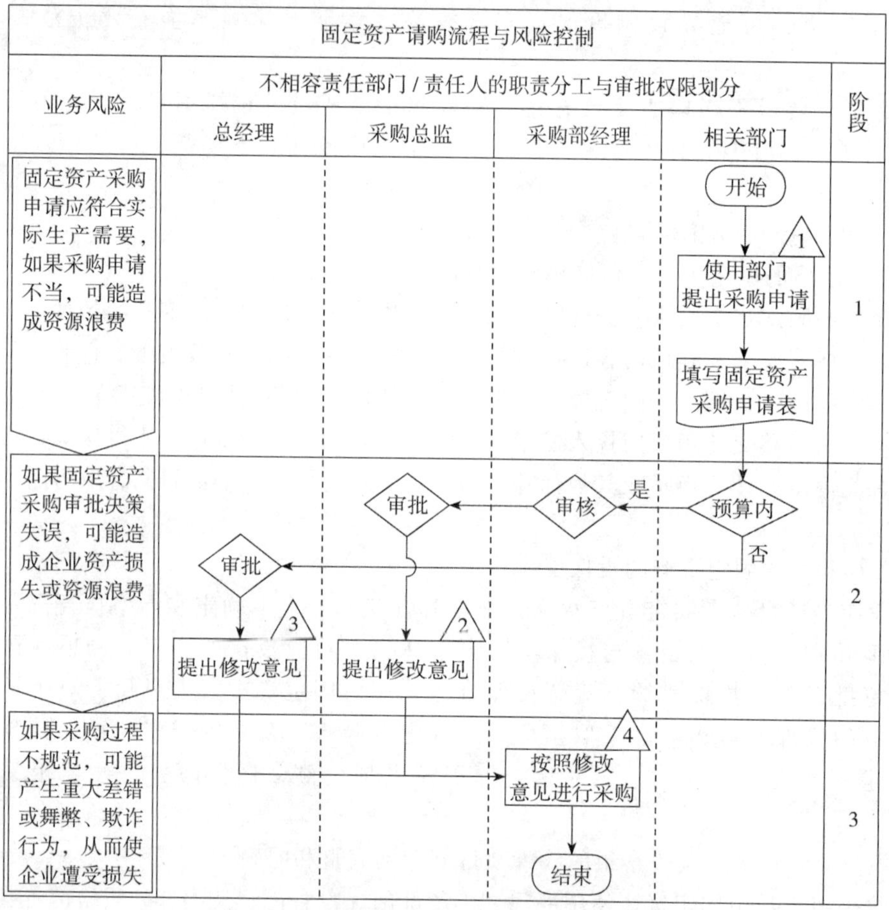

图9-11　固定资产请购流程与风险控制图

表9-8

固定资产请购流程控制表

固定资产请购流程控制		
控制事项		详细描述及说明
阶段控制	1	1. 由固定资产的使用部门根据业务发展目标、固定资产的新旧程度、使用频率、运行状况等因素提出固定资产的采购申请
	2	2. 预算内的固定资产采购由采购部经理审核并报采购总监审批，采购总监根据固定资产预算、业务发展方向、实际生产需要等因素提出修改意见 3. 预算外的固定资产采购由总经理审批，总经理根据固定资产预算、企业发展战略、市场发展前景等因素提出修改意见
	3	4. 采购部经理根据采购总监或总经理提出的采购申请修改意见确定采购的时间、内容、供应商等，组织采购部主管和专员进行采购
相关规范	应建规范	❒固定资产采购管理制度
	参照规范	❒《企业内部控制应用指引》
文件资料		❒固定资产采购申请表
责任部门及责任人		❒采购部、采购申请提出部门 ❒总经理、采购总监、采购部经理、采购申请提出部门人员

2.固定资产验收流程与风险控制（如图9-12、表9-9所示）

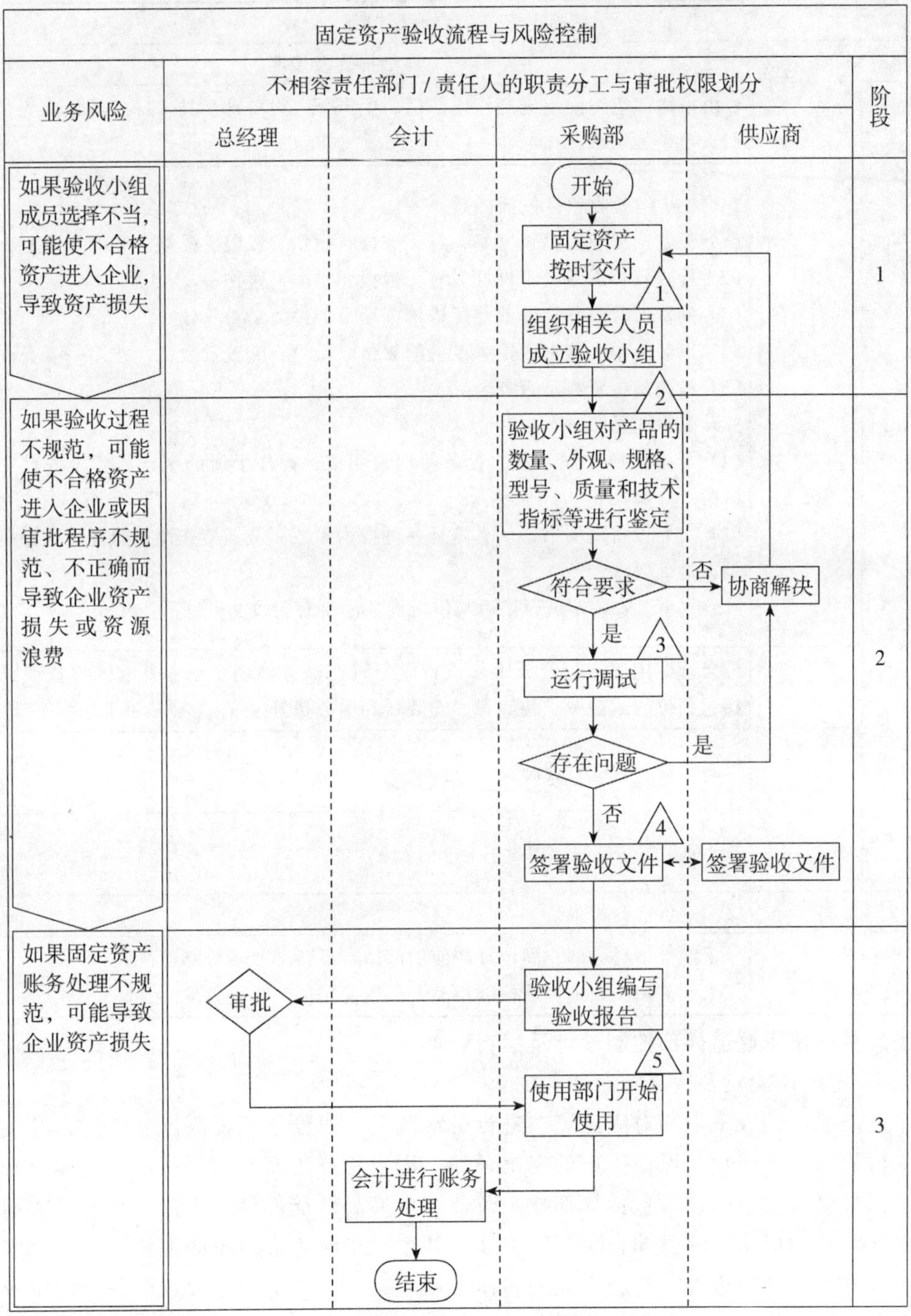

图9-12 固定资产验收流程与风险控制图

表9-9　　固定资产验收流程控制表

固定资产验收流程控制		
控制事项		详细描述及说明
阶段控制	1	1.由采购部组织固定资产使用部门、生产部、设备部、技术部、质检部等相关部门人员组成验收小组
	2	2.验收小组验收项目包括： （1）设备内外包装是否完好，有无破损、碰伤、浸湿、受潮、变形等情况 （2）检查仪器设备及附件外表有无残损、锈蚀、碰伤等 （3）确认所验收货物件数与运输单据填写的件数是否一致 （4）以装箱单为依据，检查设备的规格、型号、配置及数量，并逐一清查核对 （5）检查随机资料是否齐全 3.设备调试要求如下： （1）严格按照合同条款、设备使用说明书、操作手册的规定和程序进行安装、试机 （2）对照设备说明书，认真进行各种技术参数测试，检查设备的技术指标和性能是否达到要求 4.验收小组安装调试合格后与供应商共同签署验收文件
	3	5.会计确定固定资产成本，进行固定资产账务处理。企业外购固定资产成本包括：买价、运输费、装卸费、安装费和服务费等
相关规范	应建规范	❐固定资产验收管理制度
	参照规范	❐《企业内部控制应用指引》
文件资料		❐固定资产验收报告
责任部门及责任人		❐采购部、财务部、固定资产使用部门、设备部、质检部、技术部 ❐采购部相关人员、质检部相关人员、使用部门相关人员、会计

三、固定资产技术改造内部控制设计及运行

（一）主要风险点及内部控制相关内容

企业需要定期或不定期对固定资产进行升级改造，以便不断提高产品质量，开发新品种，降低能源资源消耗，保证生产的安全环保。固定资产更新有部分更新与整体更新两种情形，部分更新的目的通常包括局部技术改造、更换高性能部件、增加新功能等方面，需权衡更新活动的成本与效益综合决策；整体更新主要指对陈旧设备的淘汰与全面升级，更侧重于资产技术的先进性，符合企业的整体发展战略。该环节的主要风险是：固定资产更新改造不够，可能造成企业产品线老化、缺乏市场竞争力。

主要管控措施：第一，定期对固定资产的技术先进性进行评估，结合盈利能力和企业发展可持续性，资产使用部门根据需要提出技改方案，与财务部门一起进行预算可行性分析，并且经过管理部门的审核批准。第二，管理部门需对技改方案实施过程适时监控、加强管理，有条件的企业建立技改专项资金并定期或不定期进行审计。

（二）内部控制的设计及运行

固定资产技术改造审批流程与风险控制如图9-13和表9-10所示。

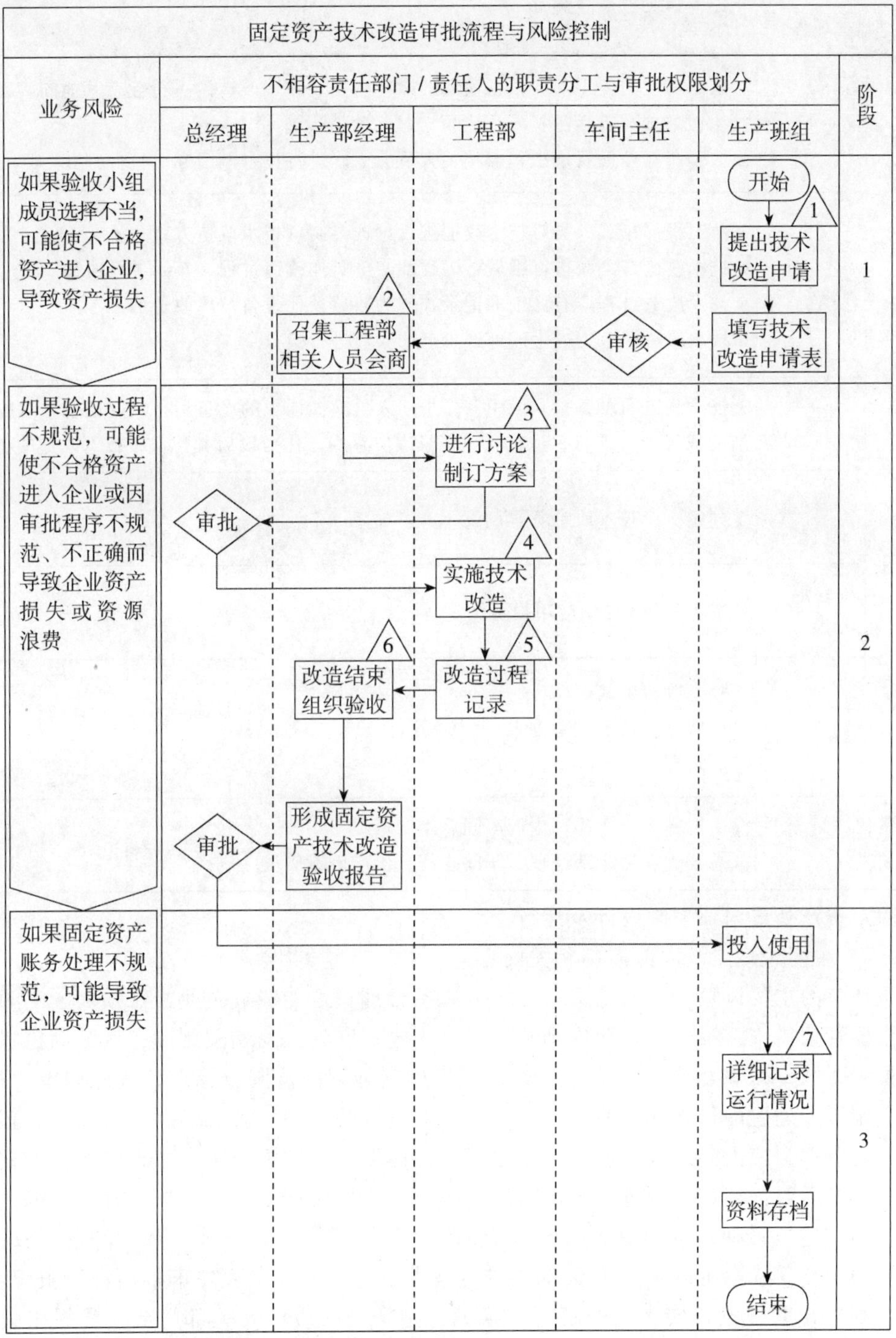

图9-13　固定资产技术改造审批流程与风险控制图

表9-10　　固定资产技术改造审批流程控制表

固定资产技术改造审批流程控制		
控制事项		详细描述及说明
阶段控制	1	1.固定资产的使用部门根据设备的运行状况、技术改造的可行性、其他同类设备的技术改造成果等因素提出固定资产技术改造申请 2.由生产部经理召集工程部相关人员会商、进行技术调研和可行性判断
	2	3.由工程部相关人员对技术改造进行论证，制订技术改造方案 4.技术改造方案获得审批后，工程部实施具体改造过程，车间主任协助 5.技术改造过程应有详细的记录，作为以后其他设备技术改造的参考 6.技术改造结束，由生产部经理组织人员进行验收
	3	7.技术改造的设备投入使用后，生产人员应做详细的设备运行状况记录，对技术改造的成果进行评价，运行状况记录表应存档，作为以后其他设备技术改造的参考
相关规范	应建规范	▯固定资产技术改造管理制度
	参照规范	▯《企业内部控制应用指引》
文件资料		▯技术改造申请表 ▯固定资产技术改造方案 ▯固定资产技术改造验收报告
责任部门及责任人		▯生产部、工程部、生产车间、生产班组 ▯总经理、生产部经理、车间主任、生产班组成员

四、固定资产处置内部控制设计及运行

（一）主要风险点及内部控制相关内容

该环节的主要风险是：固定资产处置方式不合理，可能造成企业经济损失。

主要管控措施：第一，企业应当建立健全固定资产处置的相关制度，区分固定资产不同的处置方式，采取相应控制措施，确定固定资产处置的范围、标准、程序和审批权限，保证固定资产处置的科学性，使企业的资源得到有效的运用。第二，对使用期满、正常报废的固定资产，应由固定资产使用部门或管理部门填制固定资产报废单，经企业授权部门或人员批准后对该固定资产进行报废清理。第三，对使用期限未满、非正常报废的固定资产，应由固定资产使用部门提出报废申请，注明报废理由、估计清理费用和可回收残值、预计处置价格等。企业应组织有关部门进行技术鉴定，按规定程序审批后进行报废清理。第四，对拟出售或投资转出及非货币交换的固定资产，应由有关部门或人员提出处置申请，对固定资产价值进行评估，并出具资产评估报告。报经企业授权部门或人员批准后予以出售或转让。企业应特别关注固定资产处置中的关联交易和处置定价，固定资产的处置应由独立于固定资产管理部门和使用部门的相关授权人员办理，固定资产处置价格应报经

企业授权部门或人员审批后确定。对于重大固定资产处置，应当考虑聘请具有资质的中介机构进行资产评估，采取集体审议或联签制度。涉及产权变更的，应及时办理产权变更手续。第五，对出租的固定资产由相关管理部门提出出租或出借申请的，写明申请的理由和原因，并由相关授权人员和部门就申请进行审核。审核通过后应签订出租或出借合同，包括合同双方的具体情况、出租或出借的原因和期限等内容。

（二）内部控制的设计及运行

固定资产处置流程与风险控制如图9-14和表9-11所示。

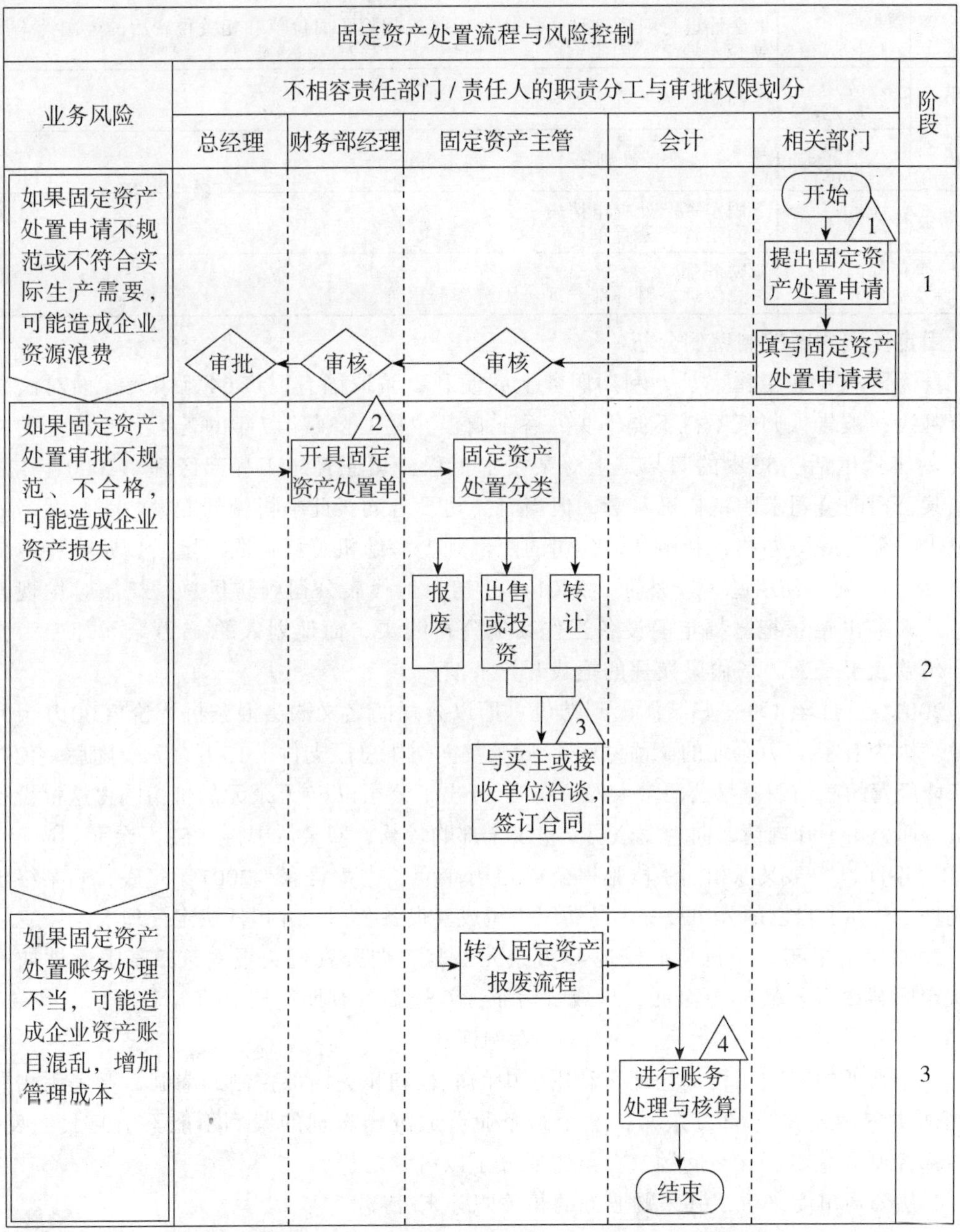

图9-14　固定资产处置流程与风险控制图

表9-11 **固定资产处置流程控制表**

固定资产处置流程控制		
控制事项		详细描述及说明
阶段控制	1	1.固定资产的使用部门根据设备运行状况、实际生产需要等因素提出资产处置申请
	2	2.由财务部经理开具固定资产处置单，明确资产名称、用途、购买时间、运行时间、处置方式、处置时间、处置价格等内容 3.出售、投资或转让情况下由固定资产主管与买主或接收单位进行洽谈，签订合同
	3	4.会计进行账务处理，应将处置收入扣除账面价值和相关税费后的金额计入当期损益，通过“固定资产清理”科目进行核算
相关规范	应建规范	❒固定资产处置管理规范
	参照规范	❒《企业会计准则第4号——固定资产》
文件资料		❒固定资产处置申请表 ❒固定资产处置单
责任部门及责任人		❒财务部 ❒总经理、财务部经理、固定资产主管、会计

五、固定资产内部控制案例分析

身为国有企业工作人员，利用职务上的便利，骗取国有财产64万余元，面对法院的终审判决，被告人归某不得不低下头，吞下自己“精心隐藏”7年的苦果，等待他的将是15年的牢狱生活。50岁的归某是上海某技术工程公司原轻纺工程部经理。2000年11月，山东某公司向公司求购精梳机一套，但当时公司没有购买此类机械的配额，头脑活络的归某想出一个“好”办法，利用其他公司的配额到上海纺机总厂订购。随后，归某将本公司的45万余元划入纺机总厂。然而，2001年年初，他代表公司到纺机总厂核账时发现，纺机总厂账务出错：把已提走的设备当作其他公司购买，而他划入的45万余元却变为公司的预付款。于是，一场偷梁换柱的把戏开始上演。

2001年3月至4月，归某派人到纺机总厂以公司的名义购买混条机等价值60万余元的设备。因为有了45万余元的“预付款”，归某仅向纺机总厂支付了15万余元。随后，他找到了亲戚经营的某纺织器材公司（大发公司），开出了公司以67万余元的价格购得这批设备的发票。而公司不知内情，向大发公司支付了全部购货款，归某从中得利52万余元。同年7月至10月期间，归某又以相同手段骗得公司11万余元，占为己有。2001年年底，归某终于梦想成真，开办了自己的公司——中岛纺织机械成套设备公司，并担任法定代理人。

2008年上半年，纺机总厂发现45万余元被骗，向公安机关报案，归某随后被捕。法院认定归某贪污公款63万余元，构成贪污罪，判处归某有期徒刑15年。

案例评述

一个普通的轻纺工程部经理，利用手中的职权和相关内部控制的漏洞，竟采用相同的伎俩两次贪污公款共63万余元，这个给企业造成沉痛教训的案例不能不引起我们反思：其内部控制究竟出了什么问题，会给犯罪分子以可乘之机？

1.从公司角度来看，其采购业务的相关职务未分离

一般而言，健全的采购业务中，采购员、审批人和执行人、记录人应分离。如果其中关键的职务没有分离，那就极有可能发生舞弊，该案例即是如此。工程部经理归某利用手中的

职权，未经审批程序就私下决定向纺机总厂购买价值60万余元的设备，这已经暴露出了授权审批控制的弱点。本来应该由第三方执行付款，并与纺机总厂核账，但令人惊讶的是，核账竟然也是归某一人亲手所为。所以，采购、审批、执行和记录的职务分离漏洞给了归某可乘之机，使其掩盖了同纺机总厂的交易问题，进而上演了后来“偷梁换柱”的把戏。

另外，公司的验收和付款也存在漏洞。付款员将67万余元款项划给了大发公司，而这纯粹是归某利用其亲戚的关系虚构的交易，如果验收员按照同大发公司签订的购货合同上写明的条款以及发货发票来仔细验货，是不难发现归某冒用大发公司的名义购进了纺机总厂价值仅60万余元的设备的“偷梁换柱”的把戏的。一般而言，会计部门应该在按购货协议划出款项之后将购货单和购货发票转到验收部门，而验收部门应该在收到会计部门转来的购货单和购货发票副联后仔细查验其发货单位、收到货物的数量和质量后签收。但是公司没有做到这一点，验收部门根本就没有仔细查验发货单位，以至于归某的把戏得以蒙混过关，使公司支付了67万余元买进了价值仅60万余元的设备，白白损失的7万余元落入了归某的腰包。

2.从纺机总厂角度看，其内控存在的问题也不容忽视

从发货通知单的编制和证实制度来看，纺机总厂在这方面也存在漏洞。发货通知单的作用首先是将各种不同的客户订单内容（如货物的货号、数量、价格等）以完整和规范化的格式反映出来，同时，还能使销售过程中所需的各种授权和批准在发货通知单上得到证明。发货通知单的另一个作用是使与销售环节有关的各部门在执行发运业务或记录有关账册时有书面依据，并通过各环节的签字来监督每一环节中的业务处理工作。如果纺机总厂建立了健全的发货通知单的编制和证实制度，并真正有效执行，就不可能发生“把已提走的设备当作其他公司购买，而归某划入的45万余元却变为公司的预付款”这样的事故。如果有完善健全的内控并得到执行，纺机总厂损失的45万余元是完全可以避免的。这个案例再一次告诉我们，每一个环节的内部控制对于企业而言都是至关重要的，丝毫忽视不得。

第四节　无形资产内部控制设计及运行

一、无形资产内部控制概述

无形资产是企业拥有或控制的没有实物形态的可辨认非货币性资产，通常包括专利权、非专利技术、商标权、著作权、特许权、土地使用权等。企业应当加强对无形资产的管理，建立健全无形资产分类管理制度，保护无形资产的安全，提高无形资产的使用效率，充分发挥无形资产对提升企业创新能力和核心竞争力的作用。

二、加强无形资产内部控制的意义

（一）无形资产内部控制制度是企业有效管理无形资产的前提

如何对无形资产的价值进行正确的核算和评估，对无形资产的投资进行严密的管理与评价，是现代企业应该充分关注的问题。一套有效的无形资产内部控制制度，是企业堵塞漏洞、消除隐患、保护无形资产安全的重要保证，是保证企业财务报告的可靠性、确保企业遵循有关无形资产管理的法律法规的重要条件，更重要的是，它是企业进行有效的无形资产管理、获得最佳经营效果和效率的前提。

（二）无形资产内部控制制度是无形资产审计的基础

有无无形资产内部控制制度及其完善与否，直接影响到注册会计师无形资产审计工作的效率和质量。另外，无形资产内部控制制度也是企业进行无形资产内部审计的前提和基础。无形资产内部审计的一项重要内容就是对无形资产内部控制进行评审，通过对这些制度进行独立审计和监督，能够发现企业无形资产管理过程中的漏洞和风险。

三、无形资产内部控制的目标

无形资产的内部控制应当实现以下目标：保证与无形资产相关的业务活动按照适当的授权进行；保证所有无形资产交易和事项以正确的金额，在恰当的会计期间及时记录于适当的账户，使财务报表的编制符合会计准则的相关要求；保证对无形资产和记录的接触、处理均经过适当的授权；保证账面无形资产与实存无形资产定期核对相符。

衡量一个企业有关无形资产的内部控制是否有效，其标准有以下几个方面：

1.无形资产的安全及有效使用。内部控制应有保证财产安全和充分利用有形资产或无形资产的规定，以免因有意、无意的错误而造成损失浪费。

2.有关无形资产的会计记录、财务信息及其他信息的可信性与可靠性。内部控制首先要有可信的各种记录，有了各种可信记录，才能及时地提供可靠的管理情报，为企业决策者和有关部门领导提供计划、资金投放等可靠的决策依据。

3.减少不必要的开支，提高企业的盈利水平，避免意外风险，预防和发现差错及违纪行为。外部审计能够查明已经发生的差错及违纪行为，但不能预防其发生；对差错和违纪行为发生的预防，则主要依赖于企业采取的内部控制措施。

4.保证法定责任的履行。法定责任是通过立法赋予的，内部控制应能帮助管理人员不断适应这种责任，并对不负责任的行为加以追究。

四、无形资产管理的流程

无形资产管理的基本流程包括无形资产的取得、验收并落实权属、自用或授权其他单位使用、安全防范、技术升级与更新换代、处置与转移等环节，如图9-15所示。企业可以根据该流程来设计无形资产的内部控制。

五、无形资产管理的关键控制点和控制措施

企业应当在对无形资产取得、验收、使用、保护、评估、技术升级、处置等环节进行全面梳理的基础上，明确无形资产业务流程中的主要风险，并采用适当的控制措施实施无形资产内部控制。

1.无形资产的取得与验收

该环节的主要风险是：取得的无形资产不具先进性，或权属不清，可能导致企业资源浪费或引发法律诉讼。

主要管控措施：企业应当建立严格的无形资产交付使用验收制度，明确无形资产的权属关系，及时办理产权登记手续。企业外购无形资产，必须仔细审核有关合同协议等法律文件，及时取得无形资产所有权的有效证明文件，同时特别关注外购无形资产的技术先进性；企业自行开发的无形资产，应由研发部门、无形资产管理部门、使用部门共同填制无形资产移交使用验收单，移交使用部门使用；企业购入或者以支付土地出让金方式取得的土地使用权，必须取得土地使用权的有效证明文件。当无形资产权属关系发生变动时，应当按照规定及时办理权证转移手续。

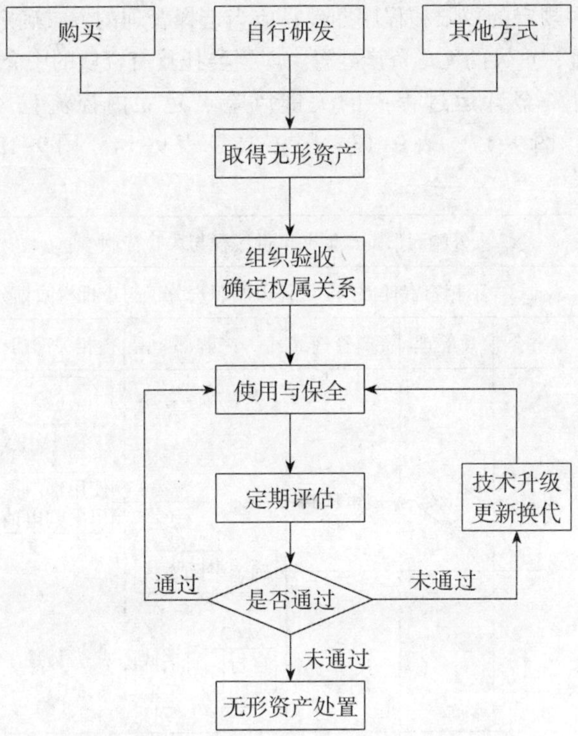

图9-15　无形资产管理的基本流程图

2.无形资产的使用与保全

该环节的主要风险是：无形资产使用效率低下，效能发挥不到位；缺乏严格的保密制度，致使体现在无形资产中的商业机密泄漏；由于商标等无形资产疏于管理，导致其他企业侵权，严重损害企业利益。

主要管控措施：企业应当强化无形资产使用过程的风险管控，充分发挥无形资产对提升企业产品质量和市场影响力的重要作用；建立健全无形资产核心技术保密制度，严格限制未经授权人员直接接触技术资料，对技术资料等无形资产的保管及接触应保有记录，实行责任追究，保证无形资产的安全与完整；对侵害本企业无形资产的，要积极取证并形成书面调查记录，提出维权对策，按规定程序审核并上报等。

3.无形资产的技术升级与更新换代

该环节的主要风险是：无形资产内含的技术未能及时升级换代，导致技术落后或存在重大技术安全隐患。

主要管控措施：企业应当定期对专利、专有技术等无形资产的先进性进行评估，发现某项无形资产给企业带来经济利益的能力受到重大不利影响时，应当考虑淘汰落后技术，同时加大研发投入，不断推动企业自主创新与技术升级，确保企业在市场经济竞争中始终处于优势地位。

4.无形资产的处置

该环节的主要风险是：无形资产长期闲置或低效使用，就会逐渐失去其使用价值；无形资产处置不当，往往造成企业资产损失。

主要管控措施：企业应当建立无形资产处置的相关管理制度，明确无形资产处置的范围、标准、程序和审批权限等要求。无形资产的处置应由独立于无形资产管理部门和使用部门的其他部门或人员按照规定的权限和程序办理；应当选择合理的方式确定处置价格，并报经企业授权部门或人员审批；重大的无形资产处置，应当委托具有资质的中介机构进行资产评估。

下面我们将针对资金营运过程中的关键风险点建立内控流程图并进行解释，分别如图 9-16、表 9-12、图 9-17、表 9-13、图 9-18、表 9-14、图 9-19、表 9-15、图 9-20 和表 9-16 所示。

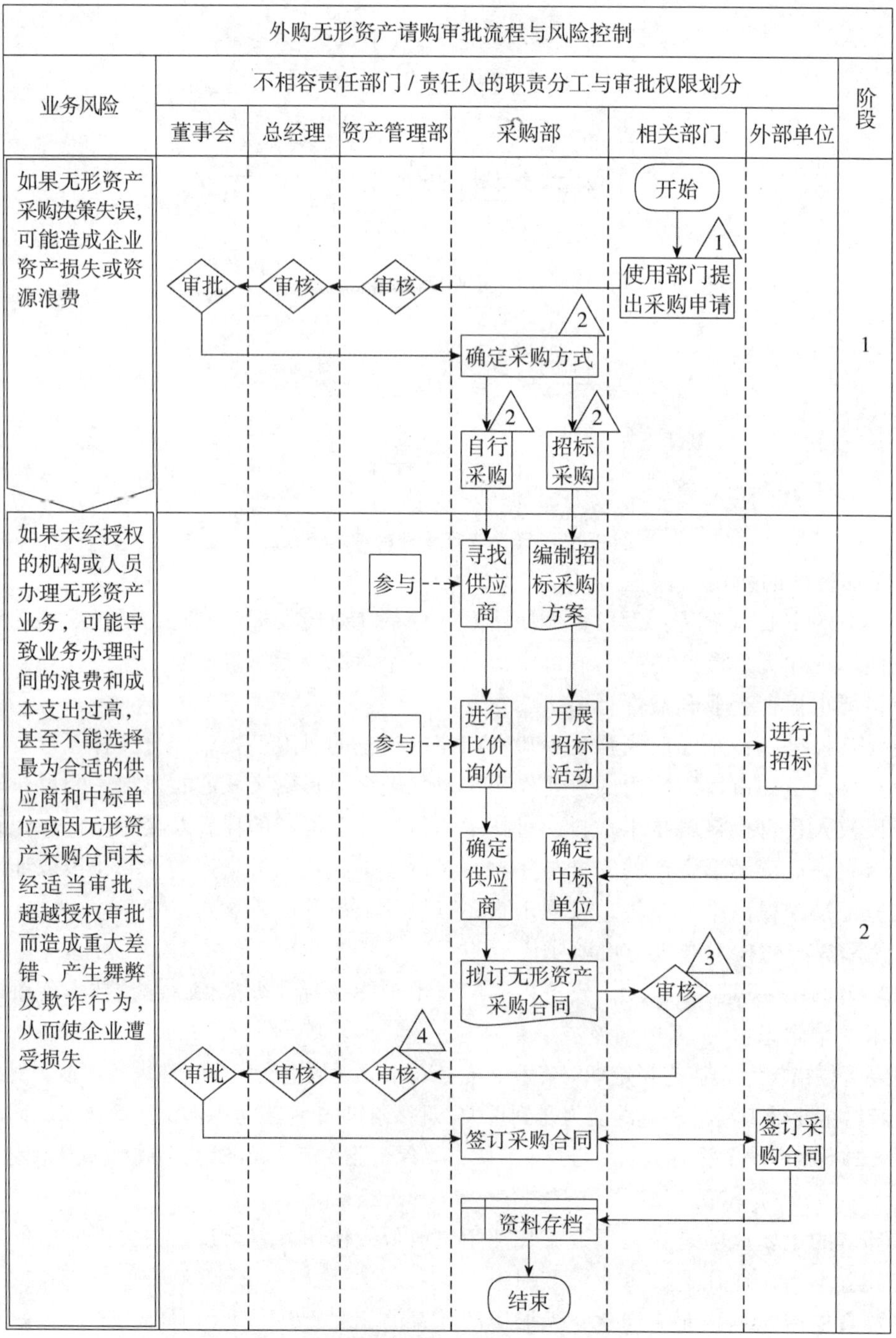

图 9-16　外购无形资产请购审批流程与风险控制图

表 9-12　**外购无形资产请购审批流程控制表**

外购无形资产请购审批流程控制		
控制事项		详细描述及说明
阶段控制	1	1. 无形资产的使用部门根据企业战略的发展要求和业务开展要求，提出无形资产的采购申请 2. 采购部根据无形资产采购标的额度或重要程度，在遵守企业相关采购规定的前提下确定采购方式，采购方式包括自行询价比价采购、招标采购等，企业也可以根据采购的不同需求和供应商的相关情况选择竞争性谈判、单一来源采购等采购方式
	2	3. 财务部对无形资产采购合同的付款条款等进行审核 4. 资产管理部根据无形资产的管理特点对无形资产采购合同进行审核
相关规范	应建规范	❒ 外购无形资产请购审批制度 ❒ 合同编制制度
	参照规范	❒《企业内部控制应用指引》 ❒《中华人民共和国商标法》 ❒《中华人民共和国专利法》 ❒《中华人民共和国著作权法》 ❒《企业会计准则——基本准则》 ❒《企业会计准则第6号——无形资产》
文件资料		❒ 无形资产招标采购方案 ❒ 无形资产采购合同
责任部门及责任人		❒ 董事会、资产管理部、采购部、财务部 ❒ 总经理、资产管理部经理和相关人员、采购部经理和相关人员

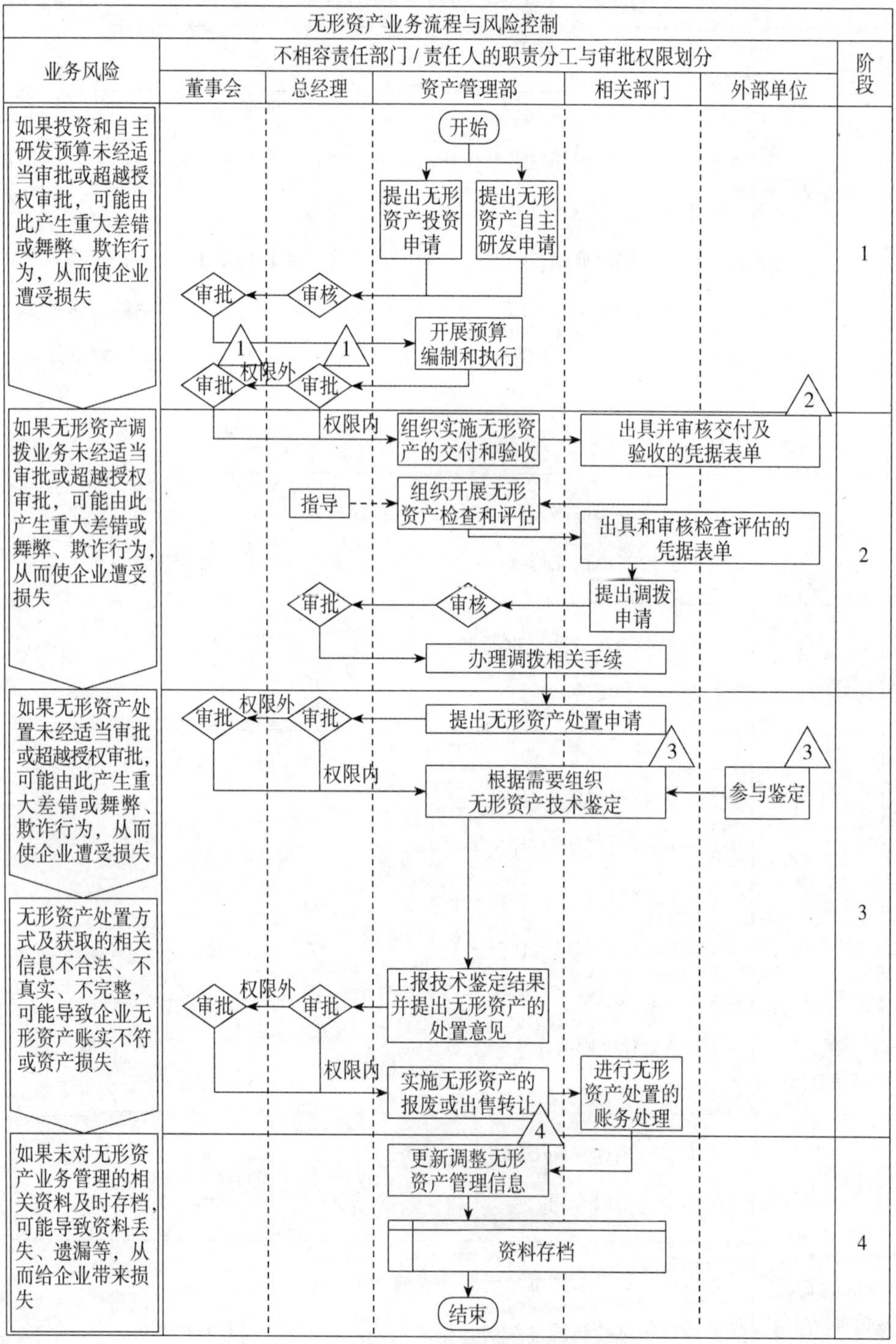

图 9-17　无形资产业务流程与风险控制图

表9-13　**无形资产业务流程控制表**

<table>
<tr><th colspan="3">无形资产业务流程控制</th></tr>
<tr><th colspan="2">控制事项</th><th>详细描述及说明</th></tr>
<tr><td rowspan="4">阶段控制</td><td>1</td><td>1.董事会和总经理需要在自身的权限范围内，对无形资产投资预算和无形资产自主研发预算的编制和预算执行中的重要事项履行审批职责</td></tr>
<tr><td>2</td><td>2.企业的财务、采购以及其他相关部门参与无形资产的交付和验收，并填写相应的验收表单或凭证；交付和验收也可以聘请外部专业机构参与，外部专业机构需要出具相关验收的凭证和单据</td></tr>
<tr><td>3</td><td>3.无形资产根据其内容不同，可以选择采用技术鉴定来确定无形资产的价值；如果有必要，也可以聘请外部专业机构对无形资产进行专业的技术鉴定，技术鉴定的结果作为选择无形资产处置方式的依据</td></tr>
<tr><td>4</td><td>4.无形资产在处置以后，资产管理部应及时调整无形资产管理的信息，确保无形资产管理信息的完整、准确</td></tr>
<tr><td rowspan="2">相关规范</td><td>应建规范</td><td>❐无形资产管理制度
❐无形资产预算管理制度
❐无形资产交付使用验收制度</td></tr>
<tr><td>参照规范</td><td>❐《企业内部控制应用指引》
❐《中华人民共和国商标法》
❐《中华人民共和国专利法》
❐《中华人民共和国著作权法》
❐《企业会计准则第6号——无形资产》</td></tr>
<tr><td colspan="2">文件资料</td><td>❐无形资产投资预算方案
❐无形资产移交使用验收单
❐无形资产内部调拨单
❐无形资产报废单</td></tr>
<tr><td colspan="2">责任部门及责任人</td><td>❐董事会、资产管理部、财务部、采购部、无形资产使用部门
❐总经理、资产管理部经理和相关人员、其他相关部门的人员</td></tr>
</table>

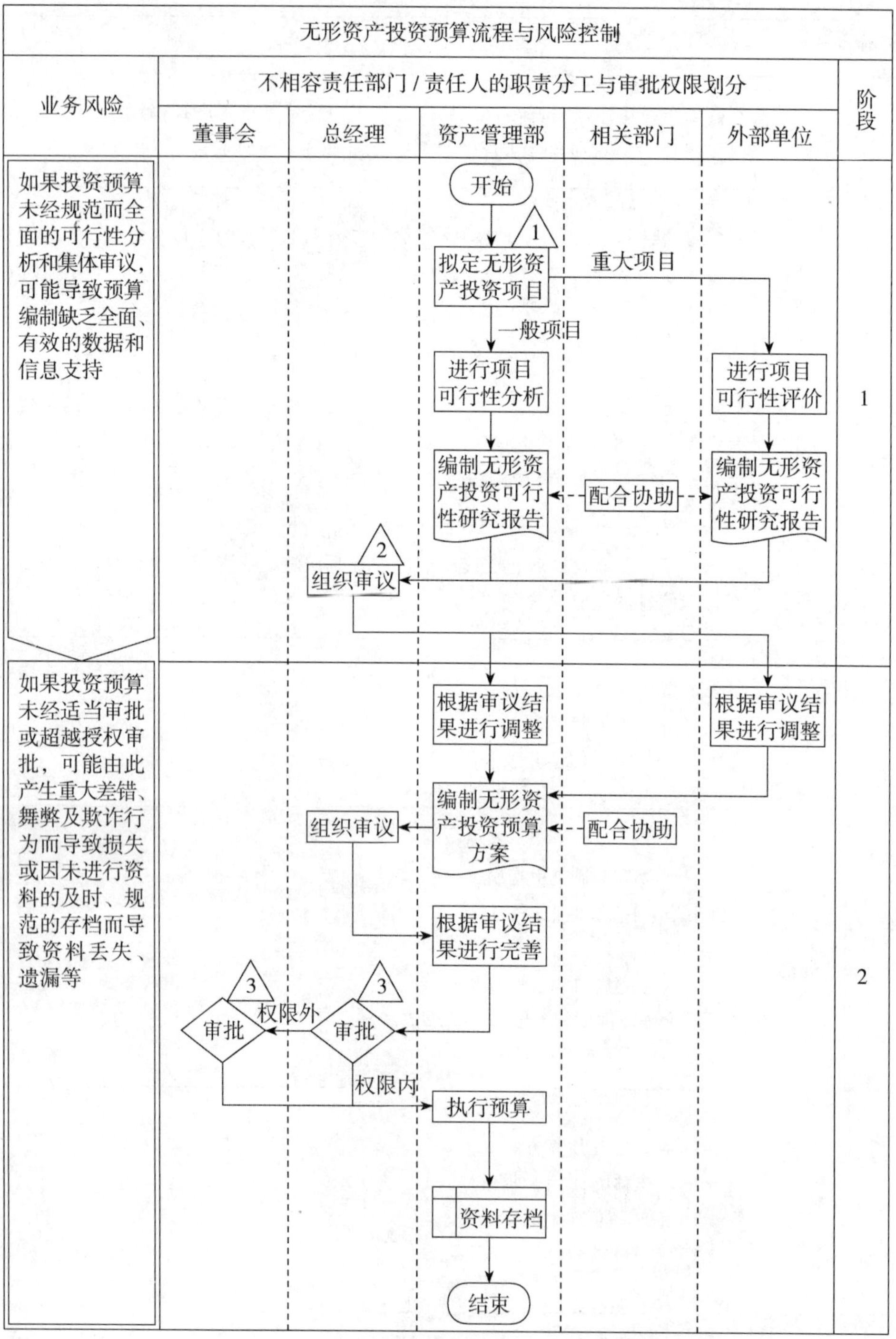

图9-18　无形资产投资预算流程与风险控制图

表9-14 **无形资产投资预算流程控制表**

无形资产投资预算流程控制

控制事项		详细描述及说明
阶段控制	1	1.资产管理部根据无形资产的使用效果、生产经营发展目标等因素拟定无形资产的投资项目 2.总经理组织由财务部、资产管理部等部门参加的会议，对无形资产投资可行性研究报告进行讨论，并提出修改意见
	2	3.总经理和董事长在授权范围内对无形资产投资预算方案进行审批，授权划分的依据是预算额度的大小或者无形资产投资项目的重要程度
相关规范	应建规范	□无形资产预算管理制度 □无形资产管理制度
	参照规范	□《企业内部控制应用指引》 □《中华人民共和国商标法》 □《中华人民共和国专利法》 □《中华人民共和国著作权法》 □《企业会计准则——基本准则》 □《企业会计准则第6号——无形资产》
文件资料		□无形资产投资可行性研究报告 □无形资产投资预算方案
责任部门及责任人		□董事会、资产管理部 □董事长、总经理、资产管理部经理和其他相关部门的人员

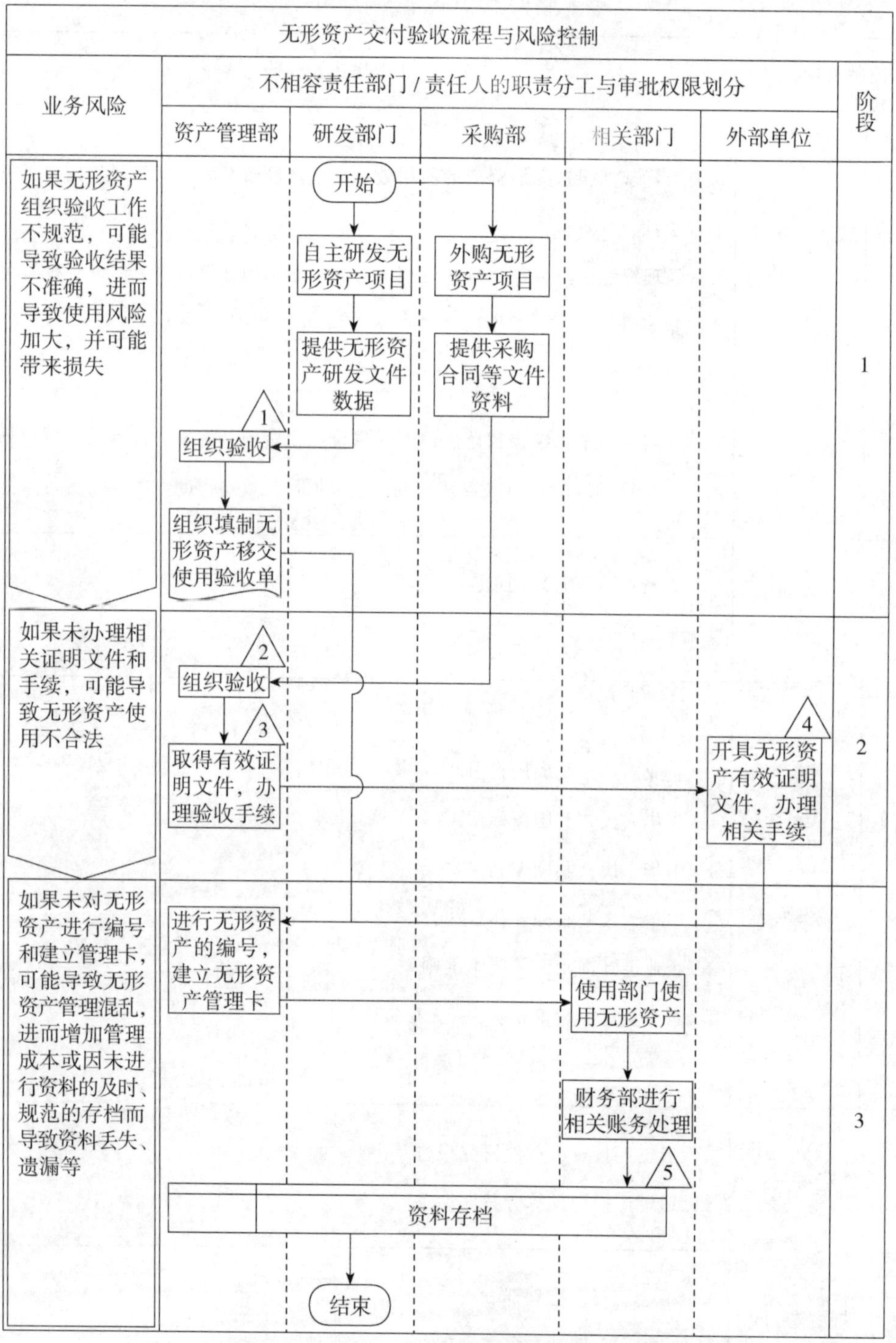

图 9-19 无形资产交付验收流程与风险控制图

表9-15　**无形资产交付验收流程控制表**

<table>
<tr><th colspan="3">无形资产交付验收流程控制</th></tr>
<tr><th colspan="2">控制事项</th><th>详细描述及说明</th></tr>
<tr><td rowspan="3">阶段控制</td><td>1</td><td>1.资产管理部组织无形资产研发部门、无形资产使用部门等针对自主研发的无形资产项目进行验收，验收内容包括无形资产的价值、无形资产的有效期限、无形资产的使用风险等</td></tr>
<tr><td>2</td><td>2.资产管理部组织采购部、无形资产使用部门等针对外购的无形资产项目进行验收，验收内容包括无形资产的相关技术参数、无形资产的相关文件等
3.资产管理部应针对无形资产的类型和性质，及时向供应商或外部单位办理相关证明文件或使用手续。企业购入或者以支付土地出让金方式取得的土地使用权，需要取得土地使用权的有效证明文件；除已经确认为投资性房地产的资产外，在尚未开发或建造自用项目前，企业应当根据合同、土地使用权证办理无形资产的验收手续；企业对以投资者投入、接受捐赠、债务重组、政府补助、企业合并、非货币性资产交换、外企业无偿划拨转入以及其他方式取得的无形资产均应办理相应的验收手续
4.无形资产的供应商或无形资产产权和使用权交易的主管政府部门应根据国家和行业相关规定及时开具无形资产有效证明文件，办理无形资产的交易、转让等手续</td></tr>
<tr><td>3</td><td>5.资产管理部、无形资产研发部门、采购部以及无形资产使用部门根据本部门在无形资产验收中承担的角色，整理、保管由本部门管理的文件资料，并及时归档</td></tr>
<tr><td rowspan="2">相关规范</td><td>应建规范</td><td>❒无形资产交付使用验收制度</td></tr>
<tr><td>参照规范</td><td>❒《企业内部控制应用指引》
❒《中华人民共和国商标法》
❒《中华人民共和国专利法》
❒《中华人民共和国著作权法》
❒《企业会计准则——基本准则》
❒《企业会计准则第6号——无形资产》</td></tr>
<tr><td colspan="2">文件资料</td><td>❒无形资产移交使用验收单
❒无形资产管理卡</td></tr>
<tr><td colspan="2">责任部门及责任人</td><td>❒资产管理部、无形资产研发部门（生产部、技术部等）、采购部、财务部、无形资产使用部门（销售部、公关部等）
❒资产管理部人员、无形资产研发部门人员、其他相关部门的人员</td></tr>
</table>

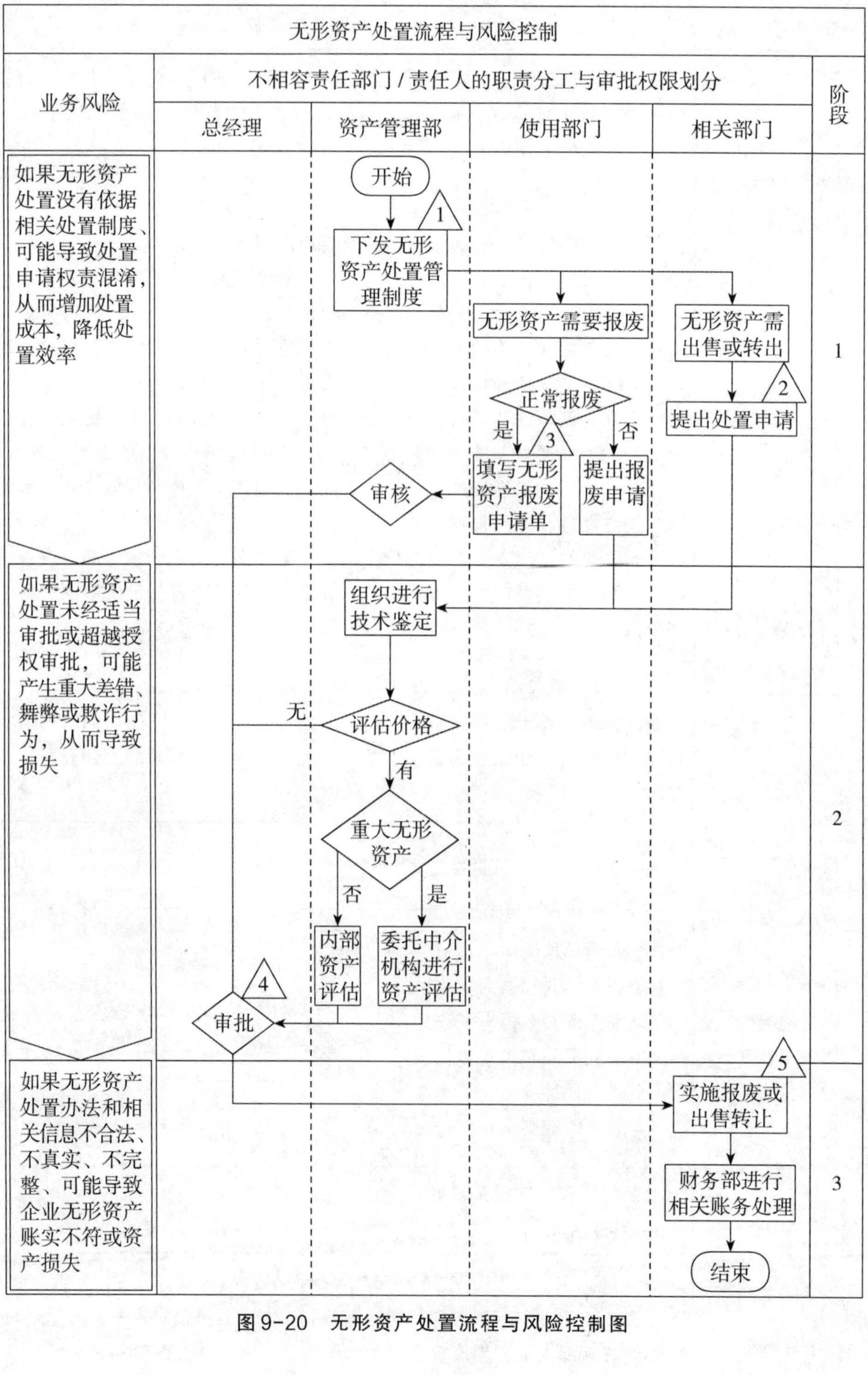

图 9-20 无形资产处置流程与风险控制图

表9-16　　**无形资产处置流程控制表**

<table>
<tr><th colspan="3">无形资产处置流程控制</th></tr>
<tr><td colspan="2">控制事项</td><td>详细描述及说明</td></tr>
<tr><td rowspan="3">阶段控制</td><td>1</td><td>1.资产管理部门下发经审批通过的无形资产处置管理制度，制度的内容包括无形资产处置的范围、标准、程序和审批权限等
2.相关部门提出的处置申请的内容，需列明该项无形资产的原价、累计摊销、预计使用年限、已使用年限、预计出售价格或转让价格等
3.无形资产使用部门提出的使用期未满、属非正常报废的申请须注明报废理由、估计清理费用和回收残值、预计出售价值等</td></tr>
<tr><td>2</td><td>4.总经理对于重大无形资产处置的审批，要通过召开总经理办公会的形式进行集体审议，并对审议的过程进行认真记录，集体审议的结果作为总经理最终审批的依据</td></tr>
<tr><td>3</td><td>5.相关部门实施报废或出售转让，财务部办理相应账务处理</td></tr>
<tr><td rowspan="2">相关规范</td><td>应建规范</td><td>□无形资产处置管理制度
□重大无形资产处置审批制度</td></tr>
<tr><td>参照规范</td><td>□《企业内部控制应用指引》
□《中华人民共和国商标法》
□《中华人民共和国专利法》
□《中华人民共和国著作权法》
□《企业会计准则——基本准则》
□《企业会计准则第6号——无形资产》</td></tr>
<tr><td colspan="2">文件资料</td><td>□无形资产报废单
□无形资产报废申请单</td></tr>
<tr><td colspan="2">责任部门及责任人</td><td>□资产管理部、无形资产使用部门、财务部
□总经理、会计、资产管理部经理和主管、无形资产使用部门人员</td></tr>
</table>

● 第五节　案例分析——YXY商场的无形资产内部控制

YXY商场于1989年5月开业，之后仅用7个月时间就实现销售额9 000万元，1990年达1.86亿元，实现税利1 315万元，一年就跨入全国50家大型商场行列。到1995年，其销售额一直呈增长趋势，1995年达4.8亿元。该商场当年以其在经营和管理上的创新创造了一个平凡而奇特的现象。来自全国30多个省市的近200个大中城市的党政领导、商界要员去参观学习。然而，1998年8月15日，YXY商场悄然关门，面对这残酷的事实，人们众说纷纭。

导致商场倒闭的原因是多方面的，而其内部控制的极端薄弱是导致倒闭的主要原因之一。下面仅就其无形资产的内部控制进行分析。该商场的冠名权属于无形资产，其转让都是由总经理一个人说了算，只要总经理签字同意，别人就可以建一个YXY商场。在经营管理上，YXY商场有派驻人员，但由于并不掌控管理，所起的作用不大。这种冠名权的转让，能迅速带来规模的扩张，可也给YXY的管理控制带来了风险。YXY对这些企业的管理并不严格，导致了某些企业在管理、服务质量以及产品质量等诸多方面给客户们留下了不好的印象，在社会上造成了不良影响，对YXY这个品牌起了负面作用。

案例评述

YXY商场没有进行职责分工，权限范围和审批程序不明确、不规范，机构设置和人员配备不科学、不合理。关于无形资产的转让，照理应该经董事会讨论通过，但实际上是总经理一个人说了算，只要他签字同意，别人就可建个“YXY”，这样不可避免地会导致一人多权形成舞弊的现象发生。

建议商场应该设置专门的无形资产管理部门，配备专门的无形资产管理人员对商场的无形资产进行综合、全面、系统的管理。无形资产管理部门的主要职能包括：对企业所有无形资产的开发、引进、投资进行总的控制；根据无形资产在企业生产经营管理中实施应用的客观要求，协调企业内部其他各有关职能部门的关系；协调与企业外部国家有关专业管理机构的关系；协调企业与其他企业的关系；维护企业无形资产的安全完整；考核无形资产的投入产出状况和经济效益情况。

企业应当建立无形资产业务的岗位责任制，明确相关部门和岗位的职责、权限，确保办理无形资产业务的不相容岗位相互分离、制约和监督。同一部门或个人不得办理无形资产业务的全过程。有效的内部控制制度应该保证对同一项业务的审批、执行、记录和复核人员的职务分离，以减少因一人多权而导致的舞弊现象的发生。

在授权审批方面要明确授权批准的范围。通常无形资产的研究与开发、购置和转让计划都应纳入其范围。授权批准的层次应根据无形资产的重要性和金额大小确定，从而保证各管理层有权亦有责。企业应明确被授权者在履行权力时应对哪些方面负责，应避免责任不清，一旦出现问题无法追究责任的情况发生。企业应规定每一类无形资产业务的审批程序，以便按程序办理审批，以避免越级审批、违规审批的情况发生。单位内部的各级管理层必须在授权范围内行使相应职权，经办人员也必须在授权范围内办理经济业务。审批人应当根据无形资产业务授权批准制度的规定，在授权范围内进行审批，不得超越审批权限。经办人在职责范围内，按照审批人的批准意见办理无形资产业务。对于审批人超越授权范围审批的无形资产业务，经办人员有权拒绝办理，并及时向上级部门报告。

对于重大的无形资产投资转让等项目，企业应当考虑聘请独立的中介机构或专业人士进行可行性研究与评价，并实行集体决策和审批，防止出现决策失误而造成严重损失。

资料来源　佚名.企业内部控制规范案例［EB/OL］.［2015-08-21］. http: //www.360doc.com/content/15/0821/09/27266754_493779869.shtml.

第十章

销售内部控制

第一节 销售内部控制概述

一、销售内部控制的概念

销售，是指企业出售商品、提供劳务、收取货款等行为。企业生存、发展、壮大的过程，在相当程度上就是不断加大销售力度、拓宽销售渠道、扩大市场占有的过程。生产企业的产品或流通企业的商品如不能实现销售的稳定增长，售出的货款如不能足额收回或不能及时收回，必将导致企业持续经营受阻、难以为继。企业的销售业务并不是简单的交易过程，而是分步骤的交易行为：从收到对方的订单、洽谈交易事宜，到货物的交接，再到货款的支付，甚至还有退货和折让的发生等。正因为如此，《企业内部控制应用指引第9号——销售业务》以促进企业销售稳定增长、扩大市场份额为出发点，提出了销售业务应当关注的主要风险以及相应的管控措施，要求企业应当结合实际情况，全面梳理销售业务流程，完善销售业务相关管理制度，确定适当的销售政策和策略，明确销售、发货、收款等环节的职责和审批权限，按照规定的权限和程序办理销售业务，定期检查分析销售过程中的薄弱环节，采取有效控制措施，确保实现销售目标。

二、销售内部控制的目标与要求

（一）保证销售收入的真实性和合理性

销售获得的收入是对企业生产经营中发生耗费的补偿，为企业未来发展提供资金来源。通过加强对销售业务的控制，保证企业所发生的所有销售收入都及时、准确地加以记录，完整地反映企业的销售全过程，防止少记、不记或漏记实现的销售收入或虚增销售收入，防止销售收入的货款被挪用或贪污。

（二）保证产品的安全、完整

交付已销售的产品应该数量准确，出库货物应同对方购买货物的订单或合同要求一致，运送产品应该保证产品在运输途中安全，保证质量不变、数量完整。

（三）保证销售折扣的适度性

销售折扣是企业信用政策中的一个重要组成部分，它是企业在得到一定利益的情况下放弃部分销售收入，是信用经济条件下的必然产物。通过加强对销售折扣的内部控制，确定销售折扣的“度”，使销售折扣政策达到促进销售、及时收回货款的目的，防止销售折扣中以权谋私行为的发生。

（四）保证销售折让和退回的合理性与正确性

销售中可能由于货物在运输中变质、被损坏，或装运中出现数量或品种错误等情况，导致要给予客户一定的折让或发生货物退回。当这些情况发生时，企业要加强控制，检查其理由是否恰当，金额是否正确，保证折让和退回的手续完备，并在相关会计资料上予以体现。

（五）保证货款及时足额收回

对货款收回的控制，是销售控制中最关键的一点，如果货款无法及时收回，就会形成大批坏账，导致企业盈利的目标难以实现。企业只有加强对货款结算的控制，做好事前客户的信用调查和事后应收账款的催收工作，才能保证货款及时足额收回。

三、销售内部控制的主要风险点

企业至少应当关注涉及销售业务的下列风险：

1. 销售政策和策略不当，市场预测不准确，销售渠道管理不当等，可能导致销售不畅、库存积压、经营难以为继；

2. 客户信用管理不到位，结算方式选择不当，账款回收不力等，可能导致销售款项不能收回或遭受欺诈；

3. 销售过程存在舞弊行为，可能导致企业利益受损。

● 第二节　销售业务内部控制设计及运行

一、销售业务内部控制流程

企业强化销售业务管理，应当对现行销售业务流程进行全面梳理，查找管理漏洞，及时采取有效措施加以改正；与此同时，还应当注重健全相关管理制度，明确以风险为导向的、符合成本效益原则的销售管控措施，实现与生产、资产、资金等方面管理的衔接，落实责任制，有效防范和化解经营风险。

企业在实际操作中，应当充分结合自身业务特点和管理要求，构建和优化销售业务流程。企业可以参照图10-1列示的流程来进行销售和收款业务内部控制的设计和运行工作。

二、各流程的主要风险及控制措施

企业销售业务流程，主要包括销售计划管理、客户开发与信用管理、销售定价、订立销售合同、发货、收款、客户服务和会计系统控制等环节。

（一）销售计划管理

销售计划是指在进行销售预测的基础上，结合企业生产能力，设定总体目标额及不同产品的销售目标额，进而为实现该目标而设定具体营销方案和实施计划，以支持未来一定期间内销售额的实现。该环节的主要风险是：销售计划缺乏或不合理，或未经授权审批，导致产品结构和生产安排不合理，难以实现企业生产经营的良性循环。

主要管控措施：第一，企业应当根据发展战略和年度生产经营计划，结合企业实际情况，制订年度销售计划，在此基础上，结合客户订单情况，制订月度销售计划，并按规定

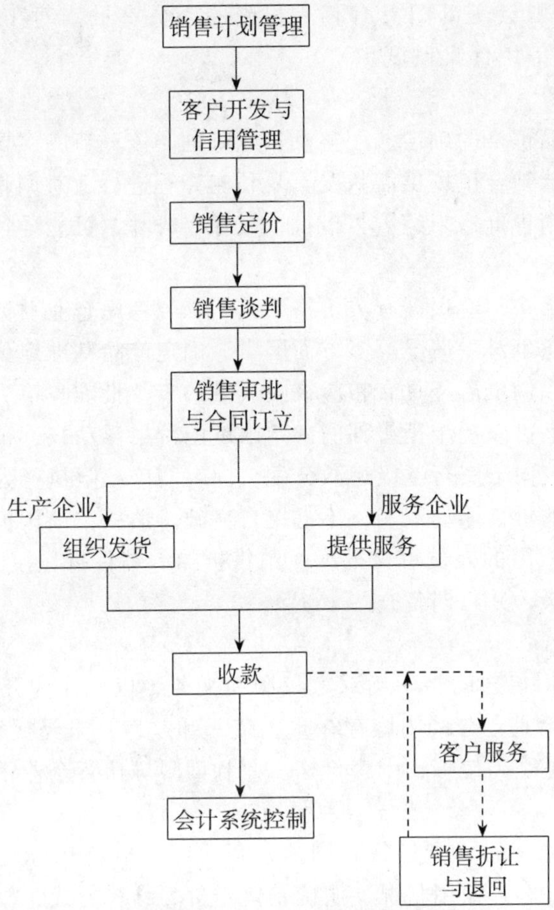

图10-1　销售业务流程

的权限和程序审批后下达执行。第二，定期对各产品（商品）的区域销售额、进销差价、销售计划与实际销售情况等进行分析，结合生产现状，及时调整销售计划，调整后的销售计划需履行相应的审批程序。

（二）客户开发与信用管理

企业应当积极开拓市场份额，加强现有客户维护，开发潜在目标客户，对有销售意向的客户进行资信评估，根据企业自身风险接受程度确定具体的信用等级。该环节的主要风险是：现有客户管理力度不足、潜在市场需求开发不够，可能导致客户丢失或市场拓展不利；客户档案不健全，缺乏合理的资信评估，可能导致客户选择不当，销售款项不能收回或遭受欺诈，从而影响企业的资金流转和正常经营。

主要管控措施：第一，企业应当在充分进行市场调查的基础上，合理细分市场并确定目标市场，根据不同目标群体的具体需求，确定定价机制和信用方式，灵活运用销售折扣、销售折让、信用销售、代销和广告宣传等多种策略和营销方式，促进销售目标实现，不断提高市场占有率。第二，建立和不断更新维护客户信用动态档案，由与销售部门相对独立的信用管理部门对客户付款情况进行持续跟踪和监控，提出划分、调整客户信用等级的方案。根据客户信用等级和企业信用政策，拟定客户赊销限额和时限，经销售、财会等部门具有相关权限的人员审批。对于境外客户和新开发客户，应当建立严格的信用保证制度。

（三）销售定价

销售定价是指商品价格的确定、调整及相应审批。该环节的主要风险是：定价或调价不符合价格政策，未能结合市场供需状况、盈利测算等进行适时调整，造成价格过高或过低、销售受损；商品销售价格未经恰当审批，或存在舞弊，可能导致损害企业经济利益或者企业形象。

主要管控措施：第一，应根据有关价格政策，综合考虑企业财务目标、营销目标、产品成本、市场状况及竞争对手情况等多方面因素，确定产品基准定价。定期评价产品基准价格的合理性，定价或调价需经具有相应权限人员的审核批准。第二，在执行基准定价的基础上，针对某些商品可以授予销售部门一定限度的价格浮动权，销售部门可结合产品市场特点，将价格浮动权向下实行逐级递减分配，同时明确权限执行人。价格浮动权限执行人必须严格遵守规定的价格浮动范围，不得擅自突破。第三，销售折扣、销售折让等政策的制定应由具有相应权限的人员审核批准。销售折扣、销售折让授予的实际金额、数量、原因及对象应予以记录，并归档备查。

（四）订立销售合同

企业与客户订立销售合同，明确双方权利和义务，以此作为开展销售活动的基本依据。该环节的主要风险是：合同内容存在重大疏漏和欺诈，未经授权对外订立销售合同，可能导致企业合法权益受到侵害；销售价格、收款期限等违背企业销售政策，可能导致企业经济利益受损。

主要管控措施：第一，订立销售合同前，企业应当指定专门人员与客户进行业务洽谈、磋商或谈判，关注客户信用状况，明确销售定价、结算方式、权利与义务条款等相关内容。重大的销售业务谈判还应当吸收财会、法律等专业人员参加，并形成完整的书面记录。第二，企业应当建立健全销售合同订立及审批管理制度，明确必须签订合同的范围，规范合同订立程序，确定具体的审核、审批程序和所涉及的部门人员及相应权责。审核、审批应当重点关注销售合同草案中提出的销售价格、信用政策、发货及收款方式等。重要的销售合同，应当征询法律专业人员的意见。第三，销售合同草案经审批同意后，企业应授权有关人员与客户签订正式销售合同。

（五）发货

发货是根据销售合同的约定向客户提供商品的环节。该环节的主要风险是：未经授权发货或发货不符合合同约定，可能导致货物损失或客户与企业的销售争议、销售款项不能收回。

主要管控措施：第一，销售部门应当按照经审核后的销售合同开具相关的销售通知交仓储部门和财会部门。第二，仓储部门应当落实出库、计量、运输等环节的岗位责任，对销售通知进行审核，严格按照所列的发货品种和规格、发货数量、发货时间、发货方式、接货地点等，按规定时间组织发货，形成相应的发货单据，并应连续编号。第三，应当以运输合同或条款等形式明确运输方式、商品短缺或毁损变质的责任、到货验收方式、运输费用承担、保险等内容，货物交接环节应做好装卸和检验工作，确保货物的安全发运，由客户验收确认。第四，应当做好发货各环节的记录，填制相应的凭证，设置销售台账，实现全过程的销售登记制度。

（六）收款

收款业务的主要风险及主要管控措施将在本章第三节中详细介绍。

（七）客户服务

客户服务是在企业与客户之间建立信息沟通机制，对客户提出的问题，企业应予以及时解答或反馈、处理，不断改进商品质量和服务水平，以提升客户满意度和忠诚度。客户服务包括产品维修、销售退回、维护升级等。该环节的主要风险是：客户服务水平低，消费者满意度不足，影响公司品牌形象，造成客户流失。

主要管控措施：第一，结合竞争对手客户服务水平，建立和完善客户服务制度，包括客户服务内容、标准、方式等。第二，设专人或部门进行客户服务和跟踪。有条件的企业可以按产品线或地理区域建立客户服务中心。加强售前、售中和售后技术服务，实行客户服务人员的薪酬与客户满意度挂钩。第三，建立产品质量管理制度，加强销售、生产、研发、质量检验等相关部门之间的沟通协调。第四，做好客户回访工作，定期或不定期开展客户满意度调查；建立客户投诉制度，记录所有的客户投诉，并分析产生原因及解决措施。第五，加强销售退回控制。销售退回需经具有相应权限的人员审批后方可执行；销售退回的商品应当参照物资采购入库管理。

（八）会计系统控制

会计系统控制是指利用记账、核对、岗位职责落实和相互分离、档案管理、工作交接程序等会计控制方法，确保企业会计信息真实、准确、完整。会计系统控制包括销售收入的确认、应收款项的管理、坏账准备的计提和冲销、销售退回的处理等内容。该环节的主要风险是：缺乏有效的销售业务会计系统控制，可能导致企业账实不符、账证不符、账账不符或者账表不符，影响销售收入、销售成本、应收款项等会计核算的真实性和可靠性。

主要管控措施：第一，企业应当加强对销售、发货、收款业务的会计系统控制，详细记录销售客户、销售合同、销售通知单、发运凭证、商业票据、款项收回等情况，确保会计记录、销售记录与仓储记录核对一致。具体为：财会部门开具发票时，应当依据相关单据（计量单、出库单、货款结算单、销售通知单等）并经相关岗位审核。销售发票应遵循有关发票管理规定，严禁开具虚假发票。财会部门通过销售报表等原始凭证审核销售价格、数量等，并根据国家统一的会计准则或会计制度的规定确认销售收入，登记入账。财会部门与相关部门月末应核对当月销售数量，保证各部门销售数量的一致性。第二，建立应收账款清收核查制度，销售部门应定期与客户对账，并取得书面对账凭证，财会部门负责办理资金结算并监督款项回收。第三，及时收集应收账款相关凭证资料并妥善保管；及时要求客户提供担保；对未按时还款的客户，采取申请支付令、申请诉前保全和起诉等方式及时清收欠款。对收回的非货币性资产应经评估和恰当审批。第四，企业对于可能成为坏账的应收账款，应当按照国家统一的会计准则规定计提坏账准备，并按照权限范围和审批程序进行审批。对确定发生的各项坏账，应当查明原因，明确责任，并在履行规定的审批程序后做出会计处理。企业核销的坏账应当进行备查登记，做到账销案存。已核销的坏账又收回时应当及时入账，防止形成账外资金。

三、销售业务内部控制的设计及运行

1.销售业务审批流程与风险控制（如图10-2、表10-1所示）

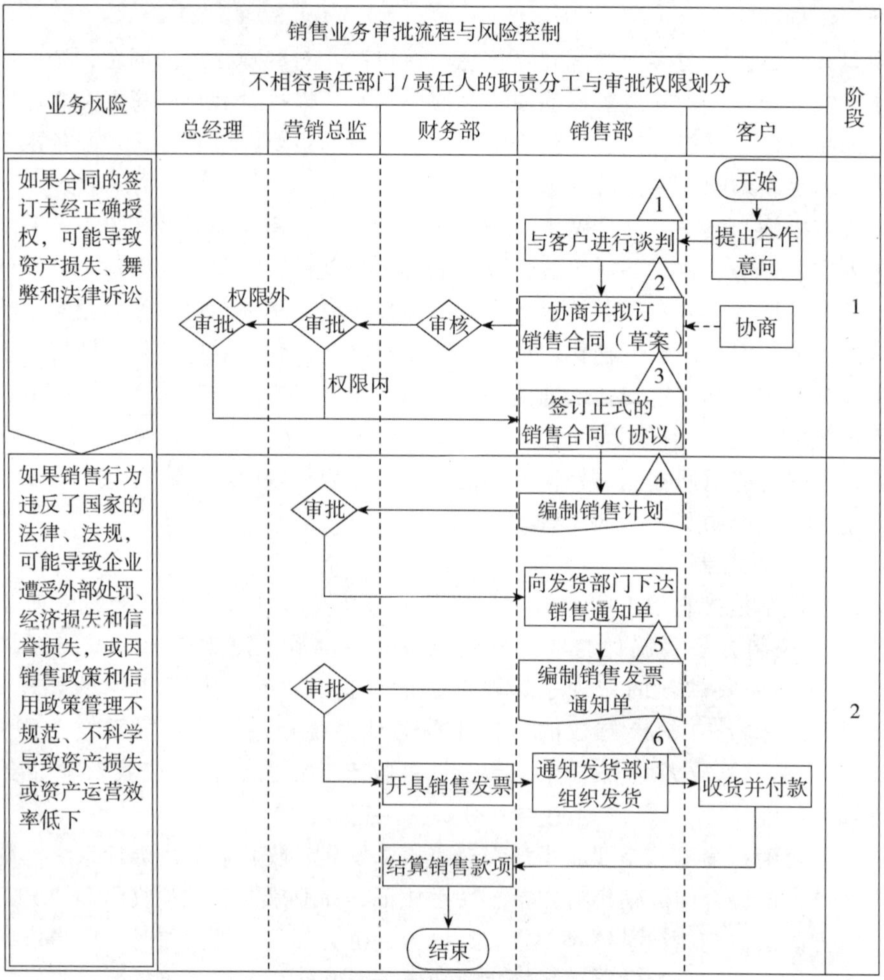

图10-2　销售业务审批流程与风险控制图

表10-1

销售业务审批流程控制表

销售业务审批流程控制		
控制事项		详细描述及说明
阶段控制	1	1.在销售合同签订之前，销售员应就销售价格、信用政策、发货及收款方式等具体事项与客户进行谈判。对谈判中涉及的重要事项，应当有完整的书面记录 2.销售部与客户协商后，拟订销售合同（草案），提交给营销总监和总经理审批，营销总监和总经理依照企业规定的不同合同金额审批权限进行审批，营销总监/总经理应当对销售合同（草案）中提出的销售价格、信用政策、发货及收款方式等进行严格审查并建立客户信息档案。重要的销售合同，应当征询法律顾问或专家的意见 3.销售合同（草案）经审批同意后，销售部经理应与客户签订正式的销售合同。签订合同应当符合《中华人民共和国合同法》的规定
	2	4.销售部应当按照经批准的销售合同编制销售计划 5.销售部向发货部门下达销售通知单，同时编制销售发票通知单，并经营销总监审批后下达给财务部 6.发货部门应当对销售发货单据进行审核，严格按照销售通知单所列的发货品种和规格、发货数量、发货时间、发货方式、接货地点组织发货，并建立货物出库、发运等环节的岗位责任制，确保货物的安全发运

续表

相关规范	应建规范	🗍销售业务授权制度 🗍销售业务审核批准制度 🗍销售合同协议审批制度
	参照规范	🗍《中华人民共和国合同法》 🗍《企业内部控制应用指引》
文件资料		🗍销售合同
责任部门及责任人		🗍销售部、财务部 🗍总经理、营销总监、销售部经理、销售员

2. 销售定价业务流程与风险控制（如图10-3、表10-2所示）

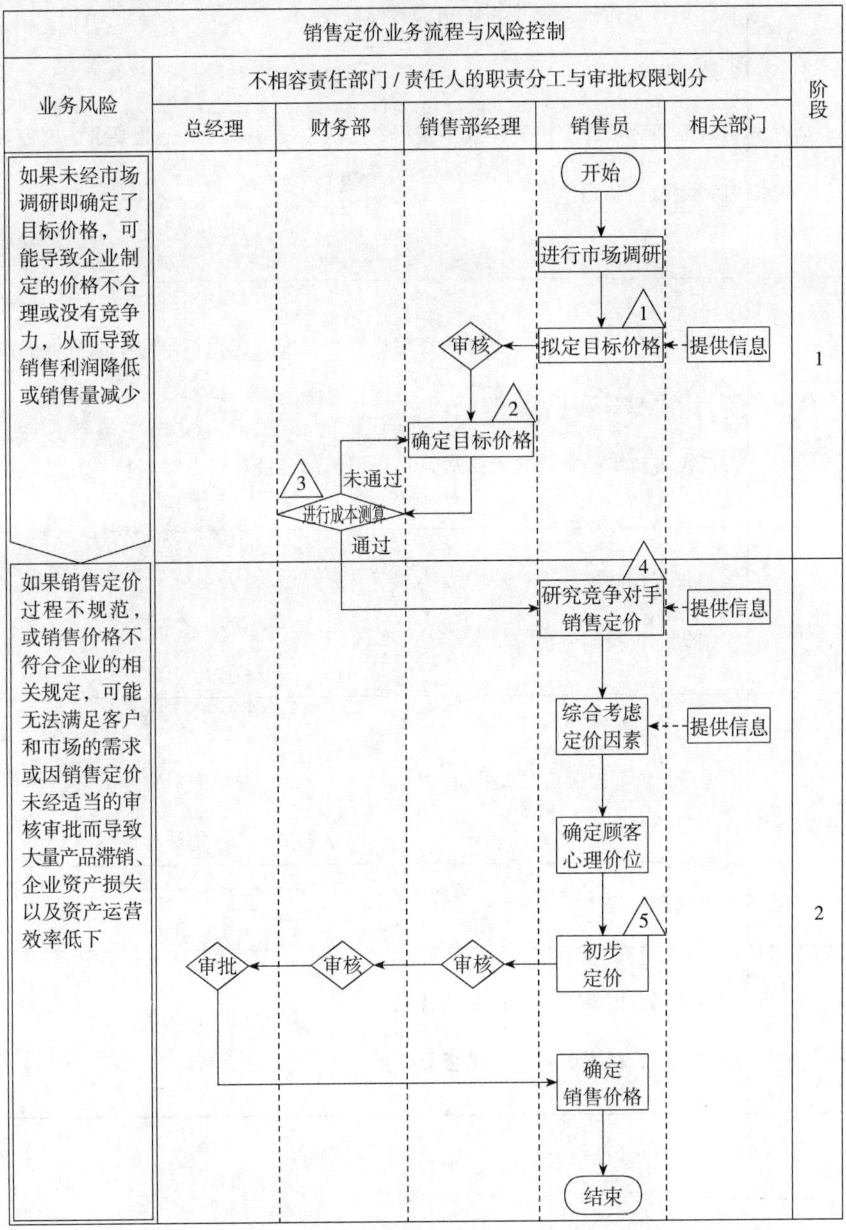

图10-3　销售定价业务流程与风险控制图

表 10-2 **销售定价业务流程控制表**

<table>
<tr><th colspan="3">销售定价业务流程控制</th></tr>
<tr><th colspan="2">控制事项</th><th>详细描述及说明</th></tr>
<tr><td rowspan="2">阶段控制</td><td>1</td><td>1. 销售员在市场调研和研究生产部、技术部等其他相关部门提供的信息的基础上，依据销售定价控制制度拟定销售目标价格
2. 经销售部经理审核后，确定销售目标价格，交财务部审核
3. 财务部对销售价格进行成本测算，若成本测算未通过企业要求，则需要销售部重新确定目标价格</td></tr>
<tr><td>2</td><td>4. 销售员对企业竞争对手的销售定价进行研究，包括竞争对手品牌知名度、产品性能、产品包装等相关因素
5. 销售员初步确定销售价格后，提交销售部经理和财务部审核、总经理审批</td></tr>
<tr><td rowspan="2">相关规范</td><td>应建规范</td><td>❐销售管理制度
❐销售定价控制制度</td></tr>
<tr><td>参照规范</td><td>❐《企业内部控制应用指引》</td></tr>
<tr><td colspan="2">文件资料</td><td>❐市场调研报告</td></tr>
<tr><td colspan="2">责任部门及责任人</td><td>❐销售部、财务部、生产部、技术部
❐总经理、销售部经理、销售员</td></tr>
</table>

3.销售发货业务流程与风险控制（如图10-4、表10-3所示）

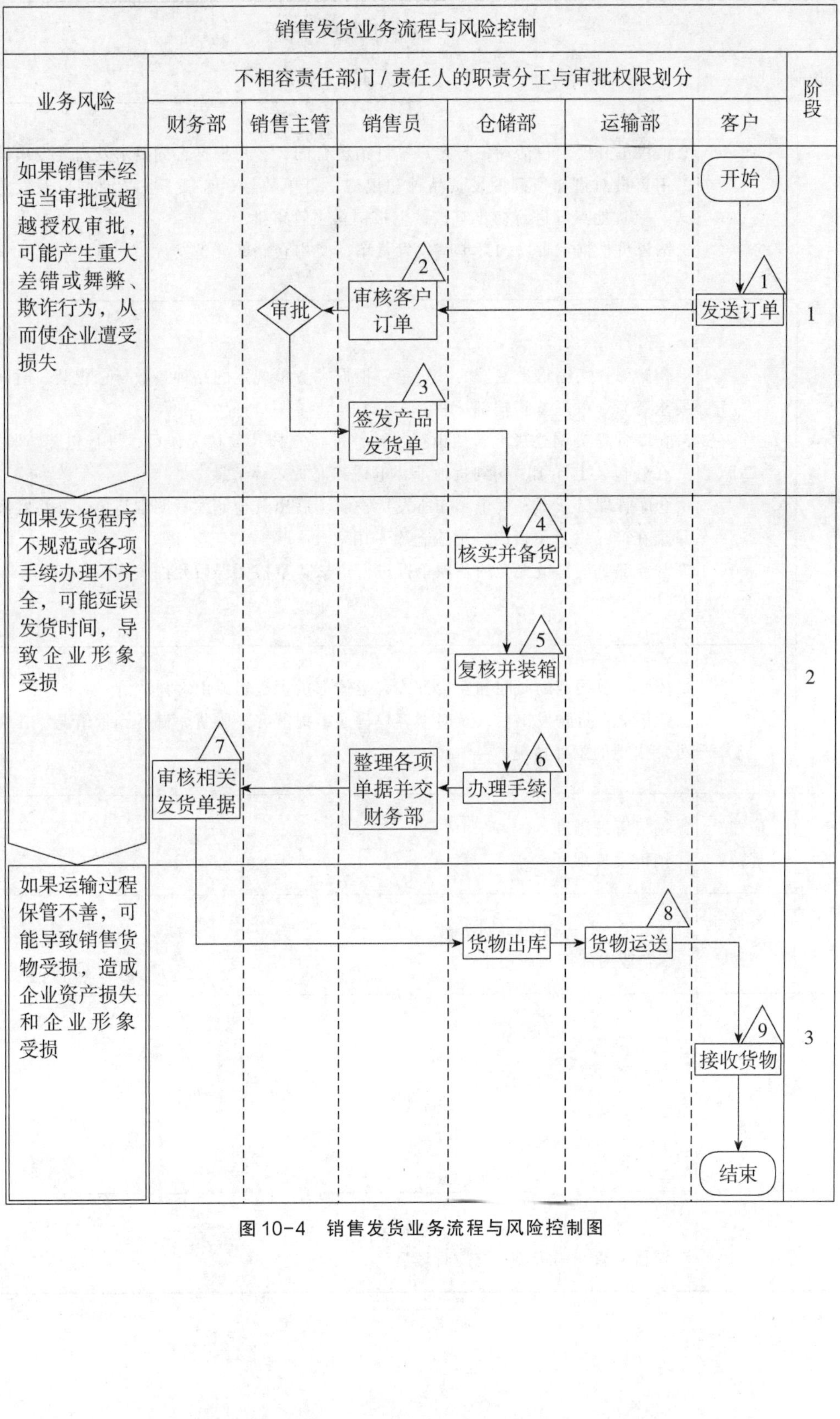

图10-4　销售发货业务流程与风险控制图

表10-3 **销售发货业务流程控制表**

销售发货业务流程控制		
控制事项		详细描述及说明
阶段控制	1	1.销售员开展销售活动，与客户签订销售合同，客户根据合同要求及需要发出订单 2.销售员对订单所列的发货品种和规格、订单数量、金额、发货时间以及发货方式、接货地点等进行初步审核，上报销售主管审批 3.销售员根据审批后的订单签发发货单，交由仓储部准备发货
	2	4.仓储部核实销售员签发的发货单，根据发货单规定的品种、数量、包装、时间等要求备货，并通知运输部运货 5.仓库管理员调整账卡，核销存货，并进行复核；复核无误后，进行包装、装箱，并在外包装上详细写明到货地址、电话和取货人等信息 6.仓库管理员依据发货单，在所发货物装车后出具仓储发货明细清单，并将实际数量填在产品发货单栏内，加盖仓库专用章 7.财务部对销售员提交的各项单据进行审核，审核无误后允许发货
	3	8.按照订单约定的时间和发货方式，运输部负责送货或由客户取货 9.销售员在货物发出后，及时与客户沟通，提醒客户收货，确认到货情况，并协助处理出现的意外情况
相关规范	应建规范	□销售管理制度 □销售发货制度
	参照规范	□《中华人民共和国合同法》 □《企业内部控制应用指引》
文件资料		□发货单 □销售合同 □销售订单 □仓库发货明细清单
责任部门及责任人		□销售部、仓储部、财务部、运输部 □销售主管、销售员、仓库管理员

4.赊销业务管控流程与风险控制（如图10-5、表10-4所示）

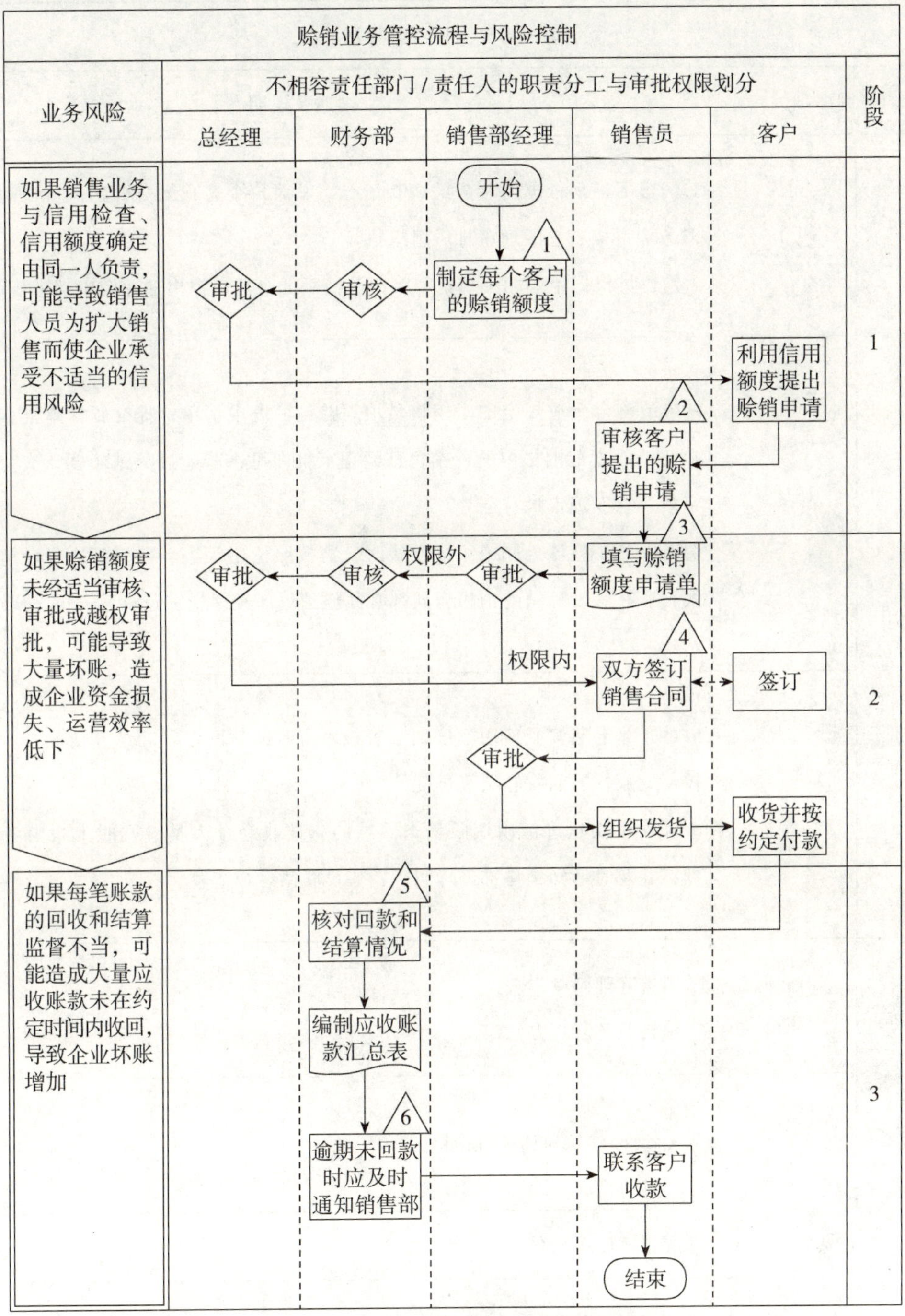

图10-5　赊销业务管控流程与风险控制图

表10-4　　赊销业务管控流程控制表

<table>
<tr><th colspan="3">赊销业务管控流程控制</th></tr>
<tr><th colspan="2">控制事项</th><th>详细描述及说明</th></tr>
<tr><td rowspan="3">阶段控制</td><td>1</td><td>1.销售部经理依据对客户的调查情况，针对每个客户划分赊销额度范畴，交财务部审核、总经理审批后组织执行
2.销售员根据企业相关规定和客户赊销额度对客户提出的赊销申请进行审核</td></tr>
<tr><td>2</td><td>3.申请符合企业规定的，销售员填写赊销额度申请单，提交领导审批。在客户赊销额度范围之内的，销售部经理审批即可；若超过赊销额度，交财务部审核及总经理审批
4.销售员在签订合同或组织发货时，需按照信用等级和授权额度确定销售方式；所有签发赊销的销售合同都必须经销售部经理签字盖章后方可发出</td></tr>
<tr><td>3</td><td>5.财务部定期按照信用额度期限表核对应收账款的汇款和结算情况，严格监控每笔账款的回收和结算进度
6.应收账款超过信用期限仍未回款的，催收会计人员应及时上报财务部经理，并及时通知销售部经理组织销售员联系客户清收</td></tr>
<tr><td rowspan="2">相关规范</td><td>应建规范</td><td>□销售管理制度
□赊销业务管理办法</td></tr>
<tr><td>参照规范</td><td>□《企业内部控制应用指引》</td></tr>
<tr><td colspan="2">文件资料</td><td>□赊销额度申请单</td></tr>
<tr><td colspan="2">责任部门及责任人</td><td>□销售部、财务部
□总经理、销售部经理、销售员、财务部经理、会计</td></tr>
</table>

5.销售合同审批流程与风险控制（如图10-6、表10-5所示）

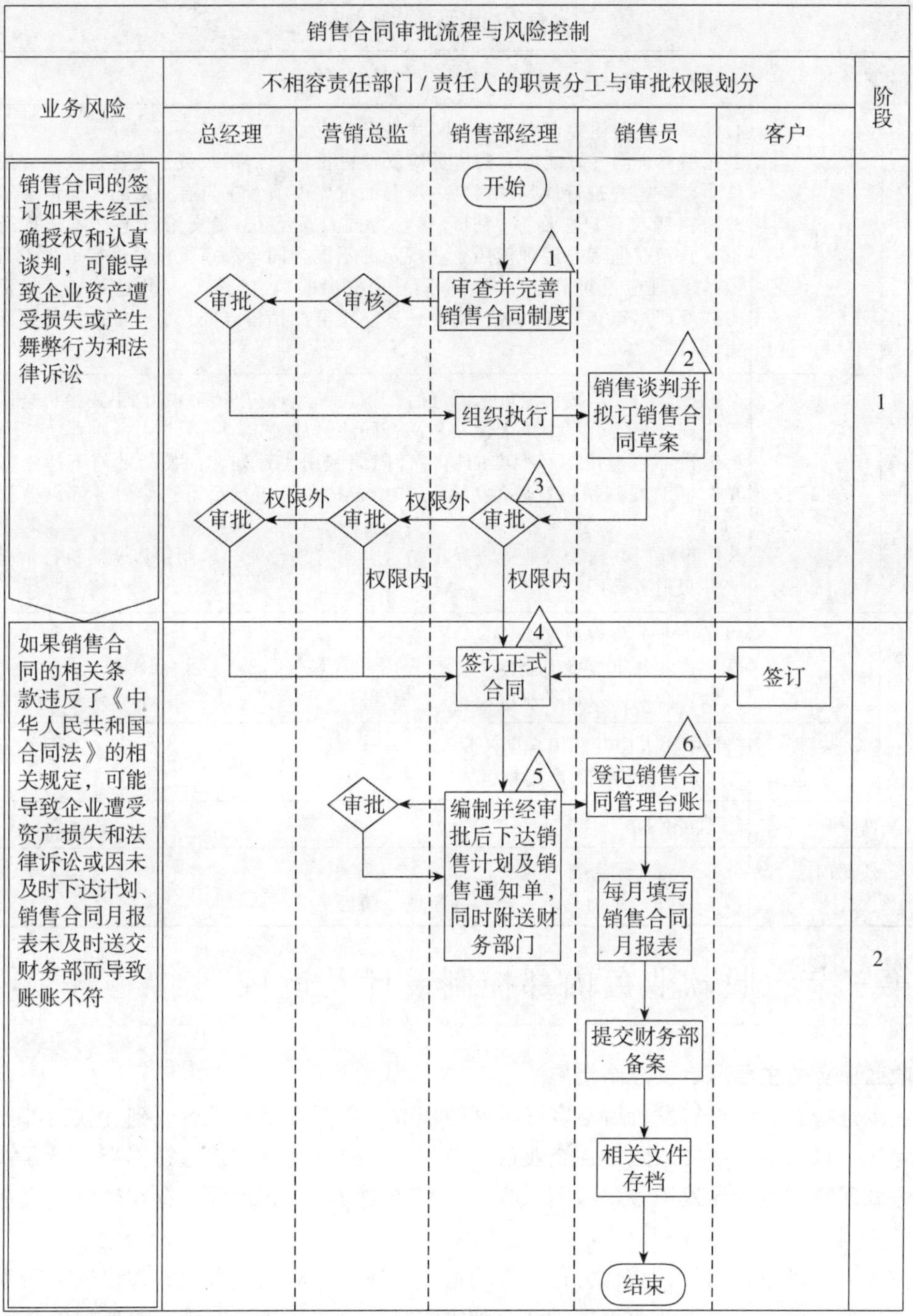

图10-6　销售合同审批流程与风险控制图

表 10-5　　　　　　　　　　**销售合同审批流程控制表**

<table>
<tr><th colspan="3">销售合同审批流程控制</th></tr>
<tr><th colspan="2">控制事项</th><th>详细描述及说明</th></tr>
<tr><td rowspan="2">阶段控制</td><td>1</td><td>1.审查并完善销售合同制度，同时组织实施
2.在销售合同签订之前，销售员应就销售价格、信用政策、发货及收款方式等具体事项与客户进行谈判。谈判中涉及的重要事项，应当有完整的书面记录
3.销售部与客户协商后，拟订销售合同（草案），提交给营销总监和总经理审批，营销总监和总经理依照企业规定的不同合同金额审批权限进行审批，营销总监/总经理应当对销售合同（草案）中提出的销售价格、信用政策、发货及收款方式等严格审查并建立客户信息档案。重要的销售合同，应当征询法律顾问或专家的意见</td></tr>
<tr><td>2</td><td>4.销售合同（草案）经审批同意后，销售部经理应与客户签订正式销售合同。签订合同应当符合《中华人民共和国合同法》的规定
5.销售部应当按照经批准的销售合同编制销售计划，向发货部门下达销售通知单，同时编制销售发票通知单，并经营销总监审批后下达给财务部以监督合同执行
6.销售部门办理销售业务，登记销售合同管理台账，填制销售合同执行情况日报表并报财务部门</td></tr>
<tr><td rowspan="2">相关规范</td><td>应建规范</td><td>□销售业务授权制度
□销售业务审核批准制度
□销售合同协议审批制度</td></tr>
<tr><td>参照规范</td><td>□《中华人民共和国合同法》
□《企业内部控制应用指引》</td></tr>
<tr><td colspan="2">文件资料</td><td>□销售合同</td></tr>
<tr><td colspan="2">责任部门及责任人</td><td>□销售部、财务部
□总经理、营销总监、销售部经理、销售员</td></tr>
</table>

● 第三节　收款业务内部控制设计及运行

一、收款业务的主要风险及控制措施

收款是指企业经授权发货后与客户结算的环节。按照发货时是否收到货款，可分为现销和赊销。该环节的主要风险是：企业信用管理不到位，结算方式选择不当，票据管理不善，账款回收不力，导致销售款项不能收回或遭受欺诈；收款过程中存在舞弊，使企业经济利益受损。

主要管控措施：第一，结合公司销售政策，选择恰当的结算方式，加快款项回收，提高资金的使用效率。对于商业票据，结合销售政策和信用政策，明确应收票据的受理范围和管理措施。第二，建立票据管理制度，特别是加强对商业汇票的管理：一是对票据的取得、贴现、背书、保管等活动予以明确规定；二是严格审查票据的真实性和合法性，防止票据欺诈；三是由专人保管应收票据，对即将到期的应收票据，及时办理托收，定期核对盘点；四是票据贴现、背书应经恰当审批。第三，加强赊销管理。一是需要赊销的商品，

应由信用管理部门按照客户信用等级审核，并经具有相应权限的人员审批；二是赊销商品一般应取得客户的书面确认，必要时，要求客户办理资产抵押、担保等收款保证手续；三是应完善应收款项管理制度，落实责任、严格考核、实行奖惩，销售部门负责应收款项的催收，催收记录（包括往来函电）应妥善保存。第四，加强对代销业务款项的管理，及时与代销商结算款项。第五，收取的现金、银行本票、汇票等应及时缴存银行并登记入账。防止由销售人员直接收取款项，如必须由销售人员收取，应由财会部门加强监控。

二、收款业务的内部控制设计及运行

销售收款业务审批流程与风险控制如图 10-7 和表 10-6 所示。

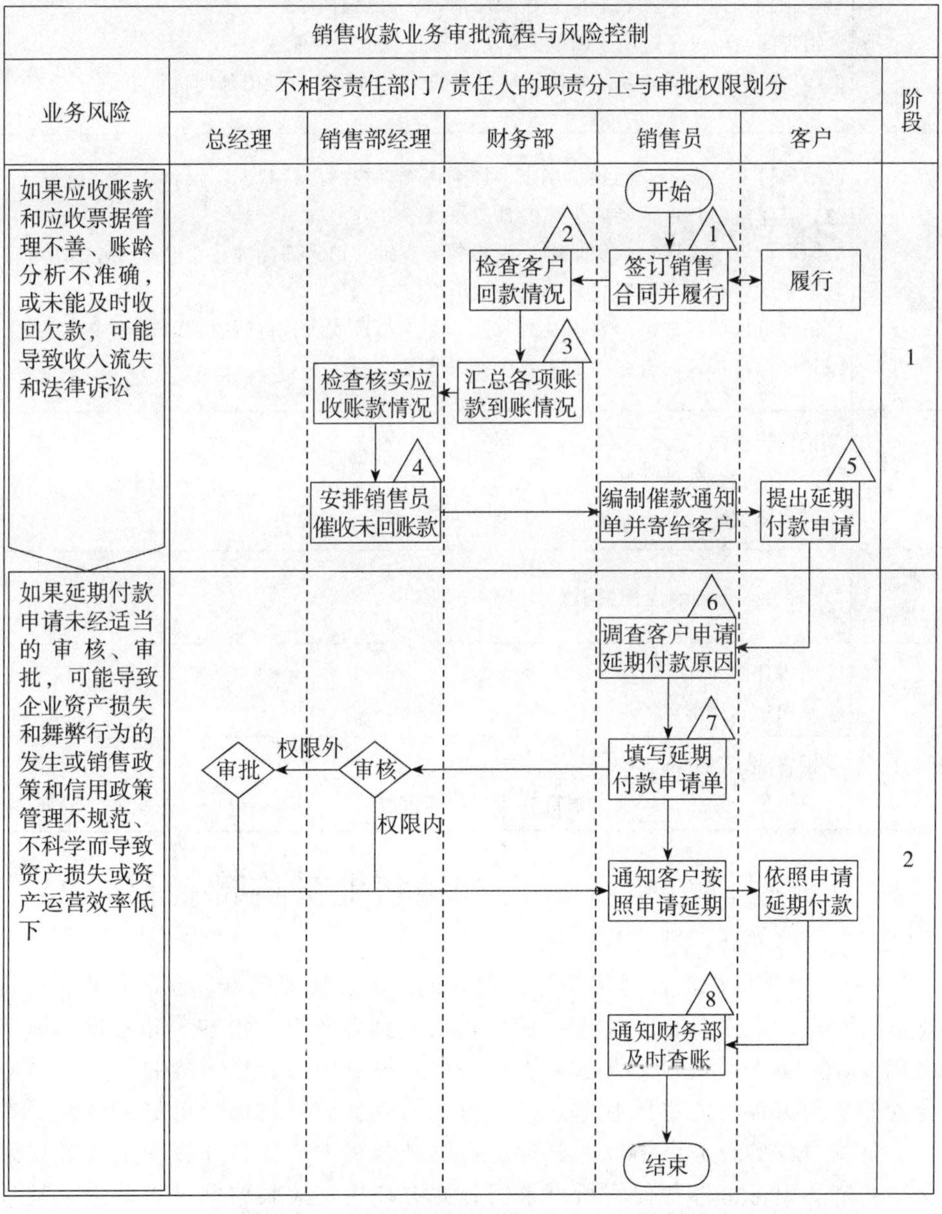

图 10-7　销售收款业务审批流程与风险控制图

表 10-6　　销售收款业务审批流程控制表

<table>
<tr><th colspan="3">销售收款业务审批流程控制</th></tr>
<tr><th colspan="2">控制事项</th><th>详细描述及说明</th></tr>
<tr><td rowspan="2">阶段控制</td><td>1</td><td>1.销售员与所开发的客户签订销售合同，合同中要注明货物品种、数量、金额、付款方式、争议解决方法等内容，规定双方的权利与义务，并根据合同的规定和客户的订单及时向客户发货
2.财务部根据各项销售业务的回款计划与发货单检查实际回款情况
3.财务部根据规定检验客户是否按计划回款、货款是否到账、货款是否全部到账等，并就应回而未回的款项编制应收账款明细表，通知销售部
4.销售部经理对于逾期未回的账款，安排销售员进行催款
5.客户接到催款通知后，申请延期付款的，应向销售员提出延期付款申请</td></tr>
<tr><td>2</td><td>6.销售员要结合企业的相关规定，详细调查客户的经营状况、偿付能力、信誉状况等信息，并了解客户申请延期付款的真实原因
7.销售员填写延期付款申请单，上报领导审批，销售部经理、总经理根据各自的职责和权限依次审核、审批客户的申请并做出决定
8.销售员按照客户中请要求及时收款，并于当日或次日将所收到的现金或票据交财务部或通知财务部及时查账，确认款项到账情况</td></tr>
<tr><td rowspan="2">相关规范</td><td>应建规范</td><td>□销售管理制度
□逾期应收账款催收制度
□应收账款账龄分析制度</td></tr>
<tr><td>参照规范</td><td>□《企业内部控制应用指引》</td></tr>
<tr><td colspan="2">文件资料</td><td>□销售合同
□延期付款申请单</td></tr>
<tr><td colspan="2">责任部门及责任人</td><td>□销售部、财务部
□总经理、销售部经理、销售员、财务部相关人员</td></tr>
</table>

● 第四节　案例分析——把脉销售业务内部控制

某企业销售环节的内部控制制度为：设立销售部、处理订单、签订合同、执行销售政策和信用政策；销售部经理对30万元以内的赊销业务有权批准，并根据具体情况确定产品售价。由于人手紧张，大宗销售都是由业务员甲与客户谈判并签订合同。没有签订合同的购买方提货的销售业务直接由财务部收款后开具提货单据和发票，客户自行提货；货到付款的业务由销售业务员乙负责赴购买方收款，并将现金或者支票等票据转交财务部。财务部经理保管所有票据，并有权决定应收票据是否贴现。某月该企业发生如下业务：

1.销售部经理凭某一老客户以前给其留下的良好印象批准向该客户赊销23.4万元的产品，后来该款项迟迟未能收到，财务部证实该企业财务状况恶化，当时已经有数笔货款没有如期支付了。

2.另一新客户要求签订3年期的供货合同，3年中每月末按照市场价格80万元购货，提供下一批货物时清偿上一批货物款项。由于企业销售政策中没有此类情况，销售部经理向总经理请示，总经理当即决定签署该合同。一个月后，该客户未能还款，经公司调查，发现该客户并无偿还能力。

案例评述

1.内部会计控制中的问题

（1）尽管企业销售、发货、财务部门分设，但职责划分不合理。

第一，开具提货单应该是销售部门的职责，财务部根据销售部开具的提货单进行收款，但企业规定由财务部开具提货单，容易造成职责分工不明、收款作弊等。

第二，收款是财务部的职责，但规定由销售部业务员赴外地收款，造成同一部门和人员经办整个销售收款业务的全过程，同时也违背了销售人员不得接触现款的规定。

（2）由销售部经理根据具体情况确定售价的做法容易造成销售价格失控、销售收入流失，应根据制定好的价目表、折扣政策、付款政策等加以执行。

（3）在进行业务谈判时一般需要两名谈判人员，以增强谈判能力，减少作弊的可能。

（4）财务部经理保管所有的票据并有权决定应收票据贴现的做法违背了票据保管人员与贴现批准人员相互分离等要求，容易导致贴现行为失去监督。

2.企业销售业务的操作存在的问题

（1）在决定是否赊销时，应进行客户资信状况的审查，而不是凭个人印象；同时企业应该按客户设置应收账款台账，及时反映与客户的债权债务关系，以便于评价客户信用状况，做出正确的销售决策。

（2）对于企业发生的超过现有销售政策的特殊业务（如本例中的长期供货合同），企业应进行集体决策，避免因决策失误造成损失。本例中总经理当即决定签订合同的做法过于草率，应经过必要的调查，由此可见企业对客户信用控制太不严格。

3.销售业务中常见的弊端

（1）虚记销售收入，调节利润。公司的管理层往往为了粉饰公司的财务报表，提高管理层的业绩，从事盈余管理活动。比如，伪造虚假的销售发票、发货单等原始凭证和相应的应收账款金额，有时重复入账也会达到虚记收入的目的。

（2）销售成本结转不实，变相调节利润。由于公司的成本资料具有一定的复杂性和保密性，所以在这方面做手脚比较容易。

（3）收款方式选用不当，造成坏账。这主要是由于在公司的赊销环节没有对客户信用作严格的审查，导致大量坏账的产生。

（4）销售费用支出失控，成本增大。由于预算控制没有做到位，致使销售费用指标失控现象发生。无论销售费用发生金额是大是小，都由销售人员自己决定，这就等于鼓励不正常的职务消费，甚至造成贪污腐败。

（5）销售凭证保管不严，造成资产损失。很多企业忽视了销售凭证的保管工作，没有派专人保管，造成凭证管理混乱的局面。内部人员容易涂改、销毁、伪造凭证，进行贪污活动，这就为销售造假、资产流失铺平了道路。

资料来源 胡松林.会计继续教育之企业内部控制应用指引讲解［EB/OL］.［2015-12-27］. http://www.btdcw.com/btd_2ihtz7vd606m3qo9y5ox_3.html.

第十一章

研究与开发

研究与开发是企业核心竞争力的本源，是促进企业自主创新的重要体现，是企业加快转变经济发展方式的强大推动力。钱学森同志曾经说过，科技创新就是自主研发，拥有曾经“买不到、买不起、买回来已落后”的核心技术；即使买到产品，也买不到产权；即使买到产权，也买不到知识；即使买到知识，也买不到人才。由此说明，创新、产权、知识、人才是核心资源，自主创新是第一要务。在经济全球化背景下，特别是为了抢抓后危机时期的重要发展机遇，企业应坚定不移地走自主创新之路，重视和加强研究与开发，并将相关成果转化为生产力，在竞争中赢得主动权，夺得先机。《企业内部控制应用指引第10号——研究与开发》旨在有效控制研发风险，提升企业自主创新能力，充分发挥科技的支撑引领作用，促进实现企业发展战略。

第一节　研究与开发概述

一、研究与开发的概念

广义的研究与开发是指各种研究机构、企业为获得科学技术（不包括人文、社会科学）新知识，创造性地运用科学技术新知识，或实质性地改进技术、产品和服务而持续进行的具有明确目标的系统活动，一般指产品、科技的研究和开发。研发活动是一种创新活动，需要创造性的工作。按照该定义，研究开发活动可理解为由科技研发与技术研发两大部分构成。

科技研发是指为获得科学技术的新知识、创造性地运用科学技术新知识、探索技术的重大改进而从事的有计划的调查、分析和实验活动。对科学原理、规律、理论的研究称为基础研究，而对科学技术的应用性研究和开发称为应用研发。科技研发情况等（如研发经费、研发人员数量、研发成果包括发表的论文、申请的专利等）是衡量一个国家创新能力的重要指标。

技术研发是指为了实质性地改进技术、产品和服务，将科研成果转化为质量可靠、成本可行、具有创新性的材料、产品、装置、工艺和服务的系统性活动。

研发包括四个基本要素：创造性、新颖性、科学方法的运用、新知识的产生。研究开发活动的产出是新的知识（无论是否具有实际应用背景），或者是新的和有明显改进的材料、产品、装置、工艺或服务等。

《企业内部控制应用指引》所称的研究与开发，是指企业为获取新产品、新技术、新工艺等所开展的各种研发活动。

二、加强研究与开发内部控制的意义

研发是企业进行创新的重要手段，能够为企业发展建立有利的领先优势。但是，研发活动也具有投入大、周期长、不确定性高的特点，其对企业经营产生的影响和本身面临的风险也越来越大。例如，研发人员可能被竞争对手挖角，对外泄密或者恶意破坏，也可能遭受灾难、意外事件或者别人的攻击；研发出来的产品或者服务可能是过时的或者是不受欢迎的；研发的投入太大引致企业经营风险，或者研发的投入大于研发产生的收益。因此，研发业务的内部控制在企业整体的内部控制中处于重要地位。

三、研发活动面临的主要风险

研发风险是指由于外部环境的不确定性、技术研发项目本身的难度与复杂性、研发者自身能力与实力的有限性，而导致技术研发活动中止、撤销、失败或达不到预期经济技术目标的可能性及后果。

企业开展研发活动至少应当关注下列风险：

（1）研究项目未经科学论证或论证不充分，可能导致创新不足或资源浪费。

（2）研发人员配备不合理或研发过程管理不善，可能导致研发成本过高、舞弊或研发失败。

（3）研究成果转化应用不足、保护措施不力，可能导致企业利益受损。

企业应当重视研发工作，根据发展战略，结合市场开拓和技术进步等要求，科学制订研发计划，强化研发全过程管理，规范研发行为，促进研发成果的转化和有效利用，不断提升企业的自主创新能力。

研发风险管理则是以风险为主要的控制目标，制定一系列规章制度，有效将风险降低至可接受水准以下，否则就必须增加控制措施。

四、研发活动的业务流程及总体要求

企业的研发项目不仅要注重项目的目标与结果，还要对中间过程建立起有效的管理。而一个流程化、结构化的研发业务工作流程应该是采取了对过程的重重控制以及有效的反馈来逐步达到最终目标的。建立规范的研究与开发项目管理的流程，不仅可以指导和帮助团队成员的研发实践，而且可以降低研发风险，保证研发质量，极大地提高研发工作的效率和效益。研究与开发的基本流程，主要涉及立项、研发过程管理、结题验收、研发成果的开发与保护等。

图11-1列示了一般生产企业研究与开发活动的业务流程。

《研究与开发应用指引》提出了如下管控措施：

一是企业应当结合研发计划，提出研究项目立项申请，开展可行性研究，编制可行性研究报告。

二是研究项目应当按照规定的权限和程序进行审批，重大研究项目应当报经董事会或类似权力机构集体审议决策。

三是企业应当加强对研究过程的管理，合理配备专业人员，严格落实岗位责任制，确保研究过程高效、可控。

四是企业应当建立和完善研究成果验收制度，组织专业人员对研究成果进行独立评审和验收。

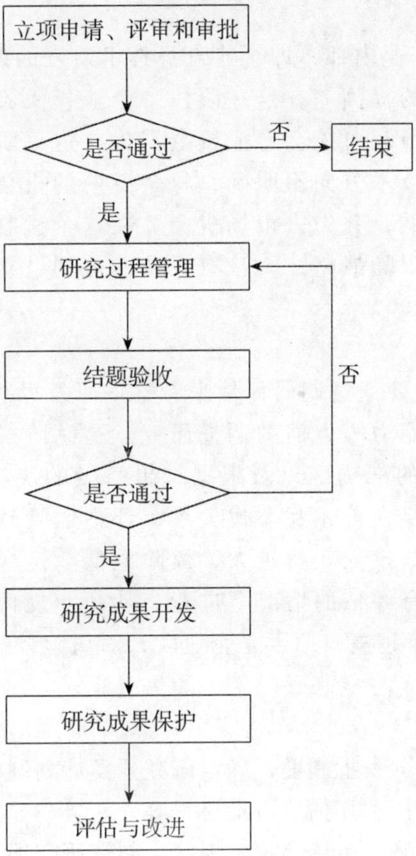

图11-1　一般生产企业研究与开发活动的业务流程图

五是企业应当明确界定核心研究人员的范围和名册清单，签署保密协议，并在劳动合同中约定研究成果归属、离职条件、离职移交程序、离职后保密义务、离职后竞业限制年限及违约责任等内容。对研发骨干人员的管理，应当引起研发型企业的高度重视。

六是企业应当加强研究成果的开发与保护，形成科研、生产、市场一体化的自主创新机制，促进研究成果转化为实际生产力。

● 第二节　立项与研究内部控制设计及运行

一、立项

研究项目的立项是项目决策部门按照自己的意图和目的，在调查研究、分析的基础上，对研究项目的规模、投资、基本方案、研发周期和预期效益等方面进行技术和经济分析，决策研究项目是否必要和可行的过程。立项主要包括立项申请、评审和审批。

该环节的主要风险是：研发计划与国家（或企业）科技发展战略不匹配，研发承办单位或专题负责人不具有相应资质，研究项目未经科学论证或论证不充分，评审和审批环节把关不严，可能导致创新不足或资源浪费。其具体可分为：

1.研发思想阶段的风险

研发思想可能来源于企业内部，即企业自身技术研发的发展，也可能来源于企业外部，即社会科学知识水平的提高。在这一阶段，企业投入不多，因此，即使失败也不会造成过大的财务损失，但却可能会形成机会损失。这一阶段风险形成的主要原因是技术发展思路的广泛性使技术方向不明确，每个方向的机会都无法准确把握，表面上投入很少，但准确率却较低，并失去市场机会。在这个机制下，为了避险，人们会不自觉地和主动地采取技术跟随战略，一旦有成功的范例，立即会引起众多的跟随者和模仿者。

2.调研评估阶段的风险

研发思想提出以后，需要通过调研评估来考察该研发思想是否具有可行性，包括对技术、市场、企业的组织能力等方面的调查研究。这一阶段风险的主要影响因素是信息的掌握程度、调研结果的准确度以及根据结果所做的决策等，即所谓的评估风险。这一风险与市场机会之间存在着相互替代关系，评估风险越低，因耽误时间而失去市场机会的可能性越大；评估投入花费越大，风险越低。这样就制约了企业对评估风险的投入，使很多研发在没有评估的情况下进行。从企业规模看，规模越大，评估风险越低；规模越小，评估风险越高，原因是企业大，对风险控制严格，而企业除了冒险以外，别无选择。

主要的管控措施包括：

第一，建立完善的立项、审批制度，确定研究开发计划制定原则和审批人，审查承办单位或专题负责人的资质条件和评估、审批流程等。

第二，结合企业发展战略、市场及技术现状，制订研究项目开发计划。

第三，企业应当根据实际需要，结合研发计划，提出研究项目立项申请，开展可行性研究，编制可行性研究报告。企业可以组织独立于申请及立项审批之外的专业机构和人员进行评估论证，出具评估意见。

第四，研究项目应当按照规定的权限和程序进行审批，重大研究项目应当报经董事会或类似权力机构集体审议决策。在审批过程中，应当重点关注研究项目促进企业发展的必要性、技术的先进性以及成果转化的可行性。

第五，制订开题计划和报告。开题计划经科研管理部门负责人审批；开题报告应对市场需求与效益、国内外在该方向的研究现状、主要技术路线、研究开发目标与进度、已有条件与基础及经费等进行充分论证、分析，保证项目符合企业需求。

【例 11-1】

某软件公司研发的OA软件凭借过硬的研发技术、完善的售后服务，已成为小型企业办公自动化的首选软件。随着公司规模的扩大，公司想向其他领域发展。由于公司创始人从事金融行业，认为开发该行业软件发展前途大、利润高，于是软件公司选择金融行业作为未来实行跨越的方向。

为了实现这一目标，公司将原来的研发人员一分为二，一部分继续从事OA软件的开发，另一部分研发人员针对银行和证券公司研发大型办公自动化软件。由于研发人员相互之间较为熟悉，且时间紧，费用投入大，项目组成立后立刻进行分工开发。

随着开发过程的深入，出现的问题越来越多，如研发人员水平不够、项目经费开支过大、技术难题解决缓慢，而且同类软件已经在市场上出现，整个项目面临失败的风险。

【分析】

该软件公司对研发项目面临失败的风险进行了分析，认为最重要的原因在于项目未按照正常的程序进行立项。

首先，立项流程的第一步就是要进行项目立项评审工作。在该案例中，该公司决策者既没有进行市场调研，也没有邀请外部专家进行评审，注定了该项目从出生开始就面临着极大的市场风险。

其次，在完成了市场调研的基础上，就要编制可行性研究报告，详细描述整个研发计划的背景、技术方案、预计经费、完成时间、预期目标等内容。而在本例中，由于公司决策层只顾抢时间而忽略了整个计划的筹划，所以在后续过程中陷入困境。

最后，该软件公司对于自己不熟悉的领域所面临的技术风险估计不足。

二、研究

实务中，研发通常分为自主研发、委托研发和合作研发。

1. 自主研发

自主研发是指企业依靠自身的科研力量，独立完成项目，包括原始创新、集成创新和在引进消化基础上的再创新三种类型。

其主要风险包括：

第一，研究人员配备不合理，导致研发成本过高、舞弊或研发失败。

第二，研发过程管理不善，费用失控或科技收入形成账外资产，影响研发效率，提高研发成本甚至造成资产流失。

第三，多个项目同时进行时，相互争夺资源，出现资源的短期局部缺乏，可能造成研发效率下降。

第四，研究过程中未能及时发现错误，导致修正成本提高。

第五，科研合同管理不善，导致权属不清，知识产权存在争议。

主要的管控措施包括：

第一，建立研发项目管理制度和技术标准，建立信息反馈制度和研发项目重大事项报告制度，严格落实岗位责任制。

第二，合理设计项目实施进度计划和组织结构，跟踪项目进展，建立良好的工作机制，保证项目顺利实施。

第三，精确预计工作量和所需资源，提高资源使用效率。

第四，建立科技开发费用报销制度，明确费用支付标准及审批权限，遵循不相容岗位牵制原则，完善科技经费入账管理程序，按项目正确划分资本性支出和费用性支出，准确开展会计核算，建立科技收入管理制度。

第五，开展项目中期评审，及时纠偏调整；优化研发项目管理的任务分配方式。

【例 11-2】

埃克森美孚美国石油公司通过十几年的技术研发管理实践，总结出实现技术研发管理的技术管理系统（technology advancement system，TAS），如图 11-2 所示。该系统除了在主要业务环节上与流行的技术研发流程有相似之处外，其重要的不同之处就是强调了每个阶段所设置的“门径（gate）”的作用。

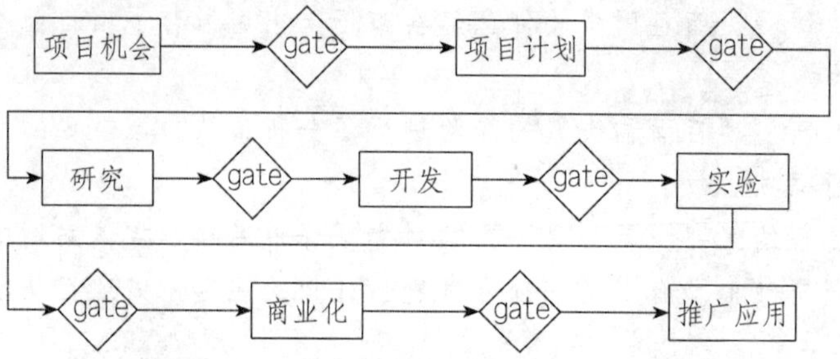

图11-2 埃克森美孚美国石油公司的技术管理系统

在埃克森美孚美国石油公司，从技术研发直到商业化推广应用的每一个环节都有一个门径在发挥作用。从全过程来看，每一个门径在某种程度上相当于管理控制中的重点控制环节，起着评价、控制、管理的作用。同时，由于大多数项目不能够从开始一直运行到最后，各个门径还起到了对技术研发项目进行筛选和淘汰的作用，体现了研发过程中管理的职责和重要性。

【分析】

TAS取得成功的一个重要原因是让不同部门的人员共同参与到技术研发过程的管理中来。在技术研究与开发过程中，研究人员、开发人员和工程技术人员有机结合，具体体现在：在项目论证、研究、开发、工程试验与商业化等各个阶段，研究人员、开发人员和工程技术人员都是全过程参加的。所不同的是，在不同的阶段，发挥主导作用的力量不同，参与的程度不同。

注重团队建设是提高研发项目组织效率的重要形式。来自不同部门的人员以项目团队的方式结合在一起，可利用共享资源、完成独立任务、实现共同的目标。在一个企业内部，这样的项目团队可以有多种组织方式。比如，在一个部门内，按不同的功能组成团队；在一个公司内，组成跨部门的团队；在几个下属企业之间，组成跨组织项目的团队以及组成相对独立的特别项目团队等。

TAS的另一大成功之处在于注重反复论证，重视生产部门的意见。在具体实施中，每一个门径都会由技术管理人员、有关专家、生产经营部门管理人员以及项目组共同就某项技术取得的进展以及进一步投资的必要性展开详细、系统的论述。

研发人员都非常重视这一论证过程，而且会努力提供支持项目继续进行的有关观点和证据。生产经营部门往往是站在有关投资方和最终用户的立场上评估项目商业化的前景以及新技术应用带来的效应。因此，生产经营部门往往具有最终的发言权。

2.委托研发与合作研发

委托研发是指企业委托具有资质的外部承办单位进行研究和开发。合作研发是指合作双方基于研发协议，就共同的科研项目，以某种合作形式进行研究和开发。

委托（合作）研发的主要风险是：委托（合作）单位选择不当，知识产权界定不清。合作研发还包括与合作单位存在沟通障碍、合作方案设计不合理、权责利不能合理分配、资源整合不当等风险。

主要的管控措施包括：

第一，加强委托（合作）研发单位资信、专业能力等方面管理。

第二，委托研发应采用招标、议标等方式确定受托单位，制定规范详尽的委托研发合同，明确产权归属、研究进度和质量标准等相关内容。

第三，合作研发应对合作单位进行尽职调查，签订书面合作研究合同，明确双方投资、分工、权利义务、研究成果产权归属等；加强项目的管理监督，严格控制项目费用，防止挪用、侵占等。

第四，根据项目进展情况、国内外技术最新发展趋势和市场需求变化等情况，对项目的目标、内容、进度、资金进行适当调整。

【例11-3】

2015年3月，A研究院与B公司协商决定合作研制一种多功能家用吸尘器，双方签署了一份合作开发合同，约定双方各出资50%，技术成果由双方共同享有，并约定在研发过程中，B公司主要负责整理图纸及维护设备等工作，A研究院主要负责技术开发与绘制图纸。2016年1月，经过双方人员的共同努力，完成了该吸尘器的设计工作。同年3月，B公司单方向中国专利局提出申请实用新型专利，而A研究院认为，该技术主要由本院设计人员完成，A研究院应为申请人，B公司无权申请。后B公司项目人员刘某按照图纸自行制作了一个吸尘器在家中使用，引起不少群众关注，打乱了A研究院和B公司的上市计划。A研究院得知后，认为刘某侵犯了专利权。A研究院聘请某律师事务所提供评估支持。

【分析】

该律师事务所认为，鉴于双方仅约定了技术成果共同享有，并未将专利申请权在合同中予以约定，故专利申请权依法归属于进行创造性活动的A研究院。另外，刘某的行为不构成侵权。但若A研究院和B公司在签署合作开发合同时就明确约定了双方人员的技术保密范围、保密要求和保密期限，并将相关约定告知项目人员，则刘某不会自行制作使用，产品上市计划更不会被打乱了。由此可见，在合作研究项目的管理过程中，作为双方进行合作的基本规范，技术合作合同必须明确细致地约定合作双方的各项权利和义务。

三、结题验收

结题验收是对研究过程形成的交付物进行质量验收。结题验收分检测鉴定、专家评审、专题会议等三种方式。其主要风险包括：由于验收人员的技术、能力、独立性等造成验收成果与事实不符；测试与鉴定投入不足，导致测试与鉴定的不充分，不能有效地降低技术失败的风险。

主要的管控措施包括：

第一，建立健全技术验收制度，严格执行测试程序。

第二，对验收过程中发现的异常情况应重新进行验收申请或补充研发，直至研发项目达到研发标准为止。

第三，落实技术主管部门的验收责任，由独立的、具备专业胜任能力的测试人员进行鉴定试验，并按计划进行正式的、系统的、严格的评审。

第四，加大企业在测试和鉴定阶段的投入，对重要的研究项目可以组织外部专家参加鉴定。

总体来说，研究阶段主要的管控措施包括：

第一，企业应当加强对研究过程的管理，合理配备专业人员，严格落实岗位责任制，确保研究过程高效、可控。企业应当跟踪检查研究项目进展情况，评估各阶段研究成果，提供足够的经费支持，确保项目按期、保质完成，有效规避研究失败风险。企业研究项目委托外单位承担的，应当采用招标、协议等适当方式确定受托单位，签订外包合同，约定研究成果的产权归属、研究进度和质量标准等相关内容。

第二，企业与其他单位合作进行研究的，应当对合作单位进行尽职调查，签订书面合作研究合同，明确双方投资、分工、权利义务、研究成果产权归属等。

第三，企业应当建立和完善研究成果验收制度，组织专业人员对研究成果进行独立评审和验收。企业对于通过验收的研究成果，可以委托相关机构进行审查，确认是否申请专利或作为非专利技术、商业秘密等进行管理。企业对于需要申请专利的研究成果，应当及时办理有关专利申请手续。

第四，企业应当建立严格的核心研究人员管理制度，明确界定核心研究人员范围和名册清单，签署符合国家有关法律法规要求的保密协议。企业与核心研究人员签订劳动合同时，应当特别约定研究成果归属、离职条件、离职移交程序、离职后保密义务、离职后竞业限制年限及违约责任等内容。

● 第三节　开发与保护内部控制设计及运行

一、研究成果开发

研究成果开发是企业技术研究的目的和必然要求，是指企业将研究成果经过开发过程转换为企业的产品。企业应当加强研究成果的开发，形成科研、生产、市场一体化的自主创新机制，促进研究成果转化。研究成果的开发应当分步推进，通过试生产充分验证产品性能，在获得市场认可后方可进行批量生产。

开发的主要风险包括：研究成果转化应用不足，导致资源闲置；新产品未经充分测试，导致大批量生产不成熟或成本过高；营销策略与市场需求不符，导致营销失败。

1.产品开发阶段的风险

产品开发阶段主要是对经过筛选的研发项目进行实验室的研究开发工作，制造出样品等。这一阶段可能会发生技术的非连续的范式转移，原有的技术范式受到彻底的颠覆和毁灭性打击。另外，企业技术研发的实现多依赖于个体的知识工作者的智力劳动，正如德鲁克在对知识型劳动的讨论中指出了技术企业在管理上的两个特征性问题：监督上的困难和劳动与工具的不可分离。前者是指，因为知识劳动是一种创造性的活动，取决于劳动者的主动性和合作精神，其过程和结果难以直接监督测量，这使得知识工作者可以选择休闲、偷懒或被动地工作，从而降低了技术实现的可能性，增加了技术研发成功的技术风险。后者则意味着，知识劳动的工具就是知识劳动者的大脑，因此，知识员工的流失直接影响研发工作的连续性和工作质量，尤其是核心人才的流失，更加导致企业技术研发的战略构想外泄，严重影响技术研发的战略实施。这导致知识劳动者开展技术研发活动的积极性以及知识劳动者的流失程度成为决定技术研发风险的重要因素。

2.中间试验阶段的风险

中间试验阶段是对研发的可行性分析的进一步验证阶段，主要对开发出来的产品进行技术、生产、市场等方面的试验活动，以解决技术上的相关问题，并通过向市场投放小批量的产品来考察市场的反映程度，以对是否继续此研发项目进行决策。中间试验阶段的风险主要来源于中间试验设备不足、产品或工艺可靠性差、技术力量不足、工艺不过关、缺少辅助性技术、设计原理不合理、技术成果性能不稳定等。对于企业来说，这一风险往往是致命的。

3.规模生产阶段的风险

企业进入大批量的规模生产阶段需要充足的资金投入，这样才能保证技术研发获得成功。此阶段企业面临的风险主要来源于进行技术研发活动时经常因为举债过多，利率及汇率大幅度调整，导致债务到期时无法偿还；产品的销售收入因多种原因无法及时收回，对供应商的货款无法支付；上市公司股票价格非正常波动以及财务制度不健全，资金浪费现象严重等原因而导致许多技术研发项目因资金难以为继而中途夭折，使企业的技术研发运作受到威胁。与前面的风险相比，此阶段的风险开始下降。

4.进入市场阶段的风险

在企业技术研发的市场实现环节，会遇到“市场的不确定性”风险。

（1）技术研发产品的市场多是潜在的，有待进一步培育，市场的成长速度难以预测。

（2）由于技术研发产品的高固定成本、低边际成本的产品特性，导致技术研发产品推出市场之初的销售价格居高不下，使产品失去价格优势，超出市场承受能力。

（3）企业在研发成果商业化的过程中，经常会因为一些产品性能不稳引起事故而导致社会公众对企业的不信任，并由此降低客户忠诚度，从而使企业在市场上陷入困境。

5.正常生产过程中的风险

这一阶段的风险产生于市场成熟后，是由于模仿者进入造成的风险。

进入市场以后，企业的新技术将不可避免地会遇到技术严重溢出，模仿者的进入又导致竞争激烈、价格下跌，使得技术研发成本难以回收。

这一阶段的风险主要是由于技术溢出效应带来的研发利润的减少，使研发的投资不能有效收回，或者达不到预期的利润目标而造成的。

主要的管控措施包括：

（1）建立健全研究成果开发制度，促进成果及时有效转化。

（2）科学鉴定大批量生产的技术成熟度，力求降低产品成本。

（3）坚持开展以市场为导向的新产品开发消费者测试。

（4）建立研发项目档案，推进有关信息资源的共享和应用。

二、研究成果保护

研究成果保护是企业研发管理工作的有机组成部分。有效的研发成果保护，可保护研发企业的合法权益。

其主要风险是：未能有效识别和保护知识产权，权属未能得到明确规范，开发出的新技术或产品被限制使用；核心研究人员缺乏管理激励制度，导致形成新的竞争对手或技术秘密外泄。

主要的管控措施包括：

（1）进行知识产权评审，及时取得权属。

（2）研发完成后确定采取专利或技术秘密等不同保护方式。

（3）利用专利文献选择较好的工艺路线。

（4）建立研究成果保护制度，加强对专利权、非专利技术、商业秘密及研发过程中形成的各类涉密图纸、程序、资料的管理，严格按照制度规定借阅和使用；禁止无关人员接触研究成果。

（5）建立严格的核心研究人员管理制度，明确界定核心研究人员范围和名册清单并与之签署保密协议。

（6）企业与核心研究人员签订劳动合同时，应当特别约定研究成果归属、离职条件、离职移交程序、离职后保密义务、离职后竞业限制年限及违约责任等内容。

（7）实施合理有效的研发绩效管理，制定科学的核心研发人员激励体系，注重长效激励。

【例 11-4】

某西方制药企业G公司不仅就一种药物注册一两个发明专利或实用新型专利，还就一种药物注册多项外观设计专利，即除了在生产方法、工艺、用途、使用方法、化合物、组合物等方面注册专利外，还经常就片剂的色彩、大小和形状进行专利注册。这样一来，G公司就建立起一张周密的专利网对其专利药市场实行保护，使仿制药生产商、销售商规避专利侵权的几率大大降低。例如，1998年，K国著名仿制药生产商A公司开始试图在美国销售G公司的仿制药，G公司则用相关的专利网予以阻击。他们把官司打到了两个法院。尽管两个法院的最终裁定结果不一，但无论如何，A公司仿制药完全规避G公司专利网中的全部专利几乎是不可能的，后者抵制仿制药的努力将有可能取得极大成功。G公司的这一严密的专利网也使大多数仿制者“知难而退”。

【分析】

借鉴G公司的做法，我国制药企业和其他企业也要就一种产品积极部署专利网，尤其是试图开发原创性专利产品的企业更应如此。这种未雨绸缪的策略会使企业在抵制侵权产品时有更大的胜算把握。

后评估是研究与开发内部控制建设的重要环节。企业应当建立研发活动评估制度，加强对立项与研究、开发与保护等过程的全面评估，认真总结研发管理经验，分析存在的薄弱环节，完善相关制度和办法，不断改进和提升研发活动的管理水平。

总之，研究与开发是企业持久发展的不竭动力，始终坚持把研究与开发作为企业发展的重要战略，紧密跟踪科技发展趋势，是切实提升核心竞争力、增强企业国际竞争力的重要保证。

资料来源　财政部会计司.企业内部控制规范讲解［M］. 北京：经济科学出版社，2010.

第十二章

工程项目

第一节 工程项目概述

一、工程项目的概念

工程项目，是指企业自行或者委托其他单位所进行的建造、安装工程。工程项目是以工程建设为载体的项目，是作为被管理对象的一次性工程建设任务。它以建筑物或构筑物为目标产出物，需要支付一定的费用、按照一定的程序、在一定的时间内完成，并应符合质量要求。

二、加强工程项目管控的必要性

工程项目是企业自行或者委托其他单位进行的建造、安装活动。重大工程项目往往体现企业发展战略和中长期发展规划，对于提高企业再生产能力和支撑保障能力、促进企业可持续发展具有关键作用。国有及国有控股大型企业的重大工程项目，在调整经济结构、转变经济发展方式、促进产业升级和技术进步中的作用更是举足轻重。同时应当看到，工程项目由于投入资源多、占用资金大、建设工期长、涉及环节多、多种利益关系错综复杂，构成经济犯罪和腐败问题的“高危区”。现实中，工程资金高估冒算，招投标环节的暗箱操作，曝光的“豆腐渣”工程，以及相关经济犯罪和腐败案例时有发生，引发社会各界对工程领域的批评和关注。针对工程项目的特点和存在的问题，《企业内部控制应用指引第11号——工程项目》全面梳理了立项、设计、招标、建设和竣工验收等主要流程，找出各流程环节的主要风险，并提出了相应的管控措施。

三、工程项目控制点

企业应当加强工程项目管理，提高工程质量，保证工程进度，控制工程成本，防范商业贿赂等舞弊行为。企业工程项目至少应当关注下列风险：

（1）立项缺乏可行性研究或者可行性研究流于形式，决策不当，盲目上马，可能导致难以实现预期效益或项目失败。

（2）项目招标暗箱操作，存在商业贿赂，可能导致中标人实质上难以承担工程项目、中标价格失实及相关人员涉案。

（3）工程造价信息不对称，技术方案不落实，概预算脱离实际，可能导致项目投资失控。

（4）工程物资质次价高，工程监理不到位，项目资金不落实，可能导致工程质量低劣，进度延迟或中断。

（5）竣工验收不规范，最终把关不严，可能导致工程交付使用后存在重大隐患。

企业应当建立和完善工程项目各项管理制度，全面梳理各个环节可能存在的风险点，规范工程立项、招标、造价、建设、验收等环节的工作流程，明确相关部门和岗位的职责权限，做到可行性研究与决策、概预算编制与审核、项目实施与价款支付、竣工决算与审计等不相容职务相互分离，强化工程建设全过程的监控，确保工程项目的质量、进度和资金安全。

为了实施工程项目内部控制，企业必须设计工程项目业务流程控制制度。

1.工程项目业务流程控制表（见表12-1）

表12-1　　**工程项目业务流程控制表**

工程项目业务流程控制		
控制事项		详细描述及说明
阶段控制	1	（1）工程部根据立项研究和可行性研究的结果编制工程项目建议书和工程项目可行性研究报告，并提交总经理进行决策 （2）需要政府主管部门审批或备案的，工程部履行相关的外部审批或备案手续
	2	（3）工程项目采购商的选择一般是通过实行公开招标的方式确定 （4）财务部和其他部门对工程项目概预算的编制提出合理化建议
	3	（5）项目部主要对工程项目的成本、安全、质量、进度等进行控制
	4	（6）单项工程完成后，施工单位可以申请项目部进行单项工程的验收；整体工程完成后，施工单位申请整体工程的竣工验收 （7）财务部出纳负责具体办理工程项目剩余款项的结算和支付 （8）财务部会计负责进行工程项目相关的总账和明细账的账务处理工作
相关规范	应建规范	❒工程项目决策管理制度 ❒工程项目授权审批制度 ❒《工程项目招标管理细则》 ❒工程项目概预算管理制度 ❒《工程项目变更管理细则》 ❒《工程项目质量管理条例》 ❒《项目进度控制办法》 ❒《工程竣工验收细则》
	参照规范	❒《企业内部控制应用指引》 ❒《企业会计准则——基本准则》 ❒《中华人民共和国安全生产法》 ❒《中华人民共和国建筑法》
文件资料		❒工程项目建议书 ❒项目可行性研究报告 ❒工程项目验收申请单 ❒工程变更申请单 ❒工程项目竣工验收报告
责任部门及责任人		❒工程部、项目部、财务部 ❒总经理、工程部人员、项目部人员、会计、出纳

2.工程项目业务流程与风险控制图（如图12-1所示）

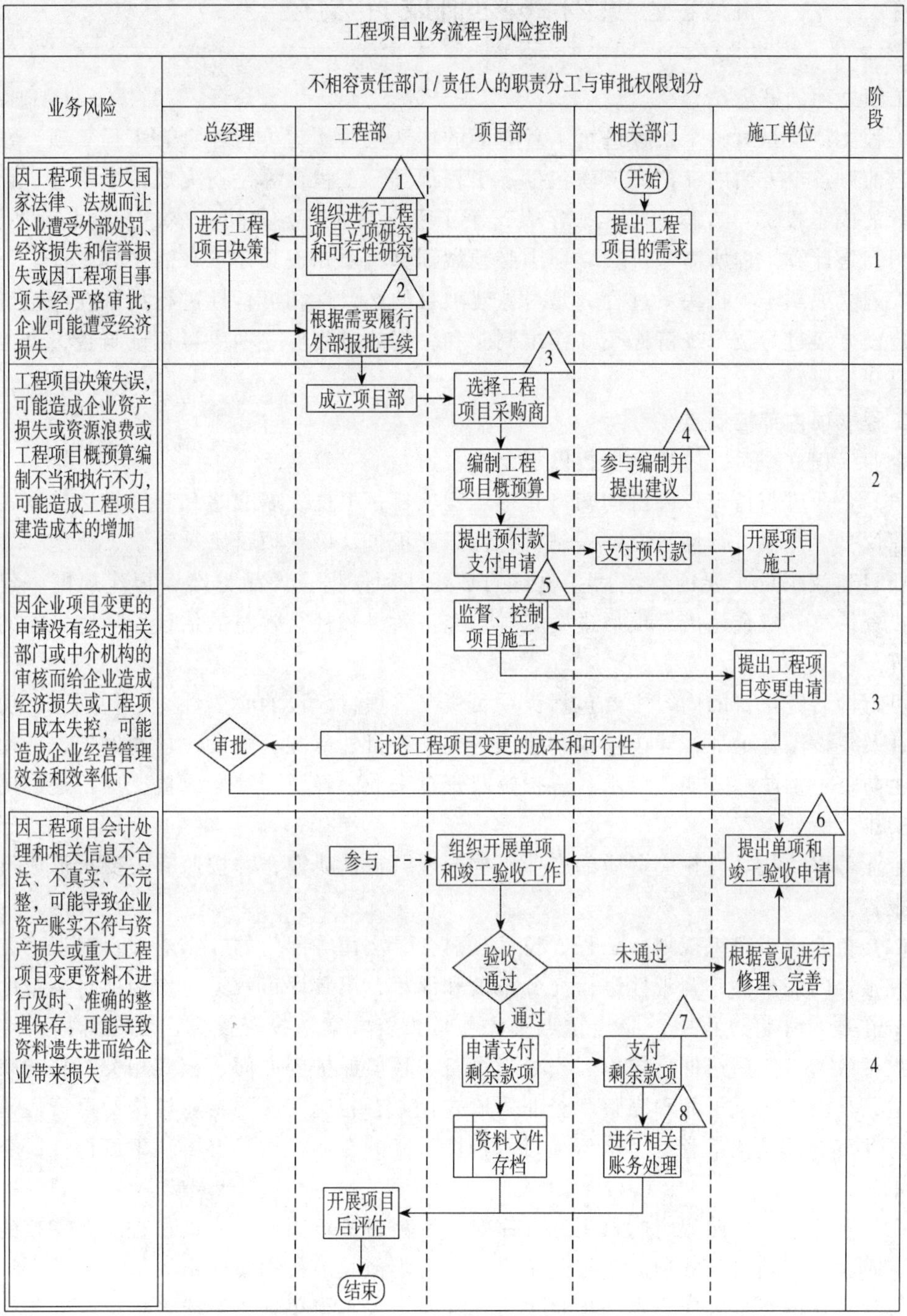

图12-1　工程项目业务流程与风险控制图

● 第二节　工程立项内部控制设计及运行

一、工程立项的概念

工程立项就是对整个工程进行了各方面的评估之后认为可行才会有工程立项，在工程立项之前对各个方面的评估应该就包括了工程预算。工程预算是指完成该项工程，预估需要进行的成本投资。工程立项是决定做这个工程，并通过各方的审核，开始办各种手续。工程预算是计算工程所需造价。立项中必须做预算，要知道具体下来需要多少钱。

工程立项属于项目决策过程，是对拟建项目的必要性和可行性进行技术经济论证，对不同建设方案进行技术经济比较并作出判断和决定的过程。立项决策正确与否，直接关系到项目建设成败。

二、工程立项内部控制点

企业工程立项时，应严格执行以下要求：

(1) 企业应当指定专门机构归口管理工程项目，根据发展战略和年度投资计划，提出项目建议书，开展可行性研究，编制可行性研究报告，确保项目决策科学、合理。

项目建议书的主要内容包括：项目的必要性和依据、产品方案、拟建规模、建设地点、投资估算、资金筹措、项目进度安排、经济效果和社会效益的估计、环境影响的初步评价等。

可行性研究报告的内容主要包括：项目概况，项目建设的必要性，市场预测，项目建设选址及建设条件论证，建设规模和建设内容，项目外部配套建设，环境保护，劳动保护与卫生防疫，消防、节能、节水，总投资及资金来源，经济、社会效益，项目建设周期及进度安排。

企业可以委托具有相应资质的专业机构开展可行性研究，并按照有关要求形成可行性研究报告。

(2) 企业应当组织规划、工程、技术、财会、法律等部门的专家对项目建议书和可行性研究报告的完整性、客观性进行充分论证和评审，出具评审意见，作为项目决策的重要依据。在项目评审过程中，应当重点关注项目投资方案、投资规模、资金筹措、生产规模、投资效益、布局选址、技术、安全、设备、环境保护等方面，核实相关资料的来源和取得途径是否真实、可靠和完整。企业可以委托具有相应资质的专业机构对可行性研究报告进行评审，出具评审意见。从事项目可行性研究的专业机构不得再从事可行性研究报告的评审。

(3) 企业应当按照规定的权限和程序对工程项目进行决策，决策过程应有完整的书面记录。重大工程项目的立项应当报经董事会或者类似权力机构集体审议批准。总会计师或分管会计工作的负责人应当参与项目决策。任何个人不得单独决策或者擅自改变集体决策意见。对工程项目决策的失误应当实行责任追究制度。

(4) 企业应当在工程项目立项后、正式施工前，依法取得建设用地、城市规划、环境保护、安全、施工等方面的许可。

(5) 企业应当建立工程项目决策及实施的责任制度，明确相关部门及人员的责任，定期或不定期地进行检查。

三、工程立项流程控制

1. 工程立项流程控制表（见表12-2）

表12-2　　工程立项流程控制表

工程立项流程控制		
控制事项		详细描述及说明
阶段控制	1	(1) 相关部门提出投资或使用工程项目的需求，提交工程项目申请单给总经理 (2) 总经理收到工程项目申请单以后，指示相关部门对项目进行投资机会的研究
	2	(3) 工程部经理汇总相关部门和项目工程师对工程项目的技术、安全和工程质量等的论证，并上报给总经理 (4) 项目可行性论证经讨论得到论证后，工程部经理组织相关人员编制项目建议书，并上报给相关部门主管审核和总经理审批
	3	(5) 项目建议书得到政府主管部门审批后，工程部经理组织工程项目可行性研究的相关工作 (6) 项目工程师起草可行性研究报告，工程部经理进行补充完善 (7) 可行性研究报告得到总经理审批和政府主管部门审批后，工程部启动工程项目的各项准备工作
相关规范	应建规范	工程项目岗位责任制度 工程项目授权审批制度 工程项目决策管理制度
	参照规范	《企业内部控制应用指引》 《企业会计准则——基本准则》
文件资料		工程项目申请单 项目建议书 可行性研究报告
责任部门及责任人		工程部、相关部门 总经理、工程部经理、项目工程师

2. 工程立项流程与风险控制图（如图 12-2 所示）

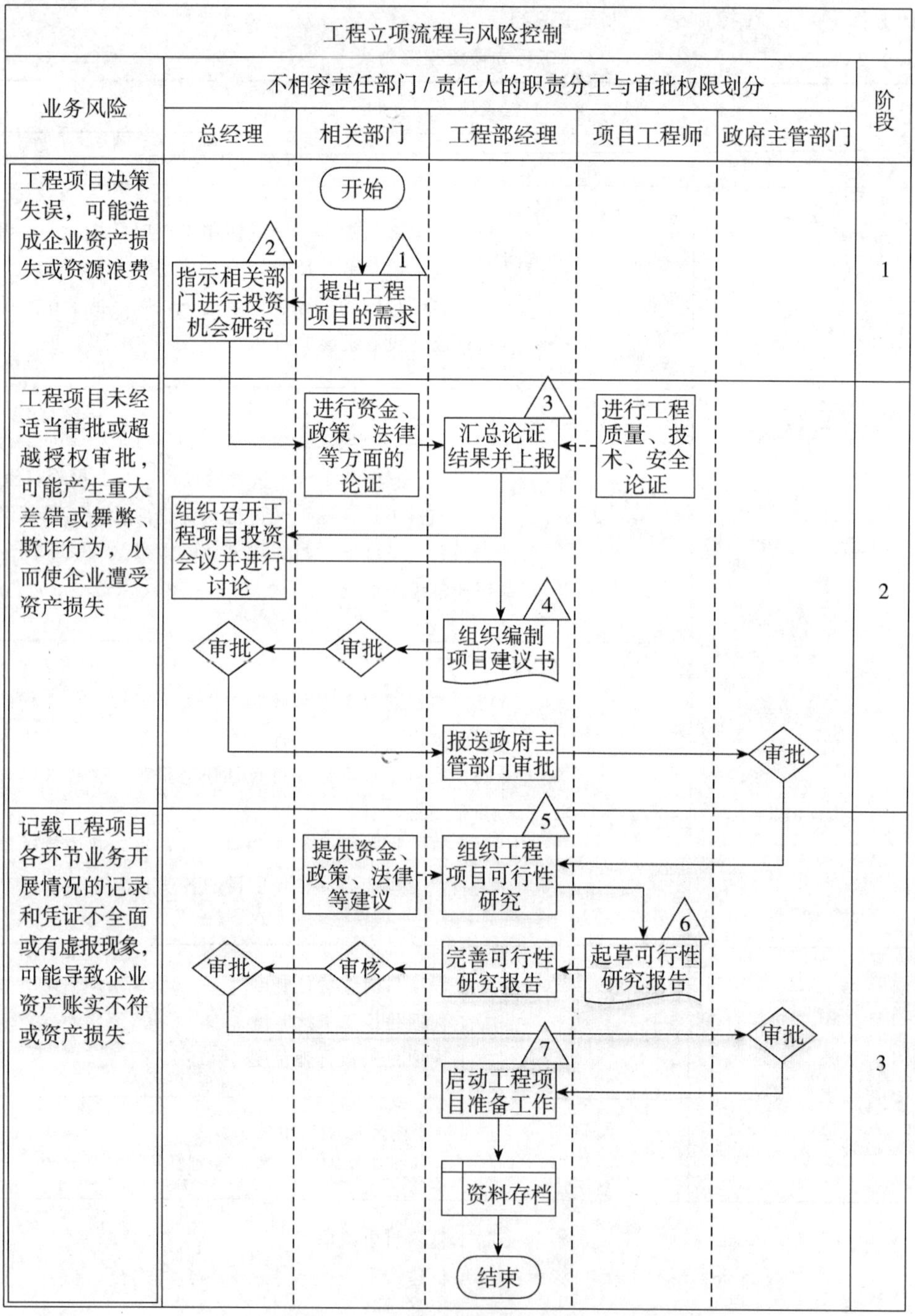

图 12-2　工程立项流程与风险控制图

第三节　工程招标内部控制设计及运行

一、工程招标的概念

招标是一方（招标人）欲出售、购买商品，或欲建设工程项目按一定程序征求应征人，不经磋商而进行交易的一种方法。

二、工程招标内部控制点

企业工程招标时，应严格执行以下要求：

（1）企业的工程项目一般应当采用公开招标的方式，择优选择具有相应资质的承包单位和监理单位。在选择承包单位时，企业可以将工程的勘察、设计、施工、设备采购一并发包给一个项目总承包单位，也可以将其中的一项或者多项发包给一个工程总承包单位，但不得违背工程施工组织设计和招标设计计划，将应由一个承包单位完成的工程肢解为若干部分发包给几个承包单位。

（2）企业应当依照国家招投标法的规定，遵循公开、公正、平等竞争的原则，发布招标公告，提供载有招标工程的主要技术要求、主要合同条款、评标的标准和方法，以及开标、评标、定标的程序等内容的招标文件。

企业可以根据项目特点决定是否编制标底。需要编制标底的，标底编制过程和标底应当严格保密。在确定中标人前，企业不得与投标人就投标价格、投标方案等实质性内容进行谈判。

（3）企业应当依法组织工程招标的开标、评标和定标，并接受有关部门的监督。

（4）企业应当依法组建评标委员会。评标委员会由企业的代表和有关技术、经济方面的专家组成。评标委员会应当客观、公正地履行职务，遵守职业道德，对所提出的评审意见承担责任。企业应当采取必要的措施，保证评标在严格保密的情况下进行。评标委员会应当按照招标文件确定的标准和方法，对投标文件进行评审和比较，择优选择中标候选人。

（5）评标委员会成员和参与评标的有关工作人员不得透露对投标文件的评审和比较、中标候选人的推荐情况以及与评标有关的其他情况，不得私下接触投标人，不得收受投标人的财物或者其他好处。

（6）企业应当按照规定的权限和程序从中标候选人中确定中标人，及时向中标人发出中标通知书，在规定的期限内与中标人订立书面合同，明确双方的权利、义务和违约责任。企业和中标人不得再行订立背离合同实质性内容的其他协议。

三、工程招标流程控制

1.工程招标流程控制表（见表12-3）

表12-3 **工程招标流程控制表**

工程招标流程控制		
控制事项		详细描述及说明
阶段控制	1	(1) 招标领导小组负责人根据总经理的项目决策组织招标领导小组成员备齐工程项目相关文件，然后到建委办理报建及招标备案手续，申请招标 (2) 招标领导小组根据确定的招标方式准备相关的招标文件
	2	(3) 有意向的投标单位根据资格预审文件的要求填写投标申请书，并提供相应的证明材料，连同资格预审文件一同交至招标领导小组办公室 (4) 招标领导小组根据投标单位的资格预审文件对其进行资格预审，确定合格的招标单位
	3	(5) 招标领导小组向预审合格的投标单位发售标书 (6) 招标领导小组组织标前会议，针对投标单位在招标文件和现场考察过程中的疑问进行解答 (7) 投标单位根据招标文件及标书要求，编制投标相关文件，密封后，在招标要求的截止日期前将投标书交至招标领导小组办公室
	4	(8) 招标领导小组收到投标书后，组织评委会在规定招标文件提交的截止日期前完成评标，并向招标领导小组出具投标报告 (9) 招标领导小组根据总经理的审批结果，向中标单位发出中标通知书，同时将招标结果通知给未中标单位
相关规范	应建规范	❐《工程项目招标管理细则》
	参照规范	❐《企业内部控制应用指引》 ❐《中华人民共和国招标投标法》 ❐《标准施工招标文件》
文件资料		❐投标邀请书 ❐投标书 ❐中标通知书 ❐施工合同
责任部门及责任人		❐招标领导小组、相关部门 ❐总经理、招标领导小组

2. 工程招标流程与风险控制图（如图 12-3 所示）

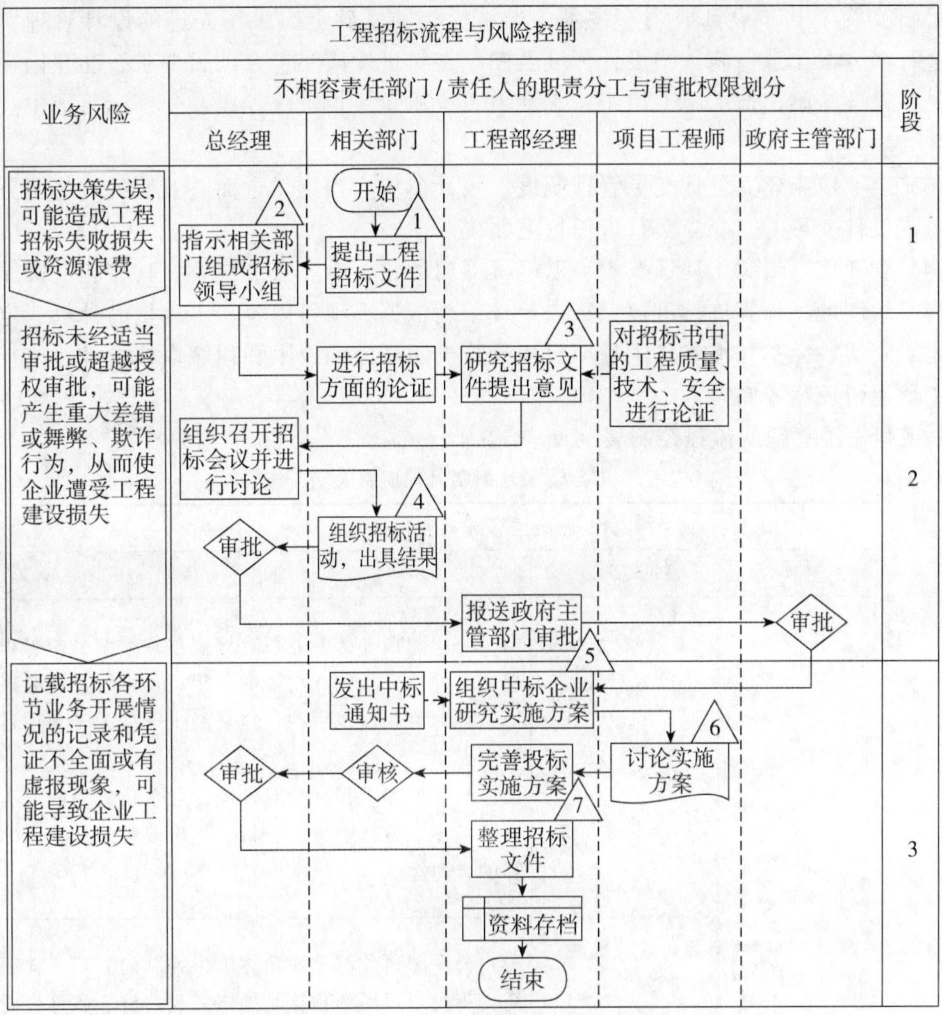

图 12-3　工程招标流程与风险控制图

第四节　工程造价内部控制设计及运行

一、工程造价的概念

工程造价是指进行某项工程建设所花费的全部费用。工程造价是一个广义概念，在不同的场合，工程造价的含义不同。由于研究对象不同，工程造价有建设工程造价、单项工程造价、单位工程造价以及建筑安装工程造价等。

二、工程造价内部控制点

企业估算工程造价时，应严格执行以下要求：

（1）企业应当加强工程造价管理，明确初步设计概算和施工图预算的编制方法，按照规定的权限和程序进行审核批准，确保概预算科学合理。企业可以委托具备相应资质的中介机构开展工程造价咨询工作。

（2）企业应当向招标确定的设计单位提供详细的设计要求和基础资料，进行有效的技术、经济交流。初步设计应当在技术、经济交流的基础上，采用先进的设计管理实务技术，进行多方案比选。施工图设计深度及图纸交付进度应当符合项目要求，防止因设计深度不足、设计缺陷，造成施工组织、工期、工程质量、投资失控以及生产运行成本过高等问题。

（3）企业应当建立设计变更管理制度。设计单位应当提供全面、及时的现场服务。因过失造成设计变更的，应当实行责任追究制度。

（4）企业应当组织工程、技术、财会等部门的相关专业人员或委托具有相应资质的中介机构对编制的概预算进行审核，重点审查编制依据、项目内容、工程量的计算、定额套用等是否真实、完整和准确。工程项目概预算按照规定的权限和程序审核批准后执行。

三、工程造价流程控制

1.工程概预算编制流程控制表（见表12-4）

表12-4　**工程概预算编制流程控制表**

<table>
<tr><th colspan="3">工程概预算编制流程控制</th></tr>
<tr><th colspan="2">控制事项</th><th>详细描述及说明</th></tr>
<tr><td rowspan="2">阶段控制</td><td>1</td><td>（1）公司聘请外部专业概算编制单位编制公司工程项目概算，概算应控制在批准的工程项目可行性研究报告投资估算允许幅度范围内，概算经批准后为工程项目投资最高限额
（2）财务部和工程部针对外部专业单位编制的工程项目概算额度、方法等进行分析，提出改进意见，以确保概算的合理性</td></tr>
<tr><td>2</td><td>（3）公司聘请外部专业预算单位编制的公司工程项目预算，审批通过后的预算是确定工程造价、签订合同、办理结算、实行核算、编制或调整固定资产投资计划和考核工程成本的依据
（4）财务部和工程部针对外部专业单位编制的工程项目预算额度、方法等进行分析，提出改进意见，以确保预算的合理性</td></tr>
<tr><td rowspan="2">相关规范</td><td>应建规范</td><td>❒概预算管理制度</td></tr>
<tr><td>参照规范</td><td>❒《企业内部控制应用指引》
❒《企业会计准则——基本准则》</td></tr>
<tr><td colspan="2">文件资料</td><td>❒工程项目概预算方案</td></tr>
<tr><td colspan="2">责任部门及责任人</td><td>❒工程部、财务部
❒总经理、财务总监</td></tr>
</table>

2.工程概预算编制流程与风险控制图（如图 12-4 所示）

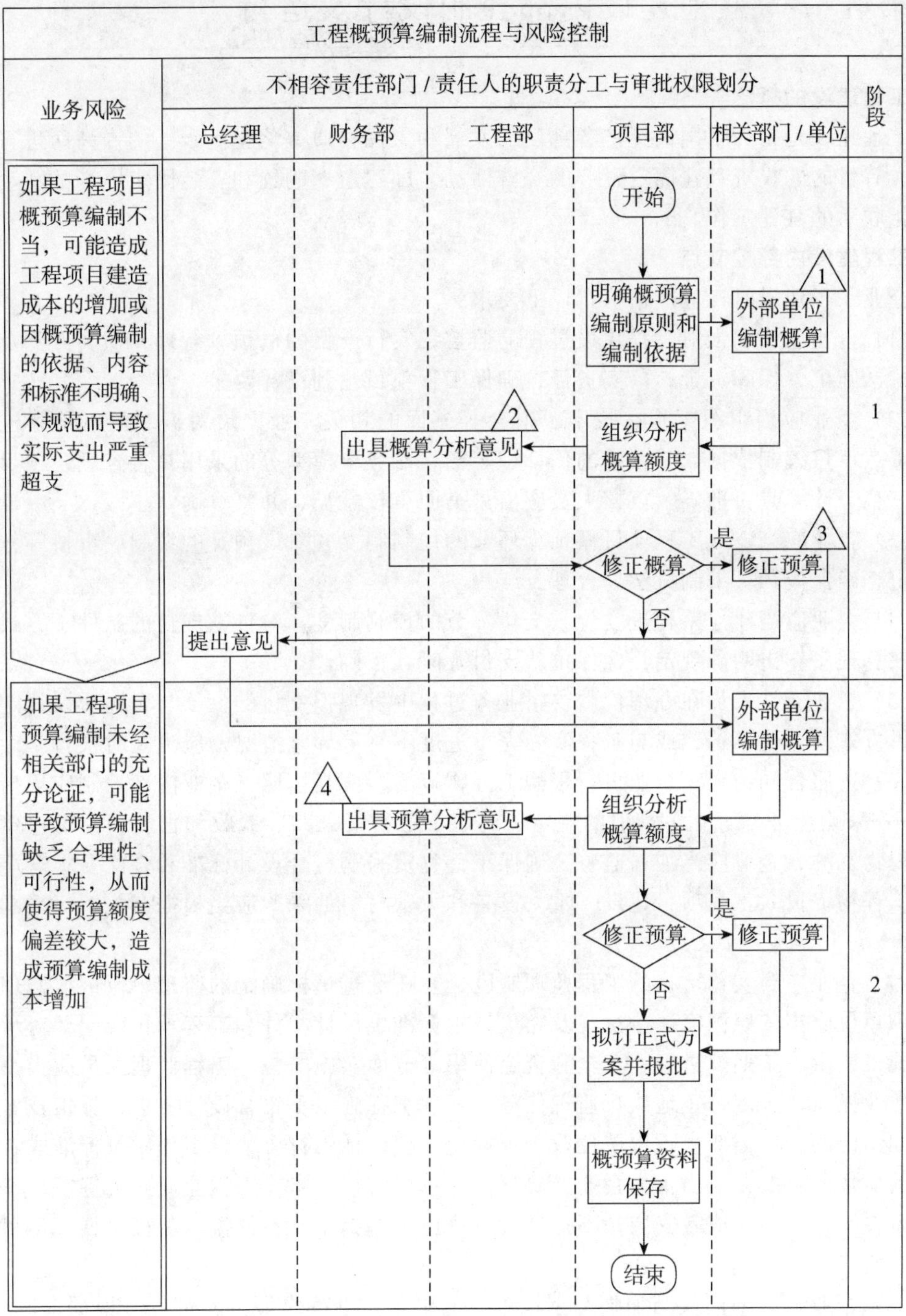

图 12-4　工程概预算编制流程与风险控制图

● 第五节 工程建设内部控制设计及运行

一、工程建设的概念

工程建设是指为了国民经济各部门的发展和人民物质文化生活水平的提高而进行的有组织、有目的的投资兴建固定资产的经济活动，即建造、购置和安装固定资产的活动以及与之相联系的其他工作。

二、工程建设内部控制点

企业工程建设时，应严格执行以下要求：

（1）企业应当加强对工程建设过程的监控，实行严格的概预算管理，切实做到及时备料，科学施工，保障资金，落实责任，确保工程项目达到设计要求。

（2）企业应当组织工程、技术、财会等方面的相关专业人员对编制的概预算进行审核，重点审核编制依据、工程量的估计、定额、参数、模型等的采用是否合理，项目内容是否完整，计算是否准确。审核人员应出具书面审核意见，并签章确认。

（3）企业应当建立工程项目概预算环节的控制制度，对该预算的编制、审核等作出明确规定，确保概预算编制科学、合理。

（4）企业应当建立工程进度价款支付环节的控制制度，对价款支付的条件、方式以及会计核算程序作出明确规定，确保价款支付及时、正确。

（5）企业会计人员在办理价款支付业务过程中发现拟支付的价款与合同协议约定的价款支付方式及金额不符，或与工程实际完工进度不符等异常情况，应当及时报告。

（6）按照合同约定，企业自行采购工程物资的，应当按照《企业内部控制应用指引第7号——采购业务》等相关指引的规定，组织工程物资采购、验收和付款；由承包单位采购工程物资的，企业应当加强监督，确保工程物资采购符合设计标准和合同要求。严禁不合格工程物资投入工程项目建设。重大设备和大宗材料的采购应当根据有关招标采购的规定执行。

（7）企业应当实行严格的工程监理制度，委托经过招标确定的监理单位进行监理。工程监理单位应当依照国家法律法规及相关技术标准、设计文件和工程承包合同，对承包单位在施工质量、工期、进度、安全和资金使用等方面实施监督。工程监理人员应当具备良好的职业操守，客观公正地执行监理任务，发现工程施工不符合设计要求、施工技术标准和合同约定的，应当要求承包单位改正；发现工程设计不符合建筑工程质量标准或者合同约定的质量要求的，应当报告企业，要求设计单位改正。未经工程监理人员签字，工程物资不得在工程上使用或者安装，不得进行下一道工序施工，不得拨付工程价款，不得进行竣工验收。

（8）企业财会部门应当加强与承包单位的沟通，准确掌握工程进度，根据合同约定，按照规定的审批权限和程序办理工程价款结算，不得无故拖欠。

（9）企业应当严格控制工程变更；确需变更的，应当按照规定的权限和程序进行审批。重大的项目变更应当按照项目决策和概预算控制的有关程序和要求重新履行审批手续。因工程变更等原因造成价款支付方式及金额发生变动的，应当提供完整的书面文件和其他相关资料，并对工程变更价款的支付进行严格审核。

三、工程建设流程控制

(一) 工程项目质量控制流程

1.工程项目质量控制流程控制表（见表12-5）

表12-5　**工程项目质量控制流程控制表**

工程项目质量控制流程控制表		
控制事项		详细描述及说明
阶段控制	1	(1) 项目部质量组根据施工合同的质量要求和职工图纸制订施工质量计划 (2) 监理工程师对项目部编制的施工质量计划进行核准和确认
	2	(3) 项目部质量组进行施工准备，向承担施工的负责人或分包人进行书面技术交底 (4) 项目部质量组对现场施工质量进行控制；对于检查中出现的问题，如果是职权范围内的，则应及时与项目经理进行沟通并及时解决 (5) 如果自检不合格，则应采取返工或其他方式进行质量修复，并填写质量验收通知单，递交给监理工程师 (6) 监理方收到项目部质量组提交的质量验收通知单后，会同项目部进行工序质量检查，对于工序质量合格的项目，监理方应签署质量验收单给项目部质量组
	3	(7) 交验收由监理方组织，由建设单位、施工单位以及和政府相关质量监督部门参加，主要是对分项工程、分部工程和单位工程作出检查 (8) 相关部门依据施工合同约定的工程质量标准对工程项目进行竣工质量验收 (9) 项目部质量组对施工前和施工期间形成的质量管理资料进行全面汇总，形成完整的质量控制文件体系，并报送项目经理审核
相关规范	应建规范	《项目质量管理条例》
	参照规范	《企业内部控制应用指引》 《企业会计准则——基本准则》
文件资料		施工质量计划 建设工程施工合同 质量验收通知单 质量验收单
责任部门及责任人		项目部 总经理、项目经理、项目部质量组

2.工程项目质量控制流程与风险控制图（如图12-5所示）

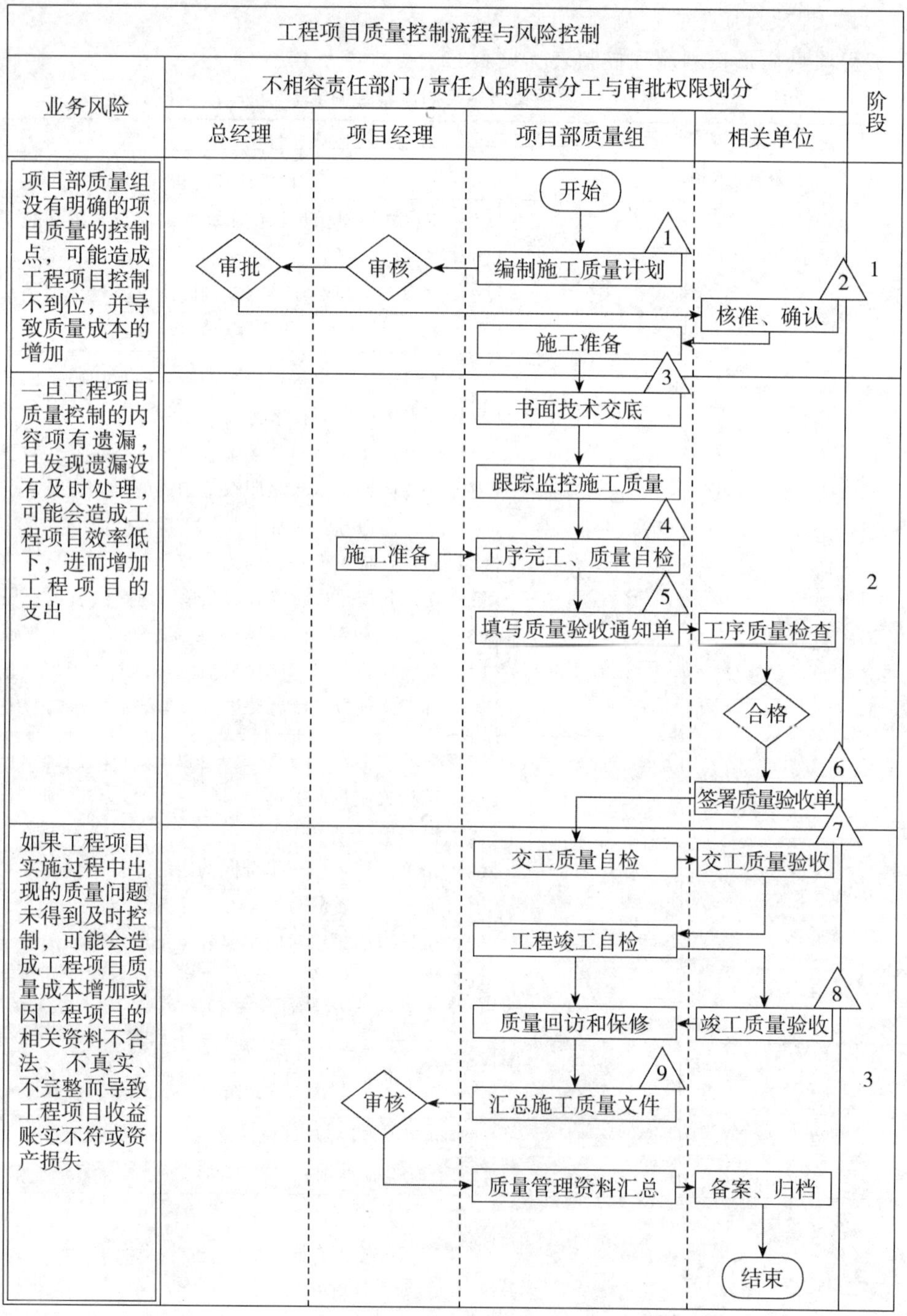

图12-5 工程项目质量控制流程与风险控制图

（二）工程项目进度控制流程

1. 工程项目进度控制流程表（见表12-6）

表12-6　**工程项目进度控制流程表**

<table>
<tr><th colspan="3">工程项目进度控制流程控制</th></tr>
<tr><th colspan="2">控制事项</th><th>详细描述及说明</th></tr>
<tr><td rowspan="3">阶段控制</td><td>1</td><td>（1）项目部根据施工合同的开工日期、总工期和竣工日期确定施工进度目标
（2）项目部相关人员根据项目经理的安排、施工合同要求和施工现场情况编制施工进度计划，并报项目经理进行审定
（3）项目部根据建设工程施工合同和施工进度计划向监理工程师提出开工申请，递交开工申请报告
（4）监理工程师根据合同和国家法律、法规要求及建设单位的进度控制情况和施工现场分析项目部开工日期的合理性，并下达开工质量</td></tr>
<tr><td>2</td><td>（5）项目部实施检查项目部施工人员进度计划的事实情况，并认真记录检查情况
（6）项目部根据施工人员记录的检查情况与计划进度的情况进行对比：对于存在偏差的，应该提出消除偏差的建议；对不存在偏差的，应继续跟踪工作进度情况，及时发现问题、解决问题，确保进度计划的完成
（7）项目经理对项目部提交的消除偏差的建议进行审核：认为可行和符合实际的，交由施工人员具体落实；认为有待完善的，返回项目部，项目部再重新进行分析和判断</td></tr>
<tr><td>3</td><td>（8）项目部根据总进度计划和具体的年度、季度、月、旬进度计划要求，定期编写旬、月、季度、年度项目进度控制报告</td></tr>
<tr><td rowspan="2">相关规范</td><td>应建规范</td><td>❐项目进度控制办法</td></tr>
<tr><td>参照规范</td><td>❐《企业内部控制应用指引》
❐《企业会计准则——基本准则》</td></tr>
<tr><td colspan="2">文件资料</td><td>❐建设工程施工合同
❐施工进度计划
❐开工申请报告
❐项目进度控制报告</td></tr>
<tr><td colspan="2">责任部门及责任人</td><td>❐项目部、相关单位
❐项目经理、项目部施工人员</td></tr>
</table>

2. 工程项目进度控制流程与风险控制图（如图12-6所示）

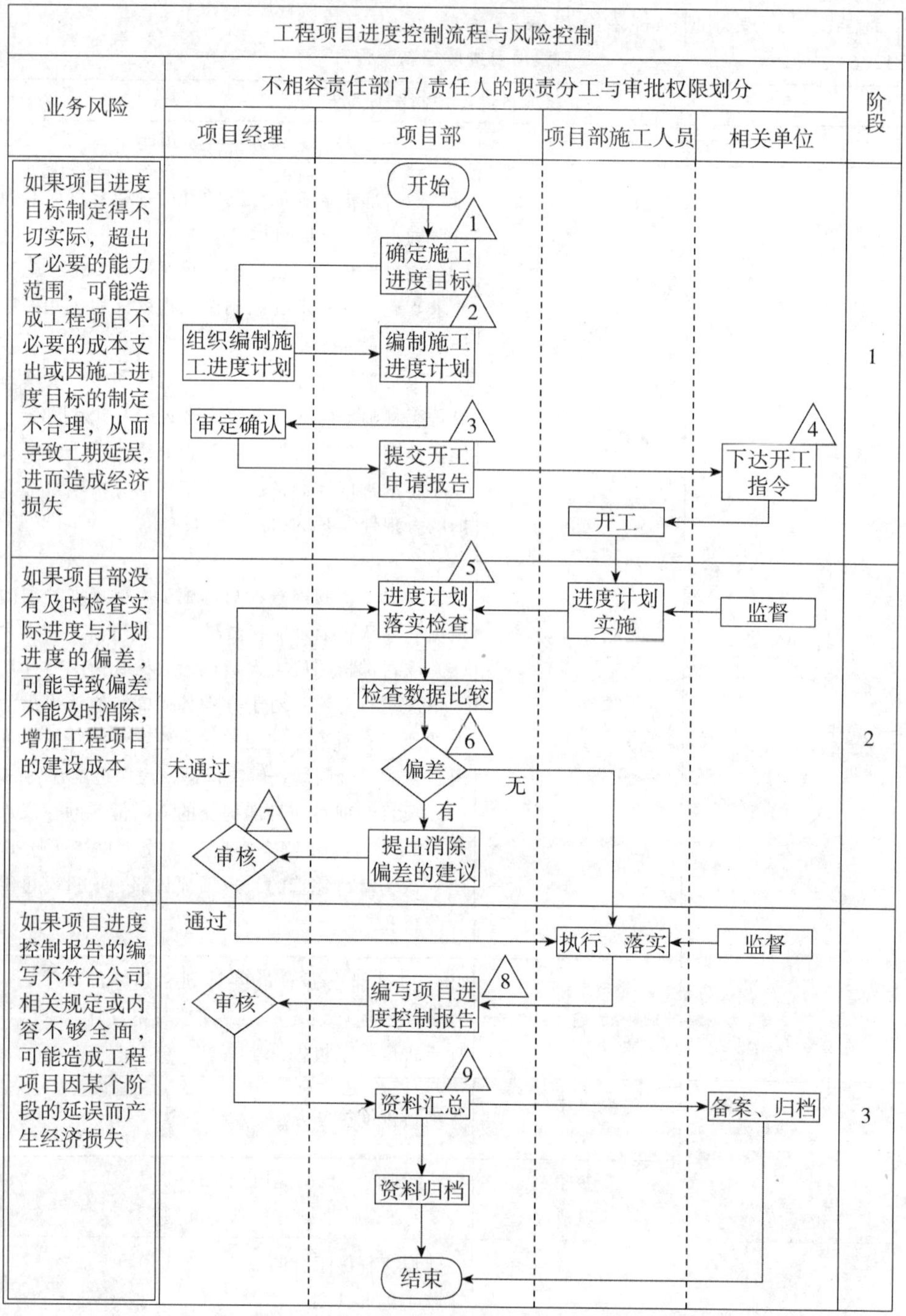

图12-6 工程项目进度控制流程与风险控制图

第六节　工程验收内部控制设计及运行

一、工程验收的概念

单独签订施工合同的单位工程，竣工后可单独进行竣工验收。在一个单位工程中满足规定交工要求的专业工程，可征得发包人同意，分阶段进行竣工验收。

单项工程竣工验收应符合设计文件和施工图纸要求，满足生产需要或具备使用条件，并符合其他竣工验收条件要求。

整个建设项目已按设计要求全部建设完成，符合规定的建设项目竣工验收标准，可由发包人组织设计、施工、监理等单位进行建设项目竣工验收，中间竣工并已办理移交手续的单项工程，不再重复进行竣工验收。竣工验收是一项法律制度，《合同法》《建筑法》《建设工程质量管理条例》对竣工验收已作了明确的规定。为了保证建设工程竣工验收的顺利进行，必须遵循项目一次性基本特征，按施工的客观规律和竣工的先后顺序进行竣工验收。在建设工程项目管理实践中，因承包的范围不同，交工的形式也会有所不同。从承包人的角度看，交付竣工验收意味着项目经理部任务的完成，可以承担新项目了。

二、工程验收内部控制点

企业工程验收时，应严格执行以下要求：

（1）企业收到承包单位的工程竣工报告后，应当及时编制竣工决算，开展竣工决算审计，组织设计、施工、监理等有关单位进行竣工验收。

（2）企业应当组织审核竣工决算，重点审查决算依据是否完备，相关文件资料是否齐全，竣工清理是否完成，决算编制是否正确。企业应当加强竣工决算审计，未实施竣工决算审计的工程项目，不得办理竣工验收手续。

（3）企业应当及时组织工程项目竣工验收。交付竣工验收的工程项目，应当符合规定的质量标准，有完整的工程技术经济资料，并具备国家规定的其他竣工条件。验收合格的工程项目，应当编制交付使用财产清单，及时办理交付使用手续。

（4）企业应当按照国家有关档案管理的规定，及时收集、整理工程建设各环节的文件资料，建立完整的工程项目档案。

（5）企业应当建立完工项目后评估制度，重点评价工程项目预期目标的实现情况和项目投资效益等，并以此作为绩效考核和责任追究的依据。

三、工程验收流程控制

1.工程验收流程控制表（见表12-7）

表12-7 **工程验收流程控制表**

工程验收流程控制		
控制事项		详细描述及说明
阶段控制	1	（1）项目部接到施工单位提出的工程项目验收申请，根据建筑工程项目质量检验相关规定对单项工程项目进行验收 （2）验收合格的项目，由项目经理代表企业同施工单位办理工程移交手续
	2	（3）项目经理经总经理授权，组织企业内部相关部门及人员和外部勘察单位、设计单位、施工单位、监理单位等相关人员实施全面的工程项目竣工验收工作 （4）如果工程项目检验不合格，施工单位要对存在的问题进行整改 （5）如果工程项目经过验收后，符合设计质量要求，由项目经理组织成立的验收小组编制工程项目竣工验收报告，相关各方在验收报告上签字
	3	（6）项目部备齐竣工图表、工程总结及其他相关资料，根据相关规定，报相关主管部门审批 （7）在项目获得政府主管部门审批后，财务部办理固定资产移交手续，加强固定资产管理
相关规范	应建规范	❐竣工结算审计制度 ❐《工程竣工验收细则》
	参照规范	❐国家或地方政府部门对安装工程竣工验收工作的相关规定 ❐《企业内部控制应用指引》
文件资料		❐竣工验收申请单 ❐竣工验收计划 ❐工程项目竣工验收报告
责任部门及责任人		❐工程部门、相关部门 ❐总经理、项目经理、工程部经理

2.工程验收流程与风险控制图（如图12-7所示）

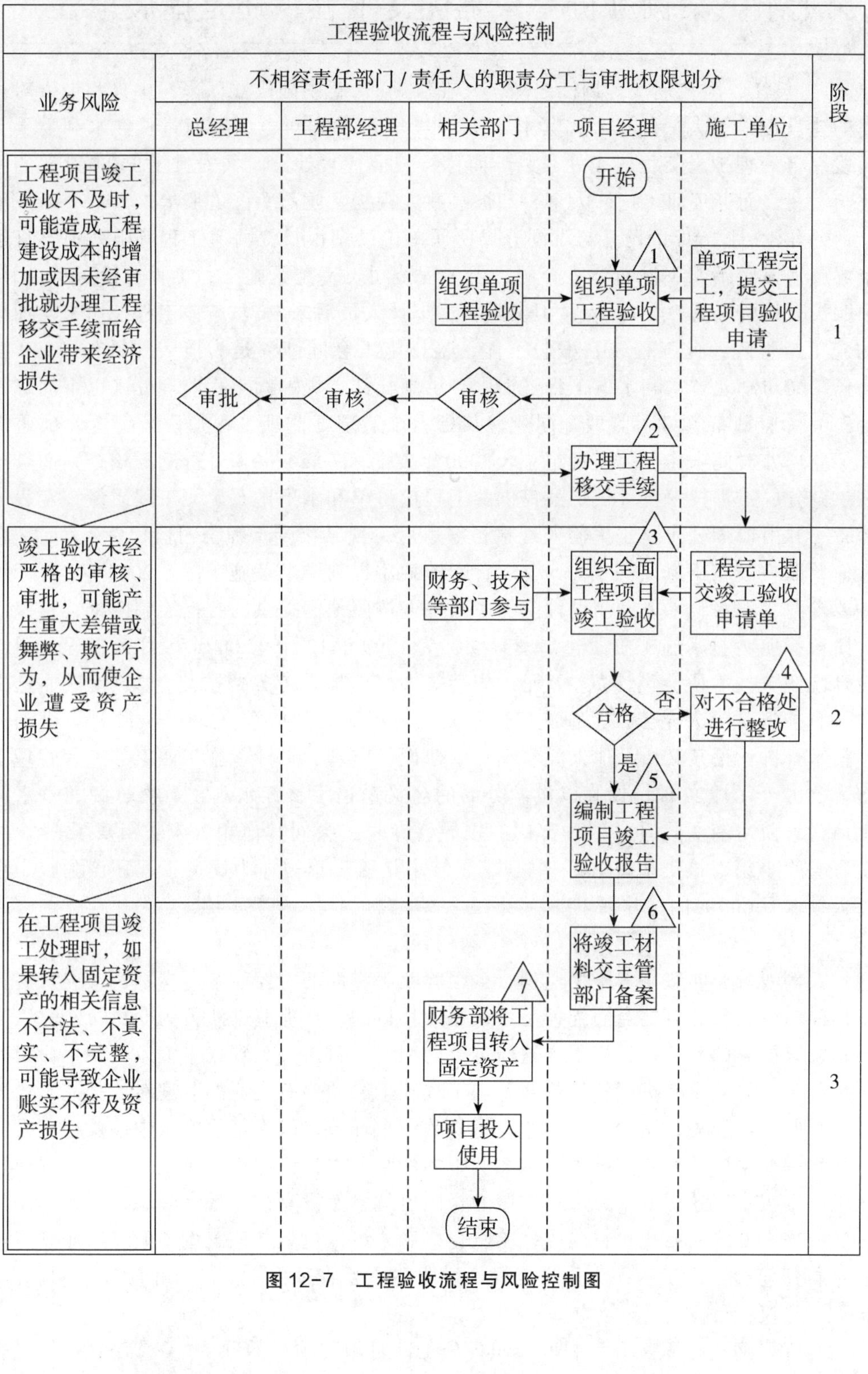

图12-7　工程验收流程与风险控制图

第七节　案例分析——是优良工程，还是虚假工程

“万里长江，险在荆江，荆江之险，又在洪湖。”新中国成立以来，中央和地方对长江干堤的建设投入了大量的资金，其中，从1997年到2000年，国家通过长江水利委员会界牌河段综合治理护岸工程代表处（以下简称“长委代表处”）共安排了3 680万元的国债资金给洪湖。而办理河工这件大事，却被某些人视为“吃石头”的肥差。

1999年12月26日，杨某与洪湖分局所属单位洪湖市长江河道工程有限公司签订了洪湖市界牌河段整治水下抛石施工合同，由工程公司负责抛石施工，工程造价269.99万元，其中购买石料资金为206.4万元。但实际上，审计人员后来发现，“该工程公司未参加该工程的施工与管理，此工程纯系虚假工程，签订施工合同纯粹是为掩人耳目”。1999年12月，杨某又与湖北省水利水电工程咨询中心洪湖长江干堤加固工程监理处（以下简称“监理处”）总监魏某签订了监理合同。魏某指示该监理处监理工程师许某负责此项监理工作，但监理处对此未作任何监理记录。2000年3月，许某不仅未进行勘测核查，而且还直接在洪湖分局工程技术科科长王某提供的工程量清单和水下抛石单元工程质量评定表上签字盖章，并由监理处出具了虚假监理报告。事后，魏某接受工程公司监理费2万元，存入个人储蓄账户。在出具监理报告5个月后，杨某才想到要准备施工图。2002年8月，杨某等人要求湖北省水利水电勘测设计院的华某等人按照他们提供的数据绘制图纸，将该图纸设计阶段标明为技术施工阶段，出图日期标为1999年12月。2002年9月，工程公司支付该设计院职工技术协会设计费4万元，华某等人当即提走劳务费及奖金2万元。而这份图纸，一直被杨某等人充当“工程施工图”来应对审计组的检查。2001年12月，洪湖分局工程技术科科长王某又指示他人凭空编写了建设、监理、设计、施工四家的工程管理工作报告。2002年1月27日，杨某以洪湖分局的名义邀请了长江水利委员会、湖北省水利水电勘测设计院等有关设计、监理部门的领导、专家，会同其他相关人员组成了一个11人的工程验收小组对该工程进行了“验收”，结果是该工程被评为优良工程，该验收小组成员每人领取了600元的验收评审费。

案例评述

该案例涉及合同签订、施工监理、工程验收等方面的内控问题。本案例首先从签订合同就出问题了，其签订的合同纯粹是用来掩人耳目的，让那些不法行为变得合法化，光明正大地套取国家的利益。长江干堤这样重要的工程，直接关系到成千上万人的生命财产安全，工程公司居然没有进行任何的施工。工程施工必须要有专业的监理对工程完工进度和质量进行监督与管理，这是工程中非常重要的一个环节，因为工程施工中涉及很多专业技术，所以一般会聘请职业监理师。本案例中的许某未作任何监理记录就直接在工程质量评定表上签字盖章，这样一来，那份虚假的合同也就自然没有被发现。最后在工程完工付款时，还应该有专家对工程进行验收，验收合格后才可以付款。该案例中的专家居然将一项没有进行任何施工的工程评为优良工程，说明整个验收过程完全没有相应的控制。因此，提出如下建议：

（1）应严格执行职责分工制度。职责分工即对工程项目的预算、决算、招标、投标、工程质量监督等，均应明确划分责任，由专门部门和专人负责。明确的职责分工制度，有

利于防止和发现防洪工程发包、承包、施工、验收等过程中的舞弊行为。

（2）工程项目应采用公开招标的方式确定承包商，防止发包、承包中的舞弊行为，保证工程项目的质量。

企业应根据技术胜任能力、管理能力、资源的可利用性、收费的合理性、专业的全面性、社会信誉以及质量保证等因素来选择承包商。在确定承包商以前，企业应对各备选单位进行调查，并进行投标资格的初步审查，了解该单位的资质信誉、实力、工程业绩是否符合该工程项目要求，并且要求投标方以书面形式向企业承诺不转包该专业工程。开标应规范化，企业负责人、总承包商、各分包商、设计主持人及专业负责人、工程监理负责人、专业工程师等有关人员应参加，开标应严格按合法、合理的程序进行。

招标、评标、定标必须经过适当授权，严禁一个人或少数人确定中标单位。

（3）一般工程项目投入资金较多，从立项到施工再到竣工验收决算的时间较长，尤其是工程质量至关重要，工程发包、承包、施工、验收等过程中较容易发生舞弊行为。企业应使用全面质量管理体系对施工过程进行质量管理，组织各部门协作配合，调整各方利益，以确保工程项目总目标的最终实现，包括做好施工的技术交底，监督按照设计图纸和规范、规程施工；进行施工质量检查和验收，加强对施工过程各个环节特别是隐蔽工程进行质量检查；进行质量分析，防止施工过程中类似质量问题的再次发生。

（4）企业应当组织有关部门及人员对竣工决算进行审核，重点审查决算依据是否完备，相关文件资料是否齐全，竣工清理是否完成，决算编制是否正确。应根据批准的初步设计概算，审查工程成本中有无不属于工程范围的开支，所有工程项目是否属于计划范围以内，有无搞计划外工程；增加的工程项目是否经企业管理部门批准；结合财务制度审查各项费用支出是否符合规定，有无乱挤乱摊成本、扩大开支范围，以及乱立标准、铺张浪费等情况。应将其实际数与概算进行总的和分项目的对比，以考核建设成本总的和各项构成内容的节超情况，并计算节超额和节超率。然后，根据节超情况，进一步查找影响建设成本节超的原因。

应明确规定竣工验收标准，竣工验收准备工作全部完成以后，即可按竣工验收标准和合同规定正式办理竣工验收手续。企业应加强竣工验收工作的组织领导，应在竣工前，根据项目性质、大小，成立竣工验收领导小组或验收委员会负责竣工验收工作，严禁由一人负责验收工作。

资料来源　《企业内部控制规范》解读（上）.

第十三章

担保业务

第一节 担保业务概述

一、担保业务的概念

《企业内部控制应用指引第12号——担保业务》中所称的担保，是指企业作为担保人按照公平、自愿、互利的原则与债权人约定，当债务人不履行债务时，依照法律规定和合同协议承担相应法律责任的行为。

担保制度起源于商品交易活动，但早期的简单商品交易，往往是以物易物，或者是钱货两清的即时交易，交易主体间失信问题不突出，也就没有担保的必要。随着商品交换形式的不断发展，非即时交易大量出现，商品和货币的交付有了时间差，债权债务应运而生，随之而来的问题就是，在对债务人没有百分之百信赖的情形下，债权人需要通过某种方式确保债权的实现，而担保制度正好满足了这种需要。在现代市场经济中，担保制度一方面有利于银行等债权人降低贷款风险，另一方面使债权人与债务人形成了稳定可靠的资金供需关系。

二、担保业务的内容

（一）企业贷款担保

凡是在中华人民共和国境内依法成立的、具有独立法人资格的企事业单位，皆可申请此类担保。符合下列条件的优先考虑：

（1）企业成立时间较长，经营状况良好，市场需求旺盛；

（2）财务制度健全，历史资信记录良好；

（3）贷款周期较短，贷款用途明确，获利能力较强；

（4）反担保措施充分、可靠，有有效的抵押物或质押物作为反担保。

（二）履约担保

凡是在中华人民共和国境内依法成立的、具有独立法人资格的企事业单位，可申请此类担保。符合下列条件的优先考虑：

（1）企业成立时间较长，经营状况良好，市场需求旺盛；

（2）财务制度健全，历史资信记录良好；

（3）合同周期较短，资金用途明确，获利能力较强；

（4）反担保措施充分、可靠，有有效的抵押物或质押物作为反担保。

（三）投标担保

1.服务对象

凡是在中华人民共和国境内依法成立的，具有独立法人资格的企、事业单位皆可申请此类担保。符合下列条件的优先考虑：

（1）企业成立时间较长，经营状况良好；

（2）财务制度健全，历史资信记录良好；

（3）履约能力强，资金用途明确，获利能力较强；

（4）反担保措施充分、可靠，有有效的抵押物或质押物作为反担保。

2.担保范围

担保范围包括勘查、设计、施工、监理在内的工程建设项目和与工程建设有关的重要设备、材料等采购的投标及其他应招标要求需要提供担保的投标。

3.保函种类

保函种类包括投标保函、履约担保、预付款保函、质量保函等应招标方式要求需提供的特殊保函。

（四）其他担保

（1）诉讼保全担保。

（2）承兑汇票担保。

（3）融资租赁担保。

（4）投资类担保。

（5）其他各类商业信用担保。

三、担保业务风险

企业办理担保业务至少应当关注下列风险：

（1）对担保申请人的资信状况调查不深、审批不严或越权审批，可能导致企业担保决策失误或遭受欺诈。

（2）对被担保人出现财务困难或经营陷入困境等状况监控不力，应对措施不当，可能导致企业承担法律责任。

（3）担保过程中存在舞弊行为，可能导致经办审批等相关人员涉案或企业利益受损。

四、担保业务一般控制流程

企业应当依法制定和完善担保业务政策及相关管理制度，明确担保的对象、范围、方式、条件、程序、担保限额和禁止担保等事项，规范调查评估、审核批准、担保执行等环节的工作流程，按照政策、制度、流程办理担保业务，定期检查担保政策的执行情况及效果，切实防范担保业务风险。

企业办理担保业务一般包括受理申请、调查评估、审批、签订担保合同、进行日常监控等流程。具体而言，一是担保申请人提出担保申请。二是担保人对担保项目和被担保人资信状况进行调查，对担保业务进行风险评估。三是担保人根据调查评估结果，结合本企业担保政策和授权审批制度，对担保业务进行审批，重大担保业务应提交董事会或类似权力机构批准。四是担保人依据既定权限和程序，与被担保人签订担保合同。五是担保人切实加强对担保合同的日常管理，对被担保人经营状况、财务状况和担保项目执行情况等进行跟踪监控。六是被担保人不能如期偿债，担保人应履行代为清偿义务并向被担保人追偿债务；同时，应当按照本企业担保业务责任追究制度，严格追究有关人员的责任。图 13-1 和表 13-1 所列示的担保流程适用于各类企业的一般担保业务，具有通用性。企业在开展担保业务时，可以参照此流程并结合自身情况予以扩充和细化。

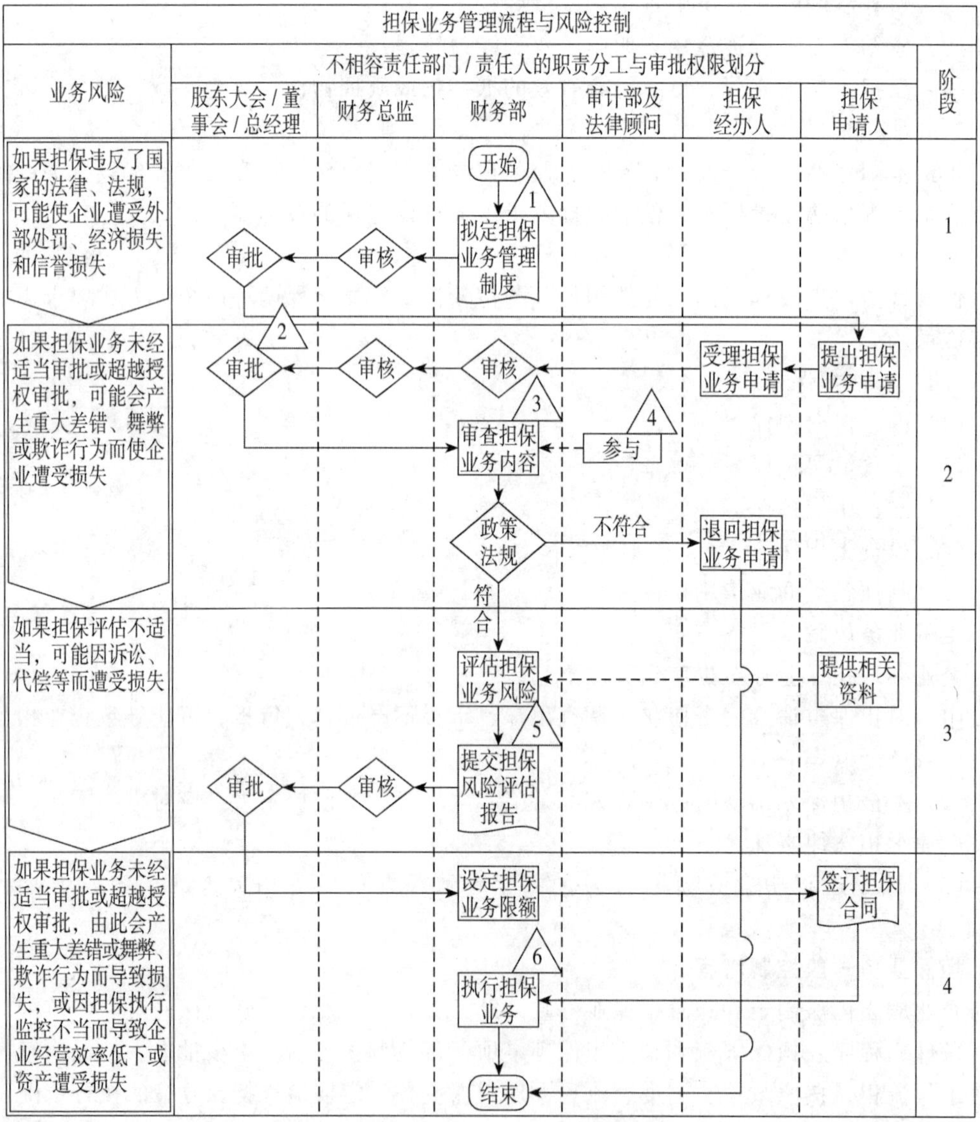

图 13-1　担保业务管理流程与风险控制图

表 13-1　　　　**担保业务管理流程控制表**

<table>
<tr><th colspan="3">担保业务管理流程控制</th></tr>
<tr><th colspan="2">控制事项</th><th>详细描述及说明</th></tr>
<tr><td rowspan="4">阶段控制</td><td>1</td><td>(1) 企业为了防范担保业务风险，确保担保业务符合国家相关法律、法规，需制定担保业务管理制度对担保业务的开展进行规范</td></tr>
<tr><td>2</td><td>(2) 企业各项担保业务必须经过董事会或股东大会批准，企业任何部门或个人均无权代表企业提供担保服务
(3) 审查担保业务是否符合国家有关法律、法规及企业发展战略和经营的需要
(4) 审计部及法务部相关人员参与对担保业务的审查</td></tr>
<tr><td>3</td><td>(5) 担保风险评估报告的主要内容包括担保申请人提出担保的经济背景、接受担保业务的利弊分析、拒绝担保业务的利弊分析、担保业务的评估结论及建议等</td></tr>
<tr><td>4</td><td>(6) 综合考虑担保业务的可接受风险水平，设定担保风险限额</td></tr>
<tr><td rowspan="2">相关规范</td><td>应建规范</td><td>□担保业务管理制度</td></tr>
<tr><td>参照规范</td><td>□《企业内部控制应用指引》
□《中华人民共和国担保法》
□《中华人民共和国合同法》</td></tr>
<tr><td colspan="2">文件资料</td><td>□担保风险评估报告
□担保合同</td></tr>
<tr><td colspan="2">责任部门及责任人</td><td>□股东大会、董事会、财务部、审计部、法务部
□董事长、总经理、财务总监、担保业务经办人、法律顾问</td></tr>
</table>

● 第二节　调查评估与审批内部控制设计及运行

一、调查评估与审批控制的一般要求

企业应当指定相关部门负责办理担保业务，对担保申请人进行资信调查和风险评估，对评估结果应出具书面报告。企业也可委托中介机构对担保业务进行资信调查和风险评估工作。

企业在对担保申请人进行资信调查和风险评估时，应当重点关注以下事项：

(1) 担保业务是否符合国家法律法规和本企业担保政策等相关要求。

(2) 担保申请人的资信状况，一般包括基本情况、资产质量、经营情况、偿债能力、盈利水平、信用程度、行业前景等。

（3）担保申请人用于担保和第三方担保的资产状况及权利归属。

（4）企业要求担保申请人提供反担保的，还应当对与反担保有关的资产状况进行评估。

企业应当建立担保授权和审批制度，规定担保业务的授权批准方式、权限、程序、责任和相关控制措施，在授权范围内进行审批，不得超越权限审批。重大担保业务，应当报经董事会或类似权力机构批准。经办人员应当在职责范围内，按照审批人员的批准意见办理担保业务；对于审批人超越权限审批的担保业务，经办人员应当拒绝办理。

企业应当采取合法、有效的措施加强对子公司担保业务的统一监控。企业内设机构未经授权不得办理担保业务。

企业为关联方提供担保的，与关联方存在经济利益或近亲属关系的有关人员在评估与审批环节应当回避。

对境外企业进行担保的，应当遵守外汇管理规定，并关注被担保人所在国家的政治、经济、法律等因素。

被担保人要求变更担保事项的，企业应当重新履行调查评估与审批程序。

二、调查评估与审批控制设计与运行

调查评估与审批内部控制阶段主要包括受理申请、调查和评估及审批等环节。

（一）受理申请

受理申请是企业办理担保业务的第一道关口，其主要风险是：企业担保政策和相关管理制度不健全，导致难以对担保申请人提出的担保申请进行初步评价和审核；或虽然建立了担保政策和相关管理制度，但对担保申请人提出的担保申请审查把关不严，导致申请受理流于形式。

这一业务环节的主要管控措施包括：

第一，依法制定和完善本企业的担保政策和相关管理制度，明确担保的对象、范围、方式、条件、程序、担保限额和禁止担保的事项。

第二，严格按照担保政策和相关管理制度对担保申请人提出的担保申请进行审核。比如，担保申请人是否属于可以提供担保的对象。一般而言，对于与本企业存在密切业务关系从而需要互保的企业、与本企业有潜在重要业务关系的企业、本企业的子公司及具有控制关系的其他企业等，可以考虑提供担保；反之，则必须十分慎重。又如，对担保申请人整体实力、经营状况、信用水平的了解情况。如果担保申请人实力较强、经营良好、恪守信用，可以考虑接受申请；反之不应受理。再如，担保申请人申请资料的完备情况。如果资料完备、情况详实，可予受理；反之则不予受理。

（二）调查和评估

企业在受理担保申请后对担保申请人进行资信调查和风险评估，是办理担保业务中不可或缺的重要环节，在相当程度上影响甚至决定担保业务的未来走向。这一环节的主要风险是：对担保申请人的资信调查不深入、不透彻，对担保项目的风险评估不全面、不科学，导致企业担保决策失误或遭受欺诈，为担保业务埋下巨大隐患。

调查和评估的主要程序如下：

（1）企业各项担保业务必须经董事会或股东大会批准，企业任何其他部门或个人均无权代表企业提供担保业务。

（2）对担保风险进行评估时，要成立风险评估小组，小组成员主要包括财务部相关负责人、审计部及法务部相关人员。

（3）评估申请担保人的资信状况，评估内容一般包括申请人的基本情况、资产质量、经营情况、行业前景、偿债能力、信用状况以及用于担保和第三方担保的资产及其权利归属情况等。

（4）担保业务风险评估完成之后，由评估小组负责人撰写担保风险评估报告。

在调查和评估时，还应采取以下控制措施：

第一，委派具备胜任能力的专业人员开展调查和评估。调查评估人员与担保业务审批人员应当分离。

第二，担保业务是否符合国家法律法规和本企业担保政策的要求，凡与国家法律法规和本企业担保政策相抵触的业务，一律不得提供担保。

第三，对担保项目经营前景和盈利能力进行合理预测。企业整体的资信状况和担保项目的预期运营情况，构成判断担保申请人偿债能力的两大重要方面，应当予以重视。

第四，划定不予担保的"红线"，并结合调查评估情况作出判断。《企业内部控制应用指引第12号——担保业务》明确规定了以下5类不予担保的情形：

①担保项目不符合国家法律法规和本企业担保政策的。

②担保申请人已进入重组、托管、兼并或破产清算程序的。

③担保申请人财务状况恶化、资不抵债、管理混乱、经营风险较大的。

④担保申请人与其他企业存在较大经济纠纷，面临法律诉讼且可能承担较大赔偿责任的。

⑤担保申请人与本企业已经发生过担保纠纷且仍未妥善解决的，或不能及时足额交纳担保费用的。

各企业应当将上述5类情形作为办理担保业务的"高压线"，严格遵守、不得突破；同时，可以结合企业自身的实际情况，进一步充实、完善有关管理要求，切实防范为"带病"企业提供担保。

（三）审批

审批环节在担保业务中具有承上启下的作用，它既是对调查评估结果的判断和认定，也是担保业务能否进入实际执行阶段的必经之路。这一环节的主要风险是：授权审批制度不健全，导致对担保业务的审批不规范；审批不严格或者越权审批，导致担保决策出现重大疏漏，可能引发严重后果；审批过程存在舞弊行为，可能导致经办审批等相关人员涉案或企业利益受损。

这一环节的主要管控措施为：

第一，建立和完善担保授权审批制度，明确授权批准的方式、权限、程序、责任和相关控制措施，规定各层级人员应当在授权范围内进行审批，不得超越权限审批。企业内设机构不得以企业名义对外提供担保。企业应当加大对分公司对外提供担保的管控力度，严格限制分公司的担保行为，避免因分公司违规担保为本企业带来的不利后果。

第二，建立和完善重大担保业务的集体决策审批制度。企业应当根据《公司法》等国家法律法规，结合企业章程和有关管理制度，明确重大担保业务的判断标准、审批权限和程序。上市公司的重大对外担保，应取得董事会全体成员中的2/3以上签署同意或者经股东大会批准，未经董事会或者类似权力机构批准，不得对外提供重大担保。

第三，认真审查对担保申请人的调查评估报告，在充分了解、掌握有关情况的基础上，权衡比较本企业的净资产状况、担保限额与担保申请人提出的担保金额，确保将担保金额控制在企业设定的担保限额之内。

第四，从严办理担保变更审批。被担保人要求变更担保事项的，企业应当重新履行调查评估程序，根据新的调查评估报告重新履行审批手续。

三、调查评估与审批内部控制流程

1. 担保业务风险评估流程与风险控制图（如图13-2所示）

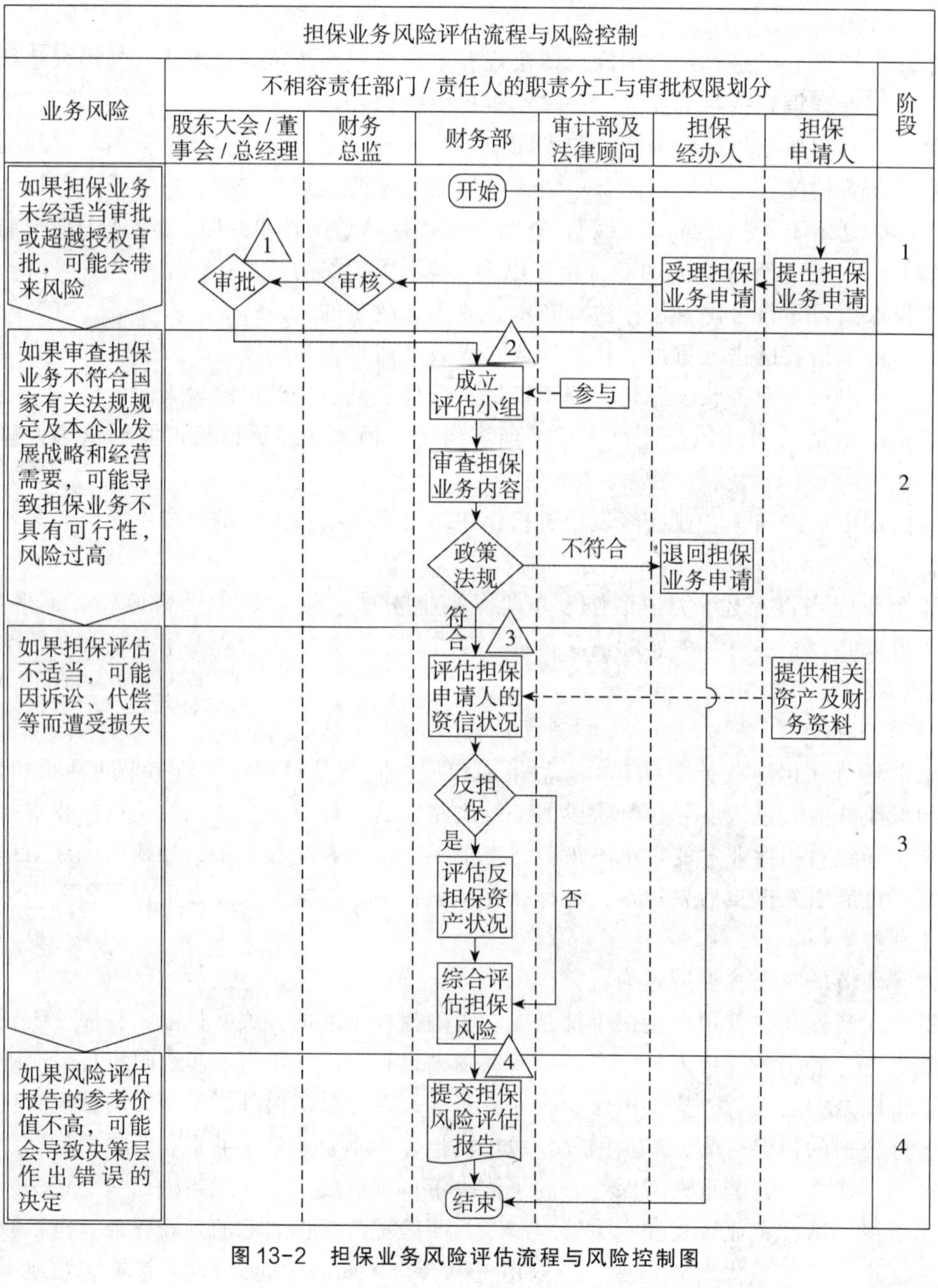

图13-2 担保业务风险评估流程与风险控制图

2.担保业务风险评估流程控制表（见表13-2）

表13-2　**担保业务风险评估流程控制表**

担保业务风险评估流程控制		
控制事项		详细描述及说明
阶段控制	1	（1）企业各项担保业务必须经董事会或股东大会批准，企业任何其他部门或个人均无权代表企业提供担保业务
	2	（2）对担保风险进行评估时，要成立风险评估小组，小组成员主要包括财务部相关负责人、审计部及法务部相关人员，需要收集的相关资料主要包括以下6个方面： ①申请担保人的营业执照、企业章程复印件、法定代表人身份证明、反映与本企业有关联关系的资料等基础性资料 ②担保申请书、担保业务的资金使用计划或项目资料 ③近年经审计的财务报告等财务资料 ④申请担保人的资信等级评估报告及还款能力分析报告等资料 ⑤申请担保人与债权人签订的主合同复印件 ⑥申请担保人提供反担保的条件和相关资料
	3	（3）评估申请担保人的资信状况，评估内容一般包括申请人的基本情况、资产质量、经营情况、行业前景、偿债能力、信用状况以及用于担保和第三方担保的资产及其权利归属情况等
	4	（4）担保业务风险评估完成之后，由评估小组负责人撰写担保风险评估报告
相关规范	应建规范	担保业务管理制度
	参照规范	《企业内部控制应用指引》 《中华人民共和国担保法》
文件资料		担保风险评估报告
责任部门及责任人		股东大会、董事会、财务部、审计部 董事长、总经理、财务总监、担保业务经办人、法律顾问

第三节　执行与监控内部控制设计及运行

执行与监控内部控制这一阶段主要包括签订担保合同、日常监控。但担保业务直接涉及担保财产、费用收取、财务分析、债务承担、会计处理和相关信息披露等，决定了会计控制在担保业务经办中具有举足轻重的重要作用。而代为清偿是被担保人无法偿还到期债务，"连累"担保企业不得不按照担保合同约定承担清偿债务的责任，因此，在代为清偿后依法主张对被担保人的追索权，成为担保企业降低担保损失的最后一道屏障。下面将对上述内容作详细的介绍。

一、签订担保合同

担保合同是约定担保双方权利义务的基础载体。企业应当根据审核批准的担保业务订立担保合同。签订担保合同的主要风险是：未经授权对外订立担保合同，或者担保合同内容存在重大疏漏和欺诈，可能导致企业诉讼失败、权利追索被动、经济利益和形象信誉受损。

企业签订担保合同的主要管控措施包括：

第一，严格按照经审核批准的担保业务订立担保合同。合同订立经办人员应当在职责范围内，按照审批人员的批准意见拟定合同条款。

第二，认真审核合同条款，确保担保合同条款内容完整、表述严谨准确、相关手续齐备。在担保合同中应明确被担保人的权利、义务、违约责任等相关内容，并要求被担保人定期提供财务报告和有关资料，及时通报担保事项的实施情况。担保申请人同时向多方申请担保的，企业应当在担保合同中明确约定本企业的担保份额和相应的责任。

第三，实行担保合同会审联签。除担保业务经办部门之外，鼓励和倡导企业法律部门、财会部门、内审部门等参与担保合同会审联签，增强担保合同的合法性、规范性、完备性，有效避免权利义务约定、合同文本表述等方面的疏漏。

第四，加强对有关身份证明和印章的管理。比如，在担保合同签订过程中，依照法律规定和企业内部管理制度，往往需要提供、使用企业法定代表人的身份证明、个人印章和担保合同专用章等。从近年来暴露出来的一些担保典型案例看，一些企业在有关人员身份证明、印章管理中存在薄弱环节，导致身份证明和印章被盗用，造成了难以挽回的严重损失。因此，必须加强对身份证明和印章的管理，保证担保合同用章、用印符合当事人真实意愿。

第五，规范担保合同记录、传递和保管，确保担保合同运转轨迹清晰完整、有案可查。

二、日常监控

企业担保经办部门应当加强担保合同的日常管理，定期监测被担保人的经营情况和财务状况，对被担保人进行跟踪和监督，了解担保项目的执行、资金的使用、贷款的归还、财务运行及风险等情况，确保担保合同有效履行。在担保合同履行过程中，如果被担保人出现异常情况，应当及时报告，妥善处理。对于被担保人未按有法律效力的合同条款偿付债务或履行相关合同项下的义务的，企业应当按照担保合同履行义务，同时主张对被担保人的追索权。

这一环节的主要风险是：重合同签订、轻后续管理，对担保合同履行情况疏于监控或监控不当，导致企业不能及时发现和妥善应对被担保人的异常情况，可能延误处置时机，加剧担保风险，加重经济损失。

日常监控采取的主要管控措施包括：

第一，企业应当建立担保事项台账，详细记录担保对象、金额、期限、用于抵押和质押的物品或权利以及其他有关事项。

第二，担保经办人员负责对担保项目的执行状况进行定期或不定期的跟踪和监督，主要包括监督检查时限和检查监督项目两个方面的内容。一般来说，监督检查时限的规定如下：

（1）担保期限在____年（企业应根据具体情况确定）以内的，担保风险在____级以上的担保项目，担保经办人员需每个月进行一次跟踪检查。

（2）担保期限在____年以上的担保项目，担保经办人员至少每季度进行一次监督检查，检查监督的内容包括担保项目进度是否按照计划进行、被担保人的经营状况及财务状况是否正常、被担保人的资金是否按照担保合同的规定使用及有无挪用现象、被担保人的资金周转是否正常等。

第三，及时报告被担保人的异常情况和重要信息。企业有关部门和人员在实施日常监控过程中一旦发现被担保人存在经营困难、债务沉重，或者违反担保合同的其他情况，应当按照《企业内部控制应用指引第17号——内部信息传递》的要求，在第一时间向企业有关管理人员作出报告，以便于及时采取有针对性的应对措施。

三、会计控制

担保业务直接涉及担保财产、费用收取、财务分析、债务承担、会计处理和相关信息披露等，决定了会计控制在担保业务经办中具有举足轻重的重要作用。企业应当加强对担保业务的会计系统控制，及时足额收取担保费用，建立担保事项台账，详细记录担保对象、金额、期限、用于抵押和质押的物品或权利以及其他有关事项。企业财会部门应当及时收集、分析被担保人担保期内经审计的财务报告等相关资料，持续关注被担保人的财务状况、经营成果、现金流量以及担保合同的履行情况，积极配合担保经办部门防范担保业务风险。对于被担保人出现财务状况恶化、资不抵债、破产清算等情形的，企业应当根据国家统一的会计准则或制度规定，合理确认预计负债和损失。

这一环节的主要风险是：会计系统控制不力，可能导致担保业务记录残缺不全，日常监控难以奏效，或者担保会计处理和信息披露不符合有关监管要求，可能引发行政处罚。

主要会计控制措施的具体要求如下：

第一，健全担保业务经办部门与财会部门的信息沟通机制，促进担保信息及时有效沟通。

第二，建立担保事项台账，详细记录担保对象、金额、期限、用于抵押和质押的物品或权利以及其他有关事项；同时，及时足额收取担保费用，维护企业担保权益。

第三，严格按照国家统一的会计准则或制度进行担保会计处理，发现被担保人出现财务状况恶化、资不抵债、破产清算等情形的，应当合理确认预计负债和损失；属于上市公司的，还应当区别不同情况依法予以公告。

第四，切实加强对反担保财产的管理，妥善保管被担保人用于反担保的权利凭证，定期核实财产的存续状况和价值，发现问题及时处理，确保反担保财产安全完整。

第五，夯实担保合同基础管理，妥善保管担保合同、与担保合同相关的主合同、反担保函或反担保合同，以及抵押、质押的权利凭证和有关原始资料，做到担保业务档案完整无缺。

第六，企业应当建立担保业务责任追究制度，对在担保中出现重大决策失误、未履行集体审批程序或不按规定管理担保业务的部门及人员，应当严格追究相应的责任。

第七，企业应当在担保合同到期时，全面清查用于担保的财产、权利凭证，按照合同约定及时终止担保关系。

四、代为清偿和权利追索

被担保人在担保期间如果顺利履行了对银行等债权人的偿债义务，且向担保企业及时足额支付了担保费用，担保合同一般应予终止，担保双方可以解除担保权利义务。但在实践中，由于各方面因素的影响，部分被担保人无法偿还到期债务，“连累”担保企业不得不按照担保合同约定承担清偿债务的责任。因此，在代为清偿后依法主张对被担保人的追索权，成为担保企业降低担保损失的最后一道屏障。这一环节的主要风险是：违背担保合同约定不履行代为清偿的义务，可能被银行等债权人诉诸法院成为连带被告，影响企业形象和声誉；承担代为清偿义务后向被担保人追索不力，可能造成较大的经济损失。

这一阶段的主要管控措施包括：

第一，强化法制意识和责任观念，在被担保人确实无力偿付债务或履行相关合同义务时，自觉按照担保合同承担代偿义务，维护企业诚实守信的市场形象。

第二，运用法律武器向被担保人追索赔偿权利。在此过程中，企业担保业务经办部门、财会部门、法律部门等应当通力合作，做到在司法程序中举证有力；同时，依法处置被担保人的反担保财产，尽力减少企业的经济损失。

第三，启动担保业务后评估工作，严格落实担保业务责任追究制度，对在担保中出现重大决策失误、未履行集体审批程序或不按规定管理担保业务的部门及人员，严格追究其行政责任和经济责任，并深入开展总结分析，举一反三，不断完善担保业务内控制度，严控担保风险，促进企业健康稳健发展。

五、执行与监控内部控制的流程图

1.担保项目跟踪监督流程与风险控制图（如图13-3所示）

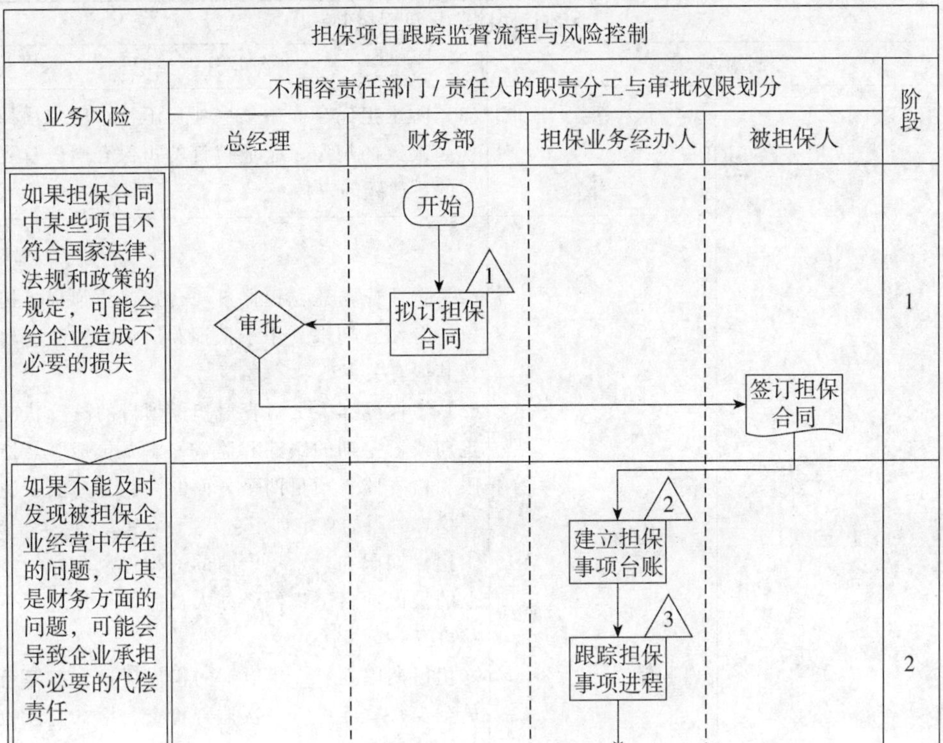

图13-3　担保项目跟踪监督流程与风险控制图

2.担保项目跟踪监督流程控制表（见表13-3）

表13-3　　担保项目跟踪监督流程控制表

<table>
<tr><th colspan="3">担保项目跟踪监督流程控制</th></tr>
<tr><th colspan="2">控制事项</th><th>详细描述及说明</th></tr>
<tr><td rowspan="3">阶段控制</td><td>1</td><td>（1）防止担保合同中某些项目不符合国家法律、法规和政策的规定，企业拟订的担保合同应首先由企业的法律顾问审核</td></tr>
<tr><td>2</td><td>（2）企业应当建立担保事项台账，详细记录担保对象、金额、期限、用于抵押和质押的物品、权利以及其他有关事项
（3）担保经办人员负责对担保项目的执行状况进行定期或不定期的跟踪和监督，主要包括监督检查时限和检查监督项目两个方面的内容。一般来说，监督检查时限的规定如下：
①担保期限在____年以内的，担保风险在____级以上的担保项目，担保经办人员需每个月进行一次跟踪检查
②担保期限在____年以上的担保项目，担保经办人员全少每季度进行一次监督检查，检查监督的内容包括担保项目进度是否按照计划进行、被担保人的经营状况及财务状况是否正常、被担保人的资金是否按照担保合同的规定使用及有无挪用现象、被担保人的资金周转是否正常等</td></tr>
<tr><td>3</td><td>（4）担保合同到期时，财务部门要提供有关被担保单位的财务状况的资料</td></tr>
<tr><td rowspan="2">相关规范</td><td>应建规范</td><td>担保执行管理制度</td></tr>
<tr><td>参照规范</td><td>《中华人民共和国担保法》
《企业内部控制应用指引》
《中华人民共和国公司法》
《中华人民共和国合同法》</td></tr>
<tr><td colspan="2">文件资料</td><td>担保合同
担保项目书</td></tr>
<tr><td colspan="2">责任部门及责任人</td><td>董事会、财务部
董事长、总经理、担保业务经办人</td></tr>
</table>

3.担保项目信息披露流程与风险控制图（如图13-4所示）

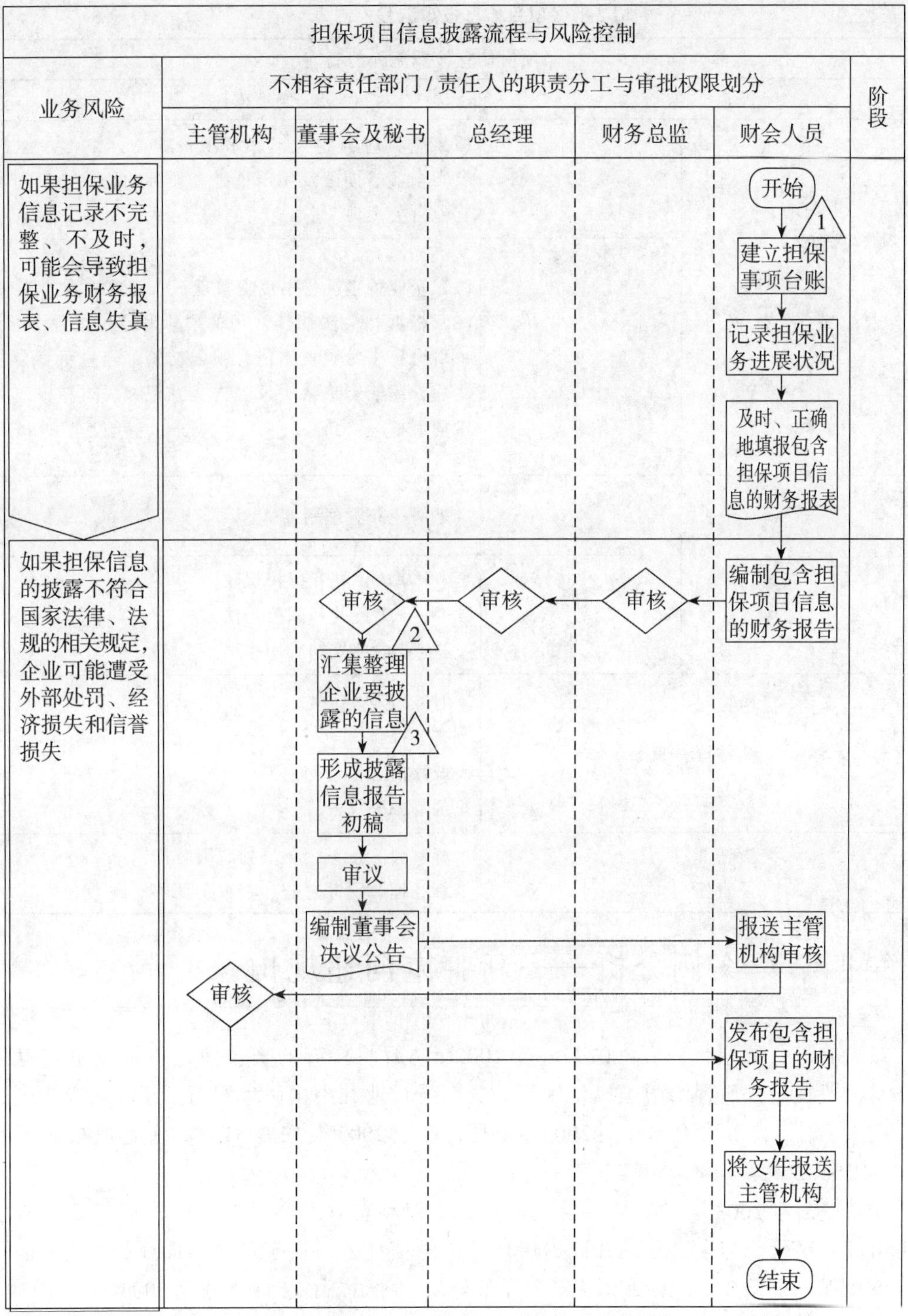

图13-4　担保项目信息披露流程与风险控制图

4.担保项目信息披露流程控制表（见表13-4）

表13-4 担保项目信息披露流程控制表

担保项目信息披露流程控制		
控制事项		详细描述及说明
阶段控制	1	（1）企业应当建立担保事项台账，详细记录担保对象、金额、期限及用于抵押和质押的物品、权利以及其他有关事项
	2	（2）企业董事会秘书负责整理汇总需要披露的信息 （3）根据相关法律、法规的要求和定期的财务报告，董事会秘书编写披露信息报告初稿，经过董事会审议之后，编制董事会决议公告，并把相关材料报送主管机构审核
相关规范	应建规范	❒担保业务管理制度
	参照规范	❒《中华人民共和国担保法》 ❒《中华人民共和国公司法》 ❒《企业内部控制应用指引》
文件资料		❒财务报表 ❒财务报告 ❒披露信息报告初稿 ❒董事会决议公告
责任部门及责任人		❒董事会、董事会秘书处、财务部 ❒总经理、财务总监、董事会秘书、财会人员

● 第四节　案例分析——新疆屯河违规担保

新疆屯河（股票代码：600737）于2002年6月将持有的金新信托投资股份有限公司24.93%的股权全部质押给中国民生银行，为三维矿业在中国民生银行的1亿元贷款提供担保，期限3年，自2002年6月至2005年6月；截至2003年12月31日，上述股权账面值为228 764 395.82元。

新疆屯河于2003年12月将持有的新世纪金融租赁有限公司20.50%的股权质押给宁夏银川市商业银行，与多家单位共同为伊斯兰国际信托公司在宁夏银川商业银行的6亿元授信额度担保，期限2年，自2004年1月1日至2005年12月31日；截至2003年12月31日，上述股权账面值为114 428 573.52元。

新疆屯河于2003年5月为其深圳市明思克航母世界实业有限公司在中信实业银行广州花园支行的2亿元贷款中的5 000万元提供保证担保，期限2年，自2003年5月至2005年5月。

新疆屯河于2004年3月为其参股49%的新疆屯河水泥有限责任公司在中国农业银行昌

吉州分行的四笔总额为7 600万元的贷款提供担保，期限为1年；新疆屯河于2004年2月为新疆屯河水泥有限责任公司在中国银行昌吉州分行的2 000万元贷款提供担保，期限为1年。上述担保违反了证监会《关于规范上市公司与关联方资金往来及上市公司对外担保若干问题的通知》。

目前类似新疆屯河这种国有控股上市公司违规担保的现象十分严重，涉及公司数量多、担保金额大，成因复杂，有的属于公司改制设立时的遗留问题，有的涉嫌恶意侵占上市公司利益。这些公司对外担保风险不断增加，已有部分公司形成了担保圈，如果有一家公司出现问题必将形成“多米诺骨牌效应”。这些违规担保不仅加剧了上市公司的负担和困难，而且会拖垮或掏空上市公司。陕西达尔曼的衰亡、数码测绘的退市以及新疆德隆系企业的崩溃，都与其资金被占用和违规对外担保有着直接关系。值得注意的是，这些上市公司之间初步形成了担保链或担保圈，目前已有多家上市公司因为担保责任诉讼缠身而遭受重大损失。其中，宁夏11家上市公司中有9家存在巨额对外担保，担保总额超过20亿元，致使这9家公司的非流通股股权不同程度地被冻结或质押。

案例评述

（一）国有上市公司担保失控的成因分析

1.外部原因

（1）法律法规不够健全和完善

现行关于担保业务的法律规范主要有：原《公司法》第六十条第三款；2000年证监会颁布的《关于上市公司为他人提供担保有关问题的通知》（下文称“61号通知”）；2003年证监会、国资委联合颁布的《关于规范上市公司与关联方资金往来及上市公司对外担保若干问题的通知》（下文称“56号文”）。原《公司法》第六十条第三款只是对董事和经理的担保行为进行了规范，但缺点是：第一，没有对上市公司的担保能力进行规范。第二，没有对董事和经理对其他法人组织的担保行为进行规范。第三，没有对公司董事和经理之外的机构（如董事会或股东大会）的担保行为进行规范。

鉴于此，61号通知应运而生，通知指出：上市公司不得以公司资产为本公司的股东、股东的控股子公司、股东的附属企业或者个人债务提供担保，并且要求上市公司及时披露其担保信息。较之原《公司法》第六十条第三款有三点重要变化：第一，担保禁止对象由原来的股东或其他个人债务扩大到股东的控股子公司、股东的附属企业；第二，将仅对董事和经理担保行为的规范扩展到对董事、经理、董事会和股东大会担保行为的规范；第三，要求上市公司披露担保信息，从而使上市公司的担保业务处于外部监督之下，企业担保行为开始由“地下”走向“透明化”“公开化”。

虽然61号通知较之原《公司法》有较大进步，但对上市公司的担保能力和对非股东以外的法人组织的担保没有进行规范，致使违规担保行为开始转向为相互担保和连环担保以及超能力提供担保，从而出现诸如担保规模巨大，担保链、担保圈蔓延等新的担保问题。针对这些问题，证监会、国资委联合发布了56号文，指出上市公司对外担保总额不得超过其净资产的50%，不得为资产负债率超过70%的被担保对象提供担保，不得为本公司持股50%以下的其他关联方或个人提供担保。56号文对公司的担保能力和担保对象有了进一步的规范，有效地遏制了相互担保行为以及担保圈和担保链的蔓延，但对上市公司为其子公司提供担保，然后再以控股地位占用子公司资金的行为的规定方面存在盲区。

(2) 上市公司担保信息披露制度不够健全和完善

企业一旦提供担保业务，则会形成企业的一笔或有负债。《企业会计准则第13号——或有事项》规定，企业担保形成的或有负债只有在满足确认条件时，才会在财务报表主表中披露担保信息，而是否满足确认条件主要根据会计人员的职业判断，随意性较大，这就使企业粉饰财务报表有机可乘，企业很可能以不满足确认条件为由，不确认或少确认或有负债，从而避免在财务报表主表中披露担保信息，只在财务报表附注中披露，但附注信息往往被报表使用人所忽视，从而达到隐瞒企业担保风险的目的。

(3) 国有上市公司的融资渠道不够通畅，过度依赖银行筹集资金

企业由于在资本市场融资存在比较苛刻的条件，因而目前仍将银行贷款作为融资的首选。银行在提供贷款时为了降低风险，要求国有上市公司提供担保，在利益的驱使下便会产生大量的违规担保。

2.内部原因

(1) 国有股“一股独大”现象严重，形成第二种委托代理关系

我国国有上市公司的股权结构极不合理，造成股东相互制衡的法人治理机制在我国上市公司中难以实现，董事会处于大股东的实际控制之下，中小股东的决策权无法得到保障，引起经营决策高度集权化，中小股东在企业中的利益无人代表，实际上形成了第二种委托代理关系，即中小股东委托大股东对公司进行经营管理。由于中小股东对大股东的监督成本较高，而且监督成本与其收益不对等，致使中小股东普遍存在“搭便车”的心理，缺乏对大股东的有效监督，当自己的利益受损时只得“用脚投票”来维护自己的利益。大股东为了一己私利，无视担保风险，置中小股东利益于不顾，大肆要求上市公司违规担保，使上市公司成为大股东的“提款机”和“圈钱机器”。

(2) 国有上市公司存在所有者缺位问题

国资委委派董事长和总经理对国有上市公司进行经营管理，在这个过程中形成了多层委托代理关系，国有上市公司的实际控制者是董事长或总经理，真正的所有者无权或无法对其监督，造成董事长或总经理权力监督的真空，从而形成“内部人控制”现象，董事长和总经理一人说了算，担保业务的董事会集体决策机制无法得到保障。

(3) 国有上市公司的担保内部控制制度不健全或不完善

(二) 内部控制

针对上述案例，企业对于担保业务应制定如下内部控制制度：

1.适当的职责分离

企业应当对担保业务建立严格的岗位责任制，明确相关部门和岗位的职责、权限，确保办理担保业务的不相容岗位相互分离、制约和监督。

2.正确的授权审批

①在担保业务发生之前，担保业务经过审批。②非经正当审批，不得签订担保合同。③担保责任、担保标准、担保条件等必须经过审核批准。④为被担保企业履行债务支付垫付款项必须经过审批。前两项控制的目的在于防止企业因向虚构的或无力支付货款的企业提供担保而蒙受损失，第三项控制的目的则在于保证担保业务按照政策规定的标准、条件等进行。

3.定期了解被担保企业的经营与财务情况

企业应有独立于担保合同核准、垫付担保责任款项的人员定期对被担保企业经营与财务状况进行全面了解，对经营与财务状况恶化的被担保企业及时作出说明，企业可以据此检查账簿记录、担保合同条款等进行恰当的处理，尽可能避免或减少可能发生的损失。

4.实行内部稽核制度，定期对担保业务部门进行稽核

内部稽核的内容主要包括：①担保业务相关岗位及人员的设置情况。②担保业务授权批准制度的执行情况。重点检查担保对象是否符合规定，担保业务评估是否科学合理，担保业务的审批手续是否符合规定，是否存在越权审批的行为。③担保业务的审批情况。④担保业务到期是否及时办理终结手续。

5.建立反担保措施

①要求受保企业提供反担保人。反担保人必须是具有代为清偿债务能力的法人或其他组织。②要求受保企业提供反担保物。在设定反担保物时，首先以业主或法人代表的个人财产作抵押，然后再以企业的房产、存单及其他有价证券和知识产权作抵押或质押。通过建立反担保措施增强对企业经营者的信任，并对其进行有效约束。

6.建立风险准备制度，以应付担保机构未来可能发生的损失

此外，银行还须加强银行借贷业务的内部控制。

①加强贷款的授权管理。强化贷款审批工作，根据授权实行专人、专家独立审批。在贷款审批权限落实到个人的基础上，还应进一步遵循大额贷款审批的审慎原则。

②完善贷款“审、贷、收”三权分离制度，建立贷款过程中的权力制衡机制。制定、实施规范的贷款操作手册，明确贷款调查、审批、发放、管理和清收等一整套标准化操作，包括应采取的方法、步骤、报告内容、格式等。在实际操作中各级有关人员必须严格按照相应的规章程序办理。

③建立信贷风险预警体系，加强贷后跟踪，力争在短期内改变传统管理模式下的风险判断表面化和风险反映滞后的状况，加强风险监测分析的系统性和准确性。

④加强贷款风险分散策略的实施。应保持贷款的相对分散，提高银行抗御风险的能力。具体做法是使贷款在期限、客户、行业、地区中相对分散，广泛采用抵押、质押、担保等措施，增加非信用担保贷款，以便在借款式贷款出现问题时，银行可以依法处置抵押担保物，转移银行资产损失风险。

⑤健全、完善银行呆账准备金计提制度和坏账冲销制度，建立资本金持续补充制度，化解信贷风险损失。

资料来源　《企业内部控制规范》解读（下）.

第十四章

业务外包

第一节　业务外包概述

一、业务外包概念

随着社会主义市场发展及国际产业分工呈细化趋势，我国业务外包市场必将有较大发展。适应这种发展趋势，财政部等五部委联合颁布《企业内部控制应用指引第13号——业务外包》，对于加强业务外包管理、规范业务外包行为、防范业务外包风险，具有重要的意义。

《企业内部控制应用指引第13号——业务外包》中所称的业务外包，是指企业利用专业化分工优势，将日常经营中的部分业务委托给本企业以外的专业服务机构或经济组织（以下简称承包方）完成的经营行为。外包业务通常包括研发、资信调查、可行性研究、委托加工、物业管理、客户服务、IT服务等，不涉及工程项目外包。

企业应当对外包业务实施分类管理，通常将其划分为重大外包业务和一般外包业务。重大外包业务是指对企业生产经营有重大影响的外包业务。

企业实施业务外包应分清什么业务是企业具有核心竞争力的业务，可以外包出去的业务必然是非核心业务。避免核心业务的外包，是对企业的发展战略中一个重要的风险点。

实施业务外包的好处通常有：一是可以分担风险；二是可以加速业务重构；三是可以企业提高生产效率，优化配置资源。

二、业务外包流程

业务外包流程主要包括：制订业务外包实施方案、审核批准、选择承包方、签订业务外包合同、组织实施业务外包活动、业务外包过程管理、验收、会计控制等环节。图14-1列示的业务外包流程适用于各类企业的一般业务外包，具有通用性。企业在实际开展业务外包时，可以参照此流程，并结合自身情况予以扩充和具体化。

（一）制订业务外包实施方案

制订业务外包实施方案，是指企业根据年度生产经营计划和业务外包管理制度，结合确定的业务外包范围，制订实施方案。

（二）审核批准

审核批准，是指企业应当按照规定的权限和程序审核批准业务外包实施方案。

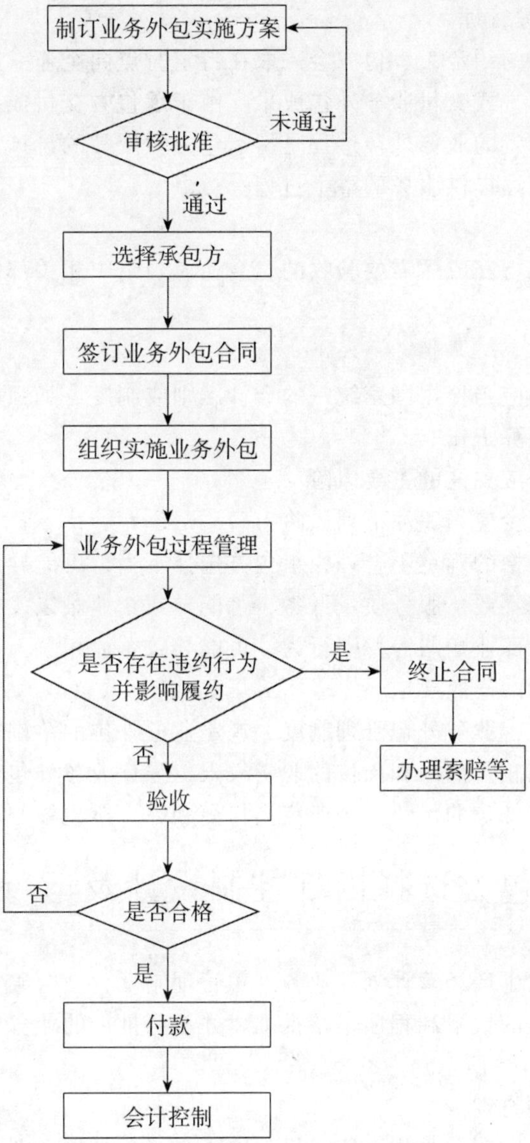

图 14-1　业务外包基本流程

（三）选择承包方

选择承包方，是指企业应当按照批准的业务外包实施方案选择承包方。

（四）签订业务外包合同

确定承包方后，企业应当及时与选定的承包方签订业务外包合同，约定业务外包的内容和范围、双方权利和义务、服务和质量标准、保密事项、费用结算标准和违约责任等事项。

（五）组织实施业务外包

组织实施业务外包，是指企业严格按照业务外包制度、工作流程和相关要求，组织业务外包过程中人、财、物等方面的资源分配，建立与承包方的合作机制，为下一环节的业务外包过程管理做好准备，确保承包方严格履行业务外包合同。

（六）业务外包过程管理

根据业务外包合同的约定，承包方会采取在特定时点向企业一次性交付产品或在一定期间内持续提供服务的方式交付业务外包成果。由于承包方交付成果的方式不同，业务外包过程也有所不同，前者的业务外包过程是指承包方对产品的设计制造过程，后者的业务外包过程是指承包方持续提供服务的整个过程。

（七）验收

在业务外包合同执行完成后需要验收的，企业应当组织相关部门或人员对完成的业务根据外包合同进行验收。

（八）会计控制

会计控制是指企业应当根据国家统一的会计准则或制度，加强对外包业务的核算与监督，并做好外包费用结算工作。

三、业务外包内部控制应关注的主要风险

企业的业务外包至少应当关注下列风险：

（1）外包范围和价格的确定不合理，承包方选择不当，可能导致企业遭受损失。

（2）业务外包监控不严、服务质量低劣，可能导致企业难以发挥业务外包的优势。

（3）业务外包存在商业贿赂等舞弊行为，可能导致企业相关人员涉案。

四、业务外包内部控制的一般要求

企业应当建立和完善业务外包管理制度，规定业务外包的范围、方式、条件、程序和实施等相关内容，明确相关部门和岗位的职责权限，强化业务外包全过程的监控，防范外包风险，充分发挥业务外包的优势。企业应当权衡利弊，避免核心业务外包。

● 第二节　承包方选择内部控制设计及运行

企业应当根据年度生产经营计划和业务外包管理制度，结合确定的业务外包范围，拟订实施方案，按照规定的权限和程序审核批准，并按照批准的业务外包实施方案选择符合条件的承包方，如图14-2所示。

一、制订业务外包实施方案

制订业务外包实施方案，是指企业根据年度生产经营计划和业务外包管理制度，结合确定业务外包范围，制订实施方案。该环节的风险主要包括：

（1）企业缺乏业务外包管理制度，导致制订的实施方案无据可依。

（2）业务外包管理制度未明确业务外包范围，可能导致有关部门在制订实施方案时，将不宜外包的核心业务进行外包。

（3）实施方案不合理、不符合企业生产经营特点或内容不完整，可能导致业务外包失败。

主要的管控措施包括：

第一，建立和完善业务外包管理制度，根据各类业务与核心主业的关联度、对外包业务的控制程度以及外部市场成熟度等标准，合理确定业务外包的范围，并根据是否对企业生产经营有重大影响对外包业务实施分类管理，以突出管控重点，同时明确规定业务外包的方式、条件、程序和实施等相关内容。

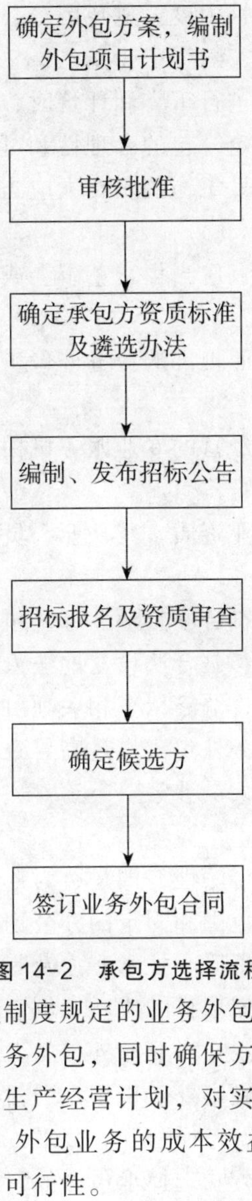

图 14-2　承包方选择流程

第二，严格按照业务外包管理制度规定的业务外包范围、方式、条件、程序和实施等内容制订实施方案，避免将核心业务外包，同时确保方案的完整性。

第三，根据企业年度预算以及生产经营计划，对实施方案的重要方面进行深入评估以及复核，包括承包方的选择方案、外包业务的成本效益及风险、外包合同期限、外包方式、员工培训计划等，确保方案的可行性。

第四，认真听取外部专业人员对业务外包的意见，并根据其合理化建议完善实施方案。

二、审核批准

审核批准，是指企业应当按照规定的权限和程序审核批准业务外包实施方案。该环节的主要风险是：审批制度不健全，导致对业务外包的审批不规范；审批不严格或者越权审批，导致业务外包决策出现重大疏漏，可能引发严重后果；未能对业务外包实施方案是否符合成本效益原则进行合理审核以及作出恰当判断，导致业务外包不经济。

主要管控措施包括：

第一，建立和完善业务外包的审核批准制度。明确授权批准的方式、权限、程序、责任和相关控制措施，规定各层级人员应当在授权范围内进行审批，不得超越权限审批。同时加大对分公司重大业务外包的管控力度，避免因分公司越权进行业务外包给企业带来不利后果。

第二，在对业务外包实施方案进行审查和评价时，应当着重对比分析该业务项目在自营与外包情况下的风险和收益，确定外包的合理性和可行性。

第三，总会计师或企业分管会计工作的负责人应当参与重大业务外包的决策，对业务外包的经济效益作出合理评价。

第四，对于重大业务外包方案，应当提交董事会或类似权力机构审批。

三、选择承包方

选择承包方，是指企业应当按照批准的业务外包实施方案选择承包方。承包方至少应当具备下列条件：

（1）承包方是依法成立和合法经营的专业服务机构或其他经济组织，具有相应的经营范围和固定的办公场所。

（2）承包方应当具备相应的专业资质，其从业人员符合岗位要求和任职条件，并具有相应的专业技术资格。

（3）承包方的技术及经验水平符合本企业业务外包的要求。

该环节的主要风险是：承包方不是合法设立的法人主体，缺乏应有的专业资质，从业人员也不具备应有的专业技术资格，缺乏从事相关项目的经验，导致企业遭受损失甚至陷入法律纠纷；外包价格不合理，业务外包成本过高导致难以发挥业务外包的优势；存在接受商业贿赂的舞弊行为，导致相关人员涉案。

主要管控措施包括：

第一，充分调查候选承包方的合法性，即是否为依法成立、合法经营的专业服务机构或经济组织，是否具有相应的经营范围和固定的办公场所。

第二，调查候选承包方的专业资质、技术实力及其从业人员的履历和专业技能。

第三，考察候选承包方从事类似项目的成功案例、业界评价和口碑。

第四，综合考虑企业内外部因素，对业务外包的人工成本、营销成本、业务收入、人力资源等指标进行测算分析，合理确定外包价格，严格控制业务外包成本。

第五，企业应当引入竞争机制，遵循公开、公平、公正的原则，采用适当方式，择优选择外包业务的承包方。采用招标方式选择承包方的，应当符合招投标法的相关规定。企业及相关人员在选择承包方的过程中，不得收受贿赂、回扣或者索取其他好处。承包方及其工作人员不得利用向企业及其工作人员行贿、提供回扣或者给予其他好处等不正当手段承揽业务。

第六，企业应当按照规定的权限和程序从候选承包方中确定最终承包方，并签订业务外包合同。业务外包合同内容主要包括：外包业务的内容和范围、双方权利和义务、服务和质量标准、保密事项、费用结算标准和违约责任等事项。

第七，企业外包业务需要保密的，应当在业务外包合同或者另行签订的保密协议中明确规定承包方的保密义务和责任，要求承包方向其从业人员提示保密要求和应承担的责任。

四、签订业务外包合同

确定承包方后，企业应当及时与选定的承包方签订业务外包合同，约定业务外包的内容和范围、双方权利和义务、服务和质量标准、保密事项、费用结算标准和违约责任等事项。

该环节的主要风险有：合同条款未能针对业务外包风险作出明确的约定，对承办方的违约责任界定不够清晰，导致企业陷入合同纠纷和诉讼；合同约定的业务外包价格不合理或成本费用过高，导致企业遭受损失。

主要管控措施包括：

第一，在订立外包合同前，充分考虑业务外包方案中识别出的重要风险因素，并通过合同条款予以有效规避或降低。

第二，在合同的内容和范围方面，明确承包方提供的服务类型、数量、成本，以及明确界定服务的环节、作业方式、作业时间、服务费用等细节。

第三，在合同的权利和义务方面，明确企业有权督促承包方改进服务流程和方法，承包方有责任按照合同协议规定的方式和频率，将外包实施的进度和现状告知企业，并对存在问题进行有效沟通。

第四，在合同的服务和质量标准方面，应当规定外包商最低的服务水平要求以及未能满足标准实施的补救措施。

第五，在合同的保密事项方面，应具体约定对于涉及本企业机密的业务和事项，应当在业务外包合同或者另行签订的保密协议中明确规定承包方的保密义务和责任，要求承包方向其从业人员提示保密要求和应承担的责任。

第六，在费用结算标准方面，综合考虑内外部因素，合理确定外包价格，严格控制业务外包成本。

第七，在违约责任方面，制定既具原则性又体现一定灵活性的合同条款，以适应环境、技术和企业自身业务的变化。

第三节　业务外包实施内部控制设计及运行

一、组织实施业务外包

组织实施业务外包，是指企业严格按照业务外包制度、工作流程和相关要求，组织业务外包过程中人、财、物等方面的资源分配，建立与承包方的合作机制，为下一环节的业务外包过程管理做好准备，确保承包方严格履行业务外包合同。企业在组织实施业务外包时，应当根据业务外包合同条款，落实双方应投入的人力资源、资金、硬件及专有资产等，明确承包方提供服务或产品的工作流程、模式、职能架构、项目实施计划等内容。

该环节的主要风险是：组织实施业务外包的工作不充分或未落实到位，影响下一环节业务外包过程管理的有效实施，导致难以实现业务外包的目标。

主要管控措施包括：

第一，按照业务外包制度、工作流程和相关要求，制定业务外包实施全过程的管控措施，包括落实与承包方之间的资产管理、信息资料管理、人力资源管理、安全保密管理等机制，确保承包方在履行外包业务合同时有章可循。

第二，做好与承包方的对接工作，通过培训等方式确保承包方充分了解企业的工作流程和质量要求，从价值链的起点开始控制业务质量。

第三，与承包方建立并保持畅通的沟通协调机制，以便及时发现并有效解决业务外包过程中存在的问题。

第四，梳理有关工作流程，提出每个环节上的岗位职责分工、运营模式、管理机制、质量水平等方面的要求，并建立对应的即时监控机制，及时检查、收集和反馈业务外包实施过程的相关信息。

二、业务外包过程管理

根据业务外包合同的约定，承包方会采取在特定时点向企业一次性交付产品或在一定期间内持续提供服务的方式交付业务外包成果。由于承包方交付成果的方式不同，业务外包过程也有所不同。前者的业务外包过程是指承包方对产品的设计制造过程，后者的业务外包过程是指承包方持续提供服务的整个过程。

该环节的主要风险是：承包方在合同期内因市场变化等原因不能保持履约能力，无法继续按照合同约定履行义务，导致业务外包失败和本企业生产经营活动中断；承包方出现未按照业务外包合同约定的质量要求持续提供合格的产品或服务等违约行为，导致企业难以发挥业务外包优势，甚至遭受重大损失；管控不力，导致商业秘密泄漏。

主要管控措施包括：

第一，在承包方提供服务或制造产品的过程中，密切关注重大业务外包承包方的履约能力，采取承包方动态管理方式，对承包方开展日常绩效评价和定期考核。

第二，对承包方的履约能力进行持续评估，包括承包方对该项目的投入是否能够支持其产品或服务质量达到企业预期目标，承包方自身的财务状况、生产能力、技术创新能力等综合能力是否满足该项目的要求。

第三，建立即时监控机制，一旦发现偏离合同目标等情况，应及时要求承包方调整改进。

第四，对重大业务外包的各种意外情况作出充分预计，建立相应的应急机制，制订临时替代方案，避免业务外包失败造成企业生产经营活动中断。

第五，有确凿证据表明承包方存在重大违约行为，并导致业务外包合同无法履行的，应当及时终止合同，并指定有关部门按照法律程序向承包方索赔。

第六，切实加强对业务外包过程中形成的商业信息资料的管理。

三、验收

在业务外包合同执行完成后需要验收的，企业应当组织相关部门或人员对完成的业务外包合同进行验收。

该环节的主要风险有：验收方式与业务外包成果交付方式不匹配，验收标准不明确，验收程序不规范，使验收工作流于形式，不能及时发现业务外包质量低劣等情况，可能导致企业遭受损失。

主要管控措施包括：

第一，根据承包方业务外包成果交付方式的特点，选择不同的验收方式。一般而言，可以对最终产品或服务进行一次性验收，也可以在整个外包过程中分阶段验收。

第二，根据业务外包合同的约定，结合在日常绩效评价基础上对外包业务质量是否达到预期目标的基本评价，确定验收标准。

第三，组织有关职能部门、财会部门、质量控制部门等的相关人员，严格按照验收标准对承包方交付的产品或服务进行审查和全面测试，确保产品或服务符合需求，并出具验收证明。

第四，验收过程中发现异常情况的，应当立即报告，查明原因，视问题的严重性与承包方协商采取恰当的补救措施，并依法索赔。

第五，根据验收结果对业务外包是否达到预期目标作出总体评价，据此对业务外包管理制度和流程进行改进和优化。

四、会计控制

会计控制是指企业应当根据国家统一的会计准则或制度，加强对外包业务的核算与监督，并做好外包费用结算工作。该环节的主要风险是：缺乏有效的业务外包会计系统控制，未能全面真实地记录和反映企业业务外包各环节的资金流和实物流情况，可能导致企业资产流失或贬损；业务外包相关会计处理不当，可能导致财务报告信息失真；结算审核不严格、支付方式不恰当、金额控制不严，可能导致企业资金损失或信用受损。

主要管控措施包括：

第一，企业财会部门应当根据国家统一的会计准则或制度，对业务外包过程中交由承包方使用的资产、涉及资产负债变动的事项以及外包合同诉讼等加强核算与监督。

第二，根据企业会计准则或制度的规定，结合外包业务特点和企业管理机制，建立完善外包成本的会计核算方法，进行有关会计处理，并在财务报告中进行必要、充分的披露。

第三，在向承包方结算费用时，应当依据验收证明，严格按照合同约定的结算条件、方式和标准办理支付。

● 第四节　案例分析——海信、科龙“并非外包的外包”

自海信集团参与对科龙电器“二次重组”之后，社会各界给予了极大的关注，多数期望二者能够上演更为精彩的“新鸳鸯蝴蝶梦”。可以说，海信集团老板周厚健是家电江湖中“老谋深算”的主儿。在没有摸清楚科龙电器存在或者说格林柯尔系为科龙造出多大的“财务黑洞”之前，加之国家相关部门法律程序待批状态因素，周厚健采取了海信集团与科龙电器之间的“销售代理”的托管模式，人员方面海信可以全面入主，尽职调查按流程照常进行，而同时又可以保持二者在财务系统上“井水不犯河水”，有个清晰的界定，从而在最大程度上确保了准新东家海信集团的安全，将收购风险降到了最低。

海信集团与科龙电器的“销售代理”协议是这样操作的：海信集团通过旗下子公司海信营销公司与科龙电器签署“销售代理”协议，科龙的冰箱、空调等产品先销售给海信营销公司，然后由海信营销公司再销售给全国的科龙或者海信及第三方的各级代理商或者零售商。

2006年1月，在被海信接管3个多月后，科龙电器披露了企业经营情况。2005年中国市场第4季度冰箱的销量、回款分别比2004年同期增长41.21%和19.11%，比处于旺季的第3季度分别增长80%和119%，产量增长117%；空调的销量、回款分别比2004年同期增长5.31%和29.73%，比第3季度分别增长198%和80%，产量增长330%。第4季度的海外销售亦非常喜人：冰冷产品每个月份比9月份都增长97%以上；空调产品出口10、11、12

月份分别比9月份增长33%、145%、483%。海信所取得的阶段性成果，为后期对科龙的顺利重组打下了不错的基础。

案例评述

自海信入主科龙电器之后，不少业内人士将两者之间存在的“销售代理”理解为“业务外包”。其实，这是对“业务外包”的一种误解，没有理解业务外包的本质。

业务外包的本质是企业利用专业化分工优势，将日常经营中的部分业务，准确地说是非核心业务委托给本企业以外的专业服务机构或经济组织，把自己做不了、做不好、不愿做的或别人做得更好、更全、更能够节省成本的事交由别人去做，实现优势互补。当该业务又非企业的核心业务或者业务外包不会削弱企业的核心竞争力的时候，企业即可以选择合适的对象，主动进行业务调整和外包。

业务外包的范畴也非常广泛，比如研发、资信调查、可行性研究、委托加工、物业管理、客户服务、IT服务等。目前，业务外包在国内外企业中已经普遍地存在着，是一种常态，比如日本尼康公司将物流业务外包给UPS公司，爱立信手机生产外包、宝洁公司IT部门外包，众多刚创业的公司财务外包代理记账管理等。

综上所述，科龙电器与海信集团的“销售代理”模式，并非实质意义上的业务外包，因为科龙电器是被动的，而海信集团所选择的此种操作方式只是暂时的，是基于全面收购的目的，为了能更加了解科龙的财务情况，以此来规避风险。

在这里，我们也看到在海信集团接管科龙电器3个月后，取得了所谓的“不俗的战绩”，与生产经验基本处于停滞状态下的境况作对比，从而形成了业绩的巨大反差，而且这个成绩还只能说是暂时的。显然，科龙电器的经营业绩具有明显的“人为操作”的嫌疑，只是海信集团把科龙电器的产品通过“销售代理”协议的方式购买到海信的仓库里，或者压到通过海信集团所接管的原来科龙电器的渠道体系和新建立的渠道体系中。换言之，产品并没有完全被消费者购买，只是在渠道商的仓库中。因此，对科龙电器的下一步发展，还需要跟踪和观察，能否在海信集团的怀抱中最终完美地走向婚姻殿堂，取决于双方的合作进展以及海信集团的下一步市场操控能力。

第五节 案例分析——亏在选错承包方

M公司是一家家具生产企业，将儿童床、餐桌椅两大系列产品外包给了以生产出口家具为主的中外合资企业W公司。W公司有新旧两个厂区，分别生产卧房组家具和餐厅组家具，其中儿童床是该公司为M公司生产的主要产品。

儿童床的生产厂房就坐落在W公司旧厂区内，由于该公司上层领导过于注重节省成本，导致儿童床的木材质量一直不过关，致使两方合作趋于紧张，而W公司也开始着手另寻厂商，将这个业务另行外包。经过各方调查，外包失败的原因如下：

（1）W公司地理位置距离M公司太远，平时不能够经常召开上层会议，导致沟通不及时，很多细节问题得不到及时解决。

（2）在W公司内部，生产管理与业务工作范畴混淆严重，联系极度脱节。例如，本来属于业务工作范畴的报关资料，竟然由生产管理部门在处理。

（3）W公司过于看重生产成本，导致原材料质量过低，产品质量不能满足生产标准。产品不合格率高达20%。

（4）M公司不能够在短时间内通过ATS部门（ATS部门是M公司的外制部门，美国客人）解决产品质量问题，导致ATS部门介入过多，让W公司感觉面对的交涉窗口过多。

M公司考虑到现阶段的生产状况，有意将业务外包，只是利益冲突加剧（特别涉及儿童床的价格问题），终未能得到妥善的解决。此外，美国对儿童床等产品的质量要求过高。经过一系列的客诉，已经对W公司的生产能力表示出怀疑，而外制部门处于一个尴尬的境地，不能兼顾双方，致使二者关系进一步僵化。

鉴于与W公司业务外包的失败，M公司在不得已更换供应厂商的同时，也付出了高额的转换成本，可以说两败俱伤。

案例评述

M公司外包失败的主要原因是未能正确地选择合适的承包方，过分地强调降低成本，而忽略服务质量和价格等重要因素。

M公司的产品质量不过关，公司管理不善，管理能力欠缺为以后战略的失败埋下了隐患。以此看来，承包商的信誉、能力的高低会直接影响业务外包战略的形成，所以企业应慎重地选择承包商，承包商应具备的基本条件是合法、技术能力合格、能给企业带来竞争优势、成本优势。此外，还应考虑承包商的组织结构、经验、文化、灵活性等方面。

承包方至少应当具备下列条件：

（1）承包方是依法成立和合法经营的专业服务机构或其他经济组织，具有相应的经营范围和固定的办公场所。

（2）承包方应当具备相应的专业资质，其从业人员符合岗位要求和任职条件，并具有相应的专业技术资格。

（3）承包方的技术及经验水平符合本企业业务外包的要求。

成功的业务外包能给企业带来成本优势，增强竞争力，提高质量、效益和市场份额。通过案例中M公司业务外包的失败，我们发现，其不足之处在于：没有对目标承包商进行全面分析和综合调查，致使承包商选择失败；未能与承包方就服务质量和劳资薪酬方面达成共识，是导致业务外包失败的直接导火线。

● 第六节　案例分析——制定外包策略应慎之又慎

Well公司打算外包制图部门的人事管理以求缩减薪水开支。这次改革涉及32名专业技术人员。这些技术人员的技能和知识对于公司的运作非常重要，市场上也是炙手可热。制图部门选择了××人力资源管理公司作为合作伙伴，并且和其他重要部门就如何发展一个合适的人力资源战略以达到大幅度削减人事开支目的的策略进行了商讨。

制图部门总监Joe希望能够保持本部门的创造力，其下属们是一批技术精湛的艺术家，但是他们同时也是所费不资的。Joe赞成通过这次外包，降低工资水平。因此他希望这次改革提供的离职计划能够吸引技术人员离开职位，而让外包公司引进新鲜血液。

其他重要部门则更加关心工作的延续性，他们希望承接外包业务的××公司能够以新的薪酬自由雇用离职后的老员工。

在制图部门、其他部门和员工代表之间展开了激烈的拉锯谈判，并且耗费了大量的人力资源。最后达成的结构是给予了这32名员工非常宽厚的选择条件，包括：

（1）自愿离职（员工得到了丰厚的离职金，并且得到了保证，这样的离职并不限制××公司重新雇用他们作为Well公司的员工）；

（2）薪酬谈判，以使得某些员工可以继续留在公司保证工作的延续；

（3）换岗。

结果全部员工都选择了离职，在得到离职金后，他们的绝大部分又被××公司雇回了Well公司。事实证明制图部门总监的改革完全失败，制图部门不仅支付了大批离职费用，而且他们中的大多数也重新回到了公司。

案例评述

将核心业务外包是该外包业务失败的主要原因。对于Well公司而言，这些专业技术人员和知识是公司极其重要的资源，并且这些人员的缺失必将严重影响该公司的正常运作。这些技术人员以及人事部门的人员是企业的核心竞争力，将企业的核心竞争力外包无疑会给企业带来重创。企业应该根据自身的战略规划选择将非核心业务外包，实现优势互补，既能带来成本与财务管理优势，也能保持提升服务质量。

业务外包失败的原因复杂，其中最重要的原因是没有正确地制定业务外包策略、选择合适的外包业务。环境因素日趋复杂多变，我们必须全面地考虑，综合地分析业务外包可能面临的风险，尽量将风险降至最低的水平。此外，业务外包没有实现预期的成本削减的效果，原因有：①企业未能预见到环境或者技术的变化，致使超支出的发生；②外包商与适应外包技术的公司各部门间未协调一致；③未考虑到的隐形成本的存在。

由于不同的行业业务外包失败的原因不尽相同，企业应根据自身特点制定业务外包策略，按照规定的业务外包流程正确地选择适合自己的外包业务。

资料来源　企业内部控制研究组.企业内部控制配套指引讲解与案例分析［M］. 大连：东北财经大学出版社，2010.

第十五章

财务报告

第一节　财务报告概述

一、财务报告内部控制的概念

财务报告是指反映企业某一特定日期财务状况和某一会计期间经营成果、现金流量的文件。它是综合反映组织经营效果和效率的文件，是其他内部控制制度是否有效运行的综合体现，财务报表的编制和披露内部控制制度是会计信息的准确、有用、及时、完整的重要保证。同时也是组织风险控制的重要依据，财务报告的不真实、不完整往往是组织的重要风险之源。对管理层或董事会而言，内部控制提供的只是合理的保证，而不是绝对的保证。内部控制措施，无论设计得多么完美、运行得多么好，组织目标实现的可能性都会受到内部控制制度固有局限性的影响。内部控制也仅能为董事会和管理部门实现组织目标提供合理的保证。

内部控制的运营效率和效果、财务报告的可靠性、遵守适用的法律和规章情况是财务报告内部控制的组成部分，都会对财务报告产生重大的影响。在公司内部建立一个基本的内部控制框架，作为管理层评估财务报告内部控制的基准，是公司发展到一定程度在管理方面的必然要求，它受公司治理、价值创造、风险和机会、管制、企业文化、技术发展及受托责任等各方面的影响。

根据SEC 2003年6月正式发布的最终规则中的定义，财务报告内部控制是指由公司的首席执行官、首席财务官或公司行使类似职权的人员设计或监管的，受到公司的董事会、管理层和其他人员影响的，为财务报告的可靠性和满足外部使用的财务报告编制符合公认会计原则提供合理保证的控制程序，具体包括以下控制政策和程序：一是保持详细程度合理的会计记录，准确公允地反映资产的交易和处置情况。二是为下列事项提供合理的保证：公司对发生的交易进行必要的记录，从而使财务报告的编制满足公认会计原则的要求；公司所有的收支活动经过管理层和董事会的合理授权。三是为防止或及时发现公司资产未经授权的取得、使用和处置提供合理保证。这种未经授权的取得、使用和处置资产的行为可能对财务报告产生重要影响。

二、财务报告内部控制应关注的风险

企业编制、对外提供和分析利用财务报告，至少应当关注下列风险：

1.编制的财务报告违反会计法律法规和国家统一的会计准则或制度，可能导致企业承

担法律责任和声誉受损。

2.提供虚假财务报告，误导财务报告使用者，造成决策失误，干扰市场秩序。

3.不能有效利用财务报告，难以及时发现企业经营管理中存在的问题，可能导致企业财务和经营风险失控。

三、财务报告内部控制责任认定

企业应当严格执行会计法律法规和国家统一的会计准则或制度，加强对财务报告编制、对外提供和分析利用全过程的管理，明确相关工作流程和要求，落实责任制，确保财务报告的合法合规、真实完整和有效利用。总会计师或分管会计工作的负责人负责组织领导财务报告的编制、对外提供和分析利用等相关工作。企业负责人对财务报告的真实性、完整性负责。

四、财务报告内部控制的内容

（一）财务报告编制准备及其控制

企业编制财务报告，应当重点关注会计政策和会计估计，对财务报告产生重大影响的交易和事项的处理应当按照规定的权限和程序进行审批。企业在编制年度财务报告前，应当进行必要的资产清查、减值测试和债权债务核实。企业必须在会计期末编制报表前进行结账，为财务报表的编制作准备，不得为赶编财务报表而提前结账，更不得在结账前预先编制财务报表。其基本要求是：

①企业财会部门应当制订年度财务报告编制方案，明确年度财务报告编制方法、会计调整政策、披露政策及报告的时间要求等。

②企业应当制定对财务报表可能产生重大影响的交易或事项的判断标准，明确相应的报批程序。

③企业不得随意变更会计政策，调整会计估计事项。

④企业应当建立规范的账务调节制度和各项财产物资及结算款项的清查制度，明确相关责任人及相应的处理程序，避免发生账证不符、账账不符、账实不符的情形。

⑤企业为避免出现漏记或多记、提前确认或推迟确认报告期内发生的交易或事项的情形，对交易或事项所属的会计期间实施有效控制。

（二）财务报告编制及其控制

1.应用指引的基本要求

企业应当按照国家统一的会计准则或制度的规定，根据登记完整、核对无误的会计账簿记录和其他有关资料编制财务报告，做到内容完整、数字真实、计算准确，不得漏报或者随意进行取舍。

（1）编制资产负债表的内部控制要求

企业财务报告列示的资产、负债、所有者权益金额应当真实可靠。

各项资产计价方法不得随意变更，如有减值，应当合理计提减值准备，严禁虚增或虚减资产。各项负债应当反映企业的现时义务，不得提前、推迟或不确认负债，严禁虚增或虚减负债。所有者权益应当反映企业资产扣除负债后由所有者享有的剩余权益，由实收资本、资本公积、留存收益等构成。企业应当做好所有者权益的保值增值工作，严禁虚假出资、抽逃出资、资本不实。

（2）编制利润表的内部控制要求

企业财务报告应当如实列示当期收入、费用和利润。各项收入的确认应当遵循规定的标准，不得虚列或者隐瞒收入，不得推迟或提前确认收入。各项费用、成本的确认应当符合规定，不得随意改变费用、成本的确认标准或计量方法，虚列、多列、不列或者少列费用、成本。利润由收入减去费用后的净额、直接计入当期利润的利得和损失等构成。不得随意调整利润的计算、分配方法，编制虚假财务报告。

（3）编制现金流量表的内部控制要求

企业财务报告列示的各种现金流量由经营活动、投资活动和筹资活动的现金流量构成，应当按照规定划清各类交易和事项的现金流量的界限。

（4）编制财务报表附注的内部控制要求

财务报表附注是财务报告的重要组成部分，是对反映企业财务状况、经营成果、现金流量的报表中需要说明的事项作出真实、完整、清晰的说明。企业应当按照国家统一的会计准则或制度编制财务报表附注。

（5）编制财务报表内部控制的其他要求

企业集团应当编制合并财务报表，明确合并财务报表的合并范围和合并方法，如实反映企业集团的财务状况、经营成果和现金流量。

企业编制财务报告，应当充分利用信息技术，提高工作效率和工作质量，减少或避免编制差错和人为调整因素。

2.编制财务报告内部控制实施

企业可以通过人工分析或利用计算机信息系统自动检查财务报表之间、财务报表各项目之间的勾稽关系是否正确，重点对下列项目进行校验：

①财务报表内有关项目的对应关系。

②财务报表中本期与上期有关数字的衔接关系。

③财务报表与附表之间的平衡及勾稽关系。

企业应当真实、完整地在财务报表附注和财务情况说明书中说明需要说明的事项。财会部门应将会计处理方法及其对财务报告的影响及时提交董事会及其审计委员会审议。

需要编制合并财务报表的企业集团，应当按照国家统一的会计准则或制度的规定，明确合并财务报表的编制范围，不得随意调整合并报表的编制范围。财会部门应将确定合并财务报表编制范围的方法以及发生变更的情况及时提交董事会及其审计委员会审议。

（三）财务报告的报送与披露及其控制

企业应当依照法律法规和国家统一的会计准则或制度的规定，及时对外提供财务报告。企业财务报告编制完成后，应当装订成册，加盖公章，由企业负责人、总会计师或分管会计工作的负责人、财会部门负责人签名并盖章。财务报告须经注册会计师审计的，注册会计师及其所在的事务所出具的审计报告，应当随同财务报告一并提供。企业对外提供的财务报告应当及时整理归档，并按有关规定妥善保存。

企业应当建立财务报告报送与披露的管理制度，确保在规定的时间，按照规定的方式，向内部相关负责人及其外部使用者及时报送财务报告。负有履行信息披露责任的企业应当根据国家法律法规及部门规章的规定，及时披露相关信息，确保所有财务报告使用者同时、同质、公平地获取财务报告信息，确保信息披露的真实和完整。

（四）财务报告的分析与利用及其控制

企业应当重视财务报告分析工作，定期召开财务分析会议，充分利用财务报告反映的综合信息，全面分析企业的经营管理状况和存在的问题，不断提高经营管理水平；在财务报告分析过程中，应重点分析企业的资产分布、负债水平和所有者权益结构，通过资产负债率、流动比率、资产周转率等指标分析企业的偿债能力和营运能力；企业还应分析各项收入、费用的构成及其增减变动情况，通过净资产收益率、每股收益等指标，分析企业的盈利能力和发展能力；要分析经营活动、投资活动、筹资活动现金流量的运转情况，重点关注现金流量能否保证生产经营过程的正常运行，防止现金短缺或闲置。企业定期的财务分析应当形成分析报告，构成内部报告的组成部分，分析结果应当及时传递给企业内部有关管理层级，充分发挥财务报告在企业生产经营管理中的重要作用。

● 第二节 财务报告编制内部控制设计及运行

企业应当以持续经营为基础，根据实际发生的交易和事项，按照《企业会计准则——基本准则》和其他各项会计准则的规定进行确认和计量，在此基础上编制财务报表。对于财务报告的编制实施有效的控制，为了保证企业提供的财务信息真实、可靠、完整，企业编制财务报告时，应当严格执行以下要求：

①企业编制财务报告，应当重点关注会计政策和会计估计，对财务报告产生重大影响的交易和事项的处理应当按照规定的权限和程序进行审批。

②企业在编制年度财务报告前，应当进行必要的资产清查、减值测试和债权债务核实。

③企业应当按照国家统一的会计准则或制度的规定，根据登记完整、核对无误的会计账簿记录和其他有关资料编制财务报告，做到内容完整、数字真实、计算准确，不得漏报或者随意进行取舍。

④企业财务报告列示的资产、负债、所有者权益金额应当真实可靠。各项资产计价方法不得随意变更，如有减值，应当合理计提减值准备，严禁虚增或虚减资产。各项负债应当反映企业的现时义务，不得提前、推迟或不确认负债，严禁虚增或虚减负债。所有者权益应当反映企业资产扣除负债后由所有者享有的剩余权益，由实收资本、资本公积、留存收益等构成。企业应当做好所有者权益的保值增值工作，严禁虚假出资、抽逃出资、资本不实。

⑤企业财务报告应当如实列示当期收入、费用和利润，各项收入的确认应当遵循规定的标准，不得虚列或者隐瞒收入，推迟或提前确认收入。

⑥企业财务报告列示的各种现金流量由经营活动、投资活动和筹资活动现金流量构成，应当按照规定划清各类交易和事项的现金流量的界限。

一、财务报告编制内部控制的内容

财务报告由会计人员编制，是会计信息加工后对外公布的结果。它的产生依赖于会计核算系统、日常控制机制的运行，并受到企业内部控制环境的影响。企业财务报告的编制过程与企业的经营活动是一致的。将企业经营活动按照业务循环进行划分，并设计财务报告内部控制，对不同业务性质的企业具有更普遍性的指导意义，并且与财务报告项目具有更好的对应关系。每一个业务循环涉及不同的财务报告项目，各业务循环中的内部控制要点对相应的关键财务报告项目的真实性产生影响，具体体现在对财务报告五大认定的影响上，即存在或发生、完整性、权利和义务、估价或分摊、表达与披露，这五大认定的实现程度又决定了财务报告的可靠性。企业的业务活动有五个业务循环，针对各业务循环设置的控制制度对经济活动的发生、传递、记录等进行全面的监控。在业务循环内部控制中，要牢牢把握以保证财务报告的可靠性为主要目标。

企业财务报告编制内部控制应包括从经济业务的发生到形成账簿、报表，这些需要一系列的控制活动。经济业务的发生需要经过适当的授权批准，记录在原始凭证上，保证真实性；以后每一步价值运动都需要在原始凭证上留下痕迹，并需要对原始凭证进行有效的控制，如连续编号并定期清点等，保证对所有的经济业务都予以记录并且没有重复记录，为会计核算提供真实的原始依据；会计人员根据汇集的原始凭证编制记账凭证，作为记录账簿的依据，最后根据账簿编制报表，其中需要对原始凭证进行检查、明细账与总账分别由不同职员编制并由其他职员进行定期复核，必要的职务分离等控制程序。有效的内部控制能确保会计核算系统中确认、计量、记录、报告各步骤都具有真实合法的凭据，并减少核算中的差错，最终提供真实可靠的财务报告。

企业可以通过人工分析或利用计算机信息系统自动检查财务报表之间、财务报表各项目之间的勾稽关系是否正确，重点对下列项目进行校验：

①财务报表内有关项目的对应关系。

②财务报表中本期与上期有关数字的衔接关系。

③财务报表与附表之间的平衡及勾稽关系。

企业应当真实、完整地在财务报表附注和财务情况说明书中说明需要说明的事项。财会部门应将会计处理方法及其对财务报告的影响及时提交董事会及其审计委员会审议。

需要编制合并财务报表的企业集团，应当按照国家统一的会计准则或制度的规定，明确合并财务报表的编制范围，不得随意调整合并报表的编制范围。财会部门应将确定合并财务报表编制范围的方法以及发生变更的情况及时提交董事会及其审计委员会审议。

二、财务报告编制阶段的主要风险点及管控措施

1.制订财务报告编制方案

企业财会部门应在编制财务报告前制订财务报告编制方案，并由财会部门负责人审核。财务报告编制方案应明确财务报告编制方法（包括会计政策和会计估计、合并方法、范围与原则等）、财务报告编制程序、职责分工（包括牵头部门与相关配合部门的分工与责任等）、编报时间安排等相关内容。该环节的主要风险是：会计政策未能有效更新，不符合有关法律法规；重要会计政策、会计估计变更未经审批，导致会计政策使用不当；会计政策未能有效贯彻、执行；各部门职责、分工不清，导致数据传递出现差错、遗漏、格式不一致等；各步骤时间安排不明确，导致整体编制进度延后，违反相关报送要求。

主要管控措施包括：

第一，会计政策应符合国家有关会计法规和最新监管要求的规定。企业应按照国家最新会计准则或制度的规定，结合自身情况，制定企业统一的会计政策。企业应有专人关注与会计相关法律法规、规章制度的变化及监管机构的最新规定等，并及时对企业的内部会计规章制度和财务报告流程等作出相应更改。

第二，会计政策和会计估计的调整，无论是强制还是自愿的，均需按照规定的权限和程序审批。

第三，企业的内部会计规章制度至少要经财会部门负责人审批后生效，财务报告流程、年报编制方案应当经公司分管财务会计工作的负责人核准后签发。

第四，企业应建立完备的信息沟通渠道，将内部会计规章制度和财务流程、会计科目表和相关文件及时有效地传达至相关人员，使其了解相关职责要求、掌握适当的会计知识及会计政策并加以执行。企业还应通过内部审计等方式，定期进行测试，保证会计政策有效执行，且在不同业务部门、不同期间内保持一致性。

第五，应明确各部门的职责分工。总会计师或分管会计工作的负责人负责组织领导；财会部门负责财务报告编制工作；各部门应当及时向财会部门提供编制财务报告所需的信息，并对所提供信息的真实性和完整性负责。

第六，应根据财务报告的报送要求，倒排工时，为各步骤设置关键时间点，并由财会部门负责督促和考核各部门的工作进度，及时进行提醒，对未能及时完成的相关人员进行处罚。

2.确定重大事项的会计处理

在编制财务报告前，企业应当确认对当期有重大影响的主要事项，并确定重大事项的会计处理。该环节的主要风险是：对重大事项，如债务重组、非货币性交易、公允价值的计量、收购兼并、资产减值等的会计处理不合理，会导致会计信息扭曲，无法如实反映企业实际情况。

主要管控措施包括：

第一，企业应对重大事项予以关注，通常包括以前年度审计调整以及相关事项对当期的影响、会计准则或制度的变化及对财务报告的影响、新增业务和其他新发生的事项及对财务报告的影响、年度内合并（汇总）报告范围的变化及对财务报告的影响等。企业应建立重大事项的处理流程，报适当管理层审批后，予以执行。

第二，及时沟通需要专业判断的重大会计事项并确定相应的会计处理。企业应规定下属各部门、各单位人员及时将重大事项信息报告至同级财会部门。财会部门应定期研究、分析并与相关部门组织沟通重大事项的会计处理，逐级报请总会计师或分管会计工作的负责人审批后下达各相关单位执行，特别是资产减值损失、公允价值计量等涉及重大判断和估计时，财会部门应定期与资产管理部门进行沟通。

3.清查资产核实债务

企业应在编制财务报告前，组织财务和相关部门进行资产清查、减值测试和债权债务核实工作。该环节的主要风险是：资产、负债账实不符，虚增或虚减资产、负债；资产计价方法随意变更；提前、推迟甚至不确认资产、负债等。

主要管控措施包括：

第一，确定具体可行的资产清查、负债核实计划，安排合理的时间和工作进度，配备足够的人员，确定实物资产盘点的具体方法和过程，同时做好业务准备工作。

第二，做好各项资产、负债的清查、核实工作，包括与银行核对对账单、盘点库存现金、核对票据；核查结算款项，包括应收款项、应付款项、应交税费等是否存在，与债务、债权单位的相应债务、债权金额是否一致；核查原材料、在产品、自制半成品、库存商品等各项存货的实存数量与账面数量是否一致，是否有报废损失和积压物资等；核查账面投资是否存在，投资收益是否按照国家统一的会计准则或制度的规定进行确认和计量；

核查房屋建筑物、机器设备、运输工具等各项固定资产的实存数量与账面数量是否一致，清查土地、房屋的权属证明，确定资产归属；核查在建工程的实际发生额与账面记录是否一致等。

第三，对清查过程中发现的差异，应当分析原因，提出处理意见，取得合法证据和按照规定权限经审批，将清查、核实的结果及其处理办法向企业的董事会或者相应机构报告，并根据国家统一的会计准则或制度的规定进行相应的会计处理。

4.结账

企业在编制年度财务报告前，应在日常定期核对信息的基础上完成对账、调账、差错更正等业务，然后实施关账操作。该环节的主要风险是：账务处理存在错误，导致账证、账账不符；虚列或隐瞒收入，推迟或提前确认收入；随意改变费用、成本的确认标准或计量方法，虚列、多列、不列或者少列费用、成本；结账的时间、程序不符合相关规定；关账后又随意打开已关闭的会计期间等。

主要管控措施包括：

第一，核对各会计账簿记录与会计凭证的内容、金额等是否一致，记账方向是否相符。

第二，检查相关账务处理是否符合国家统一的会计准则或制度和企业制定的核算方法。

第三，调整有关账项，合理确定本期应计的收入和应计的费用。例如，计提固定资产折旧、计提坏账准备等；各项待摊费用按规定摊配并分别记入本期有关科目；属于本期的应计收益应确认计入本期收入等。

第四，检查是否存在因会计差错、会计政策变更等原因需要调整前期或者本期相关项目。对于调整项目，需取得和保留审批文件，以保证调整有据可依。

第五，不得为了赶编财务报告而提前结账，或把本期发生的经济业务事项延至下期登账，也不得先编财务报告后结账，应在当期所有交易或事项处理完毕并经财会部门负责人审核签字确认后，实施关账和结账操作。

第六，如果在关账之后需要重新打开已关闭的会计期间的账簿，须填写相应的申请表，经总会计师或分管会计工作的负责人审批后进行。

5.编制个别财务报告

企业应当按照国家统一的会计准则或制度规定的财务报告格式和内容，根据登记完整、核对无误的会计账簿记录和其他有关资料编制财务报告，做到内容完整、数字真实、计算准确，不得漏报或者任意进行取舍。该环节的主要风险有：提供虚假财务报告，误导财务报告使用者，造成决策失误，干扰市场秩序；报表数据不完整、不准确；报表种类不完整；附注内容不完整等。

主要管控措施包括：

第一，企业财务报告列示的资产、负债、所有者权益金额应当真实可靠。一是各项资产计价方法不得随意变更，如有减值，应当合理计提减值准备，严禁虚增或虚减资产。二是各项负债应当反映企业的现时义务，不得提前、推迟或不确认负债，严禁虚增或虚减负债。三是所有者权益应当反映企业资产扣除负债后由所有者享有的剩余权益，由实收资本、资本公积、留存收益等构成。企业应当做好所有者权益的保值增值工作，严禁虚假出资、抽逃出资、资本不实。

第二，企业财务报告应当如实列示当期收入、费用和利润。一是各项收入的确认应当遵循规定的标准，不得虚列或者隐瞒收入，不得推迟或提前确认收入。二是各项费用、成本的确认应当符合规定，不得随意改变费用、成本的确认标准或计量方法，不得虚列、多列、不列或者少列费用、成本。三是利润由收入减去费用后的净额、直接计入当期利润的利得和损失等构成。不得随意调整利润的计算、分配方法，不得编制虚假财务报告。

第三，企业财务报告列示的各种现金流量由经营活动、投资活动和筹资活动的现金流量构成，应当按照规定划清各类交易和事项的现金流量的界限。

第四，按照岗位分工和规定的程序编制财务报告。一是财会部门制定本单位财务报告编制分工表，并由财会部门负责人审核，确保报告编制范围完整。二是财会部门报告编制岗位按照登记完整、核对无误的会计账簿记录和其他有关资料对相关信息进行汇总编制，确保财务报告项目与相关账户对应关系正确，计算公式无误。三是进行校验审核工作，包括期初数核对、财务报告内有关项目的对应关系审核、报表前后勾稽关系审核、期末数与试算平衡表和工作底稿核对、财务报告主表与附表之间的平衡及勾稽关系校验等。

第五，按照国家统一的会计准则或制度编制附注。附注是财务报告的重要组成部分，是对反映企业财务状况、经营成果、现金流量的报表中需要说明的事项作出的真实、完整、清晰的说明。检查担保、诉讼、未决事项、资产重组等重大或有事项是否在附注中得到反映和披露。

第六，财会部门负责人审核报表内容和种类的真实、完整性，通过后予以上报。

6.编制合并财务报告

企业集团应当编制合并财务报告，分级收集合并范围内分公司及内部核算单位的财务报告并审核，进而合并全资及控股公司的财务报告，如实反映企业集团的财务状况、经营成果和现金流量。该环节的主要风险是：合并范围不完整；合并内部交易和事项不完整；合并抵销分录不准确。

主要管控措施包括：

第一，编报单位财会部门应依据经同级法律事务部门确认的产权（股权）结构图，并考虑所有相关情况以确保合并范围符合国家统一的会计准则或制度的规定，由财会部门负责人审核、确认合并范围是否完整。

第二，财会部门收集、审核下级单位财务报告，并汇总出本级次的财务报告，经汇总单位财会部门负责人审核。

第三，财会部门制定内部交易和事项核对表及填制要求，报财会部门负责人审批后下发纳入合并范围内各单位。财会部门核对本单位及纳入合并范围内各单位之间内部交易的事项和金额，如有差异，应及时查明原因并进行调整。编制内部交易表及内部往来表交财会部门负责人审核。

第四，合并抵销分录应有相应的标准文件和证据进行支持，由财会部门负责人审核。

第五，对合并抵销分录实行交叉复核制度，具体编制人完成调整分录后即提交相应复核人进行审核，审核通过后才可录入试算平衡表。通过交叉复核，保证合并抵销分录的真实性、完整性。

三、财务报告编制内部控制流程设计与运行

（一）年度财务报告编制方案编制流程控制表（见表15-1）

表15-1　**年度财务报告编制方案编制流程控制表**

年度财务报告方案编制流程控制		
控制事项		详细描述及说明
阶段控制	1	（1）财务部经理拟定年度财务报告编制方法、年度财务报告会计调整政策、披露政策及报告的时间要求等 （2）财务部经理制订年度财务报告编制方案
	2	（3）年度财务报告编制方案应当经企业总会计师核准后签发至各参与编制部门
相关规范	应建规范	《财务报告编制管理规范》
	参照规范	《企业内部控制应用指引》
文件资料		年度财务报告编制方案
责任部门及责任人		财务部 财务总监、财务部经理、财务部主管

（二）年度财务报告方案编制流程与风险控制图（如图15-1所示）

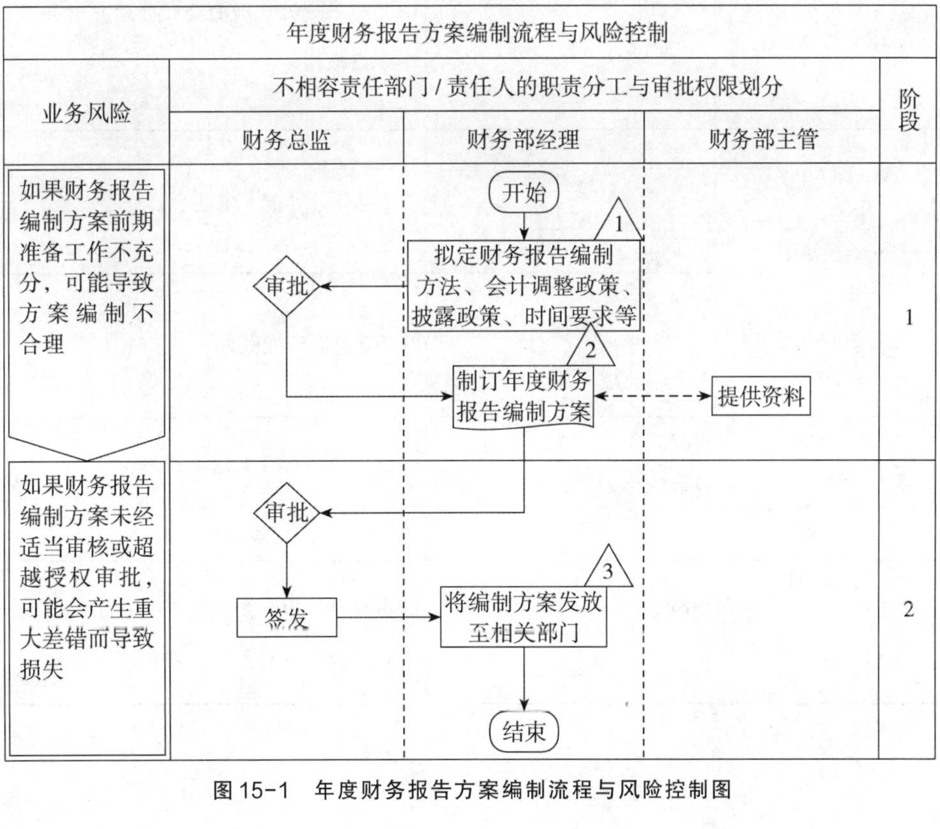

图15-1　年度财务报告方案编制流程与风险控制图

（三）重大事项会计处理报批流程控制表（见表15-2）

表15-2 **重大事项会计处理报批流程控制表**

重大事项会计处理报批流程控制		
控制事项		详细描述及说明
阶段控制	1	（1）由财务部经理提出重大事项会计处理的申请 （2）财务总监对重大事项会计处理申请报告提出意见和建议
	2	（3）财务总监对重大事项的会计处理作具体的答复，确定其会计处理方法
	3	（4）应编制变更前后的比较财务报告，对相应数据进行处理 （5）应将重大事项的会计处理在财务报表附注中予以披露
相关规范	应建规范	▯《财务报告重大事项会计处理规范》
	参照规范	▯《企业会计准则》
文件资料		▯重大事项会计处理申请报告 ▯财务报告
责任部门及责任人		▯董事会、审计委员会、财务部 ▯财务总监、财务部经理

（四）重大事项会计处理报批流程与风险控制图（如图15-2所示）

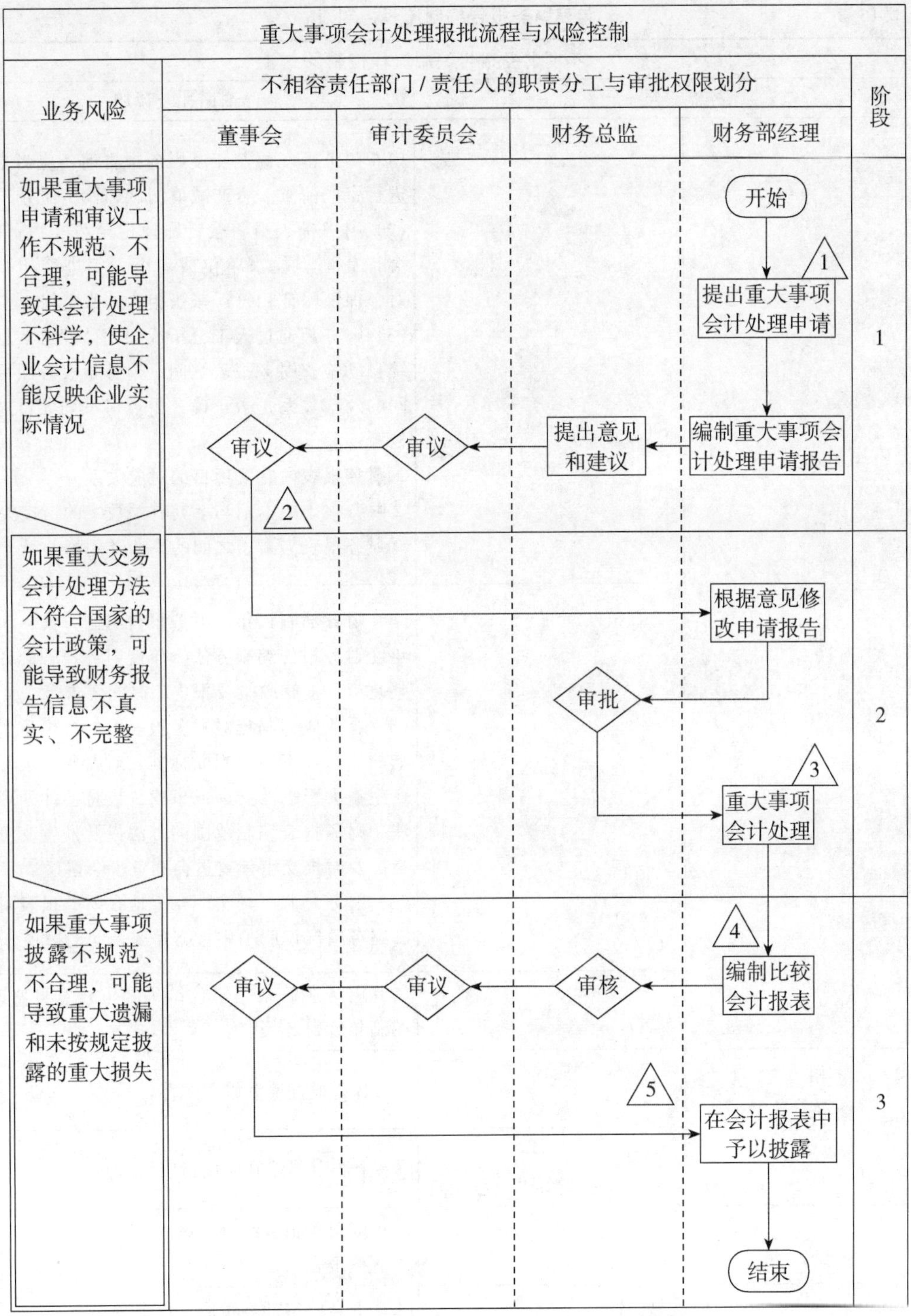

图15-2　重大事项会计处理报批流程与风险控制图

（五）年度财务报告编制流程控制表（见表15-3）

表15-3　　**年度财务报告编制流程控制表**

<table>
<tr><th colspan="3">年度财务报告编制流程控制</th></tr>
<tr><th colspan="2">控制事项</th><th>详细描述及说明</th></tr>
<tr><td rowspan="3">阶段控制</td><td>1</td><td>（1）财务部在编制年度财务报告前，应当全面进行资产清查、资产减值测试和核实债务
（2）财务部人员将会计账簿记录与实物资产、会计凭证、往来单位或者个人等进行相互核对，保证账证相符、账账相符、账实相符
（3）财务部通过人工分析或利用计算机信息系统自动检查财务报表之间、财务报表各项目之间的勾稽关系是否正确，重点对下列项目进行校验：
①财务报表内有关项目的对应关系
②财务报表中本期与上期有关数字的衔接关系
③财务报表与附表之间的平衡及勾稽关系</td></tr>
<tr><td>2</td><td>（4）财务部制订年度财务报告编制方案，明确年度财务报告编制方法、年度财务报告会计调整政策、披露政策及报告的时间要求等
（5）企业应当制定对财务报表可能产生重大影响的交易或事项的判断标准。对财务报表可能产生重大影响的交易或事项，应将会计处理方法、财务报表编制范围的方法以及发生变更的情况及时提交审计委员会和董事会审议
（6）财务总监应真实、完整地在财务报表附注和财务情况说明书中披露需要说明的事项</td></tr>
<tr><td>3</td><td>（7）财务主管根据审议结果和审核意见修改、编制年度财务报表</td></tr>
<tr><td rowspan="2">相关规范</td><td>应建规范</td><td>❒《财务报告编制管理规范》</td></tr>
<tr><td>参照规范</td><td>❒《企业内部控制应用指引》</td></tr>
<tr><td colspan="2">文件资料</td><td>❒年度财务报告编制方案
❒财务报告</td></tr>
<tr><td colspan="2">责任部门及责任人</td><td>❒董事会、审计委员会、财务部
❒董事长、财务总监、财务部经理、财务部主管、财务部相关人员</td></tr>
</table>

（六）年度财务报告编制流程与风险控制图（如图15-3所示）

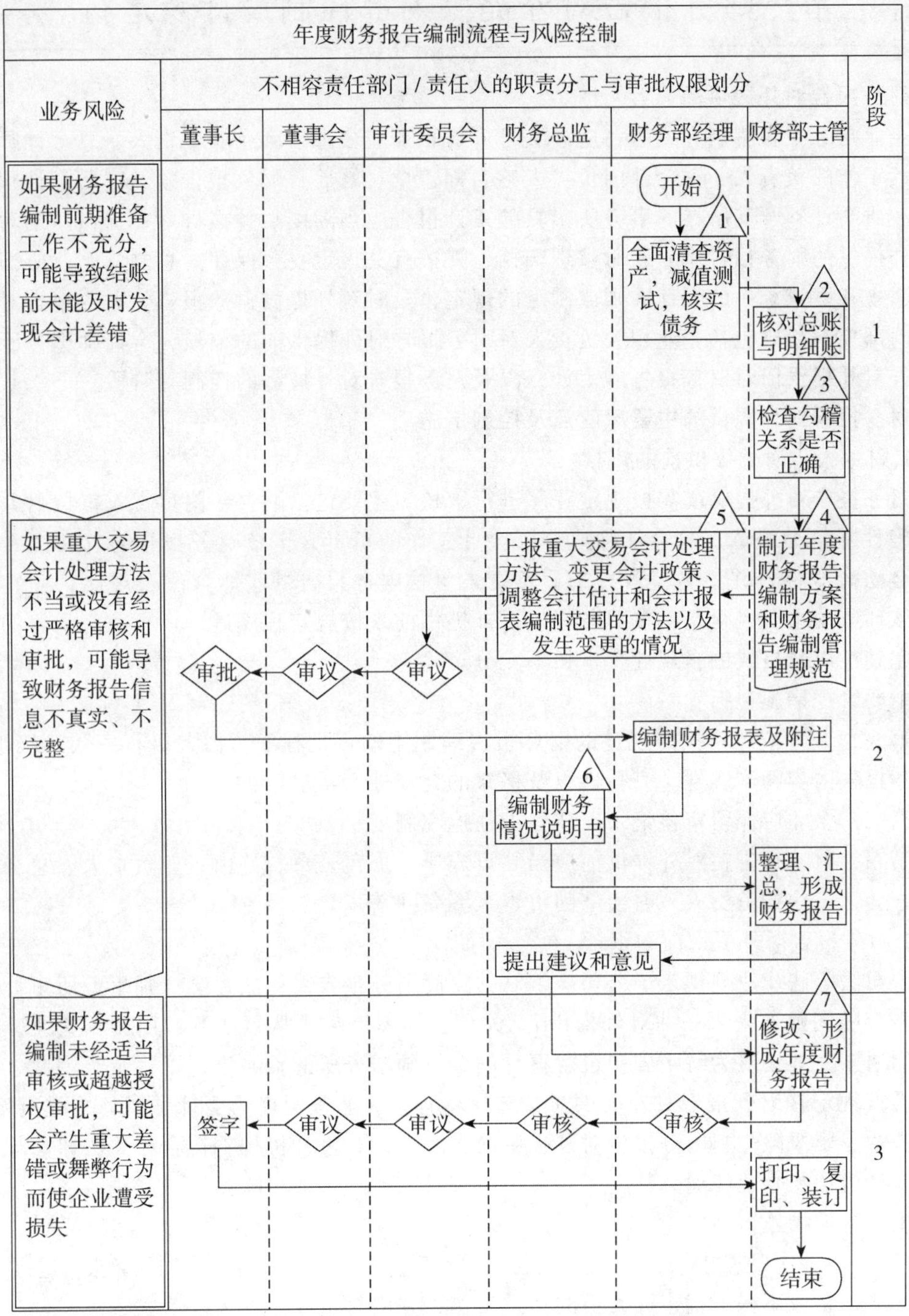

图15-3　年度财务报告编制流程与风险控制图

第三节　财务报告对外提供内部控制设计及运行

一、财务报告对外提供的内容

企业财务报告编制完成后，应当装订成册，加盖公章，由企业负责人、总会计师或分管会计工作的负责人、财会部门负责人签名并盖章。之后，财务报告须经注册会计师审计的，注册会计师及其所在的事务所出具的审计报告应当随同财务报告一并提供。同时，企业对外提供的财务报告应当及时整理归档，并按有关规定妥善保存。总之，企业应当依照法律法规和国家统一的会计准则或制度的规定，及时对外提供财务报告。财务报告对外提供的内部控制阶段包括企业相关负责人对财务报告对外提供前的审核，会计师事务所在财务报告对外提供前对财务报告的审计，以及财务报告对外披露的控制等阶段。

二、财务报告对外提供的主要风险点及控制措施

1.财务报告对外提供前的审核

财务报告对外提供前需按规定程序进行审核，主要包括财会部门负责人审核财务报告的准确性并签名盖章；总会计师或分管会计工作的负责人审核财务报告的真实性、完整性、合法合规性，并签名盖章；企业负责人审核财务报告的整体合法合规性，并签名盖章。该环节的主要风险是：在财务报告对外提供前未按规定程序进行审核，对内容的真实性、完整性以及格式的合规性等审核不充分。

主要管控措施包括：

第一，企业应严格按照规定的财务报告编制中的审批程序，由各级负责人逐级把关，对财务报告内容的真实性、完整性以及格式的合规性等予以审核。

第二，企业应保留审核记录，建立责任追究制度。

第三，财务报告在对外提供前应当装订成册，加盖公章，并由企业负责人、总会计师或分管会计工作的负责人、财会部门负责人签名并盖章。

2.财务报告对外提供前的审计

公司法等法律法规规定了公司应编制的年度财务报告需依法经会计师事务所审计，审计报告应随同财务报告一并对外提供。《关于会计师事务所从事证券、期货相关业务有关问题的通知》等还对为特定公司进行审计的会计师事务所的资格进行了规定。因此，相关企业需按规定在财务报告对外提供前，选择具有相关业务资格的会计师事务所进行审计。该环节的主要风险是：财务报告对外提供前未经审计；审计机构不符合相关法律法规的规定；审计机构与企业串通舞弊。

主要管控措施包括：

第一，企业应根据相关法律法规的规定，选择符合资质的会计师事务所对财务报告进行审计。

第二，企业不得干扰审计人员的正常工作，并应对审计意见予以落实。

第三，注册会计师及其所在的会计师事务所出具的审计报告，应随财务报告一并提供。

3.财务报告的对外提供

一般企业的财务报告经完整审核并签名盖章后即可对外提供。上市公司还需经董事会和监事会审批通过后方能对外提供，财务报告应与审计报告一同向投资者、债权人、政府监管部门等报送。该环节的主要风险是：对外提供未遵循相关法律法规的规定，导致承担

相应的法律责任；对外提供的财务报告的编制基础、编制依据、编制原则和方法不一致，影响各方对企业情况的判断和经济决策的作出；未能及时对外报送财务报告，导致财务报告信息的使用价值降低，同时也违反有关法律法规；财务报告在对外提供前提前泄露或使不应知晓的对象获悉，导致发生内幕交易等，使投资者或企业本身蒙受损失。

主要管控措施包括：

第一，企业应根据相关法律法规的要求，在企业相关制度中明确负责财务报告对外提供的对象，在相关制度性文件中予以明确并由企业负责人监督，如国有企业应当依法定期向监事会提供财务报告，至少每年一次向本企业的职工代表大会公布财务报告。上市公司的财务报告需经董事会、监事会审核通过后向全社会提供。

第二，企业应严格按照规定的财务报告编制中的审批程序，由财会部门负责人、总会计师或分管会计工作的负责人、企业负责人逐级把关，对财务报告内容的真实性、完整性以及格式的合规性等予以审核，确保提供给投资者、债权人、政府监管部门、社会公众等各方面的财务报告的编制基础、编制依据、编制原则和方法完全一致。

第三，企业应严格遵守相关法律法规和国家统一的会计准则或制度对报送时间的要求，在财务报告的编制、审核、报送流程中的每一步骤设置时间点，对未能按时完成的相关人员进行处罚。

第四，企业应设置严格的保密程序，对能够接触财务报告信息的人员进行权限设置，保证将财务报告信息在对外提供前控制在适当的范围。并对财务报告信息的访问情况予以记录，以便了解情况，及时发现可能的泄密行为，在泄密后也易于找到相应的责任人。

第五，企业对外提供的财务报告应当及时整理归档，并按有关规定妥善保存。

三、财务报告对外提供内部控制设计与运行

（一）财务报告审计流程控制（如表15-4、图15-4所示）

表15-4 **财务报告审计流程控制表**

财务报告审计流程控制		
控制事项		详细描述及说明
阶段控制	1	（1）企业财务总监、总会计师、总经理对财务报告审核，签字并盖章 （2）企业根据制度规范选聘会计师事务所，报董事会及审计委员会审议，经股东大会批准 （3）按照企业的相关规定，配合会计师事务所做好审计工作，及时研究审计查出的问题
	2	（4）会计师事务所出具初步意见交企业财务总监和总经理审阅，交董事会及审计委员会审议 （5）审计委员会审议会计师事务所正式出具的审计报告，评价审计工作情况
	3	（6）会计师事务所出具正式的审计报告
	参照规范	《企业内部控制应用指引》 《中华人民共和国证券法》 《企业内部控制审计指引》
文件资料		财务报告 审计报告
责任部门及责任人		董事会、审计委员会、财务部 董事长、财务总监、财务部经理、财务部主管、财务部相关人员

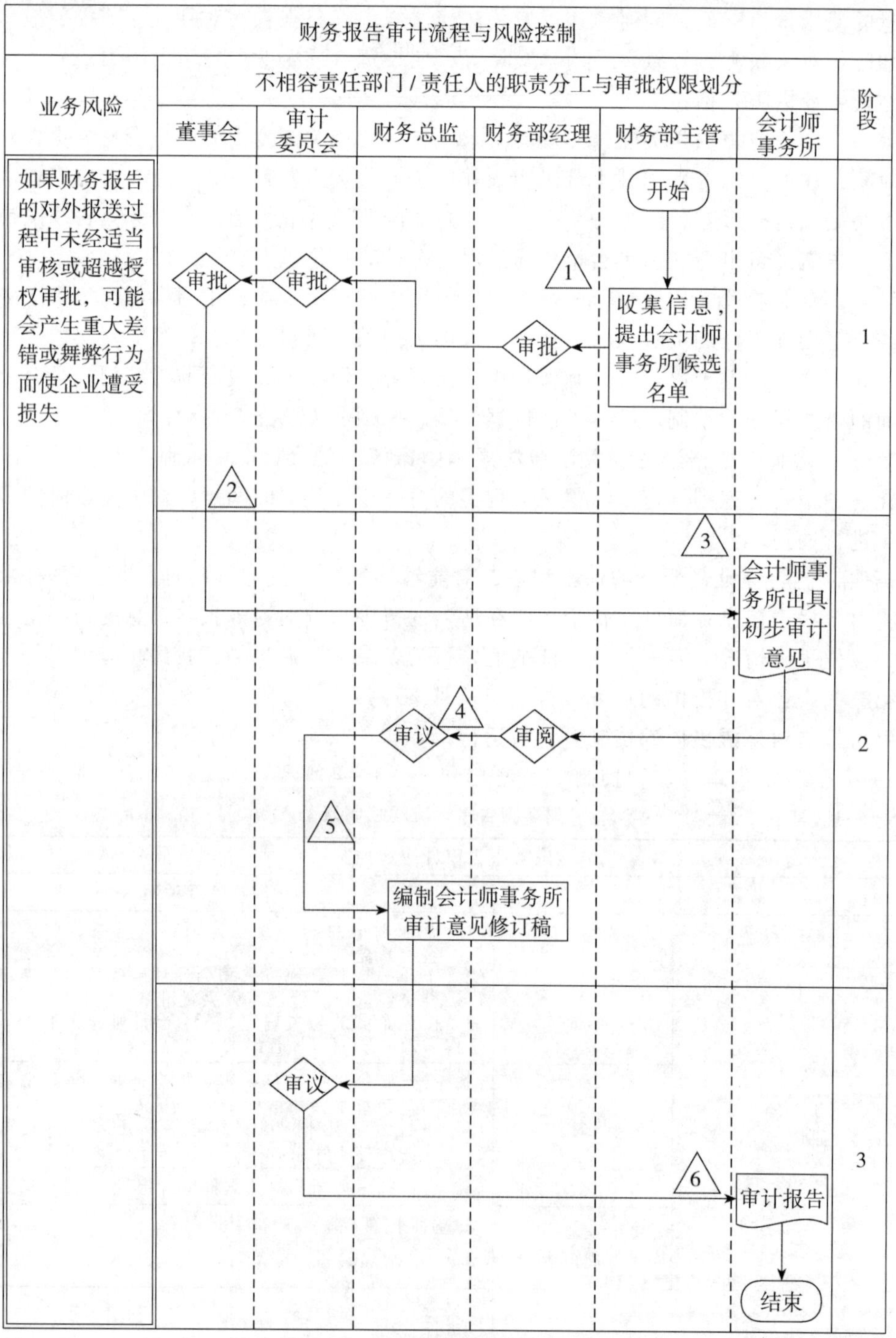

图 15-4　财务报告审计流程与风险控制图

（二）年度财务报告对外提供流程控制表（如表15-5、图15-5所示）

表15-5　　**年度财务报告对外提供流程控制表**

年度财务报告对外提供流程控制		
控制事项		财务报告对外提供流程控制详细描述及说明
阶段控制	1	（1）由董事会秘书处组织相关部门提交信息披露所需材料 （2）财务部门提交财务报告及附注等相关财务资料
	2	（3）董事会秘书处编制年度财务报告和摘要 （4）董事会秘书处报证券交易所审核后披露
	应建规范	《年度财务报告信息披露管理规范》
	参照规范	《企业内部控制应用指引》 《中华人民共和国证券法》
文件资料		财务报告
责任部门及责任人		董事会、董事会秘书处、审计委员会、财务部 财务总监、财务部经理、财务部主管、财务部相关人员

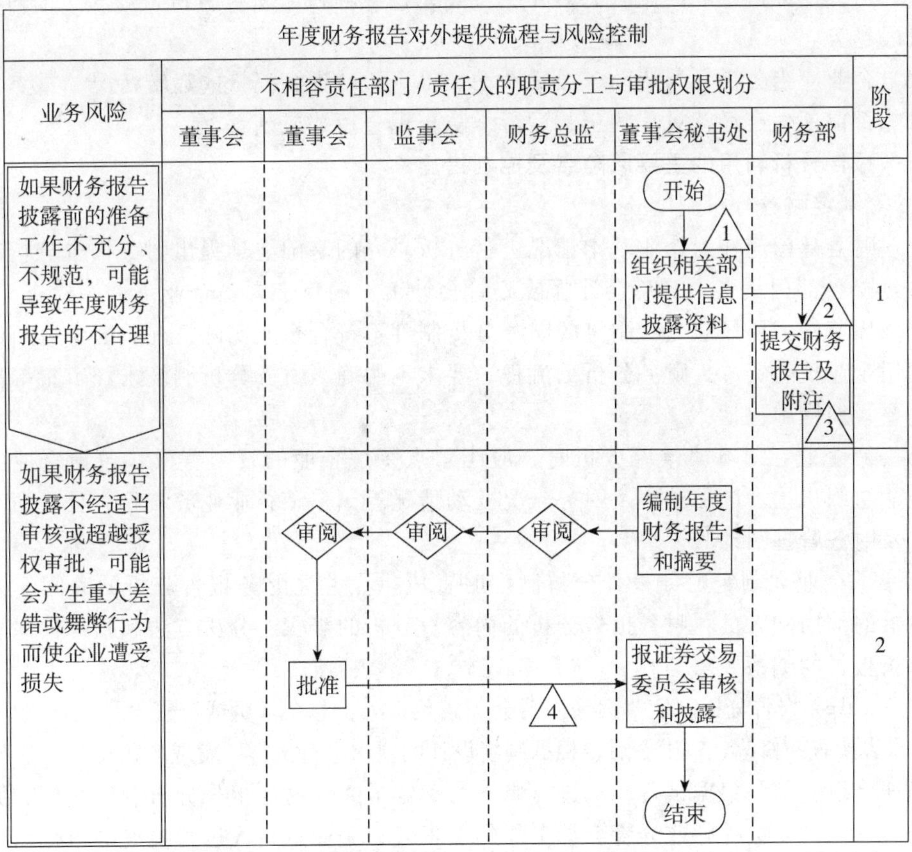

图15-5　年度财务报告对外提供流程与风险控制图

● 第四节　财务报告分析利用内部控制设计及运行

一、财务报告分析利用的内容

财务报告是企业对自身财务状况和经营情况等财务信息的综合性报告，对其进行分析进而利用，有利于企业认清生产经营过程中的利弊。对企业进行财务分析，有利于进一步优化企业的资源配置，使其更加有效地运用经济资源。因此，企业应当重视财务报告分析工作，定期召开财务分析会议，充分利用财务报告反映的综合信息，全面分析企业的经营管理状况和存在的问题，不断提高经营管理水平。企业财务分析会议应吸收有关部门负责人参加。总会计师或分管会计工作的负责人应当在财务分析和利用工作中发挥主导作用。企业定期的财务分析应当形成分析报告，构成内部报告的组成部分。财务分析报告结果应当及时传递给企业内部有关管理层级，充分发挥财务报告在企业生产经营管理中的重要作用。

从企业的角度来看，财务报告的分析和利用主要包括以下几个方面：

（1）企业应当分析企业的资产分布、负债水平和所有者权益结构，通过资产负债率、流动比率、资产周转率等指标分析企业的偿债能力和营运能力；分析企业净资产的增减变化，了解和掌握企业规模和净资产的不断变化过程。

（2）企业应当分析各项收入、费用的构成及其增减变动情况，通过净资产收益率、每股收益等指标，分析企业的盈利能力和发展能力，了解和掌握当期利润增减变化的原因和未来发展趋势。

（3）企业应当分析经营活动、投资活动、筹资活动现金流量的运转情况，重点关注现金流量能否保证生产经营过程的正常运行，防止现金短缺或闲置。

二、财务报告分析利用的主要风险点及控制措施

（一）制定财务分析制度

企业财会部门应在对企业基本情况进行分析研究的基础上，提出财务报告分析制度草案，并经财会部门负责人、总会计师或分管会计工作的负责人、企业负责人检查、修改、审批。该环节的主要风险是：制定的财务分析制度不符合企业实际情况，财务分析制度未充分利用企业现有资源，财务分析的流程、要求不明确，财务分析制度未经审批等。

主要管控措施包括：

第一，企业在对基本情况分析时，应当重点了解企业的发展背景，包括企业的发展史、企业组织机构、产品销售及财务状况变动情况等，熟悉企业业务流程，分析研究企业的资产及财务管理活动。

第二，企业在制定财务报告分析制度时，应重点关注财务报告分析的时间、组织形式、参加的部门和人员；财务报告分析的内容、分析的步骤、分析方法和指标体系；财务报告分析报告的编写要求等。

第三，财务报告分析制度草案经由财会部门负责人、总会计师或分管会计工作的负责人、企业负责人检查、修改、审批之后，根据制度设计的要求进行试行，发现问题及时总结上报。

第四，财会部门根据试行情况进行修正，确定最终的财务报告分析制度文稿，并经财会部门负责人、总会计师或分管会计工作的负责人、企业负责人进行最终的审批。

（二）编写财务分析报告

财会部门应按照财务分析制度定期编写财务分析报告，并通过定期召开财务分析会议等形式对分析报告的内容予以完善，以充分利用财务报告反映的综合信息，全面分析企业的经营管理状况和存在的问题，不断提高经营管理水平。该环节的主要风险是：财务分析报告的目的不正确或者不明确，财务分析方法不正确；财务分析报告的内容不完整，未对本期生产经营活动中发生的重大事项作专门分析；财务分析局限于财会部门，未充分利用

相关部门的资源，影响质量和可用性；财务分析报告未经审核等。

主要管控措施包括：

第一，编写时要明确分析的目的，运用正确的财务分析方法，并能充分、灵活地运用各项资料。分析内容包括：一是企业的资产分布、负债水平和所有者权益结构，通过资产负债率、流动比率、资产周转率等指标分析企业的偿债能力和营运能力；分析企业净资产的增减变化，了解和掌握企业规模和净资产的不断变化过程。二是分析各项收入、费用的构成及其增减变动情况，通过净资产收益率、每股收益等指标，分析企业的盈利能力和发展能力，了解和掌握当期利润增减变化的原因和未来发展趋势。三是分析经营活动、投资活动、筹资活动现金流量的运转情况，重点关注现金流量能否保证生产经营过程的正常运行，防止现金短缺或闲置。

第二，总会计师或分管会计工作的负责人应当在财务分析和利用工作中发挥主导作用，负责组织领导。财会部门负责人审核财务分析报告的准确性，判断是否需要对特殊事项进行补充说明，并对财务分析报告进行补充说明。对生产经营活动中的重要资料、重大事项以及与上年同期数据相比有较大差异的情况要作重点说明。

第三，企业财务分析会议应吸收有关部门负责人参加，对各部门提出的意见，财会部门应充分沟通、分析，进而修改完善财务分析报告。

第四，修订后的分析报告应及时报送企业负责人，企业负责人负责报告审批分析，并据此进行决策，对于存在的问题及时采取措施。

（三）整改落实

财会部门应将经过企业负责人审批的报告及时报送各部门负责人，各部门负责人根据分析结果进行决策和整改落实。该环节的主要风险是：财务分析报告的内容传递不畅，未能及时使有关各部门获悉；各部门对财务分析报告不够重视，未对其中的意见进行整改落实。

主要管控措施包括：

第一，定期的财务分析报告应构成内部报告的组成部分，并充分利用信息技术和现有内部报告体系在各个层级上进行沟通。

第二，根据分析报告的意见，明确各部门职责。责任部门按要求落实改正，财会部门负责监督、跟踪责任部门的落实情况，并及时向有关负责人反馈落实情况。

三、财务报告分析利用内部控制设计与运行

财务报告分析利用流程控制如表15-6、图15-6所示。

表15-6 **财务报告分析利用流程控制表**

财务报告分析利用流程控制		
控制事项		详细描述及说明
阶段控制	1	（1）企业财务部门制订财务报告分析制度草案，报相关负责人审批 （2）制订分析计划之后，财务人员搜集资料，整理财务分析信息
	2	（3）结合企业的经济状况，对企业进行战略分析 （4）结合战略分析，对财务报告进行财务指标分析和基本因素分析 （5）通过对企业进行财务综合分析和评价，进行财务预测和价值评估
	3	（6）财务部门编制财务分析报告，报企业负责人审批 （7）根据财务分析报告结果，财务人员进行决策和整改落实
	参照规范	《企业内部控制应用指引》

续表

文件资料	❐财务报告 ❐财务分析报告
责任部门及责任人	❐财务部 ❐总经理、财务总监、财务部经理、财务部主管、财务部相关人员

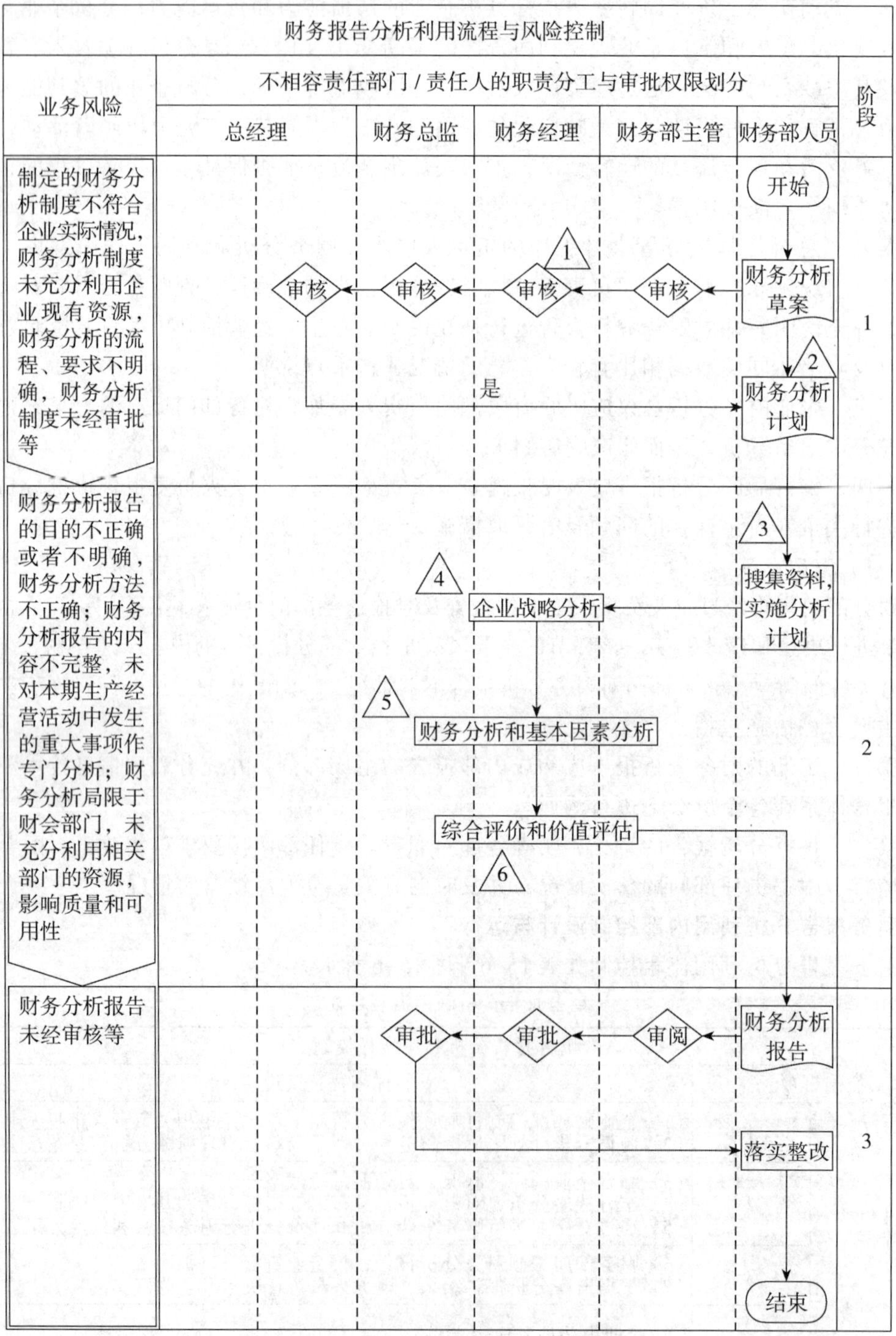

图15-6　财务报告分析利用流程与风险控制图

● 第五节　案例分析——蓝田股份：瞒天过海伪造公文

提起蓝田股份（现已改名生态农业，600709），进入证券市场不久的投资者脑海中，首先想到的很可能是“绩优股”概念。的确，1996年刚上市就取得了每股盈利0.61元的蓝田股份，利润指标连续多年保持高速增长（1997年0.64元，1998年0.81元，1999年1.15元，2000年0.97元），而且连续两年实施高比例送股和转增股本方案（1996年每10股送5股转增5股，1997年每10股送5.5股转增4.5股），俨然一家业绩优良、股东回报丰厚的蓝筹股公司，谁又会把它同伪造公文、虚增资产、造假上市和隐情不报联系起来呢？

一、事件过程

蓝田股份有限公司的历史可以追溯到20世纪80年代末的沈阳市几家企业：新北副食商场和沈阳市新北制药厂以及沈阳莲花大酒店。1992年10月经沈阳市体改委批准由上述三家企业作为发起人共同发起成立沈阳蓝田股份有限公司。

公司成立之时资产规模较小，为了顺利上市，发起人在现有“小菜”中加上一些“调料”，让它变成香喷诱人的“大菜”。后经查明，这些“调料”主要包括如下“成分”：

1.伪造股票发行申报材料

公司在股票发行申报材料中，伪造了沈阳市土地管理局《关于沈阳蓝田股份有限公司国有土地使用权处置方式的批复》（沈土发〔1995〕61号）和两份土地证以及三份沈阳市人民政府地价核准批复，对沈阳土地局未批准处置的两块公司土地作了违规处置，按评估结果计入公司总资产，由此虚增公司无形资产1 100万元。

而蓝田股份在其招股说明书中是这样表述的：“其中（指的是前面所说的无形资产及递延资产科目）本公司拥有两块50年使用权的工业用地共约8.3万平方米及一块40年使用权的商业用地331平方米，上述三块土地使用权均以出让方式获得，共支付了地价1 022.6万元，本次评估为1 182.34万元，实际评估增值159.74万元。”账目数字做得非常细致，甚至精确到了小数点后两位。

2.伪造银行对账单

蓝田股份伪造了公司及下属企业1995年12月份三个银行账户的银行对账单，共虚增银行存款2 770万元，占公司1995年财务会计报告中银行存款额（4 420万元）的63%。也就是说，招股前，公司账户上明明只有1 650万元银行存款，靠伪造出的三份银行对账单，一下子使存款陡增至4 420万元，虚增2 770万元。

3.隐瞒重大事项不报

在股票发行申报材料中，将公司股票公开发行前的总股本由8 370万股改为6 696万股，对公司国家股、法人股和内部职工股数作了相应缩减。对上述缩减公司股本的重大事项，公司在申请股票公开发行及股票上市之后，未作公开披露。1993年4月至10月，公司将全部内部职工股在沈阳证券登记有限公司集中托管。1995年11月6日至1996年5月2日公司将托管的内部职工股在沈阳产权交易报价系统挂牌交易。对此，公司未在招股说明书中披露。

鉴于上述事实，中国证监会对沈阳蓝田股份有限公司发出了处罚决定书，认为该公司的上述行为违反了《禁止证券欺诈行为暂行办法》第十一条的规定，即“禁止任何单位或者个人对证券发行、交易及其相关活动的事实、性质、前景、法律等事项作出不实、严重误导或者含有重大遗漏的、任何形式的虚假陈述或者诱导、致使投资者在不了解事实真相的情况下作出证券投资决定"。该行为同时构成《股票发行与交易管理暂行条例》第七十四条（二）所述的行为。中国证监会作出以下处罚决定：①对公司处以警告，并罚款100万元；②对招股说明书含有虚假内容负有主要责任的公司董事长瞿兆玉处以警告，并罚款10万元；③对负有直接责任的公司董事赵琰璋、吴惠昌、王焕成分别处以警告，并各罚款5万元。

二、影响与评析

1999年查出的上市公司虚假陈述、违规上市的案件层出不穷，但都没有蓝田股份这样胆大妄为，它不但在上市文件中掩盖缩股和职工股已经挂牌交易的事实，而且擅自伪造土地证和银行对账单，虚增无形资产和银行存款。此种行为，不仅违反了证监会处罚公告中所提的有关规定，更为严重的是，它构成了《中华人民共和国刑法》第一百七十七条中所列举的行为，即"有下列情形之一，伪造、变造金融票证的，处5年以下有期徒刑或者拘役，并处或者单处2万元以上20万元以下罚金"。上市公司及有关责任人构成刑事犯罪的，也应该受到司法制裁才对。

对于上市公司的董事来讲，警告并不会威胁到他们的现任职位和以后的升迁，罚款10万元或5万元人民币也不过是九牛一毛，不会动其半点筋骨。可让人难以理解的是，公司的欺诈行为是发生在发行上市前，按照"谁违规谁承担责任"的原则，应该由发起人股东来承担处罚的后果，但证监会公布的处罚决定中有一条是对公司处以警告并罚款100万元，很明显，现在的公司已经不是发起上市时的公司，这样的处罚显然有失合理和公平。

《公司法》第二百二十条规定："对不符合法律规定条件的股份发行的申请予以批准，情节严重的，对直接负责的主管人员和其他责任人员，依法给予行政处分。构成犯罪的，依法追究刑事责任。"批准蓝田发行股票的有关人员，是不是也要承担点什么责任呢？

三、启发与思考

1999年7月1日正式施行的证券法第一百七十五条规定："未经法定的机关核准或者审批，擅自发行证券的，或者制作虚假的发行文件发行证券的，责令停止发行，退还所募资金和加算银行同期存款利息，并处以非法所募资金金额1%以上5%以下的罚款。对直接负责的主管人员和其他直接责任人员给予警告，并处以3万元以上30万元以下的罚款；构成犯罪的，依法追究刑事责任。"公司法第一百五十八条也有规定，有关前条（指第一百五十七条）第（二）项、第（三）项（指公司对财务会计报告作虚假记载和有重大违法行为）的所列情况之一经查实后果严重的，即应终止其股票上市。可是，证监会对以蓝田股份为代表的虚假上市的公司大部分以一纸通报批评、谴责、经济处罚了事，根本未涉及对其上市资格的处理。这一做法虽然主观上出于保护投资者利益，稳定整个市场的考虑，但是客观上对于其他有违法违规意图的公司无疑有纵容之嫌。

蓝田股份伪造文件虚假上市的事件，只不过是中国证券市场违规欺诈案件的一个缩影，它反映了处于经济转型的过渡期间出现的种种问题，这也是市场建设逐步完善所付出的代价。但如果相关主体不从此次事件中汲取深刻的教训，加大公司监管力度，完善惩处机制的话，"蓝田故事"还会再次重演。

资料来源　罗勇.企业内部控制规范解读及案例精析［M］.北京：立信会计出版社，2009.

第十六章 全面预算

第一节 全面预算概述

预算控制是内部控制中使用较为广泛的一种控制措施。预算控制使得企业的经营目标转化为各部门、各个岗位以至个人的具体行为目标，作为各责任单位的约束条件，能够从根本上保证企业经营目标的实现。

全面预算是指企业对一定期间经营活动、投资活动、财务活动等作出的预算安排。全面预算作为一种全方位、全过程、全员参与编制与实施的预算管理模式，凭借其计划、协调、控制、激励、评价等综合管理功能，整合和优化配置企业资源，提升企业运行效率，成为促进实现企业发展战略的重要抓手。

一、全面预算的组织

全面预算组织领导与运行体制健全，是防止预算管理松散、随意，预算编制、执行、考核等各环节流于形式，防止预算管理的作用得不到有效发挥的关键。为此，全面预算指引提出了明确的控制要求，即企业应当加强全面预算工作的组织领导，明确预算管理制度以及各预算执行单位的职责权限、授权批准程序和工作协调机制（如图16-1所示）。

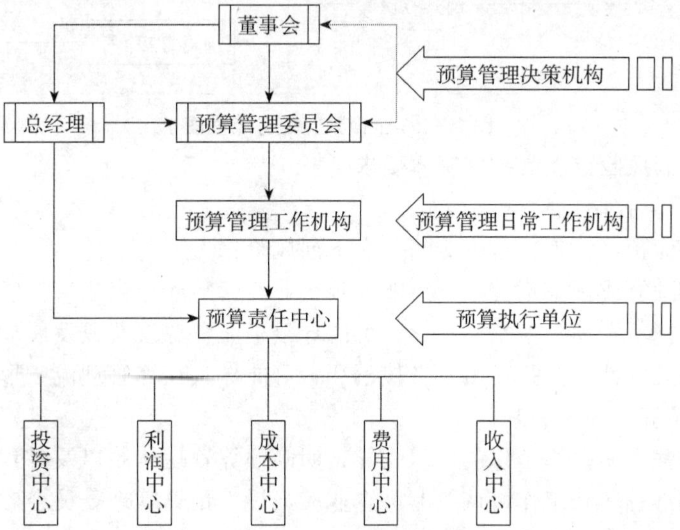

图16-1 预算控制机构图

二、全面预算基本业务流程

企业全面预算业务的基本流程一般包括预算编制、预算执行和预算考核三个阶段。其中，预算编制阶段包括预算编制、预算审批、预算下达等具体环节；预算执行阶段涉及预算指标分解和责任落实、预算执行控制、预算分析、预算调整等具体环节。这些业务环节相互关联、相互作用、相互衔接，周而复始地循环，从而实现对企业全面经济活动的控制。图16-2列示了各类企业全面预算的基本业务流程。

如前所述，全面预算是企业加强内部控制、实现发展战略的重要工具和手段，但同时也是企业内部控制的对象。企业应当参照图16-2所示的基本流程，结合自身情况及管理要求，制定具体的全面预算业务流程。

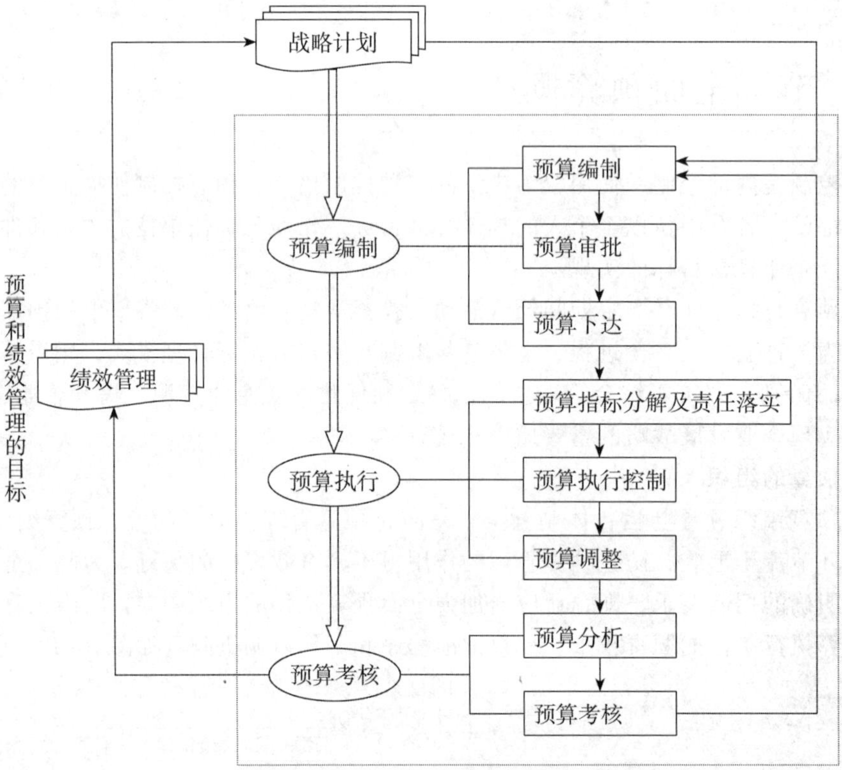

图16-2 全面预算业务流程图

三、全面预算控制风险点及其控制基本要求

（一）全面预算控制风险点

企业实行全面预算管理，至少应当关注下列风险：

（1）不编制预算或预算不健全，可能导致企业经营缺乏约束或盲目经营。

（2）预算目标不合理、编制不科学，可能导致企业资源浪费或发展战略难以实现。

（3）预算缺乏刚性、执行不力、考核不严，可能导致预算管理流于形式。

（二）全面预算内部控制基本要求

企业应当加强全面预算工作的组织领导，明确预算管理体制以及各预算执行单位的职责权限、授权批准程序和工作协调机制。企业应当设立预算管理委员会履行全面预算管理职责，其成员由企业负责人及内部相关部门负责人组成。预算管理委员会主要负责拟定预算目标和预算政策，制定预算管理的具体措施和办法，组织编制、平衡预算草案，下达经批准的预算，协调解决预算编制和执行中的问题，考核预算执行情况，督促完成预算目标。预算管理委员会下设预算管理机构，尤其履行日常管理职责。预算管理工作机构一般设在财会部门。总会计师或分管会计工作的负责人应当协助企业负责人负责企业全面预算管理工作的组织领导。

● 第二节 预算编制内部控制设计及运行

一、预算编制控制的内容

预算编制是企业实施预算管理的起点，也是预算管理的关键环节。企业采用什么方法、什么编制程序编制预算，对预算目标的实现有着至关重要的影响，从而直接影响到预算管理的效果。企业应当在企业战略的指导下，以上一期间实际状况为基础，结合本企业业务发展情况，综合考虑预算期内经济政策变动、行业市场状况、产品竞争能力、内部环境变化等因素对生产经营活动可能造成的影响，根据自身业务特点和工作实际编制相应的预算，并在此基础上汇总编制预算方案。企业年度预算方案应当符合本企业发展战略、整体目标和其他有关重大决议，反映本企业预算期内经济活动规模、成本费用水平和绩效目标，满足控制经济活动、考评经营管理业绩的需要。制订预算方案，应当做到内容完整、指标统一、要求明确、权责明晰。

企业应当加强对预算编制环节的控制，对编制依据、编制程序、编制方法等作出明确规定，确保预算编制依据合理、程序适当、方法科学。

（一）预算编制原则

为了使预算内容更准确、更符合实际情况，预算编制应遵循以下原则进行：

①坚持效益优先原则，实行总量平衡，进行全面预算管理。

②坚持积极稳健原则，确保以收定支，加强财务风险控制。

③坚持权责对等原则，确保切实可行，围绕经营战略实施。

（二）预算编制起点

在编制预算的实际操作之前确定全面预算的编制起点，是任何预算编制机构首先应当解决的问题。

1.以销售为起点

以销售为起点的预算模式是指以销售预算的结果为起点，分别编制销售预算、生产预算、成本预算、利润预算、现金预算等模式的一种预算方式，该预算以销售收入为主导指标，以利润和现金回收为辅助指标。

由于该模式以销售为起点和导向、重视市场销售，如果应用不当，可能会造成市场的过度开发，而忽视对成本的管理和现金的回收，所以在实施该预算时，除了考虑销售等主导指标因素，成本、利润、现金回收等辅助指标也必须给予足够重视。

2.以利润为起点

以利润为起点的预算模式就是以目标利润为起点，分别编制企业收入预算、成本预算，并进行反复平衡，直到实现目标利润为止。该模式的指标体系以利润为主导指标，销售收入和成本为辅助指标。

该模式适合于提高企业利润、改善企业管理、降低营运成本，比较适合以利润最大化为目标的企业或大型企业集团的利润中心。

但以利润为核心的预算管理行为可能引发短期行为，使企业只顾预算年度利润，忽略企业长远发展；可能引发冒险行为，使企业只顾追求高额利润，增加企业的财务和经营风险。

（三）编制预算方法的选择及对编制预算的监督

1.企业可以选择或综合运用固定预算、弹性预算、滚动预算、零基预算、概率预算等方法编制预算

（1）固定预算

固定预算是按固定业务量编制的预算，一般按预算期的可实现水平来编制。这是一种较为传统的预算编制方法。固定预算的主要优点是编制较为简便；缺点是实际业务水平与预算业务水平相差较大时，就难以发挥预算应有的作用，难以进行控制、考核、评价等。因此，在市场变化较大或较快的情况下，不宜采用此法。

（2）弹性预算

弹性预算是指按照预算期内可预见的多种业务量水平而编制的、能够适应不同业务量情况的预算。理论上说，所有预算都可采用弹性预算的方法。但在实际工作中，从经济的角度出发，弹性预算多用于成本、费用、利润预算的编制。其主要优点是可以反映一定范围内各业务量水平下的预算，为实际结果与预算的比较提供了一个动态的基础，从而能更好地履行其在控制依据和评价标准两方面的职能。

（3）滚动预算

滚动预算的基本精神就是它的预算期永远保持一个固定期间，其实质是动态的、不断连续更新调整的弹性预算。这种编制方法的优点是保持预算的完整性、持续性，从动态预算中把握企业的未来。由于预算不断修正，使预算与实际情况更相适应，有利于充分发挥预算的指导和控制作用。但在实际中，采用滚动预算，必须有与之相适应的外部条件，如材料供应时间等。当然，采用滚动预算的方法编制预算，也会加大预算编制的工作量。

（4）零基预算

零基预算是以零为基础编制预算的方法，一切从零开始，逐项审议预算期内各项费用的内容及开支标准是否合理，在综合平衡的基础上进行预算的编制。这种方法打破了旧框框的束缚，既能促进人们充分发挥其积极性、创造性，又能迫使人们精打细算，将有限的资源运用到最需要的地方，从而提高企业资源的使用效率。这种编制方法的工作量大，需要各项基础管理工作尤其是基础数据全面精确。

企业确定预算编制方法，应当遵循经济活动规律，并符合自身经济业务特点、生产经营周期和管理需要。

预算编制应当实行全员参与、上下结合、分级编制、逐级汇总、综合平衡。

2.企业预算管理部门应当加强对企业内部预算执行单位预算编制的指导、监督和服务

（四）预算编制程序

预算编制的程序可分为：自上而下式、自下而上式以及上下结合式三种方式。《企业内部控制应用指引——全面预算》要求，企业应当根据发展战略和年度生产经营目标，综合考虑预算期内市场环境变化等因素，按照“上下结合、分级编制、逐级汇总”的程序编

制年度全面预算。预算编制应当科学合理、符合实际，避免预算指标过高或过低，其基本步骤为：

1.下达目标

预算的编制首先应由预算委员会根据公司董事会中长期规划和年度经济工作目标，结合企业的发展战略，提出企业下一年度的预算总目标，并将之分解下达至各责任单位。

2.编制上报

各责任单位根据下达的预算目标和编制政策，结合本单位自身特点以及预算的执行条件，详细编制各项预算草案，并在规定时间内上报。

3.审议平衡

预算管理工作小组会对各责任单位上报的预算草案进行审查、汇总、提出综合平衡的建议。在审查、平衡的过程中，预算管理委员会进行充分协调，对发现的问题提出初步调整的意见，并反馈给有关责任单位予以修正。

4.审核批准

预算管理工作小组会将各责任单位调整后的预算进行汇总平衡，编制企业年度预算草案，报董事会或股东大会审议批准。

5.下达执行

企业应当在预算年度开始前编制完成全面预算，按照规定的权限和程序审核批准后，以文件形式下达执行。企业应当将预算指标层层分解，落实到内部各部门、各环节和各岗位，确保预算刚性，严格预算执行。

二、预算编制的主要业务风险及控制措施

（一）预算编制的主要业务风险

预算编制是企业实施全面预算管理的起点。预算编制环节的主要风险是：第一，预算编制以财务部门为主，业务部门参与度较低，可能导致预算编制不合理，预算管理责、权、利不匹配；预算编制范围和项目不全面，各个预算之间缺乏整合，可能导致全面预算难以形成。第二，预算编制所依据的相关信息不足，可能导致预算目标与战略规划、经营计划、市场环境、企业实际等相脱离；预算编制基础数据不足，可能导致预算编制准确率降低。第三，预算编制程序不规范，横向、纵向信息沟通不畅，可能导致预算目标缺乏准确性、合理性和可行性。第四，预算编制方法选择不当，或强调采用单一的方法，可能导致预算目标缺乏科学性和可行性。第五，预算目标及指标体系设计不完整、不合理、不科学，可能导致预算管理在实现发展战略和经营目标、促进绩效考评等方面的功能难以有效发挥。第六，编制预算的时间太早或太晚，可能导致预算准确性不高，或影响预算的执行。

（二）主要控制措施

企业应当建立和完善预算编制工作制度，明确编制依据、编制程序、编制方法等内容，确保预算编制依据合理、程序适当、方法科学，避免预算指标过高或过低。企业应当在预算年度开始前完成全面预算草案的编制工作。

企业应当根据发展战略和年度生产经营计划，综合考虑预算期内经济政策、市场环境等因素，按照上下结合、分级编制、逐级汇总的程序，编制年度全面预算。企业可以选择或综合运用固定预算、弹性预算、滚动预算等方法编制预算。

具体注意以下几点：

第一，全面性控制。一是明确企业各个部门、单位的预算编制责任，使企业各个部门、单位的业务活动全部纳入预算管理；二是将企业经营、投资、财务等各项经济活动的各个方面、各个环节都纳入预算编制范围，形成由经营预算、投资预算、筹资预算、财务预算等一系列预算组成的相互衔接和勾稽的综合预算体系。

第二，编制依据和基础控制。一是制定明确的战略规划，并依据战略规划制定年度经营目标和计划，作为制定预算目标的首要依据，确保预算编制真正成为战略规划和年度经营计划的年度具体行动方案；二是深入开展企业外部环境的调研和预测，包括对企业预算期内客户需求、同行业发展等市场环境的调研，以及宏观经济政策等社会环境的调研，确保预算编制以市场预测为依据，与市场、社会环境相适应；三是深入分析企业上一期间的预算执行情况，充分预计预算期内企业资源状况、生产能力、技术水平等自身环境的变化，确保预算编制符合企业生产经营活动的客观实际；四是重视和加强预算编制基础管理工作，包括历史资料记录、定额制定与管理、标准化工作、会计核算等，确保预算编制以可靠、翔实、完整的基础数据为依据。

第三，编制程序控制。企业应当按照上下结合、分级编制、逐级汇总的程序，编制年度全面预算。其基本步骤及控制为：一是建立系统的指标分解体系，并在与各预算责任中心进行充分沟通的基础上分解下达初步预算目标；二是各预算责任中心按照下达的预算目标和预算政策，结合自身特点以及预测的执行条件，认真测算并提出本责任中心的预算草案，逐级汇总上报预算管理工作机构；三是预算管理工作机构进行充分协调、沟通，审查平衡预算草案；四是预算管理委员会应当对预算管理工作机构在综合平衡基础上提交的预算草案进行研究论证，从企业发展全局角度提出进一步调整、修改的建议，形成企业年度全面预算草案，提交董事会；五是董事会审核全面预算草案，确保全面预算与企业发展战略、年度生产经营计划相协调。

第四，编制方法控制。企业应当本着遵循经济活动规律，充分考虑符合企业自身经济业务特点、基础数据管理水平、生产经营周期和管理需要的原则，选择或综合运用固定预算、弹性预算、滚动预算等方法编制预算。

第五，预算目标及指标体系设计控制。一是按照“财务指标为主体、非财务指标为补充”的原则设计预算指标体系；二是将企业的战略规划、经营目标体现在预算指标体系中；三是将企业产、供、销、投融资等各项活动的各个环节、各个方面的内容都纳入预算指标体系；四是将预算指标体系与绩效评价指标协调一致；五是按照各责任中心在工作性质、权责范围、业务活动特点等方面的不同，设计不同或各有侧重的预算指标体系。

第六，预算编制时间控制。企业可以根据自身规模大小、组织结构和产品结构的复杂性、预算编制工具和熟练程度、全面预算开展的深度和广度等因素，确定合适的全面预算编制时间，并应当在预算年度开始前完成全面预算草案的编制工作。

三、预算审批

预算审批环节的主要风险是：全面预算未经适当审批或超越授权审批，可能导致预算权威性不够、执行不力，或可能因重大差错、舞弊而导致损失。

主要管控措施为：企业全面预算应当按照《公司法》等相关法律法规及企业章程的规定报经审议批准。企业预算管理委员会应当对预算管理工作机构在综合平衡基础上提交的预算方案进行研究论证，从企业发展全局角度提出建议，形成全面预算草案，并提交董事会。企业董事会审核全面预算草案，应当重点关注预算的科学性和可行性，确保全面预算与企业发展战略、年度生产经营计划相协调。

四、预算下达

预算下达环节的主要风险是：全面预算下达不力、不及时，可能导致预算执行或考核无据可查。

主要管控措施为：企业全面预算应当按照相关法律法规及企业章程的规定报经审议批准。批准后，应当以文件形式下达执行。

五、预算指标分解和责任落实

企业应当加强对预算执行的管理，明确预算指标分解方式、预算执行审批权限和要求、预算执行情况报告等，落实预算执行责任制，确保预算刚性，严格预算执行。企业全面预算一经批准下达，各预算执行单位应当认真组织实施，将预算指标层层分解，从横向和纵向落实到内部各部门、各环节和各岗位，形成全方位的预算执行责任体系。企业应当以年度预算作为组织、协调各项生产经营活动的基本依据，将年度预算细分为季度、月度预算，通过实施分期预算控制，实现年度预算目标。企业应当根据全面预算管理要求，组织各项生产经营活动和投融资活动，严格预算执行和控制。

企业应当加强资金收付业务的预算控制，及时组织资金收入，严格控制资金支付，调节资金收付平衡，防范支付风险。对于超预算或预算外的资金支付，应当实行严格的审批制度。

企业办理采购与付款、销售与收款、成本费用、工程项目、对外投融资、研究与开发、信息系统、人力资源、安全环保、资产购置与维护等业务和事项，均应符合预算要求，涉及生产过程和成本费用的，还应执行相关计划、定额、定率标准。

对于工程项目、对外投融资等重大预算项目，企业应当密切跟踪其实施进度和完成情况，实行严格监控。

该环节的主要风险是：预算指标分解不够详细、具体，可能导致企业的某些岗位和环节缺乏预算执行和控制依据；预算指标分解与业绩考核体系不匹配，可能导致预算执行不力；预算责任体系缺失或不健全，可能导致预算责任无法落实，预算缺乏强制性与严肃性；预算责任与执行单位或个人的控制能力不匹配，可能导致预算目标难以实现。

主要管控措施包括：

第一，企业全面预算一经批准下达，各预算执行单位应当认真组织实施，将预算指标层层分解，横向将预算指标分解为若干相互关联的因素，寻找影响预算目标的关键因素并加以控制；纵向将各项预算指标层层分解，落实到最终的岗位和个人，明确责任部门和最终责任人；时间上将年度预算指标分解细化为季度、月度预算，通过实施分期预算控制，实现年度预算目标。

第二，建立预算执行责任制度，对照已确定的责任指标，定期或不定期地对相关部门及人员责任指标完成情况进行检查，实施考评。企业可以通过签订预算目标责任书等形式明确各预算执行部门的预算责任。

第三，分解预算指标和建立预算执行责任制应当遵循定量化、全局性、可控性原则，即预算指标的分解要明确、具体，便于执行和考核；预算指标的分解要有利于企业经营总目标的实现；赋予责任部门和责任人的预算指标应当是通过该责任部门或责任人的努力可以达到的，责任部门或责任人以其责权范围为限，对预算指标负责。

六、预算编制内部控制设计与运行

（一）预算编制业务流程控制表（见表16-1）

表16-1 **预算编制业务流程控制表**

预算编制业务流程控制		
控制事项		详细描述及说明
阶段控制	1	(1) 预算委员会根据预算目标制定各部门的预算目标和编制要求 (2) 各部门根据预算委员会发布的预算大纲，组织召开部门预算会议，讨论本部门预算的编制情况
	2	(3) 预算委员会组织召开预算平衡会议，各部门经理及相关人员参与 (4) 各部门根据预算平衡会议讨论的结果修正本部门的预算 (5) 预算委员会根据各部门修正后的预算，形成总体修正预算，提交董事会审议
	3	(6) 企业年度全面预算方案经股东大会审批后，由董事会下达年度预算 (7) 预算委员会组织并监督各部门预算的执行
相关规范	应建规范	❐预算管理制度 ❐预算编制规定
	参照规范	❐《企业内部控制应用指引》
文件资料		❐年度全面预算方案 ❐各部门预算草案
责任部门及责任人		❐股东大会、董事会、预算委员会、预算执行部门、财务部 ❐各预算执行部门人员、财务部人员

（二）预算编制业务流程与风险控制图（如图16-3所示）

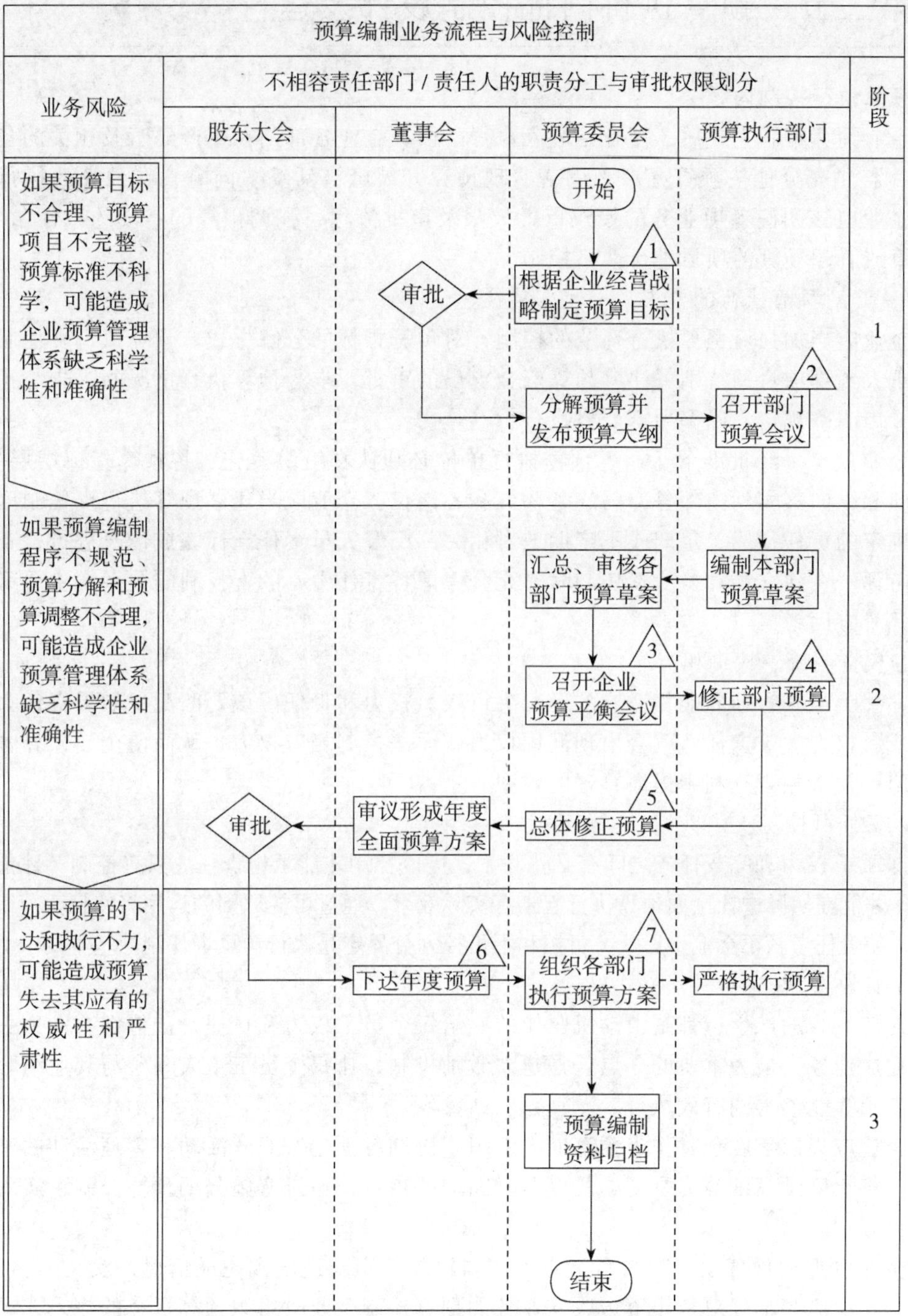

图16-3　预算编制业务流程与风险控制图

● 第三节 预算执行内部控制设计及运行

一、预算执行控制内容

企业预算编制完成后，便开始进入执行阶段，企业各部门在生产经营及相关的各项活动中，需要充分地按预算办事，围绕实现预算开展经济活动。同时，在预算的执行过程中，企业应该明确各项业务的授权审批权限及审批流程，强调预算的"硬约束性"，对于无预算或者超预算的项目进行严格控制。

（一）对预算执行的要求

企业应当加强对预算执行环节的控制，对预算指标的分解方式、预算执行责任制的建立、重大预算项目的特别关注、预算资金支出的审批要求、预算执行情况的报告与预警机制等作出明确规定，确保预算严格执行。

企业预算一经批准下达，各预算执行单位必须认真组织实施，将预算指标层层分解，从横向和纵向落实到内部各部门、各环节和各岗位。企业应当建立预算执行责任制度，对照已确定的责任指标，定期或不定期地对相关部门及人员责任指标完成情况进行检查，并实施考评。在建立预算执行责任制时要充分考虑各责任中心的责权利的关系，主要可以从以下几个方面考虑：

1.权责明确、权责相当

即授予与其管理职能相适应的经营决策权。权力和责任应该要匹配，如果责任大于权力，或者权力大于责任，就会出现滥用权力或无法控制相应权力，从而使全面预算管理无法实施。权责相当有利于提高管理的效率。

2.责任可控

即赋予权力和完成任务之间有必然联系，可以控制才能承担责任。只有控制了才能对其负责，才能在实际中让全面预算执行起来有实际效果。通过可控原则的运用将使权责范围更加明确，使责任考核不会流于形式，可控和不可控划分界定是执行预算责任制的基本要求。

3.有效激励

任何行为的产生，都是由动机驱使的。给每个员工权力和责任，让他们有动力去用好权力完成任务，最为重要的一点就是建立激励机制，让每个员工个人利益与其业绩联系起来，使预算能够得到有效执行。

企业应当以年度预算作为预算期内组织、协调各项生产经营活动和管理活动的基本依据，可将年度预算细分为季度、月度等时间进度预算，通过实施分期预算控制，实现年度预算目标。

企业对重大预算项目和内容，应当密切跟踪其实施进度和完成情况，实行严格监控。同时，企业应当加强对货币资金收支业务的预算控制，及时组织预算资金的收入，严格控制预算资金的支付，调节资金收付平衡，严格控制支付风险。企业办理采购与付款、工程项目、对外投资、成本费用、固定资产、存货、筹资等业务，应当严格执行预算标准。对超出企业预算的资金支付，实行严格的审批制度。企业应当健全凭证记录，完善预算管理制度，严格执行生产经营月度计划和成本费用的定额、定率标准，并对执行过程进行监控。

（二）预算预警机制

预警是度量某种状态偏离预警线的强弱程度、发出预警信号的过程。“预警管理”的思想起源于20世纪初，于20世纪50年代它的作用得以证明。《企业内部控制应用指引——全面预算》要求，企业应当建立预算执行情况的预警机制和报告制度，确定预警和报告指标体系，密切跟踪预算实施进度和完成情况，采取有效方式对预算执行情况进行分析和监控，发现预算执行差异，及时采取改进措施。建立预算预警机制的模式主要为：对可计量的风险因素可以运用指标预警法；对于不可计量的风险因素则采用因素预警法。与指标预警法相比，因素预警法的使用范围较小。应将指标预警法与因素预警法结合起来，并把诸多因素综合进行考虑。

（三）预算调整控制

企业批准之后正式下达的预算应当保持稳定，不得随意调整。由于市场环境、国家政策或不可抗力等客观因素，导致预算执行发生重大差异，确需调整预算的，应当履行严格的审批程序。预算调整是预算管理中一个必不可少的环节。一方面，在预算执行过程中，主、客观环境的变化，尤其是当外部环境发生重大变化时，如果片面强调预算的刚性，预算就会变得呆板僵化，妨碍企业的有效运作，此时，预算调整就必不可少。另一方面，预算调整又是一个十分规范的过程，必须建立严格规范的调整审批制度和程序，必须按照规定的程序进行调整，在变化中求不变。企业应当加强对预算调整环节的控制，保证预算调整依据充分、方案合理、程序合规。

1.预算调整的程序

企业在预算执行过程中，可能会由于市场环境、经营条件、国家法规政策等发生重大变化，或出现不可抗力的重大自然灾害、公共紧急事件等致使预算的编制基础不成立，或者将导致预算执行结果产生重大差异，需要调整预算的，应当报经原预算审批机构批准。调整预算由预算执行单位逐级向原预算审批机构提出书面报告，阐述预算执行的具体情况、客观因素变化情况及其对预算执行造成的影响程度，提出预算的调整幅度。企业预算管理部门应当对预算执行单位提交的预算调整报告进行审核分析，集中编制企业年度预算调整方案，提交原预算审批机构审议批准，然后下达执行。

对预算进行的调整应按照严格的程序和规范操作。其程序一般包括：

（1）预算执行情况的分析

预算执行单位在具体执行预算时，如发现预算偏差，必须进行具体的分析，如属于主观原因不得进行调整，如为客观原因则应向预算委员会申请进行预算调整。

（2）预算调整的申请

预算调整应由责任中心向预算管理委员会提出书面申请，申请报告内容应详细说明调整理由、调整的建议方案、调整前后预算指标的比较，以及与原有预算指标的对比、调整后预算指标可能对企业预算总目标的影响等。涉及财务预算调整的，应同时向财务部门申请。

（3）预算调整的审查

预算委员会接到预算单位申请后即进入调整审查程序，预算管理委员会根据预算调整事项性质的不同，根据权限批准预算调整事项，并下发预算单位执行。

2.企业预算调整方案

企业预算调整方案应当符合下列要求：

①预算调整事项符合企业发展战略和现实生产经营状况。

②预算调整重点放在预算执行中出现的重要的或非正常的关键性差异方面。

③预算调整方案客观、合理。

对于不符合上述要求的预算调整方案，企业预算审批机构应予以否决。

二、预算执行的主要业务风险及控制措施

1.预算执行控制

预算执行控制环节的主要风险是：缺乏严格的预算执行授权审批制度，可能导致预算执行随意；预算审批权限及程序混乱，可能导致越权审批、重复审批，降低预算执行效率和严肃性；预算执行过程中缺乏有效监控，可能导致预算执行不力，预算目标难以实现；缺乏健全有效的预算反馈和报告体系，可能导致预算执行情况不能及时反馈和沟通，预算差异得不到及时分析，预算监控难以发挥作用。

主要管控措施为：

第一，加强资金收付业务的预算控制，及时组织资金收入，严格控制资金支付，调节资金收付平衡，防范支付风险。

第二，严格资金支付业务的审批控制，及时制止不符合预算目标的经济行为，确保各项业务和活动都在授权的范围内运行。企业应当就涉及资金支付的预算内事项、超预算事项、预算外事项建立规范的授权批准制度和程序，避免越权审批、违规审批、重复审批现象的发生。对于预算内非常规或金额重大事项，应经过较高的授权批准层（如总经理）审批。对于超预算或预算外事项，应当实行严格、特殊的审批程序，一般须报经总经理办公会或类似权力机构审批；金额重大的，还应报经预算管理委员会或董事会审批。预算执行单位提出超预算或预算外资金支付申请的，应当提供有关发生超预算或预算外支付的原因、依据、金额测算等资料。

第三，建立预算执行实时监控制度，及时发现并纠正预算执行中的偏差。确保企业办理采购与付款、销售与收款、成本费用、工程项目、对外投融资、研究与开发、信息系统、人力资源、安全环保、资产购置与维护等各项业务和事项，均符合预算要求；对于涉及生产过程和成本费用的，还应严格执行相关计划、定额、定率标准。

第四，建立重大预算项目特别关注制度。对于工程项目、对外投融资等重大预算项目，企业应当密切跟踪其实施进度和完成情况，实行严格监控。对于重大的关键性预算指标，也要密切跟踪、检查。

第五，建立预算执行情况预警机制，科学选择预警指标，合理确定预警范围，及时发出预警信号，积极采取应对措施。有条件的企业，应当推进和实施预算管理的信息化，通过现代电子信息技术手段控制和监控预算执行，提高预警与应对水平。

第六，建立健全预算执行情况内部反馈和报告制度，确保预算执行信息传输及时、畅通、有效。预算管理工作机构应当加强与各预算执行单位的沟通，运用财务信息和其他相关资料监控预算执行情况，采用恰当方式及时向预算管理委员会和各预算执行单位报告、反馈预算执行进度、执行差异及其对预算目标的影响，促进企业全面预算目标的实现。

2.预算调整控制

预算调整环节的主要风险是：预算调整依据不充分、方案不合理、审批程序不严格，可能导致预算调整随意、频繁，预算失去严肃性和“硬约束”。

主要管控措施为：

第一，明确预算调整条件。由于市场环境、国家政策或不可抗力等客观因素，导致预算执行发生重大差异确需调整预算的，应当履行严格的审批程序。企业应当在有关预算管理制度中明确规定预算调整的条件。

第二，强化预算调整原则。一是预算调整应当符合企业发展战略、年度经营目标和现实状况，重点放在预算执行中出现的重要的、非正常的、不符合常规的关键性差异方面；二是预算调整方案应当客观、合理、可行，在经济上能够实现最优化；三是预算调整应当谨慎，调整频率应予以严格控制，年度调整次数应尽量少。

第三，规范预算调整程序，严格审批。调整预算一般由预算执行单位逐级向预算管理委员会提出书面申请，详细说明预算调整理由、调整建议方案、调整前后预算指标的比较、调整后预算指标可能对企业预算总目标的影响等内容。预算管理工作机构应当对预算执行单位提交的预算调整报告进行审核分析，集中编制企业年度预算调整方案，提交预算管理委员会。预算管理委员会应当对年度预算调整方案进行审议，根据预算调整事项性质或预算调整金额的不同，根据授权进行审批，或提交原预算审批机构审议批准，然后下达执行。企业预算管理委员会或董事会审批预算调整方案时，应当依据预算调整条件，并考虑预算调整原则，严格把关，对于不符合预算调整条件的，坚决予以否决；对于预算调整方案欠妥的，应当协调有关部门和单位研究改进方案，并责成预算管理工作机构予以修改后再履行审批程序。

三、预算执行内部控制设计与运行

（一）预算执行业务流程控制（见表16-2）

表16-2　**预算执行业务流程控制表**

预算执行业务流程控制		
控制事项		详细描述及说明
阶段控制	1	(1) 各预算执行单位办理采购与付款、工程项目、对外投资、固定资产存货等业务，严格执行预算标准 (2) 各部门根据预算草案，落实具体工作，编制预算执行反馈报告
	2	(3) 各部门根据预算执行情况，编制预算执行报告，提交财务部汇总 (4) 财务部在预算委员会的授权下，汇总各部门预算执行情况，编制总体预算执行报告，提交预算委员会、董事会审批 (5) 预算委员会组织财务部相关人员进行预算执行情况检查
	3	(6) 预算执行单位根据预算分析结果，编制预算检查报告，报主管部门审批 (7) 预算管理工作机构应当对预算执行单位提交的预算检查报告进行审查，提交预算管理委员会
相关规范	应建规范	❐预算管理制度 ❐预算执行制度
	参照规范	❐《企业内部控制应用指引》
文件资料		❐年度全面预算方案 ❐年度预算执行报告
责任部门及责任人		❐股东大会、董事会、预算委员会、预算执行部门、财务部 ❐各预算执行部门人员、财务部人员

(二)预算执行业务流程与风险控制图(如图16-4所示)

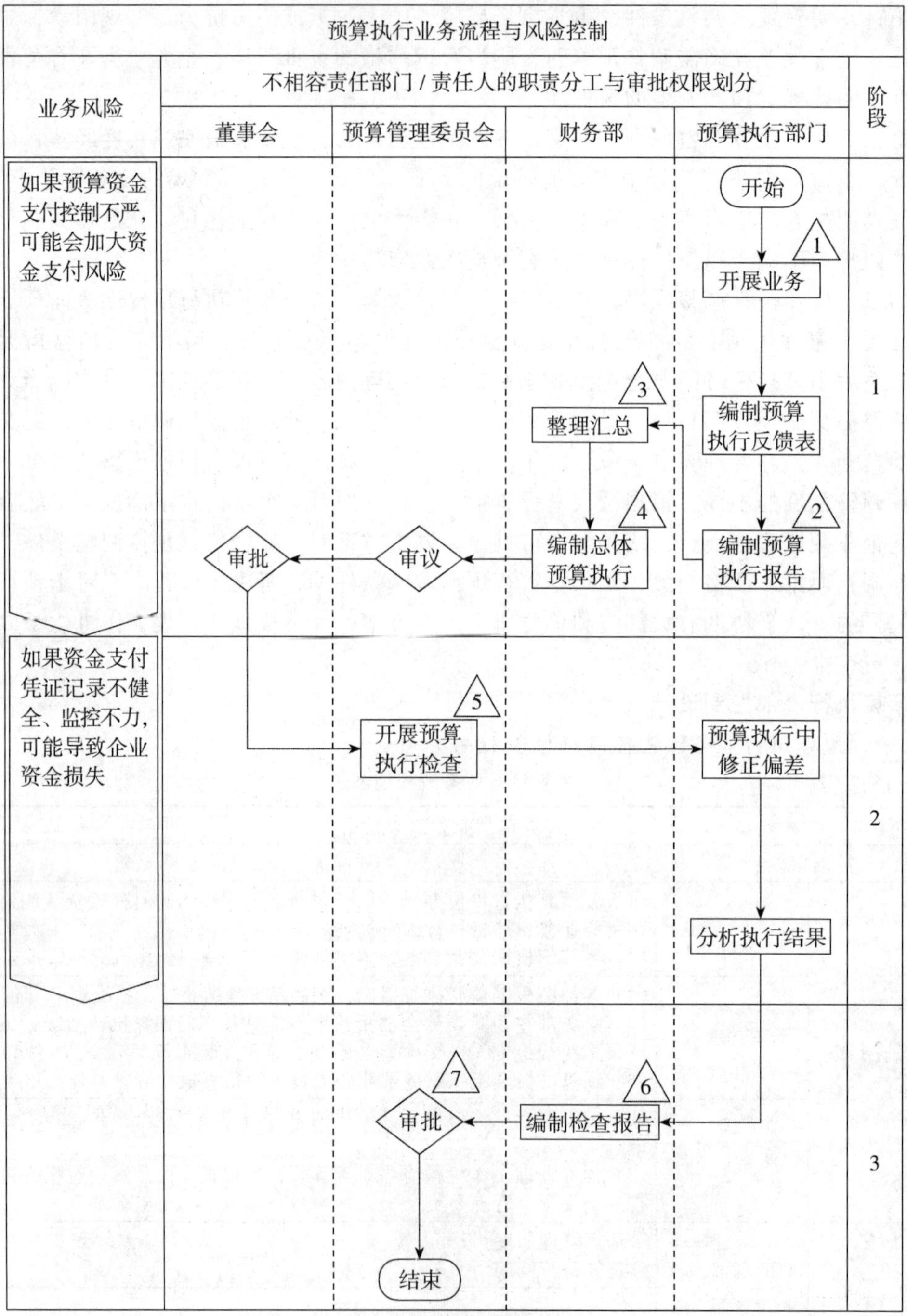

图16-4 预算执行业务流程与风险控制图

（三）预算调整审批业务流程控制表（见表16-3）

表16-3　**预算调整审批业务流程控制表**

<table>
<tr><th colspan="3">预算调整审批业务流程控制</th></tr>
<tr><th colspan="2">控制事项</th><th>详细描述及说明</th></tr>
<tr><td rowspan="2">阶段控制</td><td>1</td><td>（1）预算执行业务部门根据市场环境变化和实际工作需要提出预算调整要求
（2）预算部门负责人分析反馈信息，编制预算调整报告，提交预算委员会</td></tr>
<tr><td>2</td><td>（3）预算委员会根据预算调整报告，确定预算调整方案，提交董事会、股东大会审批
（4）预算委员会负责下达审批后的预算调整方案</td></tr>
<tr><td rowspan="2">相关规范</td><td>应建规范</td><td>□预算管理制度
□预算调整制度</td></tr>
<tr><td>参照规范</td><td>□《企业内部控制应用指引》</td></tr>
<tr><td colspan="2">文件资料</td><td>□预算调整报告
□预算调整方案</td></tr>
<tr><td colspan="2">责任部门及责任人</td><td>□股东大会、董事会、预算委员会、预算执行部门、财务部
□各预算执行部门人员、财务部人员</td></tr>
</table>

（四）预算调整审批流程与风险控制图（如图16-5所示）

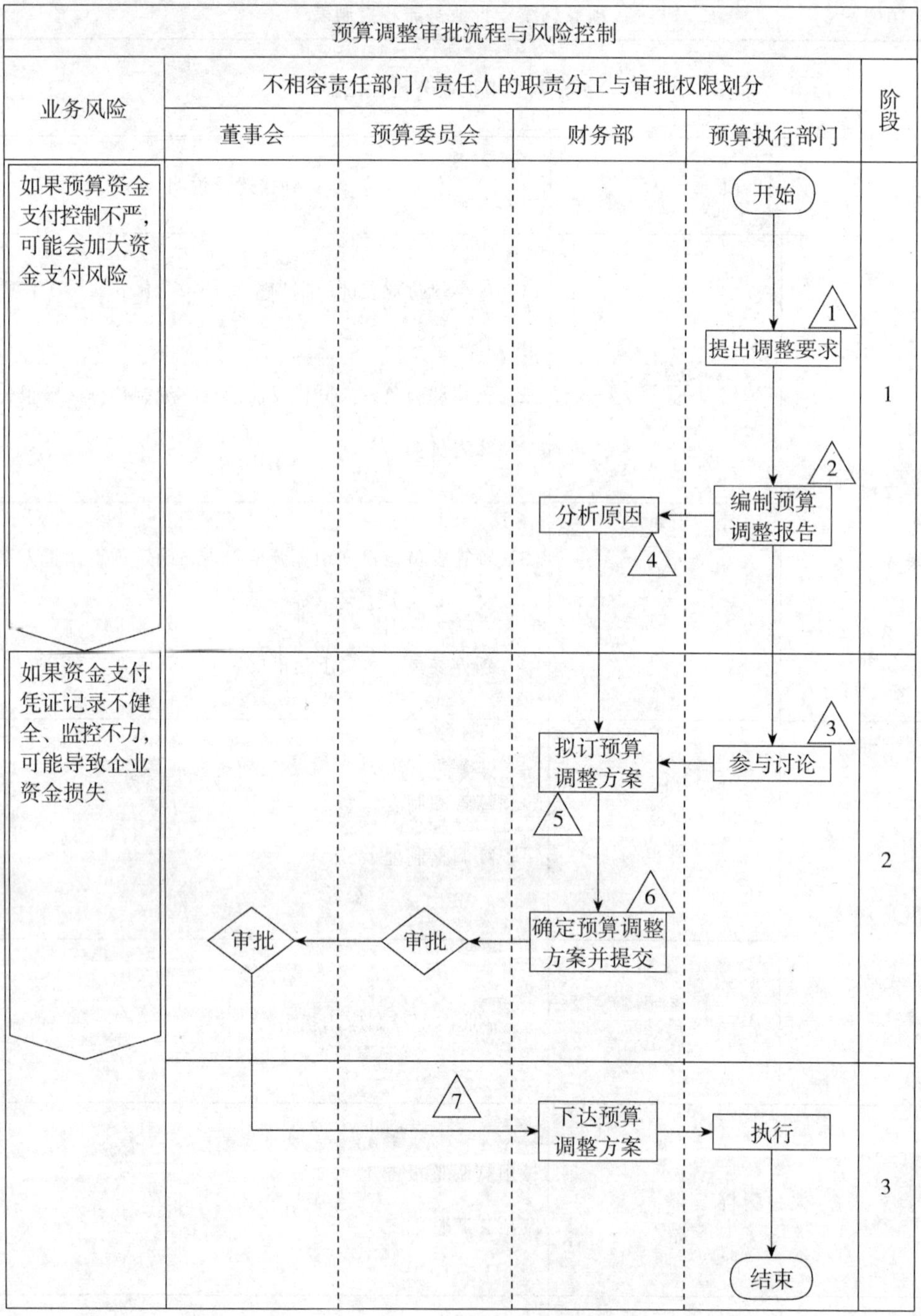

图16-5　预算调整审批流程与风险控制图

● 第四节　预算考核内部控制设计及运行

一、预算执行控制内容

（一）预算分析控制

预算分析是预算管理体系中的核心环节。通过对相关数据的对比分析，找出差距，分析原因，为提高企业运营效率、改进和优化流程提供支持，为生产经营及投资决策提供依据，保证预算的有效执行。预算管理委员会及财务管理部门应对预算的执行情况按月度、季度进行分析，对当期实际发生数与预算数之间存在的差异，不论是有利的还是不利的，都要认真分析其成因，而且要写明拟采取的改进措施。预算分析的重点是差异的原因及应采取的措施。企业应当加强对预算分析环节的控制，通过建立预算执行分析制度、审计制度、考核与奖惩制度等，确保预算分析科学、及时和预算考核严格、有据。

企业应当建立预算执行分析制度。企业预算管理部门应当定期召开预算执行分析会议，通报预算执行情况，研究、解决预算执行中存在的问题，提出改进措施。

企业预算管理部门和各预算执行单位应当充分收集有关财务、业务、市场、技术、政策、法律等方面的信息资料，根据不同情况分别采用比率分析、比较分析、因素分析等方法，从定量与定性两个层面充分反映预算执行单位的现状、发展趋势及其存在的潜力。对于预算执行差异，应当客观分析产生的原因，提出解决措施或建议，提交企业决策机构研究决定。企业应当建立预算执行情况内部审计制度，通过定期或不定期地实施审计监督，及时发现并纠正预算执行中存在的问题。

预算分析环节的主要风险是：预算分析不正确、不科学、不及时，可能削弱预算执行控制的效果，或可能导致预算考评不客观、不公平；对预算差异原因的解决措施不得力，可能导致预算分析形同虚设。

主要管控措施为：

第一，企业预算管理工作机构和各预算执行单位应当建立预算执行情况分析制度，定期召开预算执行分析会议，通报预算执行情况，研究、解决预算执行中存在的问题，认真分析原因，提出改进措施。

第二，企业应当加强对预算分析流程和方法的控制，确保预算分析结果准确、合理。预算分析流程一般包括确定分析对象、收集资料、确定差异及分析原因、提出措施及反馈报告等环节。企业分析预算执行情况，应当充分收集有关财务、业务、市场、技术、政策、法律等方面的信息资料，根据不同情况分别采用比率分析、比较分析、因素分析等方法，从定量与定性两个层面充分反映预算执行单位的现状、发展趋势及其存在的潜力。

第三，企业应当采取恰当措施处理预算执行偏差。企业应针对造成预算差异的不同原因采取不同的处理措施：因内部执行导致的预算差异，应分清责任归属，与预算考评和奖惩挂钩，并将责任单位或责任人的改进措施的实际执行效果纳入业绩考核体系；因外部环境变化导致的预算差异，应分析该变化是否长期影响企业发展战略的实施，并作为下期预算编制的影响因素。

（二）预算考核控制

企业应当建立严格的预算执行考核奖惩制度，坚持公开、公正、透明的原则，对所有预算执行单位和个人进行考核，切实做到有奖有惩、奖惩分明，促进企业实现全面预算管理目标。预算管理涉及企业经营管理的各个方面，要较好地发挥预算管理的作用，就必须坚持实施控制与结果考核相结合。如果没有以预算为基础的考核，预算就会流于形式，失去控制力。在预算管理循环中，预算考核是个承上启下的关键环节。一方面，在预算执行过程中，通过预算考核信息的反馈以及相应的调控，可随时发现并纠正实际业绩与预算的偏差，实现过程控制；另一方面，预算编制、执行、考核作为一个完整的系统，相互作用，周而复始地循环，实现对整个企业经营活动的最终控制。企业应当建立预算执行情况考核制度：

①企业预算管理部门应当定期组织预算执行情况考核。有条件的企业，也可设立专门机构负责考核工作。

②企业预算执行情况考核，依照预算执行单位上报预算执行报告、预算管理部门审查核实、企业决策机构批准的程序进行。企业内部预算执行单位上报的预算执行报告，应经本单位负责人签章确认。

③企业预算执行情况考核，以企业正式下达的预算方案为标准，或以有关部门审定的预算执行报告为依据。企业预算执行情况考核，应当坚持公开、公平、公正的原则，考核结果应有完整的记录。应当建立预算执行情况奖惩制度，明确奖惩办法，落实奖惩措施。

二、预算考核主要风险与控制措施

预算考核环节的主要风险是：预算考核不严格、不合理、不到位，可能导致预算目标难以实现、预算管理流于形式。其中，预算考核是否合理，受到考核主体和对象的界定是否合理、考核指标是否科学、考核过程是否公开透明、考核结果是否客观公正、奖惩措施是否公平合理且能够落实等因素的影响。

主要管控措施包括：

第一，建立健全预算执行考核制度。一是建立严格的预算执行考核制度，对各预算执行单位和个人进行考核，将预算目标执行情况纳入考核和奖惩范围，切实做到有奖有惩、奖惩分明。二是制定有关预算执行考核的制度或办法，并认真、严格地组织实施。三是定期组织实施预算考核，预算考核的周期一般应当与年度预算细分周期相一致，即一般按照月度、季度实施考评，预算年度结束后再进行年度总考核。

第二，合理界定预算考核主体和考核对象。预算考核主体分为两个层次：预算管理委员会和内部各级预算责任单位。预算考核对象为企业内部各级预算责任单位和相关个人。界定预算考核主体和考核对象应当主要遵循以下原则：一是上级考核下级原则，即由上级预算责任单位对下级预算责任单位实施考核；二是逐级考核原则，即由预算执行单位的直接上级对其进行考核，间接上级不能隔级考核间接下级；三是预算执行与预算考核相互分离原则，即预算执行单位的预算考核应由其直接上级部门来进行，而绝不能自己考核自己。

第三，科学设计预算考核指标体系。其应主要把握以下原则：预算考核指标要以各责任中心承担的预算指标为主，同时本着相关性原则，增加一些全局性的预算指标和与其关系密切的相关责任中心的预算指标；考核指标应以定量指标为主，同时根据实际情况辅之以适当的定性指标；考核指标应当具有可控性、可达到性和明晰性。

第四，按照公开、公平、公正的原则实施预算考核。一是考核程序、标准、结果要公开。企业应当将全面预算考核程序、考核标准、奖惩办法、考核结果等及时公开。二是考核结果要客观公正。预算考核应当以客观事实作为依据。预算执行单位上报的预算执行报告是预算考核的基本依据，应当经本单位负责人签章确认。企业预算管理委员会及其工作机构定期组织预算执行情况考核时，应当将各预算执行单位负责人签字上报的预算执行报告和已掌握的动态监控信息进行核对，确认各执行单位预算完成情况。必要时，实行预算执行情况内部审计制度。三是奖惩措施要公平合理并得以及时落实。预算考核的结果应当与各执行单位以及员工的薪酬、职位等进行挂钩，实施预算奖惩。企业设计预算奖惩方案时，应当以实现全面预算目标为首要原则，同时还应遵循公平合理、奖罚并存的原则。奖惩方案要注意各部门利益分配的合理性，要根据各部门承担的工作难易程度和技术含量合理确定奖励差距。要奖罚并举，不能只奖不罚，并防止奖惩实施中的人情添加因素。

三、预算考核内部控制设计与运行

（一）预算执行分析业务流程控制表（见表16-4）

表16-4　**预算执行分析业务流程控制表**

预算执行分析业务流程控制		
控制事项		详细描述及说明
阶段控制	1	（1）预算专员汇总部门的预算执行情况，依据财务报告和其他相关资料，分析、整理预算单位执行情况 （2）预算专员将各部门预算执行情况与预算目标进行对比
	2	（3）预算专员分析预算差异的原因，产生差异的情况包括超预算和预算外支出两种 （4）预算专员根据预算差异情况，分析原因，编制预算差异分析报告
	3	（5）预算差异分析报告经财务部经理补充和完善后，由预算委员会和董事会按照相关的审批权限进行审批
相关规范	应建规范	❒预算管理制度 ❒预算执行责任制度 ❒预算分析考核制度 ❒预算内部报告制度
	参照规范	❒《企业内部控制应用指引》
文件资料		❒预算差异分析报告
责任部门及责任人		❒董事会、预算委员会、财务部 ❒财务部经理、预算专员

（二）预算执行分析业务流程与风险控制图（见图16-6所示）

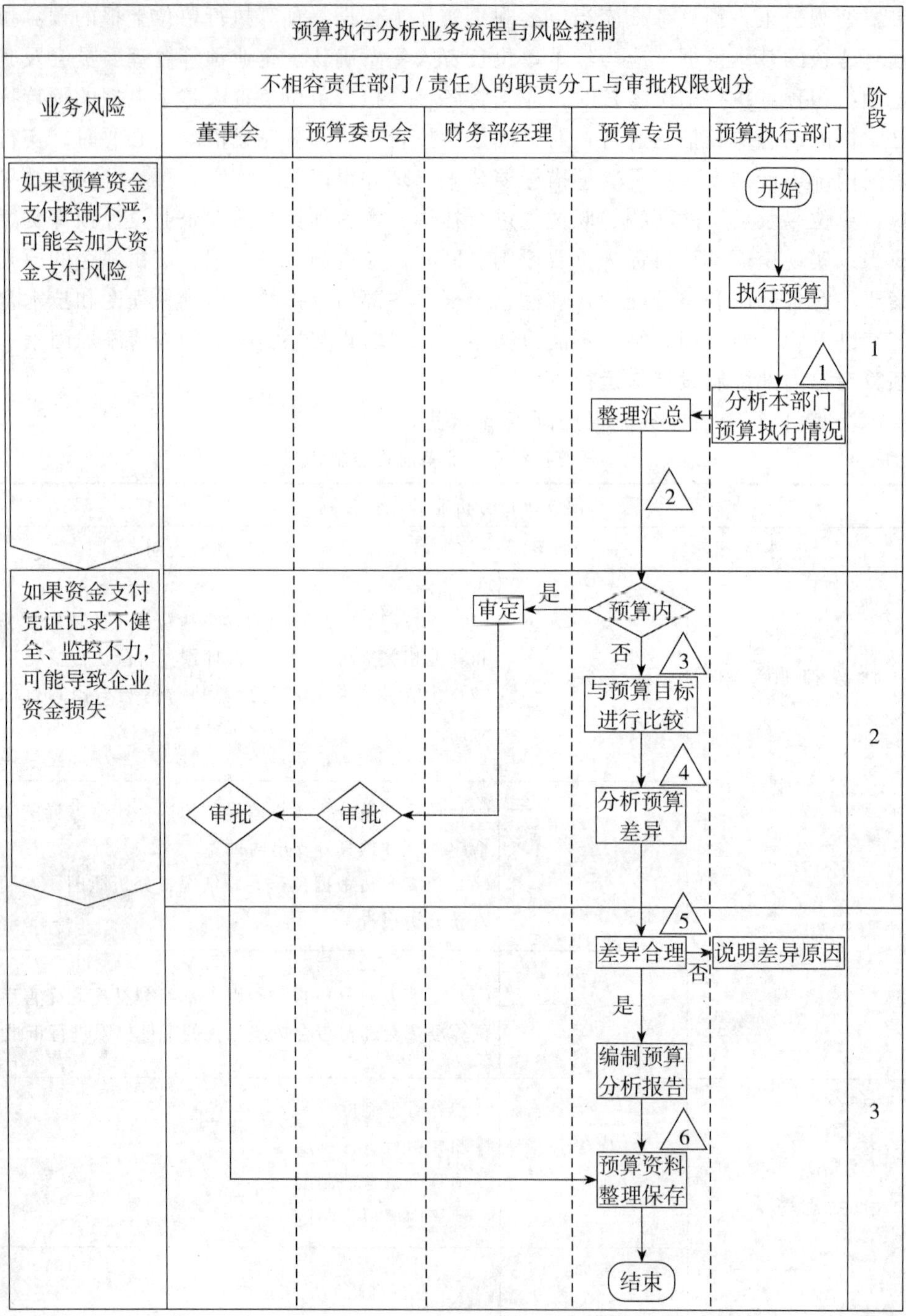

图16-6 预算执行分析业务流程与风险控制图

（三）预算执行考核业务流程控制表（见表16-5）

表16-5　**预算执行考核业务流程控制表**

预算执行考核业务流程控制		
控制事项		详细描述及说明
阶段控制	1	(1) 预算委员会编制预算执行考核制度，报董事会审批后组织实施 (2) 各预算执行部门根据预算执行情况及预算目标，编制本部门预算执行报告，并由部门责任人签字确认后提交财务部
	2	(3) 财务部汇总各预算执行部门提交的预算执行报告 (4) 预算委员会以企业正式下达的预算方案为标准，对各预算部门预算执行报告进行审核 (5) 预算委员会经讨论形成预算考核奖惩方案，交董事会审批后组织实施
	3	(6) 人力资源部根据预算考核奖惩方案对各预算执行部门进行奖惩处理
相关规范	应建规范	❐预算管理制度 ❐预算执行责任制度 ❐预算执行考核制度 ❐预算考核奖惩制度
	参照规范	❐《企业内部控制应用指引》
文件资料		❐预算执行报告 ❐年度全面预算方案 ❐预算考核奖惩方案
责任部门及责任人		❐股东大会、董事会、预算委员会、预算执行部门、财务部 ❐财务部人员、预算专员、预算执行部门人员

（四）预算执行考核业务流程与风险控制图（如图16-7所示）

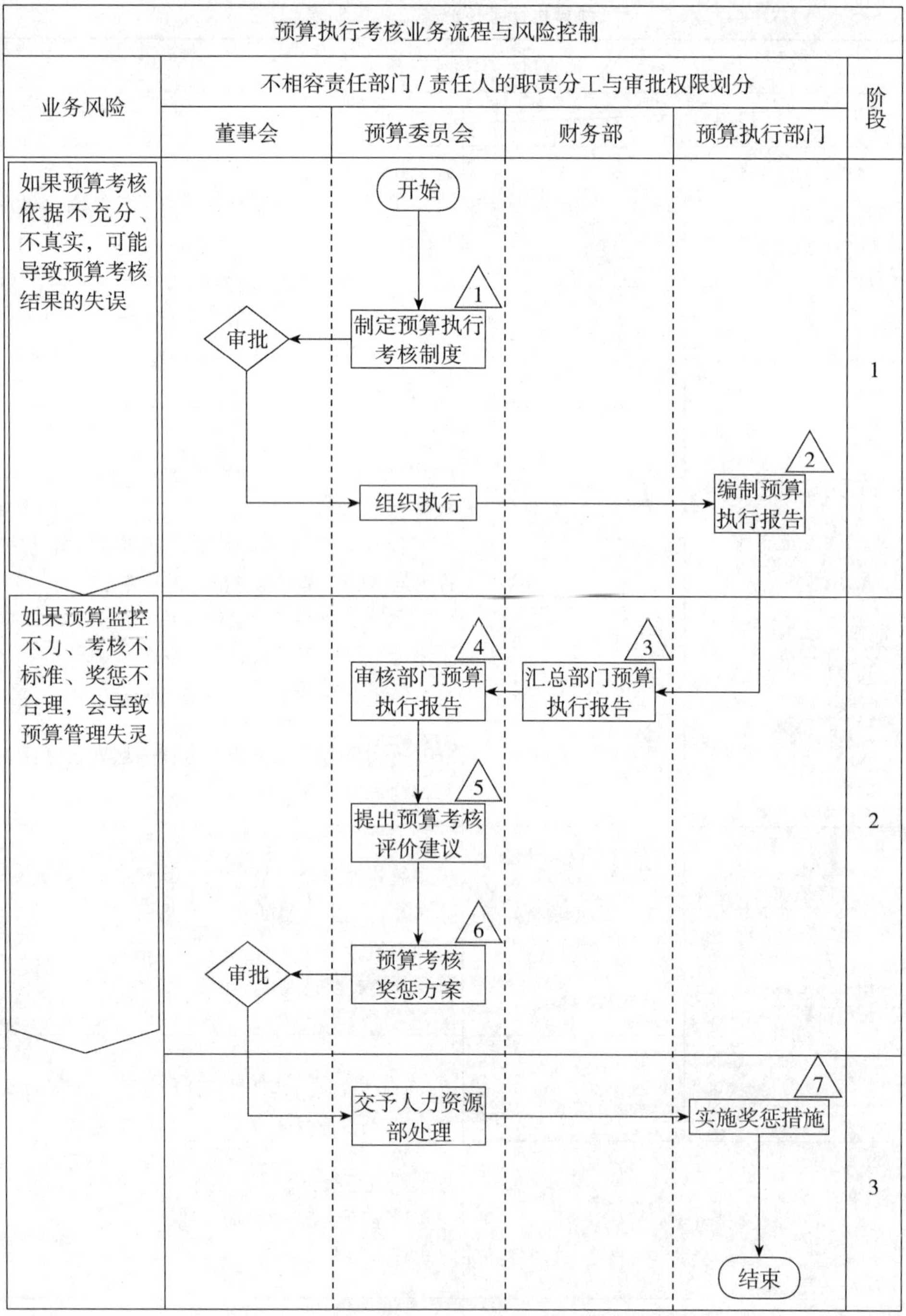

图16-7 预算执行考核业务流程与风险控制图

● 第五节　案例分析——大亚湾核电站预算管理

大亚湾核电站作为国家的第一座大型商用核电站，从开工建设以来就一直非常重视预算管理的运用。基建期设立投资预算管理机构进行专门预算管理，1994年进入商业运营期以后在电站推行预算管理，从1997年开始在全公司推行全面预算管理，至今已建立起一整套行之有效的以成本为中心的全面预算管理体制。推行预算管理在电站的管理工作中取得了巨大的经济效益，据统计，从1997年至2002年每年平均节省资金9 232万元人民币。

一、核电站采用的预算管理方法

针对核电站运行管理的特点，大亚湾核电站采用了“零基预算”的管理方法。这样做的优点是成本中心每年在预算申报时都需对以往的工作进行进一步的检查、讨论，同时亦可有效消除、减少“今年存在或开支的费用支出在下一年度就一定存在”的成本费用开支习惯性心理，所有项目均需重新审视其开支的合理性。采用零基预算管理方法的难点是对所有项目均需重新审视，工作量极大，而且效率低，时效性差，投入成本巨大。为了避免上述问题，充分发挥公司预算计划的作用，其在设计公司预算运作模式的时候，采取“折中”模式，即对新的项目、重要的项目（5万美元以上）全部采用“零基预算”管理，对其他项目采用滚动预算进行管理，同时采取年度预算编制、年中预算调整、预算变更等具体的工作方式来使预算与实际工作相匹配，真正达到通过工作计划来编制预算，又通过预算来衡量指导工作计划的作用。

二、预算管理的组织建设

预算管理功能通过设立各级成本中心组织来实现。成本中心责任管理体系是按照统一领导、分级管理的原则，并根据技术上的特点和管理上的要求而设置的。目前，在公司机构划分为决策、管理和执行三个层次的基础上，又将执行层划分为三级成本中心，即部级成本中心、处级成本中心和科级成本中心。各级成本中心负责人分别是部长、处长和科长，对各自成本中心的预算、成本及其他资源进行规划、申报、执行、控制和考核。成本中心基本单位一般以处为单位划分，但业务较多的处可以以科为单位设置。对于临时性的较大项目或跨处的工程项目，可设置单独的、临时的成本中心，项目经理为该成本中心的负责人。每个成本中心应指定一个专人为兼职预算员，协助成本中心负责人的日常预算管理或其他经济管理工作。

预算管理的决策层是董事会、执委会，管理层是总经理部，执行层是各级职能部门。总经理部委托财务部实施公司预算归口管理。

三、预算管理的制度建设

按照预算管理的要求，公司制定了各种程序、制度，从各方面对预算管理作出了明确规定，按照经济业务不同，分别制定了《生产预算编制与执行程序》《资本性预算编制与执行程序》《材料采购预算编制与执行程序》等专门规定来执行具体的预算管理，同时还颁布了《成本中心运作管理规定》来规范成本中心的职责、权利。

四、预算管理循环

核电站的预算管理遵循“工作计划—预算编制—立项—承诺—支付—反馈—工作计

划”的管理循环。

1.工作计划

工作计划是一切预算形成的基础。离开工作计划编制出来的预算不是真正的预算，是无法执行的预算。

2.预算编制

每年8月，财务部向公司各级成本中心负责人下达下年度“预算编制计划大纲”并开展相关的在岗业务培训。各级成本中心负责人及预算协调员在接受在岗业务培训和阅读理解该大纲的基础上，开展年度预算的编制与申报工作。整个公司年度预算的编制工作是以各级预算成本中心为单位开展实施的，科级成本中心负责向处级成本中心申报，处级成本中心负责向部级成本中心或预算归口管理部门申报。各部级成本中心负责对所属下级成本中心所报预算进行综合审议后正式报送财务部。凡有归口管理部门的项目，应首先报送归口管理部门所在的科或处级预算成本中心，然后由归口管理部门所在的部级预算成本中心统一向财务部申报。预算编制过程中，财务部成本处及各部预算归口单位预算人员将按预算编制计划大纲中的协调计划进行预算编制协调工作，而各级成本中心在预算编制过程中也可与财务部成本处随时保持联络与沟通，以便财务部成本处能够掌握充足的信息，随时进行必要的协助。

3.立项

所有项目实施前均应按《合同采购手册》等公司章程中的规定进行立项申请。在这一过程中各级成本中心的工作内容是：各级成本中心在填制立项申请单前首先应经过本成本中心预算协调员运用财务系统中的预算管理系统对其预算与立项情况进行检查，在保证确有预算后，对立项单进行编码并签字认可，然后送有关授权成本中心负责人批准。有归口管理的项目还需经归口管理部门审批，无归口管理成本中心的批准任何部门不得动用属于归口管理资源的预算。对于无预算的项目，各级成本中心预算协调员应先进行“预算变更申请单”的填制报批工作。各级成本中心预算协调员应对有关立项予以记录，并定期与预算管理计算机系统数据或与财务部成本处核对分析。

4.承诺

在立项申请获得批准之后，公司商务部门将组织对外询价、签订合同等活动。商务部门申请的推荐合同除按程序逐步审批外，还须经过原申请立项的各部预算归口管理单位在“签订合同/订单推荐书”的预算控制栏签字认可。各部预算归口管理单位应对有关合同推荐予以记录并定期与预算管理计算机系统数据或与财务部成本处核对分析。

5.支付

商务部门申请的合同支付除按程序逐步审批外，还须经过原申请立项的各部预算归口管理单位在“支付申请单”的预算控制栏签字认可。各部预算归口管理单位应对有关合同支付资料予以记录并定期与预算管理计算机系统数据或与财务部成本处核对分析。

6.反馈

预算反馈包括对预算执行情况实行定期分析、报告与考核。财务部成本处每月汇总编制“预算执行情况及成本分析月报”，分析预算及成本的执行情况，揭示发展趋势及重大异常现象，汇总公司生产经营、财务状况的重要信息及各成本中心的运作状况，报财务部经理、总经理审核批示。每年年终财务部成本处根据预算年度成本执行状况编制“年度预算执行情况分析表”和“预算年度成本与往年同期成本费用对比分析表”，对年度内预算管理工作进行考核，揭示成本控制工作的成绩与不足，并编制“年度预算控制回顾报告”，报财务部经理、总经理部审核批示。财务部成本处每月按成本中心提供预算监控报告，发送各级成本中心，以便各级成本中心掌握预算开支情况，了解各申请项目的具体执行情况，促使各项目按原计划日期及时完成并办理支付。

公司制度规定，公司采购执行“没有预算不能立项，没有立项不能承诺，没有承诺不能支付”这一不可逆过程，同时通过预算系统的在线监控，保证公司业务按计划开展，促进公司目标的顺利实现。

五、预算管理计算机系统

为了保证预算管理的顺利进行，必须建立计算机网络管理系统。公司将预算管理系统作为财务系统的一个管理子模块，将预算系统与财务系统紧密结合的一个显著优势就是预算系统能随时接受财务系统内的数据支持。通过分级授权控制技术和独立的数据库结构来保证会计数据与预算数据的独立性和安全性。目前预算系统分为三个子系统，即生产预算系统、更新改造预算系统和材料采购预算系统。每个子系统又包括预算管理、预算编制、预算执行和预算报告四大模块。财务部于2003—2005年整合现有的预算系统为全面预算管理系统，内容包括生产预算系统（OBS）、更新改造预算系统（PBS）、材料采购预算系统（MBS）、财务预算系统（FBS）、人力资源预算系统（HBS）和管理信息系统（MIS）。所有成本中心负责人及预算协调员可以通过网络，按财务部成本处预先授予的ID和密码，随时从预算管理系统中进行本成本中心相关信息的查询与维护。通过预算管理计算机系统，各级成本中心都能随时了解成本中心的预算、立项、承诺、支付数据，加强预算控制管理。

六、预算管理发展方向

随着电价上网改革的实行以及西电东送工程的加快，三峡电力机组的投产，燃油、燃气发电机组的强势竞争，要保持核电的长远发展，体现核电的相对竞争优势，必须加大成本控制力度，优化现有核电成本，降低发电成本。而随着近十年的强势成本控制以及大力宣传，利用一般意义上的成本控制方法已经很难在成本控制方面有所突破，为此需要引进新的管理理念与方法。通过研究、比较国内外电站的预算管理模式，公司决定引入作业预算（ABB）的预算管理方法，即将预算着眼于业务活动上，通过对活动链的控制、分析来加强公司成本控制，实现作业预算管理（ABBM），为公司最终实现作业管理（ABM）奠定基础。

资料来源　罗勇.企业内部控制规范解读及案例精析［M］. 北京：立信会计出版社，2009.

第十七章

合同管理

第一节　合同管理概述

一、合同的概念

合同，是指企业与自然人、法人及其他组织等平等主体之间设立、变更、终止民事权利义务关系的协议。企业与职工签订的劳动合同，不适用于此处所说的合同。为了加强合同管理，有利于规范、约束市场主体交易行为，优化资源配置，维护市场秩序，制定和实施《企业内部控制应用指引第16号——合同管理》，旨在帮助企业规范当事人双方经营行为，维护自身合法权益、防控法律风险，促进实现内部控制目标。

二、合同管理的总体要求

企业需要建立一系列制度体系和机制保障，促进合同管理的作用得到有效发挥。

（一）建立分级授权管理制度

企业应当根据经济业务性质、组织机构设置和管理层级安排，建立合同分级管理制度。属于上级管理权限的合同，下级单位不得签署。对于重大投资类、融资类、担保类、知识产权类、不动产类合同，上级部门应加强管理。下级单位认为确有需要签署涉及上级管理权限的合同，应当提出申请，并经上级合同管理机构批准后办理。上级单位应当加强对下级单位合同订立、履行情况的监督检查。

（二）实行统一归口管理

企业可以根据实际情况指定法律部门等作为合同归口管理部门，对合同实施统一规范管理，具体负责制定合同管理制度，审核合同条款的权利义务对等性，管理合同标准文本，管理合同专用章，定期检查和评价合同管理中的薄弱环节，采取相应控制措施，促进合同的有效履行等。

（三）明确职责分工

公司各业务部门作为合同的承办部门，负责在职责范围内承办相关合同，并履行合同调查、谈判、订立、履行和终结责任。公司财会部门侧重于履行对合同的财务监督职责。

（四）健全考核与责任追究制度

企业应当健全合同管理考核与责任追究制度，开展合同后评估，对合同订立、履行过程中出现的违法违规行为，应当追究有关机构或人员的责任。

三、合同管理的意义

合同管理是发挥市场导向功能的关键一环，是企业生产经营市场化的重要手段，是企业参与市场竞争必不可少的条件。

1.一部规范的合同，可以树立企业良好的形象

在合同关系日益增多、合同的作用越来越广泛的形势下，依法签订和履行合同，是开展守信活动的核心内容。它不仅有利于提高整个社会的经济效益，而且会在合同管理的整个过程中营造“重合同、守信用”的良好氛围，是培育良好的企业信誉的重要途径和手段。

2.认真执行合同，可以有效地防范经营风险

加强合同履行的监督管理，检查监督企业合同执行情况，是合同履行中重要的管理环节。企业的经营者和合同管理人员对合同履行情况实施跟踪管理，督促其按质量、全面履行合同义务，解决履行中遇到的阻力，确保企业收益实现，避免潜在的经营风险，避免企业重大损失的发生。

3.依法签订合同，可以确保企业经济利益的实现

依法签约、依法全面履行合同的义务是确保企业经济利益实现的途径和保证。

四、合同管理风险点

企业合同管理至少应当关注下列风险：

（1）未订立合同、未经授权对外订立合同、合同对方主体资格未达要求、合同内容存在重大疏漏和欺诈，可能导致企业合法权益受到侵害。

（2）合同未全面履行或监控不当，可能导致企业诉讼失败、经济利益受损。

（3）合同纠纷处理不当，可能损害企业利益、信誉和形象。

五、合同管理的内部控制流程

企业应当加强合同管理，确定合同归口管理部门，明确合同文本拟订、合同审批、合同执行等环节的程序和要求，定期检查和评价合同管理中的薄弱环节，采取相应控制措施，促进合同有效履行，切实维护企业的合法权益。

1.合同管理流程与风险控制图（如图17-1所示）

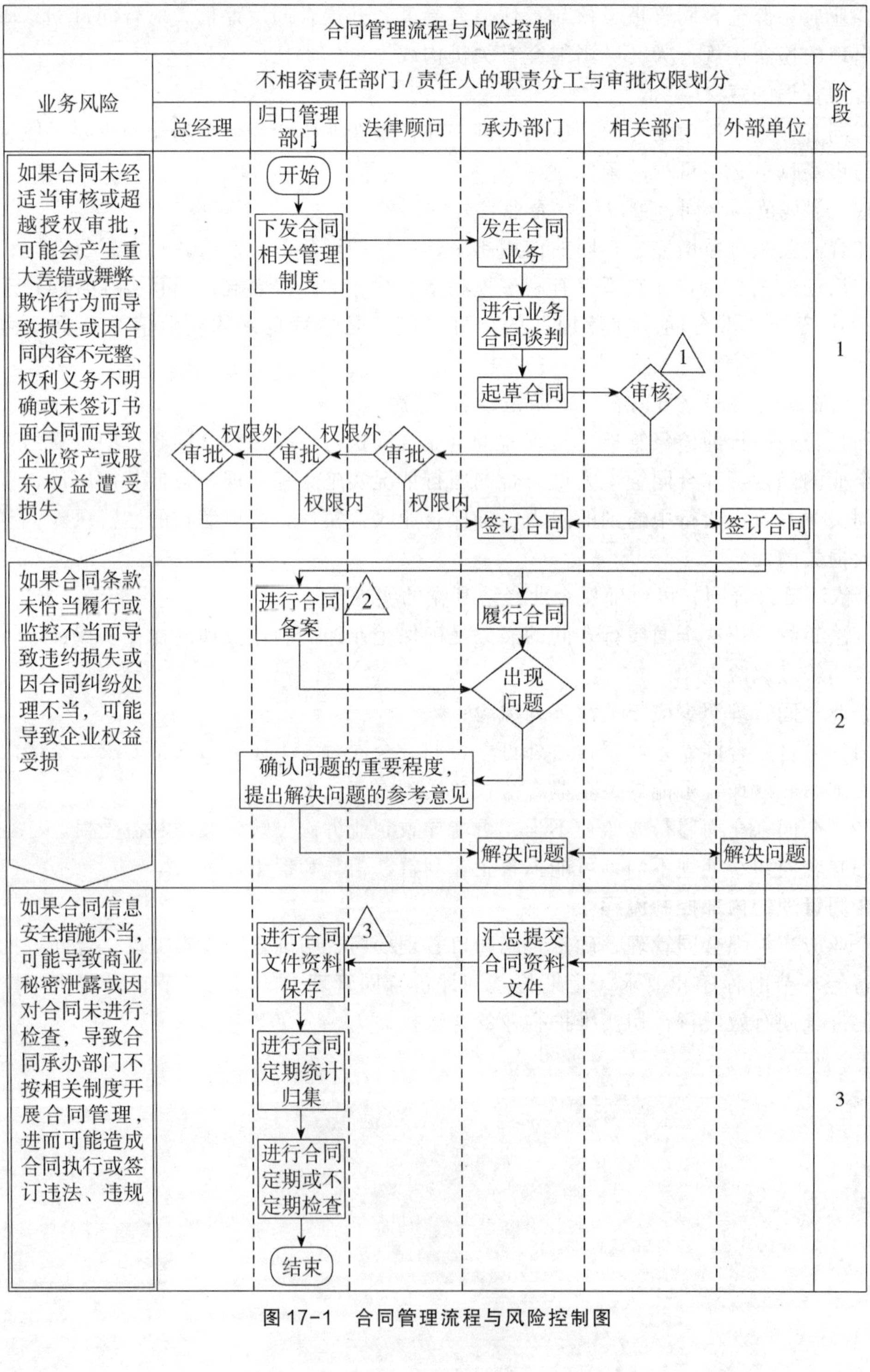

图17-1 合同管理流程与风险控制图

2. 合同管理流程控制表（见表17-1）

表17-1　　合同管理流程控制表

合同管理流程控制		
控制事项		详细描述及说明
阶段控制	1	（1）财务部对合同中有关付款的条款进行审核，并提出审核意见
	2	（2）合同签订后，合同的承办部门将合同交归口管理部门进行编号、备案
	3	（3）归口管理部门作为合同的专门管理部门，需要对各类合同的文件和资料进行编号和恰当保存，以备参考
相关规范	应建规范	❒合同管理岗位责任制度 ❒合同归口管理制度 ❒合同分级管理制度
	参照规范	❒《中华人民共和国合同法》 ❒《企业内部控制应用指引》
文件资料		❒合同承办部门签订的合同文本
责任部门及责任人		❒合同归口管理部门、合同承办部门、财务部 ❒总经理、法律顾问、归口管理部门人员、承办部门人员、财务部人员

● 第二节　合同订立内部控制设计及运行

合同订立阶段包括合同调查、合同谈判、合同文本拟定、合同审核、合同签署等环节。

一、合同调查

企业对外发生经济行为，除即时结清方式外，应当订立书面合同。合同订立前，企业应当进行合同调查，充分了解合同对方的主体资格、信用状况等有关情况，确保对方当事人具备履约能力。

该环节的主要风险是：忽视被调查对象的主体资格审查，准合同对象不具有相应民事权利能力和民事行为能力或不具备特定资质，与不具备代理权或越权代理的主体签订合同，导致合同无效，或引发潜在风险；在合同签订前错误判断被调查对象的信用状况，或在合同履行过程中没有持续关注对方的资信变化，致使企业蒙受损失；对被调查对象的履约能力给出不当评价，将不具备履约能力的对象确定为准合同对象，或将具有履约能力的对象排除在准合同对象之外。

主要管控措施包括：

第一，审查被调查对象的身份证件、法人登记证书、资质证明、授权委托书等证明原件，必要时，可通过发证机关查询证书的真实性和合法性，关注授权代理人的行为是否在其被授权范围内，在充分收集相关证据的基础上评价主体资格是否恰当。

第二，获取调查对象经审计的财务报告、以往交易记录等财务和非财务信息，分析其获利能力、偿债能力和营运能力，评估其财务风险和信用状况，并在合同履行过程中持续关注其资信变化，建立和及时更新合同对方的商业信用档案。

第三，对被调查对象进行现场调查，实地了解和全面评估其生产能力、技术水平、产品类别和质量等生产经营情况，分析其合同履约能力。

第四，与被调查对象的主要供应商、客户、开户银行、主管税务机关和工商管理部门等沟通，了解其生产经营、商业信誉、履约能力等情况。

二、合同谈判

初步确定准合同对象后，企业内部的合同承办部门将在授权范围内与对方进行合同谈判，按照自愿、公平原则，磋商合同内容和条款，明确双方的权利义务和违约责任。

该环节的主要风险是：忽略合同重大问题或在重大问题上作出不当让步；谈判经验不足，缺乏技术、法律和财务知识的支撑，导致企业利益损失；泄露本企业谈判策略，导致企业在谈判中处于不利地位。

这一阶段的主要管控措施包括：

第一，收集谈判对手资料，熟悉谈判对手情况，做到知己知彼；研究国家相关法律法规、行业监管、产业政策、同类产品或服务价格等与谈判内容相关的信息，正确制定本企业谈判策略。

第二，关注合同核心内容、条款和关键细节，具体包括合同标的的数量、质量或技术标准，合同价格的确定方式与支付方式，履约期限和方式，违约责任和争议的解决方法，合同变更或解除条件等。

第三，对于影响重大、涉及较高专业技术或法律关系复杂的合同，组织法律、技术、财会等专业人员参与谈判，充分发挥团队智慧，及时总结谈判过程中的得失，研究确定下一步谈判策略。

第四，必要时可聘请外部专家参与相关工作，并充分了解外部专家的专业资质、胜任能力和职业道德情况。

第五，承办部门在本次谈判未能达成谈判目标时，可以选择停止同现有谈判对象的合作，另寻合作伙伴或通过调整谈判策略与现有谈判对象另择时间进行谈判。

第六，对谈判过程中的重要事项和参与谈判人员的主要意见予以记录并妥善保存，作为避免合同舞弊的重要手段和责任追究的依据。

合同谈判流程与风险控制如图17-2和表17-2所示。

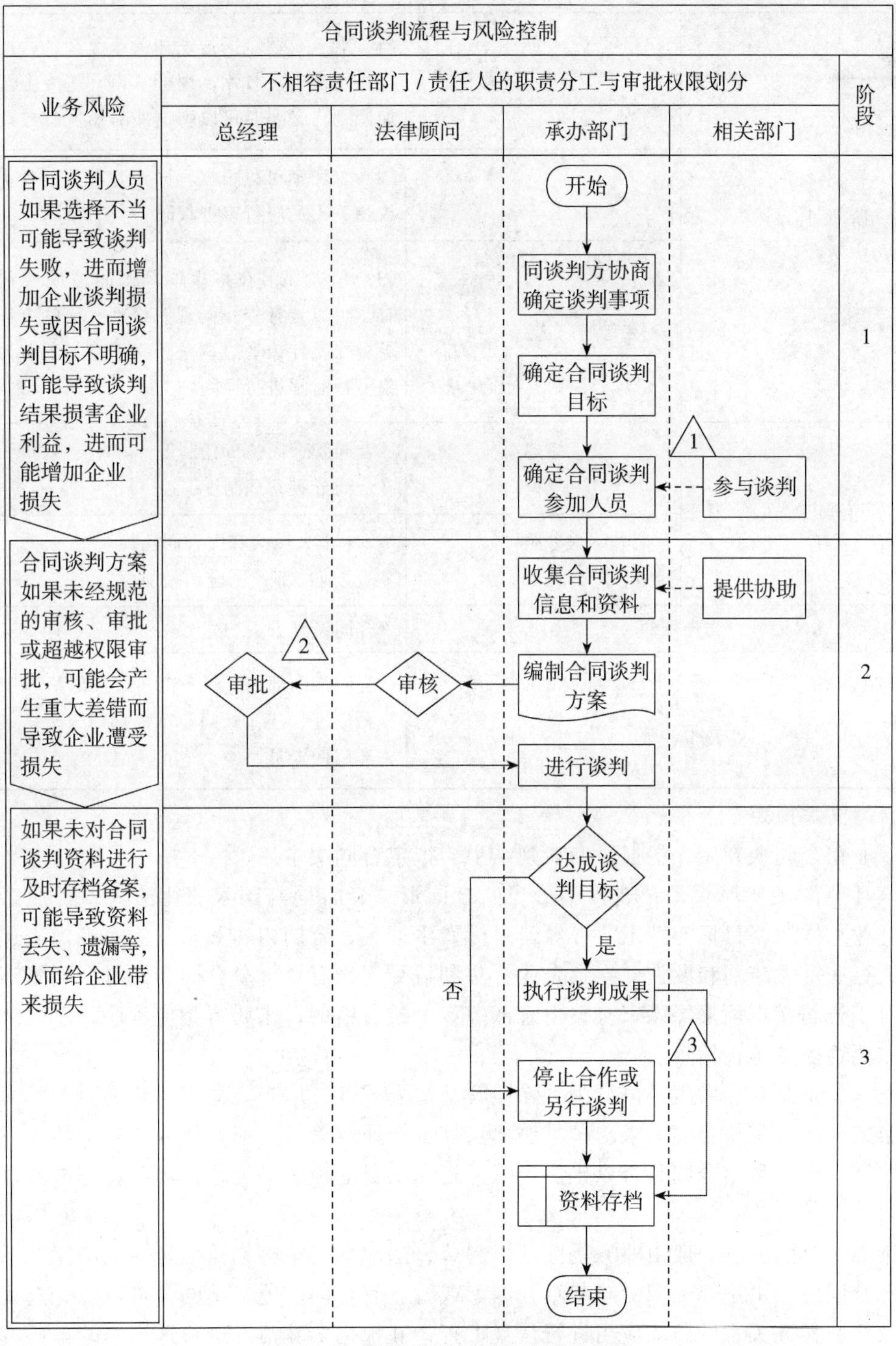

图 17-2　合同谈判流程与风险控制图

表 17-2 合同谈判流程控制表

合同谈判流程控制		
控制事项		详细描述及说明
阶段控制	1	(1) 对于重要合同或法律关系复杂的合同，应当指定法律、技术、财会、审计等专业人员参加谈判，必要时可以聘请外部专家参与
	2	(2) 总经理可以根据合同谈判事项的种类，授权相关人员履行审批权限
	3	(3) 承办部门在本次谈判未能达成谈判目标时，可以选择停止同现有谈判对象的合作，另寻合作伙伴或通过调整谈判策略与现有谈判对象另择时间进行谈判
相关规范	应建规范	❒合同管理岗位责任制度 ❒合同分级管理制度
	参照规范	❒《中华人民共和国合同法》 ❒《企业内部控制应用指引》
文件资料		❒合同谈判方案
责任部门及责任人		❒合同承办部门、财务部、审计部门等 ❒总经理、法律顾问、承办部门人员、其他相关部门的人员

三、合同文本拟定

企业在合同谈判后，根据协商谈判结果，拟定合同文本。

该环节的主要风险是：选择不恰当的合同形式；合同与国家法律法规、行业产业政策、企业总体战略目标与特定业务经营目标发生冲突；合同内容和条款不完整、表述不严谨，或存在重大疏漏和欺诈，导致企业合法利益受损；有意拆分合同，规避合同管理规定等；对于合同文本须报经国家有关主管部门审查或备案的，未履行相应程序。

主要管控措施包括：

第一，企业对外发生经济行为，除即时结清方式外，应当订立书面合同。

第二，严格审核合同需求与国家法律法规、产业政策、企业整体战略目标的关系，保证其协调一致；考察合同是否以生产经营计划、项目立项书等为依据，确保完成具体业务经营目标。

第三，合同文本一般由业务承办部门起草，法律部门审核；重大合同或法律关系复杂的特殊合同应当由法律部门参与起草。国家或行业有合同示范文本的，可以优先选用，但对涉及权利义务关系的条款应当进行认真审查，并根据实际情况进行适当修改。各部门应当各司其职，保证合同内容和条款的完整准确。

第四，通过统一归口管理和授权审批制度，严格合同管理，防止通过化整为零等方式故意规避招标的做法和越权行为。

第五，由签约对方起草的合同，企业应当认真审查，确保合同内容准确反映企业诉求和谈判达成的一致意见，特别留意“其他约定事项”等需要补充填写的栏目，如不存在其他约定事项时注明“此处空白”或“无其他约定”，防止合同后续被篡改。

第六，合同文本须报经国家有关主管部门审查或备案的，应当履行相应程序。

四、合同审核

合同文本拟定完成后，企业应进行严格的审核。

该环节的主要风险是：合同审核人员因专业素质或工作态度原因未能发现合同文本中的不当内容和条款；审核人员虽然通过审核发现问题但未提出恰当的修订意见；合同起草人员没有根据审核人员的改进意见修改合同，导致合同中的不当内容和条款未被纠正。

主要管控措施包括：

第一，审核人员应当对合同文本的合法性、经济性、可行性和严密性进行重点审核，关注合同的主体、内容和形式是否合法，合同内容是否符合企业的经济利益，对方当事人是否具有履约能力，合同权利和义务、违约责任和争议解决条款是否明确等。

第二，建立会审制度，对影响重大或法律关系复杂的合同文本，组织财会部门、内部审计部门、法律部门、业务关联的相关部门进行审核，内部相关部门应当认真履行职责。

第三，慎重对待审核意见，认真分析研究，慎重对待，对审核意见准确无误地加以记录，必要时对合同条款作出修改并再次提交审核。

五、合同签署

企业经审核同意签订的合同，应当与对方当事人正式签署，并加盖企业合同专用章。

该环节的主要风险是：超越权限签订合同，合同印章管理不当，签署后的合同被篡改，因手续不全导致合同无效等。

主要管控措施包括：

第一，按照规定的权限和程序与对方当事人签署合同。对外正式订立的合同应当由企业法定代表人或由其授权的代理人签名或加盖有关印章。不对未经编号或缺少合同审核、报签文件以及代签而缺少授权委托书的合同用印。用印后保管人应当立即收回，并按要求妥善保管，以防止他人滥用。保管人应当记录合同专用章使用情况以备查，如果发生合同专用章遗失或被盗现象，应当立即报告公司负责人并采取妥善措施，如向公安机关报案、登报声明作废等，以最大限度消除可能带来的负面影响。

第二，当场签字盖章的合同签订方式，多用于合同比较重要的情况；正式订立的合同，除即时履行外，应当采用书面形式，包括合同书、补充条款、公文信件、数据电文等。

第三，采取恰当措施，防止已签署的合同被篡改，如在合同各页码之间加盖骑缝章、使用防伪印记、使用不可编辑的电子文档格式等。

第四，保管合同正本的部门一般为合同的归口管理部门，保管合同副本和其他相关审核资料的部门一般为企业的档案管理部门。

合同签订流程与风险控制如图17-3和表17-3所示。

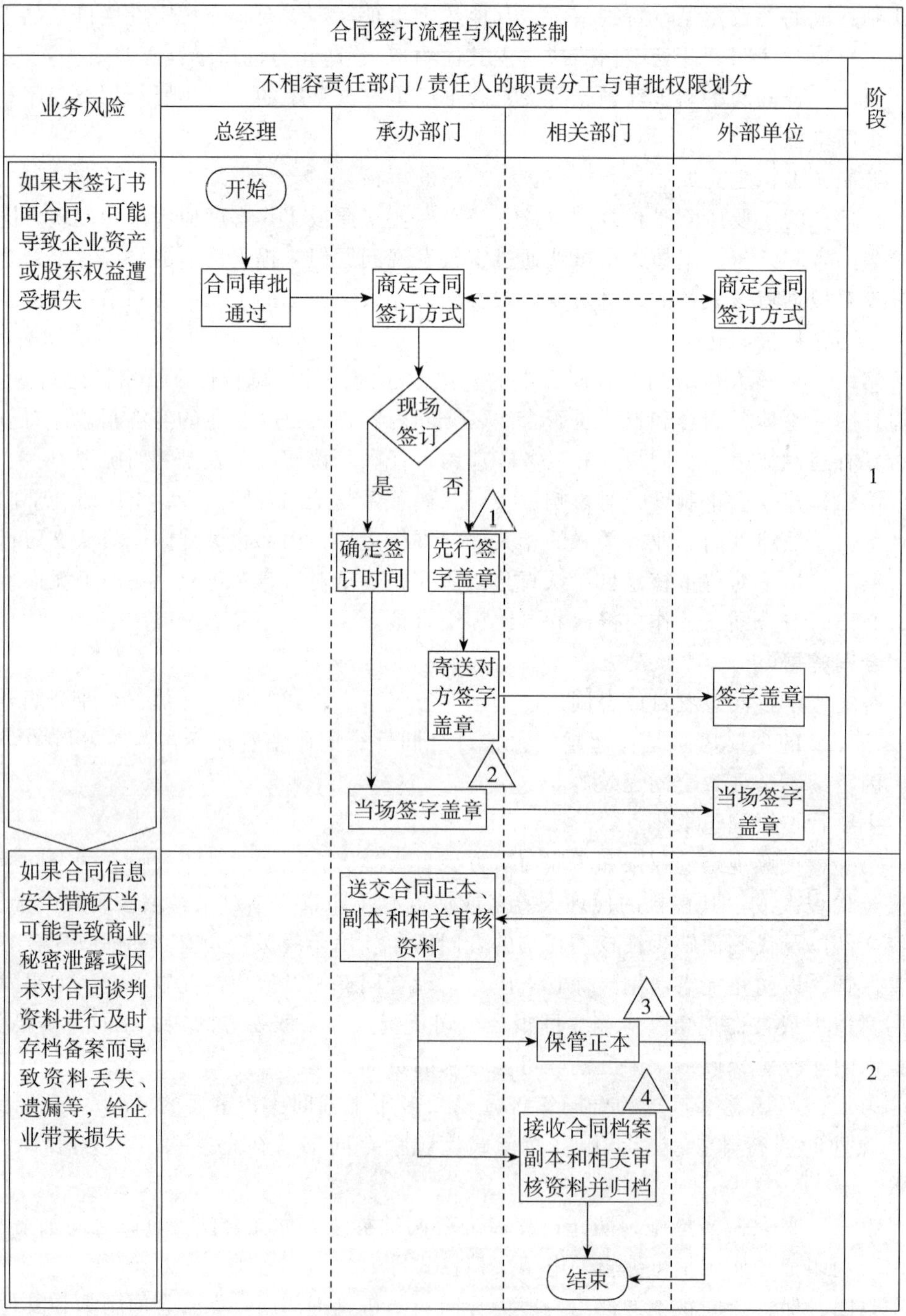

图 17-3　合同签订流程与风险控制图

表17-3 **合同签订流程控制表**

合同签订流程控制		
控制事项		详细描述及说明
阶段控制	1	(1) 对合同先行签字盖章，应当由具有审批权限或具备被授权资格的人履行签字盖章手续，不对未经编号或缺少合同审核、报签文件以及代签而缺少授权委托书的合同用印 (2) 进行当场签字盖章的合同签订方式，多用于合同比较重要的情况；正式订立的合同，除即时履行外，应当采用书面形式，包括合同书、补充条款、公文信件、数据电文等
	2	(3) 保管合同正本的部门一般为合同的归口管理部门 (4) 保管合同副本和其他相关审核资料的部门一般为企业的档案管理部门
相关规范	应建规范	❐合同章管理制度 ❐合同保密制度 ❐档案管理规定
	参照规范	❐《中华人民共和国合同法》 ❐《企业内部控制应用指引》
文件资料		❐××合同
责任部门及责任人		❐合同承办部门、归口管理部门、档案管理部门 ❐总经理、承办部门人员、归口管理部门人员、档案管理部门人员

● 第三节 合同履行内部控制设计及运行

合同履行阶段包括合同履行、合同结算、合同登记等环节。

一、合同履行

合同订立后，企业应当与合同对方当事人一起遵循诚实信用原则，根据合同的性质、目的和交易习惯履行通知、协助、保密等义务。

该环节的主要风险是：本企业或合同对方当事人没有恰当地履行合同中约定的义务；合同生效后，对合同条款未明确约定的事项没有及时协议补充，导致合同无法正常履行；在合同履行过程中，未能及时发现已经或可能导致企业利益受损情况，或未能采取有效措施；合同纠纷处理不当，导致企业遭受外部处罚、诉讼失败，损害企业利益、信誉和形象等。

主要管控措施包括：

第一，强化对合同履行情况及效果的检查、分析和验收，全面适当执行本企业义务，敦促对方积极执行合同，确保合同全面有效履行。

第二，对合同对方的合同履行情况实施有效监控，一旦发现有违约可能或违约行为，应当及时提示风险，并立即采取相应措施将合同损失降到最低。

第三，根据需要及时补充、变更甚至解除合同。一是对于合同没有约定或约定不明确的内容，通过双方协商一致对原有合同进行补充；无法达成补充协议的，按照国家相关法律法规、合同有关条款或者交易习惯确定。二是对于显失公平、条款有误或存在欺诈行为的合同，以及因政策调整、市场变化等客观因素已经或可能导致企业利益受损的合同，按规定程序及时报告，并经双方协商一致，按照规定权限和程序办理合同变更或解除事宜。三是对方当事人提出中止、转让、解除合同，造成企业经济损失的，应向对方当事人书面提出索赔。

第四，加强合同纠纷管理，在履行合同过程中发生纠纷的，应当依据国家相关法律法规，在规定时效内与对方当事人协商并按规定权限和程序及时报告。合同纠纷经协商一致的，双方应当签订书面协议；合同纠纷经协商无法解决的，根据合同约定选择仲裁或诉讼方式解决。企业内部授权处理合同纠纷，应当签署授权委托书。纠纷处理过程中，未经授权批准，相关经办人员不得向对方当事人作出实质性答复或承诺。

二、合同结算

合同结算是合同执行的重要环节，既是对合同签订的审查，也是对合同执行的监督，一般由财会部门负责办理。

该环节的主要风险是：违反合同条款，未按合同规定期限、金额或方式付款；疏于管理，未能及时催收到期合同款项；在没有合同依据的情况下盲目付款等。

主要管控措施包括：

第一，财会部门应当在审核合同条款后办理结算业务，按照合同规定付款，及时催收到期欠款。

第二，未按合同条款履约或应签订书面合同而未签订的，财会部门有权拒绝付款，并及时向企业有关负责人报告。

三、合同登记

合同登记管理制度体现合同的全过程封闭管理，合同的签署、履行、结算、补充或变更、解除等都需要进行合同登记。

该环节的主要风险是：合同档案不全，合同泄密，合同滥用等。

合同登记应采取的主要管控措施包括：

第一，合同承办部门对于需要登记的合同，应通过查阅相关法律法规，明确登记的具体要求，包括登记时间、登记需携带的资料等。

第二，合同承办部门根据合同登记要求准备登记材料，包括向相关部门收集相关材料，查阅相关文件的盖章用印是否规范等，并应将登记材料独立存档保管，以备登记时用。

第三，建立合同文本统一分类和连续编号制度，以防止或及早发现合同文本的遗失。

第四，规范合同管理人员职责，明确合同流转、借阅和归还的职责权限和审批程序等有关要求。

合同登记流程与风险控制如图17-4和表17-4所示。

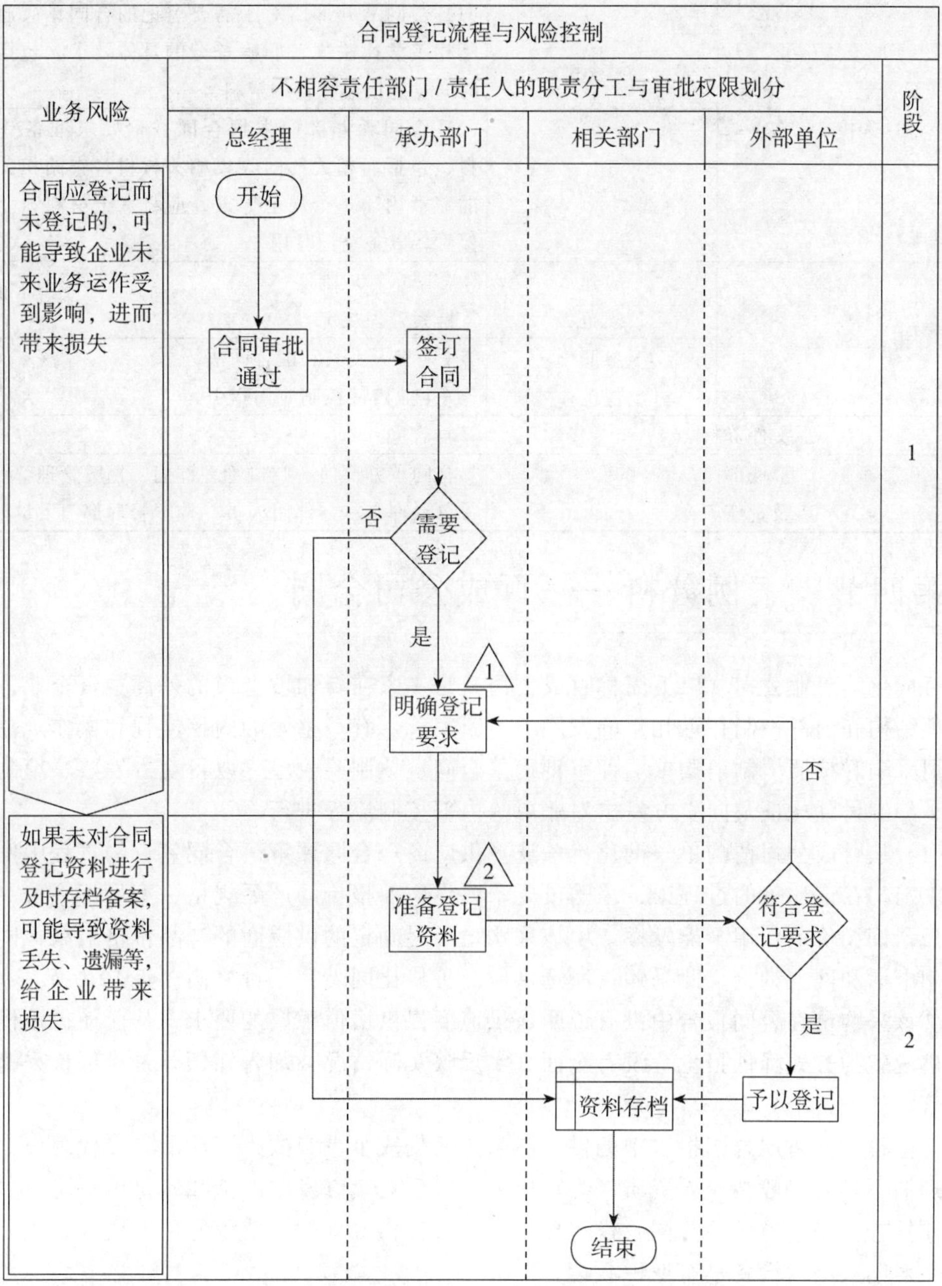

图 17-4　合同登记流程与风险控制图

表17-4 合同登记流程控制表

合同登记流程控制		
控制事项		详细描述及说明
阶段控制	1	（1）合同承办部门对于需要登记的合同，应通过查阅相关法律法规，明确登记的具体要求，包括登记时间、登记需携带的资料等
	2	（2）合同承办部门根据合同登记要求准备登记材料，包括向相关部门收集相关材料，查阅相关文件的盖章用印是否规范等，并应将登记材料独立存档保管，以备登记时用
相关规范	应建规范	❐合同章管理制度 ❐档案管理规定
	参照规范	❐《中华人民共和国合同法》 ❐《企业内部控制应用指引》
文件资料		❐××合同
责任部门及责任人		❐合同承办部门、归口管理部门、档案管理部门 ❐总经理、承办部门人员、档案管理部门人员

● 第四节　案例分析——百成公司合同

百成化学工业公司（以下简称百成公司）是一家在新加坡上市的外商独资企业，公司的治理结构和内部控制在近几年的发展中不断完善，有一整套的内控流程和操作规范。百成公司采购时按照填制请购单、评审订购单合同、填制验收单、取得卖方发票、填制付款凭单、编制付款凭证及向卖方发出对账单等内部控制流程进行。

（1）从百成公司请购单→询比价→选择供应商→合同评审→合同签订的过程中发现：

①当初在询比价的过程中，采购员要求各供应商报价的产品规格、型号不一致，从而使得公司询比价的作用不能发挥，由该采购员最终确定的供应商的产品价格最高；同时通过运用电话和网上询价，此采购员所选供应商价格比同类厂家价格高出近10万元。

②该采购员在合同报告中没有说明该供应商提供增值税票的要求，从而使得该供应商以偷逃税款的方式降低报价，没有全面真实反映实际情况，却告知领导是最低价采购，造成主管审核、批准失误。

③签订合同时原合同报告中的供应商名称又变成了没有法人资质的二级代理商。该二级代理商不具有一般纳税人资质，为百成公司以后对卖方发票的抵扣不足留下隐患。

④抽查该采购员所签合同，没有要求供应方提供17%的增值税专用发票（百成公司是外企，对购买国内设备享有退税政策）。

（2）生产部门的使用情况和反馈意见显示，此采购员所购的该供应商的8台设备经常出现跑、冒、滴、漏现象，其中5台已返还供应商检修，有2台在仓库，现在使用的只有1台。

（3）在编制付款凭证和取得卖方发票的过程中查看验收单、卖方发票、付款凭单、付款凭证及卖方对账单，结果发现：

①在采购入库的过程中此采购员违反公司物品验收管理制度的规定，没有通过仓库保管员验收，就在3个星期日分3次把原材料直接送到生产使用部门。

②由于百成公司供应商对账工作一直未开展，同时卖方的付款由采购处负责，使得该采购员一直未将上年客户开具的增值税专用发票送到公司财务部入账且未被发现，近1万元的进项税额超过税法规定的90天抵扣时效，又造成公司1万元的税款损失。

案例评述

从百成公司采购作业制度来看，请购单、订购单合同评审、验收单、卖方发票、付款凭单、付款凭证及卖方对账单等内部控制流程比较完善，但在合同协议的内部控制方面仍存在不足之处，所以导致在执行过程中，由于部分采购人员投机取巧，为谋求个人利益铤而走险，给百成公司造成了不该有的损失。

（1）百成公司签约前没有对供应商的签约主体资格进行调查。企业应当对拟签约对象的民事主体资格、注册资本、资金运营、技术和质量指标保证能力、市场信誉、产品质量等方面进行资格审查，以确定其是否具有对合同协议的履约能力和独立承担民事责任的能力，并查证对方签约人的合法身份和法律资格。本案例中供应商是没有法人资质的二级代理商，应当调查其是否按照法律规定登记并领取营业执照；对于未经核准登记，也未领取营业执照，却以非法人经济组织的名义签订合同协议的当事人，不能与之签约。

（2）百成公司在采购过程中合同询比价和合同签订均由采购员负责，容易形成舞弊。百成公司应当建立相应的制度，规范合同协议正式订立前的资格审查、内容谈判、文本拟定等流程，确保合同协议的签订符合国家及行业有关规定和企业自身利益，防范合同协议签订过程中的舞弊、欺诈等风险；应当根据合同协议内容对供应商、价格及变化趋势、质量、供货期和市场分布等方面进行综合分析论证，掌握市场情况，合理选择合同协议对方。重大合同协议或法律关系复杂的合同协议，应当指定法律、技术、财会、审计等专业人员参加谈判，必要时可以聘请外部专家参与。对于谈判过程中的重要事项应当予以记录。

（3）百成公司应当指定专人负责拟定合同协议文本。合同协议文本原则上由承办部门起草，重大合同协议或特殊合同协议应当由企业的法律部门参与起草，必要时可以聘请外部专家参与起草。由对方起草合同协议的，应当进行认真审查，确保合同协议内容准确反映企业诉求。国家或行业有示范合同协议文本的，企业可以优先选用，但在选用时，对涉及权利义务关系的条款应当进行认真审查，并根据企业的实际需要进行修改。

资料来源　《企业内部控制规范》解读（下）.

第十八章

内部信息传递

一、内部信息传递控制意义

信息资源是一个企业赖以生存的重要因素之一，企业在制定决策和日常运作中需要各种形式的信息。内部信息传递是企业内部各管理层级之间通过内部报告形式传递生产经营管理信息的过程。企业的内部控制活动离不开信息的沟通和传递。信息在企业内部进行有目的的传递，对贯彻落实企业发展战略、执行企业全面预算、识别企业生产经营活动中的内外部风险具有重要作用。《企业内部控制基本规范》十分重视信息与沟通这一控制要素。为了促进企业生产经营管理信息在内部各管理层级之间的有效沟通和充分利用，财政部等五部委专门制定了《企业内部控制应用指引第17号——内部信息传递》（简称《内部信息传递》），突出强调了内部报告的形成、使用和评估，提出了内部信息传递应当关注的主要风险以及相应的管控措施。

企业应当加强内部报告管理，全面梳理内部信息传递过程中的薄弱环节，建立科学的内部信息传递机制，明确内部信息传递的内容、保密要求及密级分类、传递方式、传递范围以及各管理层级的职责权限等，确保内部报告的有效利用，充分发挥内部报告的作用。

二、内部信息传递的总体要求

为服务于企业生产经营管理决策，做好各项内部报告工作，企业管理人员需要从各种渠道获取相应的信息。企业内部信息有来自业务第一线人员根据市场或业务工作整理的信息，也有来自管理人员根据相关内部信息对所负责部门形成的指示或情况通报。尽管有关信息的来源、内容、提供者、传递方式和渠道等各不相同，但收集和传递相关信息一般应遵循以下原则：

（一）真实准确性

虚假或不准确的信息将严重误导信息使用者，甚至导致决策失误，造成巨大的经济损失。内部报告的信息应当与所要表达的现象和状况保持一致，若其不能真实反映所计量的经济事项，就不具有可靠性。

（二）及时有效性

如果信息未能及时提供，或者及时提供的信息不具有相关性，或者提供的相关信息未被有效利用，都可能导致企业决策延误，经营风险增加，甚至可能使企业较高层次的管理陷入困境，不利于对实际情况进行及时有效的控制和矫正，同时也将大大降低内部报告的决策相关性。只有那些切合具体任务和实际工作，并且能够符合信息使用单位需求的信息才是具有使用价值的。

（三）遵守保密原则

企业内部的运营情况、技术水平、财务状况以及有关重大事项等通常涉及商业秘密，内幕信息知情者（包括董事会成员、监事、高级管理人员及其他涉及信息披露有关部门的涉密人员）都负有保密义务。这些内部信息一旦泄露，极有可能导致企业的商业秘密被竞争对手获知，使企业处于被动境地，甚至造成重大损失。

三、内部信息传递风险

企业内部信息传递至少应当关注下列风险：

（1）内部报告系统缺失、功能不健全、内容不完整，可能影响生产经营有序运行。

（2）内部信息传递不通畅、不及时，可能导致决策失误、相关政策措施难以落实。

（3）内部信息传递中泄露商业秘密，可能削弱企业核心竞争力。

四、内部信息传递流程

企业应当加强内部报告管理，全面梳理内部信息传递过程中的薄弱环节，建立科学的内部信息传递机制，明确内部信息传递具体要求，关注内部报告的有效性、及时性和安全性，促进内部报告的有效利用，充分发挥内部报告的作用。

图18-1列示的内部信息传递流程具有普适性。企业在实际操作中，应当充分结合自身业务特点和管理要求，构建和优化内部信息传递流程。

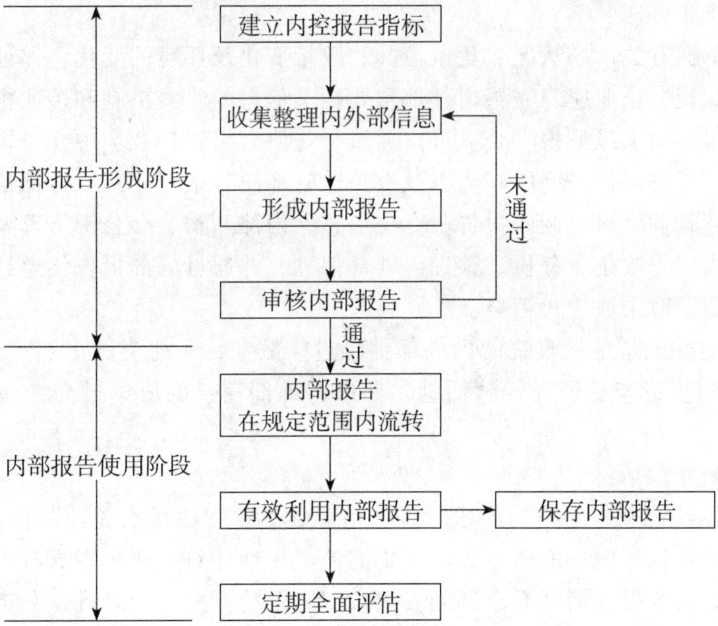

图18-1　企业内部报告控制程序图

五、内部信息传递流程的主要风险点及管控措施

1.建立内部报告指标体系

内部报告指标体系是否科学直接关系到内部报告反映的信息是否完整和有用，这就要求企业应当根据自身的发展战略、风险控制和业绩考核特点，系统、科学地规范不同级次内部报告的指标体系，合理设置关键信息指标和辅助信息指标，并与全面预算管理等相结合，同时应随着环境和业务的变化不断进行修订和完善。在设计内部报告指标体系时，企

业应当根据内部各“信息用户”的需求选择信息指标，以满足其经营决策、业绩考核、企业价值与风险评估的需要。

该环节的主要风险是：指标体系的设计未能结合企业的发展战略；指标体系级次混乱，与全面预算管理要求脱节，并且设定后未能根据环境和业务变化有所调整。

主要管控措施包括：

第一，企业应认真研究企业的发展战略、风险控制要求和业绩考核标准，根据各管理层级对信息的需求和详略程度，建立一套级次分明的内部报告指标体系。企业明确的战略目标和具体的战略规划为内部报告控制目标的确定提供了依据。

第二，企业内部报告指标确定后，应进行细化，层层分解，使企业中各责任中心及其各相关职能部门都有自己明确的目标，以利于控制风险并进行业绩考核。由此可见，企业的战略目标、战略规划、内部报告的控制目标、各责任中心以及各职能部门的控制目标，是一个通过内部信息传递相互联系、不断细化的体系。

第三，内部报告需要依据全面预算的标准进行信息反馈，将预算控制的过程和结果向企业内部管理层报告，以有效控制预算执行情况、明确相关责任、科学考核业绩，并根据新的环境和业务，调整决策部署，更好地规划和控制企业的资产和收益，实现资源的最有效配置和管理的协同效应。

2.收集内外部信息

为了随时掌握有关市场状况、竞争情况、政策变化及环境的变化，保证企业发展战略和经营目标的实现，企业应当完善内外部重要相关信息的收集机制和传递机制，使重要信息能够及时获得并向上级呈报。企业可以通过行业协会组织、社会中介机构、业务往来单位、市场调查、来信来访、网络媒体以及有关监管部门等渠道，获取外部信息；通过财务会计资料、经营管理资料、调研报告、专项信息、内部刊物、办公网络等渠道，获取内部信息。企业应当广泛收集、分析、整理内外部信息，并通过内部报告传递到企业内部相关管理层级，以便及时采取应对策略。

该环节的主要风险是：收集的内外部信息过于散乱，不能突出重点；内容准确性差，据此信息进行的决策容易误导经营活动；获取内外部信息的成本过高，违反了成本效益原则。

主要管控措施包括：

第一，根据特定服务对象的需求，选择信息收集过程中重点关注的信息类型和内容。为特定对象、特定目标服务的信息，具有更高的适用性，对于使用者具有更现实、更重要的意义。因此，需要根据信息需求者的要求按照一定的标准对信息进行分类汇总。

第二，对信息进行审核和鉴别，对已经筛选的资料作进一步的检查，确定其真实性和合理性。企业应当检查信息在事实与时间上有无差错，是否合乎逻辑，其来源单位、资料份数、指标等是否完整。

第三，企业应当在收集信息的过程中考虑获取信息的便利性及获取成本高低，如果需要较大代价获取信息，则应当权衡其成本与信息的使用价值，确保所获取信息符合成本效益原则。

3.编制及审核内部报告

企业各职能部门应将收集的有关资料进行筛选、抽取，然后，根据各管理层级对内部报告的信息需求和先前制定的内部报告指标，建立各种分析模型，提取有效数据并进行反馈汇总，在此基础上，对分析模型进一步改造，进行资料分析，起草内部报告，形成总结性结论，并提出相应的建议，从而对发展趋势、策略规划、前景预测等提供重要的分析指导，为企业的效益分析、业务拓展提供有力的保障。企业内部报告因报告类型不同、反映的信息特点不同，内部报告的格式不尽一致。一般情况下，企业内部报告应当包括报告名、文件号、执行范围、内容、起草或制定部门、报送和抄送部门及时效要求等。

该环节的主要风险是：内部报告未能根据各内部使用单位的需求进行编制，内容不完整，编制不及时，未经审核即向有关部门传递。

主要管控措施包括：

第一，企业内部报告的编制单位应紧紧围绕内部报告使用者的信息需求，以内部报告指标体系为基础，编制内容全面、简洁明了、通俗易懂的内部报告，便于企业各管理层级和全体员工掌握相关信息，正确履行职责。

第二，企业应合理设计内部报告编制程序，提高编制效率，保证内部报告能在第一时间提供给相关管理部门。对于重大突发事件应以速度优先，尽可能快地编制出内部报告，并向董事会报告。

第三，企业应当建立内部报告审核制度，设定审核权限，确保内部报告信息质量。企业必须对岗位与职责分工进行控制，内部报告的起草与审核岗位分离，内部报告在传递前必须经签发部门负责人审核。对于重要信息，企业应当委派专门人员对其传递过程进行复核，确保信息正确地传递给使用者。

4.构建内部报告流转体系及渠道

企业应当制定严密的内部报告传递流程，充分利用信息技术，强化内部报告信息集成和共享，将内部报告纳入企业统一信息平台，构建科学的内部报告网络体系。企业内部各管理层级均应当指定专人负责内部报告工作。正常而言，内部报告应当按照职责分工和权限指引中规定的报告关系传递信息。但为保证信息传递的及时性，重要信息应当及时传递给董事会、监事会和经理层。企业应当拓宽内部报告渠道，通过落实奖励措施等多种有效方式，广泛收集合理化建议。

该环节的主要风险是：缺乏内部报告传递流程，内部报告未按传递流程进行传递流转，内部报告流转不及时。

主要管控措施包括：

第一，企业应当制定内部报告传递制度。企业可根据信息的重要性、内容等特征，确定不同的流转环节。

第二，企业应严格按设定的传递流程进行流转。企业各管理层对内部报告的流转应作好记录，对于未按照流转制度进行操作的事件，应当调查原因，并作相应处理。

第三，企业应及时更新信息系统，确保内部报告有效安全地传递。企业应在实际工作中尝试精简信息系统的处理程序，使信息在企业内部更快地传递。对于重要紧急的信息，可以越级向董事会、监事会或经理层直接报告，便于相关负责人迅速作出决策。

5.内部报告有效使用及保密要求

企业各级管理人员应当充分利用内部报告进行有效决策，管理和指导企业的日常生产经营活动，及时反映全面预算执行情况，协调企业内部相关部门和各单位的运营进度，严格绩效考核和责任追究，确保企业实现发展战略和经营目标。企业应当有效利用内部报告进行风险评估，准确识别和系统分析企业生产经营活动中的内外部风险，确定风险应对策略，实现对风险的有效控制。企业对于内部报告反映出的问题应当及时解决。企业应当制定严格的内部报告保密制度，明确保密内容、保密措施、密级程度和传递范围，防止泄露商业秘密。

该环节的主要风险是：企业管理层在决策时并没有使用内部报告提供的信息，内部报告未能用于风险识别和控制，商业秘密通过企业内部报告被泄露。

主要管控措施包括：

第一，企业在进行预算控制、生产经营管理决策和业绩考核时充分使用内部报告提供的信息。企业应当将预算控制和内部报告接轨，通过内部报告及时反映全面预算的执行情况；企业要尽可能利用内部报告的信息对生产、购售、投资、筹资等业务进行因素分析、对比分析和趋势分析等，发现存在的问题，及时查明原因并加以改进；将绩效考评和责任追究制度与内部报告联系起来，依据及时、准确、按规范流程提供的信息进行透明、客观的定期业绩考核，并对相关责任人进行追究惩罚。

第二，企业管理层应通过内部报告提供的信息对企业生产经营管理中存在的风险进行评估，准确识别和系统分析企业生产经营活动中的内外部风险，涉及突出问题和重大风险的，应当启动应急预案。

第三，企业应从内部信息传递的时间、空间、节点、流程等方面建立控制，通过职责分离、授权接触、监督和检查等手段防止商业秘密泄露。

6.内部报告的保管

在企业的经营管理活动中，会产生大量的数据信息，管理好这些资料，对于分析和解决企业管理中的问题至关重要。但是，有些企业对这些管理中产生的大量数据记录采取粗放经营的态度，甚至使一些重要数据丢失，造成不可挽回的损失。

例如，在原材料采购和商品销售过程中，市场价格的调查资料、对供应商和销售商作出选择的依据、对方企业的资金信用状况等数据资料，不仅是企业以后购销工作的重要参考依据，同时也是实行财务监督的重要依据，但是许多企业对以上资料不作长期保留，致使发生了原材料质量问题或者是应收账款变成坏账等问题以后，都找不到企业内部的责任者，分析不出失误的原因，更找不到解决问题的方法。

该环节的主要风险是：企业缺少内部报告的保管制度，内部报告的保管存放杂乱无序，对重要资料的保管期限过短，保密措施不严。

主要管控措施包括：

第一，企业应当建立内部报告保管制度，各部门应当指定专人按类别保管相应的内部报告。

第二，为了便于内部报告的查阅、对比分析，改善内部报告的格式，提高内部报告的有用性，企业应按类别保管内部报告，对影响较大的、金额较高的一般要严格保管，如企业重大重组方案、企业债券发行方案等。

第三，企业对不同类别的报告应按其影响程度规定其保管年限，只有超过保管年限的内部报告方可予以销毁。对影响重大的内部报告，应当永久保管，如公司章程及相应的修改、公司股东登记表等。有条件的企业应当建立电子内部报告保管库，分性质，按照类别、时间、保管年限、影响程序及保密要求等分门别类地储存电子内部报告。

第四，企业应当制定严格的内部报告保密制度，明确保密内容、保密措施、密级程度和传递范围，防止泄露商业秘密。有关公司商业秘密的重要文件要由企业较高级别的管理人员负责，具体至少由两人共同管理，放置在专用保险箱内。查阅保密文件，必须经该高层管理人员同意，由两人分别开启相应的锁具方可打开。

7.内部报告评估

由于内部报告传递对企业具有重要影响，《内部信息传递》强调企业应当建立内部报告评价制度。企业应当对内部报告是否全面、完整，内部信息传递是否及时、有效，对内部报告的利用是否符合预期数做到心中有数，这就要求企业建立内部报告评估制度。通过对一段时间内部报告的编制和利用情况进行全面的回顾和评价，掌握内部信息的真实状况。企业对内部报告的评估应当定期进行，具体由企业根据自身管理要求作出规定，至少每年度对内部报告进行一次评估。企业应当重点关注内部报告的及时性，内部信息传递的有效性和安全性。经过评估发现内部报告存在缺陷的，企业应当及时进行修订和完善，确保内部报告提供的信息及时、有效。

该环节主要风险是：企业缺乏完善的内部报告评价体系，对各信息传递环节和传递方式控制不严，针对传递不及时、信息不准确的内部报告缺乏相应的惩戒机制。

主要管控措施包括：

第一，企业应建立并完善企业对内部报告的评估制度，严格按照评估制度对内部报告进行合理评估，考核内部报告在企业生产经营活动中所起的真实作用。

第二，为保证信息传递的及时准确，企业必须执行奖惩机制。对经常不能及时或准确传递信息的相关人员应当进行批评和教育，并与绩效考核体系挂钩。

六、反舞弊

舞弊是指以故意的行为获得不公平的或者非法的收益，主要表现在虚假财务报告、资产的不适当处置、不恰当的收入和支出、故意的不当关联方交易、税务欺诈、贪污以及收受贿赂和回扣等方面。有效的反舞弊机制，是企业防范、发现和处理舞弊行为，优化内部环境的重要制度安排。有效的信息沟通是反舞弊程序和控制成功的关键。如果信息交流机制不畅通，就会产生信息不对称问题，舞弊行为产生的机会就会增大。企业应当建立反舞弊机制，坚持惩防并举、重在预防的原则，明确反舞弊工作的重点领域、关键环节和有关机构在反舞弊工作中的职责权限，规范舞弊案件的举报、调查、处理、报告和补救程序。

该环节的主要风险是：忽视了对员工的道德准则体系的培训，内部审计监察不严，内部人员未经授权或者采取其他不法方式侵占、挪用企业资产，在财务会计报告和信息披露等方面存在的虚假记录、误导性陈述或者重大遗漏等，董事、监事、经理及其他高管人员滥用职权，相关机构或人员串通舞弊，企业对举报人的保护力度小，信访事务处理不及时，缺乏相应的舞弊风险评估机制。

主要管控措施包括：

第一，企业应当重视和加强反舞弊机制建设，对员工进行道德准则培训，通过设立员工信箱、投诉热线等方式，鼓励员工及企业利益相关方举报和投诉企业内部的违法违规、舞弊和其他有损企业形象的行为。

第二，企业应通过审计委员会对信访、内部审计、监察、接受举报过程中收集的信息进行复查，监督管理层对财务报告施加不当影响的行为、管理层进行的重大不寻常交易以及企业各管理层级的批准、授权、认证等，防止企业资产侵占、资金挪用、虚假财务报告、滥用职权等现象的发生。

第三，企业应当建立反舞弊情况通报制度。企业应定期召开反舞弊情况通报会，由审计部门通报反舞弊工作情况，分析反舞弊形势，评价现有的反舞弊控制措施和程序。

第四，企业应当建立举报人保护制度，设立举报责任主体、举报程序，明确举报投诉处理程序，并做好投诉记录的保存。切实落实举报人保护制度是举报投诉制度有效运行的关键。结合企业的实际情况，企业应明确举报人应向谁举报，以何种方式进行举报，举报内容的界定等；确定举报责任主体接到投诉报告后进行调查的程序、办理时限、办结要求及将调查结论提交董事会处理的程序等。

资料来源　财政部会计司.企业内部控制基本规范讲解［M］. 北京：经济科学出版社，2010.

第十九章

信息系统

随着计算机信息技术的发展，信息系统经历了电子数据处理系统阶段、管理信息系统阶段、决策支持系统阶段以及20世纪80年代提出的信息资源管理阶段。伴随着信息系统理论的发展和现实的运用，现代企业的运营管理越来越依赖于信息系统。基于信息系统的内部控制即信息系统内部控制是否能有效地减少人为操纵的风险，提高企业现代化管理水平成为企业关注的焦点。财政部会同有关部委单独立项制定了《企业内部控制应用指引第18号——信息系统》，为我国企业信息系统开发、运行、维护以及运用信息系统优化管理防范风险提供了科学的指导和制度保障。

第一节　信息系统概述

一、信息系统的概念

一般企业信息系统是一个以人为主导，利用计算机硬件、软件、网络通信设备以及其他办公设备进行信息的收集、传输、加工、储存、更新和维护，以增强企业战略竞争能力、提高效益和效率为目的，支持企业决策、中层控制、基层运作的集成化的人机系统。企业内部控制应用指引中的“信息系统”的定义是：信息系统是指企业利用计算机和通信技术，对内部控制进行集成、转化和提升所形成的信息化管理平台。

二、信息系统内部控制的一般要求

基于信息系统基本理论，信息系统内部控制的主要对象是信息系统，信息系统内部控制包括一般控制和应用控制。其中，一般控制是指对企业信息系统开发进行战略规划、开发建设、运行维护的控制；应用控制是指企业对具体业务处理实施的输入控制、处理控制和输出控制。企业应当重视信息系统在内部控制中的作用，根据内部控制要求，结合组织架构、业务范围、地域分布、技术能力等因素，制定信息系统建设整体规划，加大投入力度，有序组织信息系统开发、运行与维护，优化管理流程，防范经营风险，全面提升企业现代化管理水平。企业应当指定专门机构对信息系统建设实施归口管理，明确相关单位的职责权限，建立有效的工作机制。企业可委托专业机构从事信息系统的开发、运行和维护工作。企业负责人对信息系统建设工作负责。

三、信息系统风险点

企业利用信息系统实施内部控制至少应当关注下列风险：

(1) 信息系统缺乏规划或规划不合理，可能造成信息孤岛或重复建设，导致企业经营管理效率低下。

（2）系统开发不符合内部控制要求，授权管理不当，可能导致无法利用信息技术实施有效控制。

（3）系统运行维护和安全措施不到位，可能导致信息泄漏或毁损，系统无法正常运行。

在关注整个信息系统风险的同时，应特别关注会计信息系统风险。在现代IT环境下，会计信息系统面临着前所未有的风险，主要包括：①疏忽差错（unintended errors）。系统操作员在经济业务资料的输入与处理过程中，由于缺乏必要的上岗作业培训或身体状况欠佳等原因造成的非故意差错。②蓄意差错（deliberated errors）。一般指的是舞弊。③疏忽性资产毁损（unintended asset damages）。企业数据资料记录可能承受非故意的毁损，比如存储于硬盘中的应收账款记录未作备份，可能因偶然的断电故障等偶发事件而消失。④安全措施破坏（breaches of securities）。未经授权许可的人员可能非法接近企业的交易资料与其他记录。

● 第二节　信息系统开发内部控制设计及运行

一、信息系统开发简述

基于信息系统开发的基本原则，结合企业自身情况，企业信息系统开发总体上应先明确信息系统建设的目标，进而进行战略规划后选择适当的方式开发，包括企业自行开发、外购调试、业务外包。在本章里主要介绍企业自行开发信息系统的内部控制设计与运行。根据生命周期法（也称结构化系统开发方法，是目前国内外较流行的信息系统开发方法，在系统开发中得到了广泛的应用和推广，尤其在开发复杂的大系统时，显示了较强的优越性），整个信息系统开发过程划分为相对独立的三大阶段六个步骤，具体包括系统分析、程序设计、系统测试、系统运行、系统维护以及系统评估，如图19-1所示。

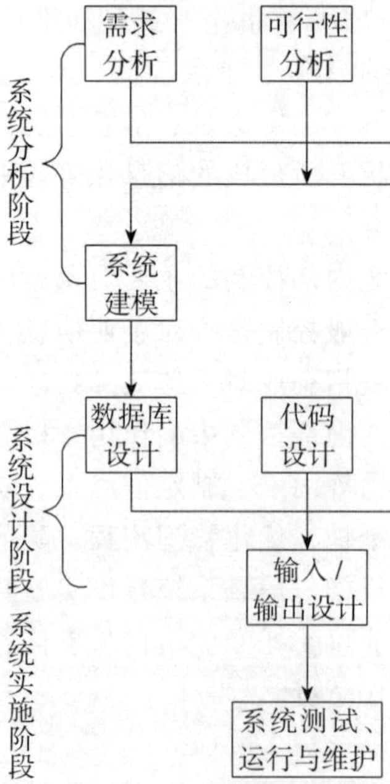

图19-1　信息系统开发流程图

二、信息系统开发的主要风险

信息系统开发战略规划主要存在的风险如下：一是战略规划不合理，主要指子系统的重复建设或子系统孤立于企业整体信息系统等；二是具体应用的子信息系统的开发脱离了企业的实际业务需求。

企业自行开发信息系统主要存在的具体风险包括：一是项目计划环节，主要是计划不当风险；二是项目需求环节存在需求不符合业务处理和控制的需要、技术上缺乏可行性、项目需求的设计未能满足企业业务全面的需求等风险；三是系统设计环节存在设计方案不能满足用户需要、设计方案成本效益未能匹配、设计方案不全面以至于后续变更频繁等风险；四是编程和测试环节存在编程结果与设计不符、程序员风格各异、缺乏有效的程序版本控制和测试不充分等风险。

三、信息系统开发内部控制及其流程

按照《企业内部控制应用指引第18号——信息系统》的要求，企业应当根据信息系统建设整体规划提出项目建设方案，明确建设目标、人员配备、职责分工、经费保障和进度安排等相关内容，按照规定的权限和程序审批后实施。企业信息系统归口管理部门应当组织内部各单位提出开发需求和关键控制点，规范开发流程，明确系统设计、编程、安装调试、验收、上线等全过程的管理要求，严格按照建设方案、开发流程和相关要求组织开发工作。

企业开发信息系统，可以采取自行开发、外购调试、业务外包等方式。企业选定外购调试或业务外包方式的，应当采用公开招标等形式择优确定供应商或开发单位。企业开发信息系统，应当将生产经营管理业务流程、关键控制点和处理规则嵌入系统程序，实现手工环境下难以实现的控制功能。企业在系统开发过程中，应当按照不同业务的控制要求，通过信息系统中的权限管理功能控制用户的操作权限，避免将不相容职责的处理权限授予同一用户。企业应当针对不同数据的输入方式，考虑对进入系统数据的检查和校验功能；对于必需的后台操作，应当加强管理，建立规范的流程制度，对操作情况进行监控或者审计。企业应当在信息系统中设置日志功能，确保操作的可审计性。对异常的或者违背内部控制要求的交易和数据，应当设计由系统自动报告并设置跟踪处理机制。

企业信息系统归口管理部门应当加强信息系统开发全过程的跟踪管理，组织开发单位与内部各单位进行日常沟通和协调，督促开发单位按照建设方案、计划进度和质量要求完成编程工作，对配备的硬件设备和系统软件进行检查验收，组织系统上线运行等。企业应当组织独立于开发单位的专业机构对开发完成的信息系统进行验收测试，确保在功能、性能、控制要求和安全性等方面符合开发需求。

企业应当切实做好信息系统上线的各项准备工作，培训业务操作和系统管理人员，制订科学的上线计划和新旧系统转换方案，考虑应急预案，确保新旧系统顺利切换和平稳衔接。系统上线涉及数据迁移的，还应制订详细的数据迁移计划。

信息系统开发控制流程内容如图19-2、图19-3和表19-1所示。

1.信息系统战略规划流程与风险控制图（如图19-2所示）。

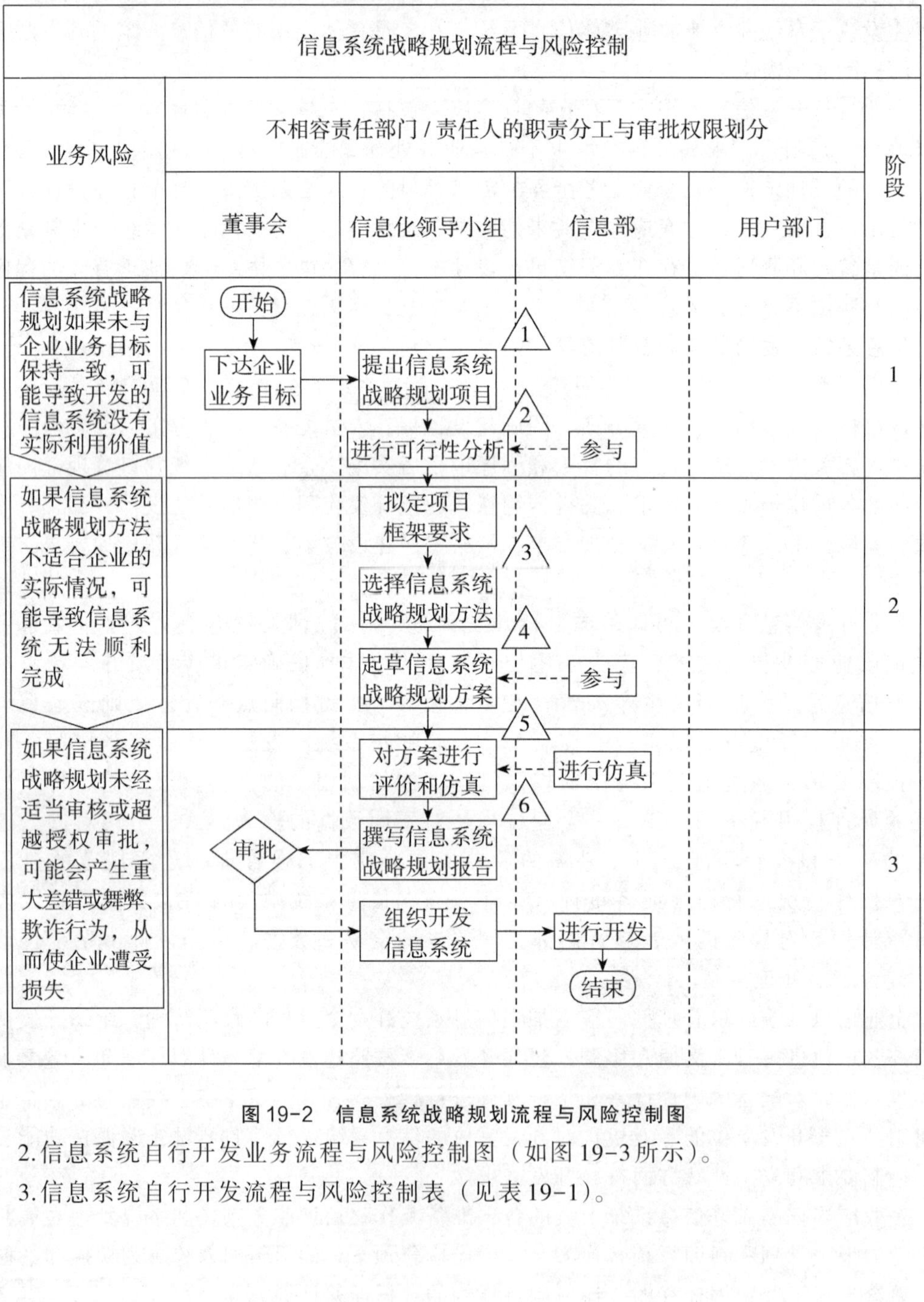

图19-2 信息系统战略规划流程与风险控制图

2.信息系统自行开发业务流程与风险控制图（如图19-3所示）。

3.信息系统自行开发流程与风险控制表（见表19-1）。

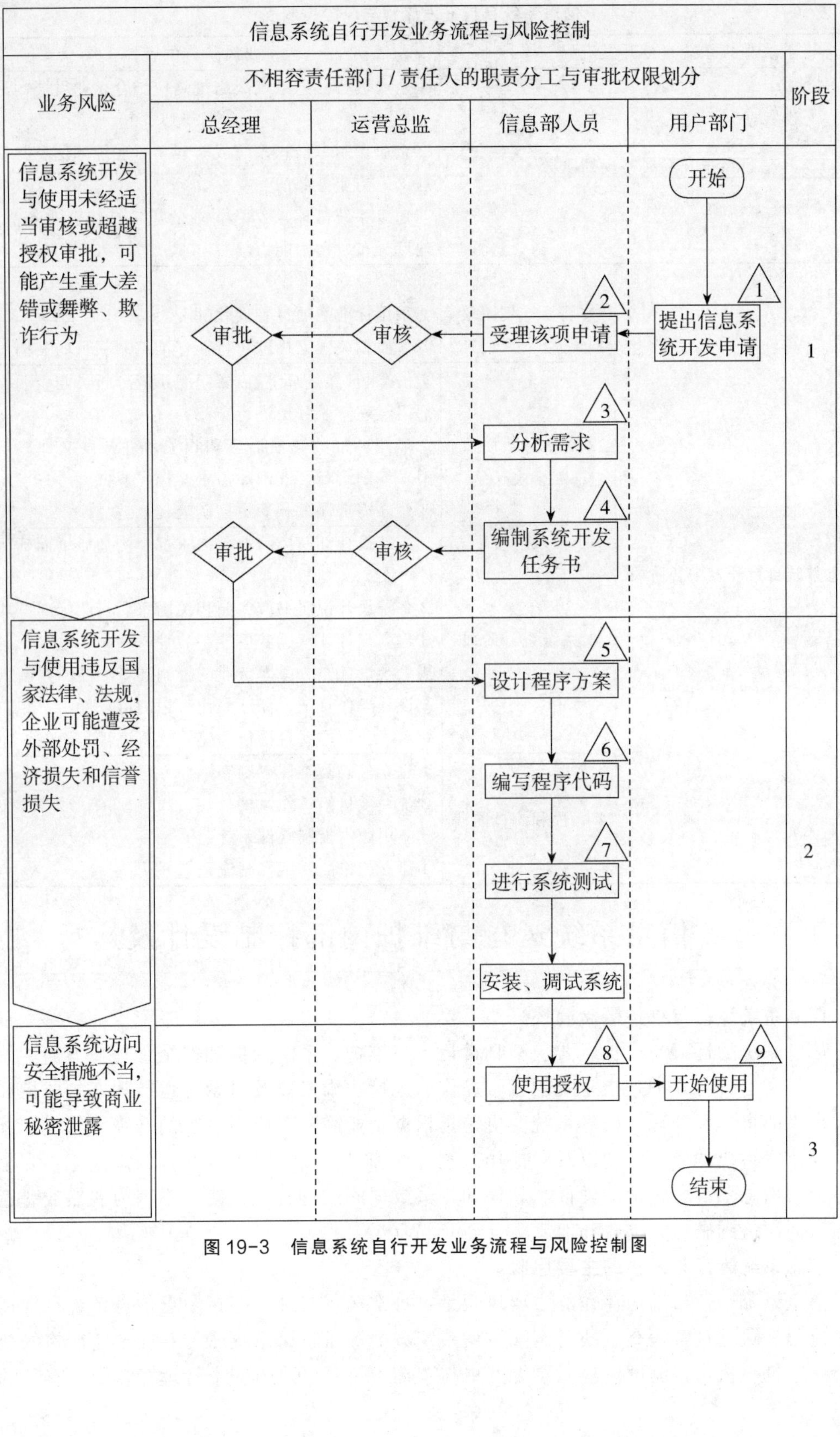

图 19-3 信息系统自行开发业务流程与风险控制图

表19-1　　信息系统自行开发流程与风险控制表

信息系统自行开发流程		主要风险点的管控
信息系统开发战略规划阶段		①企业进行信息系统战略规划应结合企业发展的战略规划 ②企业在制定信息系统战略规划时要统筹信息归口管理部门与业务部门 ③信息系统战略应结合企业的组织结构、业务范围、地域分布、技术能力等
信息系统自行开发中各阶段	1.项目计划阶段	①分阶段项目方案 ②采用标准的项目管理软件 ③参照相关国家标准、行业标准编制项目的文档
	2.需求分析阶段	①信息归口管理部门需要组织系统分析员与企业相关部门经理、业务员进行交流 ②运用标准的建模语言和相关软件开发文件编制指南，编制清晰、准确的需求文档 ③建立需求评审和变更控制流程
	3.系统设计阶段	①系统设计部门应与业务需求部门沟通后书面确认设计方案 ②系统设计说明书应参照相关国家、行业标准 ③建立设计评审、变更控制流程 ④系统设计充分考虑企业的控制环境、新的控制风险 ⑤设计操作日记，保证操作日记的可审性 ⑥对于预留的后台操作要建立规范流程，确保可控性
	4.编程和测试阶段	①建立代码复查评审制度 ②统一项目组工作风格 ③应用版本控制软件系统 ④建立严格的测试控制流程

第三节　信息系统运行与维护内部控制设计及运行

一、信息系统运行与维护概念简述

信息系统的运行与维护主要包括日常运行与维护、系统变更和安全管理三方面。信息系统的日常运行与维护是指系统的日常操作、巡检、维修以及对系统运行状态的监控和对异常事件的报告和处理；信息系统变更是指根据企业需要对应用系统的升级、修改、补丁安装等改变系统功能的活动以及对操作系统升级和对数据库防火墙配置的修改等；安全管理是指对信息系统所包括的硬件、软件和相关数据库进行管理，使之不因为偶然或恶意的人为原因而遭到破坏、更改和泄露。

二、信息系统运行与维护的主要风险

信息系统运行与维护存在的主要风险是：日常运行与维护存在缺乏信息系统日常运行规范流程、缺乏日常检查、缺乏定期备份系统数据等风险；系统变更存在缺乏严格的变更申请—审批—执行—测试流程、系统变更与预期不符等风险；安全管理存在缺乏有效的电

子设备等硬件设备管理制度、员工信息安全意识薄弱、缺乏对系统漏洞防护、缺乏对病毒蠕虫和特洛伊木马等的防范和清理等风险。

三、信息系统运行与维护控制的一般要求

按照《企业内部控制应用指引第18号——信息系统》的要求，企业应当加强信息系统运行与维护的管理，制定信息系统工作程序、信息管理制度以及各模块子系统的具体操作规范，及时跟踪、发现和解决系统运行中存在的问题，确保信息系统按照规定的程序、制度和操作规范持续稳定运行。企业应当建立信息系统变更管理流程，信息系统变更应当严格遵照管理流程进行操作。信息系统操作人员不得擅自进行系统软件的删除、修改等操作；不得擅自升级、改变系统软件版本；不得擅自改变软件系统环境配置。

企业应当根据业务性质、重要性程度、涉密情况等确定信息系统的安全等级，建立不同等级信息的授权使用制度，采用相应技术手段保证信息系统运行安全有序。企业应当建立信息系统安全保密和泄密责任追究制度。委托专业机构进行系统运行与维护管理的，应当审查该机构的资质，并与其签订服务合同和保密协议。企业应当采取安装安全软件等措施防范信息系统受到病毒等恶意软件的感染和破坏。

企业应当建立用户管理制度，加强对重要业务系统的访问权限管理，定期审阅系统账号，避免授权不当或存在非授权账号，禁止不相容职务用户账号的交叉操作。企业应当综合利用防火墙、路由器等网络设备，漏洞扫描、入侵检测等软件技术以及远程访问安全策略等手段，加强网络安全，防范来自网络的攻击和非法侵入。对于通过网络传输的涉密或关键数据，企业应当采取加密措施，确保信息传递的保密性、准确性和完整性。

企业应当建立系统数据定期备份制度，明确备份范围、频度、方法、责任人、存放地点、有效性检查等内容。企业应当加强服务器等关键信息设备的管理，建立良好的物理环境，指定专人负责检查，及时处理异常情况。未经授权，任何人不得接触关键信息设备。

信息系统运行与维护风险控制表见表19-2。

表19-2　**信息系统运行与维护风险控制表**

信息系统运行与维护项目	主要风险点的管控
日常运行与维护	① 制定信息管理制度、规范信息系统操作程序、规范各子系统具体操作 ② 详细记录系统运行轨迹，特别是系统异常运行的时间及相关原因 ③ 配备专业人士以应对信息系统运行中的突发事件 ④ 对硬件设备实行妥善的保养制度
系统变更	① 建立标准的系统变更流程，加强授权与审批制度 ② 系统变更应与新项目开发一样进行测试程序 ③ 建设紧急变更流程并加强其管控制度 ④ 加强变更文档的管理与用户的培训
安全管理	① 建立与信息系统相关的资产管理制度 ② 建立专门的信息安全管理机构 ③ 根据国家、行业标准，制定信息系统安全实施细则 ④ 与员工签订保密合同 ⑤ 建立定期备份制度 ⑥ 建立信息系统安全风险评估制度

● 第四节 案例分析——铁道财务会计管理信息系统

铁道财务会计管理信息系统（railway financial accounting management information system，RFAMIS）是运用系统的方法以计算机和现代通信技术为基本信息处理手段和工具的，能为全国铁道财务会计核算、管理、决策提供信息服务的人机系统，或者说，它是一个由人、机（计算机）组成的能进行财务会计管理信息的收集、传递、存储、加工、维护和使用的系统。它能实测财会管理的运行情况，利用过去的数据预测未来，利用信息控制有关经营管理过程，为财务管理和经营决策服务的系统。

总之，铁道财务会计管理信息系统是融合人的现代思维与管理能力和计算机强大的处理、存储能力为一体的协调高效的人机系统，其处理对象是企业生产经营、财务会计管理的全过程，通过集中统一规划设计的数据库的运用，使得系统中的数据实现了一致性和共享性的管理信息系统。

一、总体规划

1.系统目标

本系统是以适应深化铁道财会改革、加强管理、提高经济效益的总体要求，满足铁路企业走向市场过程中细化成本计算、严格会计核算要求，优化系统资源配置，强化系统软件集成，扩充系统功能，推进系统间资源共享，优化系统开发、运用人才队伍，完成财务会计信息管理系统向管理信息系统过渡，为铁路实现集约经营、提高经济效益服务，提高铁道财务会计系统的信息化水平，促进铁路产业的快速健康发展为指导思想进行系统的规划、设计、开发和应用。

根据国家有关会计法律、规章、制度以及财政部制定的有关财会规章制度以及铁道部制定的《铁道财务会计管理信息系统“九五”规划》指出的各项要求，结合系统中各子系统的现状和设计、开发的指导思想，围绕“数出一门、资源共享”的方针，通过本系统的开发设计，要求达到以下目标：在系统开发设计中充分运用软件工程思想，科学合理地设计系统总体方案；通过研究开发，促进铁道财务会计工作的开展，健全铁道财会工作计算机管理制度；设计统一规范的软件系统、操作系统、网络系统平台，统一开发工具和设备选型；制定一套系统开发的文档规范作为各分系统书写文档的标准；设计系统总体结构；设计系统总体网络结构；完成系统所需编码分析设计；建立铁道财务会计信息库，为各应用系统的开发完善提供支持，为铁道财务会计数据的有效利用开辟渠道，为企业经营管理提供数据支持；完成会计核算管理分系统、收入管理分系统、点到点成本计算分系统、成本管理分系统、资金管理分系统、国有资产管理分系统、铁道财会与办公自动化分系统、经济活动分析与决策支持分系统等八个分系统的开发设计工作；完成系统接口和安全标准设计。

2.系统需求分析

系统需求分析是系统开发的重要环节，是明确“系统干什么”的问题，也就是对目标系统提出完整、准确、清晰、具体的要求的阶段。需求分析的结果是系统开发全过程的基础，是系统设计阶段回答“系统怎么干”的基础。

本系统需求分析主要包括铁道财务的业务需求分析、系统功能需求分析，系统性能需求分析和系统运行需求分析。

（1）业务需求分析

系统应满足铁道各级财会部门的财务会计业务的需要。这些部门的财会工作主要包括会计核算管理、成本计算管理、收入管理、资金管理、国有资产管理、分析决策等。其中，会计核算管理业务包括单项会计核算管理（工资、燃料、材料、固定资产）、账务处理、报表处理及会计监察等；点到点成本计算业务包括成本数据的采集、分摊、计算、分析等；收入管理业务包括客货票据审核管理、运输收入进款管理、运输收入统计分析预测及监督检查、运输收入会计核算、运输收入清算、销售收入管理等；成本管理业务包括运营、基建、施工、工业、供销等综合成本的计算管理；资金管理业务包括各类资金的筹集、运用、调度等；国有资产管理业务包括国有资产产权登记、保值增值考核、统计分析等；经济活动分析与决策支持及日常管理业务要求提供经济活动分析与决策支持、办公自动化等功能。

（2）系统功能需求分析

总体上要求系统具有运行稳定、用户界面友好、操作简单、维护方便等特点，并且为实现业务要求的各项功能，从软件系统的角度出发，系统必须具备如下功能：

①数据输入与数据交换功能

其包括手工录入、原系统数据转换两种方式。手工录入数据主要是指在基层单位、分局、路局、铁道部财务部门录入的各自的信息；原系统数据转换是指对原应用系统所产生的财会数据转换到新系统中使用可能涉及的录入或转换。

数据交换功能包括通过介质和网络系统交换数据两种形式等。没有条件联网的基层单位可以通过介质与分局交换基础数据；系统与其他外界系统之间有的也需通过介质的方式交换数据，如法规文档通过光盘交换数据。有条件的基层单位与分局、分局与路局、路局与铁道部之间，以及在分局内部、路局内部可通过网络交换日常财会数据。

②数据存储功能

各应用分系统以二维表的格式存储财务会计数据及其他数据，信息库将财务报表转化为数据元素格式存储。系统数据的存储采用分级存储的方式。各应用系统都具有自己的本地数据库存储自己所需的财会数据。财会信息库存储的信息是整个系统的基础数据库。按照铁路分局、铁路局和铁道部三级建库的原则，在铁路分局财会核算信息库存储基层站段的基础财会核算信息，路局和铁道部分别存储自己的和下级上报的汇总信息，此种存储方式有一定的冗余，但保证了数据的安全可靠性，并且在很大程度上解决了网络传输系统负荷压力大和传输速度慢的难题，财会核算信息库数据传送的形式是由下而上，即站段—分局—路局—铁道部。成本计算所需信息从铁道部和铁路局两级信息库获取，即路局—铁道部—成本计算中心，而成本计算结果的回送与成本计算所需信息的传送正好相反。财务会计文档信息库在各级管理部门，其存储的位置与财会核算信息库相同，但数据传输的方向是自上而下的，即铁道部-路局-分局。

③输出功能

各功能分系统和子系统及信息库都具有报表输出功能和较灵活的报表输出方式。会计核算管理信息分系统中的报表处理子系统具有通过改变参数来自定义报表格式的功能，因此在此子系统功能不断完善的情况下，可考虑整个系统的报表输出都采用该报表处理子系统完成。系统还具有屏幕输出功能，在需要的情况下可打印输出屏幕预览结果。

④查询功能

用户可以进行单项查询、组合查询和模糊查询，并且可以将查询结果打印输出或以文件方式存储起来。系统同时也可以实现本地查询和远程查询。

⑤统计分析功能

各应用系统和信息库具有运用统计理论和概率理论对大量数据进行财务统计分析的功能。统计分析主要采用绝对额分析、百分比分析、比率分析和趋势分析等方法，主要对资产流动状况、资产管理比率、负债比率、盈利能力比率等进行分析；对国有资产增值保值、净资产收益率、总资产收益率、成本费用率等进行分析；对分局、路局利润进行计算分析；对铁路经营活动的社会经济效益进行分析；对不同时期、不同单位之间的结构百分比、定基百分比等进行分析。对单位的综合财务评价，可采用杜邦财务分析方法。

⑥预测决策功能

根据统计分析的结果和历史数据，应用数学模型对经济活动进行预测，并建立决策支持系统（DSS）或智能决策支持系统（IDSS）为领导提供决策参考。

⑦办公自动化功能

此功能最终目标是实现管理部门日常办公的无纸化作业，实现财务会计文档信息的上传和下达，实现电子邮件传输。

⑧数据恢复备份功能

财会数据不但要求系统能进行日常数据备份工作，而且要求软件系统能完成数据库数据的有条件备份和截取。在数据遭到意外丢失或损坏时能迅速有效地恢复数据。

⑨系统维护功能

系统维护功能包括系统参数设置维护功能和数据字典维护功能。系统采用了参数设计的思想，以达到程序的通用性要求，故需专门规定参数维护功能。系统数据字典维护除各应用系统的数据字典维护外，还需在全路统一进行编码字典的修改、维护与发布工作。各应用分系统和财会信息库分系统都有各自分系统层和子系统层的系统维护功能。

⑩财会信息库功能

财会信息库能将多种财会数据（财会核算信息、财会人员信息、财会文档信息、分线核算信息、成本计算结果信息）转入信息库，以编码加数据的形式将信息转化并存储起来；财会信息库数据存储格式相对固定，可适应财会信息及财会制度的变化；能对财会信息进行灵活的查询、分析；能按照上级要求上报财会数据。

（3）系统性能需求分析

这是一个庞大的系统工程，涉及面广，要求准确、及时、真实。它是宏观管理、企业生产经营决策的重要依据，对系统的安全性、可靠性、响应时间提出了更高要求。

①安全性要求

系统安全性要求体现在应用软件安全性、数据库安全性、信息安全性及系统平台的安全性等方面。软件设计应做到应用软件与数据的分离，实现数据共享，防止数据丢失或破坏；数据库安全性除自身提供的以外，各应用系统还可通过分配权限、设置权限级别来区别对待不同操作者对数据库的操作来提高数据库的安全性；系统平台的安全性体现在操作系统的安全性、计算机系统的安全性和网络体系的安全性等方面。

②可靠性要求

系统可靠性要求体现在硬件系统可靠性、软件系统可靠性、信息采集可靠性、通信系统可靠性等方面。为提高系统的可靠性，无论小型机处理系统还是微机系统都可采用双机备份、一用一备的方式。

软件系统开发过程中运用软件工程的思想，在系统分析、系统设计阶段就将未来程序设计中可能产生的错误减少和控制在较低程度，防止错误随着工程建设的进度而扩散和放大。程序设计过程中也应充分考虑突发事件等的影响。

信息采集过程中考虑信息的校验，建立信息报告制度，规范系统间数据接口。

为提高通信系统的可靠性，在使用铁路系统X.25基干网的同时，可考虑使用公用数据网、Internet或其他网络系统。分局以上单位通过TMIS通信网络与上级单位实现互连，RFAMIS应利用这一条件，通过和机关局域网连接或直接与TMIS通信服务器、路由器连接，以实现财务系统上下级的联网。各独立站、段已全部通过TMIS系统和上级单位相连，车务段、机务段、电务段也要求今年年底全部连通TMIS，客运段部分能够通过客票系统与上级相连。对于这些基层站段，其RFAMIS应采用和TMIS通信服务器、路由器相连的办法实现与上级单位的联网；若该单位是通过小型机系统连接TMIS通信端口，则RFAMIS可与该小型机局域网连接。而工务段、房建段、水电段等以及其他基层单位未配备与上级的TMIS通信端口，目前可通过MODEM和上级单位实行点对点通信。为保证上下级网络通信的正常进行，除通过铁路通信网络外，还可将国家电信部门开通的Internet作为辅助数据通道。通过电子邮件等方式将上报的各种数据传送到对方的账号上。

③系统响应时间要求

系统响应时间要求主要考虑信息传送的实时性、信息处理的实时性、响应时间等因素。

响应时间取决于应用程序设计和网络通信能力。在程序设计和网络规划时充分考虑数据交换网的特点和限制。在现有通信能力紧张的情况下，区分信息处理的轻重缓急，实行优先级控制，保证重要数据、重要请求、重要处理的通信。远程访问（铁道部访问路局、分局，路局访问分局、站段，分局访问站段，以及下级访问上级等）的平均响应时间不宜过长，因此，在设计信息库时应充分考虑系统响应时间与数据存储效率、数据库物理位置设置等之间的平衡。

对于单项核算系统，每张料单等的处理响应速度应在5秒内；对于账务系统，每张凭证的处理速度应在1~2秒内；对于报表处理系统，每张报表的数据生成、显示等的响应速度应在5秒内。对于信息库分系统，常用重要信息综合查询响应速度应在5秒内；其他非常用信息的综合查询以及统计分析的响应速度应在30秒内。由于系统软件本身的开销较大，用PB编制的应用软件也需一定的开销，因此RFAMIS服务器内存应在64MB以上，若采用CISC型CPU则应在PⅡ 233MHZ以上；新购置的工作站内存应在16MB以上，CPU在200MHZ Pentium MMX以上（目前市场最低配置）；对于原有微机，只有100MHZ、486以上微机方可作为RFAMIS客户机，且内存需扩至16MB。

（4）系统运行需求

①系统平台

RFAMIS是一个在全路应用的管理信息系统，对系统平台有较高要求，应根据系统安全性、可靠性、响应时间、运行效率，财会系统计算机操作人员习惯、水平，铁路系统现有计算机资源和网络状况，现有应用软件状况等因素，来选择平台。系统平台选择见后面有关系统软硬件平台的内容。

②设备配置技术指标

系统设备的配置要求做到既满足系统运行需要又节约投资、既具有先进性又强调实用性、既看到计算机技术未来的发展趋势又照顾到各单位的实际情况、既满足工程近期的需要又满足或不排斥后期工程建设。设备的选型配置见后面有关软硬件平台的内容。

二、系统分析与设计

1.系统总体逻辑结构

系统可分为基础应用层、综合应用层和宏观决策层，其逻辑结构如图19-4所示。

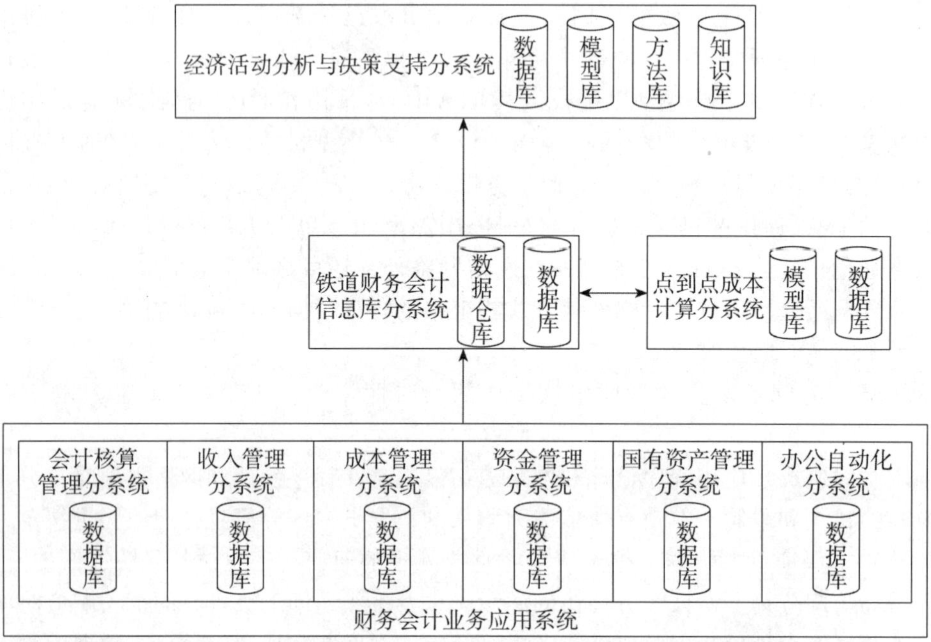

图19-4 系统总体逻辑结构

第一层是基础应用层，由各财务会计业务管理信息分系统组成，主要负责进行日常的财会业务处理。这一层包含六个业务分系统，依次是会计核算管理分系统、收入管理分系统、成本管理分系统、资金管理分系统、国有资产管理分系统和办公自动化分系统。这一层的各个分系统数据库存放各自的业务数据，实现各自的业务处理，并能够实现各系统当年、跨年度统计分析，各分系统之间存在少量的信息交换。系统所覆盖的各级铁路财务单位都使用基础应用层的部分或全部应用软件，应用范围最广、应用量最大，同时该层也是第二层和第三层的主要数据来源，是整个系统建设成功与否的关键所在。

第二层是综合应用层，由铁道财务会计信息库分系统和点到点成本计算分系统组成，主要进行财会信息、人员及法规信息的综合查询和统计分析，以及进行全路点到点运输成本计算。综合应用层的主要数据来源是基础应用层，此外还有部分数据来自其他铁路计算机应用系统和路外计算机应用系统。信息库系统采用数据仓库和数据库两种存储结构存储数据，提供综合信息查询，提供综合信息统计分析；点到点成本计算分系统从信息库获得各级单位报来的原始数据，运用各种模型计算区间固定成本和变动成本。

第三层是宏观决策层，由经济活动分析与决策支持分系统组成，主要进行全路或企业范围内的宏观和微观、横向和纵向财务状况分析、预测，并能提供可供决策选择的若干智能化的企业经营方案。宏观决策层的原始数据来源于铁道财务会计信息库分系统，因此，应与第二层建立在相同的管理层次上。该层拥有数据库、模型库、方法库和知识库，运用各种预测模型和方法及宏观决策层软件，主要供铁道部财务司、各企业领导、高层财务管理人员使用，是RFAMIS的最终建设目标，也是RFAMIS建设水平的最终体现。宏观决策层中的预测和决策支持功能需要准确的历史数据，因此，只有在第一层、第二层建设完成并累积若干年准确的原始数据后，其才能发挥真正的作用和效益。

以上三层形成了RFAMIS的整体结构。三层分工明确，各层之间数据接口结构化好，各层内部功能的改变不会对其他层次产生影响，符合复杂系统层次划分的原则。三层作为一个整体互相协作，将为提高铁路财会管理水平、增进企业经济效益发挥巨大的作用。

2.系统数据流程及接口设计

(1) 系统内部信息流程

系统内部信息流程是指在同一单位的应用系统中，各分系统之间的信息流程。作为一个复杂系统，各分系统之间的接口设计是至关重要的，它关系到系统能否真正做到信息共享，能否真正将各分系统连接成为一个整体。接口的设计首先必须明确信息的交换关系，系统内部信息流程图是描述各分系统之间接口的有效工具。内部信息流程如图19-5所示。为了和各分系统的信息流加以区别，本章中的各信息流编号一律以Fm开头。

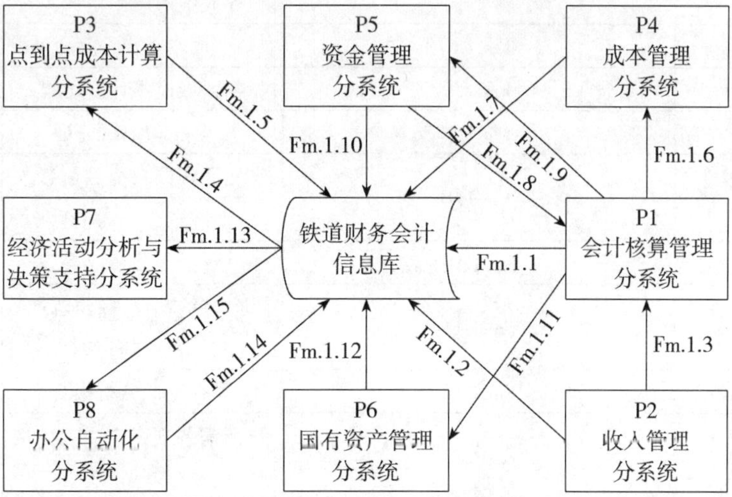

图19-5　系统内部信息流程

对图19-5中各信息流的组成内容、发生频度的描述见表19-3。

表19-3　　　　**系统内部信息流描述**

序号	系统编号	所含数据结构	发生频度
1	Fm.1.1	下一级下属单位财务决算汇总表	1次/季度
		本单位财务决算汇总表	1次/季度
		分局级运营系统下属站段及本分局点到点成本信息	1次/月
		局级运营系统路局点到点成本信息	1次/月
		部级运营系统铁道部点到点成本信息	1次/月
		财务会计人员信息	实时
2	Fm.1.2	运输收入/销售收入报表	1次/季度
		运营系统清算收入信息	1次/年
		运营系统分线运输收入报表	1次/月
		运营系统点到点运输收入报表	1次/月
3	Fm.1.3	清算收入报表	1次/季度
4	Fm.1.4	运营各级单位点到点成本信息	频度待定
		运营各级单位工作量信息	频度待定
5	Fm.1.5	各成本区间变动成本	频度待定
		各成本区间固定成本	频度待定
6	Fm.1.6	成本支出账簿	1次/月
7	Fm.1.7	各区域成本计算结果	1次/季度
8	Fm.1.8	资金变动记账凭证	实时
9	Fm.1.9	凭证审核及编号信息	实时
		动态资金变动信息	1次/月
10	Fm.1.10	资金变动情况表	1次/月
11	Fm.1.11	资产负债表、固定资产表、利润表	1次/季度
12	Fm.1.12	国有资产分析报告	1次/季度
13	Fm.1.13	P7所需各项财会、工作量数据	实时
14	Fm.1.14	需进入信息库的文件法规	实时
15	Fm.1.15	历史文件、法规	实时

从图19-3可知，铁道财务会计信息库是RFAMIS的核心。除经济活动分析与决策支持分系统外，所有其他分系统都将处理结果数据保存在信息库中。此外，信息库通过信息流Fm.1.4、Fm.1.13、Fm.1.15分别向点到点成本计算分系统、经济活动分析与决策支持分系统、办公自动化分系统提供所需数据。

（2）系统各管理层之间的纵向信息流程

系统覆盖铁路财务管理的各管理层，同一管理层的管理机构之间一般无数据交换，但上下级管理层之间存在大量的纵向信息交换。系统依托铁路干线通信网、点对点电话线传输、各级管理机关局域网等网络通信方式，实现纵向信息的自动交换。运营系统各管理层之间的纵向信息流程如图19-6所示。图中各信息流的组成内容、发生频度描述见表19-4。

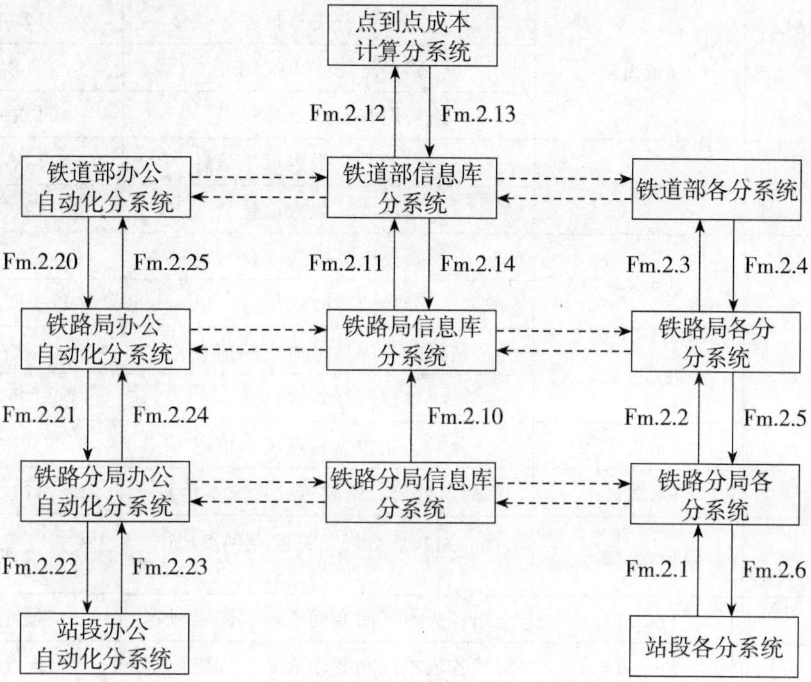

图19-6 运营系统管理层间纵向信息流程图

从图19-6可知，运营系统管理层间纵向信息流程主要有三种类型：通过各分系统传递财务决算报表、运输收入报表、国有资产统计报表以及站段点到点成本信息；通过信息库分系统传递点到点成本信息和计算结果；通过办公自动化分系统传递文件法规。三种类型的信息流程都是通过相同的远程网络通信系统实现的。

（3）系统与外部系统的信息流程

本系统作为整个铁路计算机管理信息系统的一部分，不可避免地要与铁路其他计算机系统和路外系统进行数据交换，以达到全路范围内的数据共享。系统与外部系统之间的信息交换流程如图19-7所示。图中各信息流的组成内容、发生频度描述见表19-5。

表19-4 系统纵向信息流描述

序号	系统编号	所含数据结构	发生频度
1	Fm.2.1	站段财务决算报表	1次/季度
		站段运输收入报表	1次/月
		站段点到点成本信息	1次/月
		站段国有资产统计报表	1次/季度
2	Fm.2.2	分局财务决算报表	1次/季度
		分局运输收入报表	1次/月
		分局国有资产统计报表	1次/季度
3	Fm.2.3	路局财务决算报表	1次/季度
		路局运输收入报表	1次/月
		路局国有资产统计报表	1次/季度
4	Fm.2.4	路局财务决算报表审核信息	1次/季度
		路局清算收入信息	1次/季度
5	Fm.2.5	分局财务决算报表审核信息	1次/季度
		分局清算收入信息	1次/季度或1次/月
6	Fm.2.6	站段财务决算报表审核信息	1次/季度
		站段清算收入信息	1次/季度或1次/月
7	Fm.2.10	分局、站段点到点成本信息	1次/月
8	Fm.2.11	路局、分局、站段点到点成本信息	1次/月
9	Fm.2.12	部、路局、分局、站段点到点成本信息	1次/月
10	Fm.2.13	全路各成本区间变动成本、固定成本	频度待定
11	Fm.2.14	路局各成本区间变动成本、固定成本	频度待定
12	Fm.2.20	“铁财”文件	实时
		财政部法规	实时
13	Fm.2.21	需下发的“铁财”文件	实时
		路局财务处发文件	实时
14	Fm.2.22	需下发的“铁财”文件	实时
		需下发的路局财务处发文件	实时
		分局财务、收入分处发文件	实时
15	Fm.2.23	站段财务室上报文件	实时
16	Fm.2.24	分局财务、收入分处上报文件	实时
17	Fm.2.25	路局财务处上报文件	实时

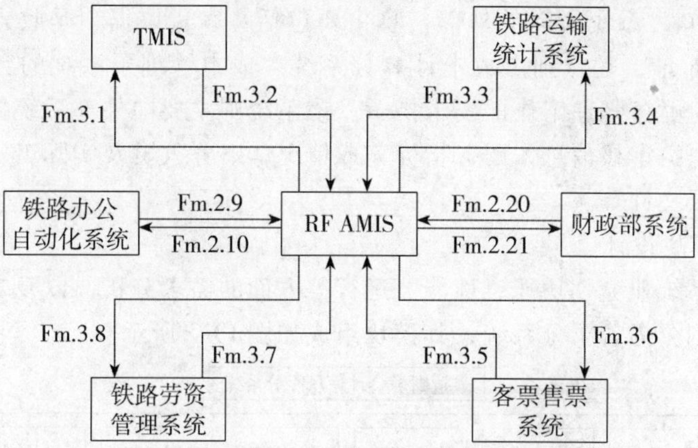

图 19-7　系统与外部系统信息交换流程图

表 19-5

系统与外部系统信息交换流程描述

序号	系统编号	名称	来源	去向	频度
1	Fm.3.1	部分运营工作量	TMIS	财务会计信息库分系统	1次/月
		全部客货票据信息	TMIS	收入管理信息分系统	1次/天
2	Fm.3.2	货票审核信息	收入管理信息分系统	TMIS	1次/天
3	Fm.3.3	部分运营工作量	铁路运输统计系统	财务会计信息库分系统	1次/月
		基建、施工等其他工作量	铁路运输统计系统	成本管理信息分系统	1次/月
4	Fm.3.4	所需支出指标完成情况	会计核算管理分系统	铁路运输统计分系统	1次/季度
		所需收入指标完成情况	收入管理信息分系统	铁路运输统计分系统	1次/季度
5	Fm.3.5	所有客票票据	客票售票系统	收入管理信息分系统	1次/天
6	Fm.3.6	客票审核信息	收入管理信息分系统	客票售票系统	1次/天
7	Fm.3.7	部分工作量	铁路劳资管理系统	财务会计信息库分系统	频度待定
		职工、工资数据来源	铁路劳资管理系统	会计核算管理分系统	频度待定
8	Fm.3.8	所需人员、工资等信息	会计核算管理分系统	铁路劳资管理系统	频度待定
9	Fm.3.9	机关文件	机关办公自动化系统	RFAMIS办公自动化分系统	实时
10	Fm.3.10	会签文件等	RFAMIS办公自动化分系统	机关办公自动化系统	实时
11	Fm.3.11	文件法规	财政部系统	RFAMIS办公自动化分系统	实时
12	Fm.3.12	铁道部财务决算报表	会计核算管理分系统	财政部系统	1次/季度
		铁道部财务司上报文件	RFAMIS办公自动化分系统	财政部系统	实时

从图19-7可知，系统所需的外部信息主要包括：客货票据，是收入管理分系统的数据来源；运营工作量，是点到点成本计算分系统、成本管理子系统的数据来源；文件法规，是上级单位对财务管理工作的要求指示。该系统则主要向外部系统提供财务管理的结果数据，如客货票据审核信息、财务指标完成情况，财务人员及实际工资信息，财务管理机关的会签、上报文件等。

3.系统功能模块设计

根据前面对系统业务、功能、性能、运行等方面的需求分析，以及对系统逻辑结构的分析，本系统可划分为若干分系统，其模块组成如图19-8所示。

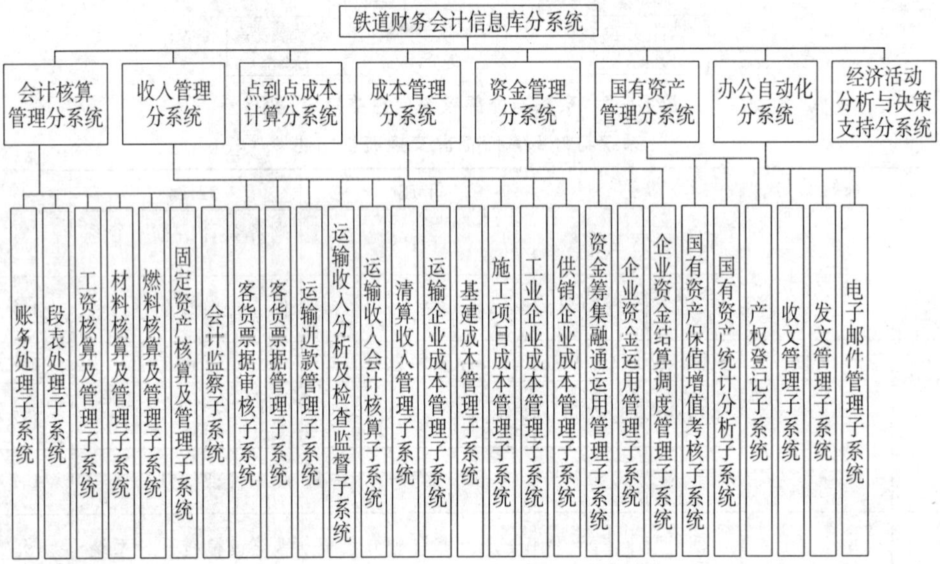

图19-8　系统总体模块组成图

（1）铁道财务会计信息库分系统

财务会计信息反映企业经营的过程和结果，铁路企业作为多行业、多工种、跨区域的大型企业，财务会计历史信息的存储和综合信息的查询、统计、分析是极为重要的。过去各种财务会计信息的分散存储使得综合信息查询无法实现，财务会计信息库的设立正是RFAMIS整体的纽带。铁道财务会计信息库分系统应具备三个任务：接收并存储历年来自基础应用层各分系统、外部其他系统的各种数据，提供对所存储数据的综合查询和统计分析，为点到点成本计算分系统、经济活动分析与决策支持分系统和其他分系统以及外部系统提供数据来源。

（2）会计核算管理分系统

尽管由于行业的不同，现代企业的会计核算业务还是具有相当多的共性。为全路各行业的各级单位提供统一、功能灵活齐全、界面友好、安全可靠的会计核算软件是会计核算管理分系统的主要任务。本分系统涵盖会计核算与管理的主要内容，以会计核算管理信息分系统为中心，包含固定资产核算、工资核算、材料核算、燃料核算、报表处理和会计监察等功能。分系统提供灵活齐全的参数设置功能，使得系统能够符合各行业、各级单位的会计核算特点。各级单位的会计核算管理软件所产生的会计账簿、会计核算报表及更详细的成本信息是铁道财务会计信息库分系统、国有资产管理分系统、点到点成本计算分系统的主要数据来源。

(3) 收入管理分系统

收入管理信息分系统包括运输收入会计核算子系统、清算收入管理子系统、客货票据管理子系统等。运输收入会计核算子系统是本分系统的主要组成部分，主要是对客货票据进行审核和管理，根据审核后的客货票据进行运输进款和运输收入管理，进行运输收入会计核算，进行国际联运收入管理。运输收入管理业务融入部、路局、分局、基层站段四级部门之中。清算收入管理子系统主要用于铁道部对路局的运输收入清算、路局对分局的运输收入清算。该系统产生的收入信息是进行企业经济活动分析的主要信息来源之一，是铁道财务会计信息库存储的重要内容。

(4) 点到点成本计算分系统

点到点成本计算是通过采集历史多年度的细化成本信息和运营工作量统计信息，运用一系列成本模型，来计算一批货物或一辆客车从发站至到站的变动成本，在此基础上提供货运分品类、客运分席别等专项成本以及具体点到点成本等各种成本信息。点到点成本计算分系统所需的运输成本原始数据从全路各级运营单位汇集至各铁路局财会信息库中，然后由信息库提供给点到点成本计算中心；所需的运营工作量数据则来源于铁路统计信息系统和TMIS等外部系统。当计算出各区段的变动成本后，本分系统再将这些计算结果返回，存储在各铁路局财会信息库中。本分系统建设的成功将为铁路运价调整、客货运营销、铁路投资决策和建立多元投资体制服务，为铁路进一步适应市场化的改革发挥作用。由于成本的细化需要从基层站段的会计业务改革开始，并且需要逐步改革细化全路成本科目和财务报表，牵涉面大，因此，本分系统的建设将是一项持续时间较长的复杂工程。

(5) 成本管理分系统

随着铁路企业全面走向市场，企业各项成本的控制越来越重要。成本管理分系统主要实现铁路各行业企业的成本计划编制、成本完成情况监测控制和各种平均成本指标的计算考核，涵盖目前铁路成本管理的主要内容。尽管点到点成本计算分系统将提供运输企业的各种专项成本，但是运输企业的区域成本计算和考核还是必不可少的。本分系统包含运输企业成本管理、基建成本管理、施工项目成本管理、工业企业成本管理、供销企业成本管理等子系统。成本管理分系统的数据主要来源于会计核算管理信息分系统和外部系统，计算出的各种区域成本由报表处理系统输出上报，并存储在财务会计信息库中。运输企业的成本管理分系统主要建立在分局以上单位。随着铁路企业改革的深入进行，本分系统的详细功能需求将逐步明确。

(6) 资金管理分系统

资金管理已逐渐成为铁路企业保证企业经济活动正常进行、促进企业利润增长的重要手段。资金管理信息系统包括资金筹集融通运用管理、企业资金运用管理、企业资金结算调度管理等子系统，涵盖目前贷款、债券和集资等资金运用管理、企业资金调剂运用管理、企业沉淀资金运用管理等资金管理业务。本分系统主要在运营系统分局以上单位、其他行业局级以上单位资金管理机构使用，目的是提高资金运用管理效率，减少铁路企业的银行贷款总额。资金管理分系统主要和会计核算管理分系统有较密切的信息往来关系，此外若建立了资金结算（调度）中心，则需要每天通过建设银行、工商银行等的计算机系统获取当天的铁路账户资金流动数据。该分系统所产生的月、季、年各种资金运用及流动状况表将被存储在财会信息库中，是经济活动分析与决策支持系统的重要数据来源。

（7）国有资产管理分系统

为了加强国有资产管理，推进国有资产保值增值，防止国有资产流失，建立国有资产管理信息分系统是十分必要的。国有资产管理信息分系统包括国有资产保值增值考核子系统、国有资产统计分析子系统、产权登记子系统等，涵盖目前国有资产管理的主要业务。该分系统在铁道部、铁路各行业的各级国有企事业、国家控股公司应用，通过收集大量的基层原始数据，对国有资产总量、结构、变动、资产运营效益进行考核和统计分析，为企事业的经济活动提供导向信息和咨询服务。国有资产管理分系统的大量信息来自会计核算管理分系统的各种账务报表，所产生的国有资产统计分析报告、国有资产经营分析报告、国有资产产权变动分析报告上报上级主管部门，同时也是财会信息库的重要存储内容，是经济活动分析与决策支持分系统的重要数据来源。

（8）办公自动化分系统

办公自动化分系统的主要任务是实现铁路各级单位收发文件的自动化、查阅历史文件和法规的自动化。办公自动化系统是目前铁道部机关、各级铁路企业机关正在建设和完善的一个包含机关各部门的系统，各级财务机构也被包含其中。RFAMIS的办公自动化分系统应沿用各级机关的办公自动化分系统，但应要求具备各级财务部门自身下发、上报文件的专门传送和管理、查询功能，以及财务法规的远程查询功能。RFAMIS办公自动化分系统所产生的各种有关财务管理的文件、法规应存储在财会信息库中，并可调用财会信息库中的内容进行文件和法规的历史查询。

（9）经济活动分析与决策支持分系统

企业计算机应用的目的一方面是提高管理人员的管理效率，另一方面就是依靠基础应用所产生的准确的原始数据并累计历史数据，通过计算机应用系统对企业的经济活动进行宏观分析预测，并对企业经济活动目标提出可供选择的决策方案。由于各企业所有经营活动均需最终反映在财务报表中，因此RFAMIS的经济活动分析与决策支持分系统正是为实现以上第二方面目标的产物。本分系统主要数据来源于财会信息库，所产生的各种点线面、横纵向统计分析、预测、决策方案等供铁道部、企业领导使用。

三、工资核算子系统设计（详细设计实例）

1.系统目标及功能

此系统应实现从人员维护到月末工资凭证自动生成的全部处理过程。工资核算的主要特点是项目繁杂、变动频繁，工资清单及汇总表项目经常会随之而变动；往往包含在职职工、离退休职工等不同工资种类，不同工资种类包含不同的工资项目；在支付工资时，往往有现金支付和银行存款支付之分，编制凭证应能区别对待；凭证对应明细科目较多，应自动生成；工资项目中有些项目需要每月变动，有些是固定项目，还有些是通过计算得出的汇总项目，各单位汇总项目的组成都不相同，且经常变动，要求系统灵活性较强。出于对这种特点的考虑，工资系统应满足职工自然信息完整、工资项目可变动、区分不同工资种类、工资清单及汇总表容易维护、有公式计算能力、凭证自动生成、数据备份及恢复功能、成本信息细化功能、公积金管理功能等要求。

2.系统数据流程设计

（1）数据流程图（如图19–9所示）

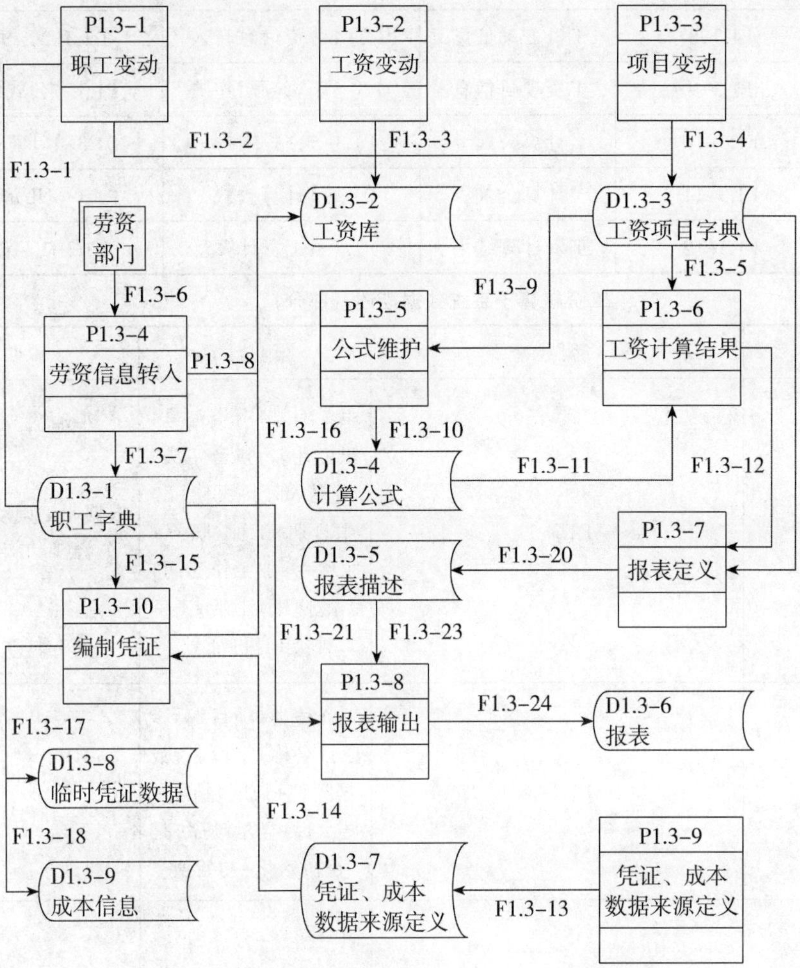

图19–9　工资核算子系统数据流程图

（2）数据字典（见表19–6至表19–9）

表19–6　　工资核算子系统数据流清单（部分）

序号	编号	名称	来源	去向
1	F1.3–1	职工变动信息	P1.3–1职工变动	D1.3–1职工字典
2	F1.3–2	工资变动	P1.3–1职工变动	D1.3–2工资库
3	F1.3–3	工资数据调整	P1.3–2工资变动	D1.3–2工资库
4	F1.3–4	工资库项目变动	P1.3–3项目变动	D1.3–3工资项目字典
5	F1.3–5	工资项目字典变动信息	P1.3–3项目变动	D1.3–3工资项目字典
6	F1.3–6	劳资信息	劳资部门	P1.3–4劳资信息转入
7	F1.3–7	职工信息	P1.3–4劳资信息转入	D1.3–1职工字典

续表

序号	编号	名称	来源	去向
8	F1.3-8	工资变动信息	P1.3-4劳资信息转入	D1.3-2工资库
9	F1.3-9	工资项目信息	D1.3-3工资项目字典	P1.3-5公式维护
10	F1.3-10	计算公式	P1.3-5公式维护	D1.3-4计算公式
11	F1.3-11	计算公式	D1.3-4计算公式	P1.3-6工资计算
12	F1.3-12	工资计算结果	P1.3-6工资计算	D1.3-2工资库

表19-7　**工资核算子系统数据描述（部分）**

序号	编号	组成	说明
1	F1.3-1	职工编号+劳资编号+职工姓名+拼音字头+性别+部门+民族+出生日期+工种+职务+职称+参加工作时间+工龄修正+工龄+工资种类+身份证号	根据职工调动信息变更职工字典
2	F1.3-5	工资种类+项目编号+项目名称+字段名+数据类型+长度+精度+显示否+显示顺序+是否初始化+初始值	记录工资项目的详细信息
3	F1.3-7	职工编号+劳资编号+职工姓名+拼音字头+性别+部门+民族+出生日期+工种+职务+职称+参加工作时间+工龄修正+工龄+工资种类+身份证号	根据职工调动信息变更职工字典
4	F1.3-15	凭证定义编号+顺序号+摘要+数据来源+成本信息码	
5	F1.3-17	日期+凭证种类+临时凭证号+序号+科目+借贷标志+金额+摘要+制证人	产生的凭证数据存放在一个临时数据库中

表 19-8　　**工资核算子系统数据处理字典（部分）**

序号	1	编号	P1.3-1	名称	职工变动
输入	职工变动的劳资令	输出	职工字典变动信息、工资库变动信息		
处理逻辑：该模块用于处理职工的增加、减少、内部调动所引起的职工字典的变动，在变动职工字典的同时，对工资库进行相应的处理。调入职工时，在职工字典中增加该职工的数据，并在工资库中为该职工增添工资记录；调出职工时，在职工字典中设置该职工的调出标志，删除工资库中该职工的工资数据，但不删除职工字典中的记录；职工内部部门间调动时，直接修改职工字典中的部门字段；职工工资种类的变化，在修改职工字典中的工资种类的同时，变更工资库中该职工的数据					
序号	2	编号	P1.3-2	名称	工资变动
输入	工资调整令	输出	变动后的工资信息		
处理逻辑：根据工资调整令输入、修改工资数据。系统提供多种输入、查询方式，用户可以根据情况选择适宜的方式输入数据，提高处理效率。在此不能删除、添加记录。只能对可显示的项目进行修改					

表 19-9　　**工资核算子系统数据存储字典（部分）**

序号	1	编号	D1.3-1	名称	职工字典
输入数据流	会计人员手工输入的职工字典修改信息，由文本文件或数据库文件转入劳资部门提供的职工信息	输出数据流	职工信息		
内容：职工编号+劳资编号+职工姓名+拼音字头+性别+部门+民族+出生日期+工种+职务+职称+参加工作时间+工龄修正+工龄+工资种类+身份证号+科目编码					

续表

序号	2	编号	D1.3-2	名称	工资库
输入数据流	由职工变动、工资调整、工资项目变动引起的工资变动，以及工资计算结果	输出数据流	编制凭证和报表用的工资数据		
内容：职工编号+工资项目1+工资项目2+……					

3.系统功能描述

（1）模块结构图（如图19-10所示）

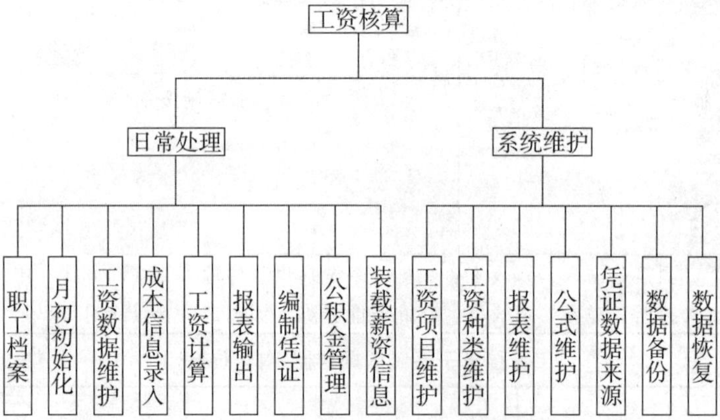

图19-10 工资核算子系统模块结构图

（2）功能描述

①工资子系统初始化

工资子系统初始化包括设置工资种类、设置工资项目、装载职工字典和装载工资数据。

工资种类编号是为处理不同类型的工资项目组合而设置的。经常用到的工资种类包括：在职职工、离休职工、退休职工、代发职工等。各单位可根据各自的实际情况，自行确定工资种类。设置工资种类所须依照的原则是：将工资项目组合相同的职工划为同一工资种类；项目组合相同，处理方法不同的职工分为不同的工资种类；项目组合区别较大的职工分为不同的工资种类。工资种类是工资系统维护、运算、输出的重要分类依据。

工资项目编号用来唯一标识工资项目，职工编号和工资项目编号组合在一起，唯一地确定一个工资金额。此外项目编号还用于报表定义、工资凭证数据提取定义、工资计算公式定义等许多重要方面。工资项目是按工资种类分类的，即每个工资种类都是由一组工资项目组成的。根据工资项目的设置，确定工资库结构。

系统提供由原有系统转入职工字典数据的功能，若无数据可转入，可手工录入职工字典。转入方式有两种：一种是原有系统按照新系统规定的数据格式生成转换文件，由新系统转入；另一种是原有系统以任意格式提供数据，新系统根据这些数据定义转换协议，再转入数据。

由原有系统转入工资数据，若无数据可转入，则手工录入，转换方式同上。

②日常处理

日常处理功能包括职工目录维护、月初初始化、工资数据维护、成本信息录入、工资计算、打印工资报表、编制凭证、通用数据交换、公积金管理与核算、养老保险功能模块等功能模块。

③系统维护

系统维护包括工资项目维护、工资种类维护、工资报表维护、公式维护、凭证数据来源维护、数据备份与恢复等功能模块。

4.参数表设计

本子系统的参数表包括工资种类项目字典、报表格式定义字典、报表索引字典、公式集字典、公式定义字典、公式执行条件字典、凭证接口数据库等。

工资种类项目字典设计见表19-10。

表19-10　**工资种类项目字典**

英文名称	类型及长度	中文名称
GZZL	CHAR（3）	工资种类
XMNO	NUMBER（3）	项目编号
INI_BZ	CHAR（1）	初始化标志
MONTH_INI	NUMBER（7，2）	初始化数值
SCCX	NUMBER（3）	显示次序
D_LEN	NUMBER（2）	长度
PRECISION	NUMBER（1）	小数位数
KMBM	VARCHAR（20）	科目编码

5.数据库设计

本子系统数据库主要包括职工字典数据库和工资库。

职工字典数据库设计见表19-11。

表19-11 职工字典数据库

英文名称	类型及长度	中文名称
ZGNO	CHAR（5）	职工编号
ZGXM	CHAR（8）	姓名
ZGPY	CHAR（20）	拼音
PYZT	CHAR（4）	拼音字头
ZGXB	CHAR（1）	性别
MZNO	CHAR（1）	民族
CSDA	DATE	出生日期
GZNO	CHAR（2）	工种
ZWNO	CHAR（2）	职务
ZCNO	CHAR（2）	职称
NO	VARCHAR2（10）	部门
GZDA	DATE	参加工作时间
GZZL	CHAR（3）	工资种类
GLXZ	NUMBER（3）	工龄修正
GL	NUMBER（4，2）	工龄
KMBM	VARCHAR2（20）	科目编码

6.系统接口设计

工资核算子系统通过记账凭证和成本数据与账务处理子系统及成本核算子系统相衔接。每月工资计算完成后，可自动生成临时记账凭证，暂时存储在凭证接口数据库中，同时将相应的成本细化结果放入临时成本库中。待会计人员调用账务处理子系统中凭证制作功能并确认凭证及成本分劈正确后，凭证数据进入账务处理子系统，同时将临时成本库中的相关数据送入成本库。

四、系统软硬件平台设计

RFAMIS覆盖全路所有财务决算单位。RFAMIS各级局域网以铁路数据通信网络为主要数据通道，连接成为一个广域网络系统。因此，为全路财务会计信息的方便共享，为RFAMIS的推广应用和维护升级，选择统一的网络体系结构、软硬件平台是必需的。

自1992年TMIS立项以来，铁路公用数据通信网络目前已连接铁道部、各铁路局、各铁路分局以及2 000多个站段局域网络。铁路公用数据通信网络一期工程采用X.25广域网交换协议。而将要进行的铁路公用数据通信网络二期工程建设，将把干线通信协议由X.25改为帧中继（frame relay）。在铁路公用数据网络改建为帧中继后，尽管干线传输速率仍将为2MB/s，但是由于中转结点的中转速度得到极大提高，整个广域网络的传输效率将得到较大提高。

1.广域网络体系结构

(1) 采用主要通道的广域网络体系结构

系统开发应充分利用已有通信网络作为主要通信基础。本系统是按照管理体制的隶属管理进行信息的逐级交换的，即按照铁道部、路局、分局、站段的层次逐层实现信息的传递。隔层次的信息交换主要体现在少量的上层对下属各层的远程查询。

TMIS设计的铁路公用数据通信网络的广域网拓扑结构对于RFAMIS而言不会产生应用上的问题。对于RFAMIS用户来说，只需加载TCP/IP协议，并知道接收方在广域网中登记的域名即可。公用数据通信网络的DNS服务器将会把该域名转换为广域网中唯一的IP地址，而路由器将为发送的报文选择正确的路径。

在铁道部电子中心统一规划的铁道部、路局、分局机关局域网中，各级财务管理机构的局域网通过交换机连接到机关局域网中，然后共享机关局域网的路由器与公用数据通信网络连接。对于有铁路公用数据网接口但未建立机关局域网络的单位和基层站段，其财务会计局域网应配置路由器以连接公用数据网；但若其TMIS已配置路由器，则RFAMIS应连接到其交换机上，以共享该路由器。铁路数据交换网的干线传输速率可达2MB/S，但目前路由器到X.25交换结点PAD之间的传输速率仅为9 600B/S~64KB/S。由于铁路财务会计信息多以报表、数据为主，极少有多媒体信息，因此，该出口速率可满足远程数据的交换速度要求。RFAMIS不但要覆盖所有提供运输信息的运营单位，还要覆盖全路各行业所有其他的财务决算单位。TMIS用户单位为2 000多个，而RFAMIS光是运营行业的用户单位就达到了5 000多个，这意味着大部分的铁路财务决算单位无法与铁路公用数据网直接相连。对于这些单位的RFAMIS，可配置异步MODEM通过铁路电话交换系统与上级财务管理机构实现点对点的连接。铁路运营系统的RFAMIS广域网络体系结构如图19-11所示。

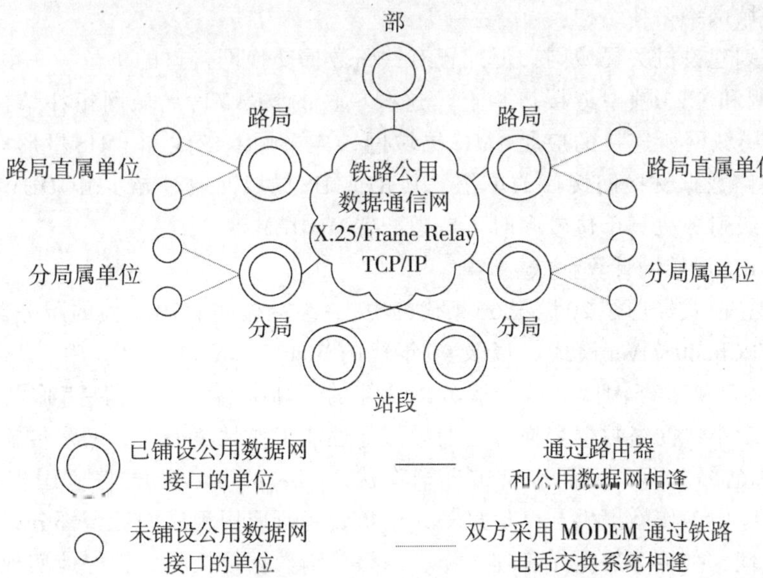

图19-11　系统广域网络体系结构

（2）采用备份通道的广域网络体系结构

财务会计信息交换存在一个显著的特点，就是每个季度作财务决算的时候，上级单位往往需要在短短几天内（一般为3天）汇集下属几十个甚至一百多个单位的点到点成本信息月报、财务决算季报，并可能反馈修正要求，从而导致部分单位的重发。此时要求数据通信网络的绝对安全可靠，但是某些突发性的网络硬件故障、传输线路故障是难以避免的。因此，备份的广域网络数据通道是必需的。目前，可供系统选择的备份网络数据通道有四种：铁路通信专用网络信道接口、铁路电话交换系统、国家电信电话交换系统、Internet。

一些路局级单位、分局级单位所在地区，已实现了铁路电话和邮电电话的直拨连接，这样可不再配置新的MODEM，共用连接铁路电话系统的MODEM即可。

综上所述，RFAMIS作为铁路信息系统建设的一个组成部分，应充分利用铁路各种通信网络作为其远程信息交换、信息共享的基础。由于铁路财务会计信息的远程交换特点，RFAMIS的广域网络不是一种单一的远程通道体系结构。凡是开设铁路数据交换网络接口的财务决算单位，都应采用它作为RFAMIS的主要远程通信信道；其他财务决算单位应采用异步MODEM通过铁路电话交换系统与上级财务管理机构实现点对点的连接，以此作为RFAMIS的主要远程通道。除主要通道外，各单位应至少拥有一条备用远程通道，可分别考虑采用铁路电话交换系统、铁路通信专用网络信道接口、国家电信电话交换系统或Internet。

2.局域网络体系结构

（1）系统各级局域网络拓扑结构

根据铁路各级财务管理机构的办公特点，RFAMIS局域网范围一般局限于同一办公楼内，尽管分局、路局、铁道部等财务管理机构数据存储量较大，但工作站数目一般在50台以下，属于较小局域网络的范畴。根据上述分析，星形以太网结构对于RFAMIS而言是最为合适的局域网络拓扑结构。

对于未规划建设机关局域网，但配置有铁路数据交换网接口的单位，一般都是通过一个TMIS局域网和X.25/帧中继接口相连。这些单位的RFAMIS局域网拓扑结构基本相同，只是RFAMIS局域网所连接的应是TMIS局域网，应采用双绞线和TMIS星形局域网相连。对于未配置铁路数据交换网接口的单位，其RFAMIS局域网通过异步MODEM和上下级单位相连，若下级财务决算单位较多时可考虑配置MODEM池。

（2）RFAMIS局域网计算模式

局域网计算模式经历了20世纪60年代的主机-终端模式、70年代的服务器-工作站模式、80年代的Client/Server模式，以及90年代的Web Server模式等。由于PC机的崛起，主机-终端模式已被逐渐淘汰。随着服务器性能的不断提高，服务器-工作站模式由于服务器端的工作量小、网络数据交换量大而导致低性能工作站负荷大、网络传输负荷大、服务器性能无法全部发挥，因而也已被逐渐淘汰。Client/Server模式将应用程序分为前后台，服务器端除向工作站提供共享信息外，还负责运行应用程序的后台部分以及数据库的操作、安全管理、维护等数据库管理工作，网络传输数据量较小，较好地实现了整个网络运行负荷的均衡。Web Server模式主要来源于Internet的应用，服务器端运行数据库管理及全部应用程序，客户机通过IE等浏览器以页面方式调用、查看运行结果，要求服务器性能极高，由于应用程序的维护只集中在服务器端一处，因而维护集中简单。

RFAMIS各分系统由于需要进行大量的数据录入、修改等操作，局域网络规模普遍较小，且大量基层单位不可能配置性能极高的服务器，因而采用均衡负载的Client/Server模式作为其局域网络计算模式。

（3）RFAMIS局域网协议结构

RFAMIS局域网是以太网，其数据链路层采用IEEE 802.3标准，采用CSMA/CD法进行介质存取控制。

由于RFAMIS局域网络操作系统采用Windows NT SERVER，因此局域网通信协议可采用NetBEUI协议。该协议系统开销小，简单灵活，在小型LAN通信中速度很快，因此，适用于RFAMIS，但NetBEUI对于WAN而言性能不如TCP/IP，故NT常使用NetBEUI进行LAN分段内的计算机之间的通信，而用TCP/IP与跨路由器的WAN其他部分通信。因此，若单位的RFAMIS局域网能够通过铁路数据交换网进行远程通信，则必须加载TCP/IP协议。

若通过铁路电话交换系统进行远程点对点通信，加载Kermit协议。

3.硬件配置

根据RFAMIS处理信息量的大小，将铁路运营财务单位分为基层、中级、高级三个层次。

（1）基层单位的RFAMIS硬件设备配置

基层单位主要包括运营系统的分局所属财务决算单位、路局直属财务决算单位（分局除外）、其他行业处级以下财务决算单位。

铁路财务基层单位根据单位规模的大小，其财务管理的业务量差别很大。根据对RFAMIS信息量的大概估计，可以将运营行业的基层财务决算单位按大小分为三类，其他行业的基层财务决算单位可依据相应规模比照归类。

①第一类基层财务决算单位。

第一类基层财务决算单位包括机务段、车辆段、工务段、电务段、建筑段、编组站、一等以上车站，全路运营行业第一类基层财务单位（以下简称第一类单位）约935个。对于RFAMIS，第一步将要投入运用的会计核算管理信息系统，机务段需要运行材料核算、燃料核算、工资核算、固定资产核算、账务处理、报表处理等全部六个子系统；车辆段、工务段、电务段需要运行除燃料核算外的五个子系统；建筑段需要运行除燃料核算、材料核算外的四个子系统。这些单位财务管理信息量较大，为点到点成本计算分系统提供的基础信息较多。对于这类单位，应该配置局域网络系统。

服务器配置标准：采用专用服务器，CPU应为Pentium Ⅱ 300 MHZ以上，内存64MB以上，硬盘存储容量4GB以上，并配置可擦写光驱或4mm磁带机来作系统运行全备份、增量备份和历史数据备份。

PC机标准：CPU应为Pentium Ⅱ 266 MHZ以上，内存32MB以上，硬盘存储容量2GB以上。

局域网络设备：10MB/S以太网卡，8口或12口普通HUB。

调制解调器：14.4Kbps以上异步MODEM。

②第二类基层财务决算单位。

第二类基层财务决算单位包括水电段、列车段、大修段、电气化供电段、生活段、通信段、二等站等，全路运营行业第二类基层财务单位（以下简称第二类单位）约1 016个。对于RFAMIS第一步将要投入运用的会计核算管理分系统，需要运行除燃料核算、材料核算外的四个子系统。这些单位有一定的财务管理信息量，为点到点成本计算分系统提供一定的基础信息。对于这类单位，应该配置局域网络系统。

服务器配置标准：采用专用服务器或高档微机，CPU应为Pentium Ⅱ 266 MHZ以上，内存32MB以上，硬盘存储容量4GB以上，并配置可擦写光驱或4mm磁带机来作系统运行全备份、增量备份和历史数据备份。

PC机标准：CPU应为Pentium Ⅱ 266 MHZ以上，内存32MB以上，硬盘存储容量2GB以上。

局域网络设备：10MB/S以太网卡，8口或12口普通HUB。

调制解调器：14.4Kbps以上异步MODEM。

③第三类基层财务决算单位。

第三类基层财务决算单位包括铁路医院、防疫站等其他运营单位，全路运营行业第三类基层财务单位（以下简称第三类单位）为2 000多个。对于RFAMIS第一步将要投入运用的会计核算管理分系统，需要运行工资核算、账务处理、报表处理三个子系统。这些单位财务管理涉及的财务科目较少，为点到点成本计算分系统提供的基础信息也较少。对于这类单位，可采用单机方式，运行RFAMIS的Personal ORACLE版本。

PC机标准：CPU应为Pentium Ⅱ 266 MHZ以上，内存32MB以上，硬盘存储容量2GB以上。

调制解调器：14.4Kbps以上异步MODEM。

（2）中级运营单位的RFAMIS硬件设备配置标准

中级运营单位包括运营行业的铁路分局，直管站段的呼、南、柳、昆四路局，其他行业的局级（不包括总公司）、副局级单位可采用同样的硬件配置标准。

中级单位的RFAMIS应是一个局域网络系统。

服务器配置：对于数据量较大的中级单位应采用小型机作为服务器，小型机可为与Alpha 1200或IBM F40相同档次的小型机，采用单个RISC型CPU，内存512MB以上，硬盘采用3×4.5GB组成RAID 5容错磁盘阵列；对于数据量较小的中级单位应采用高档微机服务器，档次可为IBM Netfinity 6000以上，内存256MB以上，硬盘采用3×4.5GB组成RAID 5容错磁盘阵列。可配置可擦写光驱或4mm磁带机来作系统运行全备份、增量备份和历史数据备份。

PC机标准：CPU应为Pentium Ⅱ 300 MHZ以上，内存32MB以上，硬盘存储容量4GB以上。

局域网络设备：10MB/S或10MB/100MB/S自适应以太网卡，16口智能HUB（若机关局域网已配置则可免）。

调制解调器：14.4Kbps以上异步MODEM。

（3）高级运营单位的RFAMIS硬件设备配置标准

高级运营单位包括运营行业的铁路局（呼、南、柳、昆四路局除外），其他行业的总公司级单位可采用同样的硬件配置标准。

高级单位的RFAMIS应是一个局域网络系统。

服务器配置：采用小型机作为服务器，小型机可为与Alpha 4100或IBM F50相同档次的小型机，采用单个RISC型CPU，内存512MB以上，硬盘根据实际存储容量采用3×9.1GB、5×9.1GB或6×9.1GB组成RAID 5容错磁盘阵列，配置8mm磁带机来作系统运行全备份、增量备份和历史数据备份。

PC机标准：CPU应为Pentium Ⅱ 300 MHZ以上，内存32MB以上，硬盘存储容量4GB以上。

局域网络设备：10MB/100MB/S自适应以太网卡，16口SWITCH（若机关局域网已配置则可免）。

调制解调器：14.4Kbps以上异步MODEM。

4.软件配置

（1）RFAMIS操作系统的配置

RFAMIS采用Client/Server模式的局域网结构。因此，RFAMIS操作系统包括网络操作系统和前台的微机操作系统。

（2）局域网络操作系统

RFAMIS选择UNIX、Windows NT SERVER之一为其网络操作系统。两者都能较好地满足RFAMIS的系统安全性、多用户操作性以及远程通信要求，都是性能优异的网络操作系统。因此，RFAMIS的选择标准应从应用的方便性、系统维护的方便性等方面考虑。

UNIX的许多版本目前都提供了图形界面的使用窗口，使用鼠标通过图形界面可以实现大部分的网络和系统维护管理，但仍有一些管理工作需要采用仿真终端模式通过键入UNIX系统命令来实现。对于RFAMIS的上万个用户和维护人员来说，要培训他们掌握UNIX的基本理论和应用知识，需要付出巨大的代价。

由于铁路财务系统的大多数用户都在使用基于Windows 95操作系统的微机，且负责各级财务计算机应用的维护人员也都熟悉Windows 95操作系统，因此，由于界面风格、使用操作方法与Windows 95相近，Windows NT SERVER无论对于普通用户还是大量的各级RFAMIS维护人员都是较容易掌握的。

RFAMIS选择Windows NT SERVER作为其局域网络操作系统。

（3）RFAMIS的微机操作系统

微机操作系统现由Microsoft一统天下，可供选择的有Windows NT Workstation、Windows 95两种。两种微机操作系统都具有安全性较高的文件管理、存储管理、内存管理等机制，都易于实现和Windows NT SERVER的前后台网络通信。Windows 95的应用范围极广，而且以它为平台开发的应用软件众多，对16位应用程序的支持好于Windows NT Workstation。目前部分RFAMIS的基层用户尚需使用单机版本，而Windows 95作为单机操作系统优于Windows NT Workstation。

RFAMIS选择Windows 95作为前台工作站/微机的操作系统。

（4）RFAMIS数据库的选择

可供本系统选择的大型数据库有Oracle、Sybase、DB2、Informix等，这些大型网络数据库都能够满足系统各方面的安全标准、可靠性要求等。

RFAMIS是铁路MIS中的一员，需要和TMIS等系统频繁地进行数据交换，而其数千个用户的数据库管理和维护等工作需要借助于铁路各级计算中心（计算所、计算室）的技术力量。TMIS选择Oracle作为其网络数据库，并已通过各种渠道对全路数千名技术人员进行了Oracle应用和维护培训，RFAMIS应充分共享这种强大的技术力量。

大型数据库价格昂贵，且RFAMIS的数千个应用点都需要安装。在TMIS建设之初，Oracle使用权已被铁道部买断，因此，采用它作为RFAMIS的数据库，可以节省一笔巨大的投资。

RFAMIS选择ORACLE作为其数据库系统。

（5）RFAMIS应用系统开发工具的选择

目前系统开发已进入面向对象的设计思想时代，所选择的开发工具也应该是面向对象的、可视化的开发工具，同时必须支持Client/Server网络模式。

由于PowerBuilder具有提供真正的编译器，具有可视的、面向对象的、事件驱动的编程语言，可对Oracle、Sybase等大型数据进行处理，提供内嵌式SQL编辑工具，提供扩展OLE支持，支持可在Windows系列、UNIX系列操作系统上运行的32位应用程序的开发等优点，同时由于PowerBuilder具有强大的数据库编程、管理能力和开放式的数据接口，因此被评价为Client/Server体系中MIS的首选编程工具。PB支持三层的改进Client/Server模式，可增加一个Application Server层，以进一步减少Client端业务逻辑。此外，PB还具有开发界面友好、面向对象、组件技术、多种数据库支持、编程简单、支持应用的分布、支持Internet/Intranet等特点。RFAMIS选择PowerBuilder作为其开发工具。

资料来源　财政部会计司.企业内部控制基本规范讲解［M］. 北京：经济科学出版社，2010.

黄云梯.管理信息系统［M］. 北京：高等教育出版社，2000.

陈旭，毛华扬，等.会计信息系统分析与设计［M］. 北京：清华大学出版社，2009.

第二十章

内部控制评价

第一节 内部控制评价概述

一、内部控制评价的作用

《企业内部控制评价指引》第二条指出，企业内部控制评价是指企业董事会或类似权力机构对内部控制有效性进行全面评价、形成评价结论、出具评价报告的过程。它是对内部控制有效性进行鉴别的过程，是内部控制监管的重要环节。内部控制评价的主要作用具体可从以下几方面分析：

第一，内部控制评价有助于企业自我完善内控体系。内部控制评价是通过评价、反馈、再评价，报告企业在内部控制建立与实施中存在的问题，并持续地进行自我完善的过程。通过内部控制评价查找、分析内部控制缺陷并有针对性地督促落实整改，可以及时堵塞管理漏洞，防范偏离目标的各种风险，并举一反三，从设计和执行方面等全方位地健全优化管控制度，从而促进企业内控体系的不断完善。

第二，内部控制评价有助于提升企业市场形象和公众认可度。企业开展内部控制评价，需形成评价结论，出具评价报告。通过自我评价报告，将企业的风险管理水平、内部控制状况以及与此相关的发展战略、竞争优势、可持续发展能力等公布于众，树立诚信、透明、负责任的企业形象，有利于增强投资者、债权人以及其他利益相关者的信任度和认可度，为自己创造更为有利的外部环境，促进企业的可持续发展。

第三，内部控制评价有助于实现与政府监管的协调互动。政府监管部门有权对企业内部控制建立与实施的有效性进行监督检查。事实上，在有关政府部门，比如审计机关开展的国有企业负责人离任经济责任审计中，已将企业内部控制的有效性，以及企业负责人组织领导内控体系的建立与实施情况纳入审计范围，并日益成为十分重要的一部分。尽管政府部门实施企业内控监督检查有其自身的做法和特点，但监督检查的重点部位是基本一致的，比如大多涉及重大经营决策的科学性、合规性以及重要业务事项管控的有效性等。实施企业内控自我评价，能够通过自查及早排查风险、发现问题，并积极整改，有利于在配合政府监管中赢得主动，并借助政府监管成果进一步改进企业内控实施和评价工作，促进自我评价与政府监管的协调互动。

二、内部控制评价的对象

内部控制评价是对内部控制有效性发表意见。所谓内部控制有效性，是指企业建立与实施内部控制对实现控制目标提供合理保证的程度，包括内部控制设计的有效性和内部控制运行的有效性。其中，内部控制设计的有效性，是指为实现控制目标所必需的内部控制要素都存在并且设计恰当；内部控制运行的有效性，是指现有内部控制按照规定程序得到了正确执行。评价内部控制运行的有效性，应当着重考虑以下几个方面：

（1）相关控制在评价期内是如何运行的；

（2）相关控制是否得到了持续一致的运行；

（3）实施控制的人员是否具备必要的权限和能力。

需要强调的是，即使是同时满足设计有效性和运行有效性标准的内部控制，受内部控制固有局限影响，也只能为内部控制目标的实现提供合理保证，而不能提供绝对保证，不应不切实际地期望内部控制能够绝对保证内部控制目标的实现，也不应以内部控制目标的最终实现情况和程度作为唯一依据直接判断内部控制设计和运行的有效性。

三、内部控制评价的原则

内部控制评价的原则是开展评价工作应该注意的原则，与内部控制的原则不完全相同。根据《企业内部控制评价指引》第三条的规定，企业对内部控制评价至少应遵循以下原则：全面性原则、重要性原则和客观性原则。

1.全面性原则

全面性原则强调的是内部控制评价的涵盖范围应当全面，具体来说，是指内部控制评价工作应当包括内部控制的设计与运行，涵盖企业及其所属单位的各种业务和事项。

2.重要性原则

重要性原则强调内部控制评价应当在全面性的基础之上，着眼于风险，突出重点，具体来说，主要体现在制订和实施评价工作方案、分配评价资源的过程之中。它的核心要求主要包括两个方面：一是要坚持风险导向的思路，着重关注那些影响内部控制目标实现的高风险领域和风险点；二是要坚持重点突出的思路，着重关注那些重要的业务事项和关键的控制环节，以及重要业务单位。

3.客观性原则

客观性原则强调内部控制评价工作应当准确地揭示经营管理的风险状况，如实反映内部控制设计和运行的有效性。只有在内部控制评价工作方案制订、实施的全过程中始终坚持客观性，才能保证评价结果的客观性。

四、内部控制评价的组织形式和职责安排

《企业内部控制评价指引》第四条规定，企业应当根据本评价指引，结合内部控制设计与运行的实际情况，制定具体的内部控制评价办法，规定评价的原则、内容、程序、方法和报告形式等，明确相关机构或岗位的职责权限，落实责任制，按照规定的办法、程序和要求，有序开展内部控制评价工作。

企业内部控制评价办法应当结合《企业内部控制基本规范》第四十四条的规定，具体明确内部控制评价的组织形式，特别明确各有关方面在内部控制评价中的职责安排，处理好内部控制评价和内部监督的关系，定期由相对独立的人员对内部控制有效性进行科学的评价，界定内部控制缺陷认定标准，保证内部控制评价有序地开展。

（1）内部控制评价的组织形式。企业可以授权内部审计机构或专门机构（简称“内部控制评价机构”）负责内部控制评价的具体组织实施工作。

内部控制评价机构必须具备一定的设置条件：一是能够独立行使对内部控制系统建立与运行过程及结果进行监督的权力；二是具备与监督和评价内部控制系统相适应的专业胜任能力和职业道德素养；三是与企业其他职能机构就监督与评价内部控制系统方面应当保持协调一致，在工作中相互配合、相互制约，在效率效果上满足企业对内部控制系统进行监督与评价所提出的有关要求；四是能够得到企业董事会和经理层的支持，有足够的权威性来保证内部控制评价工作的顺利开展。

具体来说，企业可根据自身特点，决定是否单独设置专门的内部控制评价机构。对于单独设有专门内部控制机构的企业，也可以由内部控制机构来负责内部控制评价的具体组织实施工作。

为了保证评价的独立性，负责内部控制设计和评价的部门应适当分离。

企业可以委托会计师事务所等中介机构实施内部控制评价。此时，董事会（审计委员会）应加强对内部控制评价工作的监督与指导。从业务性质上讲，中介机构受托为企业实施内部控制评价是一种非保证服务，内部控制评价报告的责任仍然应由企业董事会承担。另外，为保证审计的独立性，为企业提供内部控制审计的会计师事务所，不得同时为同一家企业提供内部控制评价服务。

（2）有关方面在内部控制评价中的职责和任务。无论采取何种组织形式，董事会、经理层和内部控制评价机构在内部控制评价中的职能作用不会发生本质的变化。一般来说：

①董事会对内部控制评价承担最终的责任。《企业内部控制评价指引》第四条第二款规定，企业董事会应当对内部控制评价报告的真实性负责。董事会可以通过审计委员会来承担对内部控制评价的组织、领导、监督职责。董事会或审计委员会应听取内部控制评价报告，审定内控重大缺陷、重要缺陷整改意见，对内部控制部门在督促整改中遇到的困难，积极协调，排除障碍。监事会应审议内部控制评价报告，对董事会建立与实施内部控制进行监督。

②经理层负责组织实施内部控制评价工作，实际操作中，可以授权内部控制评价机构组织实施，并积极支持和配合内部控制评价的开展，创造良好的环境和条件。经理层应结合日常掌握的业务情况，为内部控制评价方案提出应重点关注的业务或事项，审定内部控制评价方案和听取内部控制评价报告；对于内部控制评价中发现的问题或报告的缺陷，要按照董事会或审计委员会的整改意见积极采取有效措施予以整改。

③内部控制评价机构根据授权承担内部控制评价的具体组织实施任务，通过复核、汇总、分析内部监督资料，结合经理层要求，拟订合理的工作评价方案并认真组织实施；对于评价过程中发现的重大问题，应及时与董事会、审计委员会或经理层沟通，并认定内部控制缺陷，拟订整改方案，编写内部控制评价报告，及时向董事会、审计委员会或经理层报告；与外部审计师沟通，督促各部门、所属企业对内、外部内控评价进行整改；根据评价和整改情况拟订内部控制考核方案。

④各专业部门应负责组织本部门的内控自查、测试和评价工作，按照对发现的设计和运行缺陷提出整改方案及具体整改计划，积极进行整改，并报送内部控制机构复核，配合内控机构（部门）及外部审计师开展企业层面的内控评价工作。

⑤企业所属单位，也应逐级落实内部控制评价责任，建立日常监控机制，开展内控自查、测试和定期检查评价，发现问题并认定内部控制有缺陷，需拟订整改方案和计划，报

本级管理层审定后，督促整改，编制内部控制评价报告，对内部控制的执行和整改情况进行考核。

企业内部控制评价办法中的原则、内容、程序、方法和报告形式参考本解读其他部分的规定。

● 第二节 内部控制评价内容

《企业内部控制评价指引》第五条到第十条具体介绍了内部控制评价内容。内部控制评价应紧紧围绕内部环境、风险评估、控制活动、信息与沟通、内部监督五要素进行。企业应结合《企业内部控制基本规范》、各项应用指引以及本企业的内部控制制度，确定具体评价内容，对内部控制设计与运行情况进行全面评价。

内部环境评价应当包括组织架构、发展战略、人力资源、企业文化、社会责任等方面。组织架构评价可以重点从机构设置的整体控制力、权责划分、相互牵制、信息流动路径等方面进行；发展战略可以重点从发展战略的制定合理性、有效实施和适当调整三方面进行；人力资源评价应当重点从企业人力资源引进结构合理性、开发机制、激励约束机制等方面进行；企业文化评价应从建设和评估两方面进行，从而促进诚信、道德价值观的提升，为内部控制的完善夯实人文基础；社会责任可以从安全生产、产品质量、环境保护与资源节约、促进就业、员工权益保护等方面进行。

风险评估评价应当对日常经营管理过程中的目标设定、风险识别、风险分析、应对策略等进行认定和评价。

控制活动评价应对企业各类业务的控制措施与流程的设计有效性和运行有效性进行认定和评价。

信息与沟通评价应当对信息收集、处理和传递的及时性，反舞弊机制的健全，财务报告的真实性，信息系统的安全性，以及利用信息系统实施内部控制的有效性进行认定和评价。

内部监督评价应当对管理层对于内部监督的协调、监督的有效性及内部控制缺陷认定的科学性、客观性、合理性进行认定和评价。

重点关注监事会、审计委员会、内部审计机构等是否在内部控制设计和运行中有效发挥作用。

企业应当以内部控制五要素为基础，建立内部控制核心指标体系，在以上评价内容的基础上，层层分解、展开，进一步细化，以下列举了可供参考的核心指标。对于内容不能详尽的，如控制活动涉及方方面面的业务，可以另外按业务列表增加。

具体评价内容确定后，根据《企业内部控制评价指引》第十一条的规定，内部控制评价工作应形成工作底稿，详细记录企业执行评价工作的内容，包括评价要素、主要风险点、采取的控制措施、有关证据资料以及认定结果等。工作底稿可以通过一系列评价表格加以实现。

● 第三节 内部控制评价的程序

《企业内部控制评价指引》第十二条至第十四条对企业组织内部控制评价程序和人

员、预算作出了具体规定。

一、内部控制评价的一般程序

内部控制评价程序一般包括：制订评价工作方案、组成评价工作组、实施现场测试、汇总评价结果、编报评价报告等，概括而言，主要分为以下几个阶段：

1.准备阶段

（1）制订评价工作方案

内部控制评价机构应当根据企业内部监督情况和管理要求，分析企业经营管理过程中的高风险领域和重要业务事项，确定检查评价方法，制订科学合理的评价工作方案，经董事会批准后实施。评价工作方案应当明确评价主体范围、工作任务、人员组织、进度安排和费用预算等相关内容。评价工作方案既可以以全面评价为主，也可以根据需要采用重点评价的方式。

（2）组成评价工作组

评价工作组在内部控制评价机构领导下，具体承担内部控制检查评价任务。内部控制评价机构根据经批准的评价方案，挑选具备独立性、专业胜任能力和职业道德素养的评价人员实施评价。评价工作组成员应当吸收企业内部相关机构熟悉情况、参与日常监控的负责人或业务骨干参加。企业应根据自身条件，尽量建立长效内部控制评价培训机制。

2.实施阶段

（1）了解被评价单位基本情况

充分与企业沟通企业文化和发展战略、组织机构设置及职责分工、领导层成员构成及分工等基本情况。

（2）确定检查评价范围和重点

评价工作组根据掌握的情况进一步确定评价范围、检查重点和抽样数量，并结合评价人员的专业背景进行合理分工。检查重点和分工情况可以根据需要进行适时调整。

（3）开展现场检查测试

评价工作组根据评价人员分工，综合运用各种评价方法对内部控制设计与运行的有效性进行现场检查测试，按要求填写工作底稿、记录相关测试结果，并对发现的内部控制缺陷进行初步认定。

3.汇总评价结果、编制评价报告阶段

评价工作组汇总评价人员的工作底稿，初步认定内部控制缺陷，形成现场评价报告。对评价工作底稿应进行交叉复核签字，并由评价工作组负责人审核后签字确认。评价工作组将评价结果及现场评价报告向被评价单位进行通报，由被评价单位相关责任人签字确认后，提交企业内部控制评价机构。

内部控制评价机构汇总各评价工作组的评价结果，对工作组现场初步认定的内部控制缺陷进行全面复核、分类汇总；对缺陷的成因、表现形式及风险程度进行定量或定性的综合分析，按照对控制目标的影响程度判定缺陷等级。

内部控制评价机构以汇总的评价结果和认定的内部控制缺陷为基础，综合内部控制工作整体情况，客观、公正、完整地编制内部控制评价报告，并报送企业经理层、董事会和监事会，由董事会最终审定后对外披露。

4.报告反馈和跟踪阶段

对于认定的内部控制缺陷，内部控制评价机构应当结合董事会和审计委员会的要求，提出整改建议，要求责任单位及时整改，并跟踪其整改落实情况；已经造成损失或负面影响的，企业应当追究相关人员的责任。

二、内部控制评价的频率

企业每年应对内部控制进行评价并予以披露。但是内部控制自我评价的方式、范围、程序和频率，由企业根据经营业务调整、经营环境变化、业务发展状况、实际风险水平等自行确定。国家有关法律法规另有规定的，从其规定。

另外，如果内部监督程序无效，或所提供信息不足以说明内部控制有效，应增加评价的频率。

三、内部控制评价的方法

（一）我国《企业内部控制评价指引》规定的方法

评价企业内部控制的有效性实质是评价内部控制为相关目标的实现提供的保证水平是否达到或超过合理保证的水平。如果保证的水平处于有效内部控制的区间内，则内部控制是有效的；如果保证的水平低于合理水平，则内部控制是无效的。从另一个角度来看，就是评价相关目标的风险在经过内部控制之后是否已经降低到了一个适当的水平，如果已经降到了一个适当的水平，则内部控制是有效的；反之，则无效。《企业内部控制评价指引》第十五条规定，内部控制评价工作组应当对被评价单位进行现场测试，综合运用个别访谈、调查问卷、专题讨论、穿行测试、实地查验、抽样和比较分析等方法，充分收集被评价单位内部控制设计和运行是否有效的证据，按照评价的具体内容，如实填写评价工作底稿，研究分析内部控制缺陷。

①个别访谈法。个别访谈法主要用于了解公司内部控制的现状，在企业层面评价及业务层面评价的了解阶段经常使用。访谈前应根据内部控制评价需求形成访谈提纲，撰写访谈纪要，记录访谈的内容。

②调查问卷法。调查问卷法主要用于企业层面评价。调查问卷应尽量扩大对象范围，包括企业各个层级员工，应注意事先保密，题目尽量简单易答（如答案只需为“是”“否”“有”“没有”等）。

③穿行测试法。穿行测试法是指在内部控制流程中任意选取一笔交易作为样本，追踪该交易从最初起源直到最终在财务报表或其他经营管理报告中反映出来的过程，即该流程从起点到终点的全过程（例如，在保险公司的内部控制评价中，选取一笔保险单，追踪其从投保申请到财务入账的全过程），以此了解控制措施设计的有效性，并识别出关键控制点。

④抽样法。抽样法分为随机抽样和其他抽样。随机抽样是指按随机原则从样本库中抽取一定数量的样本；其他抽样是指人工任意选取或按某一特定标准从样本库中抽取一定数量的样本。

⑤实地查验法。实地查验法主要针对业务层面控制，它通过使用统一的测试工作表，与实际的业务、财务单证进行核对的方法进行控制测试，如实地盘点某种存货。

⑥比较分析法。比较分析法是指通过数据分析，识别评价关注点的方法。数据分析可以是与历史数据、行业（公司）标准数据或行业最优数据等进行比较。

⑦专题讨论法。专题讨论法主要是集合有关专业人员就内部控制执行情况或控制问题进行分析，既是控制评价的手段，也是形成缺陷整改方案的途径。

此外，还可以使用观察、重新执行等方法，也可以利用信息系统开发检查方法，或利用实际工作和检查测试经验。对于企业通过系统采用自动控制、预防控制的，应在方法上注意与人工控制、发现性控制的区别。

（二）美国内部控制评价方法简介

从内部控制评价本身以及美国目前的发展情况来看，主要有详细评价法和风险基础评价法两种。

1.详细评价法

美国COSO《企业内部控制——整合框架》指出，确定某一内部控制系统是否有效是一种在评估五个要素是否存在以及是否有效发挥作用基础上的主观判断，这些要素也是有效内部控制的标准。COSO还指出，认定一个主体的企业风险管理是否"有效"，是在对八个构成要素是否存在和有效运行进行评估的基础之上所作的判断，构成要素也是判定企业风险管理有效性的标准。在美国证券交易委员会2003年6月通过的实施SOX法案404条款（SEC，2003）以及后来发布的管理层评价指南中，都强调内部控制评价的程序必须足以既能评价财务报告内部控制的设计，又能测试运行的有效性。因此，遵循这个思路，很多企业和事务所都曾经采用过详细评价法。这种方法的基本思路是：以内部控制框架或标准为参照物，根据内部控制框架的构成要素是否存在评价内部控制的设计有效性，测试内部控制的运行有效性，最后综合设计和运行的评价对内部控制的有效性作出总体评价，评估内部控制目标实现的风险，判断是否存在重大漏洞（material weaknesses），确定内部控制是否有效。详细评价法的逻辑和程序如图20-1所示。

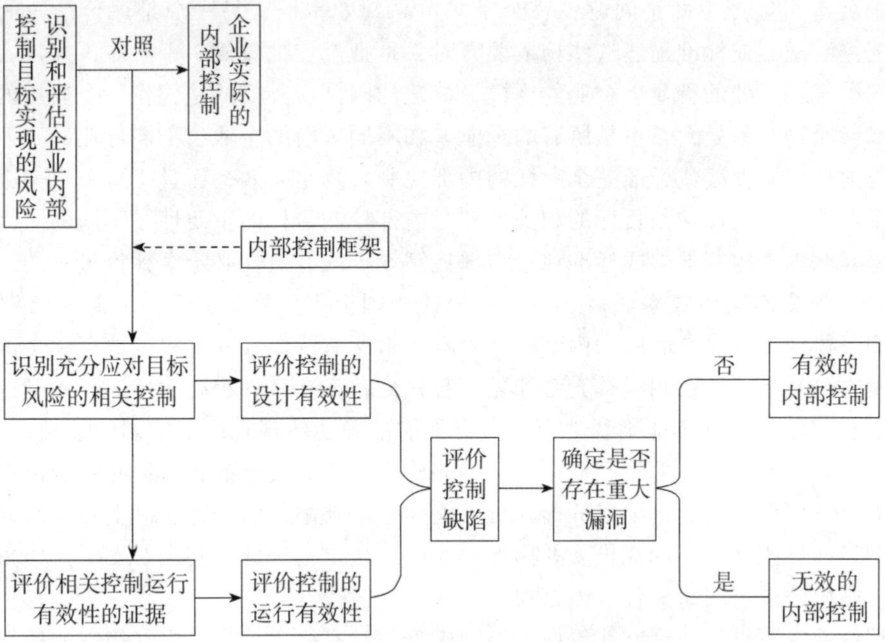

图20-1　详细评价法的逻辑和程序图

这种思路和方法在企业最初进行内部控制建设或日常的评价中应用较多。此外，在

SOX法案开始实施时，企业的管理层在评价内部控制以及注册会计师审计内部控制时，基本上都是遵照美国公共公司会计监督委员会在2004年发布的第2号审计准则（PCAOB，2004）执行的。当然，在具体的运用上，不同的企业和事务所又略有不同。

这种思路和方法的特点是从控制到风险，即从内部控制到相关目标实现的风险。这种评价思路和方法首先要根据现有的内部控制框架评价企业内部控制的设计和运行，识别出控制缺陷，然后判断是否为实质性漏洞，从而判断内部控制的有效性。评价运行有效性可以采用测试的方法确定相关的内部控制是否得到了有效实施，从理论和实务上来说不存在太大的问题，而评价设计的有效性在该方法中则是对照内部控制框架或标准进行的，所以，最关键的问题是如何对照企业内部控制框架或标准确定内部控制设计的有效性。这种对照内部控制框架或标准判断设计有效性的思路应当是来自于COSO的《企业内部控制——整合框架》等报告中提出的控制的完整性概念。COSO在这个报告中明确指出，内部控制框架的这些组成要素和标准适用于整个内部控制系统，或者是一类或多类目标。当考虑任何一类目标的控制时，例如有关财务报告的控制，所有五个要素都应该满足才能得出有关财务报告的控制是有效的结论。但是，内部控制的组成要素之间具有相互补充、相互渗透的关系，尽管五个组成要素都应该被满足，但是这并不意味着在不同的企业中每个组成要素都得到同样的执行。不同组成要素之间存在某种平衡，因为内部控制能够满足多个目标，一个组成要素中的控制可能会满足另外一个组成要素范畴内的控制需要实现的目标。而且，控制降低风险的程度是不同的，所以，效果有限的多个控制一起实施可以达到满意的效果。

鉴于上述原因，尽管内部控制的框架或标准描述了一个有效的内部控制系统所应当具备的构成要素，如果采用简单的一一对应的方法对照内部控制框架来评价内部控制设计的有效性，就有可能产生两个问题：一个是成本高，效率低；另一个是评价结论的不可靠性。内部控制框架或标准描述这些构成要素时，是把企业抽象成一个主体，并没有考虑企业所处的国家、所处的行业、企业的规模等特定的因素，其目的是构建一个通用的内部控制标准和参照物。但是，并不是所有的企业（如不同规模的企业、不同行业的企业）都必须具备与内部控制框架或标准完全一样的内部控制才算是有效，而且，这个框架中的所有要素涉及的控制与内部控制目标的相关性和对内部控制目标的重要性是不同的。因此，一一对应地对照内部控制框架或标准评价内部控制设计的有效性必定会评价过多的、不必要的控制，导致成本高而效率低，这一点已经在美国上市公司过去几年实施SOX法案的经历中得到了体现。同时，有效的内部控制并不要求所有的要素同等程度地存在，因为内部控制要素本身具有一定的相互补充性和相互替代性，存在某种程度的平衡，并且这种替代或平衡在很多情况下并不能确切地衡量，也不能准确地体现在内部控制的框架或标准中。所以，一一对应地对照内部控制框架或标准评价内部控制设计的有效性必定会出现评价结论的偏差。按照内部控制框架或标准评价可能是一个缺陷，但是，实际上却是有效的，这一点很明显地体现在了不同规模企业内部控制的评价上。为此，美国COSO于2006年发布了《较小规模公众公司财务报告内部控制指南》。

根据内部控制框架或标准评价内部控制本身并没有错，但是，内部控制的框架或标准本身是一个通用的框架，更多地关注内部控制的“what and why”，即使是COSO 2006年发布的《较小规模公众公司财务报告内部控制指南》也“主要被设计用于帮助管理者建立和保持有效的财务报告内部控制”，尽管这些框架或标准提供了评价有效性的标准，但不够细致，不足以说明如何完成内部控制有效性的评价。所以，这个思路如果用于内部控制的建立和保持应当是比较适合的，而如果用于内部控制有效性的年度评价则并不十分恰当，这一点在美国上市公司过去几年的经历中得到了充分的体现。

2.风险基础评价法

企业内部控制的另一种思路和方法不是从控制到风险，而是从风险到控制，即从内部控制相关目标实现的风险到内部控制。首先，要评估相关目标实现的风险；其次，识别和确定企业充分应对这些风险的内部控制是否存在，即评价内部控制的设计应对相关目标实现风险的有效性；再次，识别和确定内部控制运行有效性的证据，评价现有的控制是否得到了有效的运行；最后，对控制缺陷进行评估，判定是否构成实质性漏洞，确定内部控制是否有效。对于不同的目标来说，目标风险的含义、内部控制重大漏洞的含义是不相同的，在评价每一类目标时都需要做具体设定。风险基础评价法的逻辑和程序如图20-2所示。

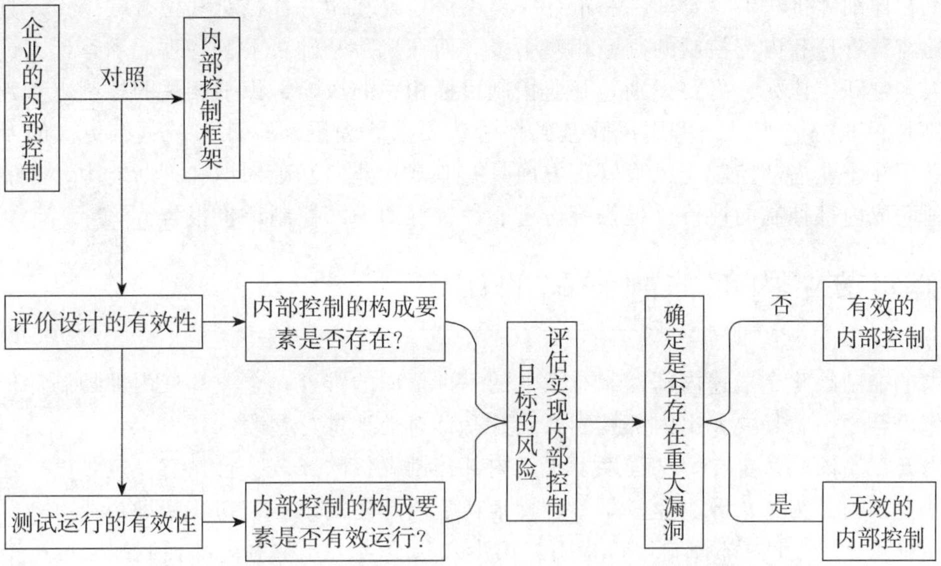

图20-2　风险基础评价法的逻辑和程序图

“风险基础”和“自上而下”的理念在这种方法中得到了充分的体现。“风险基础”主要体现在：以评估控制目标实现的风险为起点；关注重要的财务报告和披露风险与问题；仅评价充分应对风险的控制；证据的获取和场所的选择依据风险评估的结果；评价结论（内部控制是否有效）也是风险基础的，判断内部控制是否有效也是以内部控制是否很可能防止或发现财务报表中的重要错报为依据的。“自上而下”主要体现在：从财务报表整体开始，然后到账户、披露；从公司层面的控制开始，然后到活动层面的控制。美国证券交易委员会和公共公司会计监督委员会于2007年6月分别发布的管理层报告内部控制的指南（SEC，2007）和内部控制审计准则（PCAOB，2007）都采用了这一思路。

风险基础评价法与详细评价法的区别类似于财务报表的详细审计与财务报表的风险基础审计，主要体现在以下几个方面：

第一，风险基础法首先评估实现内部控制相关目标的风险，根据风险评估的结果对照企业的内部控制，参考内部控制框架来判断企业内部控制设计的有效性。这样做的好处是：一方面，可以充分考虑企业特定的情况，避免与内部控制框架的简单核对，具有更好的成本效益性和更广泛的适用性和灵活性；另一方面，关注最重要的风险，提高了评价的成本效益和效率。

第二，风险基础法在确定内部控制的测试范围和收集证据时也是以风险评估为基础的，这样同样可以提高评价的成本效益和效率。

第三，风险基础法需要更高程度的专业判断。无论是评价内部控制设计的有效性，还是测试内部控制运行的有效性都是根据最初的风险评估和后续的风险评估进行的，这与详细评价法下根据一个确定的框架来评价相比需要更高程度的专业判断。

比较上述两种评价方法的优劣以及从国际发展的总体趋势来看，风险基础的内部控制评价方法必然是未来的发展方向，因为无论是基于成本效益的考虑，还是与企业的实际情况相结合，从确保评价的合理性来说，风险基础评价法都比详细评价法具有明显的优势。但是，值得注意的是，风险基础评价法比详细评价法对企业管理层和审计人员的要求要高得多。在详细评价法下，管理层和审计人员更多地是在做一种核对和检查的工作，直接对企业的经营管理和内部控制的判断相对不多。而在风险基础法下，管理层和审计人员需要进行很多判断，比如，需要识别与企业控制目标相关的风险，识别相关的控制以及判断相关控制是否充分。所以，采用风险基础评价法要求管理层和审计人员具有更高的专业技能，必须在企业内部控制与风险管理方面具有非常专业的基础知识和判断能力，才能更加有效地完成内部控制的评价，提供一份可靠性较好的内部控制评价报告。

第四节　内部控制缺陷的认定

内部控制缺陷是描述内部控制有效性的一个负向的维度。企业开展内部控制评价，主要工作内容之一就是要找出内部控制缺陷并有针对性地进行整改。

内部控制缺陷认定在一定程度上决定内部控制评价的成效，且具有一定难度，还需要运用职业判断。为了指导企业科学、合理地认定内部控制缺陷，切实帮助企业有效开展内部控制评价，《企业内部控制评价指引》第十六条至第十九条对内部控制缺陷的分类、认定等作出专门的解释。

一、内部控制缺陷的分类

（1）按照成因或来源，内部控制缺陷包括设计缺陷和运行缺陷。

设计缺陷是指企业缺少为实现控制目标所必需的控制，或现存控制设计不适当，即使正常运行也难以实现控制目标。

运行缺陷是指设计有效（合理且适当）的内部控制由于运行不当（包括由不恰当的人执行、未按设计的方式运行、运行的时间或频率不当、没有得到一贯有效的运行等）而形成的内部控制缺陷。内部控制存在设计缺陷和运行缺陷，会影响内部控制的设计有效性和运行有效性。

（2）按照影响企业内部控制目标实现的严重程度，内部控制缺陷分为重大缺陷、重要缺陷和一般缺陷。

重大缺陷是指一个或多个控制缺陷的组合，可能导致企业严重偏离控制目标。当存在任何一个或多个内部控制重大缺陷时，应当在内部控制评价报告中作出内部控制无效的结论。

重要缺陷是指一个或多个控制缺陷的组合，其严重程度低于重大缺陷，但仍有可能导致企业偏离控制目标。重要缺陷的严重程度低于重大缺陷，不会严重危及内部控制的整体有效性，但也应当引起董事会、经理层的充分关注。

一般缺陷是指除重大缺陷、重要缺陷以外的其他控制缺陷。

将内部控制评价中发现的内部控制缺陷划分为重大缺陷、重要缺陷和一般缺陷，需要借助一套可系统遵循的认定标准，认定过程中还需要内部控制评价人员充分运用职业判断。一般而言，如果一个企业存在的内部控制缺陷达到了重大缺陷的程度，我们就不能说该企业的内部控制是整体有效的。

（3）按照具体影响内部控制目标的具体表现形式，还可以将内部控制缺陷分为财务报告缺陷和非财务报告缺陷。

二、内部控制缺陷的认定标准

1.内部控制缺陷的重要性和影响程度

《企业内部控制评价指引》第十六条规定，企业对内部控制缺陷的认定，应当以构成内部控制的内部监督要素中的日常监督和专项监督为基础，结合年度内部控制评价，由内部控制评价机构进行综合分析后提出认定意见，按照规定的权限和程序进行审核，由董事会予以最终确定。

首先，内部控制评价从属于内部监督，是监督结果的总体体现。在企业正常的生产经营中，内部控制评价倚重内部监督。其次，在充分利用日常监督与专项监督结果的基础上，至少每年由内部控制评价机构对内部控制的五要素相对独立地进行评价，全面地、综合地分析，提出认定意见，报董事会审定。再次，企业应当根据评价指引，结合自身情况和关注的重点，自行确定内部控制重大缺陷、重要缺陷和一般缺陷的具体认定标准。最后，根据具体认定标准确定企业存在的内部控制缺陷，由董事会最终审定。企业在确定内部控制缺陷的认定标准时，应当充分考虑内部控制缺陷的重要性及其影响程度。

内部控制缺陷的重要性及其影响程度是相对于内部控制目标而言的。按照对财务报告目标和其他内部控制目标实现的影响的具体表现形式，下面区分财务报告内部控制缺陷和非财务报告内部控制缺陷分别阐述内部控制缺陷的认定标准。

2.财务报告内部控制缺陷的认定标准

财务报告内部控制是指针对财务报告目标而设计和实施的内部控制。由于财务报告内部控制的目标集中体现为财务报告的可靠性，因而财务报告内部控制的缺陷主要是指不能合理保证财务报告可靠性的内部控制设计和运行缺陷。

换句话说，财务报告内部控制的缺陷，是指不能及时防止或发现并纠正财务报告错报的内部控制缺陷。

将财务报告内部控制的缺陷划分为重大缺陷、重要缺陷和一般缺陷，所采用的认定标准直接取决于由于该内部控制缺陷的存在可能导致的财务报告错报的重要程度。这种重要程度主要取决于两个方面的因素：

（1）该缺陷是否具备合理可能性导致企业的内部控制不能及时防止或发现并纠正财务报告错报。合理可能性是指大于微小可能性（几乎不可能发生）的可能性。确定是否具备合理可能性涉及评价人员的职业判断。

（2）该缺陷单独或连同其他缺陷可能导致的潜在错报金额的大小。另外，一些迹象通常表明财务报告内部控制可能存在重大缺陷：

①董事、监事和高级管理人员舞弊；

②企业更正已公布的财务报告；

③注册会计师发现当期财务报告存在重大错报，而内部控制在运行过程中未能发现该错报；

④企业审计委员会和内部审计机构对内部控制的监督无效。

一般而言，如果一项内部控制缺陷单独或连同其他缺陷具备合理可能性导致不能及时防止或发现并纠正财务报告中的重大错报，就应将该缺陷认定为重大缺陷。重大错报中的“重大”，涉及企业管理层确定的财务报告的重要性水平。

一般企业可以采用绝对金额法（例如，规定金额超过10 000元的错报应当认定为重大错报）或相对比例法（例如，规定超过资产总额1%的错报应当认定为重大错报）来确定重要性水平。如果企业的财务报告内部控制存在一项或多项重大缺陷，就不能得出该企业的财务报告内部控制有效的结论。

一项内部控制缺陷单独或连同其他缺陷具备合理可能性导致不能及时防止或发现并纠正财务报告中虽然未达到和超过重要性水平、但仍应引起董事会和管理层重视的错报，就应将该缺陷认定为重要缺陷。不构成重大缺陷和重要缺陷的内部控制缺陷，应认定为一般缺陷。

3.非财务报告内部控制缺陷的认定标准

非财务报告内部控制是指针对除财务报告目标之外的其他目标的内部控制。这些目标一般包括战略目标、资产安全、经营目标、合规目标等。非财务报告评价应当作为企业内部控制评价的重点。

非财务报告内部控制缺陷认定具有涉及面广、认定难度大的特点。企业可以根据风险评估的各项工作，对《企业内部控制应用指引》中每一篇应用指引所阐述的风险，根据自身的实际情况、管理现状和发展要求，加以细化或按内部控制原理补充，参照财务报告内部控制缺陷的认定标准，合理确定定性和定量的认定标准，根据其对内部控制目标实现的影响程度认定为一般缺陷、重要缺陷和重大缺陷。其中：定量标准，即涉及金额大小，既可以根据造成直接财产损失绝对金额制定，也可以根据其直接损失占本企业资产、销售收入及利润等的比率确定；定性标准，即涉及业务性质的严重程度，可根据其直接或潜在负面影响的性质、影响的范围等因素确定。以下迹象通常表明非财务报告内部控制可能存在重大缺陷：

（1）国有企业缺乏民主决策程序，如缺乏“三重一大”决策程序；

（2）企业决策程序不科学，如决策失误，导致并购不成功；

（3）违反国家法律、法规，如环境污染；

（4）管理人员或技术人员纷纷流失；

（5）媒体负面新闻频现；

（6）内部控制评价的结果特别是重大或重要缺陷未得到整改；

（7）重要业务缺乏制度控制或制度系统性失效。

为避免企业操纵内部控制评价报告，非财务报告内部控制缺陷认定标准一经确定，必须在不同评价期间保持一致，不得随意变更。

需要强调的是，在内部控制的非财务报告目标中，战略和经营目标的实现往往受到企业不可控的诸多外部因素的影响，企业的内部控制只能合理保证董事会和管理层了解这些目标的实现程度。因而，在认定针对这些控制目标的内部控制缺陷时，我们不能只考虑最终的结果，而主要应该考虑企业制定战略、开展经营活动的机制和程序是否符合内部控制要求，以及不适当的机制和程序对企业战略及经营目标实现可能造成的影响。

三、内部控制缺陷的报告与整改

1.内部控制缺陷报告的格式和途径

《企业内部控制评价指引》第十九条规定，企业内部控制评价机构应当编制内部控制缺陷认定汇总表，结合日常监督和专项监督发现的内部控制缺陷及其持续改进情况，对内部控制缺陷及其成因、表现形式和影响程度进行综合分析和全面复核，提出认定意见（针对财务报告内部控制的缺陷，一般还应当反映缺陷对财务报告的具体影响），并以适当的形式向董事会、监事会或者经理层报告。重大缺陷应当由董事会予以最终认定。企业对于认定的重大缺陷，应当及时采取应对策略，切实将风险控制在可承受范围之内，并追究有关部门或相关人员的责任。

内部控制缺陷报告应当采取书面形式，可以单独报告，也可以作为内部控制评价报告的一个重要组成部分。一般而言，内部控制的一般缺陷、重要缺陷应定期（至少每年）报告，重大缺陷应立即报告。对于重大缺陷和重要缺陷及整改方案，应向董事会（审计委员会）、监事会或经理层报告并审定。如果出现不适合向经理层报告的情形，例如，存在与管理层舞弊相关的内部控制缺陷，或存在管理层凌驾于内部控制之上的情形，应当直接向董事会（审计委员会）、监事会报告。

对于一般缺陷，可以与企业经理层报告，并视情况考虑是否需要向董事会（审计委员会）、监事会报告。

2.内部控制缺陷整改方案及期限

企业内部控制评价机构应当就发现的内部控制缺陷提出整改建议，并报经理层、董事会（审计委员会）、监事会批准。获批后，应制订切实可行的整改方案，包括整改目标、内容、步骤、措施、方法和期限。整改期限超过一年的，整改目标应明确近期和远期目标以及相应的整改工作内容。

第五节　内部控制评价报告

内部控制评价报告是内部控制评价的最终体现，按照编制主体、报送对象和时间，分为对内报告和对外报告。对外报告的内容、格式等强调符合披露要求，时间具有强制性；对内报告则主要以符合企业董事会（审计委员会）、经理层需要为主，编制主体层级更多、内容更加详尽、格式更加多样，时间可以定期或不定期。《企业内部控制评价指引》第二十条规定，企业应当根据《企业内部控制基本规范》、应用指引和本指引，设计内部控制评价报告的种类、格式和内容，明确内部控制评价报告编制程序和要求，按照规定的权限报经批准后对外报出。

一、内部控制评价报告的内容和格式

《企业内部控制评价指引》第二十一条和二十二条规定了对外披露的内容。内部控制评价报告对外披露的至少应包括以下内容：

（1）董事会对内部控制报告真实性的声明。声明董事会及全体董事对报告内容的真实性、准确性、完整性承担个别及连带责任，保证报告内容不存在任何虚假记载、误导性陈述或重大遗漏。

（2）内部控制评价工作的总体情况。明确企业内部控制评价工作的组织、领导体制、进度安排、是否聘请会计师事务所对内部控制有效性进行独立审计。

（3）内部控制评价的依据。说明企业开展内部控制评价工作所依据的法律法规和规章制度。

（4）内部控制评价的范围。描述内部控制评价所涵盖的被评价单位、纳入评价范围的业务事项，以及重点关注的高风险领域。内部控制评价的范围如有所遗漏，应说明原因及其对内部控制评价报告真实完整性产生的重大影响等。

（5）内部控制评价的程序和方法。描述内部控制评价工作遵循的基本流程，以及评价过程中采用的主要方法。

（6）内部控制缺陷及其认定。描述适用本企业的内部控制缺陷具体认定标准，并声明与以前年度保持一致或作出的调整及相应原因；根据内部控制缺陷认定标准，确定评价期末存在的重大缺陷、重要缺陷和一般缺陷。

（7）内部控制缺陷的整改情况及重大缺陷拟采取的整改措施。对于评价期间发现、期末已完成整改的重大缺陷，说明企业有足够的测试样本显示与该重大缺陷相关的内部控制设计且运行有效和针对评价期末存在的内部控制缺陷，公司拟采取的整改措施及预期效果。

（8）内部控制有效性的结论。对不存在重大缺陷的情形，出具评价期末内部控制有效结论；对存在重大缺陷的情形，不得作出内部控制有效的结论，并需描述该重大缺陷的性质及其对实现相关控制目标的影响程度，可能给公司未来生产经营带来相关风险。自内部控制评价报告基准日至内部控制评价报告发出日之间发生重大缺陷的，企业须责成内部控制评价机构予以核实，并根据核查结果对评价结论进行相应调整，说明董事会拟采取的措施。

二、内部控制评价报告的参考格式

常见的内部控制评价报告参考格式如下：

××股份有限公司20××年度内部控制评价报告

董事会全体成员保证本报告内容真实、准确和完整，没有虚假记载、误导性陈述或者重大遗漏。

××股份有限公司全体股东：

××公司董事会（以下简称“董事会”）对建立和维护充分的财务报告相关内部控制制度负责。

财务报告相关内部控制的目标是保证财务报告信息真实完整和可靠，防范重大错报风险。由于内部控制存在固有局限性，因此仅能对上述目标提供合理保证。

董事会已按照《企业内部控制基本规范》的要求对财务报告相关内部控制进行了评价，并认为其在××××年××月××日（基准日）有效［或在以下方面存在重大缺陷：对重大缺陷的说明。公司已对该缺陷采取（或拟对该缺陷采取）如下整改措施：[整改措施]]。

我公司聘请的[会计师事务所名称]已对公司财务报告相关内部控制有效性进行了审计，出具了[审计意见]。

我公司在内部控制自我评价过程中关注到的与非财务报告相关的内部控制缺陷情况包括[具体缺陷情况]。

董事长：（签名）

××股份有限公司

[日期]

上市公司董事关于《董事会关于公司内部控制的自我评估报告》审议的工作底稿：

一、董事对公司内部控制的自我评估应完成工作底稿，形成评估依据。

二、公司董事会秘书至少应于董事会审议公司年度报告会议通知发出时，将本底稿交给各董事。

三、该底稿应由董事亲笔填写。

四、公司应为董事填写工作底稿有关内容提供便利。

五、董事在审议内部控制自我评估报告之前，应至少关注以下内容并形成工作底稿：

1.公司是否已经建立内部控制制度并形成书面文件？

是□　否□

2.检查监督部门设置情况：

（1）公司是否已确定一个或多个专门职能部门（以下简称“检查监督部门”）负责内部控制的日常检查监督工作？

是□　否□

如是，请说明该部门名称。

（2）如已确定检查监督部门，公司是否根据相关规定以及公司情况配备专门的内部控制检查监督人员？

是□　否□

如是，请说明配备人数。

（3）检查监督部门负责人的任免由谁决定？

3.检查监督部门报告情况：

（1）检查监督部门是否定期直接向董事会或其下设审计委员会等专业委员会报告内部控制检查监督工作情况？

是□　否□

如是，请说明本年度报告次数。

（2）本年度检查监督部门发现的问题都有哪些？

（3）检查监督部门对发现的问题是否提出过解决建议？

是□　否□

如是，请说明具体建议。

4.截至评估报告编报之日，公司对检查监督部门发现的问题已采取的更正或改进措施有哪些？

5.公司是否聘请过中介机构协助本公司建立健全内部控制制度？

是□　否□

6.独立董事内部控制评估过程中的工作：

（1）董事会审议本年度年报前，独立董事是否与财务总监、财务部门负责人及报表编制人员进行过沟通？

是□　否□

（2）在与上述人员进行沟通过程中，独立董事是否发现在编制年报时，公司存在对本年度内季报、半年报已披露内容进行调整的情况？

是□　否□

（3）本年度独立董事是否就年报审计问题与会计师事务所进行过沟通？

是□　否□

（4）在与会计师事务所沟通过程中，独立董事是否发现在编制年报时，公司存在对本年度季报、半年报已披露内容进行调整的情况？

是□　否□

（5）在与会计师事务所沟通过程中，独立董事知悉公司与财务报告相关的内部控制存在的问题有哪些？

（6）本年度公司是否发生过对已披露财务信息进行更正或补充的情况？

是□　否□

如是，请说明发生的次数和基本情况。

（7）如本年度存在对季报、半年报已披露内容进行调整的情况或发生过对已披露财务信息进行更正或补充的情况，独立董事是否在内部控制方面提出解决措施，并与管理层沟通？

是□　否□

如是，请说明提出的具体措施。

（8）如聘请过中介机构协助公司建立健全内部控制制度，在与该中介机构沟通过程中，独立董事是否知悉公司内部控制存在的问题？

是□　否□

如是，请说明存在的问题。

7.董事会在自我评估过程中发现的问题：

（1）本年度，是否发现公司财务报告或相关信息存在不真实、不准确或不完整的情况？

是□　否□

（2）本年度是否发生被相关部门或监管机构（如工商、税务、环保部门等）处罚的情况？

是□　否□

如是，请说明具体情况。

（3）本年度公司是否发生因内控缺失而造成的重大资产损失？

是□　否□

如是，请说明具体情况及原因。

（4）公司是否存在由于高管舞弊而导致内部控制失效的情况？

是□ 否□

（5）董事会是否了解监事会在审议年度监事会工作报告中对公司内部控制的意见或建议？

是□ 否□

（6）董事会在自我评估过程中发现的其他问题。

六、对公司内部控制的总体评估意见：[评估意见]

董事：

年 月 日

对内报告的格式、内容应该在符合以上要求的基础上进一步详尽地设计和表达。

三、内部控制评价报告的编制和报送

《企业内部控制评价指引》第二十三条规定，企业应当根据年度内部控制评价结果，结合内部控制评价工作底稿和内部控制缺陷汇总表等资料，按照规定的程序和要求，及时编制内部控制评价报告。

1.评价报告的编制

（1）内部控制评价报告的编制时间。企业应当根据内部控制评价结果和整改情况，编制内部控制评价报告。内部控制评价报告分为定期内部控制评价报告和非定期内部控制评价报告。

企业应该定期进行内部控制评价并发布内部控制评价报告。企业至少应该每年进行一次内部控制评价并由董事会对外发布内部控制评价报告。年度内部控制评价报告应当以12月31日作为基准日。

非定期内部控制评价报告可以是因特殊事项或原因（如企业因目标变化或提升）而对外发布的内部控制评价报告，也可以是企业针对发现的重大缺陷专项内部控制评价等向董事会（审计委员会）或经理层报送的内部报告（即内部控制缺陷报告）。

（2）内部控制评价报告的编制主体。内部控制评价报告的编制主体包括单个企业和企业集团的母公司。单个企业内部控制评价报告是指某一企业以自身经营业务和管理活动为辐射范围编制的内部控制评价报告，属于对内报告；企业集团的母公司内部控制评价报告是企业集团的母公司在汇总、复核、评价、分析后，以母公司及下属（或控股子公司）的经营业务和管理活动为辐射范围编制的内部控制评价报告，是对企业集团内部控制设计有效性和运行有效性的总体评价，可以是对内或对外报告。

2.评价报告的报送

《企业内部控制评价指引》第二十四条至第二十六条规定了评价报告及内部控制审计报告对外报送的要求。

此外，企业内部控制评价报告应按规定报送有关监管部门，如国有控股企业应按要求报送国有资产监督管理部门和财政部门、金融企业应按规定报送银行业监督管理部门和保险监督管理部门、公开发行证券的企业应报送证券监督管理部门。

四、内部控制评价报告的披露和使用

1.评价报告的披露

公司的价值创造能力不仅取决于现有的经营基础和目前的盈利水平，更主要取决于公司的决策科学性和管控能力。公众公司必须向社会披露内部控制评价报告，满足投资者及利益相关者了解企业治理水平、管理规范化和抵御各类风险的能力的需要，为他们作出投资决策和相关决策提供更好的服务。

2.评价报告的使用

企业内部控制评价对外报告的使用者包括政府有关监管部门、投资者以及其他利益相关者、中介机构和研究机构等；对内报告的使用者主要是企业董事会（审计委员会）、各层级管理者以及有关监管部门。

内部控制评价是企业董事会对本企业内部控制有效性的自我评价，具有一定的主观性，在此基础上形成的内部控制评价报告也因此只能作为有关方面了解企业内部控制设计与运行情况的途径之一。在使用内部控制评价报告时，还应注意与内部控制注册会计师审计报告、内部控制监管信息、财务报告信息等相关信息结合使用，以起到全面分析、综合判断、相互验证的效果。

《企业内部控制评价指引》第二十七条规定，建立内部控制评价工作档案管理制度。内部控制评价的有关文件资料、工作底稿和证明材料等应当妥善保管，年度报告应永久保存。

第二十一章

内部控制审计

第一节　内部控制审计概述

内部控制审计就是确认、评价企业内部控制有效性的过程，包括确认和评价企业内部控制设计和控制运行缺陷和缺陷等级，分析缺陷形成原因，提出改进内部控制建议。内部控制审计是通过对被审计单位的内部控制制度的审查、分析测试、评价，确定其可信程度，从而对内部控制是否有效作出鉴定的一种现代审计方法。

内部控制审计是内部控制的再控制，它是企业改善经营管理、提高经济效益的自我需要。财政部、审计署、证监会、银监会、保监会颁布的《企业内部控制基本规范》是内部控制审计的重要依据。依据沪深两市上市公司内部控制指引，沪深两市鼓励上市公司董事会开展内部控制自我评价，在披露年报时披露内部控制自我评价报告，并且同时披露负责年报审计的会计师事务所的审核评价意见。一般地，企业内部审计部门负责内部控制审计，也可以委托不负责年审的会计师事务所开展内部控制审计。

一、实施内部控制审计的必要性

内部控制作为企业的一项重要管理活动，主要试图解决三个方面的基本问题，即财务报告及相关信息的可靠性、资产的安全完整以及对法律法规的遵循。与此同时，促进提高经营的效率效果，并促进实现企业的发展战略。安然、世通等一系列公司财务报表舞弊事件发生后，人们认识到健全有效的内部控制对预防此类事件的发生至关重要。各国政府监管机构、企业界和会计职业界对内部控制的重视程度也进一步提升，从注重财务报告本身可靠性转向注重对保证财务报告可靠性机制的建设，也就是通过过程的有效来保证结果的有效。资本市场上的投资者甚至社会公众要求企业披露其与内部控制相关的信息，并要求经过注册会计师审计以增强信息的可靠性。

但是，在财务报表审计中，只有在以下两种情况下才强制要求对内部控制进行测试：在评估认定层次重大错报风险时，预期控制的运行是有效的（即在确定实质性程序的性质、时间安排和范围时，注册会计师拟信赖内部控制运行的有效性）；或者仅实施实质性程序并不能够提供认定层次充分、适当的审计证据。可见，注册会计师对内部控制的了解和测试不足以对内部控制发表意见，难以满足信息使用者的需求。因此，内部控制审计逐渐发展起来，很多国家要求注册会计师对内部控制设计和运行的有效性进行审计或鉴证。例如，美国《萨班斯-奥克斯利法案》404条款和日本《金融商品交易法》要求审计师对企业管理层对财务报告内部控制的评价进行审计；我国《企业内部控制基本规范》要求会计师事务所对企业内部控制的有效性进行审计，出具审计报告，并专门制定《企业内部控制审计指引》规范内部控制审计工作。

二、各国对内部控制审计的要求

1.西方国家对内部控制审计的要求

比较研究美国、日本、欧盟、加拿大和英国等国家及地区出台的内控审计标准可以得出以下结论：

（1）美国和日本均以法案形式强制要求对企业财务报告内部控制进行审计；欧盟、加拿大、英国未强制要求进行内控审计，但英国等国的上市规则要求审计师对管理层作出的内部控制声明进行形式上的审阅。

（2）强制要求进行内部控制审计的国家，如美国和日本等，内部控制审计与年度财务报表审计整合进行。其中，美国要求由同一家会计师事务所将内部控制审计与财务报表审计整合进行；而日本则不仅如此，还要求同一个审计师从计划审计工作、实施审计程序获取审计证据、评价审计证据的充分性和适当性，直到发表审计意见的整个过程中，将两种审计作为一个整体进行。

2.我国对内部控制审计的要求

我国《企业内部控制基本规范》及配套指引的发布，要求执行企业内控规范体系的企业，必须对本企业内部控制的有效性进行自我评价，披露年度自我评价报告，同时聘请具有证券期货业务资格的会计师事务所对其财务报告内部控制的有效性进行审计，出具审计报告。注册会计师在内部控制审计过程中注意到的企业非财务报告内部控制的重大缺陷，应当提示投资者、债权人和其他利益相关者关注。

这意味着，企业内部控制审计业务由原来的一次性业务或面向少数企业的业务（A股企业原先仅在IPO时需要，或者赴美国和日本等地上市企业需要，或者金融证券等高风险行业需要），变成了与财务报表审计一样的经常性业务，每年需执行一次。

对于执行内部控制审计的会计师事务所来讲，对公司上市前要进行内部控制审计，上市后也要进行内部控制审计。

三、内部控制审计的定义

内部控制审计，是指会计师事务所接受委托，对特定基准日内部控制设计与运行的有效性进行审计。

1.企业内部控制审计基于特定基准日

注册会计师基于基准日（如12月31日）内部控制的有效性发表意见，而不是对财务报表涵盖的整个期间（如1年）的内部控制的有效性发表意见。但这并不意味着注册会计师只关注企业基准日当天的内部控制，而是要考察企业一个时期内（足够长的一段时间）内部控制的设计和运行情况。例如，注册会计师可能在5月份对企业的内部控制进行测试，发现问题后提请企业进行整改，如6月份整改，企业的内部控制在整改后要运行一段时间（如至少1个月），8月份注册会计师再对整改后的内部控制进行测试。因此，虽然是对企业12月31日（基准日）内部控制的设计和运行发表意见，但这里的基准日不是一个简单的时点概念，而是体现内部控制这个过程向前的延续性。注册会计师所采用的内部控制审计的程序和方法，也体现了这种延续性。

2.财务报告内部控制与非财务报告内部控制

《企业内部控制审计指引》第四条第二款规定，注册会计师应当对财务报告内部控制的有效性发表审计意见，并对内部控制审计过程中注意到的非财务报告内部控制的重大缺陷，在内部控制审计报告中增加“非财务报告内部控制重大缺陷描述段”予以披露。

财务报告内部控制，是指企业为了合理保证财务报告及相关信息真实完整而设计和运行的内部控制，以及用于保护资产安全的内部控制中与财务报告可靠性目标相关的控制，主要包括下列方面的政策和程序：

（1）保存充分、适当的记录，准确、公允地反映企业的交易和事项；

（2）合理保证按照企业会计准则的规定编制财务报表；

（3）合理保证收入和支出的发生以及资产的取得、使用或处置经过适当授权；

（4）合理保证及时防止或发现并纠正未经授权的、对财务报表有重大影响的交易和事项。

非财务报告内部控制，是指除财务报告内部控制之外的其他控制，通常是指为了合理保证经营的效率效果、遵守法律法规、实现发展战略而设计和运行的控制，以及用于保护资产安全的内部控制中与财务报告可靠性目标无关的控制。

四、企业内控责任与注册会计师审计责任的关系

《企业内部控制审计指引》第三条规定，建立健全和有效实施内部控制，评价内部控制的有效性是企业董事会的责任。按照本指引的要求，在实施审计工作的基础上对内部控制的有效性发表审计意见，是注册会计师的责任。

两者之间的关系和会计责任与审计责任的区分保持一致，即建立健全和有效实施内部控制是企业董事会（或类似决策机构，下同）的责任；按照《企业内部控制审计指引》的要求，在实施审计工作的基础上对企业内部控制的有效性发表审计意见，是注册会计师的责任。换言之，内控本身有效与否是企业的内控责任，是否遵循审计指引开展内控审计并发表恰当的审计意见是注册会计师的审计责任。因此，注册会计师在实施内控审计之前，应当在业务约定书中明确双方的责任；在发表内控审计意见之前，应当取得经企业签署的内控书面声明。

五、整合审计

《企业内部控制审计指引》第五条规定，注册会计师可以单独进行内部控制审计，也可以将内部控制审计与财务报表审计整合进行（下称“整合审计”）。

理解这一规定，要明确两点：一是内部控制审计与财务报表审计是两种不同的审计业务，二者的目标不同；二是内部控制审计与财务报表审计可以整合起来进行。

1.内部控制审计与财务报表审计的异同

内部控制审计要求对企业内部控制设计和运行的有效性进行测试，在财务报表审计中，也要求了解企业的内部控制，并在需要时测试控制，这是两种审计的相同之处，也是整合审计中应整合的部分。但由于两种审计的目标不同，审计指引要求在整合审计中，注册会计师对内部控制设计与运行的有效性进行测试，要同时实现两个目的：

（1）获取充分、适当的证据，支持在内部控制审计中对内部控制有效性发表的意见；

（2）获取充分、适当的证据，支持在财务报表审计中对控制风险的评估结果。

2.两种审计的整合

财务报告内部控制审计与财务报表审计通常使用相同的重要性（或重要性水平），在实务中两者很难分开。因为注册会计师在审计财务报表时需获得的信息在很大程度上依赖注册会计师对内部控制有效性得出的结论。注册会计师可以利用在一种审计中获得的结果为另一种审计中的判断和拟实施的程序提供信息。

实施财务报表审计时，注册会计师可以利用内部控制审计的结果来修改实质性程序的性质、时间安排和范围，并且可以利用该结果来支持分析程序中所使用的信息的完整性和准确性。在确定实质性程序的性质、时间安排和范围时，注册会计师需要慎重考虑识别出的控制缺陷。

实施内部控制审计时，注册会计师需要评估财务报表审计时实质性程序中发现问题的影响。最重要的是，注册会计师需要重点考虑财务报表审计中发现的财务报表错报，考虑这些错报对评价内控有效性的影响。

● 第二节　计划审计工作

一、计划审计工作的意义

计划审计工作是对审计预期的性质、时间和范围制定一个总体战略和一套详细方案。注册会计师应当恰当地计划内部控制审计工作，配备具有专业胜任能力的项目组，并对助理人员进行适当的督导。计划审计工作对于审计人员顺利完成审计工作和控制审计风险具有非常重要的意义。

（1）合理的审计计划有助于审计人员关注重点审计领域、及时发现和解决潜在问题及恰当地组织和管理审计工作，以使审计工作更加有效。

（2）指导审计工作按步骤、按时间进度进行。

（3）有利于协调各方面的审计力量，指导审计人员以最低的成本，对重点审计领域实施最有效的审计程序，搜集有力的审计证据。

因此，对任何一个审计项目、任何一家会计师事务所而言，不论其业务繁简程度如何，也不论其规模大小，审计计划都是至关重要的。审计计划的繁简程度取决于被审计单位的经营规模和预计审计工作的复杂程度。

制定总体审计策略和具体审计计划有助于审计人员关注重点审计领域，及时发现和解决潜在问题及恰当地组织和管理审计工作，以使审计工作更加有效。帮助审计人员对项目组成员进行恰当分工和指导监督，并复核其工作，有助于协调其他审计人员和专家的工作。项目负责人和项目组其他关键成员应当参与计划审计工作，利用其经验和见解，以提高计划过程的效率和效果。

二、计划审计工作应关注的影响因素

计划审计工作包括针对审计业务制定的总体审计策略和具体审计计划，以将审计风险降至可接受的低水平。在计划审计工作时，注册会计师应当评价下列事项对内部控制、财务报表以及审计工作的影响：

（1）与企业相关的风险。

（2）相关法律法规和行业概况。

（3）企业组织结构、经营特点和资本结构等相关重要事项。

（4）企业内部控制最近发生变化的程度。

（5）与企业沟通过的内部控制缺陷。

（6）重要性、风险等与确定内部控制重大缺陷相关的因素。

（7）对内部控制有效性的初步判断。

（8）可获取的、与内部控制有效性相关的证据的类型和范围。

三、总体审计策略

总体审计策略用以确定审计范围、时间和方向，并指导制订具体审计计划。审计人员应当为审计工作制定总体审计策略。

1. 审计范围

审计人员应当确定审计业务的特征，包括采用的会计准则和相关会计制度、特定行业的报告要求以及被审计单位组成部分的分布等，以界定审计范围。

2. 报告目标、时间安排及所需沟通

总体审计策略的制定应当包括明确审计业务的报告目标以计划审计的时间安排和所需沟通的性质，包括提交审计报告的时间要求，预期与管理层和治理层沟通的重要日期等。

3. 审计方向

总体审计策略的制定应当包括考虑影响审计业务的重要因素，以确定项目组工作方向，包括确定适当的重要性水平，初步识别可能存在较高的重大错报风险的领域，初步识别重要的组成部分和账户余额，评价是否需要针对内部控制的有效性获取审计证据，识别被审计单位、所处行业、财务报告要求及其他相关方面最近发生的重大变化等。

4. 总体审计策略的内容

总体审计策略应能恰当地反映审计人员考虑审计范围、时间和方向的结果。

（1）向具体审计领域调配的资源包括向高风险领域分派有适当经验的项目组成员，就复杂的问题利用专家工作等；

（2）向具体审计领域分配资源的数量，包括安排到重要存货存放地观察存货盘点的项目组成员的数量，对其他审计人员工作的复核范围，对高风险领域安排的审计时间预算等；

（3）何时调配这些资源，包括是在期中审计阶段还是在关键的截止日期调配资源等；

（4）如何管理、指导、监督这些资源的利用，包括预期何时召开项目组预备会和总结会，预期项目负责人和经理如何进行复核，是否需要实施项目质量控制复核等。

四、具体审计计划

具体审计计划比总体审计策略更加详细，其内容包括为获取充分、适当的审计证据以将审计风险降至可接受的低水平，项目组成员拟实施的审计程序的性质、时间和范围。

具体审计计划的内容包括：

（1）为了足够识别和评估财务报表重大错报风险，审计人员计划实施的风险评估程序的性质、时间和范围。

（2）针对评估的认定层次的重大错报风险，审计人员计划实施的进一步审计程序的性质、时间和范围。

（3）审计人员针对审计业务需要实施的其他审计程序。

审计人员会将总体审计策略和具体审计计划的制订工作结合起来进行，并编制一份完整的审计计划，从而提高审计计划的制订和复核效率。

五、审计过程中对计划的更改

计划审计工作并非审计业务的一个孤立阶段，而是一个持续的、不断修正的过程，贯穿于整个审计业务的始终。

由于未预期事项、条件的变化或在实施审计程序中获取的审计证据等原因，审计人员应当在审计过程中对总体审计策略和具体审计计划作出必要的更新和修改。

六、指导、监督与复核

审计人员应当就对项目组成员工作的指导、监督与复核的性质、时间和范围制订计划。

七、对计划审计工作的记录

审计人员应当记录总体审计策略和具体审计计划，包括在审计工作过程中作出的任何重大更改。

审计人员对计划审计工作记录的形式和范围，取决于被审计单位的规模和复杂程度、重要性、具体审计业务的情况以及对其他审计工作记录的范围等事项。

八、与治理层和管理层的沟通

审计人员可以就计划审计工作的基本情况与被审计单位治理层和管理层进行沟通。

当就总体审计策略和具体审计计划中的内容与治理层、管理层进行沟通时，审计人员应当保持职业谨慎，以防止由于具体审计程序易于被管理层或治理层所预见而损害审计工作的有效性。

虽然审计人员可以就总体审计策略和具体审计计划的某些内容与治理层和管理层沟通，但是制定总体审计策略和具体审计计划仍然是审计人员的责任。

审计人员就自身与财务报表审计相关的责任与被审计单位治理层进行的沟通，既可以采用书面形式，也可以采用口头形式，必须是直接的沟通，但并不要求一定采取书面沟通的形式。

九、首次接受委托的补充考虑

首次接受审计委托包括接受新客户而建立客户关系和承接现有客户（因对其提供了其他服务）的审计业务委托两种情况。

在这两种情况下，尤其是在接受新客户的情况下，审计人员通常缺乏用以评估与客户及业务承接相关的风险的前期审计经验，因而可能需要扩展初步业务活动。

第三节　实施审计工作

一、实施审计工作的基本要求

注册会计师应当按照自上而下的方法实施审计工作。自上而下的方法是注册会计师识别风险、选择拟测试控制的基本思路。注册会计师在实施审计工作时，可以将企业层面控制和业务层面控制的测试结合进行。

注册会计师测试企业层面控制，应当把握重要性原则，至少应当关注：

（1）与内部环境相关的控制；

（2）针对董事会、经理层凌驾于控制之上的风险而设计的控制；

（3）企业的风险评估过程；

（4）对内部信息传递和财务报告流程的控制；

（5）对控制有效性的内部监督和自我评价。

注册会计师测试业务层面控制，应当把握重要性原则，结合企业实际、企业内部控制各项应用指引的要求和企业层面控制的测试情况，重点对企业生产经营活动中的重要业务与事项的控制进行测试。注册会计师应当关注信息系统对内部控制及风险评估的影响。

注册会计师在测试企业层面控制和业务层面控制时，应当评价内部控制是否足以应对舞弊风险。注册会计师应当测试内部控制设计与运行的有效性。

如果某项控制由拥有必要授权和专业胜任能力的人员按照规定的程序与要求执行，能够实现控制目标，则表明该项控制的设计是有效的。

如果某项控制正在按照设计运行，执行人员拥有必要授权和专业胜任能力，能够实现控制目标，则表明该项控制的运行是有效的。

注册会计师应当根据与内部控制相关的风险，确定拟实施审计程序的性质、时间安排和范围，获取充分、适当的证据。与内部控制相关的风险越高，注册会计师需要获取的证据应越多。

注册会计师在测试内部控制设计与运行的有效性时，应当综合运用询问适当人员、观察经营活动、检查相关文件、穿行测试和重新执行等方法。询问本身并不足以提供充分、适当的证据。

注册会计师在确定测试的时间安排时，应当在下列两个因素之间作出平衡，以获取充分、适当的证据：

（1）尽量在接近企业内部控制评价基准日实施测试。

（2）实施的测试需要涵盖足够长的时间。

注册会计师对于内部控制运行偏离设计的情况（即控制偏差），应当确定该偏差对相关风险评估、需要获取的证据以及控制运行有效性结论的影响。

在连续审计中，注册会计师在确定测试的性质、时间安排和范围时，应当考虑以前年度执行内部控制审计时了解的情况。

二、实施审计工作的程序与方法

内部控制审计的程序与方法主要有四个步骤：

（一）了解企业的内部控制情况，并作出相应的记录

这是内部控制制度审计的第一步，其主要目的是通过一定手段，了解被审计单位已经建立的内部控制制度及执行的情况，并作出记录、描述。审计人员应考虑被审计单位经营规模及业务复杂程度、数据处理系统类型及复杂程度、审计重要性、相关内部控制类型、相关内部控制记录方式、固有风险的评估结果等因素，对内部控制的程序、控制环境、会计系统采取有效的方法进行审计，主要方法包括：

（1）查阅前期审计报告或审计工作底稿；

（2）询问被审计单位有关人员，并查阅相关内部控制文件；

（3）检查内部控制生成的文件和记录；

（4）观察被审计单位的业务活动和内部控制的运行情况；

（5）选择若干具有代表性的交易和事项进行“穿行测试”。

通过查阅复核以前的审计情况，可以了解以前审计时所发现的问题产生的原因以及是否已得到纠正和改进，通过查阅相关规章制度、方针及政策等文件，查看组织机构系统图，和相关人员交谈以获得对内部控制足够的了解，以便进行程序设计和制订运用方案。

（二）初步评价内部控制的健全性

确认内部控制风险，确定内部控制是否可信赖。在对控制环境、控制程序和会计系统进行调查了解，对被审计单位内部控制有了一个初步的认识的基础上，应对内部控制风险和内部控制的可信赖程度作出初步评价。初步评价实际上就是评价企业会计与内部控制在防止或发现并纠正错弊中的有效性的过程。通常出现以下情况之一时，应将重要账户或交易类别的某些或全部认定的控制风险评估为高水平：

（1）企业内部控制失效。

（2）难以对内部控制的有效性作出评价。

（3）不拟进行符合性测试。

对某项财务报表认定而言，如果同时出现以下情况，则不应评价其控制风险处于高水平：

（1）相关内部控制可能防止或发现并纠正重大错弊。

（2）拟进行符合性测试。

（三）证实有关内部控制的设计和执行的效果

通过对内部控制进行初步评价，可基本掌握被审计单位内部控制的强弱环节，为进行符合性测试确定一个前提。审计人员只对那些准备信赖的内部控制执行符合测试，并且只有当信赖内部控制而减少的实质性测试的工作量大于符合性测试的工作量时，符合性测试才是必要和经济的。符合性测试是为了确定内部控制制度的设计和执行是否有效而实施的审计程序。其基本对象包括控制设计测试和控制执行测试。控制设计测试是测试被审计单位控制政策和程序设计是否合理、适当，能否防止或发现并纠正特定财务报表认定的重大错报或漏报。控制执行测试是测试被审计单位的控制政策和程序是否实际发挥作用。被审计单位的控制设计得再好，还必须靠有效的执行来发挥作用。

内部控制符合性测试常用的方法主要有四种：

1.询问法

审计人员为了了解被审计单位各项业务操作是否符合控制要求，而向有关人员询问某些内部控制和业务执行情况。例如，审计人员通过询问计算机管理人员，就可以知道未经授权的人员是否接触过计算机文件。

2.观察法

审计人员亲临被审计单位的工作现场，实地观察有关人员的实际工作情况，以确定既定控制措施是否得到严格执行。如审计人员亲自到现场观察材料验收和入库情况，就可知道材料是否严格验收并及时入库，库存材料是否有序摆放，是否安全存放。

3.证据检查法

审计人员抽取一定数量的账表、凭证等书面证据和其他有关证据，检查是否认真执行相关控制制度，以判断内部控制是否得到有效贯彻执行，如检查货款的支付是否有相关责任人和经办人的批准和签字，来判断实际工作中是否执行了批准控制程序。

4.重复执行法

审计人员就某项内部控制制度按照被审计单位的业务程序全部或部分重做一次，以验证既定的控制措施是否被贯彻执行。

（四）评价内部控制的强弱

评价控制风险，确定在内部控制薄弱的领域扩展审计程序，制订实质性审计方案。

通过以上步骤，审计人员会发现被审计单位内部控制制度是否建立、健全，哪些方面还存在薄弱环节，哪些内部控制制度得到了有效执行，哪些内部控制制度虽然已建立但没有执行或执行不力，哪些内部控制制度是有效的，哪些内部控制制度是无效的。同时，还要对被审计单位的内部控制根据风险估计水平、充分利用专业判断进行调整并作出综合评价，然后利用评价结果制订出实质性审计方案。

综合评价的主要内容有：

（1）内部控制有效实施，评价控制风险为低，规划仅对各项账户余额和交易进行有限的实质性测试。

（2）重新调整内部控制的可依赖程度，制订出实质性审计方案。审计人员在经过内部控制测试后，若发现部分内部控制没有得到有效执行，就应对内部控制风险估计水平和可靠性重新进行调整。适当扩大实质性审计的范围。

（3）针对内部控制的缺陷，确定实质性测试的时间、范围和程序。通过符合性测试，审计人员根据所掌握具体缺陷和不足，制订下一步实质性审计方案，其范围应涵盖在初步评价和符合性测试中发现的存在缺陷的内部控制内容。

（4）就内部控制缺陷，向被审计单位管理当局提出改进建议。审计人员对在审计中发现的内部控制问题进行汇总、整理，分析问题产生的原因和可能带来的后果，提出有效的改进措施，以管理建议书的方式，反映给被审计单位管理部门。

● 第四节　评价内部控制缺陷

一、评价控制缺陷的总体要求

如果某项控制的设计、实施或运行不能及时防止或发现并纠正财务报表错报，则表明内部控制存在缺陷。如果企业缺少用以及时防止或发现并纠正财务报表错报的必要控制，同样表明存在内部控制缺陷。

内部控制缺陷包括设计缺陷和运行缺陷。设计缺陷是指缺少为实现控制目标所必需的控制，或者现有控制设计不适当，即使正常运行也难以实现控制目标。运行缺陷是指设计适当的控制没有按设计意图运行，或者执行人员缺乏必要授权或专业胜任能力，无法有效实施控制。

内部控制存在的缺陷，按严重程度分为重大缺陷、重要缺陷和一般缺陷。

重大缺陷，是指一个或多个控制缺陷的组合，可能导致企业严重偏离控制目标。具体到财务报告内部控制上，就是内部控制中存在的、可能导致不能及时防止或发现并纠正财务报表重大错报的一个或多个控制缺陷的组合。

重要缺陷，是指一个或多个控制缺陷的组合，其严重程度和经济后果低于重大缺陷，但仍有可能导致企业偏离控制目标。具体就是内部控制中存在的、其严重程度不如重大缺陷、但足以引起企业财务报告监督人员关注的一个或多个控制缺陷的组合。

一般缺陷，是指除重大缺陷、重要缺陷之外的其他缺陷。

注册会计师需要评价其注意到的各项控制缺陷的严重程度，以确定这些缺陷单独或组合起来，是否构成重大缺陷，但是，在计划和实施审计工作时，不要求注册会计师寻找单独或组合起来不构成重大缺陷的控制缺陷。

下列迹象可能表明企业的内部控制存在重大缺陷：

（1）注册会计师发现董事、监事和高级管理人员舞弊；

（2）企业更正已经公布的财务报表；

（3）注册会计师发现当期财务报表存在重大错报，而内部控制在运行过程中未能发现该错报；

（4）企业审计委员会和内部审计机构对内部控制的监督无效。

财务报告内部控制缺陷的严重程度取决于：

（1）控制缺陷导致账户余额或列报错报的可能性；

（2）因一个或多个控制缺陷的组合导致潜在错报的金额大小。

控制缺陷的严重程度与账户余额或列报是否发生错报无必然对应关系，而取决于控制缺陷是否可能导致错报。评价控制缺陷时，注册会计师需要根据财务报表审计中确定的重要性水平，支持对财务报告控制缺陷重要性的评价。注册会计师需要运用职业判断，考虑并衡量定量和定性因素，同时要对整个思考判断过程进行记录，尤其是详细记录关键判断和得出结论的理由。而且，对于"可能性"和"重大错报"的判断，在评价控制缺陷严重性的记录中，注册会计师需要给予明确的考量和陈述。

二、评价控制缺陷举例

1.单个控制缺陷的识别

下面以未按时进行公司间对账为例，说明如何评价财务报告内部控制的控制缺陷。

例如，某公司每月处理大量的公司间常规交易。公司间的单项交易并不重大，主要是涉及资产负债表的活动。公司制度要求逐月进行公司间对账，并在业务单元间函证余额。注册会计师了解到，目前公司没有按时开展对账工作，但公司管理层每月执行相应的程序对挑选出的大额公司间账目进行调查，并编制详细的营业费用差异分析表来评估其合理性。

基于上述情况，注册会计师可以确定此控制缺陷为重要缺陷。因为，由于该控制缺陷引起的财务报表错报可以被合理地预计为介于重要和重大之间，公司间单项交易并不重大，这些交易限于资产负债表科目，而且每月执行的补偿性控制应该能够发现重大错报。

仍用上例，如果公司每月处理的大量公司间交易涉及广泛的业务活动，包括涉及公司间利润的存货转移，研究开发成本向业务单元的分摊，公司间单项交易常常是重大的。公司制度要求逐月进行公司间对账，并在业务单元间函证余额。注册会计师了解到，目前公司没有按时开展对账工作，这些账目经常出现重大差异。而且，公司管理层没有执行任何补偿性控制来调查重大的公司间账目差异。

基于上述情况，注册会计师可以确定此控制缺陷为重大缺陷。因为，该控制缺陷引起的财务报表错报可以被合理地预计为重大缺陷，公司间单项交易常常是重大的，而且涉及大范围活动。另外，在公司间账目上尚未对账的差异是重要的，由于这种错报常常发生，财务报表错报可能出现，而且补偿性控制无效。

2.多个控制缺陷的识别示例

例如，注册会计师识别出以下控制缺陷：

（1）对特定信息系统访问控制的权限分配不当；

（2）存在若干明细账不合理交易记录（交易无论单个还是合计都是不重要的）；

（3）缺乏对受不合理交易记录影响的账户余额的及时对账。

上述每个缺陷均单独代表一个重要缺陷。基于这一情况，注册会计师可以确定这些重要缺陷合并构成重大缺陷。因为，就个别重要缺陷而言，这些缺陷有一定可能性，各自导致金额未达到重要性水平的财务报表错报。可是，这些重要缺陷影响同类会计账户，有一定可能性导致不能防止或发现并纠正重大错报的发生。因此，这些重要缺陷组合在一起符合重大缺陷的定义。

● 第五节　完成审计工作

一、签署的书面声明

注册会计师完成审计工作后，应当取得经企业签署的书面声明。书面声明应当包括下列内容：

（1）企业董事会认可其对建立健全和有效实施内部控制负责；

（2）企业已对内部控制的有效性作出自我评价，并说明评价时采用的标准以及得出的结论；

（3）企业没有利用注册会计师执行的审计程序及其结果作为自我评价的基础；

（4）企业已向注册会计师披露识别出的所有内部控制缺陷，并单独披露其中的重大缺陷和重要缺陷；

（5）企业对于注册会计师在以前年度审计中识别的重大缺陷和重要缺陷，是否已经采取措施予以解决；

（6）企业在内部控制自我评价基准日后，内部控制是否发生重大变化，或者存在对内部控制具有重要影响的其他因素。

企业如果拒绝提供或以其他不当理由回避书面声明，注册会计师应当将其视为审计范围受到限制，解除业务约定或出具无法表示意见的内部控制审计报告。

二、沟通并形成意见

注册会计师应当与企业沟通审计过程中识别的所有控制缺陷。对于其中的重大缺陷和重要缺陷，应当以书面形式与董事会和经理层沟通。

注册会计师认为审计委员会和内部审计机构对内部控制的监督是无效的，应当就此以书面形式直接与董事会和经理层沟通。书面沟通应当在注册会计师出具内部控制审计报告之前进行。

注册会计师应当对获取的证据进行评价，形成对内部控制有效性的意见。

● 第六节　出具审计报告

一、出具审计报告的一般要求

注册会计师在完成内部控制审计工作后，应当出具内部控制审计报告。标准内部控制审计报告应当包括下列要素：

（1）标题。

（2）收件人。

（3）引言段。

（4）企业对内部控制的责任段。

（5）注册会计师的责任段。

（6）内部控制固有局限性的说明段。

（7）财务报告内部控制审计意见段。

（8）非财务报告内部控制重大缺陷描述段。

（9）注册会计师的签名和盖章。

（10）会计师事务所的名称、地址及盖章。

（11）报告日期。

符合下列所有条件的，注册会计师应当对财务报告内部控制出具无保留意见的内部控制审计报告：

（1）企业按照《企业内部控制基本规范》《企业内部控制应用指引》《企业内部控制评价指引》以及企业自身内部控制制度的要求，在所有重大方面保持了有效的内部控制。

（2）注册会计师已经按照《企业内部控制审计指引》的要求计划和实施审计工作，在审计过程中未受到限制。

注册会计师认为财务报告内部控制虽不存在重大缺陷，但仍有一项或者多项重大事项需要提请内部控制审计报告使用者注意的，应当在内部控制审计报告中增加强调事项段并予以说明。注册会计师应当在强调事项段中指明，该段内容仅用于提醒内部控制审计报告使用者关注，并不影响对财务报告内部控制发表的审计意见。

注册会计师认为财务报告内部控制存在一项或多项重大缺陷的，除非审计范围受到限制，应当对财务报告内部控制发表否定意见。注册会计师出具的否定意见的内部控制审计报告，还应当包括下列内容：

（1）重大缺陷的定义。

（2）重大缺陷的性质及其对财务报告内部控制的影响程度。

注册会计师审计范围受到限制的，应当解除业务约定或出具无法表示意见的内部控制审计报告，并就审计范围受到限制的情况，以书面形式与董事会进行沟通。注册会计师在出具无法表示意见的内部控制审计报告时，应当在内部控制审计报告中指明审计范围受到限制，无法对内部控制的有效性发表意见。注册会计师在以执行的优先程序中发现财务报告内部控制存在重大缺陷的，应当在内部控制审计报告中对重大缺陷作出详细说明。

注册会计师在对审计过程中注意到的非财务报告内部控制缺陷，应当区别具体情况予以处理：

（1）注册会计师认为非财务报告内部控制缺陷为一般缺陷的，应当与企业进行沟通，提醒企业加以改进，但无须在内部控制审计报告中说明。

（2）注册会计师认为非财务报告内部控制缺陷为重要缺陷的，应当以书面形式与企业董事会和经理层沟通，提醒企业加以改进，但无须在内部控制审计报告中说明。

（3）注册会计师认为非财务报告内部控制缺陷为重大缺陷的，应当以书面形式与企业董事会和经理层沟通，提醒企业加以改进；同时应当在内部控制审计报告中增加非财务报告内部控制重大缺陷描述段，对重大缺陷的性质及其对实现相关控制目标的影响程度进行披露，提示内部控制审计报告使用者注意相关风险。

在企业内部控制自我评价基准日并不存在、但在该基准日之后至审计报告日之前（以下简称期后期间）内部控制可能发生变化，或出现其他可能对内部控制产生重要影响的因素。注册会计师应当询问是否存在这类变化或影响因素，并获取企业关于这些情况的书面声明。

注册会计师知悉对企业内部控制自我评价基准日内部控制有效性有重大负面影响的期后事项的，应当对财务报告内部控制发表否定意见。

注册会计师不能确定期后事项对内部控制有效性的影响程度的，应当出具无法表示意见的内部控制审计报告。

二、内部控制审计报告举例

内部控制审计报告的参考格式举例如下：

（一）标准内部控制审计报告

内部控制审计报告

××股份有限公司全体股东：

按照《企业内部控制审计指引》及中国注册会计师执业准则的相关要求，我们审计了××股份有限公司（以下简称××公司）××××年×月×日的财务报告内部控制的有效性。

一、企业对内部控制的责任

按照《企业内部控制基本规范》《企业内部控制应用指引》《企业内部控制评价指引》的规定，建立健全和有效实施内部控制，并评价其有效性是企业董事会的责任。

二、注册会计师的责任

我们的责任是在实施审计工作的基础上，对财务报告内部控制的有效性发表审计意见，并对注意到的非财务报告内部控制的重大缺陷进行披露。

三、内部控制的固有局限性

内部控制具有固有局限性，存在不能防止和发现错报的可能性。此外，由于情况的变化可能导致内部控制变得不恰当，或对控制政策和程序遵循的程度降低，根据内部控制审计结果推测未来内部控制的有效性具有一定风险。

四、财务报告内部控制审计意见

我们认为，××公司按照《企业内部控制基本规范》和相关规定在所有重大方面保持了有效的财务报告内部控制。

五、非财务报告内部控制的重大缺陷

在内部控制审计过程中，我们注意到××公司的非财务报告内部控制存在重大缺陷[描述该缺陷的性质及其对实现相关控制目标的影响程度]。由于存在上述重大缺陷，我们提醒本报告使用者注意相关风险。需要指出的是，我们并不对××公司的非财务报告内部控制发表意见或提供保证。本段内容不影响对财务报告内部控制有效性发表的审计意见。

××会计师事务所　　中国注册会计师：×××（签名并盖章）

（盖章）　　中国注册会计师：×××（签名并盖章）

中国××市　　××××年×月×日

（二）带强调事项段的无保留意见内部控制审计报告

内部控制审计报告

××股份有限公司全体股东：

按照《企业内部控制审计指引》及中国注册会计师执业准则的相关要求，我们审计了××股份有限公司（以下简称××公司）××××年×月×日的财务报告内部控制的有效性。

[“一、企业对内部控制的责任”至“五、非财务报告内部控制的重大缺陷”参见标准内部控制审计报告相关段落表述。]

六、强调事项

我们提醒内部控制审计报告使用者关注，[描述强调事项的性质及其对内部控制的重大影响]。本段内容不影响已对财务报告内部控制发表的审计意见。

××会计师事务所　　中国注册会计师：×××（签名并盖章）

（盖章）　　中国注册会计师：×××（签名并盖章）

中国××市　　××××年×月×日

（三）否定意见内部控制审计报告

内部控制审计报告

××股份有限公司全体股东：

按照《企业内部控制审计指引》及中国注册会计师执业准则的相关要求，我们审计了××股份有限公司（以下简称××公司）××××年×月×日的财务报告内部控制的有效性。

[“一、企业对内部控制的责任”至“三、内部控制的固有局限性”参见标准内部控制审计报告相关段落表述]

四、导致否定意见的事项

重大缺陷，是指一个或多个控制缺陷的组合，可能导致企业严重偏离控制目标。

[指出注册会计师已识别出的重大缺陷，并说明重大缺陷的性质及其对财务报告内部控制的影响程度]

有效的内部控制能够为财务报告及相关信息的真实完整提供合理保证，而上述重大缺陷使××公司内部控制失去这一功能。

五、财务报告内部控制审计意见

我们认为，由于存在上述重大缺陷及其对实现控制目标的影响，××公司未能按照《企业内部控制基本规范》和相关规定在所有重大方面保持有效的财务报告内部控制。

六、非财务报告内部控制的重大缺陷

[参见标准内部控制审计报告相关段落表述]

××会计师事务所　　中国注册会计师：×××（签名并盖章）

（盖章）　　中国注册会计师：×××（签名并盖章）

中国××市　　××××年×月×日

（四）无法表示意见内部控制审计报告

内部控制审计报告

××股份有限公司全体股东：

我们接受委托，对××股份有限公司（以下简称××公司）××××年×月×日的财务报告内部控制进行审计。

［删除注册会计师的责任段，“一、企业对内部控制的责任”和“二、内部控制的固有局限性”参见标准内部控制审计报告相关段落表述］

三、导致无法表示意见的事项

［描述审计范围受到限制的具体情况］

四、财务报告内部控制审计意见

由于审计范围受到上述限制，我们未能实施必要的审计程序以获取发表意见所需的充分、适当证据，因此，我们无法对××公司财务报告内部控制的有效性发表意见。

五、识别的财务报告内部控制重大缺陷（如在审计范围受到限制前，执行有限程序未能识别出重大缺陷，则应删除本段）

重大缺陷，是指一个或多个控制缺陷的组合，可能导致企业严重偏离控制目标。

尽管我们无法对××公司财务报告内部控制的有效性发表意见，但在我们实施的有限程序的过程中，发现了以下重大缺陷：

［指出注册会计师已识别出的重大缺陷，并说明重大缺陷的性质及其对财务报告内部控制的影响程度］

有效的内部控制能够为财务报告及相关信息的真实完整提供合理保证，而上述重大缺陷使××公司内部控制失去这一功能。

六、非财务报告内部控制的重大缺陷

［参见标准内部控制审计报告相关段落表述］

××会计师事务所　　　　　　　　中国注册会计师：×××（签名并盖章）

（盖章）　　　　　　　　　　　　中国注册会计师：×××（签名并盖章）

中国××市　　　　　　　　　　　　　　　　　××××年×月×日

● 第七节　审计工作底稿

一、审计工作底稿记录内容

注册会计师应当按照《中国注册会计师审计准则第1131号——审计工作底稿》的规定，编制内部控制审计工作底稿，完整记录审计工作情况。注册会计师应当在审计工作底稿中记录下列内容：

（1）内部控制审计计划及重大修改情况；

（2）相关风险评估和选择拟测试的内部控制的主要过程及结果；

（3）测试内部控制设计与运行有效性的程序及结果；

（4）对识别的控制缺陷的评价；

（5）形成的审计结论和意见；

（6）其他重要事项。

二、审计工作底稿举例

内部控制审计工作底稿举例说明如下：

project team（项目组）　　report issuance（报告发布）

project phase（项目阶段）　　time（时间）

date（日期）　　audit step by（审计步骤）

comments（备注）　　Yes/No（是/否）

planning fieldwork（工作范围）　W/P Ref.（工作底稿确认）

1.Are purchase orders based on authorized requisitions?（采购订单是基于被批准的采购申请单?）

2.Are purchase orders properly coded to identify the cost objective (direct, indirect or inventory)?（采购订单是否被适当编码以区分成本项目归属（直接、间接或存货）?）

3.Are purchase orders serially controlled and accounted for?（采购订单是否连续编号控制?）

4.Is the use of standardized purchase orders required?（需要采用标准化的采购订单吗?）

5.Are effective numerical document controls or status reports maintained to record the receipt of purchase requisitions?（是否存在有效的连续编号控制文件或统计报告以记录收到的采购申请?）

6.Does the purchasing department maintain specifications for all materials and services used by the contractor?（采购部门是否保存有合同商提供的所有原材料与劳务服务的说明书?）

7.Are requirements combined with appropriate?（需求是否被适当地合并?）

8.Are make-or-buy decisions adequately documented?（自制或采购决策是否被充分记录在案?）

9.Does the purchasing department have adequate controls to prevent unauthorized use of canceled or voided purchase requisitions?（采购部门对无效或取消的采购申请的滥用有无充分的预防措施?）

10.Is the purchasing department independent of other departments and responsible for procuring all materials, supplies, and equipment?（采购部门是否与其他部门相互独立，并负责采购所有的原材料、供应品及设备?）

11.Are the receiving and inspection functions separate from the purchasing function?（收货与检查工作是否与采购工作相互分离?）

12.Are copies of purchase orders furnished at the time of issuance to the receiving, accounts payable, and when appropriate, to the expediting departments?（在采购订单发出时，是否同时将复印件送至收货部、应付款会计与支出部门?）

13.Do procedures require complete history files for items purchased frequently and for all major procurements?（对经常采购货物、所有的重要采购项目是否保存有完整的历史记录?）

14.Are prices established at the time the order is placed for goods manufactured to order, rather than on an "advise price" or "not-to-exceed basis"?（价格是否基于采购时货物的制造价格，而非"建议价格"或"不超过……价格"?）

15.Is purchasing required to develop and maintain lists of potential bidders or offerors for particular types of materials?（特定货物的采购是否需要建立与维持“潜在的供应商报价体系”或竞价体系?）

16.Are periodic independent checks made to verify existence of suppliers on the bidder list?(针对竞价单上的供应商是否进行定期的独立核查以确定其存在性?)

17.Is documentation required from engineering, quality or the requesting source to support the purchase from a single or directed source?（需要从工程、质检或货物需求部门获取文件以确认商品只能从单一或直接来源采购吗?)

18.Do procedures require maintenance of adequate documentation in purchase order files?(采购程序需要保留充分的采购订单相关文件吗?)

19.Is there a formal bid control system in place?（是否存在正式的竞价控制系统?)

20.Do procedures require appropriate justification when the low bidder in a competitive solicitation is not selected?（在竞标过程中，低价的竞标者没有被选中时，是否需要陈述适当的理由?)

21.Are there clearly defined responsibilities for negotiating price and terms and conditions?(在价格、条款协商过程中，是否有明确的责任分工?)

22.Are practices in place to assure procurement at competitive prices including development of purchase requirements to achieve maximum competition?（实际操作程序中，能否保证最大的竞争性以取得最优惠的价格?)

23.Do non-competitive procurements require documented justification?（非竞争性的采购是否有合理的解释文件?)

24.Is certified cost and pricing data obtained from subcontractors when required and is appropriate price analysis or cost analysis performed?（在合同分包时，是否能从分包商处取得确认的成本与价格数据并对其进行分析?)

25.Is a listing of debarred suppliers maintained and checked against potential and existing suppliers?（是否有排斥的供应商名单记录在案并与潜在的、现存的供应商名单核对?)

26.Is there a supplier performance rating system that evaluates price, quality, and delivery performance?（是否存在供应商业绩评价体系以评估其价格、质量、送货时间等业绩?)

27.Does a system exist to “flow down” required clauses?（将所要求的条款顺利传达下去吗?)

28.Are subcontractors reviewed for clauses which conflict with provisions of the prime contract (i.e., pricing and payment, patent rights, warranty, quality technical data, quality assurance requirements, etc.)?（分包商是否复核与初包合同相冲突的条款（例如价格与付款、专利权、授权、质量技术数据、质量保证要求等)?)

29.Are processes in place to monitor subcontractors with progress payments?（针对分包商是否存在进度监督机制以检查按进度付款情况?)

30.Is approval of subcontracts obtained or notice and consent obtained when required?（在需要时能获得分包商的批准或同意文件吗?)

31.Do procedures require that prompt payment discounts be obtained and utilized?（采购程序要求快速付款折扣的取得与利用吗?)

32.Do procedures prohibit splitting orders to avoid dollar thresholds for approval，cost analysis，cost accounting standards and submission of cost or pricing data?（采购程序是否禁止订单拆分以避免授权金额门槛、成本分析、成本核算标准或成本与价格数据提供?）

33.Are delivery dates required on purchase requisitions?（在采购申请上标明货物需要日期吗?）

34.Is the purchasing department required to follow-up on orders to assure timely delivery?（采购部门被要求执行跟踪程序以保证及时到货吗?）

35.Do procedures require final purchasing packages to be reviewed by appropriate personnel?（采购程序要求最后的采购单据包由适当的人员进行复核吗?）

36.Are approval levels defined for purchase orders and supplements to purchase orders?（是否针对采购订单与备品采购订单设置授权权限?）

37.Do competitive pricing policies exist for inter-entity orders?（对公司内部采购是否存在竞争价格机制?）

38.Are inter-entity transactions handled in accordance with company policy?（公司内部交易是按照公司政策执行的吗?）

39.Is there a system of reports and controls that reflects performance and provides the means through which the purchasing organization reports its performance to management?（是否存在向管理层反映采购部门业绩的报告与控制程序?）

40.Is receiving or giving gratuities，favors，or kickbacks prohibited?（收取任何回扣、赠品、招待等是被禁止的吗?）

41.Are there awareness programs to advise purchasing personnel of the consequences of accepting or soliciting kickbacks?（存在针对采购人员接受或要求回扣的处罚后果的提醒程序吗?）

42.Are there requirements for purchasing personnel to certify annually that they have not engaged in any prohibited activities，such as kickbacks and gratuities?（采购人员是否被要求提报年度说明证实其没有从事任何被禁止的活动，例如取得回扣或赠品?）

43.Are procurement personnel required to complete an annual conflict of interest certification，including disclosure of financial or ownership interest in suppliers?（采购中间人是否被要求提报年度利益冲突说明，其中揭示其在供应商方的利益与所有权?）

44.Is a standard of conduct policy for suppliers disseminated to suppliers annually?（是否每年均给供应商提送标准行为指导方针?）

45.Are suppliers required to provide representation that no kickbacks are provided，solicited or offered?（供应商是否被要求提供关于没有回扣支付的说明?）

46.Is provision made for periodic rotation of procurement personnel?（是否有定期轮换采购中间人的机制存在?）

47.Does the purchasing department conduct self-audits on a regularly scheduled basis?（采购部门是否定期进行自我检查?）

48.Is there a program for education and training of purchasing personnel?（对采购人员有培训程序吗?）

第二十二章

行政事业单位内部控制

● 第一节　概述

一、行政事业单位内部控制的概念及意义

（一）概念

财政部2012年《行政事业单位内部控制规范（试行）》（财会〔2012〕21号）指出，行政事业单位内部控制是指单位为实现控制目标，通过制定制度、实施措施和执行程序，对经济活动的风险进行防范和管控，在我国具体是指各级党的机关、人大机关、行政机关、政协机关、审判机关、检察机关、各民主党派机关、人民团体和事业单位（以下统称单位）经济活动的内部控制。同时明确单位负责人对本单位内部控制的建立健全和有效实施负责。行政事业单位内部控制既是行政事业单位的一项重要经济管理活动，又是一项重要的制度安排，是行政事业单位内部治理的基石。

这一定义表明：行政事业单位内部控制是一种过程，其本质是制度、措施、程序。

行政事业单位内部控制要素包括内部环境、风险评估、控制活动、信息与沟通、内部监督等五个方面。

（二）意义

实施行政事业单位内部控制规范，对于提高单位管理水平，改进公共服务的质量和效率，规范财经秩序，建设服务型政府，推进国家治理体系与治理能力现代化等都具有重要意义。

1.有利于贯彻相关法规制度要求

制定并实施行政事业单位内部控制制度是贯彻落实《中华人民共和国会计法》《中华人民共和国预算法》等法律法规和相关规定要求的具体体现，同时也体现了依法治国精神要求。有利于推进国家治理体系和治理能力现代化水平。

2.有利于推动廉洁高效、人民满意的服务型政府的建设

实施内部控制规范，建立完善的内部控制制度，对于建立健全国家机关及事业单位权力运行的制约和监督体系，减少工作中自由裁量权的空间和余地，用制度来规范限制行政权力的滥用，具有重要的促进作用。

3.有利于提高行政事业单位内部管理水平

内部控制规范是提高行政事业单位管理水平的有效途径。通过建立并实施内部控制制

度，借助信息化手段，将预算管理、资产管理、财务管理等多种管理制度整合到统一的内部控制平台，加强对单位层面和业务层面的内部控制，确保会计记录、财务报告信息和其他管理信息的及时、可靠、完整，强化对绩效的考核和监督，保障制度执行，促进行政事业单位规范化、科学化管理，不断地提高单位管理水平，增强行政事业单位的履职能力。

二、行政事业单位内部控制的目标

行政事业单位内部控制的主要目标有五项：一是合规性，即合理保证单位经济活动合法合规；二是安全性，即资产安全和使用有效；三是真实性，即会计信息资料的真实完整；四是预防性，即有效防范舞弊和预防腐败；五是效率性，即提高行政事业单位公共服务的效率和效果。

三、行政事业单位内部控制的原则

行政事业单位建立与实施内部控制，应当遵循下列原则：

1.全面性原则

内部控制应当贯穿单位经济活动的决策、执行和监督全过程，实现对经济活动的全面控制。

2.重要性原则

在全面控制的基础上，内部控制应当关注单位重要经济活动和经济活动的重大风险。

3.制衡性原则

内部控制应当在单位内部的部门管理、职责分工、业务流程等方面形成相互制约和相互监督。

4.适应性原则

内部控制应当符合国家有关规定和单位的实际情况，并随着外部环境的变化、单位经济活动的调整和管理要求的提高，不断修订和完善。

四、行政事业单位内部控制体系

建立健全行政事业单位内部控制体系主要包括梳理单位各类经济活动的业务流程，明确业务环节，系统分析经济活动风险，明确风险点，选择适当的风险应对策略，在此基础上，根据国家有关规定建立健全单位各项内部管理规章制度并检查督促相关工作人员认真执行。

第二节 风险评估

一、建立经济活动风险定期评估机制

行政事业单位应当建立健全经济活动风险定期评估机制，对经济活动存在的风险进行全面、系统和客观评估。单位开展经济活动风险评估应当成立风险评估工作小组，单位领导担任组长。经济活动风险评估结果应当编制书面报告并及时提交单位领导班子，作为完善内部控制的依据。经济活动风险评估至少每年进行一次；外部环境、经济活动或管理要求等发生重大变化的，应及时对经济活动风险进行重估。

二、行政事业单位层面风险评估

行政事业单位层面的风险评估应当重点关注以下几个方面：

1.内部控制工作的组织情况

组织情况主要包括：一是是否确定内部控制职能部门或牵头部门；二是是否建立单位各部门在内部控制中的沟通协调和联动机制。

2.内部控制机制的建设情况

内部控制机制建设情况主要包括：一是经济活动的决策、执行、监督是否实现有效分离；二是权责是否对等；三是是否建立健全议事决策机制、岗位责任制、内部监督等机制。

3.内部管理制度的完善情况

内部管理制度完善情况主要包括：一是内部管理制度是否健全；二是内部管理制度的执行是否有效。

4.内部控制关键岗位工作人员的管理情况

内部控制关键岗位工作人员管理情况主要包括：一是是否建立工作人员的培训、评价、轮岗等机制；二是工作人员是否具备相应的资格和能力。

5.会计信息的编报情况

会计信息编报情况主要包括：一是是否按照国家统一的会计制度对经济业务事项进行账务处理；二是是否按照国家统一的会计制度编制财务会计报告。

三、经济活动业务层面风险评估

单位进行经济活动业务层面的风险评估，应当重点关注以下方面：

1.预算管理情况

预算管理情况主要包括：一是在预算编制过程中单位内部各部门间沟通协调是否充分，预算编制与资产配置是否相结合、与具体工作是否相对应；二是是否按照批复的额度和开支范围执行预算，进度是否合理，是否存在无预算、超预算支出等问题；三是决算编报是否真实、完整、准确、及时。

2.收支管理情况

收支管理情况主要包括：一是收入是否实现归口管理，是否按照规定及时向财会部门提供收入的有关凭据，是否按照规定保管和使用印章和票据等；二是发生支出事项时是否按照规定审核各类凭据的真实性、合法性，是否存在使用虚假票据套取资金的情形。

3.政府采购管理情况

政府采购管理情况主要包括：一是是否按照预算和计划组织政府采购业务；二是是否按照规定组织政府采购活动和执行验收程序；三是是否按照规定保存政府采购业务相关档案。

4.资产管理情况

资产管理情况主要包括：一是是否实现资产归口管理并明确使用责任；二是是否定期对资产进行清查盘点，对账实不符的情况及时进行处理；三是是否按照规定处置资产。

5.建设项目管理情况

建设项目管理情况主要包括：一是是否按照概算投资；二是是否严格履行审核审批程序；三是是否建立有效的招投标控制机制；四是是否存在截留、挤占、挪用、套取建设项目资金的情形；五是是否按照规定保存建设项目相关档案并及时办理移交手续。

6. 合同管理情况

合同管理情况主要包括：一是是否实现合同归口管理；二是是否明确应签订合同的经济活动范围和条件；三是是否有效监控合同履行情况，是否建立合同纠纷协调机制。

● 第三节　控制方法

行政事业单位内部控制的控制方法一般包括以下八种：

一、不相容岗位相互分离

合理设置内部控制关键岗位，明确划分各岗位职责权限，实施相应的职权分离措施，形成相互制约、相互监督的工作机制。

二、内部授权审批控制

明确各岗位办理业务和事项的权限范围、审批程序和相关责任，建立重大事项集体决策和会签制度。相关工作人员应当在授权范围内行使职权、办理业务。

三、归口管理

各单位应当根据本单位实际情况，按照权责对等的原则，采取成立联合工作小组并确定牵头部门或牵头人员等方式，对有关经济活动实行统一管理。

四、预算控制

各单位均应定期编制本单位的预算，强化对经济活动的预算约束，使预算管理贯穿于单位经济活动的全过程。

五、财产保护控制

各单位应建立资产日常管理制度和定期清查机制，采取资产记录、实物保管、定期盘点、账实核对等措施，确保资产的安全与完整。

六、会计控制

各单位应建立健全本单位财会管理制度，加强会计机构建设，提高会计人员业务水平，强化会计人员岗位责任制，规范会计基础工作，加强会计档案管理，明确会计凭证、会计账簿和财务会计报告处理与管理程序。

七、单据控制

行政事业单位应根据国家有关规定和单位的经济活动业务流程，在内部管理制度中明确界定各项经济活动所涉及的表单和票据，相关工作人员应按照规定填制、审核、归档、保管单据。

八、信息内部公开

行政事业单位应当建立健全经济活动相关信息内部公开制度，根据国家有关规定和单位的实际情况，确定信息内部公开的内容、范围、方式和程序。

● 第四节　单位层面内部控制

一、单位层面内部控制的组织

为保证单位层面内部控制的有效实施，单位应当单独设置内部控制职能部门或者确定内部控制牵头部门，负责组织协调内部控制各项工作。同时，应当充分发挥财会、内部审计、纪检监察、政府采购、基建、资产管理等部门或岗位在内部控制中的职能作用。

二、实施不相容职务相分离制度

（1）单位各项经济活动的决策、执行和监督应当相互分离。单位应当建立健全集体研究、专家论证和技术咨询相结合的议事决策机制。涉及重大经济事项的内部决策，应当由单位领导班子集体研究决定。关于重大经济事项的认定标准应当根据有关规定和本单位实际情况确定，一经确定，不得随意变更。

（2）单位应当建立健全内部控制关键岗位责任制，明确岗位职责及分工，确保不相容岗位相互分离、相互制约和相互监督。单位应当实行内部控制关键岗位工作人员的轮岗制度，明确轮岗周期。不具备轮岗条件的单位应当采取专项审计等控制措施。

内部控制关键岗位的划分与设置应根据单位内部实际状况和内部控制等相关制度要求认真实施，主要关键岗位通常应包括预算业务管理、收支业务管理、政府采购业务管理、资产管理、建设项目管理、合同管理以及内部监督等经济活动的关键岗位。

（3）内部控制关键岗位工作人员应当具备与其工作岗位相适应的资格和能力。单位应当加强内部控制关键岗位工作人员业务培训和职业道德教育，不断提升其业务水平和综合素质。

三、会计控制要求

单位应当根据《中华人民共和国会计法》的规定和单位实际建立会计机构，按规定配备具有相应资格和能力的会计人员。单位应当根据实际发生的经济业务事项按照国家统一的会计制度及时进行账务处理、编制财务会计报告，确保财务信息真实、完整。

四、单位内部控制手段

单位应当充分运用现代科学技术手段加强内部控制。对信息系统建设实施必要的归口管理，将经济活动及其内部控制流程嵌入单位信息系统中，减少或消除人为操纵因素，保护财务等各种信息的安全。

● 第五节　业务层面内部控制

一、预算业务控制

（一）预算业务组织

为保证预算业务内部控制的有效实施，单位应当按要求建立健全预算编制、审批、执行、决算与评价等预算内部管理制度。单位应当合理设置岗位，明确相关岗位的职责权限，确保预算编制、审批、执行、评价等不相容岗位相互分离。

（二）预算编制

单位的预算编制应当做到程序规范、方法科学、编制及时、内容完整、项目细化、数据准确。

（1）单位应当正确把握预算编制有关政策，确保预算编制相关人员及时全面掌握相关规定。

（2）单位应当建立内部预算编制、预算执行、资产管理、基建管理、人事管理等部门或岗位的沟通协调机制，按照规定进行项目评审，确保预算编制部门及时取得和有效运用与预算编制相关的信息，根据工作计划细化预算编制，提高预算编制的科学性。

（三）预算执行

单位应当严格根据批复的预算合理安排各项收支，确保预算严格有效执行。单位应当建立预算执行分析机制。定期通报各部门预算执行情况，定期召开预算执行分析会议，研究解决预算执行中存在的问题，提出改进措施，提高预算执行的有效性。

（四）决算管理

单位应当加强决算管理，确保决算真实、完整、准确、及时，加强决算分析工作，强化决算分析结果运用，建立健全单位预算与决算相互反映、相互促进的机制。

（五）绩效管理

单位应当根据实际情况加强预算绩效管理，建立“预算编制有目标、预算执行有监控、预算完成有评价、评价结果有反馈、反馈结果有应用”的全过程预算绩效管理机制。

二、收支业务控制

（一）收入控制

1.单位应当建立健全收入内部管理制度

单位应当合理设置岗位，明确相关岗位的职责权限，确保收款、会计核算等不相容岗位相互分离。

2.严格收入会计控制

单位的各项收入应当由财会部门归口管理并进行及时完整的会计核算，严禁设立账外账。业务部门应当在涉及收入的合同协议签订后及时将合同等有关材料提交财会部门作为进行会计账务处理的依据，确保各项收入应收尽收，及时入账。财会部门应当定期检查收入金额是否与合同约定相符；对应收未收项目应当及时查明情况，明确责任主体，落实催收责任。

对于有政府非税收入收缴职能的单位，应当按照规定项目和标准征收政府非税收入，按照规定开具财政票据，做到收缴分离、票款一致，并及时、足额上缴国库或财政专户，不得以任何形式截留、挪用或者私分。

3.严格票据管理制度

单位应当建立健全票据管理制度。财政票据、发票等各类票据的申领、启用、流转程序、核销、销毁等均应履行规定手续。单位应当按照规定设置票据专管员，建立票据台账，做好票据的保管和序时登记工作。票据应当按照固定顺序号使用，不得拆本使用，做好废旧票据管理。单位应设置专门岗位，负责保管票据的人员要配置单独的保险柜等保管设备，并做到人走柜锁。单位不得违反规定转让、出借、代开、买卖财政票据、发票等票据，不得擅自扩大票据、发票等的适用范围。

（二）支出控制

1.单位应当建立健全支出内部管理制度

单位应当根据实际情况建立健全支出内部管理制度，确定单位经济活动的各项支出标准，明确支出报销等手续制度和流程，确保按照规定办理支出事项。单位应当合理设置支出管理、执行等岗位，明确相关岗位的职责权限，确保支出申请和内部审批、付款审批和付款执行、业务经办和会计核算等不相容岗位相互分离。

2.支出控制实施

单位应当按照支出业务的类型，明确内部审批、审核、支付、核算和归档等支出各关键岗位的职责权限。实行国库集中支付的，应当严格按照财政国库管理制度有关规定执行。

(1) 加强支出审批控制

明确支出的内部审批部门及主要负责人权限、程序、责任和相关控制措施。审批人应当在授权范围内审批，不得越权审批。

(2) 加强支出审核控制

负责支出管理与核算的部门与人员应全面审核各类单据和程序。重点审核支出单据来源是否合法，支出内容是否真实、完整，使用是否准确，是否符合预算，审批手续是否齐全。支出凭证应当按要求附有反映支出明细内容的原始单据，并由经办人员签字或盖章，超出规定标准的支出事项应由经办人员说明原因并附审批依据，确保与经济业务事项相符。

(3) 加强支付控制

单位应明确规定报销业务流程，按照规定办理资金支付手续。签发的支付凭证应当进行登记。使用公务卡结算的，应当按照公务卡使用和管理等有关规定办理业务。

(4) 加强支出的核算和归档控制

由单位财会部门根据支出凭证及时准确登记账簿；与支出业务相关的合同等材料应当提交财会部门作为账务处理的依据和凭证。

三、债务内部控制

根据国家规定可以举借债务办理业务的单位应当建立健全债务内部管理制度，明确债务管理岗位的职责权限，不得由一人办理债务业务的全过程。大额债务的举借和偿还属于重大经济事项，应当进行充分论证，并由单位领导班子集体研究决定。

单位应当做好债务的会计核算和档案保管工作。加强债务的对账和检查控制，定期与债权人核对债务余额，进行债务清理，防范和控制财务风险。

四、政府采购业务控制

(一) 健全政府采购业务控制组织与制度

单位应当按要求建立健全政府采购预算与计划管理、政府采购活动管理、验收管理等政府采购内部管理制度。单位应当明确相关岗位的职责权限，确保政府采购需求制定与内部审批、招标文件准备与复核、合同签订与验收、验收与保管等不相容岗位相互分离。

(二) 实施政府采购业务预算与计划管理

单位应当加强对政府采购业务预算与计划的管理。建立预算编制、政府采购和资产管理等部门或岗位之间的沟通协调机制。根据本单位实际需求和相关标准编制政府采购预算并履行报告审批手续，按照已批复的预算安排政府采购计划。

(三) 政府采购日常管理

单位应当加强对政府采购业务活动的管理，对政府采购业务活动实施归口管理，在政府采购业务活动中建立政府采购、资产管理、财会、内部审计、纪检监察等部门或岗位相互协调、相互制约的机制。单位应当加强对政府采购申请的内部审核，按照规定选择政府采购方式、发布政府采购信息。对政府采购的进口产品、变更政府采购方式等事项应当加强内部审核，严格履行审批手续。

单位应当严格加强对政府采购项目验收的管理，根据规定的验收制度和政府采购文件，由指定部门或专人对所购物品的品种、规格、数量、质量和其他相关内容进行验收，并出具有效合规的验收证明。

单位应当加强对政府采购业务质疑、投诉、答复的管理，指定牵头部门负责和相关部门参加，按照国家有关规定做好政府采购业务质疑投诉答复等工作。

单位应当加强对政府采购业务的会计、统计等记录控制，妥善保管政府采购预算与计划、各类批复文件、招标文件、投标文件、评标文件、合同文本、验收证明等政府采购业务相关资料。定期对政府采购业务信息进行分类统计，并在内部进行通报。

单位应当加强对涉密政府采购项目安全保密的管理。对于涉密政府采购项目，单位应当与相关供应商或采购中介机构签订保密协议或者在合同中设定必要的保密条款。

（四）资产控制

1.建立健全资产内部管理制度

单位应当对资产实行分类管理，建立健全资产内部管理制度。单位应当合理设置资产使用管理岗位，明确相关岗位的职责权限，确保资产安全和有效使用。

2.货币资金管理

单位应当建立健全货币资金管理岗位责任制及相关管理控制制度，合理设置岗位，不得由一人办理货币资金业务的全过程，确保不相容岗位相互分离。

（1）出纳不得兼管稽核、会计档案保管和收入、支出、债权、债务账目的登记工作。

（2）严禁一人保管收付款项所需的全部印章。财务专用章应当由专人保管，个人名章应当由本人或其授权人员保管。负责保管印章的人员要配置必要的单独的保管设备，并做到人走柜锁。

（3）按照规定应当由有关负责人签字或盖章的，应当严格履行签字或盖章手续。

（4）单位应当加强对银行账户的管理，严格按照规定的审批权限和程序开立、变更和撤销银行账户。

（5）单位应当加强货币资金的核查控制，指定不办理货币资金业务的会计人员定期和不定期抽查盘点库存现金，核对银行存款余额，抽查银行对账单、银行日记账及银行存款余额调节表，核对是否账实相符、账账相符，对调节不符、可能存在重大问题的未达账项应当及时查明原因，并按照相关规定进行处理。

3.实物资产和无形资产的管理

（1）单位应当加强对各项实物资产和无形资产的管理，明确各项实物资产和无形资产相关部门管理和岗位的职责权限，强化对配置、使用和处置等关键环节的管理与控制。

（2）对资产实施必要的归口管理。明确资产使用和保管责任人，落实资产使用人在资产管理中的责任。贵重资产、危险资产、有保密等特殊管理要求的资产，应当指定专人保管、专人使用，并规定严格的接触限制条件和审批程序。

（3）按照国有资产管理的相关规定，明确资产的调剂、租借、对外投资、处置等的程序、审批权限和责任。

（4）建立必要的资产台账，加强资产的实物管理。单位应当定期清查盘点资产，确保账实相符。财会、资产管理、资产使用等部门或岗位应当定期对账，发现不符的，应当及时查明原因，并按照相关规定处理。

（5）建立健全资产信息管理系统，做好资产的统计、报告、分析等工作，实现对资产的严格动态管理。

4.对外投资的管理

单位应当根据国家有关规定加强对对外投资的管理。

（1）单位应合理设置岗位，明确相关岗位的职责权限，确保对外投资的可行性研究与评估、对外投资决策与执行、对外投资处置的审批与执行等不相容岗位相互分离。

（2）单位对外投资，应当由单位领导班子根据预算和计划要求集体研究决定。

（3）单位应加强对投资项目的追踪管理，及时、全面、准确地记录对外投资的价值变动和投资收益情况。

（4）单位应建立健全责任追究制度。对在对外投资中出现重大决策失误、未履行集体决策程序和不按规定执行对外投资业务的部门及人员，应当追究相应的责任。

5.建设项目控制

（1）单位应当建立健全建设项目内部管理制度。

单位应当合理设置建设项目管理岗位，明确内部相关部门和岗位的职责权限，确保项目建议和可行性研究与项目决策、概预算编制与审核、项目实施与价款支付、竣工决算与竣工审计等不相容岗位相互分离。

单位应当建立与建设项目相关的议事决策机制，严禁任何个人单独决策或者擅自改变集体决策意见。决策过程及各方面意见应当形成书面文件，与相关资料一同妥善归档保管。

（2）建设项目日常控制与管理。

单位应当建立健全与建设项目相关的审核机制。项目建议书、可行性研究报告、概预算、竣工决算报告等应当由单位内部的规划、技术、财会、法律等相关部门和工作人员或者根据国家有关规定委托具有相应资质的中介机构进行审核，出具评审意见。

单位应当依据国家有关规定及时组织建设项目招标工作，并接受有关部门的监督。单位应当采取签订保密协议、限制接触等必要措施，确保标底编制、评标等工作在严格保密的情况下进行。

单位应当按照审批单位下达的投资计划和预算对建设项目资金实行专款专用，严禁截留、挪用和超批复内容使用资金。财会部门应当加强与建设项目承建单位的沟通，准确掌握建设进度，加强价款支付审核，按照规定办理价款结算。实行国库集中支付的建设项目，单位应当按照财政国库管理制度相关规定支付资金。

单位应当加强对建设项目档案的管理，做好相关文件、材料的收集、整理、归档和保管工作。经批准的投资概算是工程投资的最高限额，如有调整，应当按照国家有关规定报经批准。

单位建设项目工程洽商和设计变更应当按照有关规定履行相应的审批程序。

（3）设项目竣工管理。

建设项目竣工后，单位应当按照规定的时限及时办理竣工决算，组织竣工决算审计，并根据批复的竣工决算和有关规定办理建设项目档案和资产移交等工作。

建设项目已实际投入使用但超时限未办理竣工决算的，单位应当根据对建设项目的实际投资暂估入账，转作相关资产管理。

6.合同控制与管理

（1）单位应当建立健全合同内部管理制度。

单位应当合理设置岗位，明确合同的授权审批和签署权限，妥善保管和使用合同专用章，严禁未经授权擅自以单位名义对外签订合同，严禁违规签订担保、投资和借贷合同。单位应当对合同实施归口管理，建立财会部门与合同归口管理部门的沟通协调机制，实现合同管理与预算管理、收支管理相结合。

（2）合同订立管理。

单位应当加强对合同订立的管理，明确合同订立的范围和条件。对于影响重大、涉及较高专业技术或法律关系复杂的合同，应当组织法律、技术、财会等工作人员参与谈判，必要时可聘请外部专家参与相关工作。谈判过程中的重要事项和参与谈判人员的主要意见，应当予以记录并妥善保管。

（3）合同日常控制与管理。

单位应当对合同履行情况实施有效监控。合同履行过程中，因对方或单位自身原因导致可能无法按时履行的，应当及时采取应对措施。

单位应当建立合同履行监督审查制度。对合同履行中签订补充合同，或变更、解除合同等应当按照国家有关规定进行审查。

财会部门应当根据合同履行情况办理价款结算和进行账务处理。未按照合同条款履约的，财会部门应当在付款之前向单位有关负责人报告。

合同归口管理部门应当加强对合同登记的管理，定期对合同进行统计、分类和归档，详细登记合同的订立、履行和变更情况，实行对合同的全过程管理。与单位经济活动相关的合同应当同时提交财会部门作为账务处理的依据。

单位应当加强合同信息安全保密工作，未经批准，不得以任何形式泄露合同订立与履行过程中涉及的国家秘密、工作秘密或商业秘密。

（4）合同纠纷管理。

单位应当加强对合同纠纷的管理与控制。合同发生纠纷的，单位应当在规定时效内与对方协商谈判。合同纠纷协商一致的，双方应当签订书面协议；合同纠纷经协商无法解决的，经办人员应向单位有关负责人报告，并根据合同约定采取仲裁或诉讼方式解决。

第六节　行政事业单位内部控制评价与监督

一、建立健全内部控制评价与监督制度

行政事业单位应当建立健全内部监督制度，明确各相关部门或岗位在内部监督中的职责权限，规定内部监督的程序和要求，对内部控制建立与实施情况进行内部监督检查和自我评价。内部监督应当与内部控制的建立和实施保持相对独立。行政事业单位应当根据本单位实际情况确定内部监督检查的方法、范围和频率。

二、内部控制评价

行政事业单位负责人应当指定专门部门或专人负责对本单位内部控制的有效性进行评价并出具单位内部控制自我评价报告。内部控制评价内容与方法详见本章附录。

三、内部控制监督

行政事业单位内部审计部门或岗位应当定期或不定期检查单位内部管理制度和机制的建立与执行情况，以及内部控制关键岗位及人员的设置情况等，及时发现内部控制制度设计与执行过程中存在的问题并提出相应改进建议。

国务院财政部门及其派出机构和县级以上地方各级人民政府财政部门应当对单位内部控制的建立和实施情况进行监督检查，有针对性地提出检查意见和建议，并督促单位进行整改。国务院审计机关及其派出机构和县级以上地方各级人民政府审计机关对单位进行审计时，应当调查了解单位内部控制建立和实施的有效性，揭示相关内部控制的缺陷，有针对性地提出审计处理意见和建议，并督促单位进行整改。

附

行政事业单位内部控制基础性评价指标评分表及其填表说明

按照《财政部关于全面推进行政事业单位内部控制建设的指导意见》（财会〔2015〕24号）要求，行政事业单位应于2016年底前完成内部控制的建立与实施工作。

为进一步指导和促进各单位有效开展内部控制建立与实施工作，切实落实好指导意见，财政部决定以量化评价为导向，要求各单位以《行政事业单位内部控制规范（试行）》（财会〔2012〕21号）为依据，在单位主要负责人的直接领导下，按照"行政事业单位内部控制基础性评价指标评分表"（见表附-1）及其填表说明，组织开展内部控制基础性评价工作。除行政事业单位内部控制基础性评价指标体系外，各地区、各部门、各单位也可根据自身性质及业务特点，在评价过程中增加其他与单位内部控制目标相关的评价指标，作为补充评价指标纳入评价范围。各单位可以将本单位内部控制基础性评价得分与同类型其他单位进行横向对比，通过对比发现本单位内部控制建设的不足和差距，并有针对性地加以改进，进一步提高内部控制水平和效果。

《行政事业单位内部控制基础性评价指标评分表》

填表说明：

为指导行政事业单位顺利开展内部控制基础性评价工作，现将《行政事业单位内部控制基础性评价指标评分表》中的各指标和评价要点的操作细则，以及评价计分方法说明如下，供各单位在开展内部控制基础性评价工作中参考使用。

一、评价指标设置及分值分配

行政事业单位内部控制基础性评价采用量化评价的方式，分别设置了单位层面评价指标和业务层面评价指标，分别为60分和40分，合计100分。单位层面评价指标分为6类21项指标，业务层面评价指标分为6类15项指标。

二、评价操作细则

（一）单位层面指标（本指标共60分）

1.内部控制建设启动情况（本指标共14分）。

表附-1　　**行政事业单位内部控制基础性评价指标评分表**

类别	评价指标	评价要点（分值）	评价得分
单位层面（60分）	1.内部控制建设启动情况（本指标14分）	1.1 成立内部控制领导小组，制定、启动相关的工作机制（4分）	
		1.2 开展内部控制专题培训（3分）	
		1.3 开展内部控制风险评估（3分）	
		1.4 开展组织及业务流程再造（4分）	
	2.单位主要负责人承担内部控制建立与实施责任情况（本指标6分）	2.1 单位主要负责人主持召开会议讨论内部控制建立与实施相关的议题（2分）	
		2.2 单位主要负责人主持制订内部控制工作方案，健全工作机制2分）	
		2.3 单位主要负责人主持开展内部控制工作分工及人员配备等工作2分）	
	3.对权力运行的制约情况（本指标8分）	3.1 权力运行机制的构建（4分）	
		3.2 对权力运行的监督（4分）	
	4.内部控制制度完备情况（本指标16分）	4.1 建立预算管理制度（2分）	
		4.2 建立收入管理制度（2分）	
		4.3 建立支出管理制度（2分）	
		4.4 建立政府采购管理制度（2分）	
		4.5 建立资产管理制度（2分）	
		4.6 建立建设项目管理制度（2分）	
		4.7 建立合同管理制度（2分）	
		4.8 建立决策机制制度（2分）	
	5.不相容岗位与职责分离控制情况（本指标6分）	5.1 对不相容岗位与职责进行了有效设计（3分）	
		5.2 不相容岗位与职责得到有效的分离和实施（3分）	
	6.内部控制管理信息系统功能覆盖情况（本指标10分）	6.1 建立内部控制管理信息系统，功能覆盖主要业务控制及流程（6分）	
		6.2 系统设置不相容岗位账户并体现其职权（4分）	
业务层面（40分）	7.预算业务管理控制情况（本指标7分）	7.1 对预算进行内部分解并审批下达（3分）	
		7.2 预算执行差异率（4分）	
	8.收支业务管理控制情况（本指标6分）	8.1 收入实行归口管理和票据控制，做到应收尽收（2分）	
		8.2 支出事项实行归口管理和分类控制（2分）	
		8.3 举债事项实行集体决策，定期对账（2分）	
	9.政府采购业务管理控制情况（本指标7分）	9.1 政府采购合规（4分）	
		9.2 落实政府采购政策（2分）	
		9.3 政府采购方式变更和采购进口产品报批（1分）	
	10.资产管理控制情况（本指标6分）	10.1 对资产定期核查盘点、跟踪管理（4分）	
		10.2 严格按照法定程序和权限配置、使用和处置资产（2分）	
	11.建设项目管理控制情况（本指标8分）	11.1 履行建设项目内容变更审批程序（2分）	
		11.2 及时编制竣工决算和交付使用资产（2分）	
		11.3 建设项目超概算率（4分）	
	12.合同管理控制情况（本指标6分）	12.1 加强合同订立及归口管理（3分）	
		12.2 加强对合同履行的控制（3分）	
合计（100分）		评价总分	

1.1 成立内部控制领导小组，制定、启动相关的工作机制（分值4分）。

评价操作细则：本单位应启动内部控制建设，成立内部控制领导小组（1分），由单位主要负责人担任组长（1分），建立内部控制联席工作机制并开展工作（1分），明确内部控制牵头部门（或岗位）（1分）。

通过查看会议纪要或部署文件确认。

1.2 开展内部控制专题培训（分值3分）。

评价操作细则：本单位应针对国家相关政策，单位内部控制制度，以及本单位内部控制拟实现的目标和采取的措施、各部门及其人员在内部控制实施过程中的责任等内容进行专题培训。仅针对国家政策进行培训的，本项只得1分；仅针对国家政策和单位制定制度进行培训的，本项只得2分。

通过查看培训通知、培训材料等确认。

1.3 开展内部控制风险评估（分值3分）。

评价操作细则：应基于本单位的内部控制目标并结合本单位的业务特点开展内部控制风险评估，并建立定期进行风险评估的机制。

通过查看风险评估报告确认。

1.4 开展组织及业务流程再造（分值4分）。

评价操作细则：应根据本单位"三定"方案，进行组织及业务流程梳理、再造，编制流程图。

通过对职能部门或岗位的增减或调整、相关制度修订的前后比较确认。

2.单位主要负责人承担内部控制建立与实施责任情况（本指标共6分）。

2.1 单位主要负责人主持召开会议讨论内部控制建立与实施相关的议题（分值2分）。

评价操作细则：单位主要负责人应主持召开会议讨论内部控制建立与实施的议题。单位主要负责人主持会议，但仅将内部控制列入会议议题之一进行讨论的，本项只得1分。单位主要负责人主持内部控制工作专题会议对内部控制建立与实施进行讨论的，本项得2分。

通过查看会议纪要或部署文件确认。

2.2 单位主要负责人主持制订内部控制工作方案，健全工作机制（分值2分）。

评价操作细则：单位主要负责人应主持本单位内部控制工作方案的制定、修改、审批工作（1分），负责建立健全内部控制工作机制（1分）。

通过查看会议纪要或内部控制工作方案的相关文件确认。

2.3 单位主要负责人主持开展内部控制工作分工及人员配备等工作（分值2分）。

评价操作细则：单位主要负责人应对内部控制建立与实施过程中涉及的相关部门和人员进行统一领导和统一协调，主持开展工作分工及人员配备工作，发挥领导作用、承担领导责任。

通过查看会议纪要或内部控制工作方案的相关文件确认。

3.对权力运行的制约情况（本指标共8分）。

3.1 权力运行机制的构建（分值4分）。

评价操作细则：应完成对本单位权力结构的梳理，并构建决策科学、执行坚决、监督有力的权力运行机制，确保决策权、执行权、监督权既相互制约又相互协调。

通过查看会议纪要或相关文件确认。

3.2　对权力运行的监督（分值4分）。

评价操作细则：本单位应建立与审计、纪检监察等职能部门或岗位联动的权力运行监督及考评机制，以定期督查决策权、执行权等权力行使的情况，及时发现权力运行过程中的问题，予以校正和改进。

通过查看会议纪要、权力清单及相关制度确认。

4.内部控制制度完备情况（本指标共16分）。

4.1　建立预算管理制度（分值2分）。

评价操作细则：本单位预算管理制度应涵盖预算编制与内部审批、分解下达、预算执行、年度决算与绩效评价四个方面。每涵盖一个方面得0.5分。对于一个方面中包含两点的，如只涵盖其中一点，仍视为这个方面未涵盖，下同。

通过查看本单位已印发并执行的预算管理制度、有关报告及财政部门批复文件确认。

4.2　建立收入管理制度（分值2分）。

评价操作细则：本单位收入（包括非税收入）管理制度应涵盖价格确定、票据管理、收入收缴、收入核算四个方面。每涵盖一个方面得0.5分。

通过查看本单位已印发并执行的收入管理制度确认。

4.3　建立支出管理制度（分值2分）。

评价操作细则：本单位支出管理制度应涵盖预算与计划、支出范围与标准确定、审批权限与审批流程、支出核算四个方面。每涵盖一个方面得0.5分。

通过查看本单位已印发并执行的支出管理制度确认。

4.4　建立政府采购管理制度（分值2分）。

评价操作细则：本单位政府采购管理制度应涵盖预算与计划、需求申请与审批、过程管理、验收入库四个方面。每涵盖一个方面得0.5分。

通过查看本单位已印发并执行的政府采购管理制度确认。

4.5　建立资产管理制度（分值2分）。

评价操作细则：本单位资产管理制度应涵盖资产购置、资产保管、资产使用、资产核算与处置四个方面。每涵盖一个方面得0.5分。

通过查看本单位已印发并执行的资产管理制度确认。

4.6　建立建设项目管理制度（分值2分）。

评价操作细则：本单位建设项目管理制度应涵盖项目立项与审核、概算预算、招标投标、工程变更、资金控制、验收与决算等方面。满分2分，每有一个方面未涵盖扣0.5分，直至扣完。

通过查看本单位已印发并执行的建设项目管理制度确认。

4.7　建立合同管理制度（分值2分）。

评价操作细则：本单位合同管理制度应涵盖合同订立、合同履行、合同归档、合同纠纷处理四个方面。每涵盖一个方面得0.5分。

通过查看本单位已印发并执行的合同管理制度确认。

4.8　建立决策机制制度（分值2分）。

评价操作细则：本单位决策机制制度至少应涵盖“三重一大”集体决策、分级授权两个方面。每涵盖一个方面得1分。

通过查看本单位已印发并执行的决策机制制度确认。

5.不相容岗位与职责分离控制情况（本指标共6分）。

5.1 对不相容岗位与职责进行了有效设计（分值3分）。

评价操作细则：本单位不相容岗位与职责包括但不限于申请与审核审批、审核审批与执行、执行与信息记录、审核审批与监督、执行与监督等。满分3分，每有一对不相容岗位未进行有效设计扣1分，直至扣完。

通过查看本单位已印发的岗位规章制度及岗位职责手册确认。

5.2 不相容岗位与职责得到有效的分离和实施（分值3分）。

评价操作细则：针对本单位的各项经济活动，应落实所设计的各类不相容岗位与职责，形成相互制约、相互监督的工作机制。

通过按类别随机抽查相关单据确认。所有抽查的相关单据签字均符合要求的，该项得分，否则不得分。查看单位接受内外部检查反映的问题情况，如果有相关问题，该项不得分。

6.内部控制管理信息系统功能覆盖情况（本指标共10分）。

6.1 建立内部控制管理信息系统，功能覆盖主要业务控制及流程（分值6分）。

评价操作细则：内部控制管理信息系统功能（简称系统功能）应完整反映本单位制度规定的各项经济业务控制流程，至少应包括预算管理、收支管理、政府采购管理、资产管理、建设项目管理、合同管理等方面业务事项。六个方面业务中每存在一个方面未覆盖到的，扣1分。因本单位本身不存在该项业务而未覆盖到的，该业务不扣分。本单位未建立内部控制管理信息系统的，6.1、6.2两个要点均直接得0分。

通过查看系统功能说明书，实际操作系统，将系统功能与内部控制制度要求对比确认。

6.2 系统设置不相容岗位账户并体现其职权（分值4分）。

评价操作细则：应针对所覆盖的业务流程内部控制的不相容岗位与职责在系统中分别设立独立的账户名称和密码、明确的操作权限等级。每存在一对不相容岗位未分别设置独立账户或权限的，扣1分，直至扣完。

通过查看系统功能说明书，实际操作系统，将系统用户账户设置情况与内部控制制度要求对比确认。

（二）业务层面指标（本指标共40分）

7.预算业务管理控制情况（本指标共7分）。

7.1 对预算进行内部分解并审批下达（分值3分）。

评价操作细则：本单位财会部门应根据同级财政部门批复的预算和单位内部各业务部门提出的支出需求，将预算指标按照部门进行分解，并经预算管理委员会审批后下达至各业务部门。

通过查看预算批复文件、部门职责、工作计划和预算批复内部下达文件确认。

7.2 预算执行差异率（分值4分）。

评价操作细则：计算本单位近3年年度预算执行差异率的平均值，如差异率绝对值高于5%，应对产生差异率的原因进行追查。如经查证产生差异率的原因与内部控制有关，则根据差异率结果进行评分：差异率绝对值在5%~10%（含）的，得2分；10%~15%（含）的，得1分；超过15%的，得0分。如差异率绝对值在5%以内（含）或产生差异率的原因与内部控制无关，则得4分。

计算公式：

年度预算执行差异率=（年度决算支出额-年初预算支出额）÷年初预算支出额×100%

通过查看经同级财政部门批复的单位预算额度及单位决算报表等确认。

8.收支业务管理控制情况（本指标共6分）。

8.1　收入实行归口管理和票据控制，做到应收尽收（分值2分）。

评价操作细则：本单位各项收入（包括非税收入）应由财会部门归口管理并进行会计核算；涉及收入的合同，财会部门应定期检查收入金额与合同约定是否相符；按照规定设置票据专管员，建立票据台账；对各类票据的申领、启用、核销、销毁进行序时登记。上述四个方面每存在一个方面没有做到的，扣0.5分。

通过查看本单位相关制度，查看财会部门核对合同的记录、票据台账确认。

8.2　支出事项实行归口管理和分类控制（分值2分）。

评价操作细则：本单位应明确各类支出业务事项的归口管理部门及职责，并对支出业务事项进行归口管理；支出事项应实行分类管理，应制定相应的制度，不同类别事项实行不同的审批程序和审批权限；明确各类支出业务事项需要提交的外部原始票据要求，明确内部审批表单要求及单据审核重点；通过对各类支出业务事项的分析控制，发现支出异常情况及原因，并采取有效措施予以解决。上述四个方面每存在一个方面没有做到的，扣0.5分。

通过查看支出管理制度、内部审批单、相关支出凭证确认。

8.3　举债事项实行集体决策，定期对账（分值2分）。

评价操作细则：按规定可以举借债务的单位，应建立债务管理制度；实行事前论证和集体决策；定期与债权人核对债务余额；债务规模应控制在规定范围以内。上述四个方面每存在一个方面没有做到的，扣0.5分。按规定禁止举借债务的单位，如存在举债行为，此项得0分。

通过查看制度文件、会议纪要、对账单、债务合同等确定。

9.政府采购业务管理控制情况（本指标共7分）。

9.1　政府采购合规（分值4分）。

评价操作细则：本单位采购货物、服务和工程应当严格按照年度政府集中采购目录及标准的规定执行。每存在一项应采未采或违反年度政府集中采购目录及标准规定的事项，扣1分，直至扣完。

通过查看一定期间的单位政府采购事项确认。

9.2　落实政府采购政策（分值2分）。

评价操作细则：政府采购货物、服务和工程应当严格落实节能环保、促进中小企业发展等政策。每存在一项未按规定执行政府采购政策的事项，扣1分，直至扣完。

通过查看一定期间的单位政府采购事项确认。

9.3　政府采购方式变更和采购进口产品报批（分值1分）。

评价操作细则：采用非公开招标方式采购公开招标数额标准以上的货物或服务，以及政府采购进口产品，应当按照规定报批。每存在一项未按规定报批的事项，扣1分，直至扣完。

通过查看一定期间的单位政府采购事项确认。

10.资产管理控制情况（本指标共6分）。

10.1 对资产定期核查盘点、跟踪管理（分值4分）。

评价操作细则：应定期对本单位的货币资金、存货、固定资产、无形资产、债权和对外投资等资产进行定期核查盘点，做到账实相符；对债权和对外投资项目实行跟踪管理。每存在一类资产未定期核查盘点或跟踪管理的扣1分，直至扣完。

通过查看近1年内本单位的各类资产台账、会计账簿、盘点记录、各类投资决策审批文件、会议纪要等确认。

10.2 严格按照法定程序和权限配置、使用和处置资产（分值2分）。

评价操作细则：本单位配置、使用和处置国有资产，应严格按照审批权限履行审批程序，未经批准不得自行配置资产、利用资产对外投资、出租出借，也不得自行处置资产。

通过查看资产的配置批复情况、对外投资、出租出借、无偿调拨（划转）、对外捐赠、出售、出让、转让、置换、报废报损、货币性资产损失核销等文件确认。

11.建设项目管理控制情况（本指标共8分）。

11.1 履行建设项目内容变更审批程序（分值2分）。

评价操作细则：本单位应按照批复的初步设计方案组织实施建设项目，确需进行工程洽商和设计变更的，建设项目归口管理部门、项目监理机构应当进行严格审核，并且按照有关规定及制度要求履行相应的审批程序。重大项目变更还应参照项目决策和概预算控制的有关程序和要求重新履行审批手续。每存在一个建设项目不合规定变更的，扣1分，直至扣完。

通过查看近5年内本单位已完工的建设项目在建设期间发生的各项变更确认。

11.2 及时编制竣工决算和交付使用资产（分值2分）。

评价操作细则：本单位应在建设项目竣工后及时编制项目竣工财务决算，并在项目竣工验收合格后及时办理资产交付使用手续。每存在一个建设项目未及时编制竣工验收决算的，扣1分；每存在一个建设项目未及时办理资产交付使用手续的，扣1分，直至扣完。

通过查看近5年内本单位已完工建设项目的竣工验收资料和决算编制审计资料确认。

11.3 建设项目超概算率（分值4分）。

评价操作细则：计算近5年内本单位已完工的建设项目超概算率，如超概算率高于5%，应对产生超概算率的原因进行追查。如经查证产生超概算率的原因与内部控制有关，则根据产生超概算率的情况进行评分：每存在一个建设项目超概算率高于5%的，扣2分，直至扣完。如与内部控制无关，则得4分。

计算公式：

建设项目超概算率=（建设项目决算投资额-批准的概算投资额）÷批准的概算投资额×100%（建设项目决算投资额以经批复的项目竣工财务决算为准；在建设期间，调整初步设计概算的，以最后一次的批准调整概算计算）

通过查看建设项目投资概算、经批复的竣工决算报告等确认。

12.合同管理控制情况（本指标共6分）。

12.1　加强合同订立及归口管理（分值3分）。

评价操作细则：本单位应对合同文本进行严格审核，并由合同归口管理部门进行统一分类和连续编号。对影响重大或法律关系复杂的合同文本，应组织业务部门、法律部门、财会部门等相关部门进行联合审核。每存在一个合同不合规定的，扣1分，直至扣完。

通过查看相关制度、随机抽查合同审批记录、会议纪要等确认。

12.2　加强对合同履行的控制（分值3分）。

评价操作细则：本单位应当对合同履行情况进行有效监控，明确合同执行相关责任人，及时对合同履行情况进行检查、分析和验收，如发现无法按时履约的情况，应及时采取应对措施；对于需要补充、变更或解除合同的情况，应按照国家有关规定进行严格的监督审查。每存在一个合同未对合同履行情况进行有效监控，或未对合同补充、变更、解除进行监督审查的，扣1分，直至扣完。

通过查看合同履行情况检查记录、合同验收文件、合同补充、变更或解除的监督审查记录等确认。

三、评价计分方法

1.所有评价指标均适用的参评单位，汇总各参评指标得分，即为参评单位的评价得分，满分为100分。

2.因参评单位不涉及某类业务，导致某项指标不适用的，其评价得分需要换算，换算公式如下：

评价得分=参评指标得分÷（100-不适用指标分值）×100分

主要参考文献

[1] COSO.内部控制——整合框架（2013）[M]. 财政部会计司，译.北京：中国财政经济出版社，2014.

[2] COSO.内部控制——整合框架 [M]. 方红星，主译.大连：东北财经大学出版社，2008.

[3] 程新生.企业内部控制 [M]. 北京：高等教育出版社，2008.

[4] 傅胜，池国华.企业内部控制规范指引操作案例点评 [M]. 北京：北京大学出版社，2011.

[5] 李心合.企业内部控制基本规范导读 [M]. 大连：大连出版社，2008.

[6] 企业内部控制编写组.企业内部控制基本规范解读与案例分析 [M]. 上海：立信会计出版社，2008.

[7] 许国才.企业内部控制流程手册 [M]. 北京：人民邮电出版社，2010.